제도는 어떻게
진화하는가

독일·영국·미국·일본에서의 숙련의 정치경제

How

Institutions

Evolve

제도는 어떻게
진화하는가

독일 · 영국 · 미국 · 일본에서의 숙련의 정치경제

캐쓸린 씰렌 지음 | **신원철** 옮김

차례

옮긴이 일러두기

• 원문의 본문 강조는 이탤릭체로 표기했다.
• 핵심 개념이나 고유 명사, 그리고 의미 전달을 위해 필요한 경우 원어를 병기했다.
• 원문에서 독일어로 표기한 인명, 단체명, 개념어 등은 원어를 병기했다.
• 일본의 인명, 단체명, 회사명 등은 원문에는 없지만 한자어를 새로 병기했다.
• 원문에서는 직접 인용과 간접 인용, 강조 등을 구분 없이 표기했으나 한글판에서는 직접 인용은
  큰따옴표(" ")로, 간접 인용이나 강조 등은 작은따옴표(' ')로 표기했다.
• 직접 인용문 안의 대괄호([ ])는 저자가 삽입한 것이다.
• 저자가 부가적인 설명을 위해서 문장 안에 쓴 괄호 안의 구문은 괄호를 풀어 옮기거나 줄표(—)
  쓰기 했다.
• 역자 주는 꽃표(*)로 표기했다.

이 책은 2004년에 캠브리지 대학 출판사에서 출판된 How Institutions Evolve: The Political Economy of Skills in Germany, Britain, the United States, and Japan의 완역이다. 저자인 캐쓸린 씰렌Kathleen Thelen 은 비교 정치경제 분야에서 활발하게 연구하고 있는 미국 정치학자이다. 그녀는 UC 버클리에서 정치학 석사 및 박사 학위를 취득하고, 프린스턴 대학(1988~1994년)과 노스웨스턴 대학(1994~2009년) 교수를 거쳐 2009년 이후 현재 MIT 대학 정치학 교수로 재직하고 있다. 이 책은 제도의 지속과 변화에 관한 정교한 이론적 논의와 독일, 일본, 영국과 미국에서 직업훈련 제도가 변화해온 역사적 과정에 대한 연구를 성공적으로 결합시킨 수작으로서 학계의 주목을 받으며 여러 학술상을 수상했다.

나는 2009년 겨울부터 이 책의 번역을 시작해서 만 2년 만에 출판에 이르게 되었다. 그동안 한국의 고용 및 노사 관계 제도의 전개 과정을 연구해오면서 항상 서구 및 일본과 비교 연구를 해야 할 필요성을 느껴오던 터였고, 다른 한편으로는 신제도주의 경제학이나 합리적 선택이론을 넘어서서 제도의 변동을 이해하고 설명하려는 문제의식을 갖고 있던 차에 씰렌의 책은 내게 아주 매력적으로 다가왔다. 이 책은 독일을 중심으로 영국, 미국, 일본에서 훈련 시스템이 형성되어 온 역사적 과정을 다루고 있으며, 각국의 노사 관계와 노동운동의 역사가 언급되고 있다. 이러한 대목들은 독자들이 독일, 영국, 미국, 일본의 고용 및 노사 관계의 초기 역사를 살펴보는 데 도움이 될 것이다. 또한 씰렌은 제도의 변동에 관해 다양한 설명 방식을 상세하게 검토하고, 이를 역사적 제도주의 시각에서 비판적으로 재구성하고 있는데, 이는 제도주의 이론을 이해하는 데에도 좋은 참고가 될 것이다.

이 책의 내용에 대해서는 저자가 서문, 1장, 그리고 맺음말에서 직접 요약하고 있으므로, 여기서는 저자의 이론적 문제의식을 간단히 소개하는 데 그치려 한다. 먼저 씰렌은 신제도주의 경제학이나 합리적 선택이론처럼 제도의 존재와 형태를 그 제도가 시스템이나 집단을 위해서 수행하는 기능으로부터 설명하는 경향을 비판한다. 특히 제도가 현재 담당하고 있는 기능으로부터 제도의 기원을 추정할 때 범하는 오류를 독일 직업훈련 제도의 사례를 통해서 보여준다. 또한 저자는 '경로의존', '수익체증' 등 재생산 메커니즘을 강조하는 논리의 한계를 지적하면서 제도 자체가 사회, 정치, 경제 상황의 변화에 맞추어 적응하면서 변형되는 과정에 주목해야 한다고 강조한다. 나아가 저자는 숙련 노동시장의 구조와 작동이 정치에 의해서 크게 영향을 받는다는 점, 제도란 지속적인 정치적 대결과 갈등의 대상이며, 정치적 동맹 관계가 변화하면 제도의 형태와 기능이 모두 변화하게 된다는 점을 보인다. 즉, 동맹의 재편에 따르는 정치적 재협상이야말로 제도의 형태와 기능이 변화하는 것을 이해하는 데 핵심적이라는 것을 밝히고 있다.

이러한 문제의식은 제도의 재생산과 변형을 단절된 것으로 바라보는 기존의 설명 방식, 즉 단절된 균형 모델punctuated equilibrium model과 같은 불연속적인 제도 변화 모델에 대한 비판으로 이어진다. 저자는 독일의 숙련형성 제도가 커다란 역사적 분기점을 거치면서도 연속성을 보여주고, 다른 한편으로는 그러한 격변의 시기가 아닌 상황에서도 조용하지만 커다란 변형을 겪고 있다는 것을, 즉 제도의 변형과 제도의 재생산은 서로 뒤얽혀서 진행된다는 점을 독일 사례를 통해서 보여주고 있다.

자본주의의 다양성에 관한 홀과 소스키스의 논의 또한 지나치게 정태적이라는 점에서 비판의 대상이 된다. 이러한 비판은 씰렌이 슈트렉과 함께 엮은 Beyond Continuity: Institutional Change in Advanced Political Economies에서 보다 분명히 드러난다. 슈트렉과 씰렌은 위 책의 서문에서 정치경제 제도의 다양성을 옹호하는 주장들이 한편으로는 보수적인 편향에 빠져 있다고 지적한다. 즉, 자본주의 다양성에 관한 기존 논의에서는 진행 중인 변화를 기존 시스템의 재생산에 기여하는 사소한 적응적 조정으로 해석해버리는 경향이 나타났고, 이는 1980년대 이후 서구 선진 자본주의국가에서 진행되고 있는 변화를 이해하기 어렵게 한다는 것이다. 이러한 편향에서 벗어나려면 점진적 변화라는 양식을 이해하고 설명할 수 있는 분석적 도구가 마련되어야 한다고 씰렌은 강조한다. 또한 저자는 제도의 상호보완성이라는 것 자체도 역사적으로 구성된 것이며, 이를 수확체증 논리와 같은 것으로 설명하는 데에는 한계가 있다는 점, 제도의 상호보완성을 이해하려면 과거로부터 물려받은 제도가 정치, 시장, 사회 환경의 변화에 적응하는 과정으로서 사고하는 것이 필요하다는 점을 독일 사례를 통해서 보여주고 있다.

역자도 또한 한국의 고용 및 노사 관계 제도에 관해서 위와 같은 문제의식을 갖고 역사적 접근을 해야 한다는 생각을 갖고 있다. 한국의 직업훈련 제도는 다양한 변화를 거쳐서 오늘에 이르렀다. 일찍이 식민지 조선에서는 조선총독부 주도로 전시 하 숙련노동력 부족에 대처하기 위하여 사내 직업훈련이 실시된 바 있으며, 1960년대 이후 경제개발 과정에서 정부 주도로 직업훈련 제도가 설계되었고, 1974년 이후에는 사내 직업훈련을 사업주에게 강제하는 조치가 시행되기도 했다. 이 과정에서 한국의 직업훈련 시스템은 국가의 강력한 개입과 주도를 통해서 구축되었다는 특징을 지니면서도 분절주의적인 저숙련 균형을 벗어나지 못하고 있는 것으로 보인다. 하지만 식민지 산업화와 태평양전쟁과 한국전쟁, 그리고 분단 이후 미국의 강력한 영향, 1960년대 이후 정부주도의 경제성장, 그리고 역시 정부 주도로 진행된 1990년대 이후의 신자유주의적 재편을 거치면서 한국의 직업훈련 시스템이 어떠한 변화를 거쳐왔는지에 대한 체계적인 분석과 설명은 앞으로의 과제로 남아 있다.

이 책의 번역은 매우 흥미로운 일이었지만, 학식이 부족한 역자에게는 적지 않은 어려움이 따랐고, 4개국의 노사 관계와 노동운동을 전공한 연구자들의 도움이 필요한 대목이 많았다. 흔쾌히 시간을 내어 번역 초고를 검토하고 귀중한 조언을 주신 우종원, 박명준, 심상완, 안정옥 선생님께 진심으로 감사를 드린다. 그럼에도 남아 있는 오류나 부족함은 물론 역자의 몫이다. 이 책의 출판을 흔쾌히 맡아주신 모티브북 양미자 대표, 그리고 세심하게 교정을 보아주신 김수현 편집자에게도 깊이 감사드린다.

　예상보다 번역 기간이 늘어나면서 미루어진 연구와 일들이 많다. 세상은 그동안 또 얼마나 빠르게 변했던가. 우리를 둘러싼 다양한 사회제도의 연속과 단절, 그리고 변화의 가능성을 함께 살펴볼 수 있는 시각과 개념을 이 책에서 얻을 수 있다면, 그래서 이 책의 독자들이 역사의 격랑 속에 휩쓸리면서도 균형 감각을 갖추는 데 작은 도움이 될 수 있다면 역자로서는 더 바랄 것이 없겠다.

2011년 겨울 문턱, 금정산 기슭에서

신원철

저자 서문

나는 직업훈련이라는 주제가 어떤 독자들에게는 그다지 흥미를 끌지는 못한다는 점을 잘 알고 있지만, 직업훈련이란 주제로부터 정치경제 및 비교정치 일반에 대한 귀중한 통찰을 많이 얻을 수 있다는 주장을 내가 제시할 수 있도록 인내심을 충분히 갖고 들어주기를 바란다. 숙련 레짐에 관한 나의 관심은 무엇이 자본주의의 다양한 모델들을 규정하고 지탱하는가에 대한 관심에서 출발했다. 처음에는 볼프강 슈트렉 Wolfgang Streeck의 선구적인 연구를 통해서 1980년대에 성공을 거둔 독일의 제조업 경제에서 훈련이 지닌 중요성에 대해 관심을 갖게 되었다. 그러는 동안 선진 민주주의국가들과, 아마도 그 외의 나라들에서도, 고유한 '자본주의의 유형'을 규정하는 제도의 배열들 가운데서 숙련 형성이 핵심적인 구성 요소라는 광범위한 합의가 등장했다. 이 연구들에 의하면 숙련 형성 레짐이 현대의 다양한 정치경제적 결과에 중요한 영향을 미친다는 점은 아주 분명했다. 하지만 이 연구들은 숙련 형성 제도들이 처음 어디에서 유래했는지에 관해서는 아무것도 말해주지 않았다. 내가 알아내고 싶은 것은 바로 이 점이었다.

그러므로 이 책의 국가 간 비교를 다룬 부분에서 독일, 영국, 미국, 그리고 일본 4개국 사이의 몇 가지 뚜렷한 제도상의 차이가 생겨난 기원을 탐구하면서 다음과 같은 질문을 제기한다. "이 국가들은 숙련 형성 및 사업장 내 훈련에 관해서 어째서 그토록 상이한 궤적을 그렸는가?" 나는 연구 과정에서 19세기로 돌아가서 세 가지 주요 집단, 즉 숙련 집약적 산업부문(특히 금속가공 부문)의 고용주와 전통적인 장인, 그리고 초기 노동조합 사이에 구축된 동맹 관계의 차이에 특별히 주목하게 되었다. 이 과정에서 산업화 초기 숙련 형성의 발전 과정이 단체교섭 제도와 초창기 노동조합 및 고용주 단체의 발전과 어떻게 상호작용해서 각 나라들로 하여금 상이한 정치경제적 경로를 밟게 했는가를 발견했다. 나의 분석을 통해서 독일과 일본 사이에서 — 양국은 최근의 연구에서 '조정된' 시장경제의 주요 사례로 간주된다 — 그리고 영국과 미국 — '자유' 시장경제로서 — 사이에 각각 중요한 유사성이 있음이 확인된다. 하지만 나는 유사한 나라들 사이에서도 훈련이 조직되는 방식에 중요한 차이가 있으며, 이는 각국에서 제도화된 숙련 형성 유형과 그 안에서 조직 노동이 수행하는 역할이 커다란 영향을 미쳤다는 점을 강조해서 설명하고 있다.

각국의 상이한 궤적의 역사적 기원을 찾아내면서 나는 아주 먼 과거에 구축된 각국의 제도적 장치들이 어떻게 해서 실제로 지금에 **도달하게 되는가**라는, 연관은 있지만 상당히 다른 문제에 점점 더 관심을 갖게 되었다. 4개국에서 모두 19세기 말과 20세기 사이에 정치경제적 지형이 엄청나게 변화한 것을 고려하면 이는 쓸데없는 질문이 아닌 것이다. 이 점에 주목해서 나는 국가 간 비교와 더불어서, 독일 훈련 제도의 진화를 다른 나라 사례보다 좀 더 긴 기간인 1870년부터 현재까지 추적하는 종단적 분석을 병행하는 작업에 착수했다.

연구의 이러한 측면은 약간 다르지만 훨씬 더 흥미로운 이론적 문제 — 나는 그렇게 생각했고, 지금도 그렇게 생각하고 있다 —를 중심으로 조직되었다. 오늘날의 노동 정치와 관련된 문헌에서 독일의 직업훈련 시스템은 통상적으로 독일의 고숙련, 고임금, 고부가가치 제조업 경제를 뒷받침하는 핵심적인 제도로서 간주되어왔으며, 이는 전적으로 타당하다. 직업훈련 시스템은 일종의 '다변화된 품질 생산' —이는 독일의 강력한 노동조합과 세계 제조업 시장에서의 강력한 실적이 서로 조화를 이루도록 한다 —을 중심으로 조직된 생산 레짐을 적극적으로 뒷받침하는 더 광범위한 제도적 결합에서의 핵심적 요소로서 간주되어왔다. 하지만 직업훈련 시스템의 기원에 관한 역사적 분석이 보여주듯이 1897년에 독일 시스템이 구축되도록 이끈 주요한 제도의 혁신은 대단히 반동적인 정치적 동기에서 출발했고, 주로 당시에 고양되고 있던 조직 노동운동을 약화시키기 위해서 —분명 강화하거나 통합하려는 것이 아니라 —고안되었다.

이 책의 종단적인 연구 부분은 독일 시스템이 백 년 전에 주로 노동조합을 패배시키기 위해서 고안된 핵심적인 장치로 출발해서 오늘날 노동과 자본 사이에 사회적 파트너십의 버팀목으로 진화한 과정을 추적하며, '우리는 그곳에서 이곳으로 어떻게 넘어왔는가'라는 근본적인 질문을 제기하고 있다. 나는 강한 단절된 균형 모델에 기초한 저명한 이론적 관점들에 대해서 비판하고 있다. 이 모델에서는 오랜 기간 지속되는 제도의 '안정 상태'가 모종의 외부적 충격 — 이로 인해서 상황이 변화 가능해지고 다소 급진적인 혁신이나 재편이 가능해진다 —
에 의해서 주기적으로 교란되는 것이 분석적으로 구분된다. 나는 기존
의 형식을 해체시키고 극적인 제도의 혁신을 불러일으킬 것이라고 충
분히 예상할 수 있을 정도의 거대한 외부의 충격에 직면해서 제도의
장치들이 종종 놀라울 정도로 탄력적인 것이 된다는 점을 독일 훈련
레짐 사례를 통해 발견했다. 독일 사례의 두드러진 특징들 가운데 하
나는 최초의 훈련 시스템의 핵심 요소가 20세기의 몇 가지 상당히 큰
단절 — 여기에는 파시즘의 성립과 해체를 비롯해서 여러 차례의 체제
변동과 두 차례의 세계대전에서 경험한 패배, 그리고 외국의 점령 등
이 포함된다 — 을 거치면서 보여준 내구력에 있다.

하지만 다른 한편으로 독일 사례는 '동요기'가 아니라 상대적인
'안정기'에 발생하는 보다 미묘하고 점진적인 변화들이 누적되어 중요
한 제도의 변형을 가져올 수 있음을 보여준다. 따라서 분석해야 할 과
제는 일련의 커다란 역사적 단절을 거치면서 시스템의 일부 요소들이
보여주는 놀라운 안정성을 이해하면서, 또한 시간이 지나면서 정치적
측면, 특히 권력 배분이라는 측면에서 시스템을 완전히 반대로 뒤바꾸
어놓는 미묘한 점진적 변화들을 동시에 파악하는 것이다. 독일 사례가
보여주는 것은 제도들이 '안정 상태'를 통해서 혹은 정지해 있으면서
생존하는 것이 아니고, 오히려 정치, 시장, 그리고 사회적 환경의 변
화에 대응하는 지속적인 적응과 재교섭을 통해서 생존한다는 점이다.
이 책은 제도들의 기반이 되는 정치적 동맹의 변화를 추적함으로써 제
도의 형태와 기능이 시간이 지나면서 근본적으로 재조정될 수 있었던
과정을 해명하고 있다.

지난 수년 동안 이 책을 집필하는 과정에서 다방면에 걸쳐 내게 도움을 준 동료들과 친구들에게 이제 기쁜 마음으로 감사를 표하고자 한다. 미국의 현대독일연구소American Institute for Contemporary German Studies, 켈로그 연구소Kellogg Institute, 막스플랑크 사회조사연구소Max-Planck-Institut für Gesellschaftsforschung, 노스웨스턴 정책조사연구소Northwestern's Institute for Policy Research, 그리고 베를린 사회조사연구센터 Wissenschaftszentrum Berlin für Sozialforschung 등의 기관이 도움을 주었다. 베를린 과학대학Wissenschaftskolleg zu Berlin에 대해서는 특별히 감사를 표하고자 한다. 베를린 과학대학은 최종 집필 과정에서 최적의 환경을 제공해주었고, 이 대학의 환상적인 사서진과 직원들 덕분에 마지막 집필 단계를 특히 수월하게 진행할 수 있었다.

많은 동료들과 친구들이 시간을 내어 이 책의 여러 장들을 논평해주었다. 루시오 바카로Lucio Baccaro, 마틴 베렌스Martin Behrens, 하르트무트 베르크호프Hartmut Berghoff, 데이비드 콜리어David Collier, 페퍼 컬페퍼Pepper Culpepper, 제럴드 펠드먼Gerald Feldman, 제이콥 해커Jacob Hacker, 할 한센Hal Hansen, 제프 헤이듀Jeff Haydu, 피터 헤이즈Peter Hayes, 게리 헤리겔Gary Herrigel, 크리스 하우웰Chris Howell, 페터 카첸슈타인Peter Katzenstein, 아이라 카츠넬슨Ira Katznelson, 데스몬드 킹Desmond King, 위르겐 코카Jürgen Kocka, 제임스 마호니James Mahoney, 필립 마노우Philip Manow, 짐 모셔Jim Mosher, 요나스 폰투손Jonas Pontusson, 지그리트 쿼크 Sigrid Quack, 부 로쓰타인Bo Rothstein, 디트리히 뤼시마이어Dietrich Rueschemeyer, 테다 스카치폴Theda Skocpol, 스티븐 보겔Steven Vogel, 코조 야마무라Kozo Yamamura, 그리고 존 자이스만John Zysman에게 감사한다. 4장의 전반부는 나의 동료이자 친구인 이쿠오 쿠메Ikuo Kume와 함께 써서

먼저 출판했던 논문 "The Rise of Nonliberal Training Regimes: Germany and Japan Compared," *Journal of Japanese Studies* 25: 1(January 1999)을 다시 쓰면서 더 보탠 것이다. 위 논문을 이용할 수 있도록 허락해준 위 학술지에 감사한다. 그리고 일본의 노동과 정치경제 분야를 안내해준 이쿠오에게 큰 빚을 지고 있다.

내가 이 책을 쓰는 동안 폴 피어슨Paul Pierson이 나와 동일한 몇 가지 이론적 쟁점을 다루고 있었다는 점은 내게 커다란 행운이었다. 우리들의 지속적인 대화가 이 주제에 관한 나의 연구와 사고에 미친 영향은 이루 말할 수 없을 만큼 컸다. 마찬가지로 데이비드 소스키스David Soskice는 지난 몇 년 동안 계속해서 지적인 자양분과 자극을 제공해주었고, 내가 약간 다른 각도에서 접근해서 그의 연구의 여러 측면을 수정하더라도 그는 항상 나의 시도를 너그럽게 받아들였다. 조나단 자이틀린Jonathan Zeitlin은 이 책의 출발부터 거의 함께해왔는데, 그동안 논문들과 책들을 읽으면서 그가 보여준 전문적 식견과 지적 관대함으로부터 나는 크나큰 도움을 받았다. 노스웨스턴 대학에 재직할 당시 동료였던 피터 스웬슨Peter Swenson과 마이클 월러스틴Michael Wallerstein에게 감사한다. 그들은 여러 해 동안 이 주제에 관해 나와 토론해왔고, 이 책을 보면 누구나 그들의 연구가 나에게 깊은 영향을 주었다는 점을 틀림없이 알아차릴 수 있을 것이다.

또한 특별히 감사를 전해야 할 두 사람의 연구자이자 친구가 있다. 피터 홀Peter Hall은 협력과 비판적 참여, 그리고 지지의 모범을 보여주었다. 집필 최종단계의 원고에 대한 그의 탁월한 논평이 이 책을 훨씬 개선시켰다는 것은 말할 나위 없으며, 내가 정치와 정치경제를 사고하는 방식에 미친 그의 기여는 이보다도 훨씬 크다. 슈트렉은 지난 몇 년간 나의 연구를 위해서 아주 다양한 종류의 지원을 해주었다. 그는 계속해서 지적 영감의 원천이 되고 있고, 나를 항상 생각하고 학습하게 만든다. 그는 나의 초기 논문을 읽고 숙련 형성의 정치에 관해서 더 깊이 탐구하도록 적극 권유한 인물이기도 한데, 이 주제는 캐낼 것이 대단히 풍부한 광맥임이 밝혀졌다.

나는 이 책을 쓰면서 대단히 훌륭한 연구 지원을 받았다. 헬렌 캘러건Helen Callaghan과 마르기타 매츠케Margitta Mätzke는 개별 장들이나 논거들에 관련된 조사 업무를 최고로 수행해주었다. 크리스타 반 빈베르겐Christa van Wijnbergen에게도 특별히 감사를 표하고자 하는데, 그녀는 통상적인 연구 지원의 범위를 훨씬 넘어서서 이 프로젝트에 참여했고, 이를 개선하는 데 공헌했다. 사라 스터키Sara Stucky는 색인 작업에 관해 전문적인 지원을 해주었다.

또한 이 프로젝트를 끝까지 지지해준 마거릿 레비Margaret Levi와, 이 연구를 지원하고 개선하는 역할을 한 루이스 베이트먼Lewis Bateman과 케임브리지 대학 출판부에도 감사드린다. 책 속표지에 있는 아우구스트 잔더August Sander의 사진을 이용하도록 허락해준 독일 쾰른의 에스카SK 재단과, 내게 이 사진을 처음 일러준 스티브 크래스너Steve Krasner와 캐롤라인 존스Caroline Jones에게도 감사한다.

개인적으로 빚을 지고 있는 사람들이 있다. 먼저 대서양의 양편에서 살면서 나의 삶을 헤아릴 수 없을 만큼 풍요롭게 해준 세 여성이 있다. 기셀라 퀴네Gisela Kähne, 제시카 타이커스Jessica Ticus, 샌드라 왁스먼Sandra Waxman이 그들이다. 단지 이 프로젝트만이 아니라, 날마다 나를 지탱하는 데 그들이 얼마나 중요한 역할을 했는지 그들은 아마도 알지 못할 것이다. 나의 가족 또한 이 과정을 나와 함께 해왔고 각자의 고유한 방식대로 기여했다. 영리하고 재치 있는 십 대인 앤디Andy는 언제 어떻게 유쾌한 변덕을 부리는 것이 좋은지를 알고 있었고, 낯선 모험을 즐기는 아멜리아Amelia의 열정 덕분에 힘들 때마다 힘을 얻을 수 있었다. 내 남편 벤 슈나이더Ben Schneider는 내가 이 책을 완성하는 데 그가 온갖 방식으로 기여해왔음을 아주 잘 알고 있다. 내가 그것을 몰랐으리라고 생각할 리 없는 남편에게 이 책을 바친다.

1장

비교역사적 시각에서 본
숙련의 정치경제

지난 20여 년간 '세계화'가 여러 선진 산업국가의 정치경제에 미친 것으로 추정되는 효과를 다룬 문헌들이 엄청나게 많이 쏟아져 나왔다. 이 가운데 많은 문헌들이 선진 산업국가의 정치경제를 규율하는 제도적 장치들을 수렴하는 경향이 있다는 초기의, 때로는 지나치게 성급했던 예측에 근거해 있었다. 몇몇 연구들은 이동이 자유로워진 기업들이 '체제 고르기regime shopping'를 통해서 부과하는 압력으로 인해서 그러한 수렴 현상이 나타나고, 다시 선진국 간에 탈규제 경향이 경쟁적으로 추진된다고 주장했다(예를 들면 Kapstein 1996; Kurzer 1993을 볼 것).[1] 이와 같은 전망에 대해 유럽의 '조합주의적corporatist' 정치경제에 관해 연구해온 학자들은 특히 우려를 표했다. 왜냐하면 유럽의 정치경제는

---

[1] 해리 카츠와 오웬 다비셔는 공통적인 경향의 속도와 범위에 대해서 보다 섬세한 주장을 제시하고 있다(Katz and Darbishire 1999; 또한 Martin and Ross 1999를 보라).

오랫동안 경제적 효율성과 *더불어* 사회적 평등의 모델로서 예찬되어 왔기 때문이다.

하지만 서로 다른 정치경제들의 특징을 이루었던 제도적 장치들을 수렴하고 있다는 주장에 대해서 의문을 제기하는 수많은 증거들이 그동안 축적되어왔다(Berger and Dore 1996; Brown, Green, and Lauder 2001; Ferner and Hyman 1998; Garrett 1998; Iversen, Pontusson, and Soskice 2000; Kitschelt et al. 1999; Streeck and Yamamura 2002; Vogel 2001; Wallerstein and Golden 1997). 많은 연구자들이 모든 나라에서 변화가 일어나고 있는 것은 확실하지만, 선진 산업국가들에서 자본주의가 조직되는 방식에는 체계적이면서도 분명히 지속적인 차이점들이 있다고 지적해왔다. 연구자들마다 각자의 방식대로 이러한 차이점들의 특성을 기술하고는 있지만, 연구자들 사이에서 실로 뚜렷한 합의점이 도출되었다. 부아예와 홀링즈워스는 각국의 고유한 '생산 레짐production regimes'에 대해서 언급하고 있다. 생산 레짐은 상호 보강하는 일련의 제도적 장치들에 의해 규정되는데, 이 제도적 장치들이 결합해서 국제시장에서 상이한 유형의 기업 전략을 ― 미국과 영국이 한쪽 끝에 위치하고, 독일과 일본이 다른 한쪽 끝에 위치한다 ― 뒷받침한다(Boyer and Hollingsworth 1997; 또 King and Wood 1999를 볼 것).[2] 부아예와 홀링즈워스의 연구는 슈트렉의 분석과 일치하는데, 그는 미국과 영국 등

---

2 1970년대와 1980년대 이래 선진 자본주의 정치경제를 다룬 문헌들은 유사한 방식으로 국가별로 고유한 모델에 초점을 맞췄다(예를 들면 Hall 1986; Zysman 1983, 그리고 1970년대의 조합주의 이론가들이 있다). '자본주의의 다양성'에 관한 최근의 문헌들은 몇 가지 중요한 이론적 혁신을 포함하고 있기는 하지만 앞선 연구들의 소산이다. 이에 관한 더 자세한 논의는 Thelen(2002b)을 참조.

'자유liberal'시장경제와 일본 및 독일과 같은 '사회적으로 배태된socially embedded' 정치경제를 구분한다(Streeck 2001). 미셸 알베르는 인기를 얻은 자신의 책에서 이른바 '앵글로 색슨형' 자본주의와 '라인형' 자본주의를 구분한다. 슈트렉이 지적한 대로 알베르의 책은 '스웨덴뿐 아니라 일본까지도' 라인형으로 분류하고 있다(Albert 1993). 이러한 구분은 또한 데이비드 소스키스의 분석과도 잘 부합하는데, 그는 '조정된coor-dinated' 시장경제와 '비조정non-coordinated' 시장경제로 크게 구분하여 선진 자본주의 국가들 사이의 차이를 특징지었고, 보다 최근에 피터 홀과의 공저에서는 '조정된' 시장경제 대 '자유' 시장경제로 구분하고 있다(Hall and Soskice 2001; Soskice 1991).

이상의 모든 저작들은 한 국가의 자본주의 모델의 성격이 고유한 제도적 장치들institutional arrangements에 의해서 규정되며, 이러한 제도적 장치들은 기업으로 하여금 국제시장에서 특정한 유형의 전략을 선택하도록 뒷받침한다는 관점을 공유하고 있다. 저자들은 모두 위와 같은 정치경제가 작동하는 데 중심적이라고 전통적으로 정의되어온 제도적 장치들에 대해서 어느 정도는 공통적으로 지적하고 있다. 금융 제도, 노사 관계 제도, 직업훈련 시스템, 은행-기업 연계, 그리고 보다 최근에는 복지국가의 제도와 정책이 그러한 제도적 장치들로 지적된다 (Ebbinghaus and Manow 2001; Estevez-Abe, Iversen, and Soskice 2001). 이들은 차이점도 있지만 매우 유사한 방식으로 국가를 구분하는데, 한편에서는 독일 및 일본과 같은 '조직된'(혹은 '배태된') 자본주의 경제와, 다른 한편으로는 미국이나 영국과 같은 '자유' 시장경제를 특히 뚜렷하게 구분하고 있다.[3] 전자는 '참을성 많은 자본'과 조정된 고용주들, 그리고 다양한 형태의 노사 협력으로 특징지어진다. 반면에 후자는 단기적인 금융 제도, 분절화된 고용주들, 그리고 보다 적대적인 노사 관계 시스템으로 정의된다.

또한 위와 같은 성격 규정들은 이러한 시스템들을 어느 정도는 통합된 전체로 바라보는 관점을 공유하고 있으며, 여러 구성 부분들이 상호 보강하는 방식으로 함께 작동하고 있는 것으로 간주한다. 하지만 이러한 시스템들이 생겨나게 된 원인은 무엇일까? 그리고 오늘날에는 무엇이 이 시스템들을 결속시키고 있는가? 이 시스템들이 근본적인 측면에서 변화하지 않고 있다고 주장하는 사람은 아무도 없는데, 그렇다면 이러한 변화의 동학은 어떠한 특징을 지니고 있으며, 또한 제도가 재생산되는 경향과 비교할 때 어느 정도의 중요성을 지니고 있는가? 현재의 세계화 압력을 배경으로 이러한 질문들은 최우선적인 의제로 떠올랐지만, 동시에 이러한 쟁점들에 대해서 앞서 본 합의는 무너지기 시작한다.

홀과 소스키스는 '조직된' 시장경제와 '자유' 시장경제라는 이념형의 특성을 기술하면서, 특정한 일국적 경제 '시스템'을 구성하는 여러 제도적 장치들 사이의 긴밀한 결합 관계와 복합적인 기능적 상호 연관성을 강조한다(Hall and Soskice 2001). 그들은 여러 분야에 걸쳐서 제도 간의 상호 보완성이 존재하고, 이것이 시스템 전체의 견고함을 가져온다고 보았다. 여기에는 두 가지 이유가 있는데, 첫째로 제도의 기본 틀은 국가별로 고유한 경쟁 우위의 바탕이 되는 토대를 제공하고, 따라서 이러한 제도들에 기초해 전략을 수립해온 핵심적 행위자

---

3 사실 이러한 모든 여러 가지 범주화 방식은 프랑스와 이탈리아를 비롯해서 '중간적'이거나 혹은 분류하기 어려운 특정 국가들을 분류하는 데 또한 난점을 지니고 있다.

들, 특히 고용주들은 이 제도들을 결코 포기하려고 하지 않을 것이기 때문이다. 둘째로, 핵심적 행위자들이 시스템의 어떤 분야에서 변화를 바라더라도 한 분야의 규칙을 변경하려면 인접한 다른 영역들에서 조정이 필요하고, 이는 규칙을 변화시키는 데 드는 비용을 증가시키며, 그러한 변화를 가로막는 정치적 장애물도 늘어나기 때문이다. 홀과 소스키스는 전반적으로 시스템을 매우 견고한 것으로 간주하고 있지만, 밀접한 결합 관계와 제도 간의 강력한 상호 보완성이 존재한다는 것은 하나의 분야(예를 들면 금융 제도)에서 중대한 분열이 발생하면 이것이 곧바로 '전파되어' 인접 분야(예를 들면 단체교섭)에 심각한 긴장과 변화를 낳을 수 있음을 동시에 의미한다고 할 수 있다.

슈트렉의 역사사회학적 설명도 제도들 간의 상호 보완성을 강조하고 있지만, 기능적·경제적 논리의 비중을 줄이는 대신 정치적인 관점을 훨씬 더 강조하고 있다. 슈트렉은 일국적 '시스템'을 과거와 현재의 정치적 개입과 수정, 그리고 적극적 유지와 재설정의 산물이라고 해석한다. 그는 현재 일국적 시스템이 구조적이거나 기능적인 통합성을 보이고 있다고 하더라도 그러한 통합성은 "모든 종류의 해체 경향에 맞서서 끊임없이 확립되고, 복원되고, 재정의되고, 옹호되지 않으면 안 되었다"고 주장한다(Streeck 2001: 31). 그는 일국적 모델이 거대한 설계의 산물이 아니라는 점, 그리고 "상호 의존적인 조건에서 양립 가능성 및 보완성이라는 이점을 사전적으로 계산하는 것에 못지않게 …… 사후적인 조정이 중요하다"고 강조한다(Streeck 2001: 31). 슈트렉은 제도에 관해서 균형론적 관점에서 접근하는 홀과 소스키스와는 달리 이러한 제도 장치들이 본래부터 그다지 통합적이지 않으며, 따라서 스스로 균형을 유지하는 것은 결코 아니라고 보고 있다. 그러므로 그는 일국적 시스템의 견고성에 대해서 전반적으로 덜 낙관적인 견해를 제시하고 있다. 하지만 또한 여러 가지 동일한 이유로 슈트렉과 같은 관점에서는 특정 영역에서 큰 동요가 발생했을 경우 일국적 시스템이 앞서 말한 것과 같은 유형의 '해체'로 귀결되기 쉽다고 생각할 필요도 없게 된다.

이 책은 각기 다른 '자본주의의 다양성varieties of capitalism'을 구성하고 있는 여러 제도의 미래를 이해하기 위해서는 제도들이 어디에서부터 비롯되었고, 무엇이 이 제도들을 지탱해왔으며, 또 이 제도들이 시간에 따라 어떤 방식으로 변화했는가를 더 잘 파악하는 것이 필요하다는 것을 전제로 삼고 있다. 이러한 시스템들이 최근에 와서 긴장을 처음 경험한 것은 아니며, 이 시스템들이 과거로부터 진화해온 방식을 이해함으로써 오늘날 시스템들이 발전하면서 보여주는 변화의 양식과 메커니즘에 관해서 새로운 통찰을 얻을 수 있다. 나는 숙련 형성 제도에 초점을 맞추고 있는데, 그 이유는 위에서 언급한 모든 저자들이 확인하고 있는 제도들의 배열 구도에서 숙련 형성 제도가 중심적인 위치를 차지하기 때문이다. 실제로 최근의 일부 연구에서는 사회정책의 특성이 일반적으로 형성되고 조정되는 데 숙련 및 숙련 형성 시스템이 중심적인 영향을 미치며, 더 나아가서는 선진 민주주의국가들 사이에 상이한 사회 보호 시스템이 형성되고 유지되는 바탕을 이루는 것으로 간주되고 있다(특히 Iversen and Soskice 2001을 볼 것; Iversen 2003도 참조).

나는 두 가지 측면에서 숙련 형성의 정치에 대해서 접근하는데, 하나는 국가 간 비교의 차원이고 다른 하나는 통시적 차원이다. 먼저 이 연구에서 **국가 간 비교를 통해서** 상이한 숙련 형성 레짐skill formation regimes의 기원을 추적하는데, 특히 영국과 독일에 초점을 맞추고 있으며 일본과 미국에 대해서는 단지 개략적으로만 다룬다. 이 책에서 국가 간 비교를 통해서 제기하는 질문은 다음과 같다. 왜 위의 국가들은 사업장 내 훈련plant-based training이라는 측면에서 그토록 상이한 궤적을 그리고 있는가? 그리고 훈련 제도의 진화 과정은 '동반적인collateral' 조직이나 제도들 ─ 특히 노동조합과 사용자 조직 및 노사 관계 제도 ─ 의 발전과 어떤 방식으로 상호작용했는가?

　　독일이나 일본과 같은 '조정된' 시장경제와 미국이나 영국과 같은 '자유' 시장경제 사이의 차이로 가장 널리 인용되는 것들 가운데 하나는 전자가 보다 양질의 사업장 내 훈련을 더 많이 제공한다는 점이다.[4] 나는 제도에 관한 비교역사적 분석을 통해서 오늘날 발견되는 차이점의 기원을 19세기로 거슬러 올라가서 추적하고 있다. 숙련 형성에서 나타난 오늘날의 차이점은 숙련을 필요로 하는 산업의 고용주와 장인, 그리고 초기의 노동조합 사이에 이루어진 타결의 성격에 나타난 중요한 차이점으로 거슬러 올라간다. 나는 초기 산업화 시기의 숙련 형성의 발전이 단체교섭 제도와 초창기 노동조합 조직, 그리고 고용주

─────────────

4 나의 연구가 이들 특정 국가의 사례에 주목한 최초의 연구는 아니다. 앞서 언급한 대로 자본주의의 다양성을 다룬 여러 문헌들이 기본적으로 동일한 국가군(群)에 초점을 맞추는 경향이 있다. 마찬가지로 숙련을 특별히 연구한 문헌들에서도 '고숙련 경제'로서 독일과 일본을 한편으로 하고, '저숙련' 경제 혹은 매우 양극화된 숙련을 지닌 경제로서 미국과 영국을 다른 한편으로 크게 구분하는 것이 보통이다(예를 들면 Ashton and Green 1996; Brown, Green, and Lauder 2001). 이러한 관행은 파인골드와 소스키스의 선구적인 논문(Finegold and Soskice 1988)을 따른 것인데, 그들은 '고숙련' 균형과 '저숙련' 균형 국가를 뚜렷하게 구분했다. 하지만 이처럼 다소 단순화된 구분은 특정 국가 내부에도 숙련의 다양한 유형과 배합이 존재함을 강조하는 보다 정교한 관점에 의해서 대체되어왔다. 이 점을 고려해 나는 규범적인 함의가 다소 덜한 '조정된' 훈련 레짐과 '자유로운' 훈련 레짐이라는 용어를 사용하려 하며, 각 훈련 레짐은 숙련 형성에서 서로 다른 강점과 약점을 지니는 것으로 규정된다. 이하의 논의를 참조.

단체의 발전과 어떻게 상호작용해서 여러 국가들이 국가별로 서로 다른 궤적을 그리게 되었는지를 보이고 있다. 이 책의 분석을 통해서 독일과 일본 사이에 '조정된' 시장경제로서 상당한 유사성이 있음을 확인하고, 또 영국과 미국 사이에 '자유' 시장경제로서 상당한 유사성이 있음을 확인한다. 하지만 각 국가들 사이에 훈련이 조직되는 방식에 커다란 차이가 있음을 또한 강조하고 있는데, 이는 각 국가에 제도화된 숙련 형성의 유형에, 그리고 그 안에서 노동 측이 수행하는 역할에 커다란 영향을 미친다.[5]

이 책의 국가 간 비교는 연구의 초점을 이루는 구체적인 문제들을 다루기 위해서 필요한 1차 문헌 자료뿐 아니라 노동조합과 고용주단체, 그리고 숙련 형성의 역사를 다룬 뛰어난 2차 문헌들에 의존하고 있다. 국가 간 비교의 중요한 목적은 여러 사례들에 걸쳐서 작용하고 있는 인과 기제를 해명할 수 있는 이론적 분석 틀 안에 여러 나라들의 경험을 위치시키고자 하는 데 있다. 각 국가들의 사례는 아주 폭넓게 연구되어왔는데, 정치경제와 노동사 관련 문헌에서 각국은 고유한 성격을 지니는 것으로 규정되어왔다. 영국은 산업화를 이룬 최초의 국가로, 독일은 '특유한 발전 경로Sonderweg'로, 그리고 미국과 일본은 '예

---

5 애슈턴과 그린은 이와 같은 결과에 대해서 나의 견해와 상당히 일치하는 설명을 제시하고 있다. 하지만 그들의 역사적 분석은 매우 간략하다(나라별로 5~10쪽 정도로, 각 사례에서 사업장 내 훈련과 학교에서 이루어지는 훈련을 모두 다루고 있다). 이 나라들에 대한 그들의 설명은 고도로 집합적인 행위자('지배계급', '부르주아지', '귀족' 등)의 행위에 의존하고 있고, 그들의 결론은 — 비록 그릇된 것은 아니지만 — 너무 단순하다. 그들의 주장 가운데 많은 부분은 — 예를 들어 수공업 부문이 산업화에 의해서 '손상'되었다는 생각이나 혹은 노동조합이 고용주의 반대에 맞서서 숙련의 표준화를 추진했다고 시사한 부분 — 이 책에서 제시한 역사적·경험적 조사 결과와 부합되지 않는다(Ashton and Green 1996: 142-3).

외주의exceptionalism'로 그 특징이 규정되었다. 이 책에서는 각국이 지닌 근본적인 고유성을 무시하지 않으면서 숙련 형성 및 노동 통합에 관해 각 국가의 경험을 나란히 살펴봄으로써 이들 국가 사이에 나타나는 유사점과 차이점을 체계적으로 조명해보고자 한다.

둘째로, 연구의 **통시적 차원**으로서 독일 직업훈련 시스템의 전개 과정을 나머지 사례에 비해 더 오랜 기간에 걸쳐서 사실상 현재 시점에 이르기까지 추적한다. 이 책의 통시적 측면에서는 제도가 어떠한 방식으로 진화하며, 또 상당히 상이한 과제를 중심으로 조직되어 있는가 하는 문제를 다룬다. 독일의 직업훈련 시스템은 대부분 민간 부문의 훈련 레짐을 괴롭히는 여러 가지 조정 과정의 곤란한 문제들에 대한 모범적인 해결책으로 제시되어왔다. 독일의 시스템은 기업으로 하여금 노동자들의 숙련에 투자하도록 고무하고 도제가 높은 수준의 훈련을 받을 수 있도록 보장하는 메커니즘을 제공한다. 보다 일반적으로 독일의 직업훈련 제도는 보통 중앙집중화된 단체교섭, 은행과 기업 간의 강력한 연계, 그리고 고용주 단체 및 노동조합의 포괄성과 함께 더 큰 제도들의 묶음의 일부로 간주된다. 그리고 이것이 독일의 고숙련, 고임금, 고부가가치 — '모든 것이 높은' — 경제를 뒷받침하는 것으로 여겨진다. 직업훈련 시스템은 '다변화된 품질 생산diversified quality production' — 이로 인해서 독일의 비교적 강한 노동조합과 세계 제조업 시장에서 독일이 거둔 강력한 성과가 조화를 이루고 있다 — 을 중심으로 조직되어 있는 생산 레짐을 적극적으로 지탱하는 더 큰 제도 복합체 안에서 핵심적인 부분으로 평가된다(Streeck 1991).

여러 학자들이 다양한 이론적 관점에 입각해서 독일 시스템에 대해 상이한 견해를 제시해왔다. 먼저 기능적·공리주의적 시각에서는 독일의 직업훈련 제도를 무엇보다도 '고숙련 균형high skill equilibrium'을 중심으로 고용주들의 조정이 이루어지도록 뒷받침하는 복합적인 제도적 배열의 일부로 여겨왔다(Soskice 1991). 권력 자원 이론에서 독일의 직업훈련 시스템은 노동자계급의 역량을 반영하는 것으로 생각되어왔다(예를 들면 Gillingham 1985). 사회학적·문화적 관점에서는 독일의 훈련 제도가 좀 더 일반적이면서도 독일의 고유한 자치self-governance 양식의 주요한 사례로—국가는 별로 직접적으로 개입하지 않고 독일의 사회적 파트너들을 통해서 작동되는—간주되어왔다(예를 들면 Lehmbruch 2001을 볼 것).

오늘날의 직업훈련 제도를 살펴본다면 위와 같은 성격 규정들은 모두 부분적인 진실을 내포하고 있다고 할 수 있다. 하지만 직업훈련 시스템의 역사적 진화 과정을 살펴보게 되면 위와 같은 주장들은 모두 큰 혼란에 빠질 것으로 보인다. 독일의 직업훈련 시스템이 구축된 핵심적인 제도의 혁신은 바로 권위주의 정부에 의해서 1897년에 통과된 법률이었다. 여기에는 급진적인 노동계급 운동이 고양되자 이에 대항하는 방벽으로 기능할 수 있는 독립 장인이나 수공업 생산자와 같은 보수적 계급을 뒷받침하고 지지하려는 권위주의 정부의 소망에서 비롯된 정치적 동기가 작용했다. 1897년 법률은 다른 나라에서는 저임금 아동 노동으로 급속하게 타락하고 있던 특정 유형의 사업장 내 도제 훈련을 안정화시키는 데 매우 중요한 역할을 한 것으로 입증되었다. 하지만 현재의 효과에 초점을 맞추고 있는, 널리 알려진 공리주의적·기능주의적 성격 규정과는 달리, 이 제도들은 처음에는 산업부문의 경제적 이해관계를 염두에 두고 설계된 것이 아니었고—산업부문industry*은 사실상 배제되었다—또 강력한 노동조합을 무언가와 조화시키기 위한 의도도 결코 없었다. 노동조합이 직업훈련 제도를 만들어낸 것이 틀림없을 것이라고 가정하는 관점과는 반대로, 노동자 조직은 1897년의 법률이 제정되는 데 아무런 역할도 하지 않았다. 실제로 사회민주당은 이 법률에 반대했다. 마지막으로, 앞서 언급한 문화적·사회학적 관점과는 달리 직업훈련 제도가 그 일부분을 이루고 있는 것으로 간주되는 지금과 같은 특수한 유형의 사회적 파트너십은 당시에는 결코 존재하지 않았음이 분명해지고 있다.

그러면 어떻게 그러한 과거에서 오늘날과 같은 현재의 상태로 옮아온 것일까? 과거의 제도가 전면적으로 해체되고 새로운 제도에 의해 대체replacement된 것은 아니다. 독일 직업훈련 시스템의 두드러진 특징 가운데 하나는 바로 시스템의 핵심 요소들이 20세기에 있었던 엄청난 혼란—독일에서는 몇 차례의 체제 변동regime changes과 노동계급의 체제 내 통합, 두 차례에 걸친 세계대전에서의 패배, 연합군의 점령, 그리고 파시즘으로의 이행과 탈피 등이 포함된다—에 직면해서 보여준 탄력성이다. 위와 같은 국면들에서 변화가 발생한 것은 분명하지만, 이러한 국면 변화에도 불구하고 직업훈련 시스템의 핵심적 특징이 아주 놀라울 정도로 지속되고 있다는 점이야말로 주목할 만한 것이며, 또 별도의 설명을 필요로 한다. 즉, 독일의 사례는 이러한 제도들을 지탱한 재생산 메커니즘과, 그리고 시간이 지나면서 제도들의 기능과 배분이 변형transformation되는 메커니즘에 대한 분석을 함께 필요로 한다.

독일 직업훈련 제도의 진화를 관찰함으로써 제도의 진화 및 변화

---

* 독일의 전통적인 수공업(Handwerk)과 대비되는 의미로 사용되는 industry를 산업부문으로 번역했다. 수공업과 산업부문의 구분에 관해서는 이 책 2장의 주 1을 참조. – 옮긴이

라는 보다 광범위한 문제에 대해서 검토할 수 있게 된다. 나는 정치적·경제적 배경이 변화하면서 과거로부터 물려받은 제도가 이러한 변화에 발맞출 수 있게 해주는 제도의 변형이라는 측면과 제도의 재생산이 종종 뒤얽힌 채 연결되어 있다는 점을 독일 사례가 보여주고 있다고 주장한다. 나는 독일 직업훈련 제도의 사례를 통해서 시스템이 만들어질 시점에는 참여가 예상되지 않았던 새로운 집단이 등장해서 시스템에 포함됨에 따라서 시간이 지나면서 어떻게 최초의 입안자들이 전혀 예상하지 못했던 정치적·배분적 효과를 지닌 시스템이 만들어지는 방향으로 제도들의 발전이 촉진되었는가를 분석하고 있다.

　　나는 최초의 의도와 궁극적인 결과 사이에 존재하는 단절을 강조해 설명하면서, 이와 함께 독일 직업훈련 제도의 진화에 대한 분석을 통해서 제도의 재생산이라는 쟁점도 다룬다. 그런데 제도의 재생산이라는 개념은 흔히 인식되고 있는 것보다 더 불분명한 개념이다(이에 대한 논의는 Thelen 1999를 참조). 내 분석의 출발점은 아주 먼 과거의 어느 결정적 시기에 만들어진 제도가 어떻게 해서 중간에 발생한 많은 사건들과 발전 과정에도 불구하고 현재에 이르기까지 작동되고 있는가에 대해서 좀 더 주목할 필요가 있다는 것이다. 나는 제도를 결정적 국면critical junctures에 결빙된 잔여물로 바라보거나, 경제학 문헌을 각색하여 경로의존을 주장하는 경우 흔히 제시하는 것과 같이 직설적 의미에서 '고착된locked in' 것으로 바라보는 것만으로는 충분하지 않다고 주장한다. 정치의 영역에서 제도의 재생산은 경제학 문헌들로 인해서 주목하게 된 수익체증 효과에 의해서 부분적으로는 설명될 수 있다. 하지만 오직 부분적으로만 설명될 수 있을 뿐이다. 왜냐하면 독일 시스템의 발전 과정을 오랜 기간에 걸쳐서 관찰해보면 제도의 생존 과정에는 과거로부터 물려받은 제도를 사회적·정치적 맥락의 변화에 일치시키기 위한 적극적인 정치적 재교섭과 상당히 많은 제도의 적응 과정이 종종 포함되어 있다는 점이 분명하기 때문이다. 따라서 제도가 재생산되고 제도가 변화되는 메커니즘이라는 문제가 아래에서 탐구할 두 번째 주요 주제다.

숙련과 숙련 형성

앞서 본 대로 여러 정치·경제 시스템의 성격을 규정할 때 직업훈련 제도가 중심적인 역할을 차지하는데, 여기에는 충분한 이유가 있다. 숙련은 정치경제학자들이 관심을 갖는 다양한 결과와 관련된다. 많은 경제학자들은 숙련의 획득과 인적 자본에 대한 투자를 '성장의 엔진'으로 간주하고 있으며(Acemoglu and Pischke 1999a: F112), 또 "국가의 성장 실적에 결정적으로 중요하다"고 평가한다(Booth and Snower 1996: 1). 몇몇 연구들은 숙련과 생산성 사이에 강력한 관계가 있다고 지적한다(Acemoglu 1996; Black and Lynch 1996; Bishop 1994; Lynch 1994: 21-2). 게다가 '내생적 성장 이론'에서도 성장과 인적 자본 개발은 두드러지게 부각되는데, 이 이론에서는 한 국가의 지식 기반이 혁신의 중요한 자원이라고 주장되며, 국가 간 1인당 소득의 지속적인 격차는 교육 측면의 국가 간 차이와 연관해서 설명되어왔다(Romer 1990).

정치학자나 사회학자들은 경제적 효과만이 아니라 다양한 숙련 개발 시스템이 가져오는 사회적 효과에 대해서 관심을 기울이고 있다(예를 들면 Brown, Green, and Lauder 2001). 앞서 언급했듯이 여러 연구자들이 젠더 불평등이나 사회정책 레짐의 차이를 포함하여 광범위한 사회적이고 제도적인 결과에 대해 숙련 형성 레짐의 차이가 미치는 효과를 언급하기 시작했다(Estevez-Abe, Iversen, and Soskice 2001; Marse 2000; Iversen and Soskice 2001; Lauder 2001). 또한 훈련 시스템의 차이가 보다 구체적인 일련의 정치적·사회적 효과와 연관되어 논의되기도 했다. 예를 들어 홀과 소스키스가 '자유 시장경제'라고 지칭한 나라들의 훈련 레짐에서는 노동자들의 유형에 따라서 훈련 기회에 대한 접근 가능성에 상당히 큰 격차가 생기는 경향이 있고, 이는 특히 소득 불평등으로 연결된다(또한 Crouch, Finegold, and Sako 1999: 3을 참조). 일반적으로 홀과 소스키스가 '조직화된 시장경제'라고 부른 나라들에서는 미숙련 노동자들에게 숙련 향상의 기회가 더 많이 부여되며, 또한 소득과 임금은 더 평등한 특성을 보인다.[6] 숙련에 근거한 임금 불평등은 기술 변화의 결과로 증가해왔고, 이는 생산의 전반적인 숙련 집약도는 물론 숙련에 대한 보상을 증대시키고 있다(Levy and Murnane 1992; Katz and Murphy 1992; Gottschalk and Smeeding 1997).

선진 산업국가의 정치경제에 관한 문헌에서 직업훈련 제도에 대한 관심이 지속된 계기는 대체로 이 분야에 관한 슈트렉의 선구적인 저작으로 거슬러 올라갈 수 있다(Streeck 1992b). 슈트렉은 독일 사례에 관한 분석에 기초해서 표준화되고 통일적이며 전국적인 직업교육 시스템을 배경으로 민간 부문에서 수행되는 강력한 직업훈련이 그가 다

---

6 예를 들어 에이스모글루와 피쉬케는 교육 수준이 낮은 신입 노동자들이 훈련을 받을 수 있는 가능성은 미국보다 독일이 더 높다고 지적하고 있다(Acemoglu and Pischke 1999a: F129).

변화된 품질 생산이라고 부른 것에 기초한 기업 전략을 어떤 방식으로 뒷받침하는가를 보여주었다(Streeck 1991). 슈트렉은 '기술적으로나 경제적으로 변동이 심한 시장'에서 운영되는 기업에서 직업적 숙련 —숙련의 범위가 넓고, 광범위하게 활용할 수 있는—은 핵심적인 경쟁상의 이점을 구성한다고 본다(Streeck 1992b: 166). 그러나 훈련이 지닌 이점에도 불구하고 엄밀한 경제적 합리성에 따라서 운영되는 기업은 위의 시장에서 경쟁하는 데 필요한 폭넓고 통용 가능한 유형의 숙련에 대해서 고의적으로 과소 투자하게 될 것이라고 슈트렉은 지적했다. 그의 지적은 다음과 같다. "자신이 필요로 하는 숙련만을 만들어내는 기업은 결국 자신이 필요로 하는 것보다 숙련을 적게 만들어내게 될 것이다. 비용과 이익에 대한 고려는 해결책이 아니라 문제의 일부다" (Streeck 1992b: 17). 슈트렉의 견해로는 개별적인 시장 인센티브의 논리를 굴절시키는 문화적이거나 정치적인 제약이 — 이 경우에는 기업들로 하여금 숙련에 '과잉 투자'하도록 촉진하는 — "특정한 기술 및 시장 조건에서는 더 나은 경제적 성과를 가져온다"(Streeck 1992b: vii).

위의 문제 제기를 전제로 할 때 독일은 일반적으로 선진 산업국가 가운데 직업훈련 및 숙련 형성의 성공적 모델로 오랫동안 간주되었다. 독일을 다른 나라들과 비교하는 것이 곤란할 정도였다(예를 들면 Berg 1994; Oulton and Steedman 1994; Finegold 1993을 보라). 일례로 파인골드와 소스키스는 그들의 중요한 논문에서 독일의 '고숙련' 균형과 영국의 '저숙련' 균형의 토대를 이루는 제도들을 조사했다. 그들은 특히 영국에서 훈련의 공급이 만성적으로 부족한 것은 공공재 혹은 무임 승차 문제 때문이며, 그 결과 경제에 숙련 부족이 발생해 기업들이 저숙련을 전제로 한 생산 전략을 추구하게 되고, 이는 다시 숙련에 대한 투자를 저해한다고 주장했다. 그들은 이러한 동학을 배경으로 영국 정부가 위의 순환에서 벗어나기 위한 조치를 취하는 데 보여준 무능력 및 무의지에 관해 분석했다(Finegold and Soskice 1988: 25 이하).

한편 강점과 약점의 유형을 더욱 정교하게 다룬 연구들이 등장하기 시작했다(예를 들면 Crouch, Finegold, and Sako 1999; Culpepper 2003; Culpepper and Finegold 1999; Hall and Soskice 2001; Green and Sakamoto 2001). 예를 들면 파인골드의 최근 저작은 독일이 제조 분야의 초기 숙련(도제 훈련)에 대해서 높은 투자를 계속하고 있다는 점에 주목하면서도, 오늘날처럼 생산기술이 급속히 변화하는 상황에서 더욱 중요한 것으로 평가되는 지속 훈련further training에 대해서 기업들의 열의가 부족하며(Pitcher 1993을 보라), 정보 기술 및 엔지니어링과 같은 특정 최고급 분야의 숙련이 전반적으로 부족하다고 지적한다(Crouch, Finegold, and Sako 1999; Atkins 2000). 반대로 오랫동안 숙련 분야의 '지진아'로 여겨진 미국이 오늘날 전통적인 제조 분야 숙련에 대해서는 여전히 과소 투자를 지속하고 있다고 평가됨에도 불구하고 최고급 분야 숙련은 풍부하게 창출한 것으로 — 예를 들어 미국은 정보 기술 분야에서 숙련의 수출국이 되었다 — 좋은 평가를 얻고 있다(Hall and Soskice 2001; Smith 2000). 어떤 면에서 보면 정치경제 연구의 강조점은 국가 간 훈련의 전반적인 *양적* 차이를 확인하려는 노력에서 출발해서[7] 서로 다른 정치경제의 특징을 규정하는 특수한 *직무 및 자격의 혼합*이라는 측면에서 국가 간 차이를 보다 정교하게 분석하려는 방향으로 변화해왔다(Estevez-

---

7 주로 OECD에서 제공하는 이용 가능한 자료가 비교 가능성을 결여하고 있다는 점은 잘 알려져 있다(예를 들면 OECD 1998: 10-1). 이에 대한 논의는 Lynch(1994)를 참조하라.

Abe, Iversen, and Soskice 2001; Crouch, Finegold, and Sako 1999).

숙련에 대한 경제학적 접근

선행 연구들을 정리하고 경험적 사례를 묘사하기 위한 첫 걸음으로서 숙련 형성이라는 주제에 대해서 경제학자들이 접근해온 방식을 간단히 요약하는 것이 유익하다. 인력 사냥poaching*이라는 외부 효과로 소급되는 훈련 시장의 실패가 앞서 인용한 정치경제학 문헌들의 출발점이 되고 있는데, 이러한 관점은 20세기 전반부 내내 경제학자들에 의해서 널리 받아들여졌다(예를 들면 Pigou 1912; Stevens 1996을 보라). 집합행동의 딜레마가 문제의 핵심을 이루고 있다고 간주되었다. 구체적으로 이야기하자면 숙련을 필요로 하는 기업들은 다음과 같은 선택에 직면하게 된다. 즉, 스스로 일정한 비용을 부담하면서 자신들이 훈련을 제공할 것인가, 아니면 노동시장에서 숙련노동을 확보하려고 시도할 것인가 — 결과적으로 훈련에 투자한 다른 기업으로부터 노동자들을 유인하게 된다 — 사이의 선택이다. 노동시장 및 제품 시장에서 기업들은 서로 경쟁자이기 때문에 개별 기업은 다른 기업에서 노동자들을 인력 사냥함으로써 숙련 형성에 드는 비용을 절약하고, 또 사실상 경쟁 업체의 투자를 가로채려는 유혹을 느끼게 될 것이다. 더 많은 기업들이 이러한 전략을 선택할수록 훈련에 투자한 기업의 비용은 증가하게 될 것이다. 훈련비용만이 증가하는 것이 아니라 훈련을 실시하지 않는 기업이 훈련비용은 지불하지 않으면서도 노동자들에게 더 높은

---

* 밀렵을 뜻하는 단어인 poaching은 경제학 문헌에서는 다른 기업에서 숙련을 익힌 노동자를 채용하는 행위를 가리킨다. – 옮긴이

임금을 지불할 수 있기 때문에, 이 기업과 경쟁하기 위한 비용이 또 증가한다. 만일 모든 기업이 훈련을 하지 않는 전략을 추구하면 전체 기업이 의존하는 전반적인 숙련량이 감소하기 때문에 모든 기업들의 상황이 더욱 악화된다.

게리 베커는 널리 인용된 그의 저작에서 이러한 문제 제기에 대해 의문을 제시했다(Becker 1964). 그는 일반적 숙련general skills과 특수한 숙련specific skills을 구분하면서 모든 경우에 인력 사냥의 외부 효과가 문제가 되는 것은 아니라고 주장했다.* *일반적 숙련*—이는 많은 고용주에게 완전히 통용 가능하며 가치를 지니는 숙련으로 정의된다—의 경우를 보면 기업들에게 훈련에 투자할 인센티브가 없다는 것은 완전히 타당하다. 그러나 기업이 투자하지 않는다고 해도 노동자들이 투자할 것이다. 베커는 "일반적 훈련의 비용을 부담하고 그 보상을 얻는 것은 기업이 아니라 훈련생"이라고 지적했다(Becker 1993: 34).[8]

완전경쟁 노동시장을 가정하면 일반적 숙련을 보유한 숙련노동자는 자신의 한계생산물과 동등한 임금을 지불받게 될 것이고, 따라서 이는 기업이 훈련 투자에 대해서 보상을 확보할 수 없기 때문에 훈련 비용을 부담할 인센티브가 없다고 하더라도 노동자들 자신은 장래에 더 많은 임금을 받기 위해서 그러한 인센티브를 지니고 있음을 의미한

---

* 일반적 훈련과 특수한 훈련의 구분은 관찰 단위와 관련되어 있다. 베커는 기업을 관찰 단위로 하여 '모든 기업의 생산성을 향상시키는 훈련'과 '특정 기업의 생산성을 향상시키는 훈련'이라는 의미로 일반적 훈련(general training)과 특수한 훈련(specific training)을 구분했다. 경쟁적 시장에서 기업은 일반적 훈련의 비용을 부담할 합리적 이유가 없고, 훈련생이 현재의 생산성 이하의 임금을 받음으로써 그 비용을 부담하는 게 합리적이라는 것이다. —옮긴이

8 하지만 이 공식에서는 훈련의 **공급**이라는 문제가 다루어지지 않고 있음을 주목하라.

다. 이와 같이 베커는 인력 사냥이라는 문제에 대해 완전히 다른 방식으로 사고하고 있다. 완전경쟁 노동시장에서는 인력 사냥은 일반적 숙련에 대한 과소 투자의 원인이 되는 것이 아니라, 오히려 노동자의 숙련이 한계생산물 수준의 가치만큼 충분히 평가받도록 보장하고, 나아가서 노동자들이 스스로 훈련을 획득하도록 인센티브를 제공하는 메커니즘으로 기능한다.

베커에 따르면 *특수한 숙련*이란 조금도 이전 가능하지 않고, 노동자를 고용하고 있는 특정 기업에만 가치를 지니고 있다(Becker 1993: 40). 이 경우에도 역시 인력 사냥은 문제가 되지 않는다. 왜냐하면 기업 특수적 숙련firm-specific skills은 그 정의상 오직 현재의 고용주에게만 가치가 있기 때문이다. 이러한 상황에서 균형에 이른 결과는 기업과 노동자가 훈련비용을 분담하는 것이다. 자신들이 교육하는 숙련에 대해서 외부의 경쟁자가 없는 상황에서 기업은 훈련 투자에 대한 수익을 실현하기 위해서 한계생산물보다 낮은 임금을 노동자에게 지불할 수 있다. 노동자들은 기꺼이 비용을 분담하고자 할 것인데, 왜냐하면 자신들이 받는 임금은 외부 시장에서 받을 수 있는 임금보다는 높고 훈련 이후의 한계 생산성보다는 낮기 때문이다(Becker 1993: 42).

숙련에 대한 과소 투자를 발생시키는 시장 실패가 나타날 수 있는 원천으로서 베커가 들고 있는 문제는 앞의 문헌들이 지적했던 인력 사냥의 외부 효과에 있는 것이 아니라 오히려 주로 자본시장의 제약, 특히 훈련생의 신용 제약에 있다. 훈련생이 자신의 일반적 숙련에 대해서 기꺼이 투자하려고 하더라도 채무불이행 가능성이 높아서 그리고/혹은 훈련에 대한 수익이 불확실해서 훈련에 투자하는 데 필요한 신용을 얻기 어려울 수 있다는 것이다(Becker 1993: 39-40 주 12). 스티브스(Stevens 1999: 20)가 지적한 바 있듯이 훈련에 대한 기대 수익은 직업 경력의 시작 단계에서 가장 높지만 이 시기의 노동자들은 축적한 자원이 가장 적은 노동자들이기도 하다(또한 Acemoglu 1996; Acemoglu and Pischke 1999a를 볼 것).

훈련생의 신용 제약을 완화하는 공공 정책 — 예를 들면 훈련에 대한 대출이나 보조금과 같은 — 이 베커가 지적한 시장 실패의 원천을 완화할 수 있을 것이다. 이러한 주장의 논리에 따르면 노동자들에게 훈련비용의 지출을 연기해주거나 지출 부담을 지원해주는 효과적인 메커니즘이라면 어떤 것이든 그러한 효과를 거둘 수 있다고 생각할 수 있다. 예를 들면 많은 나라의 전통적 도제제도에서 도제의 가족이 훈련 기업에 지불하는 강습료, 그리고/혹은 장기간에 걸친 도제 연한 — 이 기간 동안 기업은 도제가 상당한 숙련을 획득하고 난 이후에도 계속해서 매우 낮은 임금을 지불했다 — 은 그러한 기능을 수행하고 있다. 위 주장의 논리는 훈련의 질을 보장하여 훈련생 입장에서 수익의 불확실성을 감소시키는 일정한 규제 틀이나 인가 시스템이 장점을 지니고 있음을 동시에 보여준다. 나중에 살펴보겠지만 예를 들어 영국의 도제 훈련 시스템이 쇠퇴한 것은 고용주나 훈련생 입장에서 수익의 불확실성이라는 문제를 해결하지 못한 데서 비롯되었다고 볼 수 있다.

베커를 넘어서

다른 한편 '베커를 넘어서'는 논의로 우리를 이끈 새로운 연구들이 많이 등장했지만(Acemoglu and Pischke 1999a), 이 연구들은 역설적으로 베커가 밝힌 바 있는 훈련-시장의 몇 가지 문제들로 다시 회귀하고 있다. 이러한 작업은 숙련에 대한 과소 투자의 원천들 가운데 베커 모델의 논리로는 설명하기 어려운 듯이 보이는 경험적 예외들에 부분적으로 대응한다(Acemoglu and Pischke 1999a; Finegold and Soskice 1988). 이러한 보다 최근의 연구들은 대부분 완전경쟁(일반적 숙련)과 비경쟁(특수한 숙련) 노동시장이라고 하는 훈련시장의 두 가지 이념형 모델에 관한 베커의 분석에 대해서 직접적으로 문제를 제기하지는 않지만, 특정한 종류의 숙련의 불완전경쟁 노동시장이라는 중간 범주의 사례에서 훈련을 제공하는 문제에 연구의 초점을 맞추어왔다. 구체적으로 이 연구자들은 베커의 주장 가운데 두 가지 측면에 대해서 반대했는데, 먼저 일반적 숙련과 특수한 숙련을 엄격하게 구별하는 것에 대해서 (Estevez-Abe, Iversenm, and Soskice 2001; Stevens 1996; 1999)[9], 그리고 일반적 숙련에 대한 시장이 항상 완전경쟁 상태일 것이라는 베커의 암묵적 가정에 대해서 반대했다(Acemoglu and Pischke 1998; 1999a; 1999b).

먼저 마거릿 스티븐스는 베커가 일반적 숙련 아니면 특수한 숙련으로 엄격하게 범주화하는 것을 문제 삼았다. 그녀는 자신이 통용 가능한 숙련transferable skills[10]이라고 부른 중간적 범주의 숙련에 초점을 맞추고 있다. 통용 가능한 숙련이란 "하나 이상의 기업에 대해서 유용하며, 기업 간에 해당 노동자들을 고용하려는 경쟁이 존재하지만 임금이 한계생산물에 도달할 정도로 경쟁이 치열하지는 않다"(Stevens 1999: 19). 스티븐스를 비롯한 연구자들은 아주 많은 숙련이 중간적 범주의

---

9 하지만 베커는 대부분의 훈련은 전적으로 일반적이지도 않으며 또한 전적으로 특수한 것도 아니라는 점을 인식하고 있다(Becker 1993: 40).

10 이는 Estevez-Abe, Iversen, and Soskice(2001)가 '산업적 숙련(industry skill)'이라는 범주로 규정한 것과 유사한 것으로 보인다.

어딘가에 해당한다고 시사하고 있다. 유사한 맥락에서 파인골드와 소스키스는 어느 기업이든 숙련들의 특정한 배합을 필요로 하는데, 하나의 숙련은 일반적일 수 있지만 그 배합 자체는 특수하다고 지적한다(Finegold and Soskice 1988; Acemoglu and Pischke 1999a: F124). 더구나 프란츠와 소스키스(Franz and Soskice 1995)는 일반적 숙련과 특수한 숙련의 습득은 서로 보완적이라고, 즉 기업 특수적 숙련에 대한 교육은 일반적 숙련을 가르치는 데 드는 비용을 줄이며 그 역 또한 성립한다고 주장한다.

통용 가능한 숙련이라는 중간적 범주 — 이동할 수 있지만, 베커가 말한 의미에서 정말로 '일반적'이지는 않은 —를 도입하게 되면 인력 사냥의 외부 효과라는 문제가 다시 등장한다. 왜냐하면 불완전경쟁 노동시장에서는 숙련의 가치(임금)는 반드시 한계생산물 수준까지 완전히 올라가지는 않을 것이고, 훈련의 일부는 숙련노동자를 고용한 기업에 이익을 안겨주기 때문이다(Stevens 1999: 20). 이러한 상황은 노동자들로 하여금 숙련을 획득하고자 하는 동기를 약화시키는데, 왜냐하면 훈련에 대한 자신의 투자에 대해서 임금의 형태로 충분한 보상을 거둘 수 없을 것이기 때문이다. 마찬가지의 이유에서 이번에는 반대로 고용주가 훈련비용의 일부를 떠맡고자 하는 동기가 증대된다. 하지만 이로 인해서 이번에는 또 다시 한 기업의 훈련에 대한 투자가 몇몇 다른 기업에게 이익 —즉, 인력 사냥의 외부 효과 —이 되고, 결국 통용 가능한 숙련에 대한 과소 투자로 귀결될 가능성을 증대시킨다(Stevens 1999: 27).

에이스모글루와 피쉬케는 노동시장에서 불완전경쟁이 일어날 가능성과 이것이 훈련에 관해 지니는 함의에 대해서 유사한 주장을 제시한다(Acemoglu and Pischke 1999a: F127). 스티븐스나 다른 연구자들(예를 들면 Estevez-Abe, Iversen, and Soskice 2001)이 숙련 유형을 보다 상세하게 구분함으로써 베커의 명제를 비판했음에 비해서 에이스모글루와 피쉬케는 그 대신에 노동시장의 구조에 초점을 맞춘다. 기업이 일반적 훈련에 대해서 결코 비용을 지불하지 않을 것이라는 베커의 명제를 비판하면서, 그들은 기업이 일반적 훈련비용의 상당한 부분을 부담하고 있는 경험적 사례들을 — 독일의 도제제도는 그 일례다 — 지적한다(Acemoglu and Pischke 1999a: F113-4). 에이스모글루와 피쉬케는 노동시장의 불완전성으로 인해서 숙련노동자들이 자신의 한계 생산성과 동등한 수준의 임금을 요구하지 못하게 되고, 그리하여 고용주들은 자신들의 훈련에 대한 초과 수익을 얻을 수 있게 된다는 점을 설명하고 있다(Acemoglu and Pischke 1999a: F120; 1998: 80).

에이스모글루와 피쉬케는 노동시장의 불완전성을 낳는 다양한 원인들을 검토하고 있다. 예를 들면 노동자들의 이직률을 낮추는 여러 가지 제도나 상황은 노동시장의 경쟁을 왜곡하고, 고용주들이 훈련을 마치고 난 이후에 한계생산물보다 낮은 임금으로 노동자를 보유할 수 있도록 해준다. 이직률이 낮은 한 가지 원인은 지역 경제를 지배할 정도로 대기업이 구매자 독점력을 발휘하는 경우이다. 그러한 상황에 있는 기업은 지역의 임금수준보다는 높지만, 훈련을 받은 노동자의 한계 생산성보다는 여전히 낮은 임금을 지불할 수 있다(Acemoglu and Pischke 1998: 80-1). 일본의 훈련은 베커가 말한 '특수한' 훈련을 포함하는 것으로 종종 분류되지만, 아래의 역사적 분석에서 드러나듯이 구매자 독점력, 그리고 독점 구매자들 사이의 조정에서 유래하는 불완전 경쟁 노동시장으로 인해서 기업들이 통용 가능한 숙련에 투자할 수 있

게 된 사례로 이해하는 것이 더 적절할 수 있다.[11]

에이스모글루와 피쉬케의 분석에서는 임금을 평준화함으로써 숙련노동자의 임금을 억제하는 노동시장 제도가 노동시장의 불완전성의 또 다른 원천으로서 두드러진 역할을 한다. 임금 평준화로 인해서 일반적 숙련에 대한 기업들의 투자가 촉진되는데, 왜냐하면 임금이 한계 생산성 이하로 억제되면서 기업이 투자에 대한 수익의 일부를 거둘 수 있게 되기 때문이다. 이는 베커 이론의 핵심적인 가정, 즉 일반적 숙련을 지닌 노동자들의 임금이 그들의 한계 생산성과 동일한 비율로 증가할 것이라는 가정과 일치하지 않는다. 하지만 에이스모글루와 피쉬케는 노동시장 제도가 이러한 가정을 방해할 수 있으며, 이는 기업의 훈련 투자에 영향을 미친다고 지적한다. '경쟁 노동시장에서 기업은 일반적 훈련에 대해서 결코 투자하지 않지만, 노동시장이 불완전한 상황에서는 기업이 지원하는 훈련이 균형 현상으로 등장한다"(Acemoglu and Pischke 1999a: F112).[12] 이후에 보듯이 바이마르 시기에 임금 평준화를 추구한 독일 노동조합의 정책은 사업장 내 훈련이 크게 성장하는데 실질적인 영향을 미쳤다.[13]

---

11 Blinder and Krueger(1996)는 일본의 이직률이 미국의 절반 이하의 수준임을 보여준다. 연공임금, 기업 수준의 사회정책, 그리고 다른 기업에서 경력 사원을 채용하기를 꺼리는 일본적 경영 방식이 이직률을 낮추는 데 기여하고 있다.

12 에이스모글루와 피쉬케는 이직률을 낮추고 임금을 평준화하는 데 유사한 효과를 낳는 노동시장 불완전성의 또 다른 원천을 지적하고 있다. 노동자들이 일자리를 그만두고 새로운 일자리를 구하는 것을 곤란하게 만드는 구인과 구직의 불일치, 그리고 노동자가 받은 훈련량에 대한 정보의 비대칭성 — 즉, 노동자를 훈련시킨 기업은 노동자의 숙련 수준에 대해서 더 많은 정보를 가지고 있기 때문에 경쟁 기업에 비해서 이점을 지닌다 — 등이 여기에 해당된다(Acemoglu and Pischke 1999a).

정치의 복원

에이스모글루와 피쉬케가 완전경쟁 노동시장이라는 가정에서 벗어나서 노동시장의 경쟁 정도가 가변적이라는 점 — 이는 기업과 훈련생들이 직면하는 인센티브에도 영향을 미친다 — 으로 분석의 초점을 이동한 점은 이 글의 분석에서 핵심적이다. 왜냐하면 이 책의 사례연구가 보여주듯이 훈련 레짐은 역사적으로 다른 노동시장 제도 및 조직과 상호작용하면서 함께 발전했기 때문이다. 나중에 보게 되겠지만 영국에서는 노동조합 구조와 단체교섭 제도가 숙련 노동시장과 제품 시장에서 이루어지는 고용주들 간의 경쟁을 격화시키고 어떤 면에서는 왜곡시키는 방식으로 발전했다. 반대로 독일과 일본에서는 노동조합 구조와 단체교섭 제도의 발전으로 인해서 노동시장의 불완전성이 발생했는데, 이는 기업들이 훈련에 투자하도록 인센티브를 제공하면서 동시에 인력 사냥과 관련된 집합행동 문제를 (재)등장시켰다.[14]

요점은 숙련 노동시장의 구조와 작동은 정치에 의해서 크게 영향을 받을 수 있고, 역사적으로는 훈련 레짐과 노동시장 제도가 발전하면서 상호작용을 통해서 다양한 맥락에서 발생하는 특수한(서로 다른)

---

13 덧붙이자면 임금 평준화로 인해서 고용주들이 상대적으로 비싸진 미숙련 노동자들을 기계로 대체하도록 하는 유인이 제공된다는 것이 일반적인 주장이다. 내가 제시한 숙련에 관한 주장과 결합하면 이는 고숙련, 고기술 궤적을 지향하도록 하며, 슈트렉이 '다변화된 품질 생산'이라고 부른 것을 지지해준다(또한 Moene and Wallerstein 1995; Streeck 1991을 참조).

14 에이스모글루와 피쉬케는 역사적 분석을 제시하지는 않지만 훈련 시스템과 노동시장 규제 사이의 상호 보완성을 강조하고(Acemoglu and Pischke 1999a: F136), "더 경직되고 규제가 많은 (유럽과 일본의) 노동시장이 기업이 지원하는 훈련을 더욱 촉진한다"고 지적한다(Acemoglu and Pischke 1999b: 567). 또한 훈련 시스템과 다른 정치·경제 제도들 사이의 제도적 상보성에 관한 홀과 소스키스의 논의를 참조하라(Hall and Soskice 2001).

시장 실패를 교정하기 위한 해결책의 종류는 물론 고용주와 훈련생이 직면하는 **숙련 노동시장의 종류**에 심대한 영향을 미쳤다는 것이다. 역사적으로 등장했던 문제들이 (그리고 해결책들이) 바로 현재의 훈련 레짐에서 보이는 국가 간의 몇몇 현저한 차이점들의 배후에 자리하고 있다(Acemoglu and Pischke 1999a: F132).

홀과 소스키스는 결과라는 측면에서 보면 자유 시장경제에서 청년층에게 기업 특수적이거나 산업 특수적 숙련이 아니라 일반적으로 시장 통용성이 높은 숙련을 획득하게 하는 인센티브가 존재한다고 지적한다. 기업은 일정한 기업 내 훈련을 통해서 노동자들의 교육 수준을 향상시킬 수 있지만, 대개 자신들만이 그 수익을 거두어들일 수 있는 통용 가능하지 않은 (기업 특수적) 숙련만을 증가시키려고 시도할 뿐이다(Hall and Soskice 2001). 그리하여 미국의 훈련 레짐은 민간 부문의 직업훈련에 기업이 적극적으로 투자하도록 촉진하지 않는다. 하지만 미국의 훈련 레짐은 '최첨단'의 숙련 — 예를 들면 엔지니어링과 프로그래밍과 같은 — 이 풍부하게 공급될 수 있도록 매우 적극적으로 지원하고 있는 것으로 보인다. 이러한 숙련은 대단히 일반적인 교육, 특히 대학 교육에 대해서 보상하고 기업 간 격렬한 경쟁을 통해 청년층의 훈련에 대한 수요가 촉진되는 상황에서 효과적으로 육성된다. 반면에 조직된 시장경제에서는 기업들이 노동자들의 일반적 훈련에 투자할 가능성이 더 높은데, 왜냐하면 이직률이 낮거나 인력 사냥과 무임승차를 감소시키는 다른 제도들이 존재하기 때문이다(또한 Acemoglu and Pischke 1998을 보라).[15] 그러나 노동시장의 불완전성으로 인해서 청년층 사이에 훈련에 대한 수요가 동시에 감소되는데, 특히 자신의 시간과 금전이 많이 투자되어야 하는 훈련에 대해서 그러하다. 왜냐하면 이들

노동자들은 자신의 훈련 투자에 대한 수익을 충분히 확보할 수 없기 때문이다. 이는 일부 조직된 시장경제에서 최첨단 분야에서(예를 들면 정보 기술IT 산업) 숙련 부족 현상이 관찰되는 점과도 부합한다(Smith 2000).[16] 이 책에서는 주로 블루칼라의 직업훈련에 초점을 맞추고 있지만, 결론에서는 이러한 보다 일반적인 관찰에 대해 다룰 것이다.

훈련에 관한 신뢰할 수 있는 약속과 관련된 쟁점: 몇 가지 문제와 해결책

완전경쟁 노동시장에서, 즉 숙련노동자의 임금이 그 한계 생산성까지 올라가는 상황에서 기업들은 일반적 숙련에 투자하지 않겠지만, 노동자들은 숙련에 투자할 인센티브를 보유할 것이다. 노동자들은 어떤 경우에는 공공 혹은 민간 직업학교에서 일반적 숙련을 획득할 수 있고 대학에서는 수준 높은 기술적 숙련을 획득할 수 있다. 이 책에서 강조하고 있는 블루칼라 노동자들에 대한 사업장 내 훈련에 관해 살펴보면, 비록 기업들이 훈련비용을 노동자들과 분담하지는 않으려고 하지만 그럼에도 만일 비용이 훈련생에게 효과적으로 전가될 수 있다면 훈련을 제공할 수도 있음을 보아왔다. 앞서 언급했듯이 여러 나라에서 전통적인 도제제도는 훈련생들에게 훈련비용을 지불하도록 강요하는

---

15 이 책에서는 또한 임금 평준화에 대해서 강조하고자 한다. 임금 평준화로 인해서 기업이 훈련에 투자하게 하는 인센티브가 제공되는데, 훈련에 대한 투자로 인해서 인력 사냥이라는 문제가 심화된다고 해도 결과적으로 이 문제를 만들어낸 동일한 제도적 장치들에 의해서 최소한 부분적으로는 해결되고 있다. 홀과 소스키스는 이러한 제도적 장치들에 대해서 언급하고 있는데, 조정된 단체교섭(이는 임금을 평준화하면서 동시에 인력 사냥을 완화한다), 강력한 고용주 단체(이는 무임승차자들을 처벌한다), 그리고 사업장 수준의 공동 결정(이는 상대적으로 긴 근속 기간을 제공한다) 등이 여기에 포함된다.

16 크리스타 반 빈베르겐(Christa van Wijinbergen)은 이 점을 나에게 강조해주었다.

방식으로 조직되었다. 훈련생이 상당 기간 동안 낮은 임금을 계속 받는 장기간의 도제 계약이 그 일례인데, 도제 기간이 끝날 시점이 가까워지면 사실상 훈련은 종료되지만 훈련생의 임금은 숙련노동자에 비해서 상당히 낮기 때문이다. 그러한 조항들은 이중적인 기능을 담당하는데, 훈련생이 직면하는 신용 제약을 감소시키고 (왜냐하면 훈련생들은 장기간에 걸쳐서 낮은 임금을 받음으로써 자신들의 훈련에 대해서 '지불'하기 때문에), 그와 동시에 기업에는 수익을 나눌 수 있도록 함으로써 훈련에 대한 인센티브를 제공한다.

하지만 위의 공식에서 이미 나타나듯이 이러한 방식으로 안정적인 숙련 형성 레짐을 제도화하는 데 있어서 핵심적인 문제는 훈련생과 훈련 기업 사이에 신뢰할 수 있는 약속을 확립하기가 곤란하다는 점이다(특히 Hansen 1997: 280을 보라). 도제 훈련은 훈련생과 기업 사이의 장기간의 계약을 내포한다. 기업은 양질의 훈련을 제공하고 그 대가로 도제가 초기 비용이 많이 드는 시기를 경과해 생산에 대한 도제의 기여가 자신이 받는 임금을 능가하는 시기까지 기업에 실제로 머물러 있을 것이라는 보장을 일정 정도 필요로 한다. 그러한 보장이 없다면 기업은 훈련을 줄이고 도제를 저렴한 노동력의 원천으로 이용하고자 하는 유혹에 빠질 것이다. 도제의 입장에서는 위와 같은 양질의 훈련에 대한 투자로부터 수익을 거둘 수 있도록 고용이 보장될 수 있는 한 — 예를 들면 미래의 일정 시점에는 그들을 고임금 숙련 노동시장에 진출시키거나 그들에게 장기 고용을 보장함으로써 습득한 기술이 쓸모없게 되지 않도록 보장해주는 방식으로 — 시장 수준 이하의 임금을 기꺼이 감수할 것이다. 하지만 훈련의 최종 단계에 도달해 사실상 충분한 훈련을 받았지만 여전히 시장 임금 이하를 받는 도제들은 자신들이 이미 습득한 숙련으로 더 높은 임금을 받을 수 있는 정규 노동시장에 진입하기 위해서 도제 훈련을 중단하고자 하는 유혹을 느끼게 될 것이다 (Hansen 1997: 13, 280).

이 문제는 양 당사자가 훈련 계약에 대해서 상호 신뢰할 수 있는 약속을 확보하는 것의 어려움과 관련된 고전적인 딜레마이다. 외부의 강력한 감시와 계약 위반에 대한 처벌 메커니즘이 없다면 어떤 당사자도 — 기업이나 훈련생 모두 — 상대방이 그 책임을 성실히 이행할 것인지 확신할 수 없다. 기업으로 하여금 양질의 훈련을 제공하고 도제를 착취하지 않도록 방지하면서 동시에 자신의 투자로부터 수익을 거둘 수 있을 만큼 도제가 장기간 근무하도록 강제할 수 있는 일정한 메커니즘이 존재하지 않는다면 도제 훈련은 저렴한 미숙련 노동으로 타락할 가능성이 있다.

이러한 문제에 대한 하나의 해결책은 국가, 고용주, 노동조합 혹은 이들 가운데 일부가 숙련을 평가하고 인증하는 절차를 마련하여 시행할 수 있는 **숙련 자격인증**skill certification 시스템이다(Hansen 1997: 380–94). 숙련 자격인증 절차로 인해서 기업들은 도제를 착취할 수 없게 되는데, 왜냐하면 자신의 훈련생들이 표준화된 자격인증 시험에서 계속 실패하는 기업은 훈련을 실시할 수 있는 자격을 박탈당하게 될 것이기 때문이다 — 이와 함께 도제의 저임금 노동을 활용한다는 생산 측면의 이점도 사라진다.[17] 숙련 자격인증 시스템은 도제가 조기에 퇴직하려는 인센티브를 감소시킨다. 왜냐하면 훈련생은 자격인증을 얻

---

17 평판에 미치는 효과도 있다. 훈련생이 자격인증 시험에서 특히 저조한 성적을 낸 기업들은 우수한 도제들을 채용하기가 곤란해질 것이다.

기 위해서는 오랜 기간 근무해야 하고, 더 좋은 일자리를 얻기 위해서
이는 꼭 필요하고 널리 인정되는 증서이기 때문이다. 관련 당사자들
— 고용주, 훈련생, 혹은 이들로 구성된 단체들 — 이 실제로 위와 같
은 시스템을 시행할 수 있으리라는 보장은 어디에도 없다. 뒤에서 보
듯이 영국은 이러한 문제들에 대해서 안정적인 해결책에 도달하는 데
실패함으로써 사업장 내 도제 훈련이 쇠퇴한 반면에, 독일 도제 훈련
시스템에서는 숙련 자격인증 프로그램이 핵심적인 버팀목이 되었다.

훈련에서 집합행동과 관련된 쟁점 : 몇 가지 문제와 해결책

경쟁 노동시장에서는 훈련생의 자본 제약이 훈련에 대한 과소 투자를
낳는 중요한 문제로 간주되는데, 이 문제는 불완전경쟁 노동시장에도
존재한다. 왜냐하면 기업은 훈련비용을 분담하고자 할 뿐 결코 전담하
려고 들지 않기 때문이다. 더구나 앞에서 설명한 바와 같은 이유로 인
해서 인력 사냥의 외부 효과도 또한 작용할 것이다. 왜냐하면 기업은
훈련에 대해서 자신들이 행한 투자의 수익을 경쟁 업체가 아니라 자신
들이 거두게 될 것임을 결코 확신할 수 없기 때문이다. 할 한센이 지
적한 대로 "인력 사냥을 한 기업에는 분할해서 회수해야 할 훈련비용
이 [발생하지] 않기 때문에 숙련을 지닌 도제에게 더 많은 임금을 지급
[할 수 있다]"(Hansen 1997: 282-3).

이념형으로 보면 이러한 문제에 대해서 두 가지 유형의 해결책이
존재한다. 하나는 이동성이 높은 숙련노동자들을 집단적으로 풍부하
게 공급하는 시스템으로서 모든 기업이 그 공급에 기여하고 이를 이용
할 수 있다. 다른 하나는 강력한 기업내부 노동시장*을 배경으로 사업
장 내 훈련을 제도화하는 것이다.[18] 첫 번째 집단주의적 해결책은 모든

고용주들이 의존할 수 있는 숙련 풀pool의 공급을 뒷받침하는 조치들로 이루어진다. 이러한 시스템에는 숙련의 높은 이동성을 보장할 장치들이 ― 예를 들면 숙련 자격인증의 표준화와 같은 ― 포함되어야 할 것이다. 그러나 그러한 자격인증은 숙련 노동시장을 더욱 경쟁적으로 만들어서 인력 사냥 문제를 심화시킬 것이다. 왜냐하면 자격인증으로 인해서 현재의 고용주에게 훈련생의 숙련 수준 및 내실에 관해서 독점적인 정보를 부여하는 정보의 비대칭성이 완화되기 때문이다. 따라서 그러한 시스템은 인력 사냥을 규제하고 숙련노동자를 둘러싸고 기업 간에 비용 경쟁이 벌어지는 것을 방지할 수 있는 강력한 제도적 메커니즘을 또한 갖추어야 할 것이다. 이는 임금 조정을 통해서 노동자들이 '잦은 이직'을 선택하려는 동기를 감소시킴으로써, 그리고/혹은 기업의 행동을 감시하고 인력 사냥을 처벌하는 강력한 기업 협회나 고용주 단체와 같은 메커니즘을 통해서 달성될 수 있을 것이다. 또한 임금 조정은 임금 평준화로 연결되는 경향이 강해서(Wallerstein 1999), 노동시장의 불완전성을 만들어낸 바로 그 제도적 메커니즘이 ― 이것이 애초에 기업들로 하여금 훈련에 참여하도록 촉진했는데 ― 그 결과로 나

---

* '내부 노동시장'이란 일련의 행정적 규칙과 절차에 의해서 노동에 대한 가격이 매겨지고 노동의 배분이 이루어지는 행정 단위를 가리킨다. '기업내부 노동시장'이란 기업 조직의 고유한 규칙과 절차에 따라서 노동에 대한 가격이 매겨지고 노동의 배분이 이루어지는 현상을 포착하기 위한 개념이다. 특히 2차 대전 이후 장기 고용 관행, 입직구(入職口)의 제한과 내부 승진 제도, 그리고 근속에 따라 상승하는 임금 곡선(연공임금 곡선) 등 '완전경쟁 시장' 모형과는 구분되는 특징이 광범위하게 관찰되었고, 이러한 특성이 나타나게 된 원인 및 그 효과를 둘러싼 논의가 '기업내부 노동시장론'으로 전개되었다. ―옮긴이

18 이는 '분권화된'(그리고 집단적으로 조정되는) 생산 레짐과 '기업 자급적(autarkic)' 생산 레짐이라는 게리 헤리겔의 구분이나(Herrigel 1996b), '연대적' 노동시장 전략 대 '분절주의적' 노동시장 전략이라는 피터 스웬슨의 구분과 일치한다(Swenson 2002).

타난 인력 사냥 문제도 부분적으로 '해결'할 수 있다. 아래에서 보듯이 독일의 직업훈련 시스템은 ― 광범위한 기반을 지닌 고용주 단체와 노동조합에 의해서 코포라티즘적 감독이 강력하게 이루어지고 있는 ― 민간 부문 훈련에 관한 집단주의적 해결책이라는 이념형에 가깝다.

두 번째 해결책은 여러 가지 면에서 첫 번째 해결책과 대비되는 모습을 보인다. 여기서 고용주들은 외부 시장에서 노동력을 둘러싼 경쟁으로부터 자신을 보호하기 위한 조치들과 사업장 내 훈련을 결합시킨다. 이 경우에 기업은 도제에게 장기간에 걸쳐 훈련을 제공하고, 그리고/혹은 훈련생이 회사를 떠나려는 생각을 감소시키는, 기업의 고유한 복리 후생을 후하게 제공할 수 있다. 이는 기업이 노동자의 숙련에 투자하는 것을 '안전'하게 만들어주는데, 기업은 노동자가 회사에 근무하는 기간 동안 자신의 투자를 회수할 수 있음을 알고 있다. 이 경우에 훈련은 노동자들의 이직 동기를 감소시키는 연공임금과 내부 승진제와 같은 보완적인 인사 정책과 또한 연결된다. 일본의 대기업 부문은 헤리겔의 기업 자급적 이념형이나 스웬슨의 분절주의적 이념형에 가깝다.

주장의 요약

이 책에서 제시하는 역사적인 설명을 간단히 요약하면 다음과 같다. 국가 간 직업훈련 레짐의 차이는 산업화 초기에 독립 장인과 산업 분야의 숙련노동자, 그리고 숙련 집약적인 산업의 고용주들 사이에 이루어진 정치적 타결의 차이로 소급될 수 있다. 국가별로 실현될 수 있었던 타결의 유형은 국가의 행위(혹은 무행위)에 의해 크게 영향을 받는다. 국가는 자주 결정적인 영향을 미쳤는데, 기업들 사이에 그리고 노동조합과 고용주 사이에 조정을 촉진하고, 비자유주의적(혹은 조정된) 훈련 레짐을 뒷받침하거나 그렇지 않으면 당사자들 사이에 이해 갈등을 심화시켜서 사업장 내 훈련 시스템이 안정적으로 제도화되지 못하도록 치명적인 작용을 했다.

국가들 사이에 나타난 한 가지 결정적인 큰 차이점은 산업화 초기 전통 장인의 운명에 관한 것이다. 미국과 영국의 산업화는 전통적인 장인 조직(길드)이 파괴되었거나(영국), 발전한 적이 없었던 상황에서(미국), 그리고 초기 노동조합 조직이 노골적인 억압적 정치체제에 직면하지는 않았던 상황에서 진행되었다.[19] 두 나라에서 모두 독일과 일본보다 마스터masters와 저니맨journeymen 사이의 신분적 구별이 약화되었고, 정치적 상황과 시장 조건은 숙련노동자들로 하여금 단결하여 시장에서 숙련을 통제함으로써 자신들의 이익을 옹호하도록 촉진했다. 그러나 노동조합이 관리하는 숙련 직종별 노동시장craft labor markets은 고용주들로부터 실질적인 지지를 획득할 경우에 비로소 안정될 수 있었는데, 이는 불가능하지는 않더라도 매우 드문 일이었다.[20] 산업화 초기에 크래프트 유니온들craft unions이 등장하면 숙련 형성을 둘러싸고

---

19 영국의 경험과 대비하면서 독일에 관해서 매우 통찰력 있는 논의를 전개한 Kocka(1984)와 Kocka(1986b)를 볼 것. 독일과 영국에 관한 다른 유용한 비교로는 Mommsen and Husung(1985)와 Crossick and Haupt(1984)를 참조. 콜린 크라우치는 국가별 궤적의 차이에 대해서 설득력 있는, 훨씬 더 폭넓은 주장을 제시하는데, 산업화 과정에서 길드를 비롯한 전통적인 조합주의 제도가 생존했는가 혹은 몰락했는가 하는 점이 중요함을 구체적으로 보여준다(Crouch 1993: 특히 316-7).

20 많은 나라에서 건설 산업이 그러한 예에 해당된다. 또 다른 예로는 19세기 말 미국의 화로(火爐) 산업을 들 수 있는데 이에 대해서는 4장에서 다룰 것이다. 국가별 유형으로 보면 덴마크가 여기에 가장 가깝다.

계급 분할에 기초해서 대결하는 상황이 더욱 자주 전개되었다.* 노동
조합은 도제제도를 활용하여 자신들이 지닌 숙련의 희소가치를 유지
하려 했고, 기업주들은 노사분쟁에서 유리한 지위를 점하기 위해 훈련
을 통제하고자 하는 노동조합의 시도를 물리치고자 했다.

숙련공 조합이 도제 훈련을 제한하는 방식으로 ─특히 훈련을 받
는 노동자 수에 대해서 ─숙련 공급을 통제하려는 경우 고용주들은 이
러한 조치에 맞서서 격렬하게 투쟁했고 또 일반적으로는 성공을 거두
었다. 노동조합과 고용주 사이에 숙련과 도제제도를 둘러싸고 갈등이
발생하면 앞서 언급한 신뢰할 수 있는 약속이라는 문제는 완화되기보
다는 악화되었고, 도제제도와 사업장 내 훈련은 대체로 쇠퇴하게 되었
다. 숙련 부족이 반복되면 ─이는 부분적으로는 기업이 훈련을 지원하
지 않아서 생겨났다 ─ 단기적으로는 숙련공 조합에 유리하게 작용했
다. 하지만 이러한 동학은 숙련노동을 둘러싼 기업 간 경쟁 및 인력
사냥을 심화시켰고, 이는 다시 베커가 말한 대로 기업의 훈련 동기를
감소시키고 그 대신에 숙련에 대한 의존을 최소화하는 전략을 추구하
게 했다(Finegold and Soskice 1988). 이에 대해서 숙련공 조합은 특정한
직무를 자신들의 배타적인 영역으로서 수행할 수 있는 권리, 즉 직무
통제 조합주의job control unionism를 주장함으로써 대응했다. 이러한 대응
으로 인해서 역설적으로 크래프트 유니온은 시간이 흐르면서 대개 어
떠한 숙련을 보유하고 있는가가 아니라 어떠한 직무를 수행하는가에

---

* 크래프트 유니온이란 직업별 노동조합 혹은 숙련 직종별 노동조합으로 번역되기도 했는
   데, 주로 서구에서 19세기 산업자본주의 시기에 직종(craft)을 단위로 하여 숙련 직인 중심
   으로 조직된 노동조합을 가리킨다. 크래프트 유니온은 도제제도를 통해서 숙련노동력의
   양성과 공급을 통제하고자 했다. ─옮긴이

의해서 조합원 자격이 규정되는 잡동사니 조직으로 변해갔다(Piore and Sabel 1984).

이에 비해 독일과 일본에서는 독재 정권의 후견 아래서 산업화가 전개되었고, 전통적인 장인 부문은 도제 훈련 분야에서 중요한 집합적 행위자로 살아남았다. 독일과 일본에서는 산업부문의 노동조합은 숙련 직종별 노동시장에 대한 통제에 근거한 전략을 선택하는 것이 불가능한 상황에서 성장했다. 왜냐하면 무엇보다도 자영이거나 소규모 고용주인 마스터 장인들master artisans이 그러한 기능을 독점하고 있었기 때문이다. 이 경우에 산업부문의 노동과 자본 사이에 숙련 형성을 둘러싼 대립은 발생하지 않았고, 장인 부문과 근대적인 산업부문 사이에 대립이 발생했다. 두 부문 사이의 경쟁은 기업이 비용을 부담하는 훈련을 보존하는 데 파괴적이지 않고 건설적인 영향을 미친 것으로 밝혀졌는데, 그 이유에 대해서는 나중에 자세히 설명할 것이다. 노동조합은 독일과 일본에서 이러한 시스템이 만들어지는 데 창설자도 아니었고 중심 세력도 아니었지만, 그럼에도 불구하고 1920년대와 그 이후에 노동조합이 어떠한 전략과 제휴를 선택했는가가 두 나라에서 훈련 제도의 발전 경로에 영향을 미쳤다.

독일과 일본의 시스템은 양자 모두 민간 부문 훈련에 대해 높은 수준의 투자를 촉진한다는 점에서 유사하지만, 매우 상이한 원리에 기초해 있으며 아주 다른 제도적 장치들에 의해 유지되고 있다. 나는 양국의 이러한 차이가 산업화 초기에 국가가 장인 부문을 취급한 방식의 차이에서 비롯된 것으로 이해하는데, 이는 다시 숙련에 많이 의존하는 기업의 전략에 영향을 미치고, 새로이 등장한 노동조합과 기업 사이의 관계 또한 강력하게 규정했다. 19세기 말 독일은 정부 정책으로 장인 부문의 조직화와 근대화를 적극적으로 추진했고, 그 과정에서 숙련 형성 분야에 관해서 '정부에 준하는parapublic'[21] 권한이 장인 부문에 부여되었다. 숙련에 많이 의존하는 기업들은 장인 부문이 보유한 숙련 자격인증 권한을 몹시 탐내면서, 장인 부문과 경쟁하는 과정에서 숙련 형성에 대해서 보다 조정된 접근 방식을 채택하게 되었다. 숙련 집약적 부문의 노동자들을 상당한 정도로 조직한 독일 노동조합은 바이마르 초기에 통합된 이후에는 수공업 부문Handwerk의 독점에 맞서는 산업부문의 잠재적 동맹 세력으로 등장해서 산업부문을 위한 연대적 숙련 형성 레짐을 지지했다.

이와 반대로 19세기 말 일본의 정부 정책은 집합적(조직된) 장인 부문의 몰락과 정치적 해체를 촉진했다. 장인 부문은 근대화와 산업화의 장애물로 간주되었던 것이다. 국가는 숙련노동의 심각한 부족에 직면하자 숙련 형성을 촉진하기 위해 외국인 노동자를 수입하고 국영기업에서 훈련 프로그램을 실시하는 등 보다 직접적인 조치를 취했다. 하지만 일본 국내의 독립 장인들은 두 가지 조치에서 모두 훈련의 중요한 중개자로 받아들여졌다. 민간 기업들은 공기업의 방식을 좇아서 더 '분절주의적인' 경로를 밟기 시작했고, 전통적인 숙련 직인(오야카타)*을 직접 고용하거나 기업 내 훈련 시스템 속으로 통합함으로써 숙련 형성 문제에 대처했다. 초기의 노동조합은 1920년대에 이러한 기업별 자립 경향을 더욱 강화시켰는데, 노동조합의 목표와 전략은 이러한 기업내부 노동시장의 맥락에서 설정되기에 이르렀다.

---

21 카첸슈타인(Katzenstein 1987)이 사용한 단어다.

제도의 발생과 변화에 관한 이론들

훈련 레짐의 국가별 다양성의 역사적 기원에 관한 이 책의 분석은 비교정치에서 더욱 중요해진 광범위한 이론적 쟁점들을 다루고 있다. 제1세대 '신'제도주의자들은 정태적 비교에 초점을 맞춰 주로 제도가 정치적 결과에 어떤 영향을 미치는가 하는 질문을 제기했음에 비해 제도에 관한 최근 문헌들은 제도의 진화와 경로의존 문제를 더욱 깊이 탐구해왔다. 독일과 영국, 미국, 일본을 비교함으로써 우리는 상이한 제도의 *기원*을 탐구할 수 있는데, 이 책에서는 또한 19세기 말부터 2차 대전 이후 시기를 거쳐 현재에 이르기까지 비교적 오랜 기간에 걸쳐서 독일 시스템의 *발전*을 추적해 분석한다.

위에서 지적한 대로 독일은 상당히 중요한 역설적인 특징을 지닌 사례이자 여러 가지 흥미로운 경험적 질문을 던져주는 사례다. 독일의 직업훈련 시스템을 노동과 자본 사이의 '사회적 파트너십'이라는 독일 모델의 핵심적인 버팀대로서, 그리고 고임금과 양립 가능하며 사실상 강력한 노동조합에 여러 측면에서 의존하고 있는 제조 전략의 핵심적 기반으로 규정해온 것은 적절하다(Streeck 1991). 하지만 이후에 보듯이

---

* 오야카타(Oyakata, 親方)란 기업으로부터 작업을 청부받아 청부 금액과 실지출 금액의 차이를 자신의 수입으로 삼고, 자기 휘하에 특정 직종의 작업 집단을 고용해 이들의 작업을 지휘 감독하고 생활을 돌보아주는 하청업자를 가리킨다. 오야카타는 직공 및 도제를 자신이 고용하여 양성하고 개별 노동자의 임금을 결정하고 작업에서 얻은 수입을 노동자들에게 분배하는 권한을 지니고 있었다. 19세기 말과 20세기 초에 일본의 조선 산업의 경우 오야카타는 형식적으로는 종종 조선소의 직장(職長), 즉 감독 직공의 지위를 부여받았지만, 실질적으로는 작업의 청부 주체로서 독립 수공업자의 성격을 지녔으며, 오야카타 청부제(親方 請負制)는 임금의 중간착취를 구조적으로 내포한 제도라고 볼 수 있다. ―옮긴이

1897년 법률을 입안하고 옹호한 사람들은 이러한 확실한 목표 지점에 도달할 것을 의도하기는커녕 전혀 예상조차 하지 못했다. 둘째로, 독일 사례가 지나온 역사적 궤적은 한편으로는 거대한 역사적 분기점을 거치면서 때로는 대단히 놀라운 연속성을 보여주지만, 다른 한편으로는 20세기를 거치면서 조용하지만 커다란 변형을 겪었다는 점 또한 분명히 보여준다. 이 모든 이유들로 인해서 독일 시스템의 진화 과정을 관찰하면 시간이 흐르면서 제도가 어떻게 지속되고 또 어떻게 변화하는가 하는 문제에 대해서 중요한 통찰을 얻을 수 있다.

이 문제들은 비교정치 분야에서 중요한 쟁점들이지만 제도의 진화 및 변화에 관한 질문들은 체계적인 주목을 거의 받지 못해왔다. 그 결과, 피어슨이 지적한 대로, 제도의 존재와 형태를 제도가 '시스템' 혹은 어떤 '집단'을 위해서 수행하는 기능이나, 그 제도의 작동으로부터 이익을 얻는, 권력을 지닌 행위자를 위해서 수행하는 기능 탓으로 돌리는 설명에 '의존'하는 경향이 있었다(Pierson 2000b: 475). 정치학에서 기능주의의 전통은 오래되었는데, 과거에 그 우익적 조류와 좌익적 조류가 모두 등장한 바 있다(이에 대한 논의로는 Hall 1986: 5-7을 보라). 예를 들어 이스턴 등의 구조기능주의(Easton 1957)에서 '국가'가 수행하는 핵심 기능은 이해를 조정하고 결합하는 것인 반면, 맑스주의 연구자들은 축적과 정당화를 강조했다. 하지만 두 가지 조류에서 모두 특정한 현상의 존재는 그 현상이 낳는 효과와 관련해서 설명되었다(Hall 1986: 6).

이와 같은 유형의 '사회 전체적 기능주의societal functionalism'는 대체로 사라졌지만, 이와는 사뭇 다르게 보다 '행위자 중심적인' 유형의 주장이 아주 활발하게 등장하고 있다(Pierson 2004: 4장)[22] 그러한 문헌들 가운데 한 종류는 '신제도주의 경제학NIE'에서 유래한다. 신제도주의 경제학은 자기 이익을 추구하는 행위자가 협력을 통해서 시장에서 나타나는 집합행동의 문제*를 어떻게 해결하고 상호 이익을 실현하는가를 설명하려고 노력해왔으며, 정치학에서도 널리 응용되어 왔다. 예를 들어 국제 관계 분야에서 일부 연구자들은 제도를 국가들이 이를 통해서 무정부 상태의 세계에서 거래 비용을 감소시키고 공동 이익을 달성할 수 있는 메커니즘이라고 본다(Keohane 1984; Koremenos, Lipson, and Snidal 2001). 미국 정치 분야에서 미국 의회를 연구한 학자들은 제도적 규칙이 '악순환'을 제거하고 의원들 사이에 신뢰할 수 있는 약속을 촉진하는 데 중요하다고 본다(Shepsle and Weingast 1981; Weingast and Marshall 1988; Shepsle 1986). 또 비교정치 분야에서 몇몇 연구자들은 선거 규칙과 기타 장치들이 경쟁하는 엘리트들 간에 안정적인 협력 구조를 제공한다고 본다(Przeworski 2001). 이러한 관점이 널리 퍼져 있으며 영향력이 있다는 사실은 제도에 관한 합리적 선택 문헌들에 대해서 배리 와인개스트가 행한 최근의 포괄적인 조사에서 확인된다. 와인개스트는 "제도는 왜 존재하며, 또 어째서 지금과 같은 고유한 형태를 취하고 있는가"를 설명하고자 시도한 일련의 연구 결과를 요약하면서, "대답은 정당들이 종종 협력을 통해서 이익을 얻을 수 있게 도와주는 제도를 필요로 하기 때문"이라고 주장한다(Weingast

---

22 사회 전체적 기능주의와 행위자 중심적 기능주의를 구분한 것은 피어슨이다. 그는 두 가지 유형의 주장이 각각 제도의 선택과 제도의 발전에 대해서 서로 다른 주장으로 이어진다는 점을 자세히 보여준다(Pierson 2004: 4장).

* 공공재를 산출하기 위한 집합행동의 경우 합리적인 행위자는 집합행동에 참여하지 않고서도 공공재의 혜택을 받을 수 있기 때문에 여기에 참여하지 않게 되고, 결과적으로 집합행동이 일어나기 어렵다는 문제를 가리킨다. ─옮긴이

2002: 670).

잭 나이트(Knight 1992)와 테리 모(Moe 2003)는 위와 같은 관점이 지나치게 안이하며 정치제도에 내재해 있는 강압적 측면을 경시한다고 비판했다. 모의 표현을 빌리자면 위의 문헌들에서 "제도는 좋은 사물로 등장하며, 궁극적으로 제도를 설명하는 것은 그것의 선함goodness이다. 즉, 제도는 사람들을 잘 살게 만들어주기 때문에 존재하고 또 지금과 같은 형태를 취하며, 이것이 바로 사람들이 제도를 선택하고 고수하는 이유이다."(Moe 2003: 3). 나는 권력이라는 측면에 관해서는 나중에 다룰 것이다. 지금 강조하고자 하는 바는 제도를 자발적 협력의 구조로 보는 관점에 기초한 분석에서 흔히 제도의 기원을 설명하기 위하여 제도가 수행하는 기능을 언급한다는 점이다. 제도로 인해서 발생하는 선하고 이익이 되는 효과를 위해서 제도가 *고안*되거나 *선택*된다고 명시적으로 혹은 암묵적으로 주장된다. 피어슨이 지적한 대로 문제는 이 연구자들이 "이러한 제도가 어떻게 합리적으로 선택되었는가 혹은 선택될 수 있었는가를 설명하기 위해서 현존하는 제도적 장치들로부터 출발해서 *거꾸로* 사고하는" 경향이 강하다는 데 있다(Pierson 2004: 104).[23] 독일 직업훈련 시스템의 혜택, 즉 숙련에 많이 의존하는 기업들이나 숙련공을 핵심 성원으로 둔 노동조합에 제공하는 혜택이 이러한 제도가 지속되는 데 모두 크게 기여하고 있음은 분명하다. 하지만 로버트 베이츠Robert Bates가 경고한 대로 "제도의 역할에 대한 분석과 제

---

23 존 엘스터(Elster 2003)는 '합리적인 제도 설계'를 다룬 문헌들에 대해서 훨씬 더 근본적인 비판을 가한다. 그는 제도를 고안하는 행위자들이 그들의 객관적인 이익과 부합하는 제도를 여러 가지 이유로 단기적으로도 얻지 못할 것이라고 주장한다.

도의 원인에 관한 이론을 혼동"하지 않는 것이 중요하다.[24] 혹은 피어
슨의 주장대로 우리는 현재의 효과와 초창기의 의도 사이에 관련이 있
다고 가정할 수 없으며, 그 대신에 "*우리는 과거로 돌아가서 살펴보아
야 한다*"(Pierson 2000a: 264, 강조는 Pierson의 것).

　　제도의 형태와 성격에 관한 기능주의적 설명을 대체하는 주요한
대안으로는 '경로의존path dependence'이라는 개념을 갖고 진행되는 다양한
접근법들이 있다. 이러한 주장에도 아주 다양한 유형들이 존재하지만
이 개념을 진지하게 받아들이는 학자들은 대부분 스틴치콤이 제도의 기
원에 관한 '역사주의적 설명' — 이는 "한 제도의 발생을 설명해주는 과
정은 그 제도의 재생산을 설명해주는 과정과는 구분된다"고 말한다 —
이라고 부른 것의 가능성을 호의적으로 받아들인다(Mahoney 2000: 4;
Stinchcombe 1968: 101-29). 이 대안적 관점은 방금 묘사한 기능주의적
설명과는 날카롭게 대조된다. 왜냐하면 '제도가 왜 지금과 같은 형태를
취하는가'라는 질문에 대해서 제시하는 답변이 기능적이지 않고 역사적
이기 때문이다. 지금까지 이 두 번째 관점은 대체로 '역사적 제도주의'
와 관련된 학자들 사이에서 보다 두드러지게 나타났는데, 이들은 제도
가 구체적인 시간적 과정과 정치투쟁의 산물이라는 점을 강조하는 경향
이 있다(더 자세한 논의로는 Thelen 1999: 특히 381-99 참조).

　　정치학 분야에서 경로의존을 다룬 가장 영향력 있는 저작들은 경
제사 연구자들, 그중에서도 기술사 연구자들, 특히 폴 데이비드Paul

---

24 나이트는 이를 훨씬 더 날카롭게 표현하고 있다. "제도의 변화를 합리적 선택으로 설명하
　　려는 연구자들이 범하는 가장 큰 잘못 가운데 하나는 확인 가능한 제도의 효과로부터 거
　　꾸로 출발해서 제도화 과정에 관련된 행위자들의 초기 선호를 규정해버리는 관행이다"
　　(Knight 1999: 33-4).

David과 브라이언 아서Brian Arthur의 저작에서 커다란 영감과 통찰을 얻었다(특히 Pierson 2000a를 보라). 이 경제학 문헌들의 전반적인 논지는 기술 시스템은 어디에서 출발하더라도 시장이 비효율적인 기술들을 도태시켜서 동일한 효율적인 균형점에 도달할 것이기 때문에 "실제의 시간과 역사는 무시해도 [좋다]"고 주장하는 관점들을 논박하는 것이었다(Hodgson 1993: 204). 오히려 기술 발전에 관한 역사주의적인 대안적 관점에서는 몇 가지 가능한 균형점 가운데 어떤 균형점에 도달하는가, 그리고 가장 효율적인 해결책이 선택되는가의 여부를 결정하는 데는 타이밍과 순서가 중요한 것으로 등장한다. 타이밍(예를 들어 '첫 번째 주자가 되는 것')이 중요한데, 왜냐하면 일단 어떤 기술이 선택되면 상당한 수익체증 과정을 겪게 되기 때문이다(Pierson 2000c; David 1985; Arthur 1989). 처음에는 아마도 독특하게 시작된 우위가 수익체증 효과로 인해서 안정적인 발전 궤도로 유도될 수 있는데, 기업들이 지배적인 표준에 적응하면서 최초의 선택을 강화하는 방식으로 투자를 해나가기 —예를 들면 사람들은 지배적인 기술을 익히는 데 투자하고 기업은 산업 표준에 부합하는 제품을 생산한다 —때문이다. 이러한 과정을 통해서 최초의 선택은 '고착'될 수 있고, 다른 경쟁 기술이 더 효율적인 것으로 판명되더라도 표준을 변경하기 어렵게 된다(Arthur 1989; David 1985).[25]

---

25 쿼티(QWERTY) 키보드는 많이 인용되는 사례다. 그러나 이에 관한 데이비드의 유명한 설명에 대해서 리보위츠와 마골리스(Liebowitz and Margolis 1990)가 강력한 비판을 제기했음을 언급할 필요가 있다. 그들은 쿼티 모델이 효율적이라는 증거를 제시하고 있으며 제도의 역할에 관해 상당히 광범위한 주장도 한다. 이러한 주장의 일부는 정치에 관해 내가 이후에 제시하는 주장과 대체로 양립 가능하다.

이러한 연구로부터 정치학자들은 기술과 마찬가지로 정치에도 가능성이라는 측면(행위 수행, 선택)이 일부 존재하지만, 일단 어떤 경로가 정해지면 관련 당사자들이 자신들의 전략을 지배적인 유형에 적응하도록 조정함에 따라서 이전에는 실행 가능했던 대안들의 가능성이 점점 더 희박해진다는, 직관적으로 보면 매력적인 생각을 받아들였다(특히 North 1990; Zysman 1994를 보라). 그리하여 정치학에서 경로의존이라는 개념은 각 국가가 '결정적 국면'을 거치면서 국가별로 상이한 특수한 궤적에 따라서 움직이게 되고, 그렇게 되면 이를 되돌린다는 것은 불가능하지는 않더라도 곤란할 것이라는 생각과 밀접하게 연결되었다(Collier and Collier 1991; North 1990; Mahoney 2002). 이로부터 두 가지 유익한 연구들이 대거 등장했다. 하나는 '핵심적 국면crucial junctures'에 관한 연구들로서 주로 중요한 제도적 장치들에서 국가 간 차이가 발생하는 기원을 다룬다. 다른 하나는 '피드백 효과feedback effects'에 관한 연구들이다. 일단 제도가 선택되면 피드백 효과를 통해서 스스로 재생산되고 이후의 선택이 제약됨으로써 제도가 발전하는 궤적이 또한 규정된다(더 자세한 논의는 Thelen 1999를 볼 것). 위와 같은 분석들은 바로 제도가 형성되던 역사적 상황이 어떻게 현재의 제도의 모습을 강력하게 규정하는가를 해명함으로써 제도의 기원에 관한 기능주의적 이론에 대해 강력한 반론을 제시한다.

수익체증 효과나 긍정적 피드백 효과에 관한 이론들은 제도의 존속을 '점착성stickiness'이나 '관성inertia'으로 설명하는 이전의 애매한 공식에 대해 강력한 대안을 제시했다. 널리 인용되며 선구적이라고까지 할 수도 있는 저서에서 피어슨은 경제 시스템에서 수익체증 효과를 낳는 메커니즘이 정치제도에는 얼마나 더 많이 그리고 강력하게 존재하는가를 관찰했다(Pierson 2000a). 피어슨은 많은 공식적 정치제도들이 경제학에서 중요하다고 아서가 확인한 바 있는 동일한 유형의 대규모 설치 비용, 강력한 학습 및 조정 효과, 그리고 적응적 기대로부터 영향을 받고 있다고 주장한다. 마호니(Mahoney 2000)는 경제학 문헌들에서 한걸음 더 나아가서, 공리적인 것을 넘어서서 정치적이고 규범적인 과정을 통해서 자기 강화적인 방식으로 작동하여 기존의 정치제도를 확립해나가는 재생산 메커니즘들을 확인하고 해명했다. 이러한 저작들의 요점은 제도의 발전에 미치는 수익체증 효과의 역할을 강조해서 노스의 표현대로 하면 어째서 비록 "구체적인 단기적 경로는 예상할 수 없지만, 전반적인 방향은 …… 더 예측 가능할 뿐 아니라 되돌리기가 더 힘든가"를 밝히는 것이었다(North 1990: 104).

하지만 위와 같은 특징이 보여주듯이 이러한 종류의 수익체증 및 긍정적 피드백 이론은 제도가 지닌 복원력의 원천을 이해하는 데는 유익했지만 제도의 변화에 관해서는 통찰을 제시하지 못했다. 경로의존이라는 개념은 연구자들이 제도의 변화를 둘 중의 하나로, 즉 매우 사소하면서 어느 정도 연속적으로 진행되는 것으로 — 대부분의 시기 동안 — 사고*하거나, 그렇지 않으면* 중요하지만 돌발적이고 불연속적인 것으로 — 아주 드물게 일어나는 — 사고하도록 이끈 것으로 보인다 (Streeck and Thelen 2005).* 이로 인해서 저작들이 기묘하게 양극화되어 등장했는데, 경로의존이라는 개념을 두 가지 완전히 다른 — 어떤 면에

---

* 슈트렉과 씰렌은 함께 편집한 저서(Streeck and Thelen 2005)의 서문에서 변형적 결과를 낳는 점진적 변화(incremental change with transformative results)에 주목하면서 제도 변화에 관한 새로운 이론을 제시했다. -옮긴이

서는 완전히 대립되는 — 변화 관념과 연결시켰다. 어떤 연구자들은 경로의존을 과거의 유산이 현재의 선택과 변화에 항상 영향을 미친다는 일반적인 주장을 뒷받침하는 매우 느슨한 용어로 사용했다(예를 들면 Sewell 1996). 예를 들면 현대 동유럽이 민주주의와 시장경제로 이행하는 과정을 다룬 많은 연구들이 이러한 방식으로 '경로의존'을 사용하고 있다. "경로의존은 과거의 제도적 유산이 제도를 혁신하는 데 있어서 현재의 가능성과 그리고/혹은 선택지의 범위를 제한하고 있다" (Nielson, Jessop, and Hausner 1995: 6)는 표현이 그러한 예이다. 이 경우에 '경로의존' 개념은 제도의 혁신가들이 직면하는 제약을 강조하기 위해서 사용되고, 또 제도 건설에 대해서 아주 자원주의적인 관점에서 적절한 인센티브 구조를 실현하는 제도 '설계'의 문제로 접근하는 해석과 대비되는 보다 현실주의적 대안으로 종종 제시된다(예를 들면 Stark 1995).

하지만 대체로 경로의존에 관해서 더욱 엄밀한 정의를 추구하는 다른 학자들은 변화에 관해서 아주 다른 견해를 보이는 경향이 있다. 이는 특히 강한 단절된 균형 모델punctuated equilibrium model과 유사하다 (Krasner 1988).* 예를 들면 마호니는 경로의존에 대한 느슨한 정의를

---

* '단절된 균형'이란 스티븐 D. 크래스너(Stephen D. Krasner)가 1984년에 발표한 글인 "Approaches to the State: Alternative Conceptions and Historical Dynamics"에서 사용한 개념이다. 그는 이 용어를 통해서 "위기의 시기 동안 일어난 급속한 변화 뒤에 공고화와 안정이 이어지는 특징을 보이는 패턴"을 개념화하고 있다. 이 용어는 스티븐 제이 굴드 (Stephen Jay Gould)와 닐스 엘드리지(Niles Eldredge)의 진화생물학에서 차용해온 것이다. 이들은 기존의 다윈 이론이 모든 종이 환경 조건에 느리게 적응하고 있는, 느리고 연속적인 변화 과정으로 진화 과정을 묘사하고 있다고 비판했다. 이들은 지리적으로 고립된 집단 내에서 변화가 급속하게 발생하는 경향이 있으며, 그 이후에 앞서 있던 군집을 대체할 수 있다고 보고, 진화적 변동은 지리적으로 순간적인 사건에 집중되어 있다고 주장했다. – 옮긴이

비판하면서, "경로의존이란 결정적 속성을 지니는 제도적 유형이나 사건의 연쇄가 우연적 사건들에 의해서 작동되는, 역사적으로 연속된 사건들의 특수한 성격을 의미한다"고 주장한다(Mahoney 2000: 1). 이러한 개념 정의는 제도가 선택되는 우연적인 논리와 제도가 재생산되는 결정론적인 논리가 서로 매우 다르다는 점을 강조함으로써 연구자들로 하여금 제도가 처음으로 형성되는 — 혹은 아마도 재구축되는 — '결정적 국면'의 순간들과, 제도적 연속성을 특징으로 하는 장기간의 균형 상태를 엄격하게 구분해서 사고하도록 이끈다. 아주 많은 사례가 제시될 수 있지만, 펨펠T. J. Pempel이 '급격한 변동'에 의해서 주기적으로 교란되는 '장기적 연속성'이라고 한 표현 속에 그러한 일반적인 사고가 잘 나타나 있다(Pempel 1998: 1). 그의 표현을 빌리면 "경로의존적인 균형은 급격한 변화에 의해서 주기적으로 파괴되는데, 이는 역사의 경로에 갑작스러운 굴곡을 만들어낸다"(Pempel 1998: 3).

역사의 선택이 이루어지는 시점의 상대적인 상황 의존성contingency 과, 일단 '선택이 이루어지고 난' 궤도 내의 상대적 결정론에 관한 주장은 정치학을 넘어서서 사회과학 문헌에서 널리 찾아볼 수 있으며, 경로의존 개념을 사용하는 학자들만이 이러한 주장을 하는 것은 결코 아니다.[26] 경제사 분야에서 볼 수 있는 사례로는 독일과 일본에서 전쟁과 점령을 거치면서 어떻게 이후의 경제적 기적이 준비되었는가에 관련해서 맨커 올슨이 전개한 논증 방식이 여기에 해당한다. 올슨이 주장한 대로 "일본과 서독에서 전체주의 정부의 뒤를 이은 점령 연합군

---

26 역으로 모든 경로의존 이론가들이 위에서 제시한 강한 단절된 균형 모델을 지지하는 것도 아니다.

은 제도의 변화를 촉진하고, 또 *제도가 거의 새롭게 탄생하여 시작하도록 보장할* 확고한 결심을 갖고 있었다"(Olson 1982: 76, 강조는 Thelen의 것). 사회학 분야에서는 앤 스위들러가 '안정기'와 '동요기'를 구분했는데, 후자는 "사회 변형의 시기" 혹은 "새로운 문화적 복합에 의해서 새롭거나 재편된 행위 전략이 가능해지는 역사적 국면"으로 간주된다(Swidler 1986: 278, 283).

몇몇 학자들은 위와 같은 생각을 정치 발전에서 행위와 구조 사이의 균형에 관한 오래된 논쟁과 연결시켜서 '안정기'에는 구조가 중요하게 부각되고, 행위는 '결정적 국면'에 위세를 떨친다고 주장했다. 예를 들면 아이라 카츠넬슨Ira Katznelson은 "동요기에 비범한 선택이 이루어질 수 있는 많은 가능성"에 대해 언급하고 있는데, 그러한 상황은 "행위에 대한 제약이 제거되거나 완화되고, 의도적인 행위가 특별한 중요성을 지닐 만큼 가능성이 확대되어 있는" 시기로 정의된다(Katznelson 2003: 277, 283). 그러한 견해는 동유럽에 관한 케네스 조위트Kenneth Jowitt의 연구에서도 찾아볼 수 있는데, 그는 탈레닌주의 사회가 새로운 개방성이라는 특성을 지니며, "지도자들이 제도보다 더 중요해지고 카리스마가 정치경제보다 더 중요해지는 원초적 환경"이라고 본다(Stark 1995: 68에서 재인용).

또한 합리적 선택 이론가들도 비록 출발점은 다르지만 대체로 불연속적인 제도 변화의 모델을 선호해왔다(Weingast 2002: 692). 이 경우 이론가들은 합리적 선택이론에 대부분 내재해 있는 몇 가지 핵심 전제—특히 제도를 그 안에서 행위가 내생적으로 일어나는 자기 실행적인 균형으로 보는 견해—로 인해서 제도의 재생산에 관한 논리 및 분석과 제도의 변화에 관한 논리 및 분석을 엄격하게 구분하게 되었다

(Greif and Laitin 2003: 2). 지금까지 검토한 이론들과 마찬가지로 합리적 선택이론은 주로 모종의 외부에서 일어난 변동이나 충격에 의해서 발생한 동학이라는 관점에서 변화를 바라보고, 내생적으로 일어나는 제도 변화의 가능성을 제거하거나 무시하는 경향이 있다(Greif and Laitin 2003: 2). 더구나 변화를 낳은 **충격**뿐 아니라 변화의 **방향**— 즉, 어째서 특정한 새로운 제도적 균형이 개연성이 있는 다른 제도적 균형을 물리치고 지배적인 것이 되는가 하는 이유 — 까지도 또한 기존의 제도 외부에 존재하는 요인들의 함수가 되는 것처럼 보인다. 피어슨이 지적한 대로 이러한 관점은 "특정한 제도적 균형이 무너지면 어떤 일이 발생하는가에 관해" 말해주는 것이 거의 없으며, 실제로 "어떤 새로운 균형이라도 만들어질 수 있다"는 것을 종종 의미하게 된다(Pierson 2004: 143-4). 다른 말로 하면, 파국과 대체라는 관점에서 변화의 문제를 접근하게 되면 종종 '경로'라는 관념이 완전히 사라지게 된다.

와인개스트는 "제도가 내생적으로 등장해서 선택되고 존속된다"는 쟁점을 중요한 새로운 연구 주제로 제시하고 있으며(Weingast 2002: 692), 그라이프와 레이틴은 내생적으로 발생한 변화를 합리적 선택이론으로 다루려고 처음으로 시도하고 있다. 그들은 최근 저작에서(Greif and Laitin 2003) 주어진 제도 틀 안에서 벌어지는 행동들이 그러한 제도가 배태되어 있는 더 광범위한(사회적·정치적·문화적) 변수들에 미치는 영향에 주목하며, 그러한 행동들이 어떻게 해서 자기 실행적인 제도를 둘러싸고 있는 일련의 제도들을 확대하거나 축소시키는지를 보여준다. 비록 이는 모든 변화를 외생적으로 발생하는 것으로 바라보는 공식에 비해서는 나아진 것이지만, 사실 그라이프와 레이틴의 설명도 제도 *변화*에 관한 모델은 아니다. 비록 제도의 해체가 갑작스럽게 외부의 충격에 의해서 발생하는 것이 아니라 제도를 불안정하게 만드는, 그리하여 '스스로 사멸할 씨앗을 배양하는' 내부에서 발생한 행동들의 산물로 간주되기는 하지만, 결국에 가서는 제도가 *재생산*되거나 *해체* 되는 결과 가운데 하나로 귀결된다(Greif and Laitin 2003: 4).

　이 책은 제도의 안정성과 제도의 혁신에 관한 분석을 엄격하게 구분하고, 모든 변동을 외생적인 것으로서 간주하는 변화 모델에만 의지하는 것에 대해서 위의 연구들이 제시한 비판에 공감한다. 제도의 변화는 때로는 돌발적이고 급격하게 *일어난다*(예를 들면 Beissinger 2002를 보라). 하지만 그렇다고 다른 가능성이 사라진다거나 혹은 그것이 시간에 따라서 제도가 진화하는 가장 전형적인 방식을 나타내는가는 결코 분명하지 않다. 이 책에서 살펴볼 사례들은 극도로 개방적이고 급진적인 혁신의 시기와 그 뒤를 이어서 제도가 안정적이고 충실하게 재생산되는 이른바 '균형'의 시기로 구분되는 모델과 대체로 부합되지 않는다. 오히려 이 책의 사례들은 주기적인 정치적 동맹의 재편 및 재협상을 통해서 점진적인 변화가 일어나는 패턴을 보여주고 있다.

　따라서 이 책의 나머지 부분에서는 제도가 등장하여 살아남고 시간이 흐르면서 진화하는 정치적 과정을 분석하고자 한다. 나의 분석은 한편으로는 제도의 기원에 대한 기능주의 이론이 지닌 한계에 대한, 그리고 다른 한편으로는 제도의 변동에 관해서 강한 단절된 균형이론이 보인 한계에 대한 문제의식에서 출발한다. 몇몇 경로의존 이론가들과 마찬가지로 나는 시간을 거치면서 제도가 보여주는 중요한 연속성을 설명하는 데 유용한 긍정적 피드백 효과에 주목한다. 하지만 나는 몇몇 공식들의 결정론에 대해서, 그리고 수익체증 논리에 때로 내포되어 있는 제도적 재생산의 '자동성'에 대해서 ─ 이 경우 조정은 항상 한 방향으로 이루어지는데(*행위자들이* 어떻게 기존의 *제도*에 적응하는가가 강조된다) ─ 문제를 제기하고 있다. 이 책에서 살펴볼 사례들은 사실상 안정성과 변화라는 측면이 종종 분리할 수 없을 정도로 서로 얽혀 있음을 보여준다. 제도가 일단 작동되면 내부에 존재하는 행위자들의 전략과 계산 ─ 그리고 행위자들 간의 상호작용 ─ 에 강력한 영향을 미치게 된다. 하지만 권력 배분 이론들power-distributional theories이 시사하듯이 제도는 지속적인 정치적 대결의 대상이며 제도의 기반이 되는 정치적 동맹 관계가 변화하면 제도가 취하는 형태와 함께 제도가 담당하는 정치적·사회적 기능에 변화가 일어나게 된다. 따라서 이 책에서는 경로의존 이론 중에서 제도의 '고착'에 대해 결정론적으로 묘사하는 주장들을 거부하고 제도 발전의 경합적 속성을 강조하며, 또 그 과정에서 제도의 발생, 재생산, 변화를 추진하는 정치적 동학을 복원하는 대안적 관점을 정교화하려 한다.

제도의 기원과 진화 : 몇 가지 교훈

나는 직업훈련 시스템에서 국가 간에 중요한 차이가 발생하는 것을 19세기의 전환기로 거슬러 올라가서, 특히 독립 장인과 산업 노동자 및 숙련 집약적 산업의 고용주 사이의 전략적 상호작용으로 소급해 추적하고 있다. 그런데 위 행위자들의 상호 의존 관계는 국가정책과 그들이 처한 정치경제적 지형에 의해서 매우 커다란 영향을 받았다. 모든 국가의 제도 형성에는 특수한 형태의 제도를 지지하는 다양한 사회적·정치적 행위자들 사이에 동맹이 구축되고 동원되는 과정이 포함된다. 4개 국가에서 형성된 동맹 세력의 차이가 새로 등장한 초기 숙련 형성 시스템의 중요한 차이를 설명해준다.

더구나 4개 국가에서 모두 국가가 주요 행위자들의 권력을 설정하고, 결집될 가능성이 있는 동맹의 유형에 영향을 미치고, 그리하여 제도가 건설되는 지형이 만들어지는 데 결정적인 역할을 했다(일반적인 논의로는 Skocpol 1985를 보라). 특히 독일과 일본에서 국가정책은 숙련 직종craft에 기초한 노동조합이 형성되는 것을 직접 억압한 반면에, 영국과 미국에서 국가정책은 숙련을 기반으로 한 노동조합이 등장하는 것을 여러 가지 방식으로 촉진했다. 독일에서는 국가정책이 장인 집단을 집합적 행위자로서 보호하고 안정화시킨 반면, 영국과 일본, 그리고 미국에서는 전통적인 숙련 직인craftsmen을 적극적으로 해체했다. 모든 사례에서 국가는 광범위한 '조절 레짐regulatory regimes' ─ 미국과 영국에서는 자유주의적, 일본에서는 국가 중심적, 독일에서는 조합 중심적인 ─ 을 만들어냈고, 이는 핵심 초점이 되어 다양한 이익들이 결합되는 방식과 논쟁이 전개되는 방식에 영향을 미쳤다(Crouch 1993).

제도가 형성되는 시점에는 행위자들이 제도를 일반적으로 수용하거나 제도에 그대로 '적응'하지 않으며 여전히 제도는 지속적인 갈등의 대상으로 남아 있다. 행위자들은 제도가 취해야 할 형태와 수행해야 할 기능을 둘러싸고 투쟁한다. 제도가 무엇을 하는가에 주의를 기울인다는 면에서 기능주의를 포함한 합리주의적 설명은 전적으로 타당하다. 왜냐하면 제도적 장치의 효과야말로 바로 행위자들이 투쟁을 벌이는 이유이기 때문이다. 그리하여 제도의 발전 과정은 "자신들에게 가장 유리한 균형을 향해서 결과가 조정되도록 규칙을 만들기 위해서 행위자들이 벌이는 경합"이라는 나이트의 견해(Knight 1999: 20)에

나는 공감한다. 나의 주장은 몇몇 사회학자들이 제도와 연결시키는 암묵적 합의와 같은 것(예를 들면 Meyer and Rowan 1991)에 대해서는 반대하지만,[27] 신제도주의 경제학의 경향을 보이는 몇몇 저작에서 나타나는 좀 더 자원주의적인 시각에 대한 나이트와 모Moe의 상당히 비판적인 견해를 공유한다. 제도의 협력적 측면을 무시할 필요는 없지만, 이러한 측면은 모가 지적한 대로 권력 정치라는 차원과 분명하게 결합되지 않으면 안 된다. "왜냐하면 권력의 행사를 가능하게 해주는 것이 바로 협력이고, 협력을 촉진시키는 것은 바로 권력을 행사할 수 있다는 전망이기 때문이다"(Moe 2003: 12).

따라서 나는 제도가 발생하는 과정의 성격을 이해하는 데 권력 배분이라는 요소를 매우 강조한다. 나는 정치적 동맹과 정치적 갈등에 커다란 비중을 두고 분석한다. 숙련 형성과 직접 관련된 쟁점을 둘러싼 갈등도 일부 있고, 숙련과는 단지 간접적으로 관련되지만 그럼에도 숙련 분야의 결과에 영향을 미치는 갈등들도 있다. 하지만 이 책의 분석은 두 가지 측면에서 권력에 기반을 둔 다른 접근들과 구분된다. 첫째로, 이 점이 가장 중요한데, 나는 대체로 '권력'의 언어로 주장을 제시하는 것을 회피하고 대신에 제도가 근거하고 있는 이익과 동맹을 확인하고자 한다. 그 이유는 부분적으로는 단지 실용적인 것인데, '권력'과 달리 행위자와 행위자의 이익에 대해서 경험적으로 접근하기가 더 쉽기 때문이다. 하지만 이뿐만 아니라 시간이 지나면서 어떻게 제도가 지속되고 또 변화하는가를 이해하기 위해서는 제도가 의존하고 있는 동맹의 변화를 관찰하는 것이 핵심적이다. 제도는 그것을 만들어

---

27 이러한 공식화에 대해서는 피터 홀에게 감사한다.

낸 동맹보다 더 오래 지속되는 경우가 흔하며, 제도가 보여주는 지구력과 강고성에는 사회적·정치적·시장 조건의 변화에 따라서 동맹의 기초가 재편되는 과정이 종종 수반된다. 자동적이거나 자기 실행적으로 이루어지는 것은 아무것도 없으며 동맹의 재편에 따르는 정치적 재협상이야말로 시간이 지나면서 제도의 형태와 기능이 변화하는 것을 이해하는 데 핵심적이다.

둘째로, 위의 내용과 관련된 것인데, 이익과 동맹을 강조함으로써 우리는 제도가 기반하고 있는 동맹의 기초가 변화하면서 때로 발생하는 흥미로운 권력의 *역전* 현상을 관찰할 수 있다. 이 책에서는 제도가 권력 집단의 이익을 그대로 반영한다고 보는—그리하여 권력 균형의 변화나 권력 집단의 선호의 변화에 자동적으로 반응한다고 보는—권력 배분 이론에 반대하고, 제도의 진화와 변화에 관해서 보다 역사주의적인 견해를 제시한다. 이 책의 사례연구가 입증하듯이 제도는 다양한 기능적 요구와 정치적 요구들이 동시에 존재하는 상황에서 형성된다. 그 결과 특정한 이익의 조합set of interests에 기여하도록 고안된 제도들이 종종 다른 이익 조합의 '담지자'가 되기도 한다. 쉬클러(Schickler 2001)가 지적한 대로 다양한 동맹들이 모종의 제도 혁신을 위한 정치적 지지를 모아낼 수 있는데, 이는 모순적이기도 한 별개의 관심에서 비롯되는 경우가 종종 있다(Palier 2005; Pierson 2004: 5장을 또한 참조). 이 책에서 분석하는 한 가지 사례는 독일 도제 훈련 시스템의 버팀목이 된 1897년 법률인데, 이는 경제적으로는 진보적이고 정치적으로는 반동적인 이해관계와 동기를 결합한 것으로서 주목할 만하다.

위와 같은 사실은 의도된 결과를, 오직 의도된 결과만을 낳는 제도를 만들어낸다는 의미에서 제도의 창설자들이 "단지 한 가지 일만을 하는 법은 없다"(Pierson 2004: 115)고 하는 점을 보여준다. 이는 이 책에서 살펴볼 사례 국가들에서 권력 배분 차원의 기원과 제도의 발전 사이의 놀라운 역전 현상을 설명하는 데 부분적으로 도움이 된다. 예를 들어 독일 노동조합의 역량은 강력한 사업장 내 훈련 시스템에 의해서 매우 많이 뒷받침되고 있지만, 이러한 시스템의 틀을 처음 만든 법률은 주로 노동조합을 약화시키려는 목적을 갖고 있었다. 반면에 영국의 숙련공 조합은 도제 훈련 시스템의 성장에 강한 이해관계를 갖고 있었고, 20세기로 전환하는 시점에 도제 훈련을 규제하는 데 가장 많은 관심을 보였고 또 가장 많이 개입했다. 하지만 뒤에서 보듯이 도제 훈련에 관한 숙련공 조합의 전략은 그 의도와는 달리 기업이 지원하는 훈련의 소멸을 촉진했고, 이는 다시 애초에 노동력을 형성해왔던 숙련 기반을 파괴했다.

위와 같은 관찰은 제도의 기원과 시간에 따른 제도의 진화를 이해하는 방식에 관해서 중요한 의미를 지닌다. 이후에 살펴볼 사례들에서 경로의존 이론에서 가정하는 메커니즘들 — 수익체증과 피드백 효과 — 은 분명 부분적인 설명을 제공해준다. 독일에서 산업화 초기에 마스터 장인의 조직이 지배하는 숙련 형성 시스템이 존재함으로써 새로 등장하는 노동운동의 유형이 규정되었는데, 무엇보다도 숙련에 기반을 둔 노동조합이 숙련 시장에 대한 통제를 전혀 바랄 수 없게 되어 그 소멸이 촉진되었다. 그러나 수공업 시스템의 작동은 산업 노동자들 사이에 — 산업 노동자들은 자신들의 자격을 대부분 수공업 시스템에서 취득했다 — 지속적인 피드백 효과를 낳았다. 위와 같은 연관이 존재했기 때문에 독일의 산업별 노동조합은 사업장 내 훈련 시스템을 해체하기보다는 이를 민주화하고 공동 관리하려는 데 강한 이해관계를 갖게 되었다. 비록 이러한 목표는 제2차 세계대전이 끝나기 전까지는 달성될 수 없었지만 말이다. 이처럼 긍정적 피드백 효과라는 개념을 통해서 최초에 어떻게 해서 주요 행위자들이 구성되었고, 또 그들이 어떤 전략을 개발하는가에 대해서 많은 것을 알 수 있다.

하지만 이를 결정적 국면과 피드백 효과로만 이야기한다면 정치적 동맹의 재편을 통해서, 특히 제도가 만들어질 때에는 시스템 내에서 그 역할이 기대되지 않았던 집단이 시스템으로 흡수되는 과정을 통해서, 제도가 *변형되는* 방식에 관해 정말로 흥미롭고 중요한 많은 내용들을 놓치게 될 것이다. 앞서 언급한 대로 제도의 재생산은 결코 자동적인 것이 아니며, 어떤 경우에는 앞서 발생한 제도적 혁신의 물결에 대한 사회적 행위자들의 '적응'이 기존의 장치를 강화하는 만큼 또다른 수정을 촉진할 수도 있다. 직업훈련의 경우 바이마르 공화국 초기에 노동자들이 정치체제로 통합되면서, 더 직접적으로는 나중에 2차대전 이후 다양한 준정부적인 '조합주의적' 제도들로 노동조합이 통합되면서 — 비록 이러한 조치들은 새로운 정치적·경제적 상황에 시스템이 부응하도록 함으로써 제도가 재생산되는 데 기여하기는 했지만 — 직업훈련 제도가 수행하던 중요한 기능이 바뀌었다. 달리 표현하면 결정적 국면에 과거의 제도들이 반드시 해체되고 대체되는 것이 아니며 재조정되기도 하고 부분적인 혹은 전면적인 '기능 전환'을 겪는 경우도 종종 있다. 이 책에서 살펴볼 독일 사례에서는 제도의 존속은 긍정적 피드백 효과에만 의존한 것이 아니고, 새로운 강력한 행위자를 수용하기 위해서 그리고 새로운 경제적 필요와 정치적 필요에 대처해 제도가 적응할 수 있도록 하는 제도의 조정 과정에도 의존했다.

그래서 이 책에서는 기존 문헌에서 제도의 안정성에 대한 분석과 제도의 변화에 대한 분석을 엄격하게 구분하는 단절된 균형 모델에 입각해서 제도의 변화에 대해 통상적인 사고방식으로 제시되어온 것에 대해서 심각한 의문을 제기한다. 주요한 사회경제적 변형(산업화, 민주화)이나 정치적 단절(혁명, 정복 등)을 겪으면서 살아남은 거의 모든 제도의 경우에 제도의 재생산 과정은 제도의 변형이라는 측면과 밀접하게 뒤섞여 있을 가능성이 높다. 이러한 이유로 조직의 형태는 종종 그 창설자들의 '고정된 선호'를 그대로 반영하지도 않고(Riker 1980), 초창기의 권력 배분을 반드시 반영하는 것도 아니다(Knight 1992). 가끔씩 오는 극도로 개방적인 순간들에 이어 오랜 시기에 걸쳐서 '균형'까지는 아니라고 해도 제도의 안정성이 계속된다는 관점으로 제도의 발전을 바라보는 여러 시각들과는 반대로, 이 책에서 제시하는 시각은 지속적인 정치적 교섭을 통한 제도의 변화 모델이다. 연속성과 변화의 요소들이 분리되어 교대로 번갈아서 어느 한쪽이 — '행위' 혹은 '구조'는 말할 것도 없고 — 지배적인 시기로 구분되지 않으며, 오히려 경험적으로 밀접하게 뒤얽혀 있는 경우가 흔히 있다. 사회적·정치적 환경의 변화에 직면해서 제도가 존속되는 경우 흔히 특정한 제도 장치들이 의거하고 있는 동맹 기반의 재교섭이 수반되는데, 그러한 재교섭의 결과로서 이러한 제도가 취하는 형태와, 정치와 시장에서 제도가 수행하는 기능에 심각한 변화가 발생하기도 한다.

제도는 여러 가지 특수한 메커니즘을 통해서 미세하지만 매우 중요한 방식으로 변형될 수 있는데, 이 책의 서술에서는 특히 두 가지가 대단히 중요하다(Thelen 2002a). 첫 번째는 제도의 중첩institutional layering 인데, 에릭 쉬클러Eric Schickler가 지적한 바 있듯이 새로운 요소를 그것이 없었다면 안정적이었을 제도적 틀에 접목하는 것을 의미한다. 이후에 보듯이 그러한 개량을 통해 하나의 제도가 전개되는 전체 궤적이 변경될 수 있다. 예를 들어 독일 사례에서 최초의 훈련 및 자격인증 시스템은 단지 장인 부문만을 포괄했다. 하지만 그러한 시스템의 존재로 인해서 주요 산업부문에서 자신의 고유한 훈련 제도를 발전시키고 정부의 승인을 얻어내려는 압력이 생겨났다. 그 결과로 생겨난 산업부문의 훈련 시스템은 장인 시스템과 몇 가지 접점과 함께 대립 지점을 지닌 채 나란히 운영되었는데, 장인 시스템의 몇 가지 특징을 모방했지만 그대로 재생산하지는 않았다. 사실상 두 시스템의 상호작용과 관계는 독일 훈련 시스템 전체의 궤적을 변경시켰고, 분권적인 장인 시스템에서 벗어나서 오늘날 독일 시스템의 핵심적이고 결정적인 특징으로 간주되고 있는 중앙집권화, 표준화, 그리고 통일성을 향해 나아가도록 했다.

제도가 진화하는 두 번째 메커니즘은 전환conversion을 통한 것인데, 새로운 목표를 채택하거나 제도를 창설했던 동맹에 새로운 집단이 흡수되면 제도가 담당하는 기능이나 수행하는 역할에 변화가 일어날 수 있다. 독일의 경우 전환 과정은 두 차례에 걸쳐서 일어났다. 첫 번째는 산업부문의 통합과 더불어, 두 번째는 시스템을 관리하는 완전한 구성원으로서 조직 노동이 통합되면서 발생했다. 이러한 조치를 통해서 시스템이 확장되었을 뿐 아니라 기능적이고 배분적인 측면도 변형되었고, 이러한 방식으로 사회 전반에 걸친 세력균형의 커다란 변화와 보조를 맞추게 되었다.

따라서 긍정적 피드백 효과를 강조하는 경로의존 이론의 요소들과 서로 다른 과정들 사이의 연결 및 교차와 제도의 동학을 전통적으로 강조하는 역사적 제도주의를 결합함으로써 시간이 흐르면서 제도가 언제 그리고 어떻게 변화하면서 발전하고 진화하는지에 관한 통찰을 얻을 수 있다. 이 책에서 확인되는 제도 변화의 메커니즘들은 보다 일반적인 단절된 균형 모델과 매우 다르지만, 정치에서 일이 '진행'되는 더 일반적인 방식을 구성할 수 있는 점진적인 변화나 제한적인 변화와 같은 유형을 분석하는 데 더욱 유용하다. 제도의 중첩과 전환이라는 두 가지 개념은 주어진 제도적 장치 가운데 *어떤 특정한 요소들*이 재교섭될 수 있고(혹은 없는지), 왜 어떤 측면들은 다른 것보다 변화에 더 순응적인가에 대해서 더 섬세한 분석을 가능하게 해준다. 이러한 개념들은 그 자체로서 제도적 재생산과 변화에 관해서 한편에서는 결정론적인 '고착' 모델을 벗어나고, 다른 한편으로는 '재수 없는 일이 잇달아 일어나는' 과도하게 유동적인 모델에서도 벗어난 사고방식을 제공한다.

이 책에서 제시하는 시각은 몇 가지 장점을 지니고 있다. 첫째로, 제도의 기원을 현재 제도가 수행하고 있는 기능으로부터 해석해버리는 여러 종류의 기능주의에서 벗어난다. 실제로 전환이라는 개념은 일정한 목적을 위해서 만들어진 제도가 어떻게 해서 완전히 새로운 목적을 향해서 전환될 수 있는지를 이해하기 위한 분석의 출발점을 제공한다. 이러한 의미에서 이 개념은 '의도하지 않은 결과'라는 주제에 대해서 좀 더 쉽게 접근할 수 있는 분석 틀을 제공한다. 또한 이러한 문제를 다룰 때는 "특수한 행위자들이 개입해 '왜곡한' 회고적 판단 이상의 것"에 의거해서 사고하는 방식을 고안할 필요가 있다는 피어슨 등이 제기한 우려(Pierson 2000c)도 해소할 수 있다.

둘째로, 제도의 중첩이나 기능 전환을 통해서 제도가 진화한다는 관념은 스카치폴이 정당하게 옹호하는 의미에서 '진정으로 역사적인'

것인데, 사회적 과정이 시간에 따라서 그리고 다른 과정들과의 연관 속에서 전개되는 것을 관찰한다(Skocpol 1992). 경제학에서 차용된 경로의존 모델은 하나의 고립된 과정에 초점을 맞추고, 역사를 결정적 국면 시점에 한 번, 그리고 다시 재생산 시기가 끝날 무렵에 한 번, 양쪽 책받침으로만 도입하는 경향이 있다. 반대로 이 연구에서 제시하는 제도 변화 모델은 진행되고 있는 *다른* 과정에 대한 적응—과정 그 자체에 의해서 생산되는 긍정적 피드백 효과만이 아니라—이 아주 오랜 기간에 걸쳐서 제도적·정치적 연속성에 기여하는 방식에 특히 주목함으로써 제도 형성과 제도 재생산에 관한 분석 사이의 통상적인 구분을 극복한다.[28]

셋째로, 이러한 시각은 사회가 왜 여러 제도 영역들에 걸쳐서 그리고 여러 시기에 걸쳐서 상당한 응집력을 보여주는가 하는 점에 대해서 일정한 통찰을 제공한다. 도빈과 같은 제도주의 사회학자들이 제시하는 사회에 대한 견해—문화적으로 특수한 제도가 새로 등장하는 조직의 형태의 유형을 제약하는데, 조직 형태는 조직 영역들 전반에 걸쳐서 여러 시기 동안 지속적으로 광범위한 동형성同型性을 보여준다(Dobbin 1994)—와, 오렌과 스코우로넥과 같은 다른 이론가들처럼 사회를 매우 유동적인 것으로 보는 견해—서로 다른 역사적 국면에서 만들어진 제도들은 매우 상이한 정치적 타결을 구현하고 있는데, 서로 공존하고 또 지속적으로 충돌하면서 마모된다(Orren Skowronek 1994)

---

28 어떤 점에서는 여기 제시된 제도 진화에 관한 견해가 '하나의 시계열상의 변화가 다른 시계열상의 변화에 영향을 미치는' 방식에 관련된 오렌과 스코우로넥의 매우 함축적이지만 대단히 추상적인 주장(Orren and Skowronek 1994: 321)에 비해서 더 구체적인 대안을 제공해줄 수도 있다.

— 사이에는 분명히 깊은 모순이 존재한다. 이러한 견해들은 모두 그 나름의 타당성이 있다. 그리고 아마도 오렌과 스코우로넥의 견해에서 예상하고 있는 충돌과 모순이 실제로는 생각한 것처럼 그렇게 널리 확산되거나 파괴적이지 않은 한 가지 이유는 전환 과정을 통해서 과거에 만들어진 조직 형태들이 현재 지배적인 권력관계와 문화적 규범에 대체로 보조를 맞추고 있기 때문이다.

이 책의 개요

이 책은 4개 국가에 대한 관찰을 통해서 다양한 방식으로 위의 주장들을 명확히 하고 발전시킨다. 숙련 형성에 관해서 상이한 궤적을 그리는 국가들로서 나는 비자유주의적 숙련 형성 시스템(독일과 일본)과 자유주의적 숙련 형성 시스템(영국과 미국)의 사례를 모두 검토한다. 독일과 일본 사이에는 몇 가지 중요한 유사성이 존재하고, 이들과 두 번째 그룹 사이에는 체계적인 차이가 존재하지만, 전체 사례 국가들 간의 비교를 통해서도 각각의 고유한 시스템이 등장하게 된 배후의 힘을 해명하려 한다.

2장과 3장은 독일과 영국에서 숙련 형성의 궤적에 서로 차이가 나타나는 과정을 관찰한다. 몇몇 주요 행위자들, 특히 장인 부문, 초기의 노동자 조직, 고용주(특히 숙련 의존적인 산업의), 그리고 국가의 고유한 배치 구도와 상호작용에 초점을 맞추어 논의한다. 4장은 일본과 미국이라는 두 나라의 사례를 추가 검토함으로써 논의를 확대한다. 일본과 미국의 사례는 독일과 영국에서 제시된 주제에 관련된 변이를 보여주는데, 앞의 장들에서 제기된 이론적 주장들을 뒷받침하는 또 다른 근거를 제공해준다. 일본은 독일의 비자유주의적 훈련 레짐에 대한 변이를 보여주는데, 보다 분절주의적인 노선을 따라서 조직된 사례로 검토된다. 미국은 영국 사례와 일정한 유사성을 공유하지만, 자유주의적 훈련 레짐으로 가는 또 다른 경로를 보여준다.

5장은 독일 사례의 이후의 발전 과정을 시기를 확장하여 추적함으로써 제도 진화의 정치학에 대해서 깊이 있게 검토한다. 특히 세 차례의 이어지는 시기 동안 나타난 제도 변화의 궤적을 관찰한다. 처음 두 차례의 시기 ―국가사회주의의 도래, 그리고 점령 및 2차 대전 직후― 는 상당한 제도의 재편성을 예상할 수 있는 역사적 '분기점'을 포함하고 있다. 이 시기에는 제도의 기능과 역할에 중요한 변화가 일어나기는 했지만 오히려 중요한 연속성이 발견된다. 반대로 마지막 시기인 현재는 진정으로 중요한 변화가 실제로 진행되고 있을 수도 있는 시기다. 하지만 이러한 변화가 시작된 것은 명확한 외부적인 '충격'에 의해서가 아니라, 더 오래 전부터 진행되어온 기술 변화에 의한 것이며 상당 부분은 바로 원래 모델의 '작동' 그 자체에 의해서 시작된 시장 경쟁에 의한 것이다. 그리하여 마지막 시기를 통해서 우리는 이 제도들 배후의 재생산 및 변화의 메커니즘을 탐구하고, 훈련 시스템과 다른 제도 영역들 ―이 경우에는 특히 단체교섭 제도― 사이의 접촉을 통해서 어떻게 해서 시간이 지나면서 고유한 일국적 모델이 유지되는지(혹은 파괴되는지)를 관찰할 수 있다. 6장에서는 이 책의 중요한 경험적 발견과 이론적 함의를 요약하고 있다.

2장

숙련 형성의 진화
독일 사례

독일 사례는 숙련 형성의 정치를 연구하는 데 좋은 출발점을 제공해준다. 독일의 직업훈련 시스템은 오랫동안 모범으로 간주되어왔고 오늘날에는 문제를 드러내고 있음에도 불구하고 —이에 대해서는 5장에서 논의할 것이다 —여전히 많은 수의 독일 청년들을 흡수하고 있으며 수준 높은 숙련을 풍부하게 배출하고 있다(Streeck 1992b; Culpepper and Finegold 1999; Green and Sakamoto 2001: 73). 20세기 전환기 이래 해외의 관찰자들은 독일의 훈련 모델로부터 영감을 얻을 수 있었다(예를 들어 Cooley 1912를 보라; 최근에는 Reich 1991을 참조). 2장에서는 독일 시스템의 발생과 초기 진화를 살펴본다. 이후에 보듯이 독일 시스템은 '하나의 덩어리로' 만들어진 것이 아니라 오히려 19세기 말에 초기 골격이 형성되고 여기에 일련의 접목이 더해지면서 진화한 것이다. 독일 훈련 시스템이 구축되는 데 결정적이었던 혁신적 법률은 권위주의 정부에 의해서 통과되었는데, 이는 원래 초창기 조직 노동운동을 억누르려는 대단히 보수적인 정치 전략의 일부로 고안되고 추진되었다. 이 장에서는 위와 같은 시스템이 나중에 현대 독일의 자본과 노동 사이에서 사회적 파트너십의 버팀목으로 간주되는 시스템으로 진화해가는 과정을 추적한다.

2장의 주장을 요약하면 다음과 같다. 독일에서 독립적인 장인 부문이 훈련을 규제하고 숙련 자격을 인증할 수 있는 권한을 공식적으로 그리고 법률적으로 부여받고서 생존한 것이 중요한 출발점이었다. 국가가 이러한 결과를 적극적으로 뒷받침했는데, 그 동기는 경제적일 뿐 아니라 정치적인 것이었다. 독일 제정의 보수적인 정치 세력은 강력하고 급진적인 노동운동에 직면하자 사회민주주의자들에 맞서는 정치적 대항 세력으로서 장인 부문의 역량을 강화하고자 노력했다. 1897년에 제정된 핵심 법률은 도제 훈련을 조직된 수공업 부문의 통제 아래 두는 기본 틀을 설정했다. 이는 자영 마스터 숙련 직인들로 구성되었는데, 이들은 법률적인 측면이나 사회적 신분 측면에서도 '산업부문'과 구별되고, 자신들이 고용한 저니맨이나 도제와도 구별되었다.[1] 국가는 이 법을 통해서 모든 업체를 포괄하며 가입이 의무화된 수공업회의소에 숙련 형성 분야에 대해 정부가 가지고 있던 권한과 유사한 권한을 부여했다. 이를 통해서 법은 장인 부문에서 그 이전까지는 완전한 착취에 가깝게 변질되고 있었던 도제 훈련을 안정시키는 데 기여했다. 더욱 중요한 점은 이러한 기본 골격이 공식적으로는 시스템 외부에 존재한 행위자들, 특히 새롭게 등장한 노동조합과 숙련 집약적 산업부문, 특히 기계 산업에 막대한 영향을 미쳤다는 것이었다.

비록 독일의 직업훈련 시스템을 2차 대전 이후 시기 조직 노동의 역량을 반영한 것으로 보는 경우가 흔하기는 하지만,[2] 이 시스템의 성장

과정에서 노동의 역할은 주로 수동적이고 간접적이었음을 역사는 보여준다. 사회민주주의자들은 1897년 법률에 반대했는데, 이들은 도제제도에 대해서 매우 회의적이었고 전통적인 장인 부문에 대해서는 전혀 동정적이지 않았다(Hansen 1997: 378). 수공업회의소에 기반을 두고 시행된 도제 시스템은 노동조합이 숙련과 관련해서 자신의 이해관계와 전략을 정의하는 방식을 규정하는 데 대단히 중요한 역할을 했다. 가장 직접적으로는 이러한 시스템의 존재로 인해 숙련 노동시장에 대한 통제를 중심으로 노동조합이 조직될 수 있는 가능성은 배제되었다. 훨씬 더 중

---

1 코카가 지적한 대로(Kocka 1984: 96-7), 한트베르크(Handwerk: 수공업)와 한트베르커 (Handwerker: 직인/장인, 영어로는 craftsman/artisan)의 정의는 상당히 애매하고, 또 시기에 따라서 바뀌었다. 한편으로는 산업부문(industry)과 수공업(Handwerk, 영어로 handi-craft)에 대한 구분을, 다른 한편으로는 장인(Handwerker)과 노동자(Arbeiter, 영어로 work-er)를 구분하는 것이 중요하다. 전통적으로 수공업 부문과 산업부문의 차이는 부분적으로는 규모의 문제였지만 (수공업체가 통상 더 작았다) 생산의 성격과도 관련되었는데, 수공업 부문에서는 역사적으로 "기계화가 많이 진행되지 않은 상태에서 (마스터, 고용주 자신을 포함해서) 숙련된 손노동이" 수반되었다(Kocka 1984:96). 코카는 장인과 노동자의 차이에 대해서 장인이라는 단어가 "점점 더 자영 직인에게만 사용"되고, 반면에 '노동자'는 "점점 임금을 위해서 스스로 일하는 사람들에게만 사용됨"에 따라 "최소한 1860년대 중후반 이후에는 장인을 수공업 마이스터(Handwerksmeister, 영어로 master artisan)와 동일시하는 경향이 있었다"고 지적한다(Kocka 1984: 96-7). 수공업을 하나의 사회제도로, 특히 법률적 개념으로서 성격 규정한 것은 Streeck(1992a)을 볼 것. 슈트렉이 지적한 대로 다른 나라에서 소기업으로 분류되는 것 가운데 많은 부분이 — 전부는 아니라고 해도 — 독일에서는 법률상 수공업이라는 범주에 속한다(Streeck 1992a: 108). 독일의 장인 부문은 앞으로 살펴보게 될 역사에 뿌리를 두고서 부분적으로는 국가의 규제를 통해서 살아남고 성장해왔는데, 그러한 규제는 기술 및 시장 환경의 변화에 지속적으로 적응하도록 촉진했다.

2 예를 들면 길링햄(Gillingham 1985: 424)을 보라. 그는 역사적으로 "직업훈련을 늘리라는 요구는 정치적 좌파로부터 비롯되었다"고 주장했다. 오늘날의 직업훈련 시스템의 성격을 다룬 다른 연구들도 종종 숙련의 표준화를 비롯한 여러 가지 특징이 형성되는 데 조직 노동이 상당한 역할을 한 것으로 시사하고 있는 듯하다(Culpepper 1999b: 4, 30). 하지만 실제로는 위와 같은 시스템의 특징들은 1969년에 노동의 역할이 시스템 안에 제도화되기 훨씬 이전에 이미 대부분 확립되었던 것이다.

요한 것으로서 독일의 사회민주당 계열의 노동조합 조합원이 위의 시스템에서 자격을 획득한 숙련노동자들로 가득 차게 되자, 노동조합은 사업장 내 훈련 시스템을 해체하는 것이 아니라 이를 통제하거나 공동 관리하고자 하는 강한 이해관계를 발전시켰다. 그리하여 바이마르 시기에 이미 독일 노동조합은 사업장 내 훈련의 옹호자로 등장했고, 소기업주인 마스터 숙련 직인들에 의해 독점되던 기존에 만들어진 숙련 형성 시스템에 개입하려는 자본 분파의 적극적인 동맹자가 되었다.

산업화 초기에 기계 산업부문은 또 다른 주요 행위자였다. 이 부문은 숙련에 대한 의존도가 높았고, 따라서 소규모 수공업체들이 양성해낸 숙련의 주요 소비자이기도 했다. 20세기 전환기에 독일의 일류 기계 회사들은 내부 노동시장을 위한 훈련에 기반을 둔, 그리고 사내 학교에 더 많이 의존하는 분절적인 숙련 형성 모델을 대안으로 모색하고 이를 추진하려고 했다. 이후의 장에서 보듯이 이러한 모델은 비슷한 시기에 미국과 일본에서 등장한 관행과 매우 유사했다. 하지만 나중에 설명하는 여러 가지 이유로 인해서 독일에서는 이러한 기업들이 기존의 수공업 시스템의 논리를 벗어날 수 없었고, 이들이 개발한 숙련 전략은 오히려 그러한 시스템에 순응하고 어떤 의미에서는 그러한 시스템을 중심으로 작동할 수밖에 없었다. 그 결과 숙련에 대한 의존도가 높았던 위와 같은 산업들은 장인 부문의 숙련 자격인증 권한을 몹시 탐내면서 장인 부문과 경쟁하게 되었고, 이 과정에서 숙련 형성에 관해 더 조정된 접근 방식을 채택하게 되었다. 그리하여 바이마르 시기에 기존의 수공업 시스템과 함께 병행해서 산업부문의 훈련 시스템이 설립되어 운영되었는데, 이는 쉬클러가 제도의 중첩이라고 부른 사례에 해당한다. 바이마르 시기에 두 시스템의 공존은 독일 숙련 형성의 전반적 궤적을 변경시키는 상호작용 효과를 낳았는데, 기존의 수공업 모델의 특징이었던 대단히 분권화되고 종종 체계적이지 못했던 훈련에서 벗어나 훨씬 더 표준화되고 통일적인 훈련 모델로 이끌었다. 이는 오늘날 독일 훈련 시스템 전체의 지표이자 핵심적인 특징으로 간주되고 있다.

두 가지 경우 모두 —즉, 노동이나 기계 산업 모두— 수공업 시스템이 이들 행위자들이 전략, 이해관계, 그리고 정체성을 발전시키는 데 중요한 구성적 영향을 미친 피드백 효과를 낳았다는 점이 중요하다. 비록 양자 모두 1897년 법률 제정 당시에 최초 동맹의 일부는 아니었지만, 두 행위자는 이 시스템에 중요한 이해관계를 갖게 되었고 시스템이 계속 진화하는 과정에서 시스템의 핵심적인 '담당자'가 되었다. 이들이 자신들의 이익과 전략을 기존의 시스템의 논리에 따라서 정의했다는 사실은 —바이마르 시기의 논쟁이 이 시스템의 폐지가 아니라 오로지 개혁을 둘러싸고 진행되었듯이— 이 시스템의 안정성을 높이는 데 중요한 영향을 미쳤다. 하지만 동시에 이러한 발전은 특히 시스템의 지배와 사업장 내 훈련의 내용을 둘러싸고 새로운 긴장과 정치적 경합을 만들어냈는데, 그 결과 또한 훈련의 궤적을 변화시켰다. 이러한 갈등은 바이마르 시기에는 해소되지 않았지만, 1920년대에 발생한 견인 및 흡수 과정을 통해서 산업부문과 —그리고 이후에— 노동이 궁극적으로 통합되었던 집단적 지배의 기본 틀이 확립되었다.

독일 숙련 형성의 진화에서 장인 경제가 차지하는 중요성

독일 직업훈련 시스템의 확립은 부분적으로는 대안적인 자유주의 훈련 레짐의 패배를 전제로 한 것이었다. 이러한 결과를 낳은 정치과정은 전통적인 장인 부문의 정치적 비중 및 운명과 밀접하게 관련되어 있다. 독일의 산업화는 권위주의 통치의 후견 아래서 진행되었고, 장인 부문은 도제 훈련 분야에서 중요한 집합적 행위자로 존속했다. 1860년대에 정부의 경제정책은 자유주의적 방향으로 강하게 전환되었다. 1869년의 입법을 통해서 도제 훈련이 자유화되었고, 수공업 점포를 개설하고 도제를 둘 수 있는 자격에 대한 모든 규제가 폐지되었다. 하지만 전통적인 길드의 존속에 적대적이었던 위의 법률과 기타 법률들에도 불구하고 여러 종류의 자발적인 장인 조직이 사실상 계속 유지되었다.

그러는 동안 1870년대에 사회민주주의 계열의 노동운동이 고양되면서 '사회문제'가 독일 정부의 최우선 현안이 되었다. 잘 알려진 '당근과 채찍' 정책 —노동운동에 대한 탄압과 포괄적인 사회보험의 조기 도입 —과 함께 독일제국 정부의 장인 부문에 대한 정책이야말로 사회민주주의의 위협에 대한 세 번째 핵심적인 대응책이었다(예를 들면 Volkov 1978: 특히 7장을 볼 것; Winkler 1971).[3] 특히 독일제국의 보수당과 중앙당은 노동운동의 고양에 대한 정치적 대항 세력으로 독립적인 장인을 적극적으로 육성했다(Volkov 1978; Lenger 1988: 154-9). 건전하고 보수적인 소기업 부문이 사회적 분열과 정치적 양극화를 방지하는

---

3 블랙번(Blackbourn 1977)은 1차 대전 이전 장인 부문에 대한 정책이 더 포괄적인 보수적인 중간층 정책(Mittelstandspolitik, '중하층 계급'을 일반적으로 겨냥한 정책)의 일환임을 묘사하고 있다. 하지만 그는 사회적 분열을 저지하는 보루로서 중간층을 바라본 사람들이 중간층이라는 이름으로 묶인 집단들의 다양한 이해관계를 대체로 간과했다고 지적한다. 렝거(Lenger 1988: 154-7)는 마찬가지로 중간층 내부만이 아니라 더 구체적으로는 수공업자 간에도 이해의 다양성이 존재함을 강조한다.

데 기여하고, 한편으로는 급진적 자유주의와 다른 한편으로는 노동계급의 급진주의에 대항하는 보루를 형성할 것이라는 구상이었다. 1880년대에 독일에 존속하고 있던 자발적인 길드Innungen*의 권력을 보강하려고 했던 최초의 조치들은 결국 1897년에 장인 부문을 강제적인 결사체로 조직하고 도제 훈련 분야에 관해 광범위한 권력을 부여한 더 포괄적인 법률에 의해 대체되었다(Adelman 1979: 12-3).

1880년대의 이른바 개혁 시기Novellierungsperiode 최초의 입법은 기존의 자발적인 길드들의 이익에 기여했고, 이들에게 도제제도를 규제하고 마스터와 저니맨, 그리고 도제 사이의 분쟁에 대해서 재판할 수 있도록 더 많은 권한을 부여했다(Cooley 1912: 3장을 보라; Schriewer 1986: 83; Abel 1963: 35; Volkov 1978: 199-200, 250). 예를 들어 1881년에 통과된 한 조치는 "도제 훈련에 관한 규제, 도제에 대한 윤리 및 기술 훈련의 실시, 마스터와 도제 간 분쟁의 중재 …… 그리고 일반적으로 해당 직종의 복리에 관한 [감독]"을 비롯해 많은 특권과 책임을 길드에 위임했다(Hansen 1997: 325). 1884년과 1887년에 영업조례 Industrial Code가 다시 수정되면서 이러한 특권들은 더 확대되었고, "자발적 길드에 도제를 고용할 수 있는 배타적 권리가 부여되었는데, 이는 특정 구역 내의 모든 독립 마스터의 투표를 거친 후 행정장관의 승인을 얻어야 했다"(Hansen 1997: 326). 위의 조치들은 또한 직종학교

---

* 독일에서는 지역과 시기에 따라 수공업자 동업 단체를 가리키는 용어가 다양하게 사용되었는데, 12~14세기에 중부 독일에서는 Innung이라는 단어가 사용되었다. 다른 지역들에서는 Gilde, Zeche, Zunft 등의 용어가 사용되었고, 15세기 이후에는 Zunft라는 단어로 통칭되다가, 19세기 들어 Zunft는 구체제 혹은 구습이라는 의미로 사용되고, Innung이 다시 수공업 동업조합을 가리키는 법률 용어로 사용되었다고 한다. 김동원. 1996. "1848년 전독일노동자회의와 직인운동", 효원사학회, 『역사와세계』 제20집 참조. ─옮긴이

trade schools를 지원하고 저니맨에게 숙박을 제공하고 중재 법정을 유지하는 데 드는 비용의 일부를 비회원 업체에게도 분담하도록 강제할 수 있는 권한을 자발적 길드에 부여했다(ibid.). 하지만 장인 부문은 지속적으로 경제 위기로 인해 타격을 받았고 추가 입법을 요구하는 정치적 압력이 계속되었다.

그 결과로 1897년의 수공업보호법이 제정되었는데, 이는 훨씬 더 포괄적인 개입을 의미했다. 이 법으로 인해 자발적인 길드 및 지역별로 고유한 기존의 다른 기관들과 나란히 *강제적인* 수공업회의소라는 완전히 새로운 구조가 만들어졌다.[4] 이러한 수공업회의소Handwerkskammern, HWK에 직인 도제 훈련의 내용과 질을 규제하는 광범위한 권한이 부여되었다. 이 법은 저니맨 시험에 합격하거나 장인 부문에서 최소 5년 이상 독립적으로 일해온 24세 이상의 자에게만 도제를 받아서 훈련시킬 수 있도록 허용했다(Hoffmann 1962: 12; Kaiser and Loddenkemper 1980: 12). 더구나 이 법은 '과잉 양성Lehrlingszüchterei'—특정 직종의 숙련노동자가 지나치게 많이 양성되는 것과 저렴한 노동력으로 도제를 이용함으로써 도제를 착취하는 것, 양자를 모두 의미한다—을 제한하기 위한 규제를 처음으로 포함했다. 새로운 법은 수공업회의소로 하여금 특정 기업이 받아들일 수 있는 도제의 수에 상한을 정하고 훈련 기간을 비롯해 도제 계약의 조건을 규제할 수 있도록 했다(Hoffman 1962: 11-22; Wolsing 1977: 69, 400-2를 볼 것). 훈련의 질을 감독하는 또 다른 메커니즘으로서 수공업회의소가 관리하는 도제시험 시스템이 제도

---

4 아래에서 논의하듯이 지역에 따라서 수공업은 상당히 다른 방식으로 조직되었는데, 이는 이들의 시장에 대한 태도나 정치적 성향에도 영향을 미쳤다.

화되었다.[5] 끝으로 확대된 규제 책임을 이행하기 위해서 수공업회의소
는 대표를 보내서 소속 업체의 훈련 실태를 평가할 수 있는 권한과,
해당 업체의 훈련이 기준에 미치지 못할 경우 그 업체의 도제 훈련 권
리를 박탈할 수 있는 권한을 지녔다(특히 Hoffmann 1962: 11-22를 보라;
Muth 1985: 21; Kaiser and Loddenkemper 1980: 12; Abel 1963: 36;
Wolsing 1977: 400-2).

　　1897년 법률은 독일 직업훈련 시스템의 초석으로 역할하게 될 것
이었다. 역사가들이 주장해왔듯이 최초의 법안의 배후에 있던 동기는
매우 정치적이고 상당히 편협한 것이었다. 하지만 한센이 강조한 대로
법률안 제출의 정치적 동기와 궁극적으로 시행된 개혁의 결과 및 경제
적 효과는 구분되지 않으면 안 된다.[6] 1880년대의 영업조례에 대한 초
기의 수정은 분명 '복고적'인 구상이었고, 자발적 길드를 목표로 삼고
있었다. 하지만 1890년대 말이 되자 새로운 목소리에 의해서 토론의
지형이 근본적으로 바뀌었다. 그 가운데 특히 바덴, 뷔르템베르크, 헤
센, 튀링겐, 그리고 바이에른 등 독일 남서부 지역에서 소규모 공장주
와 수공업 생산자를 조직한 '영업협회들Gewerbevereine'로부터 가장 중요
한 목소리가 나왔다(Hansen 1997: 347-8). 이 협회들은 일부 수공업 업
체도 포함하기는 했지만, 전통적인 자발적 길드와 그 역사적 기원이
달랐고 몇몇 다른 지역에서 지배적이었던 '과거 지향적인' 길드와는

---

5 이 법에는 또한 저니맨위원회의 설립에 관한 조항이 포함되어 있었다. 저니맨위원회는 수
　공업회의소를 통해서 도제 훈련을 규제하는 데 참여하고, 또 도제시험위원회에 대표를 보
　낼 수 있는 권리를 부여받았다(Stratmann 1990: 40-1; Hansen 1997: 358, 378-9).
6 이러한 입법의 실질적 내용에 중요한 영향을 미친 정치에 대해서 이 글에서는 한센의 뛰어
　난 분석에 의존하고 있다(Hansen 1997: 5장).

달리 철저하게 시장 지향적이었다(Hansen 1997: 5장).[7] 독일 남동부 주들에 있는 영업협회들은 시장의 힘으로부터 보호받으려 하기보다는 "기술 및 상업 교육을 상호 지원하고 체계적으로 증진시킴으로써 회원의 개별적 경쟁력을 높이려고 노력했다"(Hansen 1997: 347). 이 지역들은 일찍이 19세기 초중반에 이미 지방 정부의 지원을 받아서 공공 직업 및 기술학교를 설립하여 광범위하게 활용하고 있었다.[8]

독일의 분산된 산업 지역 내의 생산자들은 위에서 언급한 1880년대의 복고적인 입법에 크게 당황했다. 이 업체들은 고품질 시장 분야를 겨냥한 전략을 추구하고 있었는데, 이러한 전략은 전통적인 길드 구조와 완전히 다르며 또 이로부터 독립된 지역의 관리 기구에 근거하고 있었다. 하지만 이 업체들은 1890년대에는 전통적인 장인들의 곤경을 완화시키고자 하는 또 다른 법이 제정되려 하는 상황에 직면했다. 더 진보적이고 시장 지향적인 생산자들 — 남서부 지역의 생산자들만이 아니라 — 은 자발적인 길드를 강화하는 추가적인 조치들로 인해

---

7 헤리겔(Herrigel 1996b: 2장)은 독일 남서부 주들에서 아주 다른 유형의 산업화를 이끌었던 이 협회들의 역할에 대해서 포괄적인 분석을 제공하고 있다. 이들 지역에서는 산업화 이전 시기와 산업화 초기에 정교한 선대제 시스템(putting-out system)의 형태가 등장했다. 이는 지역의 다양한 제도들(금융 제도, 훈련 제도)을 통해서 서로 연결된 독립 소생산자들의 네트워크로 진화되었는데, 이 제도들은 독립 소생산자들 사이에 있는 고도의 상호 의존성을 다루는 데 기여했다.

8 이 지역의 마스터 숙련 직인들은 "저니맨의 도제들로 하여금 근무시간 후에나 주말에 학교에 출석해서 추가적인 기술 훈련을 받도록 요구하는" 이른바 보습학교(continuation schools)를 설립했는데(Herrigel 1996: 52), 이 학교는 몇몇 사례들(예를 들면 뷔템베르크와 바이에른)에서는 교회의 의무적인 주일학교로부터 발전했다(Sadler 1908b: 520). 다른 사례, 예를 들면 바덴에서는 순전히 경제적인 동기에서 출발한 것으로 보인다(Hansen 1997: 292). 아무튼 독일의 남서부 주들은 초등학교를 졸업한 청소년들이 그러한 학교에 의무적으로 다니도록 하는 조치를 가장 먼저 실시했다. 일찍이 1835년에 작센의 지방 관헌은 등교를 강제하는 법률적 권한을 갖고 있었다(Sadler 1908b: 521).

서 대체로 시장으로부터 보호받기를 추구하는 보다 전통적인 수공업 생산자들의 이익에 부합하는 전국적 기구에 지역 기구가 종속되고, 자신들의 자율성이 침해되고 자신들의 고유한 지역 기구들이 약화될 것을 우려했는데, 이는 정당한 것이었다.

1890년대에 전국 수준의 입법 조치가 임박하자 영업협회들과 그 정치적 동맹자들은 법안의 내용에 영향을 미치고자, 특히 자신들의 지역에 고유한 기구를 침해하는 조항이 신설되는 것을 방지하고자 힘을 모았다. 위의 산업 지역들이 자리하고 있던 주의 정부들은 연방의회 — 지역적 이해가 강력하게 결집될 수 있는 곳이었다 — 와 제국의 관료 기구를 통해서 자신들의 이해를 보호할 수 있는 법이 만들어지도록 노력했다.[9] 그들의 노력으로 인해 1897년 법률은 확실히 진보적인 색채를 띠게 되었다. 그리하여 결국 통과된 수공업보호법은 "[법의 명칭이 보여주는 것처럼 그리고 흔히 주장되듯이] 수공업 생산자들을 시장으로부터 보호하기 위해서가 아니라 이들이 시장을 수용하도록 촉진하고 강제하도록" 명확하게 입안되었다(Hansen 1997: 315). 한센은 이 법을 "한편으로는 길드에 기초한 수공업 조직 형태와 다른 한편으로는 도시화가 분산적으로 진행된 지역에서 성장한 시장을 지지하는 제도 및 자립 관행의 교묘한 혼합"이라고 묘사하고 있다(Hansen 1997: 314).

이러한 법률은 수공업 부문에서 사업장 내 훈련을 안정화하는 데 결정적인 역할을 했다. 숙련 자격을 인증하고, 도제제도를 감독하는

---

9 프로이센 주가 독일제국 연방의회를 지배했는데 58석 가운데 17석을 차지했다(Herrigel 1996b: 116-7). 그러나 프로이센이 자신이 반대하는 법률의 통과를 거부할 수는 있었지만, 이 경우에서 보듯이 다른 주들의 권리를 침범하는 새로운 법을 통과시킬 수 있는 영향력을 갖고 있지는 못했다.

공인된, 정부와 유사한, 그리고 무엇보다도 강제적인 시스템이 존재함으로써 실제로 장인 업체들에서 상당한 양의 훈련이 이루어졌다.[10] 이는 영국 등 다른 국가들과 뚜렷하게 대조된다. 영국에서는 신뢰할 만한 감독 능력이 결여된 상황에서 — 그리고 숙련을 둘러싸고 노동조합과 갈등이 지속되는 상황에서 — 20세기로 전환할 무렵 도제 훈련은 저렴한 '소년노동'으로 전락했다(3장을 보라). 이 무렵 독일에서도 비슷한 징조가 아주 많이 있었다. 전통적인 장인이 지배하는 지역에서는 도제 훈련이 소년노동으로 변질되고 있었고, 좀 더 조직화된 남서부 지역에서 도제 훈련은 위기에 빠져 있었다(Hansen 1997: 309-10). 예를 들면 게르트루트 토쿤(Tollkühn 1926: 9-12)은 19세기 말 독일에서, 특히 1869년의 자유주의적인 영업조례Gewerbeordnung가 전통적인 길드의 규제를 제거한 이후 도제 훈련이 남용된 사례들을 많이 제시하고 있다. 그녀는 이 시기에 도제에 대한 마스터 장인의 착취가 증가하고 이와 함께 훈련의 질이 후퇴했음을 보여주고 있다(또한 Dehen 1928: 25; Muth 1985: 18 을 보라). 1880년대에 진행된 최초의 개혁은 거의 효과가 없었는데, 자발적 길드를 통한 규제는 미약하고 무기력한 것으로 드러났다. 하지만 1897년의 수공업자법Handwerkergesetz과 이어진 1908년의 개정 법률 — 이는 앞서 서술한 대로 자격인증과 감독을 제도화했는데 — 은 '진정한 진보'를 가져왔다(Tollkühn 1926: 13; 또 Adelmann 1979: 12-3; Hansen 1997: 310; Kopsch 1928: 18-9를 보라).

의무를 준수하게 하기 위해서 정부와 유사한 권리를 부여받은 강

---

10 특히 Hansen(1997: 380-5)을 볼 것. 한센은 자격인증 제도가 전통적으로는 근대적이지 못했던 도제제도를 어떻게 근대적인 훈련 제도로 변형시켰는가에 대해 매우 명쾌하고 설득력 있는 설명을 제시하고 있다.

제 기구에 의해서 뒷받침되는 숙련 자격인증과 감독을 통해서 훈련생과 마스터 장인 사이에 신뢰할 수 있는 약속을 보증하는 강력한 메커니즘이 마련되었다. 도제는 숙련 자격을 획득하기 위해 낮은 임금 — 실제로 도제는 종종 고용주에게 강습료를 여전히 지불했다 — 과 비교적 장기의 의무 계약 — 하지만 새로운 영업조례에 따르면 최장 기간은 4년이었다 — 을 받아들이는 강한 인센티브를 갖고 있었다. 동시에 수공업회의소에 의한 감독은 훈련의 질을 평가하는 수단을 제공했고, 그리하여 노골적인 남용과 착취를 방지하는 장치로 역할을 했다. 수공업 업체는 생산에 대한 도제의 기여로부터 이익을 얻기는 했지만 훈련 권한을 상실하지 않기 위해 자신의 도제들을 잘 훈련시키지 않으면 안 되었다. 만일 자신의 도제들이 시험에 계속 떨어진다면 그 업체에 대한 훈련 인가가 취소될 수 있었다(Hansen 1997: 특히 382–3).

한센이 강조한 대로 이러한 법률은 전통적 요소와 진보적 요소의 환상적 결합을 보여주었는데, 흩어져 있는 산업 지역들은 자신들의 이익을 주장함으로써 근본적으로 보수적인 조치들을 시장 순응적인 방향으로 전환시킬 수 있었다. 동일한 시기에 이루어진 사회정책의 발전과 매우 유사하게(특히 Manow 2001을 보라) 대단히 반자유주의적인 정책이 시행되었는데, 이는 현상을 유지하기 위한 시도들이 아니라 "전체 사회질서를 합리화하고" 근대화하기 위한 시도들로 구성되었다 (Manow 1999: 5). 사회정책과 마찬가지로 직업훈련에서도 그 결과로 "매우 근대적인 이익 중재 형태가 확립되었는데, …… 조직된 사회적 이익집단과 '공적 영역'을 공유하면서 '기능적 조직들을 질서에 포섭된 행위자'로 적극적으로 활용했다"(Manow 1999: 5). 즉, 1897년 법률은 독일 직업훈련 제도의 향후 진로에 결정적인 열쇠였고, 마노우가 표현한 대로 그것은 "근대적이지만 분명 자유주의적이지는 않은", 이 시기에 존재한 더 광범위한 일군의 법률들과 아주 잘 들어맞았다 (Manow 1999: 5).

노동에 대한 영향

사업장 내 훈련을 감독하고 숙련 자격을 인증할 수 있는 정부와 유사한 권한을 부여받은 회의소 시스템의 존재는 조직 노동과 기업 모두에게 매우 중요한 영향을 미쳤다. 노동에 대해 가장 중요한 결과는 숙련 공급을 통제하려는 시도에 기초한 조직화 전략이 경제 내에서 사실상 배제된 점, 그리고 동시에 피드백 효과를 작동시켜서 독일의 사회민주주의 계열의 노동조합이 스스로 기존의 사업장 내 훈련 시스템의 유지와 확장(그리고 시스템의 민주화)을 기초로 한 전략을 추구하도록 한 점이었다.[11] 이 두 가지 점을 차례로 간단히 다루도록 하겠다.

첫째로, 특히 영국과 비교해보면(3장), 독일에서 산업별 노동조합 운동이 승리한 것은 결정적인 중요성을 지닌다. 독일의 노동조합이 '태생적으로' 중앙집권적이었던 것이 아님은 분명하며, 과거의 수공업 — 저니맨들의 — 결사체와 독일에서 결국 등장한 노동조합 사이의 관계를 둘러싸고 오랫동안 논쟁이 계속되어왔다(예를 들면 Engelhardt 1977; Kocka 1986b를 보라). 과거에 몇몇 연구자들은 산업별 조직이 승리한

---

11 이 주제는 더 자세하게 다룰 필요가 있지만 이 글에서는 다룰 수 없다. 대부분의 독일 노동 조합운동사가 직업교육 및 훈련의 역사와 별개로 — 그리고 이를 거의 언급하지 않고 — 기술되어 온 것은 놀랍다. 슈트렉과 동료들이 지적한 대로 노사 관계 제도가 훈련에 어떤 영향을 미치는가에 대해서는 많이 논의되어 왔지만 — 예를 들어 크래프트 유니온이 노조 전략의 일환으로 훈련의 내용 및 양을 규제하려고 노력해온 방식 등 — "반대로 훈련이 노사 관계에 미친 효과에 대해서는 …… 별로 알려진 것이 없다"(Streeck et al. 1987: 1).

것이 후발 산업화의 논리에 기인한다고 보거나(산업의 집중이 노동조합의 중앙집중화를 촉진한 것으로 간주된다), 사회주의 이데올로기를 옹호하는 노동계급 정당의 영향 탓으로(따라서 전통적인 '동업조합' 조직 형태와 '협소한' 숙련 직종별 정체성에 대한 비판으로 이어진다) 해석했다. 하지만 후발 산업화 명제는 독일 산업구조의 중요한 측면을 완전히 간과하고 있고, 사회주의 이데올로기에 관한 주장은 노동계급의 초기 형성과 노동조합 조직화의 주요 특징을 모호하게 다루고 있다.

특히 위르겐 코카 Jürgen Kocka의 저작은 독일의 초창기 노동조합들이 한편으로는 매우 반反자본주의적이면서 *이와 동시에* 반反동업조합적인 정체성과 전략을 발전시키면서도 여러 가지 점에서 전통적인 조직 형태 — 예를 들면 저니맨협회 journeymen's brotherhoods — 에 기초해서 발전한 과정을 해명하는 데 중요한 기여를 했다(특히 Kocka 1984; 1986a; 1986b; 또 Welskopp 2000).[12] 1840년대부터 1860년대까지 초기 독일의 노동운동에서 숙련 직종에 기초한 저니맨협회들은 분명 중요했다. 1870년대가 되면서 계급 인식이 고양되었지만 당시에도 노동조합은 여전히 숙련공에 의해 지배되었고 숙련 직종별로 분열되어 있었다(Kocka 1986a: 339-42).[13] 코카가 언급한 대로 금속노동조합의 경우 아주 초기부터 숙련 직종별 조직의 혼합체로 이루어져 있었지만 1890년대까지 "노동조합에 가입한 노동자들은 대부분 숙련 직종별 혹은 업종별 조직에 속해 있었다"(Kocka 1984: 99-100).

---

12 19세기 말 독일 사회민주주의 노동운동에 관한 웰스콥의 기념비적 연구는 무엇보다도 수공업회의소에 의해 훈련이 규제됨에 따라 노동시장 통제에 — 예를 들면 영국에서 전개된 것과 같은 — 관해서 더 강력하게 강조하는 것이 불가능해짐으로써 독일 노동조합이 정치 및 사회민주당과 맺는 관계가 어떻게 달라질 수밖에 없었는가를 보여준다(Welskopp 2000).

더구나 헤리겔이 밝히고 있듯이(Herrigel 1993) 19세기 말 수십 년 동안 독일의 조직 지형은 대부분의 후발 산업화 가설에서 대기업과 프롤레타리아트의 양극화가 증가했다는 관념에 입각해서 제시되는 것보다 훨씬 더 다양한 상태였다. 19세기 말 독일에는 많은 "다양한 조직들이 ─ 업종협회, 노동조합, 직인회의소Innungen ─ [모두] 숙련 직인의 충성과 가입을 둘러싸고 경쟁을 벌였다"(Herrigel 1993: 385). 헤리겔은 이 시기에 숙련노동자의 충성을 둘러싼 주요 경쟁자로서 강력한 직종별 정체성craft identities을 지닌 선대제 숙련공조합Fachvereine에 특별히 주목하고 있다. 그는 이러한 조직 간 경쟁으로 인해 산업별로 포괄적으로 조직된 노동조합이 등장하게 되었다고 주장한다. 왜냐하면 사회민주주의자들은 위의 조직들과 자신을 구분시켜주면서 결속력이 있는 사회적 이데올로기를 만들어낼 필요가 있었기 때문이다. 그는 사회민주주의 계열의 노동조합이 다른 집단들이 남겨놓은 '비어 있는 공간'을 채움으로써 발전했다고 주장하는데, 이는 숙련 직종별 정체성 이외의 다른 논리로 노동자들에게 호소하는 조직 형태를 채택하는 것을 의미했다(Herrigel 1993: 388).

독일 노동운동 내에서 직업별 정체성occupational identities이 지속적인 중요성을 지닌다고 지적한 점에서 헤리겔은 올바르다. 하지만 당시 가장

---

13 코카는 1780~1805년 사이의 파업 자료를 1871~1878년 사이의 시기와 비교하면서 19세기 동안 숙련 직종별 구분이 약화되었음을 보이고 있다. 초창기의 파업에서 숙련 직종 간 공동 행동은 거의 발견되지 않았지만, 1870년대에 일어난 파업 가운데 약 10%는 (공장 노동자의 파업 가운데 20%, 그리고 저니맨의 파업 가운데 6%) 서로 다른 숙련 직종에 의해 공동으로 전개되었고, 다른 숙련 직종으로부터의 지원은 13%에서 거의 3분의 1 수준으로 증가했다. 코카도 지적하고 있듯이 이러한 파업 자료는 비록 감소하고 있다고 해도 1870년대에 여전히 숙련 직종별로 '고도의 분절화'가 존재했음을 또한 보여준다(Kocka 1984: 110−1).

중요한 산업별 노동조합인 독일금속노동자협회Deutscher Metallarbeiterverband, DMV[14]를 자세히 살펴보면, 어떤 경우에는 *선대제 숙련공조합의 주위에서 조직되기도 했지만*, 초창기에는 특히 이들 가운데 상당 부분을 *흡수함으로써* 성장했음을 알 수 있다. 중요한 의미를 지니는 1891년 총회 — 이 대회에서 산업별 노동조합 원칙이 승리를 거두었다 — 에서 대부분의 대표자들이 '단일 직종 조직'과 '혼성 직종 조직'을 모두 포함하는 다양한 숙련노동자 조직을 대표했다(Albrecht 1982: 483). 독일금속노동자협회가 설립 이후 크게 성장한 것은 새로운 조합원을 가입시키는 방식이 아니라, 주로 기존의 독자적인 숙련 직종 조직들을 가입시킴으로써 이루어졌다.[15] 즉, 독일금속노동자협회와 같은 사회민주주의 계열의 산업별 노동조합이 숙련에 기초한 다른 조직들의 주위에 남겨진 '비어 있는 공간'에서 성장한 것은 단지 일부에 불과하며 기존의 단체들이 이미 차지하고 있던 바로 그 공간에서도 성장한 것이다. 이것이 바로 독일금속노동자협회가 *산업별* 노동조합이라는 공식적 조직 형태가 의미하는 것에 비해서 훨씬 덜 포괄적이고 1차 대전 후까지도 오히려 숙련노동자에 의해서 지배되었던 이유다.[16]

더구나 초창기 독일금속노동자협회의 핵심을 이루었던 숙련노동

---

14 독일금속노동자협회는 사회민주주의 계열인 '자유' 노동조합들 가운데 규모가 가장 컸는데 1913년에는 전체 조합원 가운데 약 5분의 1을 차지했다(Domansky–Davidsohn 1981: 24).

15 어떤 경우는 자발적으로 통합이 이루어졌지만 항상 자발적이었던 것은 결코 아니다. 때로는 독일금속노동자협회가 가한 압력의 산물인 경우도 있었다(Domansky–Davidsohn 1981: 28–9).

16 1913년에 독일금속노동자협회의 조합원 가운데 약 20%만이 미숙련 혹은 반숙련 노동자였다(Domansky–Davidsohn 1981: 32).

자들은 숙련과 관련된 정체성을 버리지 않고 있었다. 오히려 도만스키-다비드존이 언급하듯이 "직종에 기반을 두고 독일금속노동자협회에 가입한 숙련공 조직들Fachorganisationen은 과거의 조직 모델을 완전히 포기하지 않았다. 독일금속노동자협회의 창립 결의에는 개별 직종 집단들이 독일금속노동자협회의 지도를 받는 지역 지부Sektionen로 통합되도록 명시적으로 규정되었다"(Domansky-Davidsohn 1981: 28, 35). 독일금속노동자협회는 설립 초기 내내(1891~1914년) 여러 직종의 임금과 근로조건에 대한 조사를 수행하는 등 다양한 직종 집단의 상태에 매우 민감하게 대응했다(Domansky-Davidsohn 1981: 18). 이처럼 비공식적인 숙련 직종 집단의 영향력이 지속된 것은 초창기 독일금속노동자협회의 단체교섭 정책의 중요한 특징을 설명하는 데도 도움이 될 수 있다. 1차 대전 이전 베를린 금속 산업의 임금 협약은 숙련 직종별로 개별적으로 교섭되었다. 즉, 각 직종별로 별도의 협약이 체결되었다(Mosher 2001: 291). 1차 대전 이후 최초로 이루어진 1919년의 협약에서도 임금은 숙련 직종별로(예를 들면 공구 제작공), 그리고 수행하는 작업 유형별로(예를 들면 기계공, 철공 등등) 세분화되었다(Mosher 2001: 291).

위와 같은 관찰로부터 또 다른 질문, 즉 다양한 직종 집단들의 숙련과 관련된 정체성에도 불구하고 어째서 그들은 산업별 조직을 명시적으로 지지하는 사회민주주의 계열의 노동조합과 자신들의 운명을 함께하게 된 것인가 하는 질문이 제기된다. 이와 관련해서 보다 유물론적이고 제도주의적인 접근이 헤리겔의 정체성에 기초한 분석을 보완해줄 수 있다. 코카가 지적한 바 있듯이 독일의 초기 노동조합이 두드러지게 반反동업조합적인 경향을 —반反자본주의적 경향에 더하여— 보인 것에 대해서는 노동조합이 발생하고 성장한 폭넓은 사회적·정치적 맥락을 배경으로 이해해야 한다. 특히 영국이나 프랑스와는 아주 대조적으로 "과거의 동업조합적 질서의 여러 요소들이 독일에서는 …… 산업혁명이 절정일 때까지 훨씬 더 오래 지속되었다. 하지만 이는 불균등한 방식으로 유지되었다. 마스터 길드는 저니맨협회에 비해서 훨씬 잘 존속되었고, 후자는 정부 정책에 의해서 크게 약화되었다. 저니맨의 입장에서 보면 과거의 질서의 규제적 측면이 보호적 측면에 비해서 훨씬 더 성공적으로 지속되었던 것이다"(Kocka 1986a: 311-2).

　　도제 훈련 및 숙련 형성이라는 구체적인 분야 — 이는 숙련 직종의 배타성을 중심으로 조직된 모든 전략에서 중요하다 — 에서는 마스터가 지배하는 자발적인 길드가 숙련 규제 기능을 사실상 점유하는 상황에서, 그리고 1897년 이후에는 수공업회의소가 독점적인 권한을 행사하는 상황에서 독일 노동조합의 성장이 일어났다는 점이 분명 중요하다(또한 Kocka 1986b: 342-3을 보라). 그리하여 영국에서 그러했듯이(3장을 보라) 숙련노동자들이 초기 노동조합의 핵심을 형성했고 여러 가지 방식으로 자신들의 직종별 정체성을 고수했다. 영국과의 차이는 독일에서는 노동조합이 고용주들을 상대할 때 숙련 직종에 근거한 *전략*들을 — 예를 들면 숙련 노동시장에 대한 통제에 기초한 전략들을 — 추구하는 것이 완전히 봉쇄된 것까지는 아니라고 해도 매우 곤란하게 되었다는 점이다.[17] 역사적으로 매우 특수한 것으로 확인되는 이유들로 인해서 사실상 자신들의 숙련 시장을 통제할 수 있었던 숙련 직종 노동자들은 산업별 노동조합에 맞서서 참가를 거부했다. 금속 산업에서는 졸링겐*의 칼 제조공이 바로 그러한 사례에 해당한다.[18]

　　수공업 부문의 훈련 시스템이 운영되고 도제제도가 존속됨으로써 노동조합이 크래프트 컨트롤을 겨냥한 전략을 추구하는 것이 가로막

혔을 뿐만 아니라, 숙련 및 숙련 형성에 대한 노동조합의 태도에 중요한 영향을 미친 피드백 효과가 발생했다. 초기 산업화 시기에는 공장의 숙련노동자의 대다수는 분명 장인 부문에서 직접 충원되었으며(Kocka 1986a: 323-44; Lenger 1988; Adelmann 1979: 19), 수공업 부문은 19세기 말을 거쳐 20세기에 들어와서도 많은 숫자의 노동자들을 계속 훈련시켰다. 대체로 수공업 부문 업체들은 도제 훈련을 마치고 난 노동자들을 계속 근무시킬 의사를 조금도 갖고 있지 않았으며, 비용을 절감하기 위해서 이들을 계속 순환시키고, 자신들이 훈련을 끝낸 저니맨을 고용하기보다는 새로운 도제를 받아들였다. 이러한 패턴은 19세기 말과 20세기 초에 보였던 독일 대기업의 관행과는 전혀 다른데, 대기업에서는 대체로 자신들이 계속 고용하고자 하는 노동자들을 훈련시켰다. 반대로 독일의 수공업 부문에서 훈련을 받은 노동자들은 대체

---

17 마노우의 연구는 또한 독일에서 사회보험의 발전이 숙련 노동시장을 통제하는 데 기초한 전략을 차단하는 과정을 조명했다. "크래프트 유니온은 소속 조합원들에게 종종 특별한 보험 혜택을 제공했다. [비스마르크 시기의] 새로운 사회보험은 노동조합이 보험 제도를 '선택적 유인'으로 활용하는 것을 점점 더 곤란하게 만들었다. 그리하여 크래프트 유니온은 조합원을 유지하고 끌어들이는 데 핵심적이었던 수단을 상실한 반면에, 산업별 노동조합은 충성스런 조합원들에게 수많은 보험 관리 일자리를 나누어주는 권한과 막대한 복지 예산에 대해서 발언할 수 있는 권한을 비롯해서 일련의 새로운 선택적 유인을 확보하게 되었다"(Manow 2001b: 117). 더구나 마노우는 강조하지 않고 있지만 이러한 전개 과정은 크래프트 유니온이 영국의 경우처럼 노동조합의 목적을 위해서 조합 연금(friendly benefits)을 사용하는 것이 불가능해졌음을 의미했다.

* 독일 중서부 루르 지방에 있는 공업 도시로서 면도날이나 낫과 같은 연장의 생산으로 유명하다. ―옮긴이

18 특히 Boch(1985)를 볼 것. 졸링겐의 칼 제조공의 경우 선대제 숙련공조합은 바로 마이스터 길드를 직접 계승한 조직이었다. 흩어져서 이루어진 전문적인 칼 생산을 조직한 상인들은 칼 생산을 전담하던 숙련공 시장에 대한 선대제 숙련공조합의 공동 관리 권한을 적극적으로 지지했다.

로 수공업 부문을 떠나서 산업부문에서 일자리를 구하려고 했고, 그리하여 종종 사회민주주의 계열의 노동조합에도 가입했다.

수공업 부문이 산업부문에 숙련노동을 공급하는 역할을 하게 되고 보다 일반적으로는 영향력 있는 도제제도가 존속하게 된 결과, 결국 노동조합이 조직하게 되는 산업 노동자의 상당수는 — 특히 노동조합이 여전히 숙련노동자에 의해서 많이 지배되고 있던 1차 대전 이전 시기에 — 도제 시스템에서 자신들의 숙련 자격을 인증받았다. 쇤호벤은 1913년에 독일금속노동자협회 조합원 가운데 80%가 도제 훈련을 거친 숙련노동자gelernte Berufsarbeiter였다고 지적하고 있다(Schönhoven 1979: 411).[19] 또 초창기 독일금속노동자협회는 지도부 차원에서도 "모두 도제 훈련을 거치는 직종 출신의aus gelernten Berufen 집단"으로 구성되었다(Domansky-Davidsohn 1981: 30). 여기서 도제 시스템 일반에 의해서, 구체적으로는 수공업 시스템에 의해서 중요한 피드백 효과가 발생했음을 강조할 필요가 있다. 독일의 초기 사회민주주의 계열의 노동조합은 상당한 숫자의 숙련노동자를 포함했는데, 이들은 도제 시스템에 개인적 투자를 한 사람들로서 도제 시스템을 통과해서 자격인증을 받았다. 이 점을 고려하면 노동조합이 최초의 반대에도 불구하고 비교적 단기간에 도제제도를 해체하는 것이 아니라 도제제도로 대표되는 사업장 내 훈련 시스템을 통제하고 공동 관리하는 데서 자신들의 이익을 구하게 된 것은 이해할 만하다.

---

19 Domansky-Davidsohn(1981)을 또한 볼 것. 이들은 1905년 무렵 미숙련 노동자 및 반숙련 노동자들 사이에 조합원이 증가했지만, "수공업 전통에 젖어 있는 숙련노동자들과 산업 부문의 직종 훈련을 받은 노동자들이 여전히 분위기를 좌우했다"고 지적한다(Domansky-Davidsohn 1981:32).

이와 관련해 특히 1897년 이후에 금속노동조합 ─ 도제를 거친 노동자들이 특히 많았던 조합이다 ─ 은 수공업 모델이 대표하고 있던 숙련 자격인증 기능의 가치를 인식하게 되었음이 틀림없다. 왜냐하면 무엇보다도 자격인증을 통해서 조합원들이 전체 노동시장 내에서 기업에 특수하지 않은 방식으로 숙련을 증명할 수 있는 방법이 제공되었기 때문이다. 독일에서는 모든 훈련이 대기업에서 자신들이 활용할 충성심이 강한 핵심적 숙련노동자들을 육성하려고 하는 상황에서 이루어진 것은 아니라는 점 자체가 매우 중요했다. 독일 노동자들은 초기부터 계속 노동조합이나 산업부문 대기업과는 분리된 숙련 자격인증 시스템 ─ 자신들의 숙련을 서류로 증명해주는 ─ 으로부터 혜택을 받아왔다. 이는 영국처럼 노동의 힘이 실질적으로 숙련에 의존할 수 있었지만, 영국과는 달리 숙련 형성 그 자체는 계급 간 갈등 영역 ─ 예를 들면 노동조합이 숙련의 공급을 통제하기 위해서 도제 훈련을 제한하려고 시도하는 ─ 이 되지 않았음을 의미했다. 그리하여 독일 노동조합이 숙련 형성 논쟁에 개입하게 될 경우 ─ 바이마르 시기에는 제한된 방식으로, 나중에는 직업교육 시스템 내의 동등한 참여자로서 ─ 노동조합은 경제 내에서 숙련의 양을 규제하기보다는 훈련 기회에 대한 접근을 확대한다는 관점에서 자신들의 목표를 설정했고, 사업장 내 훈련 시스템을 폐지하는 것이 아니라 민주화하고 공동 관리한다는 데 목표를 두었다. 바로 이러한 이유로 독일의 산업별 노동조합은 특정 산업 분파의 강력한 잠재적 *동맹자*가 되었는데, 이 분파는 기존에 형성되어 소규모 고용주인 마스터 직인이 독점해온 숙련 형성 시스템에 끼어들고자 하는 나름의 이유가 있었다.

기업에 미친 영향

수공업 부문에 기초해서 숙련 형성 시스템이 확립된 것은 산업부문에 대해서도 적지 않은 의미를 지녔다. 먼저 그것은 산업부문의 기업이 장인 부문으로부터 자격이 인증된 숙련노동자들을 비교적 안정적으로 공급받을 수 있게 된 것을 의미했다. 최소한 1880년대까지도 독일의 제조업체들은 수공업 부문에 기반을 둔 숙련에 사실상 절대적으로 의존했고(Tollkühn 1926: 4-5; von Behr 1981: 44-5), 그 이후에도 그 의존도는 매우 완만하게 감소했다. 1907년에 훈련을 받고 있던 모든 청년들 가운데 46.5%는 여전히 근로자 5인 이하의 가장 작은 장인 작업장에 속해 있었다(Muth 1985: 36).[20] 1925년까지도 훈련은 여전히 소규모 업체에 집중되어 있었다. 같은 해에 실시된 전국 기업체 조사에 의하면 전체 도제의 55%는 수공업 부문의 업체에서 훈련을 받고 있었고 45%가 산업부문에서 훈련을 받았다(Schütte 1992: 65).[21] 즉, 독일의 산업화 초기에 산업부문의 많은 기업들은 필요한 숙련을 확보하기 위하여 장인 부문에서 훈련받은 노동자들에게 충분히 의존할 수 있었다.

수공업 부문 업체들은 핵심적인 집합재collective goods를 공급했지만

---

20 더헨(Dehen 1928: 25)이 제시하는 수치는 다르지만 의미는 동일하다. 그는 1871년 이전에 프러시아에서 — 위에서 기술한 바 있는 흩어져 있는 전문 생산 지역을 제외하고 — 단지 375명의 도제만이 공장에서 훈련을 받았다고 지적한다. 1881년에는 산업부문의 숙련노동자 14,616명 가운데 8천 명 이상이 수공업 부문에서 훈련을 받았다. 1891년에는 산업부문의 숙련노동자 2만 7천여 명 가운데 약 절반이 수공업 부문에서 훈련을 받았다. 1901년에 그 비율은 여전히 3분의 1을 훨씬 넘었다(약 3만 5천 명 가운데 1만 5천여 명).
21 지금도 산업부문의 기업과 수공업 부문의 업체 사이의 구분은 유동적이지만, 특히 과거에는 매우 유동적이었음을 명심해야 한다. 산업부문의 많은 기업들이 수공업 업체로부터 '성장'했다. 하지만 오늘날에도 수공업 부문은 여전히 주요한 훈련 부문이다(Wagner 1997: 23; Streeck 1992b를 보라).

자신들도 또한 이익을 누렸는데, 왜냐하면 그들 대부분은 저렴한 생산 노동의 원천으로서 도제들에게 의존하고 있었기 때문이다.[22] 전통적으로 기업은 도제로부터 수업료를 받아왔고, 도제에게 조금이라도 급여를 지불하는 방향으로 변화하는 데 수공업 부문은 산업부문에 비해 수십 년 정도 뒤처졌다(Schütte 1992: 137). 소규모 장인 업체에서 필요에 따라서 유연하게 쓸 수 있는 여분의 일손이 있다는 것은 전체 생산에 커다란 차이를 낳을 수 있었고, 훈련 자체는 주로 생산의 휴지기에 이루어질 수 있었다(Hansen 1997).[23] 일단 도제 훈련이 종료되고 새로 훈련시킨 도제가 저니맨이 되어 산업부문의 큰 기업체로 떠나가는 것을 보면서 마스터 장인이 대단히 기뻐한 것도 무리가 아니다. 왜냐하면 그들이 독립적으로 점포를 설립하고 이전의 마스터들과 보다 직접적인 경쟁 관계에 놓이는 것보다 그 편이 나았기 때문이다.

사실상 20세기로 전환하기 이전에 훈련 시스템에 대한 유일한 불만은 독일의 대규모 기계업체들 — 엠아엔M.A.N.(아우구스부르크와 뉘른

---

22 도제를 노동력으로 바라보는 수공업자의 이기적인 동기는 앞서 언급한 대공황 시기에 도제에 대한 착취가 만연된 것에서 드러난다(Muth 1985: 18; Tollkühn 1926: 9-12; Volkov 1978: 73). 또한 이러한 이유로 일부 장인들은 교실에서 진행되는 보충 훈련을 위해서 근무시간 중에 도제를 보내도록 요구하는 의무적인 보습학교가 늘어나는 것에 저항했다(Linton 1991: 90-3).

23 지금 분석하고 있는 시기의 순수 훈련비용에 관한 수치는 얻을 수는 없다. 하지만 최근의 한 연구에 의하면 도제 임금이 숙련노동자 임금의 일정 비율로서 노동조합에 의해서 교섭되고 있는 오늘날에도 도제를 활용하는 순수비용 — 훈련의 총비용에서 도제의 생산 물량을 제외한 — 은 산업부문의 기업에 비해서 수공업 부문 업체에서 훨씬 적다. 수공업 부문 업체에서는 훈련이 생산과정 중에 일어나는 데 비해서, 산업부문의 기업에서는 훈련이 작업장에서 진행될 가능성이 더 많기 때문이다. 더구나 — 또한 1990년대의 경우 — 순가변비용(가변비용에서 고정비용을 제한 것)은 실제로 산업부문에서는 도제의 20%가, 수공업 부문에서는 도제의 30%가 마이너스였다. 이 경우는 생산에 대한 도제의 공헌이 그들을 훈련시키는 데 든 비용보다도 컸음을 의미한다(Wagner 1999: 44).

베르크의 기계공장Machinenfabrik Augsburg Nürnberg의 약자), 루드비히 뢰베 사
Ludwig Loewe and Company, 보르직Borsig, 그리고 쾨니히 앤 바우어Koenig &
Bauer 등의 기업들 ─로부터 나왔다. 다른 업체들과 마찬가지로 이 기업
들도 장인 부문에서 만들어낸 숙련으로부터 혜택을 누렸고 20세기에
들어서도 필요한 숙련을 해결하기 위해서 장인 부문에 계속 의존했다.
하지만 1890년대부터 이 대규모 업체들은 수공업 부문에서 공급되는
숙련의 한계에 직면하게 되었다고 불평하기 시작했다. 첫째로, 수공업
부문은 기계 산업이 필요로 하는 만큼 충분한 숙련노동자를 빨리 만들
어낼 수 없었다. 기계 산업은 20세기 전환기에 급격하게 팽창하고 있
었고 1900년 무렵에는 다른 모든 부문을 제치고 학교 졸업 연령의 남
성 노동자를 가장 많이 고용하게 되었다.[24] 둘째로, 이 대규모 업체들은
장인 부문에서 훈련된 노동자들이 이 시기에 급속한 속도로 도입되고
있던 새로운 기술을 충분히 익히지 못하고 공장에 오게 된다고 불평했
다(Dehen 1928: 27-8; Tollkühn 1926: 14-6; von Behr 1981: 60-1).

기계 및 금속가공 대기업의 전략

이들 대기업들은 숙련 직종별 훈련이 부적절하다고 인식하고 이에 대
응하기 위하여 기업 수준에서 숙련 형성을 내부화하고 또 보완적인 기
업 복지 정책 및 내부 노동시장과 훈련을 결합할 것을 목표로 삼는 전
략을 실행하기 시작했다. 전통적인 마이스터 교육Meisterlehre 모델 ─ 마

---

24 1912년에 기계 산업은 금속가공 분야와 합치면 14세에서 16세 사이의 남성 공장 노동자
가운데 거의 40%를 고용했다(Linton 1991: 28).

스터 직인과 함께 일하는 방식으로 이루어지는 현장 훈련 — 과 달리 독일의 대규모 기계제조업체들은 기업 내에 도제 훈련 작업장을 설립함으로써 훈련을 '합리화'하려고 노력했다. 도제들의 훈련은 상당히 큰 규모의 집단별로, 그리고 최소한 처음에는 생산과정으로부터 분리되어 실시되었다(von Behr 1981; Eichberg 1965). 엠아엔은 1890년대에 도제 훈련 작업장을 설립한 데 이어 회사 내 도제의 숫자를 급속히 늘렸다(von Behr 1981: 41, 103). 대규모 전기설비업체인 슈커 사Schucker & Co.는 1890년에 훈련 작업장을 설립했고, 기계제조업체인 보르직은 1898년에 훈련 작업장을 설립했다. 기계 및 전기기계 산업의 다른 대기업들도 비슷한 시기에 같은 조치를 취했다(von Behr 1981: 41 등; Eichberg 1965: 25-34). 또한 많은 기업들이 훈련에서 보다 이론적 측면을 담당할 공장학교Werkschluen를 설립했다(1927년까지 설립 연도별 상세명단은 Dehen 1928: 264-70을 보라). 1900년 이전에 17개의 공장학교가 개설되었는데, 그 대부분은 교육 및 산업 인프라가 취약했던 북부와 동부 독일의 농촌 지역에 위치한 공장에 속해 있었다(Dehen 1928: 12, 35). 1900년과 1914년 사이에 55개소의 공장학교가 더 설립되었으며 점점 더 대도시 중심부에 자리 잡았다(Dehen 1928: 65-83).[25]

---

25 1928년 데헨의 연구 시점까지 설립된 145개의 공장학교 중에서 거의 3분의 1(47개)이 기계, 기구 및 자동차 산업에 속했다(Dehen 1928: 7). 2년 후에 슈말칼덴에 있는 주립철강산업기술대의 학장인 한스 켈너는 베를린 금속경영자협회(Verband Berliner Metallindustrieller) 회원 중에서 10개 사에 공장학교가 있으며 많은 수의 도제를 훈련시키고 있다고 언급했다. 여기에는 아에게(AEG), 버그만(Bergman), 보르직, 뢰베, 믹스 앤 제네스트(Mix+Genest), 지멘스-슈커트(Siemens-Schuckert), 지멘스-할슈케(Siemens-Halske), 크노어브렘세(Knorrbremse), 스톡 사(Stock+Co.), 그리고 프리츠 베르너 사(Fritz Werner AG) 등이 포함되었다(Kellner 1930: 14).

이 가운데 많은 기업들은 헤리겔이 '기업 자립적autarkic'이라고 규정한 전략을 잘 나타냈는데, 기업이 필요로 하는 특수한 숙련을 확보하기 위해서 사업장 내 훈련 프로그램을 설계하고 이를 사업장 수준의 복지 프로그램 및 급부와 연계시켰다. 이러한 구상은 기업의 생산 시스템에 완전히 능통하고 회사에 충성하는 숙련노동자의 핵심 엘리트를 육성하려는 것이었다(Dehen 1928: 15-6, 75-7). 기업이 지원하는 훈련을 받은 노동자들은 특히 초창기에는 분명히 기업 내에서 지도적인 직위를 맡도록 훈련되었다(von Behr 1981: 188). 하이드룬 홈부르크는 지멘스Siemens, 에커트Eckert, 뢰베, 그리고 엠아엔 등 주요 기계업체에서 고용주가 지배하는 기업별('어용') 노동조합이 설립되었다고 지적하고 있는데, 이 업체들은 모두 사업장 내 훈련을 선도했다(Homburg 1982: 226-8). 이 기업들은 노동자에게 주택을 제공하고 기업 차원의 질병보험을 실시하고 근로조건을 개선했으며 신규 직원을 재직 노동자의 가족 중에서 채용하는 정책을 추구했다(von Behr 1981: 93-4; Rupieper 1982: 85).[26] 엠아엔의 사장인 안톤 폰 리펠Anton von Rieppel의 말대로 사내 훈련은 "노동자와 공장 경영자 사이에 관계를 구축해서 …… 노동자들은 회사를 떠나기를 원하지 않았다"(Ebert 1984: 221에서 재인용, 또한 166; Herrigel 1996b: 105도 보라). 즉, 독일의 대규모 기계제조업체들은 숙련 형성을 내부화하고 노동의 통합 및 기업의 가부장적 온정주의에 근거한 보다 포괄적인 분절주의적인 생산 전략 속에 훈련을 결합시키고자 했다.

---

26 크루프(Krupp), 차이스(Zeiss) 등 다른 업체의 기업 복지 제도에 대한 논의로는 Lee(1978: 462-3)를 볼 것.

하지만 이 기업들은 자신들의 훈련을 통해서 습득한 숙련에 대해서 자격을 부여할 수 없다는 점에 큰 불만을 가졌다. 1897년 이후 독일에서 수공업회의소를 통하지 않고 '숙련노동자'자격을 부여받을 수 있는 방법은 없었다(자격인증의 중요성에 대해서는 특히 Hansen 1997: 380–91을 보라). *산업부문의* 훈련을 인증할 수 있는 유사한 권한이나 공인된 틀이 존재하지 않았고, 이는 그러한 훈련을 실시하는 기업에게는 불만의 원천이 되었다. 이미 1902년에 베를린 금속경영자협회는 베를린 내 산업부문 도제 훈련에 대한 공식 승인과 자격인증을 요구하고, 베를린에서 가장 우수한 산업부문의 훈련업체들—아에게, 보르직, 뢰베 등—의 훈련 작업장을 인가받기 위해서 노력했으나 성공을 거두지 못했다(Hansen 1997: 510–1).

그 이후 몇 해 동안 자격인증과 숙련 검정은 산업부문과 수공업부문 사이의 분쟁거리가 되었다(Schütte 1992: 17–9). 1907년에 수공업부문은 산업부문이 숙련의 원천으로서 수공업 부문의 훈련에 크게 의존하고 있다는 것을 증명하는 조사를 실시했고, 이를 활용해 장인 부문에서 훈련받은 도제를 사용하는 모든 기업은 훈련비용과 수공업회의소의 유지 비용을 분담해야 한다고 주장했다(Schütte 1992: 18; Muth 1985: 35–6). 이 시기에 장인들은 또한 수공업 시스템 안에서 '마스터' 자격을 획득한 사람들의 지위를 더욱 격상시키고 보호하는 입법을 여전히 추구하고 있었다(Volkov 1978: 143).[27]

---

27 1908년에 장인들은 자신들 요구안의 일부를 획득했다. 정부는 오직 인증받은 마스터 직인만이(즉, 수공업회의소를 통해서 마스터 자격인증을 받은 자만이) 도제를 훈련시킬 수 있다고 규정한 이른바 소자격증명(kleiner Befähigungsnachweis)을 실시했다(Hansen 1997: 506; Kaiser and Loddenkemper 1980: 12; 또한 Schütte 1992: 19–20을 보라).

엠아엔과 같은 기업들은 자신들의 훈련이 — 전통적인 장인 부문의 훈련보다 훨씬 더 체계적인 — 인정받지 못하고, 자신들이 수공업 부문에 기초한 시스템에 돈을 내도록 요구받고 있는 상황이 터무니없다고 생각했다. 이 기업들이 보기에는 수공업 부문에 기초한 기존의 자격인증 시스템은 열등한 훈련을 특권적으로 공인해주고, 낙후된 것으로 보이는 숙련 형성 시스템을 억지로 지지하게 하는 것이었다. 이 기업들의 경영진은 자신들의 숙련 요구에 부응하기에는 수공업 부문의 훈련이 부적합하며, 따라서 산업부문을 위한 별도의 검정 및 인증 시스템이 필요하다고 지적했다(von Rieppel 1912: 9). 그들은 산업부문이 수공업 부문의 훈련 시스템에 더 많은 돈을 내야 한다는 수공업 부문의 요구를 비난하면서 수공업 부문의 훈련이 사실상 산업부문의 필요에 부응하지 못한다고 지적했다. 그들은 훈련에 관해서 산업부문의 자립도가 증가하고 있음을 입증함으로써 수공업 부문의 주장을 반박하려고 열심히 노력했다(예로는 von Rieppel 1912를 보라).

숙련 자격인증 및 검정의 관할권에 관련된 쟁점을 둘러싸고 수공업 마스터들과 대규모 기계업체들 사이에 커다란 갈등이 지속적으로 발생했다. 수공업 업체로서는 숙련 자격인증 기능에 대한 독점이야말로 가장 유능한 젊은 도제들을 놓고 대기업과 경쟁을 벌일 수 있게 해주는 가장 중요한 장치였을 것이다. 어떤 경우에는 도제들이 — 그 부모들은 더욱더 — 수공업 부문의 도제 훈련을 선호할 수도 있었다. 왜냐하면 산업부문의 훈련은 자격이 인정되지 않아서 제공해주지 못하는 가능성을 수공업 부문에서는 자격인증 자체를 통해서 열어줄 수 있었기 때문이었다. 한센은 특히 이 점을 다음과 같이 강조하고 있다. "수공업법의 효과 덕분에 [수공업 점포는] 산업부문의 기업이 할 수 없는 것을 제공해줄 수 있는 지위에 있었다. 바로 자신들의 훈련과 숙련을 증명하는 데 필수적인 공인자격증이 그것이다"(Hansen 1997: 512; Schütte 1992: 84를 보라). 가장 중요한 점으로서 독립 마스터 지위를 얻기 위해서는 — 또 마스터가 되어야 도제를 받을 수 있는 권한이 부여되었다 — 자격증이 반드시 요구되었다(Frölich 1919: 108-9). 마스터 지위의 획득 과정에 관해 독점을 유지하는 것은 우수한 청년 노동자를 확보하기 위한 경쟁에서 유리한 지위를 점하게 해주었다. 그리고 이 점이 특정 직종에 과잉 공급이 이루어지는 것에 대한 오래된 우려와 더불어 수공업 부문이 홀로 관리해온 저니맨 시험 — 노동자가 마스터 시험에 응시하기 위해서 반드시 치러야 하는 — 의 특별한 지위를 옹호해온 중요한 이유이기도 했다(Pätzold 1989: 275).

대규모 기계업체들로서는 우수한 청년 노동자를 둘러싼 경쟁이 하나의 현안일 수 있었지만, 아마도 다른 요인들이 더 큰 역할을 한 것으로 보인다.[28] 특히 내부 노동시장에 기초한 정책을 추구하고 있던 대규모 기계업체들은 최고 수준의 숙련노동자를 채용해서 보유하려는 분절주의적인 정책을 추구하는 데 드는 비용을 낮추고, 이와 함께 숙

---

28 우리가 본 대로 이들 기업들은 유망한 도제들에게는 장기 고용 전망을 비롯해서 다른 유형의 인센티브를 제공할 수 있는 지위에 있는 경우가 많았다. 왜냐하면 수공업 부문의 업체들은 이들 기업들과는 반대로 보통 도제 수업을 마치면 이들을 계속 고용하려고 하지 않았기 때문이다. 한센은 자격인증 제도가 지니는 주요한 가치는 도제와 훈련업체 사이에 훈련 계약 기간 동안 상호 신뢰를 보장해 도제가 생산에 기여하도록 함으로써 기업이 자신의 훈련비용을 거둬들이도록 보장하는 데 있다고 주장했다. 이는 분명 수공업 부문에서 자격인증이 수행하는 주요 기능의 하나이다. 하지만 수공업 부문과 달리 기계업체의 훈련은 도제들이 생산에 기여하지 않는 연습장에서 수행되었고, 따라서 '투자금의 회수'라는 문제는 내부 노동시장의 육성이라는 문제만큼 중요성을 지니지 못했다. 대기업들이 자격인증 및 검정 권한을 확보하려고 노력한 이유가 수공업 부문과 달랐다는 점을 강조해준 익명의 논평자에게 감사드린다.

련의 내용과 정의에 대한 통제권을 확보하는 데 강력한 이해관계를 지니고 있었다. 위에서 지적한 대로 이 업체들은 수공업 부문의 훈련이 대단히 불충분하다고 보았다. 이 업체들은 수공업 부문에서 노동자를 채용할 경우 자신들이 필요로 하는 특수한 숙련을 위해 이들을 재훈련하는 데 상당한 자원을 투자할 수밖에 없음을 발견했다. 그리하여 엠아엔이나 지멘스와 같은 기업들은 자신들의 도제에 대해서 시험을 쳐서 자격을 인증받도록 하기 위해서 지역 수공업회의소와 협약을 체결했는데(Hansen 1997: 273-4), 이와 같은 임시 협약은 불안정했으며 시험위원회의 구성과 검정 대상 숙련의 유형을 둘러싸고 갈등이 발생하는 경우가 많았다(Fürer 1927: 32-3; Botsch 1933: 7-8; Mack 1927: 105-7; Kopsch 1928: 14; Frölich 1919: 109-10). 예를 들어 엠아엔은 지역 수공업회의소와 협약을 체결했지만 이 협약이 적절하지 못하다고 불만을 계속해서 제기했다(Lippart 1919: 7).[29]

동기는 상당히 달랐지만 오늘날 연구들을 통해서 아주 분명하게 드러나고 있는 사실은 독일의 대규모 기계업체들이 검정 및 자격인증이 지닌 이점을 인식했고 이러한 역할을 수행하지 못하는 자신들의 무능력을 약점으로 인식했다는 점이다(Frölich 1919; DATSCH 1912: 99, 303; von Rieppel 1912: 9; Lippart 1919: 5-7; Wilden 1926: 1-2; Gesamtverband Deutscher Metallindustrieller 1934: 18-9). 그 결과 숙련에 크게 의존하는 대규모 제조업체들은 스스로 단체를 만들어서 상공회의소Industry and Trade Chambers의 집단적 통제 아래서 산업부문의 훈련을

---

29 1920년대에는 사용자협회와 상공회의소(IHK)의 후원 아래 산업부문의 시험이 점차 확대되었지만, 이 시험들은 전적으로 임의적인 것으로서 법률적 근거를 지니고 있지 못했다(Kaiser and Loddenkemper 1980: 13).

증진하고 자격을 인증하는 **병렬적인** 시스템 ─수공업회의소와 동등한 권한을 부여받은 ─을 창설할 것을 요구했다. 1908년에 독일기술교육위원회Deutscher Ausschuß für Technisches Schulwesen, DATSCH가 설립된 것은 산업부문 훈련의 발전에 중요한 발걸음이 내딛어진 것을 의미했다. 독일엔지니어협회Verein Deutscher Ingenieure, VDI와 독일기계제조업협회Verband Deutscher Maschinenbauanstalten, VDMA의 공동 후원을 받으면서 독일기술교육위원회는 처음부터 독자적인 검정 및 자격인증 권한을 요구했다 ─예를 들면 위원회에서 발표한 도제 훈련 지침에서 "절실히 필요하다"고 강조되었다(DATSCH 1912: 99, 303을 보라).

　　독일기술교육위원회의 보다 광범위한 공식적 목표는 "잘 훈련받은 숙련된 노동력의 육성에 관한 관심을 고양하는"데 있었다(Abel 1963: 41; Tollkühn 1926: 38-9).[30] 독일기술교육위원회는 산업부문 전체를 대표한다고 주장했지만 조직 초창기의 활동과 정책은 사실상 1차대전 이전에 독일기계제조업협회를 주도했던 대규모 기계업체들의 이해관계를 반영했다. 엠아엔의 사장인 폰 리펠은 대단히 적극적이었고 독일기술교육위원회의 초대 회장을 역임했다. 대규모 기계업체들은 독일기술교육위원회의 설립을 통해서 산업부문의 숙련 형성 문제에 대한 인식을 증진하기를 원했는데, 부분적으로는 자신들의 훈련 노력에 대해서 보다 폭넓은 지지를 얻고 이와 더불어 청년들에게 산업부문의 훈련에 대해서 더 많은 관심을 불러일으키고자 했다.[31] 자격인증을 통해서 ─투명성이 증대됨으로써(1장을 참조) ─ 인력 사냥이라는 문제가

---

30 또한 독일기술교육위원회의 설립에 관해서는 DATSCH Abbandlungen(1910: 2-5)을 보라.

발생함에도 불구하고 기계제조업체들은 대규모의 이동 가능한 숙련 풀에 각별한 관심을 갖고 있었다. 기계제조업체의 고객 기업들이 필요로 하면서도 스스로 확보할 수 없는 처지에 있는, 기계공, 선반공, 정비조립공 등을 기계제조업체들이 제공하는 일을 고객에 대한 통합 서비스의 일부로 삼아야 한다고 폰 리펠은 강조했다(von Rieppel 1912: 6). 엠아엔과 같은 회사들의 경우 독일기술교육위원회 조직을 강화하고 자격인증 권한을 공동으로 확보하는 것은 매우 매력적인 일로 보였을 것이다. 이 회사들은 다른 업체들의 훈련을 감독할 수 있는 메커니즘을 제안하는 것은 물론 숙련 종류별로 기준과 표준을 설정하고자 했다.

독일기술교육위원회의 창립은 1907~08년 시기에 독일에서 극심한 숙련 부족이 도래한 것과 맞아 떨어졌는데, 특히 대규모 기계업체들의 숙련 부족 상황이 심각했다. 베를린과 같은 중심 도시에서 인력사냥이 대단히 심각한 문제가 되었음이 확인되고 있는데, 베를린에는 몇몇 대규모 기계제조업체들 — 아에게, 보르직, 뢰베, 그리고 에커트 등이 포함된다 — 의 공장이 있었다. 농촌에 가까운 지역에 자리한 회사들은 대체로 큰 영향을 받지 않았는데, 이들이 지역 노동시장을 지배하고 있었으며 훈련 프로그램과 매력적인 일련의 수당들을 결합시켰기 때문이었다(Dehen 1928: 33). 그러나 노동력이 점점 부족해지면서 이 기업들도 어려움을 겪었는데, 노동자들이 더 높은 임금에 끌려서 다른 지역으로 떠나갔던 것이다(Hansen 1997: 511). 이러한 상황에서 독일기술교육위원회는 이 기업들이 스스로 협력해서 격화된 경쟁을

---

31 폰 리펠이 시행한 첫 번째 조치(1909년) 가운데 하나는 18개의 대규모 기계업체를 대상으로 숙련의 필요성과 수공업 부문에서 훈련된 도제를 고용한 경험에 관해서 조사를 실시한 것이었다(Dehen 1928: 27).

관리하고 훈련을 줄이지 않도록 노력하는 — 훈련을 줄이는 것은 단지 문제를 악화시킬 뿐이었다 — 장을 제공해주었다. 예를 들면 독일기술 교육위원회는 1911년에 모든 회원 업체로 하여금 자신이 고용한 노동력의 10~15%에 해당하는 숫자의 도제를 훈련하는 의무를 지키도록 요구했다(Dehen 1928: 168). 비록 이러한 조치가 어느 정도 성공을 거두었는지는 불분명하지만 말이다.

독일의 대규모 기계업체들은 조직화를 추구하는 또 다른 인센티브를 지니고 있었는데, 이는 14세 이상의 청소년을 대상으로 한 직종학교의 보습교육이 확산되는 과정과 관계가 있었다. 앞서 언급한 대로 국제 기준으로 보면 독일은 공립 직종학교 설립의 선구자였는데, 몇몇 주에서는 일찍이 1830년대에 공립 직종학교 교육이 의무화되었다. 나아가 1891년의 제국영업조례Imperial Industrial Law — 이후 1900년에 개정되었다 — 는 고용주들로 하여금 도제 및 18세 이하의 다른 노동자들에게 보습학교에 출석하는 데 필요한 시간을 지역 당국이 설정한 규정에 맞추어 의무적으로 배정하도록 했다(Sadler 1908a: 517; Education 1909a: 147, 156).[32] 1890년대와 1900년대 초기 몇 해까지 청소년들이 보습학교에 의무적으로 다니도록 규정한 주의 숫자는 증가했고 1908년이 되면 대다수의 청소년이 그 대상이 되었다.[33]

---

[32] 이는 여러 가지 제재나 벌금 위협에 의해 뒷받침되었는데, 고용주가 의무를 이행하지 않으면 구금될 수도 있었다(Education 1909a: 147, 156). 1869년 영업조례에서는 지방정부에 보습학교에 관한 지역 기준을 설정할 권한을 부여했다.

[33] 1908년에 여전히 보습학교 취학을 완전히 임의적으로 규정한 주들(함부르크, 뤼베크, 로이스, 그리고 샤움부르크-리페)에는 청년 인구의 2% 미만이 포함되었다(Sadler 1908b: 513-7). 다른 주들은 이를 의무화했고, 또 나머지 주들은 지역 당국이 이를 의무화할 수 있도록 했다.

    20세기로 전환되는 시점에 보습학교와 관련해서 의무화, 주의 재정 지원, 그리고 훈련의 내용 등에 관한 문제들이 많은 지역에서 지속적인 논쟁 주제가 되었다(이 점에서는 아마도 프러시아가 특히 중요할 것이다). 이는 독일의 숙련 집약적 대규모 기업들로서는 확실한 이해가 걸려 있는 쟁점들이었다.[34] 프러시아에서 소규모 장인들은 의무화에 대해서 강력하게 반대했다. 특히 근무시간 중에 출석을 의무화하는 것에 반대했는데, 훈련비용이 늘어나기 때문이었다.[35] 대기업들은 공립 직종학교 출석을 의무화하는 것으로부터 훨씬 더 많은 이익을 얻었는데, 왜냐하면 — 특히 그들이 수업 내용에 영향을 미칠 수 있다면 — 이미 자신들이 진행하고 있는 노력에 대한 직접적인 보조금이나 다름이 없기 때문이었다. 보습학교의 교육 내용을 둘러싸고 교육성과 통상성 사이의 갈등이 있었는데, 특히 프러시아에서 심각했던 것으로 알려져 있다. 교육성은 이데올로기적인 내용, 즉 사회민주주의에 반대하도록 청년들을 사회화하기 위한 도구라는 측면을 보다 강조했고, 통상성은 남서부 모델을 주시하는 관료들의 영향으로 좀 더 기술적인 내용이 다루어지고 지역 경제의 기업체와 확실한 연계가 확보되길 선호했다. 이 갈등에서 후자가 승리를 거두었다. 비록 프러시아가 직업 지향적인 보습학교의 수준과 숫자라는 측면에서 남서부에 여전히 뒤져 있었지만 1885년과 1904년 사이에 학교 수와 학생 수가 크게 증가했다.[36]

---

34 이 논쟁에 관해서는 특히 Hansen(1997: 514-35)을 보라. 이 글의 서술은 여기에 의존하고 있다.

35 출석을 의무화하는 법안이 채택되더라도 수업을 언제 진행할 것인가 하는 문제가 남아 있었는데 수공업 부문은 정규 근무시간 이외에 수업을 하는 방안을 선호했기 때문에 이 또한 논쟁거리가 되었다. 1904년에 상공부는 일요일이나 저녁 시간에 수업을 열지 못하도록 강력하게 지도하는 명령을 발표했다.

이리하여 독일의 대규모 기계업체들은 이러한 논쟁이 전개되고 있던 바로 그 시점에 자신들의 독자적인 훈련 노력을 확대하고 있었고, 독일기술교육위원회는 이들이 조직적으로 로비 활동을 전개할 수 있는 도구가 되었다. 특히 공장학교를 설립한 기업체들은 학교 인가를 얻기 위해서 혹은 지역에 있는 보습학교의 교과과정을 기업의 목표에 부합하도록 만들기 위해서 지방 당국과 협력했다.[37] 대규모 기계업체들은 국가의 참여를 늘림으로써 훈련비용을 원활하게 부담하도록 독일 기술교육위원회를 통해서 로비 활동을 벌였다. 이들은 청소년들에 대한 훈련은 사회적 선social good이므로 그 비용은 전체 사회가 부담해야 한다고 주장했다. 산업부문의 초일류 훈련 기업들은 공립 보습학교에 모형과 공작도, 제품과 재료 등을 기부함으로써 교과과정에 영향을 미치려고 노력했다(Dehen 1928: 80-2). 데헨은 1908년 이후 공장학교의 설립이 감소하고 있다고 지적하고, 이는 우연이 아니라 이 업체들이 훈련비용의 일부를 국가에 전가할 방법을 모색하는 전략의 일환이라고 결론짓고 있다.[38]

1차 대전 직전까지 직업훈련의 발전을 요약하면 다음과 같다. 독

---

36 한센에 의하면 1885년과 1904년 사이에 프러시아에서 직종 및 보습학교 수는 715개에서 2,065개로 증가했고, 1899년과 1904년 사이에 학생 수는 83,772명에서 175,100명으로 늘어났다(Hansen 1997: 520). 프러시아 정부는 18세 이하 청년의 보습학교 취학을 의무화하는 주 법률을 채택함으로써 이를 확실하게 지지했다.

37 그라이네르트는 일반적으로 — 바이마르 시기에도 또한 — 기업 부설 학교를 보유한 기업은 통제하고자 하는 욕구와 훈련비용을 국가에 전가하고자 하는 욕구 사이에서 항상 갈등을 느꼈다고 주장한다(Greinert 1994: 49). 패츨트는 1920년대에 공장학교를 보유한 대부분의 대기업들은 공장학교를 공립 직종학교의 대체물로서 간주했다고 지적한다 (Pätzold 1989: 279).

38 1910년과 1917년 사이에는 단지 5개의 공장학교만이 설립되었다(Dehen 1928: 158).

일제국 시기에 형성된 수공업 부문에 기초한 숙련 형성 시스템은 미래의 독일 직업교육 및 훈련 시스템이 구축될 수 있는 중요한 발판을 구축하기 시작했다. 수공업 부문의 숙련 형성 시스템은 먼저 노동조합으로 하여금 숙련공의 조직화를 통해서 조직 역량을 갖추지만, 숙련의 공급을 제한하는 데 기초한 전략을 고집하지 않도록 촉진했다. 둘째로, 그러한 시스템의 존재로 인해서 숙련에 크게 의존하는 산업부문에서는 그 시스템의 논리 안에서 이익을 확보하려는 전략을 지향하게 되었다. 두 가지 의미에서 수공업 시스템은 독일의 대규모 기계업체들의 요구에서 핵심 초점이 되었다. 수공업 시스템은 1차 대전 이전 시기에 대규모 기계업체들이 독일기술교육위원회를 통해서 비판을 제기하는 대상이었다. 그러나 다른 한편으로는 수공업 시스템이 훈련을 조정하고 스스로 규제하는 것은 산업부문의 모델로서 역할을 했다. 그리하여 1차 대전 이전 시기에 훈련을 실시한 산업부문의 기업들은 수공업회의소를 통해서 훈련생들의 자격인증을 얻으려고 노력하면서도 동시에 독자적이면서 병립적인 인증 권한을 획득하기 위하여 조직적으로 활동했다.

정치적 동맹과 시스템의 진화

바이마르 시기에는 산업부문의 도제 훈련 분야에서 공식적인 법률적 혁신이라는 측면에서 실제로 달성된 것보다는 임의적인 — 비록 상당히 체계적이기는 하지만 — 토대 위에서 달성된 것이 더 많다. 이러한 성과는 이후에 등장하게 될 시스템의 정치적·기술적 토대를 마련해주었다. 현대 독일 직업훈련 시스템의 두 가지 핵심적 특징 — 장인 부문에 더하여 산업부문의 숙련에 관한 전국적인 자격인증 시스템과 사업장 내 훈련의 감독에 관한 노동조합의 전면적인 참여 —가운데 바이마르 시기에 확립된 것은 아무것도 없다. 하지만 두 가지 특징이 형성되기 위한 정지 작업은 대부분 이 시기에 이루어졌다.

바이마르 공화국 초창기에 도제 훈련 제도의 개혁이 아주 중요한 의제로 부각되었다. 전쟁 사상자로 인해서 숙련노동자가 극도로 부족했고 청소년들을 위한 도제 일자리의 부족도 심각했다(Pätzold 1989: 271-2). 1차 대전 직후 일부 지역에서는 마스터 장인이 도제를 가혹하게 대하는 경우가 늘어났는데, 이는 1918년 이후 경제 위기로 인해서 발생했다(Pätzold 1989: 265). 전통적인 수공업 부문 업체들은 저렴한 생산노동의 원천으로서 도제에 더욱 의존했고, 수공업회의소가 수행하는 감독의 효과는 훈련 특권을 남용하는 회원사를 처벌하고자 하는 의지를 지닐 때에만 발휘되었다. 위와 같은 여러 문제로 인해 수공업 부문에 기초한 시스템이 지닌 취약성이 드러났고, 개혁 성향의 관료들과 숙련을 필요로 했던 기업가들, 그리고 나름의 이유로 기존 시스템의 지속 가능성을 의문시했던 노동 지도자들이 여기에 주목했다.

더구나 몇 해 동안의 인플레이션으로 인해서 흩어져 있는 산업 지구에 있는 기업들조차 혼란에 빠져들었다. 이들 지역은 심각한 위기에 빠져 생산 시장에서 '파멸적인 경쟁'이 시작되었고 과거 형태의 지역 협력은 파국으로 치달았다(Herrigel 1996b: 58-66). 이러한 상황에서 기업들은 독일기계제조업협회를 통해서 자신들의 이익을 지키고 집단적 딜레마에 대한 해결책을 찾으려 했다. 독일기계제조업협회는 국가의 지원을 받아서 기계 산업 내의 중소기업들 사이에 숙련을 포함한 보다 광범위한 분야에서 협력을 촉진하는 핵심적 장치가 되었다.

3장에서 보듯이 영국에서는 이 무렵 기업들 사이에, 그리고 고용주와 노동조합 사이에 맹렬하게 경쟁적인 투쟁이 벌어지는 상황에서 직업훈련이 상당히 악화되었다. 독일의 직업훈련이 영국과 비슷한 운명에 처하지 않은 것은 수공업회의소의 감독 권한 때문만은 아니었다. 무엇보다도 노동조합과 독일기계제조업협회, 그리고 독일기술교육위원회가 취한 행동들이 국가 관료들의 주목을 끌었고 직업훈련의 개혁을 의제로 올려놓았기 때문이었다. 그리하여 바이마르 시기에 훈련 분야에서 개혁을 위한 동맹이 법안을 통과시키는 것에는 실패했지만 위의 조직들은 사업장 내 훈련을 보다 체계적이고 통일적으로 만드는 데 중요한 조치들을 주도했다. 개혁을 위한 동맹의 노력은 장인 부문의 격렬한 반대에 부딪혔다. 하지만 개혁 세력이 가한 압력을 통해서 훈련의 질이 높아졌는데, 이는 특히 수공업 부문에서 수행되는 훈련을 주시하면서 산업부문에서 자발적이면서도 조직적으로 그리고 점차 체계적으로 전개되던 훈련 프로그램과 수공업 업체의 훈련 관행을 적극적으로 비교하면서 이루어졌다. 수공업회의소는 국가의 직업훈련 개혁에 반대했지만, 만일 수공업 업체에서 훈련 기준이 하락하도록 내버려둘 경우 숙련 자격인증에 관한 독점적 권한을 지키는 것은 거의 불가능했다.

1차 대전 기간에 노동조합들은 직업훈련에 관해서 내부 토론을 벌였고, 또한 최소한 일부 산업계 인사들로부터 '매우 합리적'이라고 평가된 개혁 구상을 제안하기도 했다(Ebert 1984: 264에서 인용; 또한 Schütte 1992: 28). 일부 산업과 지역에서는 고용주와 노동조합이 직업훈련 분야에서 함께 협력하려는 적극적인 의지를 보여주었다(예를 들면 Beil 1921: 8). 예를 들어 목공 분야에서는 1916년에 노동조합과 사용자 단체가 공동 회의를 개최하여 노동 측의 광범위한 참가권을 인정하는 4개 항목의 개혁 프로그램을 제안했다(Schütte 1992: 31).[39] 금속가공 산업에서는 위와 비슷한 계급 간의 협력 의지가 지역 수준에서 확실하게 존재했다. 예를 들면 켐니츠Chemnitz에서는 1919년에 지역 고용주협회와 지역 노동조합이 도제제도의 운영에 관한 협정을 체결했다(Ebert 1984: 270).

또한 전국 수준에서는 "공동의 경제·사회정책을 형성하는 데 있어서 향후의 협력을 제도화하고 체계화하기 위해"(Feldman and Nocken 1975: 313) 노동조합과 고용주들로 구성된 중앙노사협의회 Zentralarbeitsgemeinschaft, ZAG를 통해서 직업교육 개혁 안건이 다루어졌다.* 1921년에는 중앙노사협의회의 사회정책위원회에서 직업교육 분야의 향후 입법을 위한 일련의 지침이 만들어졌다(Muth 1985: 446-7). 이 지침에서는 산업부문과 수공업 부문을 모두 포괄해서 훈련을 통일적으로 관리하는 기본 틀을 기대하고 있었다. 이 지침은 수공업회의소에 책임을 맡겨두지 않고 동수의 고용주와 노동자 대표로 구성된 감독위원회를 설치할 것을 요구했다. 감독위원회는 숙련된 산업 노동자들에 대한 시험 및 자격인증 과정을 관리할 뿐 아니라, 사업장 내 훈련을 규제하는 권한을 — 훈련 권한의 인가 및 취소를 포함해서 — 부여받게 되어 있었다. 노동조합은 감독이사회에서 동등한 대표권을 확보하고,

---

39 1920년에는 도서인쇄 산업에서 유사한 협정이 존재했다(Ebert 1984: 270).

* 정식 명칭은 Zentralarbeitsgemeinschaft der industriellen Arbeitgeber und Arbeitnehmer Deutschlands이다. 1차 대전 말기 독일 노동시장에 관해서 이루어진 노사 간의 포괄적인 합의에 대해서는 송기철. 2002. "독일 바이마르 공화국 초기 노동시장에 대한 국가간섭주의의 형성과정", 「독일연구」 제3호 참조. – 옮긴이

그 대신에 도제 계약이 고용 관계가 아니라 교육 관계를 내포하는 것으로 규정되는 것을, 따라서 단체교섭의 대상이 되지 않는 것을 감수해야 했다.[40] 산업부문으로서는 적어도 대규모 기계 및 금속가공 기업들이 오랫동안 추구해온 독자적인 자격인증 권한을 획득하게 될 것이었다(Ebert 1984: 276; Vereinigung der Deutschen Arbeitergeberverbände 1922: 142−3).[41]

그렇지만 위와 같은 개혁 노선은 실현되지 못했는데, 그 이유를 이해하려면 관련 당사자들의 이해관계와 1920년대 독일의 정치경제 상황의 변화에 따라서 당사자들의 이해관계가 어떻게 변화했는가에 대해 간단히 살펴볼 필요가 있다. 아주 단순화시키자면 바이마르 공화국 시기 숙련의 정치는 독자적인 산업부문의 자격인증 권한과 노동조합의 참가를 포함하는 도제제도 개혁을 위한 동맹이 ─ 이러한 동맹은 기계 산업과 새롭게 통합된 노동조합 사이의 핵심적 제휴와 주요 정부부처들의 지지를 전제로 하고 있었는데 ─ 조기에 좌절되고, 노동조합의 참가를 *반대하면서* 고용주의 자기 규제를 옹호했던 또 다른 동맹 ─중공업 분야와 수공업부문이 그 중심인 ─세력이 성장한 것으로 성격 규정될 수 있다.

---

40 도제 계약이 교육 계약인가 혹은 고용계약인가 하는 쟁점은 바이마르 시기 동안 지속적인 논쟁거리였다. 고용주들, 특히 장인들은 도제 계약이 교육 계약으로 간주되어야 한다는 점에 대해 단호했다. 무엇보다도 이는 도제가 노동조합 행사에 참여하는 것을 자신들이 금지할 수 있게 해주었기 때문이다(Stratmann 1990: 3장을 보라; Kaps 1930).

41 1921년에 카셀에서 독일기술교육위원회가 개최한 회의에서 진행된 중앙노사협의회의 지침에 대한 논의와(특히 Beil 1921), 중앙노사협의회의 사회정책위원회 위원장인 퀴네 (Kühne) 박사의 논평을 보라. 퀴네 박사는 사회정책위원회의 제안과 독일기술교육위원회의 견해가 많은 공통점을 지닌다고 흐뭇하게 지적하고 있다(DATSCH 1921: 30).

1920년대 논쟁과 노동조합의 입장

1차 대전 이후 독일의 도제 훈련에 관한 논쟁에서 가장 중요한 새로운 참가자는 노동조합인데, 노동조합의 참가는 오늘날 법률적으로 완전히 인정되고 있다. 이미 1919년에 독일 노동조합은 장인 부문의 독점 권한을 박탈하는 것 —이미 본 대로 기계 산업 업체들의 오랜 목표였다—을 비롯한 개혁과 사업장 내 숙련 형성을 감독하고 관리하는 데 노동조합이 동등하게 참여할 수 있도록 요구했다.[42] 이 연구에서 노동조합의 역할과 관련해서 가장 주목하는 점은 노동조합이 직업훈련 분야에서 어떤 목표를 설정하고 있는가 하는 점이다. 무엇보다도 노동조합은 도제 훈련에 관한 수공업회의소의 통제를 해체하고 이를 보다 '민주주의적' 구조로 대체하려고 노력했다. 중앙노사협의회가 제기한 요구들과 보조를 맞추어서 노동조합은 전국 및 지역 수준에서 감독위원회를 설치할 것을 제안했다. 노동조합 안에 의하면 감독위원회는 동수의 노사 대표자들로 구성되고, 의장은 중립적인 정부 관리가 맡으며, 직업훈련 분야 전반의 법률적 규제를 관리하고 감독하도록 되어 있었다(Hoffmann 1962: 96; Schütte 1992: 31–2).

1919년에 노동조합은 직업훈련 이슈에 관한 포괄적인 입법을 요구함으로써 수공업회의소가 사실상 통제하고 있는 시스템을 대체하고자 했다. 독일 노동조합은 도제 시스템에 대한 감독 기구를 전면적으로 개편할 것을 요구하고, 더 나아가서 도제 훈련을 대대적으로 확대

---

[42] 이러한 제안들은 비록 논란이 전혀 없었던 것은 아니지만 뉘른베르크에서 열린 중앙노동조합연맹 총회에서 쉽게 가결되었다(Hoffman 1962: 95–7; 또한 Schütte 1992: 31–3; Ebert 1984: 262). 에베르트는 이미 1918년에 노동조합이 과거에 훈련이라는 이슈를 소홀히 한 것에 대해서 유감을 표명했음을 지적하고 있다.

하여 모든 청년들이 훈련을 받을 수 있도록 포괄적으로 보장할 것을 주장했다. 하인리히 아벨(Heinrich Abel 1963: 48)이 지적한 대로 무엇보다도 흥미로운 점은 독일 노동조합이 사업장 내 훈련이라는 구상을 전혀 문제 삼지 않았고, 오히려 사실상 더 많은 기업이 사업장 내 훈련을 실시할 것을 요구했다는 점이다(또한 Herber 1930: 46-7; 그리고 특히 Kopsch 1928: 43를 보라).[43] 이는 스웨덴을 비롯한 다른 나라들의 사회주의적 노동조합의 입장과 대조되는데, 이들은 학교에서 실시하는 직업교육을 선호했으며, 사업장 내 훈련은 본질적으로 고용주 측의 이익에 편향된 것이라고 보고 훨씬 회의적인 태도를 취했다(Olofsson 2001; Crouch, Finegold, and Sako 1999: 19). 또한 이 시기 독일 노동조합의 요구는 영국의 노동조합과도 아주 다르다. 영국의 숙련공 노동조합은 두 가지의 격렬한 분쟁에 휩싸여 있었는데, 한편으로는 탈숙련화를 둘러싼 고용주와의 분쟁, 다른 한편으로는 특정한 작업을 수행할 수 있는 권리를 둘러싼 다른 노동조합들과의 분쟁 — 즉 직무 분담 분쟁 demarcation disputes — 이 그것이었다. 독일에서는 1919년에 종업원평의회법이 제정되면서 사업장 수준의 통일적인 대표 기구가 제도화되고, 산업별 노동조합이 승리를 거둠에 따라서 위와 같은 분쟁들이 일어날 수 있는 제도적 토대가 대체로 사라졌다.[44]

독일 노동조합의 요구는 비록 전부는 아니지만 그 대부분이 중앙노사협의회의 사회정책위원회가 제안한 지침에 수용되었다. 모든 청

---

43 뉘른베르크 대회에서 채택된 결의문의 표현으로는 "실천이 없는 이론의 훈련 효과는 단지 제한적이다"(Hoffmann 1962: 97). 또한 노동조합의 요구에 대해서는 Ebert(1984: 269)를 볼 것. 노동조합은 또한 중소규모 업체들이 훈련 시설을 공유하도록 국가가 지원하는 것을 지지했다(Schütte 1992: 32; Abel 1963: 48).

년을 훈련시켜야 할 포괄적인 의무를 둘러싼 쟁점과 숙련노동자를 고용하지만 도제 훈련을 하지 않는 기업들로 하여금 도제 훈련비용을 지불하게 하는 구상 —국가의 엄격한 감독과 노동조합의 참여로 이어지는 공적 의무로서의 직업훈련이라는 전반적인 관념—에 대해서 기업은 격렬하게 반대했고 또 이는 성공을 거두었다(Seubert 1977: 71-3; 노동조합의 요구에 대해서는 Schütte 1992: 31-2를 참조). 하지만 노동측이 주장하듯이 전적으로 새로운 제도적 구조가 필요한가 아니면 특히 산업부문의 대표자들이 주장하듯이 상공회의소와 같은 기존의 제도를 통해서 시스템이 운영되어야 하는가를 둘러싸고 논란이 계속되긴 했지만, 사회정책위원회는 사업장 내 도제 훈련의 감독에 관해서 노동조합의 역할을 상정했다(Ebert 1984: 276; DATSCH 1921: 7-34; Stratmann 1990: 40). 그렇지만 바이마르 시기 처음 몇 해 동안의 보다 혁명적인 상황이 퇴조할수록 법률안들은 전국 수준에서 동등한 대표권을 주장했던 노동조합의 요구안으로부터 멀어져갔다(Ebert 1984: 270).

그럼에도 불구하고 노동조합의 단체교섭 정책과 당시 형성 중에 있던 노사 관계 제도는 바이마르 시기 산업부문에서 숙련 형성 제도가 진화하는 데 결정적이었던 것으로 드러났다. 첫째로, 업종별 교섭을 통해서 1차 대전 직후에 숙련노동자와 미숙련 노동자 사이의 임금격차

---

44 코프쉬(Kopsch 1928: 75-89)는 사업장 내 훈련을 통해서 직종에 기초한 정체성이 확대되어 노동조합의 전반적인 목표와 충돌할 수 있는 위험성이 분명히 존재함에도 불구하고 자유노조가 이를 강력히 지지한 이유에 대해서 이야기하고 있다. 그가 지적하고 있는 이유들 가운데는 노동자들의 임금에 관해서 훈련이 미치는 긍정적 효과 —미숙련 노동자들이 임금을 낮추는 압력을 행사하거나 그리고/혹은 파업 행동에서 문제를 일으킬 수 있는 가능성을 언급하면서— 와 노동조합 내부의 규율에 대해서 훈련이 갖는 긍정적 효과 —특히 당시 미숙련 노동자 사이에 강력했던 공산주의의 영향력에 대항할 수 있는 방어벽으로 작용하는 것을 비롯해서— 등이 있다.

가 상당히 축소되었다.[45] 임금격차가 처음으로 아주 급격하게 줄어든 것은 1919년과 1921년 사이였는데, 이 기간에 몇몇 산업의 미숙련 노동자의 임금은 숙련노동자의 85~90%로 상승했다(Mosher 2001: 도표 6-5a, 6-5b, 6-5c, 256-8). 임금격차의 축소 경향은 1924년 이후 통화 안정화 과정에서 부분적으로 반전되었으나, 이 시기와 이후의 회복기에도 숙련에 따른 임금격차는 1차 대전 이전에 비해서 여전히 낮았다. 짐 모셔는 바이마르 시기 정치경제 상황의 세 가지 새로운 특징으로부터 위의 결과가 도출되었다고 보았다. 먼저 가장 중요한 것은 기업이 결국 마지못해서 노동조합과의 단체교섭을 받아들인 점이었다. 1차 대전 직후의 혁명적 상황에서 이는 기업으로서는 차악次惡의 선택이었다. 모셔에 의하면 1913년에는 독일 노동자 가운데 20%만이 단체교섭의 적용을 받았는데 1924년에는 61.2%로 늘어났다(Mosher 2001: 280). 둘째로, 바이마르 시기에 숙련에 기초한 노동조합에서 산업별 노동조합으로 이행하는 과정이 정점에 달했는데, 이 과정은 산업별 노동조합을 노동계급의 주요 대표자로 인정하고, 떨어져나온 크래프트 유니온으로부터 산업별 노동조합을 보호한 국가정책을 통해서 촉진되었고, 어떤 의미에서는 완성되었다(Mosher 2001: 304-9). 셋째로, 노동조합 자체의 *내부에서* 힘의 균형이 변하게 되었는데, 노동조합에 미숙련 노동자들이 대거 유입되면서 숙련노동자들이 기존에 지녔던 지배력이 상실되었다(Mosher 2001: 287).

마지막 항목은 강조해둘 만하다. 모셔가 지적한 대로(Mosher 2001: 286-7), 1914년에 독일 금속노동조합은 거의 숙련노동자를 중심

---

45 이에 관한 논의는 모셔(Mosher 2001: 239-44)에 의거하고 있다.

으로 조직되어서 조합원의 27%만이 반숙련 혹은 미숙련 노동자였다. 더구나 금속노동조합의 전략은 몇 가지 중요한 측면에서 숙련노동자의 지배를 계속 반영하고 있었다. 1919년 슈틴네스-레기엔Stinnes- Legien 협정은* 노동조합 조직화에 엄청난 기회를 제공했고 조합원은 1916년 170만 명에서 1919년에는 1,070만 명으로 급증했는데, 새로 가입한 조합원들은 대부분 미숙련 노동자들이었다. 중요한 금속노동조합DMV에서 숙련노동자의 비율은 1913년에 전체 조합원의 73%에서 1919년에는 59.4%로 떨어졌다. 그리하여 바이마르 공화국 초기부터 숙련노동자들은 더 이상 노동조합 내에서 압도적 다수를 차지하지 못했다(Mosher 2001: 286-7).

1919년에 베를린과 바이에른 두 지역에서 —아에게, 보르직, 뢰베, 엘슈바르츠코프L. Schwartzkopf, 하에프에커트H. F. Eckert, 지멘스 슈커트, 그리고 엠아엔 등 지금까지 이 책에서 논의해온 많은 기계업체들이 출범한 곳이다 — 금속노동조합이 별도의 임금 등급으로 구분되는 집단의 숫자를 줄일 것을 요구하자 이를 둘러싸고 분쟁이 벌어졌다. 예를 들어 베를린에서 노동조합은 숙련, 반숙련, 미숙련 노동자라는 세 가지 범주만으로 구분하고, 미숙련 노동자들이 숙련노동자 임금의 86%를 받도록 임금격차를 축소할 것을 요구했다. 고용주들, 그리고 비록 직접적인 증거는 없지만 아마도 내부 노동시장과 개별 노동자에 대한 승진 사다리를 정착시키기 위한 정책을 추구한 고용주들은 특

---

* 칼 레기엔(Carl Legien) 등 노동조합 지도자들과 휴고 슈틴네스(Hugo Stinnes) 등 대기업의 대표자들이 베를린에서 회동하여 1919년 11월 15일 협정을 체결하였다. 노조 지도자들은 안정적인 생산을 보장하고 불법 파업을 종식시키며 생산수단의 국유화를 방지할 것을 약속했고, 고용주 측은 1일 8시간 노동제와 노동조합의 승인을 약속했다. – 옮긴이

히, 더 많은 숫자의 임금 등급(6개, 하지만 이조차도 직종별로 구분된 수백 개의 등급이 존재했던 1차 대전 이전의 기준에서 크게 축소된 것이다)과 전반적으로 더 많은 임금격차(미숙련 노동자가 숙련노동자 임금의 71%를 받도록)가 유지되기를 원했다.[46] 베를린에서는 중재를 통해서 타결이 이루어졌지만, 독일 전역에서 고용주들은 이 쟁점에 대해서 노동 측에 아주 큰 양보를—비교의 관점에서 볼 때—했다. 부분적으로 이는 비타협적인 태도를 취할 경우 노동자들이 더 과격한 공산주의 노조나 아나코 생디칼리즘 노조를 지지하게 될 것이라는 우려의 산물이었다. 일부 고용주들은 금속노동조합과 산업별 교섭이 정착되면 교섭이 분절화되는 것을 막고, 그 결과 숙련노동이 상대적으로 부족한 시기에 기업 간 임금 경쟁이 발생하는 것을 방지할 수 있는 장점도 있으리라는 것을 인식하고 있었다. 특히 기계 산업은 숙련 직종에 기초한 기계공조합으로부터 자신의 조합원에 적용되는 별도의 협약을 체결해달라는 요구에 직면하고 있었는데, 기계업체들은 이를 회피하기 위하여 금속노동조합과 적극적으로 협력했다(Mosher 2001: 306-8).

1924년 통화 안정화 이후 숙련에 따른 임금격차는 다시 상당히 증가했다. 이 시기에 실업 증가로 인해 노동조합이 약화되었고 정치적 우경화로 인해서 국가 중재자들의 역할이 증대되었는데, 이들은 임금 격차를 늘리려는 고용주들의 요구에 동정적이었다(Mosher 2001: 297-301). 하지만 숙련에 따른 임금격차가 1차 대전 이전의 수준으로 되돌아가지는 못했다. 노동조합 조합원 수가 전반적으로 감소해 1926년에 590만 명으로 후퇴하고 미숙련 노동자들 사이의 감소폭이 가장 심각

---

46 베를린에서는 결국 5개 등급과 76% 수준으로 타결되었다(Mosher 2001: 292-3).

— 예를 들어 금속가공 분야에서는 미숙련 및 반숙련 노동자들의 비율이 1929년에 26.8%로 떨어졌다 — 했음에도 불구하고, 줄어든 임금격차가 일정하게 유지되었다(Mosher 2001: 301). 이러한 변화를 거치면서 노동조합은 숙련에 따른 임금격차를 축소하겠다는 정책을 고수했는데, 이는 부분적으로는 노동조합 지도부가 미숙련 노동자들을 핵심적 지지 기반으로, 게다가 조합원 감소를 겪고 난 이후에는 반드시 다시 획득해야할 지지 기반으로 간주했기 때문이다. 더구나 숙련노동자들은 위와 같은 시스템에서 다른 선택지가 거의 없었다. 왜냐하면 바이마르 시기의 법률과 종업원평의회를 비롯한 노동시장 제도가 독일의 산업별 노동조합의 지위를 보호하고 숙련 직종에 기초한 대안적 조직들과의 경쟁에서 지켜주었기 때문이다(Mosher 2001: 304-9).

바이마르 시기 독일에서 임금 교섭의 발전은 숙련 형성에 대해서 중요한 영향을 미쳤다. 1장에서 노동시장의 불완전성과 임금격차의 축소가 기업이 수익의 일부를 확보할 수 있도록 함으로써 기업이 훈련에 투자하도록 어떻게 유도하는가를 살펴본 바 있다. 이 시기에 축소된 임금격차로 인해서 미숙련 노동은 상대적으로 비싸졌고, 반면에 숙련 노동자의 임금은 억제되었다. 이러한 상황은 기업들로 하여금 상위 시장으로 이동해서 노동자 훈련에 투자하도록 하는 인센티브를 제공했다. 대기업으로서는 그러한 훈련은 가장 좋은 신참 근로자를 끌어들이기 위해서 제공하는 '효율 임금efficiency wage'의 일부가 될 수 있었다(Schütte 1992: 137; Swenson 2002). 보다 일반적으로 말해서 숙련노동자의 임금이 한계 생산성 이하로 억제될 경우 훈련은 더욱 성공을 거두게 될 것이다(Acemoglu and Pischke 1998: 80-1). 한편 높은 실업률로 인해서 노동자들에게는 훈련을 받고자 하는 인센티브가 계속 제공되었는데, 숙련노동자들의 실업률은 훨씬 낮았기 때문이다(Mack 1927: 2).[47] 바이마르 시기에는 대체로 인력 사냥 문제 또한 인력이 남아도는 노동시장으로 인해서 상당히 줄어들었고, 다른 한편 산업별 교섭으로 인해서 노동자들이 더 많은 임금을 얻기 위해서 일자리 옮겨가기job hopping를 실행해야 할 인센티브도 줄어들었다.

즉, 바이마르 초기의 상황은 기업들로 하여금 훈련에 투자할 의욕을 떨어뜨리는 요인들을 감소시켰고, 그와 동시에 청년들에게는 숙련에 투자할 인센티브를 또한 제공했다. 도제들도 비용의 일부를 부담했는데, 표 2-1에서 보듯이 도제의 임금은 청년 미숙련 노동자의 임금에 비해서 낮게 유지되었다.

전반적으로 훈련이 높은 수준으로 유지되는 데 노동조합의 임금정책이 간접적으로 기여했다면, 노동조합은 단체교섭을 통해서 직업훈련의 성격에 대해 보다 직접적인 영향을 미쳤다. 1919년에 노동조합이 새로이 획득한 단체교섭권에 도제들의 근로조건과 기준에 관한 협약을 체결하는 것까지 포함되는가는 분명치 않았다. 도제의 근로조건이 단체교섭을 통해서 어느 정도까지 규제될 수 있는가 하는 문제는 바이마르 시기 내내 뜨거운 쟁점이 되었다. 전통적인 장인 업체들은 도제 관계는 고용 관계가 아니라 교육적인 관계로 간주되어야 한다는 입장을 아주 단호하게 취했다(Kaps 1930: 특히 5, 16). 이와 같은 입장에서 그들은 무엇보다도 노동조합을 배제할 수 있었고, '외부자'의 감시

---

47 맥은 '최근의' 정부 통계 — 아마도 1926년의 통계일 것이다 — 에 의하면 실업자 가운데 24%는 숙련노동자이거나 숙련 직인인 반면에 76%는 미숙련 노동자라고 보고하고 있다(Mack 1927: 2).

표 2-1. 도제 연한별 청소년층의 주당 임금

(단위: 제국 마르크, RM)

도제 연한	임금 자료가 있는 청년	무임금 (%)	4RM 미만	4-7RM 이상	7-10RM	10-15RM	15RM
1년차	44,091	3.0	49.6	36.2	8.2	2.3	0.7
2년차	43,452	2.3	26.5	39.2	24.4	5.9	1.7
3년차	32,718	2.3	13.1	33.4	29.9	16.4	4.9
4년차	3,443	1.6	6.9	31.1	36.1	16.9	7.4
수료	4,546	0.6	0.6	4.8	15.6	43.3	35.1
미숙련	36,240	3.2	8.2	20.8	22.9	29.8	15.1
전체	164,490	2.6	24.9	32.1	20.8	13.5	6.1

출처: Schütte 1992: 135.

없이 도제를 유연하고 저렴한 노동의 원천으로 계속 이용할 수 있었다. 이 쟁점이 공식적으로 명확하게 결정된 것은 1928년에 — 건설 산업이 제기한 소송 — 제국노동법원Reichsarbeitsgericht, RAG에서 도제 계약은 분명히 고용계약의 한 형태로 간주될 수 있다고 한 판결이었다(Kaps 1930: 10-1; Kipp 1990: 224; Stratmann 1990: 37-8) — 을 통해서였다.[48]

하지만 노동법원 판결 이전에도 노동조합의 힘이 아주 강한 곳에서는 도제 훈련의 특정 측면을 규제하는 조항이 포함된 협약이 체결되었다. 1922~23년 이후의 3천여 개의 단체교섭에 관한 조사에 기초해서 쉬테는 도제 훈련에 관한 규제가 금속가공 및 기계제조 산업에서

---

48 몰리토르에 의하면 1920년대에 법원은 도제 관계가 고용 관계의 하나라고 매우 일관되게 판결했다(Molitor 1960: 13-6). 이러한 법원의 판결은 몇몇 업종에서 단체교섭을 통해서 도제의 임금과 근로조건을 규제하게 되는 길을 열었다. 하지만 명확한 법률이 부재한 상태에서 — 앞서 논의한 직업훈련에 관한 중앙노사협의회의 지침은 끝내 입법화되지 못했다 — 이 쟁점은 계속 논란이 되었다.

가장 잘 발달했음을 보여주고 있다. 이들 산업에서는 지역 혹은 지부 수준에서 협약 규정이 적용되는 도제가 약 30%에 달했다(Schütte 1992: 131). 1923년에 금속노동조합이 교섭한 159개의 단체협약 가운데 124개에 도제제도를 '완전히 규제하는' 조항이 포함되었고, 35개에는 '부분적으로' 규제하는 조항이 포함되었다(Schütte 1992: 133).[49] 금속노동조합의 통계에 의하면 도제제도에 관한 일정한 규제를 포함하고 있는 단체협약의 수는 1920년 2.6%에서 1930년에는 45.7%로 증가했다(ibid.). 협약의 규정에 의해서 보호되는 도제의 수는 1925년 61,173명에서 1929년에는 87,237명으로 증가했는데, 이는 금속노동조합이 관할하는 분야의 도제 가운데 66%에 해당했다(ibid.). 그렇다면 도제 관계에 대해서 교섭할 권리가 있는가에 관해서 법률적 모호성이 계속 남아 있었지만, 바이마르 시기에 노동조합들은 대체로 도제 훈련에 관해서 최소한 산업의 핵심 '분야'에서는 상당한 영향력을 획득한 것으로 보인다.

단체교섭의 내용을 보면 노동조합의 관심이 도제들에게 적정한 임금을 보장하는 데 그치지 않았고, 노동조합으로서는 "사회·정치적 측면이 마찬가지로 중요했다"는 점을 알 수 있다(Schütte 1992: 131). 그리하여 사용할 수 있는 도제 수에 대한 제한을 포함한 노동 및 훈련의 조건이 협약 조항에서 아주 중요하게 다루어졌고, 또 훈련 및 직업학교 출석에 관한 감독이 규정되었고, 도제와 업체 사이의 권리와 책임이 설정되고, 도제 기간이 규정되었다(Schütte 1992: 132; Mack 1927: 22-4).

---

49 1924년에 금속가공 분야의 62개 협약 가운데 45개는 도제제도를 '완전히' 규제했고, 17개는 '부분적으로' 규제했다(Schütte 1992: 133).

수공업 부문에서는 회의소에서 위의 모든 사항들을 감독하려 해왔기 때문에 어떤 의미에서 노동조합의 단체교섭 정책은 "영업조례가 풀지 못하고 남겨둔 문제들에 대한 해답"을 제공해주었다(Schütte 1992: 131에서 인용; 또 Mack 1927: 23; Kopsch 1928: 88을 보라). 더구나 노동조합은 훈련업체에서 기업에 특수한 숙련이 아니라 일반적 숙련을 가르치도록 보장하는 데 강력한 이해관계를 지니고 있었다(Culpepper 1999b: 4). 일반적 숙련은 조합원들의 시장 지위를 향상시킬 것이고, 뿐만 아니라 노동조합은 특정한 회사에 노동자들을 묶어두려는 고용주들의 노력을 극도로 미심쩍게 생각했는데, 이는 이 시기에 전개된 기업별 조합주의 company unionism에 맞서는 투쟁의 일환이기도 했다.

하지만 단체교섭을 통해서도 산업부문 내에서 통일적인 도제의 훈련 조건은 결코 마련되지 못했음을 지적하지 않을 수 없다. 이러한 수단을 통한 규제는 매우 산발적이었고 노동조합이 잘 조직된 베를린과 같은 산업 중심지에서 큰 효과를 보았다. 노동조합의 관점에서는 단체교섭을 통해서 도제제도를 규제하는 것은 대체로 보다 포괄적인 법률이 제정될 수 있기 전까지 일시적으로 필요한 것으로 간주되었다(Schütte 1992: 140-1).

기계 및 금속가공 산업의 입장

기계 및 금속가공 산업은 도제 훈련의 개혁 조치와 관련해서 여러 측면에서 노동의 자연스러운 동맹자였다. 기계 산업부문의 대기업들은 나름의 이유에서 숙련 자격인증에 관한 수공업회의소의 독점을 깨뜨리기를 원했다. 독일기술교육위원회는 1918년에 이미 엠아엔 사장인 고틀리프 리파르트Gottlieb Lippart의 휘하에서 직업훈련 분야에서 노동조합과 전술적 협력을 통해서 '수공업 부문의 헤게모니를 극복하기 위한' 8개 항목의 개혁 프로그램을 제시했다(Schütte 1992: 29). 독일기술교육위원회는 직업훈련에 대한 국가의 직접적 통제를 미리 방지하고 경제 단체들의 자주적인 관리 시스템을 유지하고자 했다(Pätzold 1989: 273). 하지만 이미 보았듯이 금속가공 분야처럼 숙련에 의존적인 산업부문은 자신의 도제들이 검정 시험을 보고 숙련 자격을 인증받도록 준비하는 데 오랫동안 어려움을 겪어왔다(Kopsch 1928: 14; Mack 1927: 105-7; Wilden 1926). "산업부문은 그러한 이유에서 수공업 부문만이 아니라 산업부문에도 함께 적용될 수 있게 영업조례에 있는 도제의 최종 시험에 관한 법률적 지침을 수정하도록 정부에 반복해서 집요하게 요청했다"(Mack 1927: 105). 중앙노사협의회가 제안한 지침에 대해서 수공업 부문은 적극적으로 반대하고 다른 산업부문들은 무관심하거나 적극 반대했지만, 독일기술교육위원회의 일부 회원 기업은 개혁을 위한 '가치 있는 기본 틀'로서 이 제안을 지지했다(Muth 1985: 448; Beil 1921: 8 등).

숙련을 둘러싼 쟁점에 관한 금속가공 산업의 입장은 당시의 경제적·정치적 현실에 근거를 둔 것이었다. 무엇보다도 전쟁으로 인해서 노동력 부족이 극심했고 숙련노동자를 확보하기 위한 경쟁은 심화되어 안정적이고 충성스러운 숙련노동자의 핵심 집단을 육성하려는 엔지니어링 업체들의 전략은 혼란에 빠졌다. 이러한 문제는 엔지니어링 업체들이 가까이에 밀집해 있던 베를린에서 가장 심각하게 나타났다. 이 업체들은 전쟁 기간에는 1916년 봉사근무령Hilfsdienstgesetz, HDG에 의지하여* 이러한 경쟁을 관리할 수 있었다. 이 법은 숙련노동자의 이동에 관한 특별한 제한 조항을 포함하고 있었다. 그러나 전쟁이 끝나자 이 업체들은 좀 더 지속적인 해결책이 될 수 있는 대안을 모색했다.[50] 좀 더 멀리 떨어진 지역에 자리한 기계업체들은 인력 사냥 문제를 별로 심각하게 겪지 않았고, 대체로 어떤 형태의 단체교섭이든지 별로 반가워하지 않았다. 하지만 정치적 분위기를 감안해서, 특히 보다 급진적인 노동계급 운동 조류를 저지하기 위해서 이 업체들 또한 노동조합과 전술적 협력을 적극적으로 용인하고 추구했다. 더구나 단체교섭과 종업원평의회가 공식적으로 제도화되면서 기업 가부장적 온정주의와 노골적인 반反노조주의에 기초한 과거의 전략은 지탱할 수 없거나 최소한 더 힘들어졌다. 메리 놀란이 지적한 바대로 "어용 노동조합은 불법화되고 단체교섭은 합법화되었으며 보호 입법과 사회보장은 확대되었다. 이 모든 것이 전통적인 가부장적인 기업 복지 정책의 효과를 없앴다"(Nolan 1994: 181-2). 보다 일반적으로는 산업별 단체교섭이 제도화되는 변화로 인해서 "지정된 14개 산업에 더 잘 부합될 수 있도록 고용주 단체의 조직 구조가 일정하게 재편되었다"(Mosher 2001: 306-7). 이는 다시 조정을 촉진했다.

더구나 축소된 임금격차는 에이스모글루와 피쉬케가 묘사한 바 있는 유형의 노동시장의 불완전성(1장 참조)을 바로 초래했고, 이는 이 기

---

* 1916년 12월 5일 '조국 수호를 위한 봉사근무령'(Das Gesetz über den vaterländischen Hilfsdienst)이 공포되었다. 군대에 징집되지 않았거나 군수산업에 고용되지 않은 남성 노동력을 군수산업에 이용하려는 조치였다. 이병련. 2004. 『독일노동운동의 사회사 1914~1919 — 빌레펠트 시를 중심으로』, 고려대학교출판부, p. 62 참조. - 옮긴이

50 이 업체들이 직면했던 인력 사냥 문제를 보여주는 것으로서 1919년 1차 대전 이후 첫 번째 단체교섭 석상에서 베를린 금속가공 업종 고용주들이 개별 임금 등급 내에 임금 상한액을 설정하려고 했다는 점은 주목할 만하다(Mosher 2001: 292, Metallarbeiter Zeitung 37(32) 1919년 8월 9일자 125쪽을 인용하고 있다). 노동조합은 임금 상한액이라는 구상을 거부했는데, 아무튼 이를 실행하기는 곤란했을 것이다.

업들의 훈련에 유리한 환경을 제공했다. 또 이 업체들은 이미 훈련을 실시할 준비가 잘 갖추어져 있었다. 정치경제적 환경으로 인해서 독일 의 기계 산업이 숙련에 대한 필요성을 더 절실하게 느끼게 되었기 때문 에 기업들의 훈련에 이보다 유리한 환경은 없었다. 국내시장은 침체되 고, 어렵고 더 적대적인 국제시장 — 미국에서 저비용 업체들이 점점 성공을 거두고 있었고, 또 몇몇 나라들은 독일 상품을 보이콧하고 있었 다 — 으로 인해서 독일 기계제조업체들은 더 전문화된 고품질 기계를 생산하도록 고급품 시장을 지향하게 되었고, 이는 고도로 숙련된 노동 력에 대한 의존도를 심화시켰다(Dehen 1928: 169-70). 임금격차가 축소 되어 있는 상황에서 훈련은 기업이 청년 노동자를 채용하기 위해 제공 할 수 있는 모종의 선택적 유인이 되었고, 혹은 실업에 대비한 보험으 로서 '판매'되었다. 이는 왜 임금격차가 줄어든 첫 시기 —1919~21년 사이에 가장 크게 줄었지만 1924년까지도 지속되었다 — 에 표 2-2에 서 보듯이 사업장 내 훈련 학교의 신규 설립이 돌풍처럼 일어났는지를 이해하는 데 도움이 된다(Dehen 1928: 158). 도제를 직업학교에 의무적 으로 보내도록 하는 법이 통과된 몇몇 지역에서 대기업들은 자신의 공 장학교를 대체 수단으로 제시할 수 있었는데, 이는 사실상 대기업에 훈련 보조금을 제공하는 것이었다(Pätzold 1989: 279; Mack 1927: 100; Kopsch 1928: 17).

일반적으로 숙련에 의존하는 기계 및 금속가공 업체의 대표자들 은 산업부문 내에서 높은 수준의 훈련을 유지하고 확장하기를 절실히 원했다. 이러한 이유에서 그들은 공동 목표를 달성하기 위해서 노동조 합과 함께 일하는 데 다른 많은 산업부문에 비해서 대체로 더 적극적이 었다. 그들은 베를린과 같은 도시에서는 훈련과 관련된 광범위한 사안

표 2-2. 1차 대전과 그 이후에 설립된 공장학교의 수

1917-1918	7
1919	10
1920	8
1921	5
1922	4
1923	17
1924	2
1925	2
1926	5
1927	6
1928	3?

출처: Dehen 1928: 158.

에 대해 노동조합과 "긴밀한 협력"을 구축했다(Kantorowicz 1930: 63에서 인용; Beil 1921: 8도 볼 것). 무엇보다도 기계 및 금속가공 부문의 고용주들은 직업훈련이 객관적·과학적·기술적인 훈련에 초점을 맞춰 진행되고 분파 투쟁이나 계급 정치로부터는 자유로워지기를 바랬다(예를 들면 Kantorowicz 1930: 62-3에 있는 베를린 금속산업협회 회장의 논평을 보라).

표준화를 향한 움직임

독일 시스템의 진화 과정에서 바이마르 시기에 이루어진 더 중요한 발전은 바로 숙련 *표준화*를 향한 상당한 노력이 있었다는 점이다. 독일 기계제조업협회가 이러한 노력을 이끌었는데, 1차 대전 기간에 이 협회의 구성과 지향 면에서 굉장히 중요한 변화가 있었다(Feldman and Nocken 1975). 전통적으로 대규모 업체가 이 협회를 주도해왔는데, 국

가의 후원으로 많은 중소규모 업체가 통합되면서 협회의 성격이 변화했던 것이다. 정부는 협회에 전시 기계물자의 조달을 담당하게 했고, 이를 위해서 기계 산업 전체 기업들의 전략—임금, 훈련, 그리고 기타 사안에 대한—을 조정하기 위해서 "독일기계제조업협회 내에 기계 관련 산업을 조직할 수 있도록 카르텔과 협회 간에 긴밀한 내적 연결망이 만들어졌다." "이로 인해서 독일 경제에 대한 독일기계제조업협회의 영향력이 이전에는 미치지 못했던 분야까지 확대되었다"(Herrigel 1996b: 63). 휄트만과 노켄이 지적한 대로 독일기계제조업협회는 바이마르 시기에 "가장 강력하고 잘 조직된, 그리고 여러 가지 면에서 가장 근대적인 경제 단체"로 등장했다(Feldman and Nocken 1975: 433).

특히 위와 같은 확대 과정에서 점점 더 많은 소규모 생산자들, 이른바 *산업부문의 중소기업*industrielle Mittelstand이 독일기계제조업협회에 가입하게 되었다. 1923년에 독일기계제조업협회는 대규모 기계업체 중심의 조직에서 탈피하여 독일 전체 기계제조업체의 무려 90%를 조직하기에 이르렀다(Feldman and Nocken 1975: 422). "독일기계제조업협회는 과거 자급자족적인 대기업이라는 정체성을 지녔지만 1920년대를 거치면서 독립적인 중소규모 업체로서의 지향을 지니게 되었다"고 헤리겔은 지적하고 있다(Herrigel 1996: 63). 중소규모 업체들 가운데 많은 숫자는 전통적으로 지역의 직업 및 기술 제도에 의존했고, 숙련노동의 기업 간 이동이 빈번했기 때문에 *일반적인* 숙련에 또한 크게 의존했다(Herrigel 1996b: 52). 독일기계제조업협회는 숙련에 관한 기업 간 협력을 촉진할 뿐 아니라 경쟁의 조직, 약정 기간의 유지, 전문화 카르텔 등 광범위한 사안에 관해서 업체들의 전략을 조정하는 데에도 핵심적인 역할을 했다(Herrigel 1996b: 63).

독일기계제조업협회를 통해서 기계업체 간에 조정이 증진된 점은 숙련 형성과 특히 숙련 표준화의 향상 노력과 관련해서 중요한 영향을 미쳤다. 업체 간 조정을 통해서 기업들은 저임금, 저숙련 전략에 기초한, 산업을 퇴행시키는 파괴적인 경쟁을 벌이지 않을 수 있었다. 또 업체 간 조정은 훈련과 관련된 협력이 확대되도록 뒷받침했다. 훈련 분야에서 산업부문의 중소기업의 이해는 또한 훈련 분야의 개혁과 숙련의 표준화를 지지하는 주요 성원이었던 베를린의 기계 및 금속업체들의 이해와 핵심적인 측면에서 딱 들어맞았다. 그리하여 1차 대전 기간에 새로이 보다 확대되어 등장한 독일기계제조업협회는 바이마르 시기에는 직업훈련 분야에서 '산업부문의 개혁 지향적인 전위'가 되었다(Schütte 1992: 28). 광범위한 내부 노동시장을 지탱할 수 있었던 대기업들은 개별 업체별로 고유한 기업 내 훈련 프로그램을 발전시키고자 하는 목표를 오랫동안 고수해온 반면에, 산업부문의 중소기업은 숙련 형성에 관한 집단적 해결책에 더 커다란 이해관계와 더 확고한 기반을 지니고 있었다.[51]

1차 대전 이전에 독일기계제조업협회를 장악했던 대기업들은 *자격인증*이라는 쟁점에 주로 초점을 맞추어 활동했는데, 조직 내부의 균형이 변화하면서 숙련의 *표준화*라고 하는 사안이 점점 더 전면에 부각되었다.[52] 이러한 측면에서 기계 산업의 의제는 수공업 부문에 기초한 도제 훈련 시스템이 설정한 기존의 궤적에서 이탈했다. 수공업 부문은 오랫동안 자격인증 권한을 누려왔지만 훈련은 그다지 표준화되지 못

---

51 또한 대기업 부문이 아니라 이들이 종종 금속노동조합이 초창기부터 더 실질적인 영향력을 확보할 수 있었던 업체와 지역들이기도 했다(Schönhoven 1979: 특히 416-7).

했다(Wolsing 1977: 423-5). 수공업 부문에 기초한 도제 훈련은 그 특성상 도제가 일하는 생산과정의 구체적인 조건에 크게 좌우되었다. 도제는 직무 중 훈련on-the-job training을 통해서 마스터 장인의 옆에서 일하면서 배웠기 때문에, 도제의 훈련은 작업장에 특수한 수많은 요인들에 크게 좌우되었다. 가장 환경이 좋은 경우에도 도제 훈련의 내용과 질은 고용주가 지닌 교육 측면의 숙련과 도제가 근무 기간 중에 수행하게 되는 작업의 유형에 거의 전적으로 달려 있었다(Pätzold 1989: 264). 자격인증과 표준화가 반드시 긴밀하게 연결된 패키지는 아니었던 것이다.

표준화를 향한 움직임을 주도한 것은 독일기계제조업협회였고, 이는 독일기술교육위원회를 통해서 진행되었다. 산업부문에서 숙련 개발을 위한 공동의 기본 틀을 확립하기 위한 기술적 과제들에 더 커다란 강조가 두어지는 방향으로 독일기술교육위원회의 활동 목적은 다소 재정의되고 재조정되었다. 이러한 목적을 추구하면서 독일기술교육위원회가 가장 왕성하게 활동한 시기의 정점이 바로 1920년대였다(Muth 1985: 348-52). 독일기술교육위원회는 산업부문의 훈련을 체계화하고 합리화하기 위한 선구적인 작업으로 상당한 위신을 얻었고 훈련 분야

---

52 하지만 몇몇 대규모 기계업체들조차 사업장 내 훈련 정책이 지닌 한계에 대해서 의문을 제기하기 시작했음을 지적해둘 필요가 있다(Dehen 1928: 166-7; Pätzold 1989: 272). 그리고 1920년대를 거치면서 독일의 대규모 기계업체들은 지속적인 내부 합리화 노력을 전개했는데, 이 또한 더욱 향상된 숙련의 표준화에 의존하고 있었다. 이 업체들은 기존에는 상당히 전문화된 작업장 사이의 비체계적인 네트워크를 통해서 생산을 조직해왔는데, 1920년대 말에는 합리화 노력을 통해서 비용 절감을 추구했다. 여기에는 쓸데없는 노력의 중복을 제거하고 시장 변화에 맞추어서 숙련노동을 비롯한 자원 배치 측면의 호환성을 증대시키는 것이 포함되었다. 이는 필요에 따라서 엔지니어와 노동자들을 다양한 생산 영역에 걸쳐서 순환시킬 수 있는 더 많은 유연성을 요구했다(Herrigel 1996: 106-8).

에서 널리 권위를 인정받는 단체가 되었다.[53] 1919년에는 독일기계제조업협회와 독일금속기업가협회GDM는 이미 기계 산업 전체의 도제 계약에 관한 구상을 수립했다(DATSCH Abbandlungen 1919: 6). 1920년대에 독일기술교육위원회는 금속가공 산업에 필요한 표준화된 숙련 직종 목록 — 많은 숫자의 새로운 직종, 특히 산업부문의 직종을 비롯한 — 을 작성했는데, 여기에는 각 직종에서 요구되는 숙련의 개요가 포함되었다. 또한 독일기술교육위원회는 표준화된 훈련 자료를 만들어서 배포했다. 여기에는 여러 가지 직종에 대한 매우 상세한 훈련 과정Lehrgänge이 포함되었는데, 기계제작공, 기계조립공, 공구제작공, 목형공, 주형공, 단조공, 그리고 정밀기계공 등 가장 흔한 직종이 그 대상이 되었다. 이 시기에 독일기술교육위원회는 숙련의 표준화 및 체계화를 향한 중요한 조치들을 주관했는데, 산업부문이 공식적인 자격인증 권한을 누리기 훨씬 전에 이러한 쟁점 분야에서 진전을 이루어냈다.

　　1926년에 독일기술교육위원회는 많은 반숙련 직종에 관한 숙련 명세를 개발하기 시작했다. 이는 산업부문의 숙련노동자Facharbeiter에게 기대되는 것보다 훨씬 협소한 숙련을 요하는 업무를 도제로 하여금 수행하게 하는 식으로 기업들이 숙련공 양성 제도를 잘못 운영하는 것을 방지하려는 노력을 반영한 것이었다. 여러 나라에서 금속가공 분야에서 분업의 진전과 숙련의 전문화가 20세기 전환 시점에 시작되어 1920년대에는 상당히 진행되었다. 독일기술교육위원회는 특정 직종을 '반숙련'으로 규정하여 목록을 작성하고 이에 대해서는 최고 2년의 훈

---

53 독일기술교육위원회는 제국경제위원회(Reichskuratorium für Wirtschaftlichkeit)로부터 물질적 지원을 받았다(DATSCH Abbandlungen 1926: 11).

련 기간을 설정함으로써 숙련의 저하를 방지하고자 했다(Rathschlag 1972: 14-5). 슈트라트만에 의하면 이 시기에 독일기술교육위원회의 위신이 크게 높아져서 1930년대에는 수공업 부문에서도 독일기술교육위원회로 하여금 도제 훈련에 관한 기술 지침을 작성하도록 허용했다(Stratmann 1990: 47).

독일기술교육위원회의 구상과 방법이 얼마나 널리 실행되었는가를 알기는 어렵지만, 기계 제조와 같은 주요 산업들에서 비교적 폭넓게 채택되었음을 보여주는 증거가 있다(Schmedes 1931: 12). 독일기계제조업협회가 회원 업체의 도제 계약을 통일하기 위해서 개발한 모범계약안에 관해 언급하면서 마크는 모범 계약안이 "기업들에 의해서 그대로 혹은 약간 수정되어 사용되고 있으며" 단지 일부 기업만이 고유한 자체 계약을 지니고 있다고 지적하고 있다(Mack 1927: 93). 무트의 주장에 따르면 독일기술교육위원회의 가이드라인은 임의적인 것이었지만, 그럼에도 불구하고 "개별 직종 단체Fachverbände의 지원을 얻어서 사실상 광범위하게 배포되었다. 이렇게 해서 기계 산업은 독일 최초로 통일적인 직업훈련 시스템을 광범위하게 실행한 산업부문이 되었다"(Muth 1985: 350). 그 시대의 관찰자였던 토쿤도 마찬가지로 독일기술교육위원회가 제작하여 배포한 가이드라인과 훈련 자료가 "실로 대부분의 업체에 의해서 기본 자료로 활용되었다"고 주장했다(Tollkühn 1926: 40). 수공업 부문과 같은 규제력이 없는 상황에서 기업들이 통일적인 기준을 실행할 수 있는 능력은 연합 단체의 참여와, 특히 독일기계제조업협회와 같은 강력한 경제 단체의 노력에 달려 있었다.

지금까지의 발전 과정을 요약하면 다음과 같다. 독일 기계 산업이 직면한 시장 환경에 변화가 있었다. 1차 대전 이전에는 시장이 전반적으로 확대되었지만, 1차 대전 직후 국내시장은 극도로 침체되었고 국제시장은 훨씬 더 적대적으로 바뀌었으며, 이로 인해서 기계업체들은 고급품 시장으로 이동하지 않을 수 없었다. 이와 함께 독일기계제조업협회도 변화하여 대규모 기계업체들 — 이들은 주로 자신들이 보유한 우수한 훈련시설이 자격인증 권한을 얻는 데 관심을 쏟았다 — 에서 중소규모 업체들 — 이들은 생산 네트워크의 유연성과 노동자의 이동에 더 많이 의존하고 있었기 때문에 표준화가 강조되었다 — 로 주도권이 옮겨갔다. 바이마르 시기에 독일기계제조업협회의 활동은 조직화와 조정 과정을 통해서 제품 시장 경쟁을 안정화하는 데 초점이 맞춰졌고, 훈련 분야에서도 조정에 우선순위가 두어졌다. 이러한 과정으로 인해서 독일기술교육위원회의 활동도 전반적으로 변화했다고 볼 수 있는데, 자격인증을 위해서 로비 활동을 계속하면서도 점점 더 숙련의 체계화 및 표준화를 증진했다.

이 시기에 거둔 독일기술교육위원회의 기술적 성과는 이후 훈련 기준의 개발에 중요한 역할을 했다(이에 대해서는 아래에서 서술할 것이다). 하지만 1920년대에는 산업부문의 훈련 대부분이 여전히 임의적인 것에 그치고 있었다. 엄밀하게 말하면 그것은 독일기계제조업협회와 같은 경제 단체의 권고에 — 제재가 아니라 — 의존했는데, 숙련에 따른 임금격차를 축소한 노동조합의 임금정책과 제한적이기는 하지만 단체교섭을 통해서 도제제도를 규제하려는 노동조합의 노력에 의해 뒷받침되고 있었다. 몇몇 고용주 단체와 지역 상공회의소IHKs에서는 산업부문의 도제시험을 관리하기 위한 기구를 창설하는 데 앞장섰으나, 이러한 기구는 여전히 수공업 부문이 확보하고 있던 법률적 근거를 결여한 것이었다(Kaiser and Loddenkemper 1980: 13; Wilden 1926).

산업부문의 도제 훈련에 관해서 독자적으로 신뢰할 수 있는 자격인증 제도를 확보하고 직업훈련에 관해서 노동조합의 권리를 확고하게 제도화하는 것은 여전히 요원한 목표였다. 이들은 바이마르 시기에 강력한 정치적 반대 세력과 마주쳤다. 이제 개혁에 반대하는 정치적 동맹이라는 주제를 다루도록 하겠다.

개혁에 반대하는 정치적 동맹

먼저 전통적인 장인 부문은 독점적인 숙련 자격인증 권한을 유지하고 노동조합을 배제하기 위해서 처음부터 모든 개혁에 대해서 반대했다. 장인들이 제안되고 있던 개혁들에 대해 반대한 것은 도제의 생산노동에 장인 부문이 크게 의존하고 있었던 점에서 이유를 찾을 수 있다(Abel 1963: 45; 또한 직업훈련에 관한 법안을 둘러싼 수공업 부문과 노동조합의 차이에 관해서는 Herber 1930: 49-74를 참조). 수공업회의소를 통한 독점적인 자격인증 권한이 없었더라면 장인 업체들은 산업부문 ─ 더 많은 임금과 일반적으로 더 체계적인 훈련을 제공하는 ─ 과 경쟁하는 데 큰 어려움을 겪었을 것이다. 1920년대 말에 실시된 한 조사는 소기업 ─ 여기에는 장인 점포가 포함되었을 것이다 ─ 에서 도제의 임금이 대기업에 비해서 상당히 낮은 수준임을 보여준다. 1929년 말까지도 소규모 수공업 업체에서 도제의 7%는 여전히 아무런 임금도 받지 못했다(표 2-3 참조).

1920년대로 들어선 이후에도 작은 자치도시의 수공업 마스터들 가운데 일부는 여전히 도제로부터 훈련비를 받고 있었고, 때로는 도제들에게 임금을 지급하지 않고 연장 근로를 요구하기도 했다(Schütte

표 2-3. 기업규모별 청년 노동자의 주당 임금

(단위: Reichsmark, RM)

기업 규모	없음	4RM 이하	4-7RM	7-10RM	10-15RM	15RM 초과
대	0.4	11.7	28.0	27.1	22.9	9.9
중	1.6	25.0	33.4	21.3	13.6	5.1
소	7.0	37.1	33.2	14.0	6.3	2.4

주: 대기업= 근로자 50인 이상, 중기업= 근로자 6~50인, 소기업= 근로자 1~5인.
출처: Schütte 1992: 16.

1992: 127).[54]

그리하여 수공업 부문은 자신의 특별한 지위를 산업부문과 공유할 생각이 전혀 없었다. 왜냐하면 그렇게 되면 유능한 청년 노동자를 채용할 때 산업부문의 기업에 대해서 자신들이 보유한 유일한 장점이 사라지는 것을 의미하기 때문이었다. 지역수공업회의소는 수공업 부문의 도제가 누리고 있는 것과 동일한 지위를 산업부문의 도제에게 부여하려는 노력을 자주 무산시켰다. 예를 들면 비록 산업부문의 도제도 원칙적으로는 수공업회의소를 통해서 자격인증을 받을 수 있었지만, 지역수공업회의소는 종종 방해 활동을 통해서 공동검정위원회의 구성에 문제를 일으키고, 산업부문 도제의 검정 결과를 인정하지 않고, 산업부문에서 훈련된 노동자들이 마스터 시험을 치르는 것을 허가하지 않았다(Kipp and Miller-Kipp 1990: 234; Wilden 1926: 1).

그러나 수공업 부문에 가장 커다란 위협이 된 것은 노동조합이었다. 왜냐하면 도제제도를 규제하는 데 노동조합이 참여하게 되면 수공

---

54 수공업 업체들은 또한 도제가 학교에 출석할 경우 임금을 공제하는 경우가 많았다(Schütte 1992: 127).

업 부문이 도제를 유연하고 저렴한 생산노동으로 활용하는 것이 곤란해지기 때문이었다. 장인들은 노동조합이 단체교섭을 통해서 훈련에 영향을 미치려는 것을 격렬하게 반대했다. 장인들은 이를 수공업 부문에서 오랫동안 지속해온 자치 시스템에 대한 직접적인 공격으로 간주했다(Kaps 1930: 특히 5, 16; Pätzold 1989: 268). 1918년까지 제국영업조례Reichsgewerbeordnung에서 도제 훈련과 관련된 대부분의 사안을 관장했는데, 도제 훈련의 기간을 정하고, 도제 기간의 조건을 설정하고, 도제 계약의 해지를 규제하고, 계약을 위반한 도제에 대한 제재를 설정하는 일 등을 수공업회의소에 위임했다 ─ 하지만 130조에 의해 도제 훈련의 최장 기간은 4년으로 규정되어 있었다(Schütte 1992: 12). 수공업 부문은 이러한 사안에 대한 노동조합의 규제를 제국영업조례 위반이라고 공격했다. 그들은 또한 노동조합의 임금 결정에 대해서 여러 가지 면에서 가장 단호하게 저항했고, 수공업 부문의 '임금 자율성'을 지키기 위해 가능한 모든 수단을 동원하여 투쟁했다(Schütte 1992: 126).

이러한 권한을 둘러싼 쟁점들은 일련의 법률 소송을 통해서 뜨거운 논쟁 대상이 되었다. 법원의 많은 판결과 특히 제국노동성Reichsarbeitsministerium의 결정을 통해서 도제의 물질적 조건은 단체교섭을 통해서 규정될 수 있으며, 또 길드와 수공업회의소의 역할은 훈련 자체와 직접 관련된 측면 ─ 시험, 자격인증 등등 ─ 에 대해서 규제하는 것으로 한정된다는 점이 명확히 확인되었음에도 불구하고 갈등은 지속되었다(Schütte 1992: 123-4, 129).[55] 하지만 수공업 부문이 자신의

---

[55] 도제 관계가 교육 관계로 간주되어야 하는가 혹은 고용 관계로 간주되어야 하는가를 둘러싼 대립에 관해서는 Molitor(1960)을 볼 것.

영역에서 노동조합을 배제하려는 노력을 통해서 대체로 큰 성공을 거두었음을 지적해두지 않을 수 없다. 장인 부문에서 근로조건에 영향을 미치려는 노동조합의 시도는 — 주로 단체협약이 '일반적으로 적용될 수 있다'고 공포되도록 시도했다 — 대체로 성공을 거두지 못했다. 1922년에서 1923년 사이의 3천여 개의 단체협약을 조사한 연구에 의하면 노동조합이 도제 훈련 관련 사안을 다룬 협약을 체결하여 산업부문의 도제 가운데 37%에 적용되었지만, 수공업 부문 도제의 경우 불과 3%에 영향을 미칠 수 있었다(Schütte 1992: 131).

수공업 부문은 바이마르 시기에 진행된 거의 모든 개혁 시도에 대해서 반대했다. 어떤 시스템이든 노동조합이 참여하고 수공업 부문과 산업부문을 동일한 틀로 묶는 시스템은 수공업 부문으로서는 존립할 수 없는 상황을 만들어낼 것이었다. 왜냐하면 수공업 부문은 생산에 대한 도제의 기여에 의지하고 있으면서도 산업부문의 임금 및 근로조건과 경쟁할 수는 없었기 때문이다.

더구나 산업부문의 다른 분파는 자격인증 및 산업 훈련에 관한 기계 산업의 견해에 결코 별로 동정적이지 않았다.[56] 특히 중공업 분야는 주로 반숙련공을 고용했으며 숙련노동의 공급을 걱정해본 적이 없었다. 중공업 분야의 대기업들은 많은 경우 분절주의적인 전략을 성공적으로 추구할 수 있는 능력을 더 많이 보유하고 있었다(Hansen 1997: 3장; Herrigel 1996b: 3장). 이 기업들은 멀리 떨어진 농촌 지역에서 성장한 경우가 많았고 —즉, 교육을 위한 하부구조가 별로 갖추어져 있지 않았다 —자신들의 숙련 역량을 스스로 만들어내지 않으면 안 되었다.

---

56 한센은 이 점의 중요성을 내게 강조해주었다.

하지만 이들은 베를린처럼 숙련 노동시장의 경쟁이 치열한 지역에 있는 기업들에 비하면 인력 사냥 문제에 덜 노출되어 있었다. 지역 노동시장을 지배하는 기업들의 경우 우수한 청년 노동자들을 끌어들여 보유하면서 기업의 내적인 요구에 꼭 들어맞도록 훈련을 실시할 수 있었다(Kaiser and Loddenkemper 1980: 62).

1911년과 1914년에 독일상공회의소Deutsch Industrie and Handelstag, DIHT 총회의 '사회정책위원회'에서 독일기술교육위원회의 요구로 숙련이라는 주제를 다루었을 때, 전체 산업 공동체 내에 합의가 존재하지 않는다는 점이 이미 분명했다. 사회정책위원회의 보고서는 독일기술교육위원회의 비판을 그대로 따라서 산업부문과 협력하려고 하지 않는 수공업 부문의 행동은 물론 수공업 부문에 기초한 기존의 시스템에 대해서도 비판했다. 하지만 산업부문에 고유한 별개의 도제시험을 운영해야 하는가 하는 문제에 대해서 사회정책위원회는 "여전히 산업부문 내부의 의견에 크게 차이가 나서 독일상공회의소는 이 사안에 대해서 아직 입장을 정할 수 없다"는 결론을 내려야만 했다(Hoffmann 1962: 43). 사회정책위원회는 단지 기계업체들에게 수공업회의소를 계속 활용하도록 권유하고, 자기 업체의 도제들이 적절한 기준에 따라 평가받을 수 있도록 검정위원회의 구성을 '신중하게 주시하도록' 충고했다. 한센이 지적한 바 있듯이 중공업 분야의 강력한 영향력 아래에 있는 상업회의소의 반대가 결정적이었는데, 상업회의소가 산업부문의 숙련 형성에 대한 감독 및 자격인증 업무를 담당하게 되어 있기 때문이다(Hansen 1997: 588).

바이마르 시기에 중공업 분야는 더욱 비타협적으로 되었다. 혁명의 시기에는 주도적 기업들이 노동조합과의 타협을 마지못해 받아들이는 것 이외에 다른 수가 없었다. 하지만 1924년과 1925년 무렵에는 많은 기업들이 기존의 가부장Herr-im-Haus의 자세로 되돌아갔다.[57] 하지만 적절한 직업훈련 법안의 개혁을 둘러싼 논쟁은 사라지지 않았고, 그래서 1920년대 중반에 중공업 분야는 숙련에 관해 순전히 기술적이고 집단주의적인 독일기술교육위원회의 접근 방식에 대해서 좀 더 이데올로기적인 또 다른 접근 방식을 옹호하기 시작했다. 1925년 독일철강산업협회Verein Deutscher Eisen- und Stahl Industrieller, VDESI의 한 모임에서 루르의 지도적 기업가들이 적극적으로 나섰다. 그 결과로 독일기술훈련연구소 Deutsches Institute für Technische Arbeitsschulung, Dinta가 설립되었는데, 이는 개별 기업에 의해서 개별 기업을 위한 훈련을 받고 회사에 대한 충성심으로 굳게 무장된 특수한 유형의 노동자를 양성하는 데 전념했다.

독일기술훈련연구소

1920년대에 직업훈련 개혁 및 관련 입법을 둘러싸고 논쟁이 계속되고 독일기계제조업협회와 독일기술교육위원회가 집단주의적 해결책의 지지자들을 대표하자, 산업부문의 대기업들은 상당히 다른 자신들의 이해관계와 숙련 및 훈련에 관한 시각에 따라서 이러한 논쟁에 개입하지 않을 수 없다고 생각했다. 그리하여 1925년에 이 숙련 논쟁에서 독일 중공업 분야의 이해를 대변하기 위해 주로 루르 지방의 저명한 기업가들의 주도로 독일기술훈련연구소Dinta가 설립되었다. 독일기술훈련연구소의 초대 소장인 로버트 칼 아른홀트Robert Carl Arnhold(1884~1970)는

---

57 이러한 전환은 인플레이션의 종식과 일치하고 있는데, 이 시점에서는 임금 인상 요구가 수출 시장에서는 훨씬 '곤란한' 요구가 되었다. 이 점의 중요성을 내게 강조해준 하르트무트 베르크호프(Hartmut Berghoff)에게 감사드린다.

처음에는 엔지니어로서 훈련을 받았고 철강 산업의 훈련 및 교육 분야에서 일을 시작했다. 그는 1차 대전 기간 동안 군복무를 한 후에, 겔젠키르헨 베르크베르크 사Gelsenkirchen Bergwerk AG의 철강사업부 훈련 책임자가 되었다. 그는 이곳에서 훈련에 관한 자신의 사상을 발전시키고, 그의 교육학의 핵심적인 버팀목이 된 기업에 기초한 훈련 작업장Lehrwerkstätte의 설립을 주관했다(Kaiser and Loddenkemper 1980: 60-6).

독일기술교육위원회가 숙련 형성에 관해서 독일기계제조업협회나 베를린 기계 그룹과 같은 주요 업종 단체를 통해서 영향을 미친 집합주의적인 접근 방식을 대표한 반면, 독일기술훈련연구소의 구상은 기업 자급적 성격을 보다 뚜렷하게 띠었다. 아른홀트의 구상에 따르면 "이상적인 새로운 숙련노동자는 기술적으로 잘 훈련받게 될 것이지만, 그는 장인 업체에서 다른 노동자들로부터 숙련을 배워온 이전의 숙련노동자들과는 달리 기업에 *의해서*, 그리고 기업의 특수한 필요를 *위해서* 훈련될 것이다. 그는 기업에 충성스러울 것이고, 합리화된 생산공정의 변화하는 필요에 잘 적응할 수 있을wendig 것이다"(Nolan 1994: 189와 9장 여기저기서 인용, 강조는 Nolan의 것; 또한 Arnhold 1931: 31을 보라). 아른홀트의 훈련 구상은 수공업 부문 훈련의 '비체계적인' 성격에 대한 독일기술교육위원회의 비판에 공감하고, 독일기술교육위원회가 만든 훈련 자료를 인정하고 여러 가지 면에서 이에 의존하고 있다. 그리하여 독일기술훈련연구소 훈련의 기술적·실제적 내용은 기업 중심적이기는 하지만 협소하지는 않았다. 독일기술훈련연구소의 훈련은 주로 사업장 내 훈련 작업장에서 수행되는 2년 동안의 '기초'교육에 이어서 다시 2년간의 보다 전문화된 숙련에 관한 직무 중 훈련으로 구성되었다(사례로는 Nolan 1994: 194를 볼 것). 기업의 변화하는 생산 요구에 적응할 수 있도록 훈련생이 폭넓은 훈련을 충분하게 받게 한다는 구상이었다.

하지만 아른홀트의 훈련 구상은 독일기술교육위원회의 훈련 방식이나 기계 산업부문의 주요 분파의 관심과는 아주 대조적으로, 기술적이고 실제적인 측면에 분명히 국한되지는 *않았다*(Kaiser and Loddenkemper 1980: 60-6; Arnhold 1931; Kopsch 1928: 53-67). 독일기술훈련연구소 훈련의 기술적 측면은 이데올로기적인 의제와 긴밀하게 연관되어 있었는데, 이는 바로 대단히 맹렬한 반反노동조합주의 성향으로 규정될 수 있었다. 독일기술훈련연구소는 훈련을 기업의 생산공정과 밀접하게 결합시켜 진행함으로써 회사와 노동자 사이에 밀접한 관계를 촉진하고자 했다. 아른홀트 자신은 작업장이 학교를 대체해야 한다고 주장했는데, 그의 구상 속에서는 공장 안에서의 근로가 "사회·정치적 조직의 핵심으로서 노동조합을 대체하게 되고, 또 고용주가 도덕적 안내자로서 정치 지도자를 [대체하게 될 것이었다]"(Gillingham 1985: 425). 즉, 독일기술훈련연구소의 훈련 구상에서는 '인격 양성'이 프로그램의 아주 중요한 부분을 차지했다. 아른홀트가 '전인全人'을 위한 훈련 프로젝트를 구상한 방식은 대부분 1차 대전 기간과 이후의 그의 경험에서 직접 비롯된 것이었다(Seubert 1977: 63-7). 독일기술훈련연구소의 훈련 곳곳에 군사주의적인 요소가 스며들어 있었다. 예를 들면 강력한 지도자와 동지라는 개념이 강조되었고 훈련생에게는 규율과 복종, 충성, 그리고 근면을 발휘하도록 요구되었다.

아른홀트가 구상한 훈련 개념에서는 공장 공동체가 또한 중요했다. 독일기술훈련연구소의 활동은 도제 훈련 차원을 넘어서서 유치원, 주부를 위한 상담, 공장 보험 정책, 노인을 위한 활동, 공장 친목 단체, 사보의 발간 등을 비롯해 공장 사회정책의 광범위한 측면들을 포함했다(Baethge 1970: 52; Pätzold 1989: 277). 또한 훈련의 핵심이 훈련생과 기업 사이에 강한 결속을 발전시키는 데 있었기 때문에, 회사에서는 도제 훈련생의 자유 시간 가운데 많은 부분을 통제했는데, 예를 들면 의무적으로 참여해야 하는 하이킹이나 체육 활동 등을 조직했다. 훈련의 목표는 개인을 그 자신의 근로와 회사에 결속시키는 것이었고, 이는 이러한 목표에 방해가 될 수 있거나 혹은 기업에 대한 노동자의 충성심을 해칠 수 있는 모든 관계 — '외부자'(노동조합과 같은)와의 관계 — 를 단절시키는 것을 의미했다(Seubert 1977: 68). 그리하여 중공업 분야에서 행해진 가혹한 노동조합 파괴 기법은 노동자들의 지지를 확보하기 위해서 보다 유연한 이데올로기적 접근 방식을 채택한 여러 정책들을 통해서 보완되고 뒷받침되었다. 독일기술훈련연구소의 한 간행물에서 표현하고 있듯이 "우리 노동자들의 영혼을 쟁취하려면" 훈련에 관한 기업 정책과 더불어서 기업에서 실시하는 보다 일반적인 사회정책이 꼭 필요한 것으로 간주되었다(Kaiser and Loddenkemper 1980: 77에서 인용). 이러한 이유들로 인해서 독일기술훈련연구소는 모든 대목에서 노동조합의 반대에 직면했는데, 노동조합은 독일기술훈련연구소를 "어용 노조의 산실Zuchtanstalt für Gelbe"이라고 생각했다(Seubert 1977: 77에서 인용; 또 Fricke 1930: 95–8을 보라).[58]

독일기술훈련연구소의 훈련 구상이 지닌 기업 자급적 · 가부장적 · 온정주의적인 특성은 또한 왜 이 단체가 자신의 목표를 달성하기

---

58 하지만 놀란이 지적한 대로 노동조합은 독일기술훈련연구소의 훈련이 종종 아주 높은 수준이었다고 인정했다(Nolan 1994: 201–2). 기독교 노동조합까지도 회의와 반대를 보인 것에 대해서는 Kopsch(1928: 67–73), 그리고 Sozialen Museum E. V.(1931)에서 행한 Rütten and Mleinek의 논평에 관해서는 56–9와 77–8을 각각 참조.

위해서 고용주 단체나 기타 이익 단체를 통해서 사업을 하려는 구상을 거부했는지를 이해하는 데 도움이 된다. 아른홀트는 1930년 어느 회의에서 다음과 같은 의견을 밝혔다. "이러한 경로를 따라가면 우리는 아마도 활동할 수 없게 되거나 자멸하게 될 것이다"(Arnhold 1931: 31). 독일기술훈련연구소는 기업의 훈련을 정부 혹은 정부와 유사한 기구의 각종 통제에 종속시키려는 모든 시도에 대해서도 반대했다. 독일기술훈련연구소는 공립 직종학교의 대안으로서 독일기술훈련연구소의 기법을 활용하여 기업이 운영하는 공장학교Werkschulen를 열렬하게 홍보했다(Nolan 1994: 195; Kellner 1930: 21). 이는 "장인 부문의 숙련 양성이나 국가의 직업학교에 대신해서 공장에 기초한 대안을 실시함으로써 새로운 유형의 숙련노동자로" 도제를 변형시킨다는, 포섭 및 기업-자급이라는 목표에 부합하는 조치였다(Nolan 1994: 193에서 인용; Seubert 1977: 67).[59]

독일기술훈련연구소는 루르 지방의 철강 산업 분야에서 시작되었고 매우 강한 영향력을 발휘했다. 하지만 노동조합과 순전히 전략적 차원에서 화해했을 뿐이고, 보다 기업 자급적·가부장적·온정주의적 대안으로 복귀하기를 갈망하는 모든 대기업들에게 독일기술훈련연구소와 그 구상은 호소력이 있었다.[60] 독일기술훈련연구소의 주요한 고객 기업들 가운데는 독일 산업 분야의 많은 지도적인 대기업들이 포함되

---

59 하지만 공장학교에 다니는 도제의 수는 항상 매우 적어서 도제의 2%를 넘지 못했다 (Pätzold 1989: 280).

60 이러한 점이 바로 독일기술교육위원회나 그 구상에 전혀 관심이 없었던 루르 지방의 저명한 많은 기업가들과 함께 독일기술교육위원회의 창립자들 중 대기업 출신 일부—에른스트 폰 보르직(Ernst von Borsig)과 고트리프 리파르트 등—가 독일기술훈련연구소 이사회에 계속 포함된 이유이기도 하다(Nolan 1994: 187).

었다. 여기에는 구테호프눙스휘테Gutehoffnungshütte, GHH(이 시점에 엠아엔을 인수했다), 회쉬Hoesch, 티센Thyssen, 샬케Schalker, 그리고 지멘스-슈커트 등이 있다(Nolan 1994: 187). 그렇지만 한편으로 독일기술훈련연구소는 "전자기술 산업 및 베를린 기계 산업처럼 선진 기술 분야의 수구적이지 않은 기업들에는 영향력이 없었다"(Nolan 1994: 187). 후자의 기업들은 독일기술훈련연구소가 취했던 대단히 이데올로기적이고 당파적인 시각에 대해서 숙련 형성이라는 업무와 무관하며 심지어는 부정적인 효과를 미칠 수도 있다고 보고 이를 거부했다. 베를린 기계산업협회의 하인츠 칸토로비츠Heinz Kantorowicz는 협회가 독일기술훈련연구소의 활동을 받아들이거나 지지하지 않는 이유를 설명하면서 대다수 회원사가 훈련은 정치적 갈등이나 계급 갈등을 떠나서 진행되어야 한다고 언급했다(Mallmann 1990: 217).[61]

하지만 1920년대 말에는 노동조합 및 단체교섭에 대한 반발이 절정에 달했고, 노동조합과의 교섭 대신에 사업장 내에서 고용주가 주도하는 대안적 장치로서 종업원평의회를 활용하려는 노력이 증가했다. 이 시기에 아른홀트는 독일기술훈련연구소의 영향력이 크게 확대되는 데 주도적인 역할을 했다. 1926년에서 1928년까지 불과 2년 사이에 독일기술훈련연구소는 71개의 새로운 공장 내 훈련 작업장Lehrwerkstätten과 18개의 공장학교를 개설했다. 1929년에 독일기술훈련연구소는 다시 50개의 훈련 공장을 자신의 노선으로 끌어들였고, 10개의 새로운 공장학교에 독일기술훈련연구소의 원리가 적용되었다(Kaiser and

---

61 또한 산업 훈련에 관한 1930년 회의에서 노동조합 대표인 프리츠 프리케(Fritz Fricke)와 칸토로비츠 사이의 아주 우호적인 어조의 대화를 보라. 이는 프리케와 독일기술훈련연구소의 아른홀트 사이의 격렬한 대화와 대조적이다(Sozialen Museum E. V. 1931).

Loddenkemper 1980: 77-8). 1920년대 말에 독일기술훈련연구소는 독일과 오스트리아에서 150개 내지 300개 업체에서 훈련 프로그램을 운영하고 있었다. 또 독일기술훈련연구소는 50개 회사의 사보를 발간해 거의 50만 명의 노동자에게 배포했다(Nolan 1994: 187).

개혁의 실패

독일기술훈련연구소는 기존의 수공업 시스템과는 상이한 훈련 방식을 제시했는데, 더 체계적이고 더 전제적이며 더 이데올로기적이었다. 하지만 1920년대의 개혁 논쟁에서 노동조합을 둘러싼 쟁점에 관해 독일기술훈련연구소의 이해관계는 수공업 부문과 딱 들어맞았다. 그 지향을 고려할 때 독일기술훈련연구소와 중공업 분야에 있는 그 핵심 지지자들은 직업훈련에 관해서 노동조합에 발언권을 부여하려는 모든 입법 조치에 대해서 단호하게 반대했다. 앞서 본 대로 바이마르 시기의 개혁 노력에 대해서 수공업 부문이 반대한 실질적인 동기는 직업훈련에 관한 전통적인 독점적 지위와 이로부터 얻을 수 있는 많은 부수적인 경제적 혜택들을 보존하기 위한 것이었는데, 중공업 분야는 이러한 목표에 대해서는 별로 공감하지 않았다. 반反노조주의라는 측면에서 독일기술훈련연구소와 수공업 부문의 이해는 일치했고, 이는 바이마르 시기 후기 동안 이들을 결속시키기에 충분한 접착제가 되었다.

1923년에 정부와 사회민주당Sozialdemokratische Partei, SPD이 결별한 것이 개혁 운동이 실패하는 데 영향을 미친 것은 분명하다.[62] 사회민주당 정부에서는 노동성이 개혁을 추진하는 데 핵심적인 역할을 담당했고

---

62 모셔는 나와의 대화에서 이 점을 강조해주었다.

제도권 내에서 개혁의 가장 강력한 지지자였다. 그러나 일단 노동성이 사회민주당의 수중에서 벗어나자 법안에 대한 요구가 재빨리 가라앉고 개혁 작업은 아주 갑자기 중지되었다. 한편 정부 바깥에서는 1920년대 말의 사건들이 계속해서 숙련에 관한 심도 깊은 산업 간 조정을 촉진했는데, 그 순간에 국가 주도의 개혁, 특히 노동조합의 참여에 기초한 모든 개혁의 가능성은 완전히 사라졌다. 1924년에 아직 전반적으로 실업률이 높았음에도 불구하고 고용주들은 숙련의 부족을 호소하기 시작했다(Mosher 1999: 13). 여러 연구들이 또한 1929년에 독일에 숙련 부족 현상이 곧 도래할 것이라는—1차 대전 기간 중의 저출산의 결과로 — 우려를 표명한 바 있다(Kopsch 1928: 25-6; Mack 1927: 3). 그러한 우려로 인해서 도제 훈련의 개혁은 계속 공공 정책 의제로 남아 있었다.

하지만 이 시점에서 정치경제적 분위기가 크게 변해 있었다. 한편으로 안정화 위기 이래 노동조합은 수세적인 처지에 있었고, 자유로운 단체교섭이 실패할 경우 강제 중재가 점점 더 늘어났다. 1929년에는 임금과 근로시간에 관련된 거의 1만 건의 노사분규 가운데 절반 이상이 중재를 통해서 해결되었고, 또 국가의 중재를 통한 결정 가운데 거의 20%는 강제적인 것으로 선언되었다(Nolan 1994: 161-2). 그리하여 노동이 훨씬 약화되었을 뿐 아니라 한때 일정한 형태의 노사 공동 규제를 가장 적극적으로 고려했던 기업들이 이를 꺼리게 되었다. 결국은 '노동조합의 규제'가 점점 더 '국가의 규제'를 의미하는 것처럼 보였는데, 바로 대부분의 독일 기업들이 — 그들 사이의 차이점이 무엇이든 관계없이 — 회피하고자 하는 것이었기 때문이다(Feldman 1970; 1977: 특히 146). 이러한 지형은 개혁에 대한 수공업 부문의 지속적인 반대 및 대기업 전반에 걸친 반反노동조합주의의 증가와 결합되어, 개혁에 반대하든가 아니면 고용주가 주도하는 '자율 규제' — 자원주의voluntarism에 기초하고 수공업 부문과 산업부문 사이의 협력 증진이라는 전망을 전제로 한 —를 지지하는 동맹의 기초를 형성했다(Ebert 1984: 318-20; Herber 1930: 48; Schütte 1992: 84-7).

입법 개혁에 대한 대안: 자발적 협력

1925년에 독일사용자단체연합Vereinigung der Deutschen Arbeitgeberverbände, VDA, 독일제국산업연맹Reichsverband der Deutschen Industrie, RDI, 그리고 독일기술교육위원회가 함께 직업훈련실무위원회 Arbeitsausschuß für Berufsbildung, AfB를 구성했고(DATSCH 1926: 11), 에른스트 보르직이 그 위원장이 되었다(Mallman 1990: 215-6; Kopsch 1928: 29-31). 독일상공회의소Deutscher Industrie and Handelstag, DIHT는 1년 후에 직업훈련실무위원회에 가입했다(Muth 1985: 375). 기계금속 산업에 관한 독일기술교육위원회의 작업을 기반으로 해서 직업훈련실무위원회는 금속가공, 조선, 화학 산업에 관련된 숙련 직종의 리스트를 처음으로 작성했고, 체계적인 훈련 자료의 제작을 주관했다(Muth 1985: 378). 1927년에 베를린 금속가공고용주협회는 직업훈련실무위원회가 독일금속산업가총연맹Gesamtverband Deutscher Metallindustrieller을 통해서 확인한 금속가공 분야 58개 직종의 대부분에 대해서 훈련 과정을 개발했다. 직업훈련실무위원회는 훈련 과정들Ausbildungslehrgänge이 개발되지 않은 경우에도 숙련의 요건을 정의한 직종 명세서를 제공하고 별개의 직종 사이의 경계를 설정했다(Mallmann 1990: 216).

바이마르 공화국 말기 동안 수공업 부문의 훈련도 또한 점점 더 체계화됨에 따라서 수공업 부문도 위와 같은 과정에 참여하게 되었다. 이는 부분적으로는 비체계적인 훈련이 수공업 부문 전체에 대해서 위협이 되고 있다고 본 수공업 부문 내 진보적인 집단의 주장을 통해서 추진되었다. 수공업 부문의 대표자들은 스스로 산업부문의 대기업과 같이 "체계적이며 다면적이고 통일적인" 도제 훈련을 요구하기 시작했다(Pätzold 1989: 266에서 인용). 1920년대 말에 몇몇 지역에서는 산업부문의 직종을 위해 개발된 것과 유사한 훈련 자료를 일부 장인 직종에 대해서 개발하고 전파하기 시작했다(Pätzold 1989: 266).[63]

위와 같은 발전을 통해서 도제 훈련에 관한 기업 간 협력이 증진됨으로써 집합주의의 대의가 실질적인 진전을 이루었지만, 한편으로 포괄적인 입법 개혁, 특히 노동조합의 참여에 기초한 모든 개혁은 최소한 얼마 동안은 종언을 고했다. 자료에 의하면 1920년대 말에 많은 지역에서 수공업회의소는 더욱 타협적인 자세를 취하게 되었다. 즉, 산업부문 도제들의 시험에 관한 지역별 협상을 타결하는 데 더욱 적극적이었고, 일부 지역에서는 산업부문과 수공업 부문의 '혼성' 검정위원회를 구성하기도 했다(Mack 1927: 106).[64] 마침내 산업부문의 주요 단체들이 수공업 부문의 주요 단체와 전국 협정을 체결함으로써 고용주가 주도하는 자율 규제 — 국가 규제에 반대하는 — 에 기초한 집합주의를 지지하는 동맹이 완성되었다. 수공업 부문의 2개 주요 단체인 독

---

63 하지만 이러한 조치가 대단히 곤란했다는 점을 지적해두지 않으면 안 된다. 왜냐하면 대부분의 장인들은 이 조치들이 자신들의 자율성을 침범한다고 보고 저항했기 때문이다. 그리하여 수공업회의소는 이러한 훈련 자료를 채택하도록 강제하기가 곤란했다(Pätzold 1989: 266-7).

64 베를린 수공업회의소와 베를린 금속산업협회는 일찍이 1924년에 산업부문과 수공업 부문이 공동 시험을 실시하기로 합의한 바 있다(Mack 1927: 106).

일수공업및업종회의Deutscher Handwerks und Gewerbekammertag, DHGT와 독일 수공업연맹Reichsverband des Deutschen Handwerks, RDH이 1927년에 직업훈련 실무위원회에 가입했던 것이다(Ebert 1984: 314; Muth 1985: 377).

위와 같은 사태는 이미 상당히 힘을 잃은 입법 개혁을 둘러싼 논란에 *종지부를 찍었다*. 새로운 포괄적인 입법 대신에 산업부문과 수공업 부문은 정상 수준의 교섭을 통해서 자발적인 타협을 이루었고, 지방 수공업회의소에서는 상공회의소와 함께 산업 도제의 시험 및 자격 인증을 주관하는 사업을 공동으로 하기로 약정했다(Schütte 1992: 84-5). 이러한 협정은 기업 공동체의 특정 분파를 괴롭혀왔던 자격인증과 검정이라는 쟁점을 해결함으로써 산업부문에서 정부 조치를 통한 개혁에 대한 지지가 ─ 그때까지 남아 있었거나 결집되었을 수도 있는 ─ 모두 사라지는 결과를 낳았다. 그리하여 이러한 협정의 결과로 수공업 부문과 산업부문(특히 중공업) 사이에 개혁에 반대하는 동맹이 구축되었을 뿐 아니라, 산업부문 내에서 이러한 쟁점에 관해서 자원주의적인 해결책에 대한 지지가 공고해졌다(Schütte 1992: 87-7). 즉, 1929년에 독일상공회의소의 집행위원회는 다음과 같이 언급했다. "독일상공회의소는 도제 훈련 제도에서 자발적인 토대 위에서 이루어진 긍정적인 발전에 비추어볼 때 …… 포괄적인 법률적 규제가 *시급하게 필요하지는 않다*고 지난해에 여러 차례 지적한 바 있다"(Hoffman 1962: 101, 강조는 원문; 또한 Kopsch 1928: 14를 볼 것).

그 이후 몇 해가 지나지 않아 이것이 별로 튼튼하지 못한, 아주 기회주의적이고 정략적인 동맹이라는 점이 분명해졌다. 일정한 지역 회의소 내에 수공업 부문과 산업부문의 공동위원회를 구성할 수 있게 한 해결책이 1928년에 제시되었지만 일부 지역 수공업회의소가 이를 따르려 하지 않음에 따라서 불안정한 것으로 드러났다(Kipp and Miller-Kipp 1990: 234; Schütte 1992: 86; Wolsing 1977: 74). 특히 1928년 협약은 산업부문과 수공업 부문의 대표자들로 구성된 검정위원회를 필요로 했다. 하지만 1932년에 여전히 산업부문의 도제들이 검정 받을 수도 없고 자격인증을 받지도 못한다는 불만의 소리가 들렸다(Kipp and Miller-Kipp 1990: 234). 산업부문의 도제들에게 저니맨 시험을 치르도록 허용할 것인지는 개별 수공업회의소에 달려 있었고 여전히 문제가 계속되었다(Pätzold 1989: 276). 상공업회의소에 관한 한 조사에 의하면 산업부문의 도제들이 치른 시험 결과를 수공업회의소에서 인정하지 않으려는 데서 어려움이 비롯되었다(Kipp and Miller-Kipp 1990: 234).

아무튼 잠시 찾아왔던 개혁의 시기는 사라져버렸다. 바이마르 시기의 나머지 기간에 직업훈련은 더 이상 의제가 되지 못했다. 1929년 공황으로 직업훈련은 위기에 빠져들었고 개혁에 대해서 남아 있던 희망은 모두 제거되었다. 기업들은 대량 해고를 실시했고 청년층에게 도제 자리를 제안할 수 있는 형편이 전혀 안 되었다. 1929년 이후 기업학교의 숫자는 '곤두박질쳤다'(Greinert 1994: 49). 1929년에서 1934년 사이에 도제의 일자리는 3분의 1로 줄었고 1936년이 되어서야 1929년 수준을 다시 회복했는데, 이는 바로 국가의 대대적인 노력에 의한 것이었다(Hansen 1997: 603-4). 일자리를 얻을 수 있었던 독일의 젊은이들은 실직한 가족들을 부양해야 하는 막중한 경제적 압력을 받고 있었고, 따라서 숙련 직종의 도제가 되어 오랜 투자를 시작하기보다는 미숙련 노동을 선택했다(Kaiser and Loddenkemper 1980: 13).

바이마르 시기에 기계 산업부문이 추구했던 자격인증은 나치 사회주의자들에 의해서 마침내 허용되었다. 나치는 직업교육의 대대적인 확대와 표준화된 산업 훈련 시스템의 실시를 주관했는데, 상공업회의소에서 — 당시 수공업회의소에 비견할 만한 특권을 지니고서 — 산업부문 숙련노동자의 훈련에 대한 관리 및 자격인증을 담당했다(5장 참조). 이 시스템은 바이마르 시기에 만들어진 토대 위에 구축되었다. 산업부문의 도제 훈련은 분명히 수공업 부문의 사업장 내 훈련 모델을 본뜬 것이었고, 독일기계제조업협회와 독일기술교육위원회의 활동을 통해서 산업부문, 특히 기계 산업 분야에서 자발적으로 개발된 기술적·조직적 혁신들을 상당히 많이 포함하고 있었다.

마지막으로 남은 퍼즐 조각, 즉 사업장 내 훈련을 감독하는 데 노동조합이 충분히 참여하는 것은 훨씬 뒤인 2차 대전 이후에서야 비로소 이루어졌다. 하지만 이 점에서도 역시 중요한 발전의 조짐은 바이마르 시기에 충분히 나타났다. 예를 들어 1945년 이후 독일 노동조합의 도제 훈련에 관한 요구는 1차 대전 이후 노동조합의 요구와 사실상 같은 것이었다. 즉 노동조합은 사업장 내 훈련의 해체가 아니라 사업장 내 훈련을 운영하고 감독하는 데 있어서 고용주와 동등한 역할을 요구했던 것이다. 바이마르 시기에 노동조합이 확보하는 데 실패했던 포괄적인 입법은 2차 대전 이후에 하나의 요구로서 다시 제기되었다. 그 결과 통과된 1969년 직업훈련법에는 바이마르 초기 입법안의 중요한 항목들이 많이 포함되었다(5장 참조).

이제 독일 사례에서 물러나서 도제제도와 숙련 형성이 아주 상이한 경로로 진화한 다른 나라들을 관찰할 차례가 되었다. 다음 장에서는 19세기 말과 20세기 초 영국에서 도제제도와 사업장 내 훈련이 쇠퇴한 것을 살펴본다. 그 다음 장에서는 일본과 미국의 사례를 살펴보는데, 이는 각각 독일과 영국 사례의 변이를 보여준다.

3장

숙련 형성의 진화
영국 사례

우리는 독일 사례에서 숙련 형성의 경로가 설정되는 데 산업화 초기 국가의 정책이 핵심적이었음을 보았다. 장인 부문을 보호하는 입법으로 인해서 도제 훈련 시스템이 비교적 안정적으로 살아남았고, 동시에 노동조합은 숙련에 기초한 전략에 의거해서 노동시장에 대한 통제를 추구할 수 없게 되었다. 숙련에 크게 의존했던 산업부문의 기업들은 숙련노동의 원천으로 장인 부문에 의지했지만, 특히 숙련 자격의 인증을 둘러싸고 집합적 행위자로서 수공업 부문과 경쟁하기도 했다. 이로 인해서 장인 부문에서 발전해온 관행 위에 그리고 어떤 측면에서는 이와 병행하여 산업부문의 훈련 관행이 구축되게 하는 동학이 형성되었다.

영국에서는 국가정책이 반대 방향으로 작용해서 도제 훈련에 관한 전통적 규제가 폐지되는 데 기여했고, 크래프트 컨트롤에 기초한 전략을 추구하는 숙련공 조합의 발전은 간접적으로 촉진했다. 19세기의 법률 제도는 미숙련 노동자들의 노동조합 결성을 곤란하게 만든 반면, 공제조합 수당의 지급을 중심으로 숙련노동자들이 조직화될 수 있도록 촉진했다. 이와 같은 인센티브와 제약에 대응해서 초기 노동조합의 전략은 숙련노동의 공급을 조절함으로써 임금과 고용에 영향을 미치고자 노력하는 것이었다. 이로 인해서 영국에서는 도제 훈련을 둘러싸고 독일처럼 독립 장인 부문과 새롭게 등장한 산업부문이 대립한 것이 아니고, 오히려 크래프트 유니온과 숙련에 의존하는 산업부문의 고용주들이 대립하는 완전히 다른 유형의 동학이 작동했다.

영국의 도제제도는 유지되었지만 사업장 내 훈련에 대한 규제를 통해서 숙련공 조합과 고용주 사이에 기회주의를 처벌하고 신뢰할 수 있는 약속을 구축할 수 있도록 하는 장기적인 해결책은 마련되지 못했다. 스웬슨이 다른 글에서 주장한 대로 그러한 계급 간 동맹은 때로는 광범위한 토대 위에서 노동시장을 규제하는, 지속적이고 효과적인 제도화된 시스템이 실현될 수 있는 유일한 기반이 된다(Swenson 2002). 영국의 도제제도는 취약했다. 왜냐하면 그것이 계급 간 동맹이 아니라 고용주와 숙련공 조합 사이의 권력 균형에 의존하고 있었는데, 이는 거시 경제 상황 및 정치 상황의 변동에 의해서 뒤집힐 수 있었고 또 계속 뒤집혔기 때문이었다. 따라서 훈련 제도를 개혁하고자 하는 몇몇 주목할 만한 노력들이 ─1910년대와 1920년대, 그리고 2차 대전 후에 ─ 있었지만, 우호적인 상황 ─ 종종 숙련노동력이 부족하거나 훈련에 대해서 정부가 강력하게 지지하는 시기들 ─에서 달성된 성과들은 정치 상황과 (혹은) 시장 상황이 변화하면서 다시 후퇴했다. 도제 훈련을 둘러싸고 숙련공 조합과 고용주들 사이에 전개된 참호전으로 인해서 보다 견고하고 지속적인 시스템의 기초로서 필요한 계급 간 타결책의 달성이 곤란해지자, 통찰력을 갖춘 고용주들이 차선책으로 여긴 제도를 선택하도록 하는 압력도 작용했다.

국가정책과 영국 장인 부문의 운명

독일과 마찬가지로 길드에서부터 이야기가 시작된다. 영국에서도 길드는 전통적으로 도제 훈련을 규제하는 데 중요한 역할을 수행했다. 영국의 길드는 훈련 기준을 설정하고 시행함으로써 영업trade에 대한 진입을 규제하고, 이를 통해서 시장에서 자신들의 지위를 보호하고자 했다. 국제적으로 비교해볼 때 영국의 두드러진 특징은 전성기 길드의 활동에 있는 것이 아니라 길드의 운명에 있다. 다른 나라들에서는 19세기에 국가의 조치로 길드가 폐지될 때까지 길드가 존속되었지만, 이에 비해 영국의 길드는 몇 세기 전부터 아주 일찍 길드가 점차적으로 사라져갔던 것이다(Unwin 1909: 2). 콜먼은 튜더와 스튜어트 왕조부터 길드가 쇠퇴하기 시작했다고 보는데, 이 시기에 인구가 급속히 증가하고 영국 상품, 특히 직물에 대한 해외 수요가 증가함에 따라서 농촌 지역에 선대제 시스템이 일찍부터 광범위하게 발달했다(Coleman 1975: 25).[1] 다른 나라들과 마찬가지로 선대제가 발달하자 도시에 기반을 둔 길드들은 길드의 규제를 간단히 무시하고 낮은 임금으로 노동자들을

---

[1] 전통적인 크래프트 생산과는 달리 — 숙련 직인은 자신의 작업장에서 일한다 — 선대제 시스템은 새로운 분업에 기초해 있었다. 비생산자인 상인계급이 가내 노동자의 생산 네트워크를 조직하고 자금을 제공했는데, 가내 노동자들은 원재료와 생산 기구 자체도 종종 상인들에게 의존했다. 1500년과 1800년 사이 유럽 전체의 선대제 발전을 다룬 문헌에 관한 조사로는 Ogilvie and Cerman(1996)을 보라. 산업화 이전 시기와 초기 산업화 시기 영국의 선대제 발전에 관한 개관으로는 Berg(1985)를 볼 것.

고용해서 이점을 누리는 고용주들로 인해서 새로운 경쟁 압력에 노출되었다(Unwin 1909; 또한 Kellett 1958: 381–2를 보라).

앞에서 보았듯이 독일에서는 독립된 장인 부문의 운명을 결정하는데 국가가 핵심적인 역할을 담당했다. 영국에서도 마찬가지로 국가정책이 사태의 진행에 중요한 영향을 미쳤는데, 그 방향은 매우 달랐다. 수세기 동안 장인법Statute of Artificers(1563년)은 도제 훈련 및 여러 가지 직종의 개업을 규제하는 규정을 담고 있었다(Ministry of Labour 1928: 10–4; 또 Webb and Webb 1920: 48–51을 보라).* 무엇보다도 장인법은 도제 훈련을 이수하는 것이 숙련 직종의 일을 시작하기 위한 필수 요건이라고 규정했고, 도제 훈련 기간을 7년으로 설정하고, 적절한 훈련을 보장하기 위해 저니맨**과 도제의 수적 비율을 1 대 3으로 정했으며, 도제에 대한 착취를 방지하기 위하여 근로조건, 임금, 기타 사항을 규제했다(Ministry of Labour 1928; 또한 Perry 1976: 7; Howell 1877: 834를 보라).

하지만 독일의 발전 과정과 달리 영국에서는 제도화된 집행 메커니즘을 제공하지 않고 자발적인 길드 자체에 집행을 맡겨두었으며, 전통적인 법률의 틀이 변화하는 시장 환경에 적응한 적도 없었다. 그리하

---

* 장인법의 본래 명칭은 '장인·노동자·농업 고용인·도제들에 대한 제 규정에 관한 법'이며 1563년에 제정되어 1813년까지 존속했다. 노동조건 및 신규 영업의 규제에 관한 조항이 포함되어 있었는데, 도제 경력을 거쳐서 직인이 될 수 있도록 하고 도제 훈련을 마친 후에도 24세까지는 도제로서 머물러 있도록 강제했다. 조성식. 2003. "장인법의 기원, 심의절차 및 엘리자베스 1세", 한국서양문화사학회, 『서양사학연구』 제8집 참조. – 옮긴이
** 저니맨은 도제 훈련을 마치고 나서 마스터 직인에게 고용되어 있는 숙련노동자를 말한다. 도제가 마스터에게 음식과 숙소를 제공받으며 속박되어 있었음에 비해서 저니맨은 일당을 받으며 독립적으로 생활했다. – 옮긴이

여 영국에서는 장인 부문이 새로운 시장 압력에 직면하자 장인법이라는 산업화 이전의 법률적 틀에 호소하여 전통적인 특권을 방어하고자 노력했지만 결국 실패로 돌아가는 모습을 보였다(Rule 1981: 114-6). 산업혁명이 시작되고 자유 부르주아지의 영향력이 증가하면서 영국 정부는 전통적인 특권을 옹호하는 데 점점 더 소극적인 태도를 취하게 되었다. 길드는 위반 사건에 대해서 영국 법원에 소송을 제기할 수 있었지만, 판사들은 법을 협소하게 해석해서 오직 도시 사람들에게만, 게다가 법 제정 당시 존재하고 있었던 직종에만 규정을 적용했다(Ministry of Labour 1928; Rule 1981: 108; Prothero 1979: 3장). 산업부문이 성장하면서 등장한 새로운 직업들은 통상적으로 기존 장인법의 영역에서 제외되는 것으로 판결되었다(Perry 1976: 8; 또한 Webb and Webb 1920: 53-5를 볼 것).

그리하여 19세기 초까지 "길드의 특권적 시스템 전체가 서류상으로는 손상되지 않고 지속"되었지만, 실제로는 한 세기 이상 시행되지 않으면서 급격하게 해체되고 있었다(Kellett 1958: 393에서 인용; 또한 Howell 1877; Rule 1981을 보라). 1814년에 장인법이 공식적으로 무효화되기 이전에 18세기 말 수십 년 동안 기존의 보호 조치들은 공공연하게 잠식되었다(Webb abd Webb 1920: 53; Prothero 1979: 3장). 웹 부부는 이를 다음과 같이 표현하고 있다.

[그 당시] 하원 의회의 조치는 아직 계약의 자유에 관한 어떤 의식적인 이론으로부터도 영향을 받은 것이 아니었다. 각 직종이 차례로 새로운 자본주의 경쟁의 영향을 느끼게 되면서 저니맨과 또 때로는 소규모 고용주들도 탄원을 제기했는데, 보통 새로운 기계를 금지할 것과 7년의 도제

기간을 이행하도록 단속할 것, 혹은 각 고용주에게 훈련받는 도제의 숫자에 관한 기존의 제한을 준수할 것을 요구했다. [이에 대하여] 대규모 고용주들은 이러한 보호 조치들이 불필요하며 그들의 경쟁 능력을 실제로 손상시킨다는 증거를 대거 제시하곤 했다(Webb and Webb 1920: 53).

독일에서는 독립된 장인 부문을 보호하고 근대화하려는 국가의 정책이 비교적 많은 수의 자족적인 소규모 기업가 — 숙련을 지닌 — 가 고용주이자 생산자로서 함께 조직되어 유지되도록 지원했고, 결국 산업부문의 피고용자가 되는 숙련 저니맨과 장인 집단 사이에 이해관계의 차이가 벌어지게 되었다(Kocka 1986b: 360-3). 영국에서는 국가의 정책이 매우 상이한 유형의 동맹을 간접적으로 촉진했다. 하강 이동하기 쉬운 마스터 장인들은 피고용자인 저니맨들과 제휴할 수 있었는데, 이들은 모두 '불법적인' 마스터와 자본주의 기업주들이 전통적인 특권을 남용하는 것에 맞서서 투쟁했다(Prothero 1979: 2장, 특히 36-7; Rule 1981: Chapter 4; Rule 1988). 예를 들면 녹스는 직물 업종에서 저니맨과 '선량한' 마스터들이 '부도덕한' 마스터들에 맞서서 대항한 분쟁에 관해서 언급하고 있다(Knox 1980: 30-1). 위와 같은 동맹은 장인법이 무효가 되기 이전 기간에 이를 둘러싼 투쟁에서도 뚜렷하게 등장했다. 제도를 전면 폐지하려는 압력에 직면해서 런던에 기반을 둔 마스터제조업자및저니맨위원회는 기존 법률을 지키고 연장하려는 캠페인을 주도했다. 녹스는 이러한 노력을 "보다 규모가 큰 고용주에 맞서서 전국적으로 소규모 마스터와 저니맨이 계급 간 협력을 행한 엄청난 시도"라고 묘사하고 있다(Knox 1980: 69).

도제 훈련을 마치고 산업부문에 고용된 저니맨과 함께 투쟁한 독립 마스터 장인들은 노동시장에서 자신들의 지위를 강화하고 그들이 미숙련 '노동 빈민'들과 동일한 운명에 빠지지 않도록 막아줄 규제를 정하는 데 이해를 같이했다. 그들은 도제 훈련에 관한 기존의 규제를 연장할 것을 지지했고, 자신의 업종에서 7년간 종사한 자에게만 도제를 들일 수 있도록 제한하며, 마스터와 저니맨에 할당되는 도제의 수적 비율에 한계를 정하고, 도제별로 의무연한을 정하고, 마스터로 하여금 자신의 작업장에 있는 도제와 저니맨의 수를 기록하도록 요구하는 내용의 입법을 제안했지만, 이 제안은 실패로 돌아갔다(Knox 1980: 78-80; 또한 Prothero 1979: 3장; Rule 1981: 114-6을 볼 것).

소규모 마스터와 저니맨의 동맹이 입법을 통해서 전통적인 특권을 보호하거나 부활하려 한 시도는 실패했지만, 이는 여러 가지 점에서 이들의 공동 운명을 강화했다. 왜냐하면 두 집단 모두 시장에서 위상과 지위를 방어하기 위한 다른 수단을 계속해서 찾았기 때문이다. 독일에 비해서 마스터 장인들의 집단적 자율성과 지위를 지키는 데 정치적·법률적 환경은 불리했지만, 마스터 직인과 저니맨을 묶어서 노동조합을 발전시키는 것이 훨씬 더 유리했고, 동시에 이들 집단과 미숙련 노동자 사이에 구별이 뚜렷해졌다(예로는 Rule 1988을 보라). 1799년과 1800년의 결사법結社法은 영국에서 모든 형태의 노동조합을 금지했지만 숙련노동자에 비해 미숙련 노동자에 대한 금지가 훨씬 더 가혹했다. 기존의 법률이 적용되려면 고용주들이 이를 제기해야 했는데, 고용주들은 생산하기 위해 가장 많이 의존하는 숙련노동자들에 대해서는 소송을 제기하기를 꺼려하는 경우가 자주 있었다(Clegg, Fox, and Thompson 1964: 46-7; Rule 1988: 4-5). 그리하여 결사법이 통용되던 시기에도 영국의 숙련 직종은 대부분 매우 성공적으로 조직을 건설했다. 몇몇 숙련 직종은 "런던에서 1800년부터 1820년까지의 기간 동안 보다 더 완벽하게 조직된 적은 없었다"(Webb and Webb 1920: 83-4).

또 한 가지 중요한 점은 국가정책이 상호부조와 보험의 제공을 중심으로 조직된 노동자 단체의 성장을 촉진했다는 것인데, 이것 또한 하강 이동이 쉬운 장인과 산업부문의 숙련노동자 사이에 유대가 구축되는 기반을 제공했다(예로는 Clark 2000; Gosden 1961을 보라). 영국에서 이른바 우애협회, 혹은 '박스클럽' ― 협회의 회비를 보관하던 상자에서 유래한 명칭이다 ― 의 기원은 17세기로 거슬러 올라가지만, 산업혁명이 도래하면서 급속한 성장을 보였다(Gosden 1961; Clark 2000; Thompson 1963: 418).

우애협회는 자발적 결사체로서 회원이 정기적으로 회비를 납부하고, 질병, 가장의 사망, 혹은 실업 등으로 인해서 커다란 손실을 당했을 때 회원과 그 가족이 이를 이용할 수 있게 했다(Hopkins 1995; 또한 Baernreither 1893: 160-1; Eisenberg 1987: 94; Clark 2000: 356; Thompson 1963: 421을 보라). 특히 저니맨이 이 조직들의 주요 회원이자 창립자들이었지만, 녹스가 지적한 대로 "많은 수의 소규모 마스터들도 [또한] …… 업종의 경기가 나빠졌을 때 의지할 수 있는 장치로서 직종 협회나 클럽의 회원 자격을 보유했다"(Knox 1980: 74). 영국의 숙련 직인은 일종의 노동귀족층을 형성했는데, 이들은 회비를 낼 수 있었으며 대체로 질병이나 노령으로 인한 궁핍에 대비해서 일정한 보험을 제공하는 협회에 가입하는 것이 유익하다고 생각했다(Clark 2000: 360; Hopkins 1995: 23; Prothero 1979: 27-8).

정부 관리들은 비록 우애협회가 불법적인 노동조합 활동의 무대로 이용될지도 모른다고 우려하기는 했지만(예를 들면 Webb, Webb, and Peddie 1911: 82를 보라), 동시에 이 보험 클럽들이 기존의 구빈법에 따르는 빈민 지원 비용을 줄이는 수단이 될 수 있다는 점에 큰 관심을 보였다(Hopkins 1995; Clark 2000: 370-1). 18세기 말에 "공제협회에 관한 법률적 틀이 필요하다는 점에 관한 상층계급의 합의가 형성되었다. …… [공제협회는] 교구의 지출을 줄이고, 하층계급 사이에 자조自助를 기르도록 하는 데 이상적인 해결책으로 간주되었다"(Clark 2000: 370-1). 이러한 정서는 우애협회의 법률적 토대와 보험 통계상의 토대를 안정화시키면서 협회를 일정한 국가 감독 아래 두려고 시도한 1793년 우애협회육성지원법Act for the Encouragement and Relief of Friendly Societies에 반영되었다(Brown and Taylor 1933). 이 법은 우애협회가 지방 당국에 등록할 수 있게 허용함에 따라 협회의 기금은 사기나 횡령으로부터 보호받을 수 있는 법률적 지위를 인정받을 수 있었다. 등록하고자 하는 협회는 지방 치안판사에게 규약을 제출해야 했는데, 치안판사는 이를 조사해 협회가 '반란' 활동에 관여하지 않는가를 확인해야 했다. 반란 활동이라 함은 1년 전에 통과된 선동금지법Act Against Sedition 위반에 해당되는 활동이었다(Clark 2000: 371). 후속 입법(1817년)을 통해서 등록된 협회의 경우 시장 금리보다 더 좋은 조건으로 협회 기금을 저축은행에 예금하는 것이 허용됨으로써 우애협회를 설립하는 데 또 다른 인센티브가 제공되었다(Hopkins 1995: 15).

노동에 대한 영향

독일에서는 장인 부문에 대한 국가의 정책으로 인해 독립 마스터 장인과 산업부문의 숙련노동자 사이의 경계가 뚜렷해졌고, 새로 등장한 초창기 노동조합이 숙련 노동시장을 통제하려는 시도가 억제되었다

(Kocka 1986a: 307-16; 1986b). 반대로 영국의 법률은 마스터와 저니맨 사이의 경계를 흐리게 하는 역할을 했고,[2] 여러 가지 면에서 초창기 노동조합이 시장에서 자신들의 지위와 물질적 이해를 지키기 위한 확실한 수단으로 크래프트 컨트롤 전략을 채택하도록 이끌었다.

숙련 직종별 노동시장이 제도화될 수 있는 조건은 대단히 제한되어 있었지만(특히 Jackson 1984를 보라), 숙련노동자들이 이를 시도하는 것을 막지는 못했다. 노동조합이 숙련 시장에 관한 통제를 확립하기를 바랄 경우 몇 가지 사항을 동시에 달성하지 않으면 안 된다. 노동조합은 관련된 노동시장 안에서 숙련 풀에 관한 독점적 통제를 확보해야만 하는데, 이 일의 성공은 사실상 *제품* 시장의 구조에 매우 결정적으로 달려 있다.[3] 크래프트 컨트롤은 이상적으로는 동일한 직무를 놓고 경쟁하는 모든 노동자들을 포함하고 반면에 미숙련 노동자들을 배제하도록 조직 경계를 확립하는 것을 의미한다(Jackson 1984; Klug 1993: 264). 크래프트 유니온이 자격이 있는 숙련 직인을 모두 조직하는 데 성공하면, 조합원들이 일하게 되는 통일적인 조건을 설정하여 시행하

---

2 영국에서 마스터라는 용어는 독일과는 완전히 다른 의미를 지녔다(Eisenberg 1987). 독일에서 마스터란 훈련 과정을 마치고 마스터 자격증을 획득한 장인을 가리키는 데 비해서, 영국에서 마스터는 그 직종에서 반드시 작업을 하는 것이 결코 아니다. 대신에 "그는 작업을 지시하고 자금을 조달했다"(Howell 1877: 835).

3 크래프트 유니온은 노동자들을 보통은 지역 혹은 지방 수준에서(가장 야심적인 경우 전국 수준에서) 조직하려고 노력하는데, 어느 정도까지 통제의 범위가 요구되는가는 제품의 성격에 의해서 결정적으로 규정된다. 제품의 이동성이 높을 경우 노동시장에 대한 지역적 통제는 실패하게 되는데, 왜냐하면 다른 지역에서 상품이 쉽게 생산될 수 있기 때문이다. 이 점이 바로 제품이 이동하기 어렵고 따라서 지역 노동시장에 관한 통제로 충분한 산업부문들 — 예를 들면 건설업 — 에서 역사적으로 크래프트 컨트롤이 가장 안정적이고 널리 존재했던 이유이다. 이 점을 내게 강조해준 스웬슨에게 감사한다.

고, 위반하는 업체에 대해서는 숙련노동력에 대한 접근을 금지함으로써 고용주들의 순응을 확보할 수 있는 위치를 점하게 될 것이다(Klug 1993: 264). 또한 크래프트 유니온은 일자리와 조합에서 제공하는 수당에 대한 접근을 통제함으로써 소속 조합원들이 노동조합에서 설정하여 시행하는 '표준임금률'에 미치지 못하는 조건으로 개별 고용주와 합의하여 일하는 것을 막을 수 있었다는 점이 마찬가지로 중요했다.

19세기 중엽 영국에서 국가정책과 법률 및 시장 조건은 장인들로 하여금 크래프트 통제에 기초한 전략을 채택하도록 작용했다. 앞서 본 대로 노동조합이 불법화되어 있을 때도 숙련노동자들이 조직화될 수 있는 공간은 존재했고, 1824년 결사법이 무효화됨에 따라 이러한 공간은 더욱 확대되었다. 숙련노동자들의 초기 결사는 부조 급부friendly benefits의 제공을 중심으로 형성되었고, 이러한 보험 기능은 노동자들이 가입하게 되는 선택적 유인selective incentive을 제공했다. 웹 부부는 부조 급부가 영국에서 "노동조합운동을 공고화하는 커다란 힘"이었다고 보았다(Webb and Webb 1897: 158). 우애협회는 노동자들이 낸 기여금을 통해서 내부 규율을 강제하는 강력한 메커니즘을 구축했다. "직종의 이해에 반하는 행동을 해서 축출된 회원은 그가 납부한 돈에 대한 권리를 상실했다. 그리고 몇 해 동안 돈을 납부해온 회원이라면 누구나 쉽게 포기할 수 없는 투자액을 보유하고 있다고 생각할 가능성이 있었다"(Clegg, Fox, and Thompson 1964: 7). 더구나 파업이 불법으로 간주되고 노동조합의 권리가 극도로 제한되어 있는 상황에서, 숙련노동자들이 우애협회에 제공된 법률적 보호를 활용하고 또 노동자들의 이해를 옹호하고 조합원에게 노동조합의 통제를 시행하기 위해 보험 기금을 은밀한 방식으로 이용하는 방법을 깨닫기까지 오래 걸리지는 않았다(Hopkins 1995: 73; Gosden 1961: 9; Clegg, Fox, and Thompson 1964; Baernreither 1893: 162). 1824년에 결사법이 무효화되기 전까지는 물론이고 그 이후에도 "상호보험은 노동조합 활동가들이 자신의 목적을 합법적으로 달성할 수 있는 유일한 방법이었다"(Webb and Webb 1897: 166).

이러한 상황에서 실직 수당은 초창기 노동조합의 직종 전략을 지탱하는 데 특히 중요한 수단이었다(Webb and Webb 1897: 153). 경기 침체기에는 실직으로 인해서 표준임금률을 지키려는 숙련노동자들의 의지가 약해졌고 노동자들의 단결이 엄격한 시험을 받게 되었다. "재해, 질병 및 노령 퇴직수당 등은 모두 노동의 질이 일시적으로 혹은 영구적으로 일정하게 쇠퇴하여 관습적인 임금률이나 노동조건을 위반하도록 동요할 수 있는 사람들을 노동시장에서 떼어놓는 데 도움이 되었다. 하지만 규칙을 보호하는 데 가장 큰 역할을 한 것은 바로 '실직' 혹은 '기부' 수당이었다"(Clegg, Fox, and Thompson 1964: 6; Prothero 1979: 30). 협회는 일자리가 없는 회원에게 생활비를 제공함으로써 그러한 노동자들이 표준임금률 이하로 노동을 판매하려는 유혹에서 벗어나도록 했다. 그렇게 하지 못했다면 임금과 노동조건, 그리고 고용 기준을 설정하고 유지할 수 있는 노동조합의 역량을 훼손하게 되었을 것이다(Webb and Webb 1897: 158-62, 164).

숙련 노동시장에 대한 통제를 확립하려는 시도로부터 바로 도제제도와 훈련에 관한 노동조합의 전략이 추진되었다. 숙련노동자 집단의 경계를 유지하고 시장에 숙련노동이 과잉 공급되는 것을 방지하기 위하여 저니맨협회는 일정한 훈련 기준을 — 보통 도제로 복무한 기간이나 그와 동등한 근무 경력으로 측정되는 — 고수하고, 회원들이 '불법적인'(조합원이 아닌) 인력과 작업하는 것을 금지함은 물론, 지속적으로 배출되는 도제의 수를 제한하려고 시도했다(Clegg, Fox, and Thompson 1964: 7). 노동자들로 하여금 일정한 숙련 수준을 서류로 입증하도록 요구함으로써 저니맨협회는 회원을 제한하고 기금을 활용하여 지위를 보호하고자 하는 숙련노동자 집단의 직종별 범위를 한정할 수 있었다. 금속가공 부문의 대표적인 숙련공 조합인 통합기계공조합 Amalgamated Society of Engineers, ASE*이 표현한 대로 "견습 기간을 통해서 권리를 획득하지 못한 자에게 우리 직종에 진입하지 못하도록 제한할 수밖에 없다면 우리는 그렇게 한다. 그렇지 않으면 해로운 결과를 낳을 것이며, 계속 억제하지 않으면 장인의 상태를 미숙련 노동의 수준으로 떨어뜨리고, 허가를 받은 사람들에게 지속적인 이점을 부여하지 못한다는 점을 알고 있기 때문이다"(Knox 1980: 325에서 인용).

도제 훈련은 특정한 숙련 수준을 나타내주는 장치로 역할을 할 뿐 아니라 해당 직종의 가장 큰 진입구로서도 노동조합에게 중요한 것이었다. 노동조합은 직종에 진입이 허용되는 노동자들의 수를 통제함으로써만 조합원들이 일하게 될 작업 조건에 관한 통제력을 행사할 수 있을 것이라고 기대할 수 있었다. 바로 이러한 이유로 대다수 직종별 협회는 업체가 채용할 수 있는 도제의 수에 관해서 고용주가 교섭에 임하게 하도록 노력했다. 고용주들은 도제 훈련에 관한 제한 조치들이 숙련노동자들의 시장 교섭력을 유지하기 위한 것이라는 점을 아주 잘

---

* 통합기계공조합은 1851년에 결성되었고, 조직이 확대되면서 1920년에 통합기계노동조합(Amalgamated Engineering Union)으로 그 명칭이 바뀌었다. 그 이후에도 다른 노조와 합병하면서 명칭이 여러 차례 바뀌다가 1992년에는 통합기계전기노동조합(Amalgamated Engineering and Electrical Union)이 되었다. ─옮긴이

알고 있었고, 윌리엄 앨런William Allan(ASE의 서기)과 같은 노동조합 지도자는 도제를 제한하는 목적이 "임금을 올리기 위한 것이라는 데 의문의 여지가 없다"고 기꺼이 인정했다(Knox 1980: 325에서 인용).

즉, 독일과는 아주 대조적으로 영국의 노동조합은 도제 훈련을 규제하려는 시도에 깊게 관여했다. 실제로 자이틀린이 지적한 대로 "19세기 동안 영국의 기계 산업에서 도제 훈련의 조건을 규제하려는 가장 중요한 시도들은 노동조합으로부터 나온" 것이지만, 노동조합의 주된 관심은 도제 훈련의 수준을 보장하는 것이 아니라 그 양을 제한하는 데 있었다(Zeitlin 1996: 7). 이를 비롯해 '통제'와 관련된 이슈들은 기계 산업과 같은 분야에서 특히 치열한 쟁점이 되었다. 이 분야의 고용주들은 숙련노동의 공급과 가격을 규제하려는 ― 지방에 기초한 ― 노동조합의 활동에 직면했는데, 그와 동시에 지역과 나아가 점점 더 전국적 범위에 걸쳐 전개되는 제품 시장 경쟁에 처해 있었다. 전반적으로 독일과 달리 영국에서 도제 훈련을 둘러싼 정치적 이해관계의 구도는 사업장 내 훈련이 고용주와 숙련공 조합 사이의 투쟁에 휩싸이도록 했다. 녹스가 표현한 바 있듯이 "도제 훈련은 노동조합운동과 얽히게 되었고, 한쪽에 대한 공격은 다른 한쪽에 대한 공격이 되었다"(Knox 1980: 32).

기업에 대한 영향

독일에서는 산업부문에서 숙련의 주요 공급자로서 역할을 했던 마스터 장인 결사체의 조직화와 근대화가 국가정책을 통해 촉진되었음에 비해서, 영국에서 국가정책의 핵심은 자유주의적이었고, 따라서 그 효과는 아주 달랐다. 숙련 장인이 여전히 다음 세대의 훈련을 주관하려했지만, 그러한 시도는 대체로 숙련공 조합이라는 아주 다른 토대 위에서 이루어졌다. 그런데 훈련과 관련해서 숙련공 조합의 이해관계는 직종에 기초한 노동시장 통제 전략과 결합되어 있었다. 더구나 이 역시 독일과는 아주 대조적으로 영국에서는 장인법이 무효화된 이후 도제 훈련은 순수한 사적 계약 사항으로서 공공적이거나 그와 유사한 틀에 의해 전혀 규제되지 않았다. 새로 체결되는 도제 계약을 규율하는 집단적으로 정해진 규칙 —예를 들면 훈련 기간을 정하고, 도제의 수를 제한하고, 도제를 들일 수 있는 자의 자격을 정하는 규칙 —도 존재하지 않았다. 몇몇 경우에는 도제와 고용주가 여전히 도제약정서에 서명했지만, 19세기를 거치면서 거의 대부분의 경우 도제약정서 대신에 개별적 문서 계약이나 비공식적 구두 합의를 하게 되었다.

2장에서 우리는 독일에서 사업장 내 도제 훈련에서 훈련의 질과 상호 신뢰의 측면에서 일반적으로 나타나는 문제를 완화하는 데 자격인증 제도가 아주 중요한 역할을 한다는 것을 보았다. 독일에서 도제와 훈련 업체 사이의 거래는 쌍방의 이해관계에 의해서 성립되었고, 쌍방의 부정행위에 대한 제재를 제도화한 자격인증 과정을 통해서 안정화되고 뒷받침되었다. 영국에서는 유사한 메커니즘이 존재하지 않았고, 이는 몇 가지 상이한 문제점을 낳았다. 첫째로, 도제와 훈련 업체 간의 관계는 서로 신뢰할 수 있는 약속을 유지하기 곤란한 구조였다. 독일에서는 청년 노동자를 도제로 데리고 있는 마스터가 도제가 받는 훈련의 질에 대해서 직접적인 책임을 졌고 또 책임을 물을 수 있었다. 그에 반해서 영국에서는 도제 계약에 서명한 고용주는 훈련에 직접 관여하지 않는 경우가 아주 흔했다. 오히려 훈련 업무는 그 업체에 고용된 숙련된 저니맨에게 맡겨지거나 위임되었다(Perry 1976: 33;

More 1980: 44, 79, 142-3; Knox 1980: 118-9). 도제의 훈련을 맡고 있
는 저니맨은 부가적인 급여나 정확한 책임에 관한 명료한 합의 없이
일을 하는 경우가 많았고, 따라서 자신의 노동시간을 훈련에 할애할
인센티브가 거의 없었다(Howell 1877: 835-6; Fleming and Pearce 1916:
122).[4]

당시의 사회개혁가들은 책임성의 결여를 다음과 같이 비난했다.
"마스터는 [도제를] 맡아서 더 이상 그의 직종을 가르치지 않았다. 도
제는 이를테면 작업장에 붙박이로 있으면서 스스로 힘껏 자신의 직종
을 익히거나 아니면 그곳에 고용되어 있는 여러 저니맨들로부터 배웠
다"(Howell 1877: 835). 포어맨이나 현장감독자가 도제에 대한 책임을
맡고 있는 곳에서도 문제는 여전했다. 대부분의 경우 포어맨은 그저
제품을 생산해내야 하는 상당한 압력을 받고 있었고 "일상적으로 할
일이 너무 많아서 도제에게 많은 신경을 쓸 수 없었다"(Fleming and
Pearce 1916: 122).

더구나 영국에는 특정 작업장에서 도제가 받은 훈련의 질을 평가
할 수 있는 공식적인 자격인증 및 검정 시스템이 없었다. 그래서 빈약
하거나 편협하게 훈련을 실시한 업체에 대해서 공식적이든(예를 들면
업체의 훈련 인가를 취소하는 것) 비공식적이든(예를 들면 도제의 시험 성적을
비교해서 훈련에 관한 업체의 평판에 영향을 미치게 되는 것) 처벌할 수 있는

---

4 게다가 저니맨은 도제에 대한 자신의 영향력을 활용해 직종의 숙련을 전달하는 데 그치지
않고, 고용주에 맞서서 자신들의 이해관계를 보호하는 직종의 비밀과 규범으로 청년을 사
회화할 수도 있었다(Eisenberg 1987). 흔히 도제가 제일 먼저 배우는 일은 '조심하는 것'이
었는데, 이는 "뭔가를 보거나 담배를 피거나, 혹은 '단체 일' 즉, 자신들의 일을 하고 있는
사람들에게 관리자나 포어맨이 오고 있는가를 재빨리 때맞춰서 알려줄 수 있도록 똑똑히
망보는 일이다"라고 힌튼은 언급하고 있다(Hinton 1983: 95-6).

가능성이 거의 없었다. 오히려 영국의 고용주들은 상당 기간 동안 도제 훈련에 별개의 '등급'을 제안해왔다. 보다 체계적이고 포괄적인 훈련을 위해서 소수의 '프리미엄' 혹은 '특별' 도제들이 선발되는 반면에 '일반' 도제들은 특정한 직종에서 그대로 작업을 했다(Zeitlin 1996: 6; Tawney 1909a: 521).[5] 숙련에 대한 의존도가 높았던 엔지니어링과 같은 산업부문에서도 '일반' 도제 훈련은 계속해서 더 비공식적이고 더 협소해졌다. 역설적이면서도 중요한 점은 도제 기간은 조금도 줄어들지 않아서 20세기가 되어서도 여전히 5년에서 7년을 유지했다는 점이다.

영국의 고용주들은 자신의 도제를 잘 훈련시키지 못한 것에 대해서 거의 처벌을 받지 않았고 긴 도제 훈련 기간과 그 기간 동안의 저임금을 감안할 때 값싼 노동력으로 도제를 이용할 수 있는 상당한 인센티브를 누렸다고 한다면, 도제들 또한 훈련을 완전히 마칠 때까지 자신의 고용주에게 머물러 있을 인센티브가 거의 없었다. 독일의 청소년은 자격이 인증된 '숙련노동자'가 되려면 도제 훈련을 마치고 시험에 합격해야 했다. 영국에서는 '숙련' 지위를 얻을 수 있는 여러 가지많은 방법이 있었다. 청소년은 한 업체에서 비공식적인 '수련 기간'을 거쳐서 한 직종을 '익히는' 것이나, 또 자신의 능력에 따라서 회사를 옮겨 다니면서 다양한 숙련을 얻는 것이 모두 가능했다. 19세기 전환기 영국의 기업에서 일하는 청소년들은 공식적인 도제제도에서 시작해서 매우 비공식적이며 유연한 고용 관계에 이르는 전혀 다른 여러 유형의 제도 아래 놓여 있었다. 독일에서는 유능한 청소년들이 대체로 일류 기계업체의 수준 높은 도제제도에 많이 채용되어 왔음에 비해서,

---

5 도제 훈련의 상이한 '단계' 혹은 '등급'에 관해서는 Ministry of Labour(1928a: 18)를 보라.

영국에서 유능한 청소년들은 자신들을 장기간 묶어두는 공식적인 도제 계약을 회피하고 그 대신에 자신들이 지닌 자원과 고용주로부터 자신들의 재능을 인정받는 데 의존해서 자신의 숙련 목록을 획득해가는 편이 유리했다.[6]

영국에서 노동조합의 조합원 자격은 일정한 숙련 수준을 나타내주는 중요한 기호였다. 하지만 19세기 동안 도제제도의 구조가 느슨해지면서 많은 직종협회에서 조합원 자격 규정을 공식적인 도제 훈련을 이수하는 것에서 해당 직종에서 수년간 일한 경력으로, 그리고 결국에는 해당 지역에서 시중의 숙련노동 임금을 벌 수 있는 능력으로 수정하지 않을 수 없었다. 19세기 중반 통합기계공조합은 조합원이 되기 위해서 도제 훈련을 이수해야 한다는 요건을 삭제하고, "해당 직종에서 5년간 계속 일하고 2인의 정회원으로부터 …… 그가 그 직종에서 생계를 꾸리고 추천된 지역의 시중 임금을 받을 수 있음을 보증한다고 추천된 모든 사람"을 받아들였다(Howell 1877: 839; Clegg, Fox, and Thompson 1964: 4). 1877년 당시 어느 논자는 "현재 노동조합 조합원으로 가입하는 사람 가운데 겨우 10%만이 도제 훈련을 제대로 받았다"고 지적했고(Howell 1877: 854), 19세기 말에는 공식적 도제 훈련을 이수하는 것과 조합원 자격 사이의 관련성이 훨씬 더 희박해졌다.[7] 부스는 1904년에

---

6 이는 영국에서 가장 훌륭한 훈련 프로그램을 발전시킨 웨스팅하우스와 같은 회사들이 유망한 청소년 도제들이 도제 계약을 맺기를 꺼리고, 스스로 책임을 지고 자신이 필요로 하는 숙련을 획득하고 나서 높은 임금을 주는 일자리로 재빨리 옮겨가기를 선호한다고 생각한 이유를 설명해준다. 이하의 서술 참조.

7 20세기 전환기에 통합기계공조합은 일부 노동자들에게 "조건부로 18세에 예비 조합원으로 가입하고 가입 이후 5년 동안 시간을 주어 기준 임금을 획득하도록 허락하기도 했는데, 그 시한을 넘기는 일이 드물지 않았다"(Booth 1903: 299).

쓴 글에서 다음과 같은 경향이 점점 두드러지고 있다고 묘사했다. "한 노동자가 '숙련공'인가를 구분하는 것은 특정한 수준의 기술적 역량 자체가 아니라 일정 임금을 받을 수 있는 능력이었다."(Booth 1904: 165).

요컨대 19세기 말 영국의 도제제도는 도제와 훈련 업체가 정해진 훈련 기간 동안 서로 헌신하지 못하도록 만드는 시장의 힘과 대항적인 인센티브가 존재하는 상황에서, 서로 헌신하도록 인센티브를 제공해 줄 수 있는 안정적이고 통일적인 제도 틀이 부재했다. 계약은 이행될 수 없었는데, 왜냐하면 도제가 약정을 위반하더라도 이로 인한 손실을 고용주가 회복할 수 있는 수단이 없었고, 또 반대로 집단적으로 규정된 훈련 기준이 부재한 상태에서 잘 훈련시키지 않는 고용주에게 책임을 물을 수 있는 법률적 수단이 도제에게는 없었기 때문이다(Zeitlin 1996: 6-7). 그 시기의 독일과는 달리 도제 관계 전체가 대단히 유동적이고 취약했다. 브레이가 표현한 바와 같이 "마스터는 더 이상 도제를 훈련시키려고 하지 않는다. 도제는 그 명칭이 유지되는 경우에도 보통 일주일 전에 통보하고 떠날 수 있다. 양자 사이에 유대는 없다"(Bray 1909: 413).

금속가공/엔지니어링 산업의 노동조합과 고용주의 전략

독일과 마찬가지로 영국의 금속가공 산업은 — 숙련의 주요한 소비자로서 — 숙련 형성에서 중요한 투쟁과 혁신이 전개된 장소였다. 하지만 독일에서는 금속가공 대기업과 조직된 수공업 부문 사이에 주요한 정치적 갈등이 전개된 데 비해서 영국에서 도제 훈련을 둘러싼 대립은 고용주와 숙련공 조합 사이에 발생했다.

금속가공 산업의 초창기 노동조합은 지역적 토대 위에서 숙련노동자들을 조직했다. 노동조합의 전략은 우애협회 수당을 활용하여 표준임금을 지급하도록 고용주에게 압력을 가하고, 일자리에 대한 노동자들의 접근을 통제하는 데 기초해 있었다. 19세기 초에 이 점에서 가장 성공한 조직이었던 증기기관및기계제조공우애협회the Journeymen Steam Engine and Machine Makers' Friendly Society는 도제 훈련을 이수하거나 한 직종에서 7년간 계속 근무한 것을 조합원 자격 요건으로 삼았다. 그렇게 획득된 숙련이 바로 노동자가 꾸준히 고용을 유지해서 사회에 부담이 되지 않고 또 임금을 낮추지 않도록 해주는 유일한 보장으로 간주되었다(Jeffreys 1945: 24, 59). '늙은 기계공들' — 위 협회의 별칭이었다 — 은 1830년대에는 직종에 관한 명확한 정책을 갖고 있지 않았는데, "하지만 노동시간의 단축, 연장 근로 수당의 지급, 직종에서 일하는 '불법' 작업자에 대한 항의, 그리고 '작업장에 도제를 너무 많이 두는 것'에 대한 반대 등이 마스터와 작업자들 사이에 갈등을 일으키는 쟁점들로 끊임없이 등장했다"(Jeffreys 1945: 21, 24; Knox 1980: 317-8).[8]

기계 산업 내의 여러 노동조합 사이의 통합 운동 — '늙은 기계공들'이 주도한 — 의 결과로 1851년에 통합기계공조합이 결성되었다. 이 새로운 노동조합은 '새로운 모델의 노동조합운동'의 가장 뛰어난 사례가 되었는데, 임금과 근로조건을 통제하기 위한 지역 수준의 전략

---

8 파업의 법률적 지위가 모호한 상태에서 대부분의 분쟁은 비공식적으로 — 예를 들면 연장 근로 거부 — 전개되었지만, 기계 산업에서 최초로 도제 제한을 둘러싼 파업을 벌인 것으로 기록된 것은 기계공우애조합(Friendly Union of Mechanics)이었다(Knox 1980: 317).

과 중앙집권화된 전국적 재정을 결합했다. 윌리엄 뉴턴William Newton의 강력한 지도 아래 통합기계공조합의 일차적인 목표는 '노동시장에서 인력 과잉을 제거하고' 이를 통해서 조합원들이 균일하게 높은 임금을 받게 하는 것이었다(Jeffreys 1945: 32-3). 도제 훈련에 대한 규제는 크래프트 컨트롤의 전반적 전략 가운데 핵심적 특징으로서, 이 때문에 고용주와의 분쟁이 계속해서 야기되었다(Hinton 1983: 2장). 1852년에 영국 기계 산업의 두 중심지인 런던과 랭커셔에서 크래프트 컨트롤을 강요하려는 노동조합의 시도에 맞서서 결집한 고용주들은 대대적인 직장 폐쇄로 대응했고, 이는 통합기계공조합 1만 1천 명의 조합원 가운데 3천 명에게 영향을 미쳤다. 장기간의 분쟁을 거친 끝에 고용주들은 노동조합의 주요한 통제 요구를 철회시켰지만, 통합기계공조합은 살아남았고 오히려 그 이후에 극적인 성장을 보였다.⁹

위의 직장 폐쇄로 인해서 노동조합의 전술에 주요한 변화가 이루어졌지만 노동조합의 목적에는 여전히 변함이 없었다. 한 작업장 내 도제의 수를 제한하는 것이나 이와 같은 통제 관련 쟁점을 다루는 모든 규정이 조합의 규약에서 삭제되었다. 이는 무엇보다도 노동조합과 그 기금에 법률적 보호를 확보하기 위한 것이었다. 비록 집행위원회에서는 목적을 달성하기 위한 수단으로 파업을 활용하는 것을 부정했지만 숙련 시장을 통제한다는 정책은 지속되었다(Jeffreys 1945: 68). 힌튼의 표현대로 "1852년에서 1874년 사이에 기계공들이 공식적인 직종

---

9 1852년에서 1866년 사이에 조합원이 9,737명에서 33,017명으로 증가했고, 기금은 7,103 파운드에서 138,113파운드로 늘었다. 노조의 가맹 지부 수는 같은 시기에 128개에서 305 개로 증가했다(Jeffreys 1945: 75).

정책을 갖고 있지는 않았고, 1851년의 패배로 인해서 통합기계공조합의 원래 목표는 공식적으로 포기되었다. …… 그럼에도 불구하고 문서화된 규약 이면으로는 각 지부에서 고의적인 연장 근로와 도급제piece-work에 저항하고, 도제를 제한하고, 각 구역별로 표준임금과 표준시간을 설정하는 등 노동조합의 직종 정책을 수행했으며, 이러한 목적을 달성하기 위해서 우애협회 수당을 이용했다"(Hinton 1983: 76).

즉, 1852년 이후 통합기계공조합의 직종 정책은 공식적인 집행위원회 결의나 눈에 보이는 떠들썩한 파업이 아니라 비공식적으로 지역 수준에서 수행되었던 것이다. "표준임금과 시간, 불법 작업자의 금지, 도제의 제한, 그리고 원자재와 기계의 독점 등은 지부에 맡겨졌고, 이는 불법적인 업체로부터 조합원을 철수시킴으로써 관철되었다. 조합원에게는 실업수당이 지급되었는데, 이는 재정이 중앙집권화되면서 더욱 확실해졌다"(Clegg, Fox, and Thompson 1964: 8). 노동조합의 전략은 대규모 파업이 아니라 숙련노동을 차단함으로써 개별 고용주가 순응하도록 압력을 가하는 '세밀한 파업'에 의존했다. 수당의 지급 대상이 되는 노동자는 언제나 소수에 불과했기 때문에 노동조합으로서는 비용을 최소화하는 이점이 있었다(Webb and Webb 1897: 169). 이러한 방식으로 "직종별 규칙은 …… 대부분 고용주들 전체와 대규모로 충돌하지 않고 실행되었다"(Clegg, Fox, and Thompson 1964: 9).

이러한 전략은 상당한 효과를 거두었는데, 특히 19세기 중반의 경제 상황이 대단히 좋았고 또 분절화된 산업 구조 — 소규모 업체가 압도적으로 많았다 — 로 인해서 노동조합이 업체들을 서로 경쟁시킬 수 있었기 때문이었다(Jeffreys 1945: 54, 102; 또한 Elbaum and Lazonick 1986: 4). 개별 고용주가 표준임금률을 위반하거나 도제를 너무 많이 고용하면 노동조합은 때로는 노동조합 대표단을 보내는 형태로 압력을 가했고, 필요한 경우에는 소극적인 저항을 벌였다. 예를 들어 도제의 수가 너무 많은 경우 조합원들은 도제들을 가르치지 말라는 지시를 받았다. 만일 표준임금률을 지키지 않는 경우라면 그 업체에서 숙련공들이 빠져나왔다. 만일 조합원들이 그러한 행동 때문에 해고를 당하면 다른 일자리를 구할 때까지 기부 수당을 지급받았다(Jeffreys 1945: 69). 1867년에 통합기계공조합의 초대 서기인 윌리엄 앨런은 왕립위원회에서 다음과 같이 증언했다. "임금을 규제하기 위해 우리가 하는 일은 거의 없다. 이렇게 표현해도 되는지 모르지만, 그들은 스스로 규제하고 있다"(Webb and Webb 1897: 169에서 인용).[10]

지역 차원의 이러한 노동력 규제 전략은 긴장을 내포하고 있었다. 왜냐하면 지역 노동조합의 통제는 불균등하게 시행되었는데, 그 대상이 되는 기업들은 점점 더 확산되어가는 지역 간, 국가 간 제품 시장을 놓고 경쟁하고 있었기 때문이다. 1870년대에 영국 기업들은 특히 독일을 비롯한 유럽과 미국의 엔지니어링 업체와 더욱 극심한 경쟁에 처해 있었다(Clark 1957). 1880년대에 영국의 엔지니어링, 조선, 그리고 금속 부문의 실업은 다른 산업보다 훨씬 높은 수준(25%)까지 치솟았다(Clark 1957: 128, 3). 이러한 상황에서 통합기계공조합 집행위원회는 — 1852년 직장 폐쇄 이후 이미 고용주들과 대규모 투쟁을 벌이는 것에 신중한 입장이었는데 — 훨씬 더 보수적으로 변해갔고, 또한

---

10 앨런은 일부러 영국 크래프트 유니온의 온건한 성향을 과장하고 있다. 그 이유는 그가 결국 왕립위원회로 하여금 노동조합에 더욱 확실한 법률적 기반을 제공하도록 설득하고 있었기 때문이다. 내게 이 점을 강조해준 조나단 자이틀린(Jonathan Zeitlin)에게 감사한다.

노동 공급에 영향을 미치려고 노력함으로써 임금을 통제하려는 전략이 노동시장 상황으로 인해서 쓸모없게 되었다고 확신하게 되었다(Jeffreys 1945: 93).[11]

도제의 제한이 쟁점이 되었던 1883년의 쟁의는 19세기 말에 통합기계공조합이 직면한 딜레마의 전형을 보여준다. 통합기계공조합의 선덜랜드 지부가 도제를 노골적으로 저임금 노동자로서 착취하고 있던 업체들에 맞서서 조치를 취하면서 쟁의가 시작되었다. 한 업체는 672명의 성인 노동자를 고용했는데 이에 비해 도제는 478명이어서, 도제 1명당 저니맨의 비율은 1.39명이었다(Knox 1980: 327-8). 선덜랜드 지부는 다른 업체들의 더 심각한 남용 사례도 제시했는데, 예를 들면 23명의 저니맨에 도제가 37명인 업체, 그리고 저니맨 25명에 도제가 54명인 업체, 그리고 500명의 도제에 저니맨이 700명인 업체 등이 있었다(Jeffreys 1945: 102). 고용주들은 노동조합의 임금 요구에 대해서는 양보를 제안했지만, 도제 훈련을 제한하는 것에 대해서는 교섭을 거부했다(Knox 1980: 328-9). 이로 인해 1883년 6월부터 1885년 5월까지 파업이 계속되었는데, 고용주들은 파업이 진행되는 동안 도제를 파업 파괴자로 활용했다. 그 결과 선덜랜드 지부는 '사실상 전멸'했다. 이 패배를 계기로 통합기계공조합은 도제 훈련을 제한하는 일체의 대

---

11 이와 같은 보수주의는 집행부와 지부 사이에 지속적인 갈등의 원천으로 작용했다. 지부와 지구위원회는 노동조합의 직종 정책을 수행했고 쟁의에 돌입하기에 충분한 기금을 보유했으나, 쟁의를 마무리하기에는 충분하지 않았다. 1850년대에 몇몇 지부는 징계의 위협을 받아야 했는데, 이는 집행부 결정에 따르도록 강제하기 위한 것이었다(Jeffreys 1945: 73). 1871~72년에 일반 조합원들은 9시간 노동제를 둘러싼 쟁의에 집행부를 끌어들였는데, 이 쟁의가 성공을 거둔 후에 파업의 비공식적 지도자였던 존 버넷(John Burnett)이 통합기계공조합의 총서기로 선출되었다.

규모 활동을 전체적으로 포기했다(Jeffreys 1945: 102-3). 비록 그것이 영국에서 노동조합과 고용주 사이에 훈련을 둘러싼 소규모 충돌이 끝났음을 의미하는 것은 아니었지만 말이다.

1차 대전 이전 영국의 도제 훈련

1차 대전 이전 수십 년 동안 독일과 영국의 사례는 커다란 차이점을 분명히 보여주었다. 독일에서 수공업보호법이 통과될 무렵 금속가공 기업들은 자신들의 사내 훈련 프로그램이 자격인증 권한을 확보하는 데 점점 더 몰두하고 있었다. 이에 비해 영국의 기업들은 아주 다른 프로젝트를 추진하고 있었는데, 바로 노동조합의 통제를 물리치고 현장에서 경영자의 권한을 재확인하는 것이었다. 이러한 사태는 새로운 기계의 도입과 작업 조직의 재편을 둘러싼 공장 수준의 갈등에 의해서 촉발되었고 이른바 1897년의 대량 직장 폐쇄Great Lockout에서 정점에 달했다.

1890년에서 1915년 사이에 새로운 기술과 생산 기법이 급속히 도입되었고, 특히 엔지니어링과 조선 산업에서는 고용주들로 하여금 숙련공을 반숙련공이나 미숙련공으로 대체할 수 있게 해주는 반자동 기계가 광범위하게 도입되었다(Knox 1986: 174; 또한 Clegg, Fox, and Thompson 1964: 139-40; Price 1983). 통합기계공조합 조합원 가운데 선반공이 — 노동조합의 두 주요 직종 중 하나다 — 특히 영향을 받았다(Knox 1986: 174). 노동조합의 대응은 '새로운 기계에 따른 작업을 추구하는' 정책을 통해서, 즉 요구되는 숙련 수준에 관계없이 조합원이 새로운 기계를 작동할 수 있는 배타적인 권리를 지닌다고 주장함으로써 통제를 유지하려고 노력하는 것이었다. 게다가 크래프트 컨트롤에 관한 이전의 활동들 — 예를 들면 1883년과 같은 — 은 고용주에게 참패를 당했지만, 19세기 말의 경기 회복으로 인해서 노동력 수요가 증가했고 대담해진 숙련 직인들은 예전의 통제를 다시 주장하게 되었다(McKinlay and Zeitlin 1989: 35).

하지만 기술 및 시장 상황이 변화하면서 영국 고용주들의 전략적 계산이 바뀌었다. 클레그 등이 지적하고 있듯이 1890년대 이전에 고용주들은 크래프트 컨트롤을 골칫거리로 생각했지만 "상황이 안정적이거나 혁신이 점진적인 한 …… 참을 수 있었다. 하지만 변화의 속도가 빨라지자 참을 수 없는 것이 되었다"(Clegg, Fox, and Thompson 1964: 168). 특히 크래프트 컨트롤을 실행할 수 있는 숙련공들의 능력은 지방과 지역에 따라 천차만별이었고, 노동조합의 통제로 방해를 받지 않는 — 따라서 보다 쉽게 기계를 도입하고 생산조직을 재편할 수 있는 — 업체들은 시장에서 커다란 이점을 누렸다. 노동조합 정책의 불균등한 효과는 경기장을 평평하게 만들기는커녕 제품 시장 경쟁에서 불리하게 된 고용주로서는 미쳐버릴 만한 왜곡을 낳았던 것이다. 그 결과 노동조합과의 갈등이 심해졌다. 엔지니어링 부문 고용주들은 1897년 '경영상의 특권'을 지키기 위해서 대대적인 결집을 통해서 반격을 가했다.

고용주들의 직장 폐쇄에 대해서 여기서는 자세히 다룰 수 없는데, 이를 다룬 다른 글이 있으니 참고하라(예를 들면 Gray 1976을 보라). 여기서는 분규가 고용주에게 미친 효과와 분규의 결과라는 두 가지 점만을 언급하려 한다. 영국의 엔지니어링 부문 고용주들은 분쟁 직전에는 거의 조직되어 있지 않았지만, 7개월 동안의 분규를 거치면서 엔지니어링고용주연맹Engineering Employers Federation, EEF의 회원은 180개 업체에서 702개 업체로 치솟았다(Clegg, Fox, and Thompson 1964: 165; 또한 Phelps Brown 1959: 162). 클레그 등이 언급한 대로 "[새로 설립된] 고용주연맹의 지도부로서 …… 특히 경기가 개선되는 시점에 직장 폐쇄의 폭을 확대하는 것은 유례없는 것은 아니지만 곤란한 일이기는 했다. 그들이 성공을 거둔 것은 고용주들의 정서가 강력했을 뿐 아니라 거침없는 방식이 사용되었음을 확실히 보여주었다." 광범위한 협력 업체 망을 지니고 있는 대기업에서는 연맹을 지지하는 고용주와만 거래하겠다고 위협했다(Clegg, Fox, and Thompson 1964: 166). 분쟁의 결과는 사실상 고용주 측의 완벽한 승리였고, 통합기계공조합이 도제 훈련을 비롯해 광범위한 사안에 관해서 추구해왔던 분권화된 통제에 직접적인 타격을 주었다. 엔지니어링고용주연맹은 통합기계공조합으로 하여금 경영상의 특권에 관해 많은 양보를 하도록 만들었다. 여기에는 고용주가 비조합원을 고용할 수 있는 권리, 새로운 기계에 관한 작업을 일방적으로 그리고 노동자와 고용주가 수용하는 임금수준에서 배정할 권한, 거의 제약 없이 잔업을 요청할 수 있는 권리, 개수임금제個數賃金制를 도입할 수 있는 자유, 도제의 고용에 관한 모든 제약을 제거하는 것 등이 포함되었다(Clegg, Fox, and Thompson 1964: 167; McKinlay and Zeitlin 1989: 36).

하지만 분쟁의 해결이 통합기계공조합을 소멸시킨 것은 아니라는 점이 중요하다.[12] 타결 조건으로 단체교섭과 분쟁 해결 절차가 구체적

---

12 또한 분쟁의 결과로 대부분의 엔지니어링 부문에서 생산조직이 완전히 재편되지는 않았다는 점도 중요하다. 이는 당시 스웨덴과 미국에서 있었던 유사한 듯이 보이는 투쟁과 중요한 차이가 있음을 가리킨다. 이러한 비교에 관해서는 4장에서 다룰 것이다.

으로 확립되었는데, 이는 노동조합 지부에 대해서 중앙지도부의 권한을 강화했고 중앙지도부의 통제가 실행될 수 있게 하는 분쟁 해결 절차를 제도화했다. 이것이 크래프트 전략에 미친 효과에 대해서는 노동조합의 한 간부가 1914년에 잘 요약한 바 있다. "1897년 직장 폐쇄 이전에는 …… 고용주들이 조직화되어 있지 않아서 [현장 분규에서] 전혀 혹은 거의 아무런 사전 협상 없이도 우리의 요구를 얻어낼 수 있었다. …… 개별 업체에는 쉽게 접근할 수 있었다"(Clegg, Fox, and Thompson 1964: 341에서 인용). 1897년 분규 이후 (그리고 그 타결 조건하에서) 통합기계공조합은 "또 다른 전 산업적인 직장 폐쇄의 위협을 배경으로 자신의 지부를 규율할 것으로 기대되었다"(McKinlay and Zeitlin 1989: 36).

대량 직장 폐쇄 이후의 도제 훈련

20세기 전환기에 독일의 기계 및 금속가공 기업들은 자신들이 발전시켜온 훈련 프로그램에 대해서 공식적인 승인을 얻고 자격인증 권한을 획득하려는 목표를 중심으로 조직되고 동원되기 시작했다. 대기업들은 수공업회의소와 경쟁하면서 이러한 활동에 더욱 적극적으로 나섰는데, 그들은 수공업회의소가 지닌 숙련 인증 권한을 갖고 싶어 했다. 19세기 말 영국에서 엔지니어링 기업들은 크래프트 유니온의 분권화된 통제에 대해서 막 승리를 거두었고 아주 다른 목표를 추구했다. 즉, 전국 수준의 노동조합이 참여하면서도 무엇보다도 작업장에서 경영상의 특권을 유지하도록 고안된 레짐을 제도화하는 것이었다.

1897년 이후 도제 훈련에 관한 규제가 줄면 줄었지 늘어나지는 않았다. 도제 훈련에 관해서 노동조합과 공동으로 규제한다는 것은 전혀 고려의 대상이 되지 않았다. 왜냐하면 그러한 쟁점은 패배한 노동조합의 '통제' 패키지의 일부로 간주되었기 때문이었다. 더구나 영국의 엔지니어링 분야의 고용주들이 함께 단결해서 노동조합의 통제를 분쇄하는 것에는 성공을 거두었지만, 사업장 내 훈련에 관해서 고용주들 사이에 대안적인 규칙을 조직적으로 만들어내지는 못했다. 제프리스는 1897년 분규 이후에 "고용주들은 자신의 노동자를 '선발하고 훈련시킬' 권리를 행사하면서 작업장을 잡부와 도제들로 가득 채우기 시작했다"고 주장한 바 있다(Jeffreys 1945: 156). 노동조합 측에서는 "다른 어떤 명확한 정책도 부재한 상태에서 조합원들은 고립적인 작업장 전술을 채택하게 되었다. 고용주들의 훈련시킬 권리라는 구절은 문자 그대로 받아들여졌고, 조합원들은 신참 노동자를 돕거나 가르치기를 일체 거부했다. 훈련은 최선을 다해서 노력해야 할 고용주의 책임으로 취급되었다"(Jeffreys 1945: 157)[13]

이 시기에 영국의 상황은 *고용주의 행동 및 도제가 직면한 인센티브 구조* 양자에 미친 효과를 통해서 도제 훈련의 전반적인 쇠퇴를 가속화하는 것으로 전개되었다. 첫째로, 상당수의 고용주들이 — 적지 않은(결코 전부는 아니지만[14]) 엔지니어링 분야 고용주를 포함해서 — 저

---

[13] 노동조합의 공식 정책 이외에도, 노동조합 패배 이후의 시기에 엔지니어링 분야에서 도급제가 증가하면서 숙련공들이 신참 노동자에 대한 훈련을 꺼리는 경향이 전반적으로 강화되었다. 숙련공이 도제의 훈련에 들이는 시간은 자신의 소득을 줄이는 결과를 낳았던 것이다(Jeffreys 1945: 206). 녹스는 "1886년에는 전체 엔지니어링 및 보일러 제조 노동자 가운데 단지 5%만이 개수임금제로 일했는데, 1914년에는 설비기술자의 46%와 선반공의 37%가 해당되었다"는 수치를 인용하고 있다(Knox 1986: 176).

[14] 영국에서 규모가 가장 크고 또 가장 진보적인 엔지니어링 기업들의 대단히 상이한 전략에 관한 논의는 이하를 보라.

렴한 생산노동의 원천으로서 도제들에게 의존했다. 둘째로, 부분적으로는 결과적으로 공식적인 도제 훈련(문서 계약이든 구두 계약이든)은 한때 청소년들에게 지녔던 매력을 상실했다. 미숙련 노동을 해서 받을 수 있는 고임금을 포기하고 보상이 불확실한 훈련에 장기적으로 헌신하는 길을 선택하려는 청소년들은 줄어들었다. 이러한 두 가지 경향은 중첩되고 상호 관련되어 있지만, 이하에서는 가능한 범위에서 순서를 구분해서 이에 대해 논의하려 한다.

소년노동 엔지니어링 분야의 일부 고용주들이 통합기계공조합의 패배를 기회로 반숙련 노동에 대한 저렴한 대안으로 도제의 이용을 늘린 것이 분명했다. 이들은 특정 기계에 국한된 부분적 훈련을 실시한 후에, 비용이 많이 드는 숙련 직인의 자리에 도제들을 썼다. 도제제도를 전반적으로 관리하고 규제하는 당국이 부재한 상태에서 광범위한 훈련과 높은 숙련 기준은 실행될 수 없었다. 하우엘(Howell 2007: 1장)이 표현한 대로 영국의 정치경제 구조는 소규모 업체들과 낮은 자본금 요건 위에 세워진 '매우 잔인한 형태의 자본주의'라는 특성을 지녔고, 산업부문에 업체가 새롭게 진입해서 저임금에 기초해서 경쟁하는 것을 용이하게 함으로써 집합행동의 문제를 가중시켰다(Elbaum and Lazonick 1986; Zeitlin 1990: 412). 영국의 소규모 엔지니어링 업체들은 대부분 대규모 합리화나 작업조직 재편을 하지 않고 노동강도를 늘리는 전략에 입각해서, 즉 "도제를 늘리고, 능률급 제도를 활용하고, 연장 근로를 조직적으로 실시하고, 반숙련공을 승진시켜 보다 단순한 기계를 맡도록 하는 것과 같은 방법들을 통해서" 경쟁력을 확보하고자 했다(Zeitlin 1990: 412).

독일에서는 분산되어 있는 산업 지대 내의 소규모 전문 업체들이 처음에는 자신들의 지역 업종협회를 통해서, 그리고 바이마르 시기에는 독일기계제조업협회를 통해서 상당한 협조를 구축할 수 있었음을 살펴보았다. 이러한 단체들—여러 가지 경로로 생겨나기도 하고 국가에 의해서 설립되기도 한—을 통해서 소규모 업체들이 특정 제품 시장에서 파멸적인 극한 경쟁을 최소화할 수 있는 장치가 제공되었다. 이로 인해서 소규모 업체들이 훈련에 투자하는 것이 가능했고, 제품 시장에서 경쟁을 조정했던 동일한 기관이 훈련 기준에 관한 조정을 촉진했다. 영국에서는 유사한 기관이 취약하거나 존재하지 않았다. 예를 들어 엔지니어링고용주연맹이 업종협회가 아니라 고용주협회라는 점은 커다란 차이를 가져왔다. 엔지니어링고용주연맹은 광범위한 제품 시장 분야의 업체들을 포괄했고, 따라서 협회의 중심 업무였던 노사관계는 물론 훈련에 관해서도 아주 상이한 이해관계를 포함하고 있었다. 엔지니어링고용주연맹은 원심적인 경향에 맞서서 항상 투쟁했고, 업체들을 다른 어떤 권위—고용주가 주도하는 것이라고 하더라도—에 종속시키려고 하기보다는 최소한의 공통적인 요구를—예를 들면 경영자의 자율성을 지키는 것—중심으로 회원을 동원할 때 가장 좋은 성과를 거두었다(특히 Zeitlin 1991을 볼 것).

그리하여 19세기 말엽에는 한편으로 도제 및 견습공과 다른 한편으로 소년노동—"오로지 노동이 지닌 당장의 효용만을 보고 고용된" 소년—사이의 구분이 더욱더 흐려졌다(Tawney 1909a: 518-9, 524). 저임금 '소년노동'이라는 문제는 이 당시 경제 신문과 학술 잡지에서 널리 비판되었지만 작업 현장의 실제적 현실로 존재했다(Bray 1912; Dunlop and Denman 1912; Tawney 1909a: 519 외 여러 곳). 기술 변화로 인해 발생한 생산공정의 전문화가 문제의 일부였다. 토니는 한 업체의 사례에서 "소년들은 대개 그들의 별도 부서에 속해 있다. 그들은 배우지도 못하고, 일을 하도록 요구받는다"고 보고했다(Tawney 1909a: 522; Tawney 1909b: 304). 그는 어느 글래스고 고용주가 지배적인 논리를 직설적으로 요약한 사례를 소개하고 있다. "도제에게 비싼 기계를 맡기는 것은 그가 그 기계에 전문화되어 있지 않는 한 돈 낭비이다. 모든 직종에서 소년이 생산공정을 오래 맡게 될수록 그로부터 경제적 이익을 올리게 되는 시점이 더 빨라진다"(Tawney 1909a: 521). 특정 기계에 전문화된 도제의 노동은 신속하게 이익을 올릴 수 있게 했고, 장기간의 도제 기간이 계속되고 — 영국에서는 여전히 5년에서 7년이었다 — 도제가 받는 저임금이 결합된 상황에서 일부 고용주들에게 이러한 전략은 매력적인 것이 되었다(이러한 상황에 대해서는 특히 Knox 1980: v 외여러 곳을 보라).

기업에 따라서, 특히 산업에 따라서[15] 위와 같은 관행에는 아주 큰차이가 있었지만, 20세기 전환기 영국에서 '도제의 프롤레타리아트화'는 많은 문헌에서 주제로 다루어지고 광범위한 논쟁을 불러일으켰다. 당시 독일에서 그러한 논쟁은 없었다(Bray 1909; 1912; Dunlop and Denman 1912; Fleming and Pearce 1916). 당시의 한 논자가 언급한 대로 "조사에 의하면 여러 가지 경향이 작용해서 명목상 도제 혹은 견습공인 소년의 지위를 단순히 일손으로 고용된 소년의 지위로 변질시키고

---

15 예를 들어 모어는 도제에 대한 착취가 과장되었다고 주장하고, 생산이 숙련에 계속 크게 의존한 산업들 — 엔지니어링 분야가 그 전형이다 — 에서는 훈련이 계속 이루어졌다고 언급하고 있다(More 1980).

있다"(Tawney 1909a: 519). 다른 논자는 도제 훈련의 쇠퇴가 가져올 장기적 효과를 다음과 같이 개탄했다. 소년들이 점점 더 "동일한 작업을 수행하게 되어서 한 가지 방향으로만 숙련과 기량을 갖추게 되어 …… 성인으로서 특정 직종의 숙련을 갖춘 것이 아니라 그 직종의 한 가지 작업에 관한 숙련만을 갖추게 된다"(Bray 1909: 413; Tawney 1909b). 사업장 내 훈련의 개혁과 강화를 옹호한 사람들은 "도제 약정이 체결된 곳에서조차도 도제들을 반복 작업에 활용하는 경우가 아주 많았고, 소년들이나 공동체에 대한 합당한 의무는 전혀 고려하지 않고 있다"고 비난했다(Fleming and Pearce 1916: 122).

앞서 언급한 기술 변화와 이에 따른 숙련공 조합과의 분규와 관련해서 이 시기에 또 다른 변화가 생겼는데, 바로 노동조합과의 투쟁에서 고용주들이 도제를 전략적으로 이용하게 된 것이었다(특히 Knox 1980: 343; 1986). 앞서 언급한 1897년 분규에서 일부 고용주들은 도제를 파업 파괴자로 활용했고, 만일 도제들이 작업을 거부하면 1875년 마스터와종업원법Masters and Servants Act에 의해 고발할 것이라고 협박했다(Wigham 1973: 3장; Childs 1990: 786-7). 도제들이 파업에 가담할 경우 고용주들은 이들을 강제로 작업에 복귀시키고 앞으로 노동쟁의에 가담하지 않겠다는 각서에 서명하도록 했으며, 파업 일수의 2배에 해당하는 노동으로 보충하도록 했다(Knox 1980: 342).

녹스는 1880년대 말과 1914년 사이에 고용주들 사이에 공식적 도제 약정과 문서 계약에 관한 관심이 부활했다고 지적하고 있다(Knox 1980: v, 129-31, 66). 그러한 관심은 유일한 이유는 아니라고 해도 부분적으로는 노동조합과의 분쟁에서 도제들이 지닌 전략적 중요성을 배경으로 이해될 수 있다(Knox 1980: 343). 이 시기에 등장한 도제 약정의 유형은 이러한 해석을 뒷받침한다. 이는 사적 계약의 형태를 취했는데 명시적으로 "고용주에게 전통적인 도제 약정이 지닌 규율상의 모든 이점을 제공"했지만, 도제에 관해서 업체가 져야할 상호 의무를 구체화하는 데에는 모호하거나 제한적이었다(Knox 1986: 180). 그러한 도제 약정은 일방적인 구속력만을 내포했고, 도제에게 업체가 양질의 훈련을 제공하도록 하거나 도제 계약 기간 동안 계속해서 고용할 것을 보장하는 조항조차도 반드시 포함된 것은 아니었다. 스코틀랜드와 잉글랜드 북동부, 그리고 맨체스터 지방의 많은 주요 엔지니어링 및 조선 업체에서 1912년에 도제들의 파업이 일어난 이후, 엔지니어링고용주연맹은 회원들을 위한 도제 계약 표준안을 발행했다. 이 안은 고용주들에게 엄격한 규제 권한을 부여했지만, 훈련 기준을 확립하기 위한 내용은 전무했고, 특히 경기 침체 시에 필요할 경우 도제를 일시 해고할 뿐 아니라, 파업에 참가했을 경우 도제를 즉시 해고할 수 있는 권리를 업체가 보유하도록 했다(Knox 1980: 134, 226-7; 또한 파업에 관해서는 Knox 1986을 보라).

청소년과 도제 훈련　위에서 묘사한 동학은 영국의 많은 청소년들이 공식적 도제 훈련에 대해서 흥미를 크게 잃게 되는 경향이 발생하는 데 많이 기여했다. 도제 훈련이 더 이상 포괄적인 훈련을 제공해주지 못하고, 또 숙련을 획득하고 입증할 수 있는 다른 경로가 존재하는 상황에서 많은 청소년들이 장기간의 도제 계약 체결의 가치에 대해 회의하기 시작하고, 새로운 기회와 고임금을 찾아서 더 자유롭게 이동할 수 있는 유연한 계약을 선호하게 되었다.

우리는 1910년대에 독일에서 유망한 소년들과 그 부모들이 볼 때 도제 훈련이 매력적인 경로였다는 점을 살펴보았다. 그들은 명확히 정해진 기간(3~4년) 동안 더 높은 임금을 포기하는 대신, 시장에서 점점 더 널리 인정을 받고 있던 숙련 자격인증에 관한 약속을 택하는 편이 더 유리하다고 생각했다. 숙련 자격을 인증할 수 있는 수공업 부문의 능력은 지도적인 기계 업체들로 하여금 훈련 내용에 관해서 더 많은 통제를 행사할 수 있도록 유사한 자격인증 권한을 독자적으로 추구하도록 자극했다.

영국에서는 공식적인 도제 훈련은 훨씬 매력이 없는 것으로 보였다. 그 차이는 도제들이 받는 임금에 있지 않았다. 왜냐하면 영국과 마찬가지로 독일에서 도제가 받는 임금은 숙련공의 임금보다 훨씬 낮았고, 미숙련 일자리의 임금보다도 대부분 낮았기 때문이다. 1장에서 살펴본 대로 저임금은 신용이 제한된 훈련생에게 최소한 부분적으로 비용을 전가함으로써 훈련의 안정화에 기여할 수 있다. 독일의 훈련 관행과의 주요한 차이점은 오히려 훈련 기간과 특히 훈련이 어떤 이점을 부여하는가 하는 점에 있었다.

영국의 청소년들은 훨씬 긴 훈련 기간을 거쳐야 했는데, 엔지니어링 산업에서 훈련 기간은 대부분 5년에서 7년에 달했다. 도제 훈련 기간의 길이는 하나의 직종을 배우는 데 필요한 시간과는 아무런 관계가 없었다. 그것은 주로 도제 훈련을 시작하는 연령에 의해서 결정되었고 보통 21세까지 계속되었는데, "21세에 도달하면 도제는 계약을 거부할 수 있기 때문이다"(Ministry of Labour 1928a: 83). 표 3-1에서 나타나듯이 1909년에 엔지니어링 분야 도제의 약 절반은 도제 기간이 5년이었고, 4분의 1 이상은 7년이었다.

이것도 충분하지 않은 경우 도제들은 종종 또 다시 '수습' 기간을

표 3-1. 도제 훈련의 기간

(단위: %, 1909년의 수치)

	3년	4년	5년	5-7년	6년	7년
엔지니어링	0.1	0.9	53.5	10.0	8.0	27.5
조선	0.2	—	53.0	0.6	18.0	28.2

출처: More 1980: 70.

거치고 나서야 성인 숙련공의 임금을 받을 수 있었다. 부스는 1903년에 엔지니어링 산업의 상황을 묘사하면서 다음과 같이 지적했다. "청소년의 도제 훈련 기간이 명목상으로는 21세에 끝나게 된다." 하지만 "5년 미만이어서는 안 되었고, 통상 그 이후에도 일정 기간 다시 '수습공'으로 근무해야 했다." 1~3년의 수습 기간 동안 "성인 남성 임금의 절반에서 4분의 3 수준의" 임금을 받았는데, "고용주들은 이 점에 관해서 아무런 제약 없이 재량을 발휘했다"(Booth 1903: 299). 대다수의 도제와 견습공들이 그러한 수습 기간을 거쳐야 했기 때문에 — 최소한 엔지니어링 부문에서는 그러했는데 [모어에 의하면 90%에 달했다(More 1980: 73)] — 영국 엔지니어링 부문의 도제는 '숙련공 지위'를 획득하기까지, 더 정확하게 말하면 성인 숙련공 임금을 받을 자격을 획득하기까지 매우 오랜 기간 동안 헌신해야 한다는 점에 주목하고 있었다.

독일과의 두 번째 중요한 차이점은 훈련을 마치고 나서도 도제에게 공식적인 자격이 부여되지 않았고, 또 이와 연관된 것으로서 비교적 높은 수준의 훈련이 제공되리라는 아무런 보장이 없었다는 점이다. 훈련에 관한 규제와 감독이나 고용주들이 책임져야 할 명확한 기준이 부재한 상태였는데, 보상이 아주 불확실한 상황에서 몇 해 동안 낮은 임금을 감수해야 한다는 것은 영국의 청소년들로서는 말이 되지 않는 상황이었다. 던롭과 덴맨이 지적한 대로 "사내아이들은 다른 방식으로 더 많은 돈을 쉽게 벌 수 있는데, 오랫동안 낮은 임금을 받으면서 일하겠다는 서약을 할 생각이 없고, 또 아버지들은 그들의 아이들이 해당 직종을 제대로 배우리라는 보장이 없는 상태에서 프리미엄을 지불하기를 꺼린다"(Dunlop and Denman 1912: 330, 각주 1). 특히 금전적으로 쪼들리는 노동계급 부모들은 도제 훈련이 이익이 되는가에 대해서 회의적이었고, "사내아이들은 더 높은 임금을 받을 수 있는 [미숙련] 작업에 이끌렸다"(Bray 1909: 414; 1912: 137).

이 시기에 이른바 '막일blind alley jobs'이 지닌 유인력은 전반적으로 독일보다 영국에서 훨씬 더 컸다. 이는 대체로 영국의 아이들이 독일의 14세보다 빠른 12세에 학교를 졸업하고 떠났기 때문에 특히 더 그러했다. 레지날드 브레이Reginald Bray는 정부가 후원한 교육위원회가 집계한 통계를 인용해서 다음과 같이 우울한 현실을 묘사했다. 14세에서 17세 사이의 청소년 가운데 11~17%가 숙련 직종에 진출하는 것에 비해서 28~34%는 저숙련 직종으로 진출하며, 14세 소년의 나머지 약 3분의 1은 사환使喚이나 상점 심부름꾼이 된다(Bray 1909: 143)[16]. 토니에 의하면 글래스고에서도 사정은 마찬가지였다(Tawney 1909). 초등학교를 졸업한 아이들 가운데 53.6%는 우유 배달이나 화차의 조수 일을 했고, 24.6%는 미숙련 노동자가 되었다. 단지 12%만이 도제나 견습공이 되었을 뿐이다(Knox 1980: 42).[17] 당 시대의 논자들이 도제 훈련이 쇠퇴하는 것을 개탄하면서 훈련과 규율을 결여한 '꿈도 없고 무기력한 아이들'이 늘어나고(Bray 1909: 412-3) '산업 유목민' 집단이 생겨나는

---

16 이 문제는 저숙련 서비스 일자리를 구할 기회가 더 많았던 대도시 노동시장에서 특히 심각했다. 이 점을 내게 강조해준 자이틀린에게 감사 드린다.

것을 걱정할 만했다(Tawney 1909a: 531).[18] 소년들이 담당하는 미숙련 일자리는 장기적인 전망을 지닐 수 없는 것이 당연했는데, 왜냐하면 이 아이들이 나이가 들게 되면 새로운 소년들에 의해서 대체될 것이기 때문이었다. 그리하여 토니는 "16~17세나 18세나 20세에 쫓겨난 소년은 저숙련 노동시장이나 취업을 할 수 없는 집단으로 내몰린다"고 한탄했다(Tawney 1909a: 517).

훈련에 투자하기로 결정한 청소년들의 경우 '소년노동'이라는 문제의 이면에는 바로 청소년들이 도제 훈련을 마치도록 하는 인센티브가 더 적다는 점이 있었다. 독일에서 도제가 자격인증을 얻으려면 훈련을 마칠 필요가 있었지만, 영국에서 청소년들은 동일한 방식으로 기업에 묶여 있지 않았다.[19] 녹스는 이 시기에 도제들이 보수를 더 많이 주는 일을 찾아서 훈련을 일찍 그만두는 행태에 대해서 고용주들이 불만을 토로하고 있다고 소개하고 있다(Knox 1986: 177). 또 그는 1900년

---

17 이 수치는 문제를 약간 과장하고 있다. 아이들 가운데 일부는 1년 혹은 2년간 다른 일을 하다가 도제 훈련을 시작했기 때문이다. 하지만 1901~11년 사이에 숙련 직종에 종사하는 청년 노동자는 전반적으로 감소했다(Knox 1980: 54). 예를 들어 기계조립, 선반 그리고 설치 등 주요 직종에서 21세 미만의 노동자 수는 1901년에는 33,794명이었는데, 1911년에는 28,403명으로 5천 명 이상이 감소했다. 다른 직종에서도 사정은 비슷했다.

18 차일즈는 다음과 같이 쓰고 있다. "글래스고에서 온 소식에 의하면 대부분의 소년노동자와 견습공들은 — 묶여 있는 도제들과는 달리 — 14세에서 21세 사이에 최소한 6개의 일자리를 거쳤다. 12개의 일자리를 거치는 경우도 종종 있고, 20개에서 30개를 거치는 경우도 있다고 한다"(Childs 1990: 791).

19 모어는 영국의 도제 훈련의 결함이 과장되었다고 주장한 바 있다. 그는 도제가 무단 이탈하면 "자신의 '경력', 즉 여러 해 동안 근무했다는 것을 보여주는 증명을 상실할 위험을 감수해야 했다"고 언급하고 있다(More 1980: 77). 나는 영국에서는 숙련공 지위를 획득할 수 있는 다른 길들이 있었으며, 도제 훈련을 마치려면 독일에 비해서 훨씬 더 오랜 기간 동안 노력할 것이 요구되었다는 점을 지적하고 있다.

대 초의 자료에 의하면 "엔지니어링과 조선 분야 도제 가운데 도제 훈련을 마치는 비율은 50~55%에 불과하다"고 지적하고 있다(Knox 1986: 177-8).

그 시기의 당사자들, 특히 훈련 시스템이 잘 운영되는 데 가장 커다란 이해관계를 가지고 있었던 기업들은 이러한 문제들을 충분히 인식하고 있었다. 브리티시 웨스팅하우스British Westinghouse에서 훈련을 담당하던 엔지니어들 — 뒤에서 보듯이 그 훈련 수준이 아주 높았다 — 은 도제의 능력에 대한 '실질적인 시험'에 기초해서 숙련 직종에 '명확한 지위'가 부여될 필요가 있다는 의견을 표명했다(Fleming and Pearce 1916: 161, 122). 이들은 영국에서 가장 진보적인 훈련 업체의 대표로서 '숙련노동자 혹은 직인이 되기 위한 명확한 기준'이 결여되어 있다는 점을 문제로 지적했다(Fleming and Pearce 1916: 122). 그리고 무엇보다도 이 전문가들은 도제 훈련 기간을 최장 5년으로 *단축할 것*을 주장했다(Fleming and Pearce 1916: 162).

웨스팅하우스와 같은 가장 저명한 훈련 기업들이 직접 경험했듯이 영국에서 가장 유망한 청소년들은 좀처럼 공식적인 도제 훈련을 받으려고 하지 않았다. 특정 고용주에게 묶여 있지 않더라도 숙련공 지위를 획득할 수 있다고 믿었기 때문이다. 웨스팅하우스의 훈련 프로그램 개발을 지원했던 엔지니어들은 이 문제를 잘 지적하고 있다. "모든 도제 훈련이 크게 줄어든 것은 명확한 훈련 계획이 결여된 데에서 기인한다. 왜냐하면 공장에서 '묶여' 있지 않은 채 일하는 청소년들이 여러 작업 분야에서 더 많은 돈을 벌 수 있을 뿐 아니라, 공식적인 도제 훈련을 받은 청소년들이 누리는 특전을 그것이 무엇이든 모두 누리기 때문이다. 그러한 시스템은 건전한 도제 훈련 시스템이 성공을 거두는

데 치명적인 해가 되는 것이 당연하다. 왜냐하면 가장 유망한 사내아이들이 결국 자신들에게 특별한 이익이 돌아오지 않는데도 오랜 기간 동안 적은 임금을 받으면서 훈련을 받지는 않을 것이기 때문이다"(Fleming and Pearce 1916: 122-3). 그리하여 웨스팅하우스에서 1913년에 훈련 프로그램을 실시하기 시작했을 때, 엔지니어들은 공식적인 도제 협정을 맺고 회사에서 일하고 있는 사내아이들이 가장 자질이 떨어지는 무리에 속한다는 점을 곧 깨달았다. "일반적으로 [도제 약정] 시스템에는 정해진 기간 동안 도제 훈련을 마치면 얻게 되는 안정성을 확보하려는 욕망을 지닌, 실력이 모자란 청소년들이 몰리는 반면에, 가장 총명한 청소년들은 이 공장 저 공장으로 옮겨 다니면서 자신들의 경력에 의존해서 지속적으로 임금과 노동 기준을 올리려고 하는 듯이 보였다"(Fleming and Pearce 1916: 141-2).

19세기 말에서 1차 대전 시기까지의 영국 상황에 관한 웹 부부의 다음 지적은 적절한 것이다. "요즘엔 사내아이들이 기술 교육을 받지 않고도 비교적 높은 임금을 받을 수 있는 기회가 널려 있어서 낮은 임금을 받으면서 도제 교육을 시작하게끔 하거나, 이미 시작한 경우에는 이를 계속하도록 유도하기가 쉽지 않다"(Webb and Webb 1897: 477). 그들은 계속해서 다음과 같이 지적하고 있다. "도제 훈련 시스템은 실로 그 핵심적인 매력을 상실했다. …… 부모와 도제가 대가로 얻기를 바랐던 것은 기술 교육이 아니라 보호를 받는 직종에서 일할 수 있는 법률적 권리였다. 도제 훈련을 받지 않고도 직종에 대한 권리를 얻을 수 있게 되면 …… 부모와 아이는 교육을 받는다는 이점을 언제든지 포기하려 해왔다"(Webb and Webb 1897: 477-8).

1910년대가 되면 독일과 영국의 도제 훈련 사이에는 상당한 유사성과 함께 몇 가지 주요한 차이점이 생겨났다.[20] 두 나라 모두 도제의 임금은 낮았는데, 이는 기업이 훈련비용의 일부를 청소년에게 전가하는 장치로 작용했다. 이러한 관행은 특히 소규모 업체에서 중요한 것이었다. 하지만 독일에서 수공업 업체는 훈련을 제대로 수행해야 할 인센티브를 지니고 있었다. 그렇지 못한 업체들은 훈련을 실시할 수 있는 자격을 상실하게 되고, 이는 동시에 값싼 생산 보조 인력을 잃게 되는 것을 의미했다. 영국에서는 유사한 감독 장치가 결여되어 있어서 고용주가 도제들의 훈련을 도외시하고 특정한 기계만을 전담하게 해도 아무런 실질적인 제재를 받지 않았다.

더구나 영국에서는 훈련의 질과 공식적 도제 훈련의 가치에 커다란 불확실성이 존재했다. 독일의 도제 훈련을 지탱한 요인 가운데 하나는 바로 "고용주와 노동자 사이에, 그리고 훈련 기관과 훈련생 사이에 '환전'을 가능하게 하는 명확하게 규정되고 공인된 자격 제도"가 존재했다는 점이다(Cruz-Castro and Conlong 2001). 영국에는 이와 같은 유형의 자격 부여 및 인증 제도가 결여되었고, 고용주의 입장에서는 도제 훈련을 다 마친 노동자라고 해도 어떠한 숙련을 보유하고 있는지가 ─ 따라서 거의 대부분의 경우 부가적인 '견습' 기간이 필요한지에 대해서도 ─ 매우 불확실했다. 청소년의 입장에서는 '숙련공' 지위를 얻을 수 있는 좀 더 비공식적인 다른 방법들에 비해서 도제 훈련이 구체적으로 어떤 이점을 지니는지가 매우 불확실했다.

---

20 이 부분을 정리하는 데 사용한 범주들은 Cruz-Castro and Conlong(2001)으로부터 빌린 것이다.

1차 대전 이전의 개혁 노력

사회 모든 분야에서 도제 훈련의 쇠퇴를 가만히 바라보고 있었던 것은 결코 아니었다. 1867년 파리에서 산업박람회가 열린 이래로 영국의 기술 교육 및 훈련 시스템을 향상시키기 위한 조치가 취해지지 않는다면 영국의 산업이 경쟁자들에게 뒤처질 것이라는 경고의 목소리가 점점 높아졌다(Dunlop and Denman 1912). 교육가였던 실바누스 톰슨Silvanus P. Thompson(맨체스터 대학의 실험물리학 교수)이 1879년에 영국의 제도를 다음과 같이 비판한 것은 다수의 의견을 대변한 것이었다. "영국의 숙련 산업부문에서 일하는 노동자들은 그 구성이 불규칙한데, 이들은 되는 대로 훈련을 받았거나 훈련을 받지 못했고, 또 단편적인 경험적 지식만을 가진 채 경험 법칙에 사로잡혀 있다. 영국의 산업은 이론적 무기와 건전한 과학을 습득하고 훈련된 노동자 집단이 체계적으로 공급되는 외국 산업들과의 경쟁에서 몰락하고 있다. …… 하지만 우리에게 한 가지 가능성이 남아 있다. 우리는 우리의 시스템을 새로운 사회질서에 적응시키지 않으면 안 된다. 체계적이고 과학적인 도제 훈련으로 우리의 노동자들을 가르치고 훈련시켜야 한다"(Knox 1980: 35에서 인용).

많은 자발적인 박애주의 단체들이 영국의 도제 훈련과 관련된 문제점을 개선하려고 노력했다(특히 Knox 1980: 9장을 볼 것). 그들의 노력은 당시의 사람들이 청소년 훈련이 안고 있는 문제점을 이해했던 방식을 보여주며, 독일의 제도와 구분되는 중요한 차이점을 보여준다는 점에서 주목할 만하다. 앞서 묘사한 바 있는 여러 문제점들 ― 훈련생에 대한 고용주의 착취, 도제 훈련에 대해 청소년의 관심이 줄어드는 것 등 ― 은 19세기 말과 20세기 초에 영국의 많은 자발적 협회들의 관심

대상이 되었다. 특히 유태인 단체와 기독교 단체는 지역사회에서 훈련
업체와 청소년 사이의 연계를 구축하는 사업에 참여했다. 이러한 움직
임은 1868년에 유태인후원협회산업위원회Industrial Committee of the Jewish
Board of Guardians가 설립되면서 시작되었고, 1886년에는 유사한 단체인
동런던기독아동도제기금East London Apprenticing Fund for Christian Children의 설
립으로 이어졌다(Jevons 1908: 455-6).

　　이 단체들은 지역사회 내에서 청소년들이 훈련을 시작해서 성공
적으로 마치도록 하는 것을 활동 목표로 삼았다. 이들은 많은 서비스
를 제공했는데, 기업과 도제를 연결시켜 주고, 훈련생에게 적절한 업
체를 안내해주고, 또 기업이 적합한 도제를 찾도록 지원했다. 또한 종
종 이 단체들이 나서서 도제에게 대출을 해주어 기업에 특별 경비를
― 혹은 수업료 ― 지불하기도 했다. 이러한 조치는 기업이 보통의 도
제가 ― 일반 도제 혹은 '직종' 도제가 ― 받을 수 있는 것보다 더욱 체
계적이고 포괄적인 훈련을 자기 기업의 도제에게 제공할 것이라고 명
시적으로 약속하면 제공되었다. 이 단체들은 종종 도제에게 '후견인'
을 배정하기도 했다. 후견인은 주기적으로 작업장을 방문해 도제의 성
장을 감독하고 고용주가 협정상의 의무를 다하는가를 확인했다(Jevons
1908: 455-6; Knox 1980: 299-301).[21]

　　도제훈련및숙련고용협회Apprenticeship and Skilled Employment Association는

---

[21] 1898년에 만들어진 전국도제훈련협회(National Institute of Apprenticeship)는 비종교 단
체로서 유사한 목표를 채택하고 유사한 활동 방식을 보였다. 이 협회는 사내아이들(소녀
들은 물론)에게 도제 특별 경비를 제공하고, 또 청소년과 그 부모들이 도제 계약의 조건을
교섭할 때 지원과 자문을 제공했으며, 훈련 과정에 대해 일정한 감독을 수행했다(Knox
1980: 301-2).

더 광범위한 노력 — 최소한 그 목표라는 측면에서는 — 을 전개했고, 그보다 앞선 단체들이 개척해놓은 유사한 관행들을 대부분 채택했다. 이 협회는 1910년대에 런던을 기반으로 그 활동을 시작했고, 우산 조직으로 활동했는데, 이 단체를 만든 사람들은 이 단체가 지역별 도제훈련및숙련고용위원회의 전국적 네트워크가 되기를 바라고 있었다. 1909년까지 이 협회는 런던에 17개의 위원회를, 그리고 글래스고와 에딘버러 등 다른 도시에 10개의 위원회를 설립했다(Dunlop and Denman 1912: 326; Knox 1980).[22] 이 협회는 "부모에게 자문을 제공하고 아이들에게 확실하면서도 알맞은 일자리를 찾아줌으로써 아이들이 전망 좋은 직종과 직업에 진입하도록 지원하는 것"을 목표로 삼았다(Jevons 1908: 455에서 인용; 또 Bray 1909: 404를 보라). 이 운동은 비록 특정 종교 단체나 문화 단체와 아무런 관련이 없었지만, 앞의 단체들과 마찬가지로 완전히 자발적인 박애주의 활동이었다. 이 단체는 주로 여성 관리들로 충원되었는데, 점점 더 많은 청소년들이 전망이 없는 막일에 몰려드는 데 대한 중간계급의 우려를 반영하고 있었다(Dunlop and Denman 1912: 326-7). 지역별위원회는 해당 지역의 초등학교 및 소년·소녀 클럽과 긴밀한 관계를 형성했고,[23] 청소년들에게 기업의 적절한 도제 일자리를 찾아주고, "노동자에게는 공정한 노동조건을, 그리고 고용주에게는 만족스러운 노동자를 확보해주기 위한" 계약 조건을 확립하는 사업을 주로 전개했다(Dunlop and Denman 1912: 327).

　　각 지역위원회는 도제와 고용주 사이를 연결시키고, 주로 대출금

---

22 Jevons(1908)에는 1908년에 활동 중인 위원회의 명단이 제시되어 있다.
23 Jevons(1908: Appendix, 461)에 있는 협회가 제출한 자료에 의거함.

방식으로 도제에게 특별 경비를 지불하는 일뿐 아니라 훈련 과정에 대한 일정한 감독 업무까지 스스로 자임했다. "위원회의 사업은 소년이나 소녀에게 일자리를 찾아주는 것에 그치지 않는다. 도제 훈련 기간이나 해당 직종을 배우는 기간 내내 그의 성장을 계속 관찰한다. 이는 종종 '방문인' 혹은 '후견인'을 통해서 수행된다. 이들은 자신이 담당하는 아이의 성장에 관해서 전반적으로 따뜻한 관심을 기울이고 위원회에 보고해야 한다"(Jevons 1908: 457). 어떤 경우에는 지역위원회가 도제와 고용주 사이에 직접적인 중개자이자 계약자로서 행동하기도 했다. "가능한 경우 지역위원회는 자체적인 도제 계약 서식을 활용한다. 여기에는 고용주가 직종을 가르친다는 계약 사항을 이행하지 못하거나 도제의 잘못된 행동으로 인해서 필요할 경우에 계약을 취소할 수 있는 권한을 지닌 제4의 당사자로서 대표자가 행동할 수 있도록 하는 특별 조항이 포함되어 있다"(Jevons 1908: 457).

　　이와 같은 자발적인 박애주의 단체의 활동은 특히 독일과 비교해서 주목할 만하다. 이는 도제 계약의 이행을 보장하고 양 당사자가 의무를 준수하는가를 감독할 수 있는 일정한 제도적 하부구조를 만들어 내려는 시도로서, 사실상 독일에서는 수공업회의소를 통한 의무적인 자격인증 제도를 통해서 수행되었던 기능의 일부를 담당하는 것이었다. 1장에서 개괄한 이론적 관점에서 보면 이러한 지역위원회는 모든 당사자들에게 유용한 많은 기능을 담당했다. 여러 직종의 고용 전망에 관한 정보의 전달을 촉진하고, 부모와 도제들에게 훈련이라는 측면에서 누가 '좋은' 고용주이고 '나쁜' 고용주인지에 관한 정보를 제공하고, 고용주가 제공하는 훈련의 질과 더불어 도제 자신의 노력과 성장에 관해서 주의를 기울이는 감독 장치를 제공했던 것이다(Dunlop and

Denman 1912: 327). 지역위원회가 당시 심각했던 청소년 노동의 문제점에 주의를 기울이고 비록 제한된 기초 위에서였지만 이 문제들을 개선하려고 조치를 취하는 사업을 벌이는 것에 대해서 사람들이 칭찬을 보낸 것은 당연한 일이었다.

진짜 문제는 바로 이러한 프로그램의 영향력이 제한적이었다는 점이었다. 독일에서는 대다수의 도제 훈련이 의무적인 수공업 기구의 감시 아래서 진행된 것에 비해서, 영국의 자발적인 감시 및 감독 시스템은 훈련생 가운데 아주 작은 숫자만을 다루는 데 그쳤다(특히 Knox 1980: 301-2를 볼 것). 지역별 도제훈련및숙련고용위원회는 적극적인 노력을 기울인 결과 창립 첫 해에 300명의 남녀 청소년에게 일자리를 알선해주었다. 이 숫자는 1907년에는 500명으로 늘어났고, 1909년에는 187명의 남자아이와 259명의 여자아이에게 도제 자리를 알선했다. 이와 함께 약 두 배에 달하는 남녀 견습공에게도 일자리를 알선해주었다. 하지만 이와 같은 자발적인 단체의 활동은 산발적이고 비체계적이었다. 이 단체들이 널리 알려져 있기는 했지만 — 예를 들면 1909년 이후 청소년 교육에 관한 정부보고서에도 등장한다 — 위와 같은 활동은 여전히 그 범위와 효과가 매우 제한적이라고 지적되기도 했다 (Education 1909a: 63). 더구나 1909년 이후 지역별위원회는 쇠퇴했는데, 이는 부분적으로 이 시기에 설치된 정부의 직업소개소가 증가한 결과였다. 브레이는 런던에서 — 도제훈련및숙련공고용협회의 활동이 가장 활발했던 곳이다 — 초등학교를 졸업한 아이들의 2% 미만이 '이 협회의 영향력 안으로' 들어온다고 언급하고 있다(Bray 1912: 91).

대규모 금속가공 기업의 전략

영국의 대규모 엔지니어링 기업들도 도제 훈련의 쇠퇴에 대해 크게 우려할 만한 이유를 지니고 있었다. 독일의 엔지니어링 기업들과 마찬가지로 마더 앤 플랫Mather and Platt, 제이앤제이 콜맨J&J Colman, 템스 아이언 웍스 사Thames Iron Works Company, 브리티시 일렉트릭British Electric, 클레이턴 앤 셔틀워스Clayton and Shuttleworth, 호손Hawthorn, 그리고 레슬리 사Leslie and Co. 등의 기업들은 숙련에 크게 의존했고, 영국의 도제 훈련을 향상시키기 위한 노력에 앞장섰다. 이 기업들 가운데 다수는 독일의 제도와 관행을 확실하게 본받아야 할 모델로 받아들였다(Fleming and Pearce 1916). 하지만 이 절에서 주장하고 있듯이 사내 훈련 분야에서 '최선의 관행'을 채택한 기업들이 나머지 기업들을 위한 표준으로 등장하는 것은 고사하고, 고립된 섬으로 존속하기에도 여러 가지 측면에서 적대적인 환경에 놓여 있었다.

영국의 대규모 엔지니어링 기업들도 독일의 동종 업체와 마찬가지로 직업교육 및 훈련에 상당한 노력과 자원을 쏟았다.[24] 맨체스터 지역의 엔지니어링 업체인 마더 앤 플랫은 기술 교육을 촉진한 선구자로 간주되었다. 일찍이 1873년에 이 회사는 작업장 안에 기술학교를 설립했고 도제들에게 보다 체계적인 이론 및 실과 훈련을 제공했다(Perry 1976: 31; Education 1909a: 96-7). 또 다른 대기업인 클레이턴 앤 셔틀워스도 정교한 도제 훈련 프로그램을 개발했는데, 이는 "근대적인 공장 시스템과 기존의 도제 훈련 시스템의 장점을" 결합하도록 설계되었다(Sadler and Beard 1908: 276-7). 이 프로그램에는 실과 훈련과 이론

---

24 1909년경의 관행에 대한 개관으로는 Education(1909a: 96-100)을 보라.

훈련이 함께 포함되었는데, 도제에 대한 '감독·교육·상담의' 책임을 지는 '감독자'가 배정되었다(Sadler and Beard 1908: 276-7).[25] 이 회사는 도제들로 하여금 회사 내에서 수업을 듣도록 요구할 뿐 아니라 광범위한 직종에 익숙해지도록 여러 가지 작업을 옮겨가며 할 수 있도록 노력했다.

영국에서 가장 저명한 엔지니어링 기업들은 가장 유망한 청소년들을 자신의 공장과 훈련 프로그램에 끌어들이기 위해서 애썼다. 이 기업들은 최소한의 초등학교 의무교육만을 이수한 아이를 도제로 받아들이려 하지 않았고, 대신에 법정 최저 기준을 넘어서 교육을 계속 받은 나이 많은 아이들을 선택했다. 예를 들면 비커스Vickers의 정책이 이러했는데, 이 회사는 채용 과정에 상당한 주의를 기울여서 회사의 자원을 투자하고자 하는 지속 훈련의 대상이 되는 청소년이 무엇보다도 "대수학과 기하학 지식을 갖추도록 요구했다." 맨체스터에 있는 암스트롱 휘트워스Armstrong Whitworth와 글래스고에 있는 바 앤 스트라우드Barr and Stroud에서는 선발 과정에서 학력은 물론 교과 이외의 활동까지도 고려했다(More 1980: 67). 버밍햄에 있는 캐드베리 브라더스 Cadbury Brothers는 신입 도제들에게 2년간의 야간학교 과정을 이수할 것을 요구했다(Fleming and Pearce 1916: 99).

이 기업들은 일단 도제가 회사에 들어오면 여러 가지 방식으로 도제가 야간 기술 학급에 계속 출석하도록 장려했는데, 예를 들면 학생의 수업료를 지불하거나 연장 근무를 면제해주었고, 어떤 경우에는

---

25 이하에서 언급하는 클레이턴 앤 셔틀워스 및 다른 기업의 도제 프로그램에 관해서는 Sadler and Beard(1908)에 요약되어 있다.

야간 수업이 있는 날에 일찍 퇴근할 수 있도록 해주었다. 베드포드에 있는 앨런 선 주식회사W. H. Allen, Son & Co., Ltd.와 재로우에 있는 팔머스 조선제철 주식회사Palmers Shipbuilding and Iron Company에서 그러한 정책을 실시했다.[26] 팔머스에서는 추가 인센티브 시스템을 시행했는데, 도제들이 기술 학급을 이수함에 따라서 임금을 인상해주었다.[27] 마더 앤 플랫에서는 회사에 고용된 모든 도제들이 야간 기술 학급에 의무적으로 참석하게 하고, 또 성적이 좋을 경우 학생의 수업료를 내주거나 돌려주는 정책을 채택했는데, 이러한 정책이 흔한 것은 아니었다(Education 1909b: 350).

1차 대전 이전에 영국에서 가장 유명한 훈련 프로그램은 브리티시 웨스팅하우스가 개발한 것이었다.[28] 이 회사는 1913년에 공장학교를 설립했고, 1914년부터 면접을 통해서 100명의 소년을 입학생으로 선발해 학교 운영을 시작했다. 아이들은 회사의 공장학교에서 진행되는 교육 프로그램에 참여해 산수에서부터 회사에서 필요한 숙련에 관련된 구체적인 직종 수업에 이르는 과목을 공부했다. 회사에서 일하는 청소년 중에 이 교육 프로그램에 참가한 숫자는 매우 적었지만 —당시 고용된 18세 미만 소년 가운데 약 5%였다 —1년 후인 1915년에는 그 수가 272명, 즉 23%로 증가했다(Fleming and Pearce 1916: 155-6). 이러

---

26 이러한 조치 외에도 앨런 사와 선 사에서는 '책임자급 지위'를 맡도록 훈련받는 선별된 우수 도제 집단을 위해서 소규모 프로그램을 또한 실시했다. 회사에서는 이 도제들을 위해서 동절기에 과학 강의를 비롯한 추가적인 사내 이론 교육을 마련했다.

27 하지만 팔머스의 경우 회사 자체 보고서에 의하면 "이 제도는 아직까지 별로 활용되지 않았다."

28 이 부분은 Fleming and Pearce(1916)의 설명에 의거한 것이다. 이들은 이 회사에서 프로그램을 개발하고 운영하는 데 중요한 역할을 한 엔지니어들이다.

한 훈련이 시도된 것과 더불어 의무적인 도제 계약이 부활한 점이 중요한데, 프로그램에 참여하려면 소년이 21세까지 회사에 다닐 것을 약속하는 공식 계약서에 소년의 부모가 서명해야 했다(Fleming and Pearce 1916: 148). 다른 기업들 — 셰필드의 비커스와 선즈 앤 맥심 사 Sons and Maxim 등 — 도 개인적인 계약을 활용해서 소년들이 훈련 기간을 지키도록 했다(Knox 1980: 343).

이러한 관행과 1차 대전 이전 독일의 대규모 금속가공 기업이 개발한 관행 사이에는 몇 가지 중요한 유사점이 있다. 예를 들면 가장 우수한 훈련 기관의 전반적인 구조와 목표, 그리고 노동조합이 특별히 참여하지 않았던 점 등이 그러하다. 하지만 몇 가지 핵심적인 차이점이 또한 두드러지는데, 영국 엔지니어링 업체의 훈련 프로그램이 전반적으로 더 계층화되어 있고, 또 도제들이 근무 시간 이외에 기술 수업에 출석할 수 있도록 권장하는 조치들이 — 독일에서는 불필요한 것으로 간주되었다 — 더 강조되었다. 많은 기업들이 이른바 우수 도제와 '일반' 도제 혹은 직종 도제로 구분되는 상이한 '등급'의 도제 훈련을 실시했다.[29] 위에서 언급한 실로 다방면에 걸친 훈련을 제공하는 보다 정교한 프로그램은 대부분 회사 내에서 지도적인 직책을 맡기 위해서 특별히 훈련을 받는 소수의 도제들만을 위한 것이었다.

하지만 보다 일반적으로는 회사에 들어올 때 아이가 지닌 학력에

---

29 '우수' 도제제도에 관해서는 More(1980: 104−6)를 볼 것. 우수 도제에게는 일반 직종 도제 훈련과 달리 더 광범위한 훈련이 제공되었고, 이와 관련해서 도제는 기업에 50에서 100파운드를 수업료로 지불했다. "1차 대전 이전에 …… [엔지니어링] 산업에 우수 도제 제도가 널리 퍼져 있었다"고 모어는 시사하고 있는데, 1920년대와 1930년대에도 일부 엔지니어링 업체에서 우수 도제제도가 비록 그 수는 줄었지만 지속되었다는 증언을 인용하고 있다.

의해서 그 아이가 받을 거라고 기대할 수 있는 훈련이 적어도 부분적으로는 정해지는 경우가 많았다. 셰필드의 비커스 사의 경우 고등학교나 그래머스쿨을 졸업한 청소년은 현지의 셰필드 대학의 기술과 2년 과정에 지원할 수 있었으며, 회사로부터 지원을 받아서 도제 훈련 기간 중 2년간 유급휴가를 받을 수 있었다(Fleming and Pearce 1916: 99). 이와 유사하게 1906년에 버밍햄의 캐드베리 브라더스에서 실시한 도제 프로그램은 아주 소수의 도제를 채용했는데, 2년간의 야간 과정을 이수한 자만이 회사가 지원하는 직종 교실trade classes에 입학할 수 있었다(Fleming and Pearce 1916: 99).

　재능이 있는 '일반' 도제는 비범한 열의나 숙련을 입증함으로써 상위의 자리로 향해 나아갈 수 있었다. 분명 가장 우수한 훈련 기업의 정책은 야망이 있는 청소년을 찾아내서 지원하는 것이었는데, 예를 들면 이들이 야간 기술 학급에 등록하도록 다양한 인센티브를 제공하거나 우수한 성적을 받으면 상을 수여했다. 하지만 가장 우수한 훈련 기업에서 사내 훈련의 실질적인 내용이 다른 업체들에 비해서 크게 차이가 나거나 훨씬 더 체계적이었는지는 분명치 않다. 최고의 엔지니어링 기업에서도 대개 사내 훈련은 훈련에 특화된 작업장 — 독일의 최고 수준 훈련 기업에서 하듯이 — 이 아니라, 숙련 저니맨이나 포어맨의 감독 아래서 일하면서 진행되었다. 그런데 이러한 방식은 앞서 인용한 대로 많은 문제점을 안고 있었다.[30] 링컨 지역의 농기계업체인 클레이턴 앤 셔틀워스와 무기업체인 엘스위크 웍스Elswick Works와 같은 기업들은 도제에게 작업 전반을 체계적으로 배우도록 하는 포괄적인 훈련을 제공한다고 자랑했다. 하지만 이 시기의 훈련에 대해서 상당히 낙관적인 모어까지도 이는 "대체로 드문 현상"이었다고 인정하고, 다른 사례들을 언급하면서 도제에게 폭넓은 경험이 제공된 것은 "계획된 것이 아니라 우연적인 것"이었고 "경영자가 일부러 계획을 수립해서 추진한 결과는 거의 없었다"고 지적하고 있다(More 1980: 85-6). 그 유명한 브리티시 웨스팅하우스에서도 훈련이 " '매우 무계획적'이었고, 실질적인 감독이 거의 이루어지지 않았으며, 비록 훈련 계획에 의거해서 도제의 이동이 이루어지게 되어 있었지만 그저 요청만 하면 이동될 수 있었다"고 보고되었다(More 1980: 85).

영국에서 가장 우수한 훈련 기업의 이러한 정책은 독일과 비교할 때 이들이 직면한 아주 상이한 교육제도를 배경으로 이해되지 않으면 안 된다. 이 기업들의 관점에서 보면 영국이 안고 있는 심각한 구조적 문제는 바로 영국의 청소년에게 국가가 지원하는 의무교육 및 훈련의 전반적 수준이 낮다는 점이었다. 무엇보다도 가장 근본적으로 독일보다 영국에서 초등 의무교육이 더 늦게 이루어졌다. 1870년의 초등교육법Elementary Education Act에 의해서 전국적인 초등학교 시스템이 만들어졌지만(Perry 1976: 17), 지역의 교육위원회는 광범위한 재량을 발휘했고 다양한 예외를 허용했다(Sadler and Beard 1908: 320-1). 후속 입법을 통해서 의무 학령이 늘어나고, 이에 해당하는 소년과 소녀에 대해서는 지역 교육위원회의 재량이 축소되었다.[31] 1904년에 영국 아동의 약 32%가 13세에서 14세 사이에 의무교육을 면제받았다(Education 1909a:

---

30 플레밍과 피어스는 일부 기업에서 있었던 도제 감독자와 포어맨 사이의 갈등을 예로 들고 있는데, 전자는 훈련에 관심을 기울이는 반면에 후자는 작업 성과에 관심을 더 기울였다(Fleming and Pearce 1916: 122). 훈련은 대부분 실제 생산과정을 배경으로 진행되었고, 별도의 훈련용 작업장을 설치하는 것은 매우 드물었던 것으로 보인다고 모어는 지적한 바 있다. 더구나 극히 소수의 엔지니어링 기업들 — 1925년에는 1,573개 업체 가운데 26개 업체 — 이 훈련 책임을 전담하는 별도의 '도제 마스터'를 고용했다(More 1980: 86).

26). 면제자 숫자는 그 후에 줄어들기는 했지만 줄어드는 속도가 느렸고, 특히 직물제조업 지구와 같은 지역에서 그러했다. 이 지역의 고용주들이 아동노동에 크게 의존했기 때문이었다(Perry 1976).[32]

또 한 가지 중요한 요인은 1910년대에 독일에 널리 의무화되어 있었던 직종 지향적인 보습학교가 이 시기 영국에는 널리 보급되어 있지 않았고, 또 많이 다니지도 않았다는 점이다. 독일에서는 국가나 지방정부가 이 보습학교를 지원했고 법으로 청소년들이 출석하도록 규정했으며, 고용주들이 도제가 출석할 수 있도록 의무적으로 시간을 할애하게 했다(2장). 영국에서 이러한 제도들은 더 많은 어려움을 겪어야 했고 국가의 지원은 훨씬 적었다.[33] 19세기 말에 일부 주 의회는 기술 훈련을 실시하는 야간학교에 자금을 제공했지만, 출석이 전혀 의무화되지 않았고 학교에서는 수업료를 받았기 때문에 특히 노동계급 아이들의 이용은 매우 저조했다(Education 1909a: 11장). 몇몇 지방 당국에서 청소년들의 출석을 격려하도록 고용주들을 지도했음에도 불구하고[34] 80%의 주에서 야간 보습 과정에 다니는 청소년의 비율은 10% 미만이었고,

---

31 1880년의 입법은 지역 당국으로 하여금 10세까지는 학교 출석을 의무화하도록 요구했다(Sandiford 1908: 320). 후속 입법을 통해서 의무교육 학령이 1893년에 11세, 1899년에 12세, 1902년에 13세로 단계적으로 늘어났다(1893년과 1899년에 대해서는 Sandiford 1908: 320–1; 1902년에 대해서는 Zeitlin 1996: 17).

32 예를 들어 던롭과 덴맨은 다음과 같이 보고하고 있다. "학자들에 의하면 1906~07년 보고서에서 평균 47,360명의 일부 면제자 중에서 34,306명은 공장에서 일하고 있었다. 이 가운데 20,302명은 랭카셔 지역의 아동들이었는데 대부분 방적공장에서 일하고 있었다. 요크셔 지역에는 10,517명이 있었는데 대부분 소모사 업체에서 일했던 것으로 추정해볼 수 있다"(Dunlop and Denman 1912: 312).

33 영국의 직종 지향적인 '기계공 교육기관'과 보습학교의 역사에 대해서는 특히 Kelly(1992), Sadler(1908a), Sadler and Beard(1908: 21–31)를 볼 것.

1909년에 10%를 넘은 주는 12개 주에 불과했다.[35]

　독일에서는 의무적인 중등교육, 즉 초등학교 이후 교육에 대한 국가의 지원을 통해서 형편이 곤란한 청소년에게 훈련 보조금을 지급하는 효과를 가져왔고, 동시에 독일의 고용주에게는 보다 통일적인 조건이 부과되었다. 반대로 영국에서는 의무교육을 실시하지 않은 결과 훈련의 계층화가 심화되었다. 즉, 청소년이 입사할 때 더 많은 교육과 훈련을 받았거나 그리고/혹은 '스스로의 힘으로' 획득했을수록 기업에서 더 높은 수준의 훈련을 받게 될 가능성이 많았다. 1차 대전 이전에 정규 초급기술학교Junior Technical School가 설립되어 높은 수준의 훈련을 제공했는데, 매우 소수의 청소년만이 이 학교에 다녔고 학교에서는 수업료를 받았다. 훈련의 수준이 매우 높아서 초급기술학교 졸업생들은 보통 숙련 생산직이 아니라 곧바로 감독직이나 중급 기술직으로 채용되었다(Zeitlin 1996). 브레이의 지적대로 "소수에 대한 기술 교육은 성공적이지만, 출석을 강제하거나 연소자의 노동시간을 제한할 수 있는 권한이 없는 상태에서는 제공된 기회를 이용할 수 있는 사람은 소수에 불과하다"(Bray 1912: 150). 혹은 웨스팅하우스의 훈련 프로그램을 담당한 엔지니어들이 당혹스럽게 지적했듯이 "산업 훈련을 가장 필요로 하는 노동자들은 현재 존재하는 자발적인 교육 시설을 이용하지 못하고 있다"(Fleming and Pearce 1916: 163).

　그래서 영국의 청소년이 어떤 유형의, 어떤 수준의 훈련을 받기

---

34 예를 들어 맨체스터 교육위원회에서는 학교에 다니는 도제들에게 임금을 지불하는 업체들에게 월별 보고서를 제공했다. 이 보고서에는 출석과 진도, 그리고 학교에서의 행실에 관한 정보가 들어 있었다(Education 1909a: 92–3).

35 그 비율은 런던과 바로우 주에서는 더 높았는데, 최고 25~30%에 이르렀다.

를 희망하는가는 일반적으로 그 훈련을 받을 수 있도록 해주는 가족의 능력과 크게 관련이 있었다. 즉, 베커의 용어로 표현하자면 영국에서는 어떤 청소년이 어떤 질의 훈련을 받는가를 결정하는 데 있어서 신용 제약이 훨씬 크게 작용했다. 가장 우수한 훈련 기업에서는 이를테면 야간 학급 수업료를 지불하거나 수업 성적이 좋을 경우 보너스를 지급하는 방식으로 이 문제를 어느 정도는 시정했다. 하지만 이러한 조치를 취한 기업들은 전체적으로 의무화된 훈련 시스템이 없는 상황에서 심각한 인력 사냥 문제에 부딪히게 되었다(Pollard 1965: 169). 영국의 한 디젤엔진 제조업체는 자신을 비롯해서 고용주들이 직면한 문제를 다음과 같이 요약했다. "도제를 야간 학급이나 기술학교, 경우에 따라서는 대학교에 보내고 난 이후에 …… [업체에서는] 아무런 수확도 거두지 못한 채 돈을 낭비해버렸음을 알게 될 것이다. 왜냐하면 좋은 대우를 제안받으면 도제는 다른 곳으로 가버리기 때문이다"(Zeitlin 1996: 15-6에서 인용). 암스트롱 휘트워스 사의 한 대표도 바로 동일한 문제를 지적하면서 고용주들이 훈련에 관해서 협력할 필요가 있다고 강조했다(Education 1909b: 353).[36]

야간 학급에 출석하도록 권장한 기업들조차도 도제들이 교실에서 보낸 시간에 대해서 급여를 지급하는 조치를 실시하는 것은 꺼렸다. 브레이에 의하면 특히 주간 학급에 출석하도록 고용주가 허가하는 경

---

36 독일에서 의무적인 보습학교 제도를 입안한 주요 인물 가운데 한 사람인 게오르크 케르셴슈타이너(Georg Kerschensteiner) 박사는 1908년에 출판된 한 인터뷰에서, 의무화하지 않을 경우 고용주 측의 '무성의와 탐욕'으로 인해서 틀림없이 학교 출석에 지장을 초래할 것이라고 지적했다(Stockton 1908: 543). 앞서 본 대로 이 시기에 독일은 학교 출석을 의무화하는 데 훨씬 앞서 나갔다.

우는 극히 드물었다(Bray 1912: 187). 예를 들면 마더 앤 플랫에서는 도제들이 보습학교에 다니도록 요구했지만 이를 위해서 노동시간을 줄이려고 하지는 않았다. 정부의 교육위원회에 증인으로 출석한 어느 고용주가 지적한 바대로 마더 앤 플랫의 견해는 소년들이 일주일에 단지 48시간만 일하기 때문에 "일을 마치고 나서도 전혀 피곤하지 않"으며, 따라서 야간 직종학교에 출석해서 배우는 데 아무 문제가 없다는 것이었다(Education 1909b: 349).[37] 주로 잉글랜드 북부 지역의 보습학교 교사 79명을 대상으로 한 조사에 의하면 야간 교육과정에 다닐 수 있도록 고용주들이 여러 가지 방식으로 — 수업료 지급, 노동시간 조정, 포상과 보너스 부여 등 — 지원하는 경우는 있었지만, 여전히 대부분의 업체에서 도제들이 기술 교육을 받을 수 있게끔 주간 작업을 면제해주려고 하지는 않았다(Beard 1908: 247).

그리하여 영국에서 저명한 훈련 기업들이 이러한 상황에서 제기한 주요 요구는 모든 청소년의 전반적인 교육 수준을 상승시키도록 법률로 규정하는 것이었다. 이는 위에서 묘사한 상황으로부터 충분히 이해할 수 있는 요구였다. 이러한 기업들은 14세에서 18세의 청소년들에게 기술 보습 과정에 의무적으로 다니게 하는 개혁을 강력하게 지지했다. 이러한 제안은 당시 독일에서 널리 실시되고 있던 관행을 직접 본뜬 것이었다(Zeitlin 1996: 16; Zeitlin 2001도 참조). 그 요점은 "법률적 강제를 통해서 유사한 의무를 이를 소홀히 하던 다른 경쟁 업체에도 부과함으로써 청소년 노동자들이 보습학교에 계속 다니게 하는 고용주

---

37 자문위원회에서는 이러한 결론을 지지하지 **않았다**. 자문위원들은 상당수의 아이들이 너무 피곤해서 도저히 많은 것을 배울 수 없다고 생각했다(Education 1909a: 170).

들의 능력이 강화될 것"이라는 점이었다(Zeitlin 1996: 17). 이는 그 시대의 사회개혁가들도 전적으로 동의하는 바였다. 브레이가 지적한 대로 강제가 없다면 "더 나은 방식을 추구하는 사람들[고용주들]이 사라지고, 더 나쁜 방식을 추구하는 사람들이 살아남아서 그 수를 늘려간다. ……악한 사람이 선량한 사람을 몰아내고 대체한다"(Bray 1912: 182). 토니 R. H. Tawney도 모든 청소년에게 의무 훈련을 증대하는 것을 지지했는데, 그 이유는 "저임금을 받으면서 비정규적으로 고용되는 성인 노동자 대열에서 [고용주들이] 채용하지 못하도록 하는 유일한 방법은 법으로 그러한 노동이 부족하고 비싸도록 만들고, 또 직종학교에서 노동자들이 산업 교육을 계속 받도록 하는 것"이기 때문이다(Education 1909a: 316-17). 마더 앤 플랫과 같은 업체의 대표들과 마찬가지로 영국의 사회개혁가들은 훈련을 강제함으로써 다음과 같은 효과를 거둔다고 주장했다. "모든 고용주들이 동일한 수준에 놓이게 되고, 훌륭한 고용주들은 예전에는 불가능했던 것을 할 수 있게 된다. 따라서 이는 경쟁을 방해하지 않으며, 단지 덜 해로운 경로로 안내함으로써 경쟁의 방향을 변화시킬 뿐이다"(Bray 1912: 182; 또한 Sadler 1908b: 125를 볼 것).

1909년에 국가교육위원회National Board of Education에 보고서를 제출한 자문위원회도 훈련이 전혀 의무화되지 않은 시스템에서 개별 업체들이 직면하게 되는 문제점을 아주 잘 이해하고 있었다. 자문위원회는 1909년에 영국의 보습학교의 상태에 대해 보고하면서 많은 문제점들을 열거하고 있다. 여기에는 많은 지역에서 납세자 및 지방 교육 당국의 냉담하거나 적대적인 태도를 비롯해서, 고용주들의 비협조로 청소년 노동자와 도제가 야간 학급에 출석할 수 없게 되고, 청소년들이 과로해서 일과 교육을 병행하는 데 필요한 장시간을 버틸 수 없다는 점

등이 포함되었다. 보고서는 이러한 문제점들이 모두 "청소년기에 교육을 제공할 필요성을 일반인들의 마음속에 각인시키는 것과 관련해서 비강제적인 시스템이 지닌 취약성"에서 기인하는 것이라고 보았다 (Education 1909a: 133, 7장). 하지만 자문위원회가 내린 '실망스러운' 결론은 "여러 차례 수행된 많은 조사로부터 판단해보면 고용주들은 대부분 노동자들의 교육에 대해서 아주 무관심하다"는 것이었다. 이로부터 자문위원회는 교육 분야에서 자원주의는 실패할 수밖에 없을 것이라는 종합적 판단을 내렸다(Education 1909a: 121).

국가교육위원회는 위의 보고서에 기초해 17세 미만의 모든 청소년에게 직종학교에 의무적으로 출석하도록 권고했다. 자유당 정부가 이 제안을 받아들여서 1911년에 법안이 작성되었지만, 고용주들이 지지하지 않았기 때문에 통과되지는 못했다(Dunlop and Denman 1912; Zeitlin 1996: 17-8). 방직업과 섬유업 등 일부 산업은 이에 대해 전적으로 반대했고, 예전과 마찬가지로 아동노동에 계속 의존했다(Sandiford 1908; Zeitlin 1996: 17). 엔지니어링 분야와 비교해본다면 숙련에 의존하지 않는 산업들은 훈련 문제에 관해서 극도로 '무관심'했다(Dunlop and Denman 1912: 335). 도제를 고용하고 일을 시키면서 훈련하는 산업들조차도 기술 교육이 꼭 유익한 것이라고 생각하지 않는 경우가 많았다. 이들은 외국과의 경쟁이나 노동비용을 낮출 필요성을 언급하면서 도제들이 수업을 들을 수 있도록 노동시간을 조정하기를 꺼렸다 (Education 1909b: 356-9). 다시 말해 비록 도제들이 야간 학급에 다니는 것을 반대하는 고용주들은 거의 없었지만, 야간 학급에 출석할 수 있도록 노동시간을 조정한다는 제안에 대해서는 대부분이 '대단히 적대적'이었다(Knox 1980: 272).

그리하여 영국의 가장 우수한 엔지니어링 기업들은 계속 딜레마에 부딪혔는데, 왜냐하면 이 업체들은 숙련을 필요로 했지만 자신들의 투자가 도제들의 장기근속이라는 형태로 보상을 거두리라는 보장이 전혀 없었기 때문이다. 숙련공조합이 비교적 강력한 지위를 보유하고 있었고 ─ 파업의 패배에도 불구하고 엔지니어링 분야에서 조직 수준은 비교적 높았다 ─ 개별 기업에 복수의 노동조합이 존재했기 때문에 내부 노동시장에 기초한 정책은 실시되기 어려웠다. 이러한 제약과 기업 간 노동이동이라는 문제에 직면하자 많은 고용주들은 상황 논리에 적응해서 비교적 소수의 도제들에게 상당한 노력을 집중했다. 이들은 최소 기준을 훨씬 넘는 학력을 갖추고 회사에 들어왔으며 회사로부터 지도적 지위를 맡아서 장기근속의 대상으로 선정되었다. 대다수 '평범한' 도제들에 대해서 고용주들은 이들이 회사의 외부에서 스스로 시간을 들여서 추가적인 훈련을 받을 수 있게 하는, 비교적 비용이 들지 않는 조치들 ─ 예를 들면 잔업 면제 ─ 에 의존할 가능성이 더 많았다.

엔지니어링 기업들의 입장에서는 이러한 전략들은 주어진 상황에서 대단히 합리적인 시도였다고 할 수 있다. 최소 기준 이상의 학력을 지니고 입사한 청소년들을 특별히 대우하고, 또 여러 가지 방식으로 도제들 자신이 ─ 결국 이들이 증가한 인적 자본의 실질적인 수혜자들이 된다 ─ 자신들의 훈련비용의 상당 부분을 부담하도록 고수함으로써 '회수할 수 없는' 투자를 최소화하고자 한 것이다. 그러는 동안 업체들 모두가 필요로 하는 숙련을 형성하는 데 요구되는 비용을 다른 업체들도 공정하게 분담하도록 강제하는 보완적인 정책과 더불어서 훈련비용의 사회화를 위해서 영향력을 행사했던 것이다.

도제 훈련에 관한 노동조합의 전략

20세기로 접어들 무렵에 있었던 도제 훈련과 직업교육에 관한 논쟁에서 보인 노동조합의 입장에는 숙련노동의 전반적 공급과 숙련공의 임금에 대한 우려가 깔려 있었다. 일반적으로 통합기계공조합은 도제 훈련이 어려움에 빠진 것에 대해 주로 고용주들을 비난하는 데 몰두했다. 그들이 보기에 훈련생을 미숙련공으로 착취하는 점과 많은 기업에서 저니맨에 비해 도제의 수가 현저하게 많다는 점에 문제가 있었다. 대체로 노동조합의 지적은 분명 옳았다. 하지만 중요한 점은 통합기계공조합도 훈련의 내용이나 질에 관해서 할 이야기가 거의 없었으며, 주로 '숫자상의' 문제에 계속 초점을 맞추었다는 것이다. 당시 한 논자가 지적한 대로 노동조합의 주요 관심은 "적절한 훈련을 보장하는 것이 아니라 노동력 공급을 조절하는 것"에 있었다(Booth 1904: 163).

통합기계공조합 지도부는 도제의 수를 제한하려는 자신들의 시도가 대체로 실패한 점을 고려할 때 기술 교육을 일반인이 받을 수 있게 되면 특정 직종 내에 공급 과잉이 발생하게 될 뿐이라고 우려했다. 초기부터 많은 노동조합 간부들은 선도적 기업체들이 기술 교육에 관해서 취한 입장에 대해서 회의적이었다. 그들은 이를 공적 자금을 이용해 젊은 숙련노동자를 많이 훈련시켜서 숙련공의 임금을 낮추려는 시도로 간주했다(Education 1909a: 143). 맨체스터 지부의 한 간부는 이를 다음과 같이 표현했다. "물론 내가 기술 교육에 대해 반대하고 싶지는 않다. 하지만 기술학교와 청소년 교육기관 같은 곳에서 다른 어떤 직종보다도 우리 직종으로 들어오는 아이들이 많다"(Knox 1980: 252-3에서 재인용). 노동조합 간부들은 또한 새로운 방식으로 훈련을 받은 도제들이 기존의 생산방식에 위협 요인이 되고, 그리하여 전통적인 방식으로 훈련을 받은 기성세대의 숙련공들에게도 위협 요인이 될 것을 우려했다(Booth 1904: 163~4; Knox 1980: 254; Beard 1908: 248).[38]

하지만 1897년 협정의 제약 조건과 실업 증가, 그리고 도제 훈련이 광범위하게 남용되는 것을 보면서 1910년경에는 기술 훈련에 관한 노동조합의 태도가 변화하기 시작했다. 통합기계공조합은 의무 보습학교 구상을 강력하게 지지하게 되었는데, 이는 당시 가장 저명한 엔지니어링 기업들이 제시한 요구와 거의 일치했다. 노동조합으로서는 의무적인 교실 훈련을 포함해서 기술 교육의 의무화가 지니는 매력이 서로 다른 물질적 이해관계에 기초하지만, 궁극적으로는 보완적인 논리에 근거해 있었다. 영국의 엔지니어링 기업들이 의무화를 지지한 이유는 이것이 훈련을 소홀히 하는 고용주들을 처벌해서 무임승차를 제거하고 저임금에 기초해서 저품질 전략을 추구하는 기업들로부터 오는 경쟁 압력을 완화하는 데 필요하기 때문이었다. 노동조합으로서는 직종학교를 의무화하는 것은 고용주들이 도제 훈련을 남용해서 숙련공의 임금을 압박하지 못하도록 하기 위한 것이었다. 청소년 노동자들이 현장을 떠나서 수업을 듣게 하도록 기업에게 의무를 부과하면 도제들의 고용 비용이 상승하게 될 것이며, 따라서 값싼 반숙련 노동의 원

---

38 몇몇 산업에서 노동조합은 의무교육을 늘리는 것이 빈곤 가구의 소득에 부정적인 영향을 미칠 것이라는 우려를 제기했다. 예를 들어 영국의 섬유 지구에서 숙련공들이 자신들의 노동조합 지도부가 내놓은 제안 — 13세 미만 아동의 반일(半日) 고용의 폐지 및 의무 취학 연령의 인상 — 을 반대하면서 제시한 이유가 바로 이것이었다(Education 1909a: 142, 287). 기술 교육을 옹호한 지도적 인사인 토니는 위와 같은 견해에 관해서 의심스러워했다. 그는 노동조합이 "형식적인 친절을 내세워 가난한 청소년들이 일부 직종에서 과밀해지는 것을 방지하고, 나머지 직종에서의 경쟁을 간접적으로 심화시키고 있다"고 주장했다(Education 1909a: 316).

천이라는 매력이 감소될 것이었다(Knox 1980: 262).

　　그리하여 독일과 마찬가지로 숙련공 노동조합과 엔지니어링 분야처럼 숙련에 의존하는 산업의 대기업 고용주 사이에 도제 훈련에 관한 조정과 규제를 목표로 동맹이 구축될 가능성이 존재했다. 양측은 모두 신흥 기업들이 저임금 전략에 기초해서 고품질, 고숙련 기업들보다 싼 값에 판매함으로써 이득을 얻지 못하도록 하는 데 이해가 일치했다. 특히 제품 시장 경쟁이 격심하고 숙련공에 대한 의존도가 높은 몇몇 산업에서는 노동조합과 고용주 사이에 도제 훈련을 규제하는 협정이 체결되었다.[39] 예를 들면 1912년에 인쇄업의 노동조합과 고용주들은 '도제 훈련 계획'을 공동으로 후원하는 데 합의할 수 있었다. 대규모 인쇄업체들이 이 협정을 강력히 추진했는데, 이들은 값싼 노동을 이용해 가격 경쟁을 하는 소규모 기업들의 행태를 규제하고자 했다. 노동 측에서는 영국마스터인쇄공연맹이 '합당한 표준 조건'을 설정하고, "저임금으로 노동자를 착취하고, 부당하게 낮은 가격으로 동료 고용주들에게 해를 끼치는 고용주들"에게 규제를 부과하는 것을 명시적인 목표로 내세웠다(Knox 1986: 180-1에서 인용). "도제와 저니맨의 비율을 규제하고 도제의 훈련을 개선해서 노동비용을 상승시킴으로써 '공정한' 고용주가 비양심적인 경쟁 업체들에게 타격을 입힐 수 있다"는 점이 중요했다(Knox 1986: 181).[40]

---

39 이 글에서 논의되는 노동조합과 고용주 간의 여러 협정들에 대해서는 Knox(1986)와 Ministry of Labour(1928a: 135-7)를 보라.

40 건설 산업에서도 "선도 기업들이 도제 문제에 관해서 앞장을 섰다"(Knox 1986: 181). 1916년에 도제 훈련에 관한 협정이 건설업자협회와 노동조합, 노동성 사이에 체결되었다. 하지만 불행하게도 이 협정은 성공적으로 이행되지 못했는데, 부분적으로는 1차 대전이 그 원인이었다(Knox 1986: 181).

하지만 결정적인 중요성을 지니는 엔지니어링 산업을 비롯해서 기타 산업 분야에서 1차 대전 직전의 몇 해 동안 통제와 관련된 다양한 쟁점을 둘러싸고 노동조합과 고용주 사이의 쟁의가 오히려 증가했는데, 도제 훈련도 그 쟁점 가운데 하나였다. 1912년에 통합기계공조합에 보다 전투적인 새 지도부가 들어서자 1897년에 서명한 분쟁 해결 조건을 파기하고, 노동조합은 다시 크래프트 컨트롤을 전투적으로 방어하는 정책을 공식적으로 채택했다(Zeitlin 1996: 19). 통합기계공조합의 신임 서기장인 브라운리J. T. Brownlie는 도제들이 적절한 훈련을 받지 못하고 있다고 주장하면서 도제와 저니맨의 공식적인 비율에 관한 교섭을 요구했다. 크래프트 컨트롤을 둘러싼 새로운 투쟁을 둘러싼 시장 상황은 비교적 유리한 편이었다. 예를 들면 1911년과 1912년에 숙련공이 부족한 상황에서 노동조합은 고용주들에게 미숙련 노동자를 숙련 직무에 고용하는 것을 금지했던 관행 ─그 시점에는 지켜지지 않고 있던─을 다시 받아들이도록 하는 데 여러 차례 성공을 거두었다(Zeitlin 1996: 19).

1차 대전의 영향과 그 결말

1차 대전이 발발하자 작업 현장의 통제와 경영상의 특권을 둘러싼 분규가 더욱 심화되었다. 독일처럼 숙련노동을 둘러싼 경쟁이 심화되면서 노동조합의 권력이 강화되자 군수 생산에 차질이 없도록 산업 평화를 지키기 위해서 정부가 개입했다. 이를 위해서 독일에서는 1916년에 지원부대법Auxiliary Service Act이 통과되어 사업장의 의사 결정에 관해 노동조합의 발언권이 경영협의회를 통해서 커졌다. 이 조치로 전쟁이 끝난 후에 독일의 산업별 노동조합이 단일한 사업장 대표 시스템으로 통합되는 발판이 마련되었다(Thelen 1991을 또한 참조하라).

영국에서는 정부가 엔지니어링고용주연맹과 주요 크래프트 유니온이 방위산업 부문에서 노동쟁의와 규제적 작업 규칙을 전쟁 기간 중에 일시적으로 유예하는 협정을 맺도록 압력을 가하고 협정에 직접 서명했다. 이로 인해서 전쟁 기간에 '희석화dilution'가 광범위하게 진행되는 결과가 초래되었다. 고용주들은 새로운 기계를 자유롭게 도입하고, 기존에는 숙련 자격을 충분히 갖춘 노동자들이 담당하던 직무를 여성과 반숙련 노동자에게 맡겼다(Haydu 1988: 130-1). 이 협정으로 인해서 표준화된 군수용 부품을 대량생산하는 산업에서 작업 조직의 재편이 촉진되었지만, 그와 동시에 특히 협정에 서명한 노동조합 중앙 지도부와 그 협정 조항에 묶여서 제약당하는 기층 조합원들 사이에 정치적 마찰이 발생하기도 했다.

숙련노동자들에 대한 대체와 희석화가 증가했음에도 불구하고 전쟁 기간 동안 숙련노동자들은 유례없는 권력을 누렸다. 작업 조직의 재편이 상당히 추진된 경우에도 직인들은 표준화된 생산에 필요한 작업 도구를 준비하고 만드는 데 핵심적인 역할을 했다. 숙련노동의 만성적인 부족으로 인해 고용주들은 단결하기 어려웠고, 샵 스튜어드 운동*이 강화되어 기층 노동자의 불만을 대변했다. 국가의 제재에 의해서 뒷받침되는 법률적 장치들을 통해서 숙련노동자의 이동이 제한되

---

* 1914년 1차 대전이 발발하자 노동운동 지도자들은 노사 휴전을 선언하고 영국 노동당은 1915년 연립내각에 참여했다. 노동자들은 쟁의권이 박탈되어 있었지만 1915년 이후 직장에서 선출된 직장위원(shop stewards)과 직장위원회(shop stewards committee)를 중심으로 비공식적인 파업을 광범위하게 전개했다. ─옮긴이

고, 파업이 금지되고, 전통적인 작업 관행을 지키려는 노동조합 간부나 노동자들을 고용주들이 고소할 수 있었는데, 이것이 숙련노동자들로서는 주요 불만 요인이 되었다. 숙련노동자들은 자신들의 직무의 내용이 변경되고, 도급제나 성과급 시스템에 의해서 반숙련 노동자들에 비해서 임금이 하락하는 경우를 종종 경험했다.[41] 고용주 측에서는 극심한 노동력 부족에다 군수 주문 확보를 둘러싸고 업체 간 경쟁이 가열되었고, 특히 이 시기에 엔지니어링고용주연맹은 원심력에 의해서 분열되어 있었다(Zeitlin 1991: 62-7).

독일과 마찬가지로 전쟁 기간에는 숙련공 부족으로 인해서 숙련 형성에 대한 관심이 높아졌고 도제 훈련을 개혁하기 위해 새로운 조치들이 도입되었다.[42] 직업훈련 분야의 근본적 개혁을 강력히 지지했던 피셔H. A. L. Fisher가 1916년에 영국교육위원회British Board of Education의 대표가 된 것을 계기로 중요한 조치들이 실시되었다. 전쟁 기간 동안 교육위원회의 위원들은 앞서 언급한 바 있는 가장 저명한 훈련 기업의 대표자들을 비롯해서 저명한 직업훈련 개혁 옹호자들과 엔지니어들을 만났다.[43] 이러한 검토 과정을 거쳐서 1918년에 이른바 '피셔법Fisher Act'이 통과되었다. 숙련을 덜 필요로 하는 산업부문의 고용주들이 이 법에 거듭 반대해서 보다 야심적인 구상에서 후퇴할 수밖에 없었지만, 이 법에 의해서 학교를 떠나는 연령이 14세로 올라갔고 14세에서 16

---

41 1914년 7월에서 1917년 4월 사이에 엔지니어링 분야에서 성인 노동자에 대한 소년의 비율도 13.9%에서 20.8%로 증가했다(Ministry of Labour 1928a: 13).

42 전쟁 기간의 개혁 조치들에 대해서는 특히 Zeitlin(2001)을 보라.

43 예를 들면 브리티시 웨스팅하우스의 훈련 담당 이사로 근무한 아서 플레밍(Arthur Fleming) 경과 다임러(Daimler)의 수석 엔지니어인 A. E. 베리만(Berriman)이 참가했다.

세 사이의 모든 청소년들에게 의무적인 주간 보습학교 수업이 연간 280시간으로 대폭 확대되도록 규정되었다.[44]

또한 사업장 내 훈련 분야에도 전쟁 기간에 중요한 변화가 있었다. 예를 들면 정부와 개혁 성향 고용주들이 몇 차례 모임을 갖고 '엔지니어링 훈련 개선 및 협력 증진을 위한 중앙사무국' 설치를 제안했다. 이는 독일 제조 기업들이 독일기술교육위원회를 통해서 추구했던 것과 동일한 목표를 많이 공유하고 있었다. 이 모임에 참여한 고용주들은 보습 교육의 의무화를 지지할 뿐 아니라 "현장 훈련의 중요성을 재확인하고", 사무국을 지역 단위의 협력 조치를 위한 통로로 간주했다(Zeitlin 1996: 25-6). 1917년 10월 엔지니어링고용주연맹을 비롯한 주요 단체들과 영국에서 가장 유명하고 영향력이 있는 금속가공 기업의 대부분이 이러한 제안을 진심으로 지지했다(Zeitlin 1996: 26; 2001). 이러한 조치들에 이어서 1919년 5월에 피셔가 개최한 또 다른 회의가 런던에서 열렸는데, 이 자리에 모인 공업과 상업, 그리고 교육을 대표하는 49인의 지도자들은 공업및상업교육증진협회Association for the Advancement of Education in Industry and Commerce, AEIC를 창립했다(Perry 1976: 46).

상황이 위와 같이 전개되자 엔지니어링고용주연맹 회장인 앨런 스미스Allan Smith는 가장 확실하면서도 커다란 영향을 가져올 수 있는 조치를 시도했다. 그는 "노동조합의 공식 지도부와 항구적인 화해에

---

44 처음의 계획은 18세까지의 모든 청소년에게 연간 320시간의 의무교육을 실시하는 것이었다. 최종적으로 통과된 법에서는 16세에서 18세의 청소년에 대해서 전쟁 이후 7년 동안 의무교육의 실시를 연기했고, 지방 당국은 그때까지 의무 보습학교 수업 시간을 320시간에서 280시간으로 단축할 수 있도록 했다(Zeitlin 1996: 22). Brereton(1919)에서 이 법률의 조항과 약간의 주석을 볼 수 있다.

도달할 수 있는 대담한 국가 전략"을 제안했다. 이는 무엇보다도 노동 조합에 도제 훈련을 규제하는 역할을 부여하고, 그 대신에 크래프트 컨트롤 쟁점에 관해서 경영 측에 더 많은 재량을 부여하는 것이었다 (Zeitlin 1990: 415에서 인용; 숙련 분야에 관해서는 Zeitlin 1996: 27-9; 2001 을 보라). 그는 1919년에 엔지니어링노동조합들의 회의에서 "우리는 도제와 관련된 실질적인 모든 문제들이 여러분들과 함께 논의되어야 한다는 점을 이제 인정하며, 여기에 동의하기를 제안한다"고 말했다 (Zeitlin 1996: 28에서 인용).

스미스는 그의 구상이 성공을 거두려면 전국 수준의 합의가 반드 시 필요하다고 생각했다. 왜냐하면 지역별로 노동조합의 영향력이 균 일하지 않아서 생겨나는 규칙들의 차이는 치열한 지역 간 제품 시장 경쟁에서 끊임없는 마찰의 원인이 되기 때문이었다. 스미스의 구상은 몇 가지 점에서는 1897년의 분쟁 해결 조건과 유사했는데, 전국 노동 조합을 시스템으로 끌어들이고 노동조합 지도부의 도움을 받아서 보 다 높은 통일성을 확보하겠다는 것이었다. 필요하다면 지방의 노동조 합 활동가들에게는 제약이 가해지게 될 것이었다. 따라서 스미스의 제 안은 저니맨에 대한 도제의 비율을 비롯한 훈련 관련 사안에 대해서 통합기계공조합과 전국 수준에서 — 결코 지역 수준이 아니라 — 협상 할 것을 필요로 했다. 즉, 엔지니어링고용주연맹은 숙련 직종에 관한 규제를 전반적으로 제거하면서, 임금과 노동시간을 비롯한 광범위한 사안을 다루는 포괄적인 협약의 일부로서 도제 훈련을 규제하는 데 노 동조합이 당사자로서 참여하는 것을 지지할 준비가 되어 있었다. 1918 년에 발간된 한 보고서에서 엔지니어링고용주연맹은 모든 도제는 "앞 으로 문서로 된 협약에 의거해서 근무해야 하며, 이는 노동조합과의 협력을 통해서 준수될 수 있으며, 또한 기술 교육을 통해 작업장 훈련을 보완하기 위한 전국적 계획이 추진되어야 한다"고 제안했다(Zeitlin 1996: 27-8).

즉, 독일과 마찬가지로 영국에서도 전시에 숙련노동력의 부족으로 인해서 훈련에 관한 관심이 고조되었고, 두 나라에서 모두 개혁을 요구하는 새로운 압력이 발생했다. 독일에서 산업부문의 훈련에 관한 새로운 규제 틀을 입법화하려는 독일기술교육위원회의 노력은 1차 대전 이전이나 이후에도 결실을 거두지 못했다. 비록 1920년대에 독일에서 개혁 입법 과정이 중단되기는 했지만 사업장 내 훈련은 계속해서 성장했다.[45] 반면에 영국에서 전시 중에 취해진 훈련 개혁에 관한 조치들은 얼마 지나지 않은 1920년대 초에 고용주와 숙련공 노동조합 사이에 새롭게 발생한 갈등의 희생물이 되었다.[46] 1차 대전 직후에 숙련공 부족은 완화되지 않았고, 몇 해 동안 노동조합 지도부가 강요해온 규제의 결과로 사업장에서는 노동자 투쟁이 급증했다. 샵 스튜어드들이 전쟁 기간 동안 박탈되었던 영역을 되찾으려고 시도했던 것이다. 그리하여 정부의 제약이 사라지자 엔지니어링 분야의 숙련노동자들은 자

---

45 앞서 언급한 바와 같이 교차 검정의 확대와 산업부문 기업의 자격인증, 임금 평준화, 그리고 독일기계제조업협회 — 독일 금속가공 기업들이 훈련에 관해서 협력을 증진하는 데 중요한 거점을 제공한 — 의 권한 확대 등이 사업장 내 훈련이 성장하는 배경이 되었다.

46 자이틀린(Zeitlin 1996; 2001)은 이 책의 서술과는 약간 다른 해석을 제시한다. 그는 이 시기의 개혁 조치와 1940년대와 1960년대에 이어진 개혁 노력들 — 이에 대해서는 뒤에 간단히 논의할 것이다 — 이 실패한 것이 훨씬 더 '상황 의존적'이었다고 본다. 즉, 외부에서 발생한 복잡한 사건들과 조건들이 없었다면 이 시기에 제안된 제도 개혁들이 충분히 뿌리를 내릴 수 있었다는 것이다. 내가 보기에 자이틀린과 나의 차이는 부분적으로는 강조점의 차이에 기인하는데 나의 분석은 구조적 조건과 제도의 출발점 — 예컨대 직종별 조합 운동 — 에 더 비중을 두고 있다.

신들의 힘을 이용해 "기계에 관한 인원 배치와 도제의 임금 지불, 그리고 연장 근로 등에 대한 제한을 비롯해서 과거의 요구들을 계속 밀어붙였다"(Haydu 1988: 168). 훈련을 증진시키기 위해 전쟁 기간에 만들어진 단체와 협력 기구들은 전쟁이 끝나자 덜컥거렸다. 자이틀린이 언급한 대로 "[1917년] 총회에서 구성된 엔지니어링훈련기구Engineering Training Organization는 자체 유지를 위해 필요한 자금을 개별 업체들로부터 모을 수 없었고, 1920년 가을 엔지니어링고용주연맹으로 흡수되었다"(Zeitlin 1996: 26).

이 점은 중요하다. 왜냐하면 영국의 기업들은 독일에서 핵심적인 행위자로 등장했던 독일기계제조업협회와 달리, 엔지니어링고용주연맹을 통해서 제품시장이 아니라 단지 노동시장 분야에서만 조정을 수행했기 때문이다. 분명히 이론상으로는 고용주와 노동조합이 단체교섭을 통해서 제품 시장 분야의 경쟁을 안정화하는 데 도움이 되는 공통의 기반을 모색할 수 있었다(예를 들면 Bowman 1985; Swenson 2002).[47] 하지만 엔지니어링고용주연맹은 그 구성이 너무나도 다양해서 항상 강한 원심력에 맞서서 투쟁했었다(Zeitlin 1991). 더구나 엔지니어링고용주연맹의 주요 업무는 노동조합과 교섭하는 것이었기 때문에 엔지니어링고용주연맹이 훈련에 관해서 협약을 맺고자 하는 경우에도 항상 다른 광범위한 통제 관련 쟁점까지 포함하는 광범위한 협약이 함께 포함되지 않으면 안 되었다. 그런데 이는 1차 대전 이후 시기 노동자 투쟁이 고양되었던 점을 감안하면 어려운 일이었다. 엔지니어링고용주연맹이 *전국 수준의* 타결 방안에 대해서 노동 측에 가장 진지한

---

[47] 미국의 화로 주조 산업 사례에 대해서는 4장을 참조하라.

제안을 제시한 시점이 바로 지역의 샵 스튜어드들에 대한 노동조합 중앙의 통제력이 낮은 시기였다는 점이 바로 핵심적이면서도 매우 치명적인 문제점이었던 것으로 보인다.

그리하여 엔지니어링고용주연맹 지도부의 제안과 이에 대한 노동조합 지도부의 고무적인 반응이 있었음에도 불구하고 전쟁 시기의 개혁 조치들은 스미스가 추구했던 광범위한 합의를 도출하지 못했다. 오히려 1919~21년 시기에 기층 노동자들의 투쟁으로 인해 통제 관련 쟁점을 둘러싸고 노동조합과 고용주 사이에 극적인 대립이 새로이 전개되었다. 고용주들은 1922년의 경기 침체를 이용하여 임금을 대폭 삭감하고 작업 현장의 문제에 관해서 경영자의 통제권을 재확립하고자 했다. 엔지니어링고용주연맹이 통합기계노동조합Amalgated Engineering Union, AEU[48]을 패배시키기 위해서 다시 회원사를 결집시켜 대량 직장 폐쇄를 전개하자 고용주들이 축적해온 조직 역량이 개별 기업들의 자율성을 옹호하기 위해서 또 다시 발휘되었다(McKinlay and Zeitlin 1989: 42). 결국 고용주 측은 숙련공의 임금을 대폭 삭감하고, 경영자가 적합하다고 판단하는 노동자를 배치하고, 개수임금제를 도입하고, 생산의 필요에 맞춰 노동시간을 조정할 수 있는 권리를 재확립하기 위해서 공세적인 조치를 취했다.

이 투쟁에서 패배한 시기를 전후해서 —특히 패배 이후— 통합기계노동조합의 조합원은 크게 줄어들었다. 이 시기의 '완패'에서 노동조합이 회복하는 데는 10년 이상이 걸렸다(Tolliday 1992: 46). 매킨리와

---

48 통합기계공조합(ASE)은 1920년에 몇몇 소규모 직종 단체(craft societies)를 통합해서 통합기계노동조합(AEU)을 결성했다.

자이틀린의 표현대로 당시의 역사적 대결이 끝난 후에 통합기계노동조합은 "전국, 지역 그리고 작업장 수준에서 거의 무기력에 가까운 상태에 빠졌다"(Mckinlay and Zeitlin 1989: 42). 노동조합이 패배한 결과 고용주들은 자신들이 적당하다고 생각하는 대로 작업과 도제 훈련을 거의 자유롭게 조직할 수 있게 되었다. 고용주들이 이러한 자율을 누리면서 벌인 행위는 전과 다름없이 영국의 훈련에 크나큰 손상을 입히는 작용을 했다. 1920년대와 1930년대에 걸쳐 도제 훈련은 대체로 악화되었다. 도제들은 단순 반복 작업에 투입되었고, 경기 침체 시에 완충 장치로서 활용되어 정리 해고를 당했다(Zeitlin 1996: 5, 34-6, 49; 1991: 72). 라이체스터셔에 있는 한 엔지니어링 업체의 고용주는 다음과 같이 보고했다. "우리는 될 수 있으면 14세 정도의 초등학교 출신 아이들을 직접 채용하고 있다. 요즘 반복적인 작업이 이루어지는 엔지니어링 분야에서 중등학교 출신의 더 나이가 든, 가령 16세 정도의 아이들을 데려와서 대체로 별 이익을 보지 못했다"(Ministry of Labour 1928a: 89). 엔지니어링 업체의 고용주들은 1929년 불황에 대한 대응으로 기존 노동자들을 대거 도제로 교체했고, 그리하여 1929년에서 1932년 사이에 "도제들이 엔지니어링 분야의 고용에서 차지하는 비중이 증가했다"고 매킨리는 지적하고 있다(McKinlay 1986: 4).

1922년 이후 시기에 영국의 기업과 영국의 청소년들이 훈련에 투자하도록 하는 데 어떠한 인센티브가 존재했는가에 관해서 1장에서 제시한 이론적 주장에 비추어 잠시 살펴보려 한다. 양차 대전 사이 기간에 독일에서 노동조합의 임금정책은 숙련에 따른 격차를 축소시키는 방향으로 전개되었음을 상기해보자. 숙련에 따른 임금격차가 고용주들에 의해서 확대되는 경우도 자주 있었지만 ─ 국가의 개입으로 양자의 입장 사이에 종종 절충이 이루어지기도 했지만 —1919년에서 1920년 사이에 숙련에 따른 임금격차는 크게 축소되었고(미숙련 노동자들은 숙련노동자 임금의 80% 이상을 받았다), 이후 다시 어느 정도 확대되기는 했지만 1차 대전 이전 수준의 격차로는 벌어지지 않았다. 이와 같은 임금 평준화 — 에이스모글루와 피쉬케가 이야기한 바(1장)와 같은 — 는 기업으로 하여금 노동자 훈련에 투자하고 상대적으로 비싼 미숙련 노동에 덜 의존하도록 촉진하고, 이와 함께 숙련노동자들의 생산성을 증대시키도록 하는 기술혁신을 자극한다.

또한 영국에서도 양차 대전 사이에 최상위 숙련공과 최하위 미숙련공 사이에 임금격차가 줄어들었다. 하지만 논리는 정치적 동학과 전혀 달랐다. 놀스와 로버트슨은 영국에서 1차 대전 기간과 그 직후에 임금격차가 크게 감소했음을 제시하고 있다(Knowles and Robertson 1951: 111). 하지만 이 시기에 임금격차가 감소한 것은 반숙련공의 조직화가 증가하고, 노동조합이 숙련에 관계없이 '숙련 직무'를 수행하는 사람에게는 '숙련공 임금'을 지급해야 한다는 방침을 고수하면서 고용주들이 성과급을 더 많이 활용한 결과였다.[49] 1920년대에는 독일과 마찬가지로 임금격차가 부분적으로 다시 확대되었지만 1차 대전 수준으로 벌어지지는 않았다. 놀스와 로버트슨에 따르면 1924년에서 1935년 사이에 미숙련공 임금은 숙련공 임금의 71% 수준을 맴돌았다(Knowles and Robertson 1951: 111).[50] 그러나 영국의 경우 위와 같은 결과는 임금을 평준화하고자 하는 노동조합의 뚜렷한 정책에서 비롯되었다기보다는 통합기계노동조합이 극도로 약화된 상태가 지속되고 반

---

49 이 점을 내게 강조해준 자이틀린에게 감사한다.

숙련공의 영향력이 증대된 — 이후에는 투쟁성도 증대되었다 — 것이 결합된 데서 비롯되었다(Mosher 2001).

즉, 독일에서는 임금교섭을 통해서 고용주들이 훈련을 늘리고 더 많은 숙련공을 고용하도록 만드는 — 인위적으로 삭감된 임금으로 — 인센티브가 제공되는 결과가 도출되었음에 비해서 영국의 고용주들은 1922년 이후 시기 동안 전혀 다른 전략을 추구하고 있었다. 전통적인 산업부문에서는 "합리화나 설비 개선을 추진하는 대신, 도제를 크게 늘리고 숙련공의 임금을 낮추는 방식으로 비용 절감"을 추구했고, 새로운 산업부문에서는 "임금체계를 변경해 …… 유연하면서도 노동 집약적인 생산공정을 운영함으로써" 비용 절감을 추구했다(Zeitlin 1990: 417-8). 자이틀린이 지적한 바 있듯이, 그 결과로 나타난 임금 왜곡으로 인해서 시간급제 숙련공에 비해서 반숙련공이 더 많은 돈을 벌게 되는 경우가 많았다(Zeitlin 1996: 48).

위와 같은 결과는 훈련을 받으려고 하는 청소년들에 대한 인센티브라는 측면에서 중요한 의미를 지녔다. 임금의 왜곡과 훈련의 질적 저하, 그리고 훈련 기간이 계속해서 지나치게 길었던 점 등이 합쳐져서 이 시기의 도제 훈련에 치명적인 해를 입혔다(Zeitlin 1996: 5, 39-40).[51] 훈련에 대한 보상도 매우 낮고 획득하게 되는 실질적인 숙련도

---

50 양차 대전 사이에 작업장 교섭의 중요성이 증가하고 개수임금제가 확대된 점을 고려하면, 임금격차를 측정하는 데 임금률 자체보다 주당 소득이 더 나은 지표다. 하트와 맥케이는 1914년부터 1968년까지 소득에 관해서 엔지니어링고용주연맹이 수집한 자료를 이용해 이 문제를 직접 다루고 있다(Hart and MacKay 1975). 그 결과는 차이가 나기는 하지만 전반적인 추세에는 큰 변화가 없다. 예를 들면 1926년에 임금격차는 70.8%인데 소득 격차는 73.8%이다. 1929년에는 임금격차는 71.3%, 소득 격차는 74%이고, 1932년에는 각각 71.2%와 71.5%이다(Knowles and Robertson의 수치와 Hart and MacKay의 수치에 의거해 계산하고 비교함).

매우 불확실한 상황에서 청소년들이 장기간 훈련을 선택해야 할 설득력 있는 분명한 이유가 아무것도 없었다. 대부분의 기업들은 이로 인한 문제점들에 무관심했지만, 숙련공의 공급에 관심을 가진 엔지니어링 기업들은 숙련공의 저임금으로 인해서 청소년들이 미숙련 노동이나 막일로 이끌리고 있었고, 그 과정에서 "엔지니어링 산업에 적절한 신참 노동자들이 오지 않고 있다"고 불만을 나타냈다(Ministry of Labour 1928b: 15).[52]

이 시기 영국의 사업장 내 훈련 구조에는 유망한 도제들로 하여금 훈련 기간 동안 손실 — 예컨대 임금 손실 — 이 발생하더라도 노동시장에서 널리 인정받는 숙련을 얻게 될 것이라고 하는 확신을 줄 수 있는 기제가 결여되어 있었다. 오히려 그 반대였다. 엔지니어링 분야 도제 훈련의 조건은 오히려 더욱더 부담스러우면서 희생이 큰 것이었고, 보상은 불확실한 것이었다. 어떤 의미에서는 1920년대 영국의 상황은 같은 시기 독일의 상황과 거의 정반대인 거울 속의 모습과 같았다. 독일에서는 기업 간의 협력을 통해서 훈련의 질이 꾸준히 향상되고, 사업장 내 훈련에 관해서 훨씬 더 광범위하게 인정되는 기준이 확

---

51 1925~26년에 엔지니어링 도제의 47.7%는 5년에 훈련을 마쳤는데, 26.1%는 7년 동안이나 훈련을 받아야 했다. 4년 이하에 훈련을 마친 경우는 1.6%에 불과했다(Ministry of Labour 1928b: 19). 더구나 전체 산업에서 소년 도제의 57%는 보통 12개월의 수습 기간을 다시 거쳐야 했다. 엔지니어링과 관련 산업에서 추가로 수습 기간을 거치는 도제의 비율은 각각 90%와 62%로 훨씬 높았다(Ministry of Labour 1928a: 85; Ministry of Labour 1928b: 6, 34). 더구나 이후에 대부분의 도제들의 훈련 기간이 늘어났는데, 왜냐하면 대공황 이후 파트타임 노동이 광범위하게 이용되었기 때문이다(Zeitlin 1996: 53).

52 반대로 미숙련 노동에 대한 상대적 고임금으로 인해서 훈련비용이 증가했다. 일부 지역에서는 청소년을 미숙련 직무에 고용하는 산업들과의 경쟁에 의해서 도제들의 임금이 인상되었기 때문이다. 영국의 섬유 지구들이 그러했다(Ministry of Labour 1928b: 23).

립됨에 따라서 청소년들에게 훈련이 더욱 매력적인 것으로 되고 있었다. 동시에 숙련에 따른 임금격차가 줄어듦에 따라서 —이는 처음에는 산업별 노동조합에 의해서 부과되었고, 나중에는 국가의 중재(이는 또한 지역 차원의 조정을 제약했다)를 통해서 뒷받침되고 지속되었다 — '생산성 격차'(숙련공의 임금과 한계생산성 사이의 격차)가 발생했고, 이는 고용주들에게 훈련에 투자를 계속하도록 하는 인센티브를 제공했다.

반대로 영국에서는 훈련에 관한 기준이 확립되는 일도 거의 진전되지 않았고, 단체교섭 구조의 측면에서는 엔지니어링과 같이 숙련에 대한 의존도가 높은 산업에서조차 기업으로 하여금 훈련에 투자하도록 지지하고 격려하는 요소가 아무것도 없었다. 매우 전문화된 몇몇 세부 업종을 빼면 사실상 숙련 형성을 규제하는 아무런 중요한 규칙도 존재하지 않았다. "엔지니어링 산업에서 도제의 고용 조건을 결정하는 데 고용주와 노동자 사이에 아무런 협정도" 존재하지 않았다(Ministry of Labour 1928b: 42). 통합기계노동조합은 이 문제에 대해서 아무런 발언권이 없었다. 도제의 고용조건에 관한 노동조합의 규약은 1922년 패배로 인해서 명백하게 배제되어왔다(Ministry of Labour 1928b: 44-5). 개별 기업이 도제와 맺을 수 있는 훈련 방식의 유형은 엄청나게 다양했다. 또한 엔지니어링고용주연맹도 일정한 기준을 부과하려고 하지 않았다. 엔지니어링고용주연맹이 회원사에 대해서 권고 형식으로 제안한 규칙은 특히 개별 업체의 자율성을 우선하는 유형의 것이었다. 그리하여 많은 기업들이 엔지니어링고용주연맹의 권고를 따라서 도제가 노동쟁의에 참가하지 못하도록 하는 조항과 경기 침체 시에 기업이 도제에게 일시해고 조치를 할 수 있도록 명시적으로 허용하는 조항을 도제 계약에 삽입했다(Ministry of Labour 1928b: 46-7).

결국 훈련에 관한 한 1922년 투쟁의 유산은 1898년의 그것과 유사했다. 고용주들은 다시 한번 경영의 자율성이라고 하는 최소주의적 목표를 중심으로 단결할 수 있었고, 그리하여 임금 교섭의 중앙화가 증대되는 결과에도 불구하고 "훈련, 임금체계, 그리고 기계에 대한 인원 배치 등 나머지 분야에서 훨씬 더 큰 다양성이 등장했다"(McKinlay and Zeitlin 1989: 42).

2차 대전 전야 영국의 훈련

영국 직업훈련 시스템이 근본적으로 개혁될 필요가 있다고 생각한 중요한 자본 분파가 존재했음은 분명하다. 일부 지역의 고용주들은 광범위한 토대에서 실행되었다면 영국의 숙련 형성 제도를 완전히 새로운 기반 위에 올려놓을 수 있었던 제안을 지지했다.[53] 하지만 이러한 야심 찬 구상은 시작부터 난관에 부딪혔다. 영국의 가장 우수한 훈련 기업들의 입장에서 보면 1차 대전 기간과 이후의 열렬한 개혁 바람에도 불구하고, 1920년대 중반까지 변한 것은 거의 없었다. 또 몇 가지 진행된 변화는 오히려 우수 훈련 기업을 더욱 심각한 인력 사냥 및 경쟁

---

[53] 특히 심각한 노동력 부족에 직면했던 북동부의 고용주들이 개혁의 시급성을 절실하게 받아들였다고 자이틀린은 언급하고 있다. 1916년에 북동부에서 일단의 엔지니어 및 고용주들이 개혁을 논의하기 위하여 '도제 교육에 관한 위원회'를 구성했다. 이 위원회는 14세에 학교를 졸업하는 아동을 대상으로 한 전(前) 도제 프로그램을 제공할 청소년기술학교를 지방 교육 당국이 설립할 것, 그리고 기술학교에 등교하는 18세 이하의 청소년에게 주당 2일 내지 3.5일분의 임금을 고용주들이 의무적으로 지불하도록 입법화할 것, 그리고 가장 유능한 청소년들이 지방 기술 대학의 파트타임 학생이 될 수 있도록 허용할 것 등을 비롯해서 주요한 개혁을 요구하도록 제안했다. 전쟁이 최고조에 이르고 노동력 부족이 심각한 상황에서 이 지역의 모든 엔지니어링 및 조선 분야 고용주들은 위원회의 보고서를 승인했다(Zeitlin 1996: 23-5).

압력에 노출시킴으로써 보다 진보적인 훈련 프로그램을 훼손시켰다.

취학연령을 늘리고 18세 이하 모든 청소년에게 주간 보습학교를 의무적으로 다니도록 한, 1918년에 통과된 교육개혁(피셔법)조차도 계획된 효과를 거두지 못했다. 몇 가지 사항은 연기되었고 의무교육 시간은 단축되었다. 또한 법으로 남아 있는 조항을 실현함에 있어서도 많은 문제점이 드러났다. 교사가 부족해서 교육위원회에서 계획을 실행할 권한을 지방 당국에 위임했던 점이 특히 결정적이었다. 이는 보다 진보적인 지역의 고용주들을 불리하게 만드는(생산비용의 상승) 매우 불균등한 결과를 낳았고, 결국 이 지역에서 교육의 축소를 강요했다(Zeitlin 1996: 31).[54]

기술학교에서 직종별 수업을 의무화하는 문제를 둘러싸고 고용주들은 여전히 의견이 크게 나뉘었다. 1922년에 엔지니어링 고용주들을 대상으로 한 설문 조사에 기초한 상공 분야 교육협회의 보고에 의하면 "다수의 기업들이 교육 의무화를 지지하지만, 일부 기업은 어떤 형태로든 의무화에 대해서는 극구 반대하며, 몇몇 기업은 의무화가 적절한가에 대해서 회의적이다"(Commerce 1930: 19).

1920년대에 널리 퍼진 관행들은 이러한 상황을 계속 반영했다. 1925년에 노동성이 훨씬 더 광범위한 조사를 실시했는데, 도제들이 야간 직종 수업에 출석하도록 요구하고 (그리고/혹은) 이를 위해서 도제에게 시간을 내주는 기업은 소수에 불과한 것으로 밝혀졌다. 금속가공 산업에서는 도제가 수업에 참석하도록 기업이 지원하는 방식은 매우

---

54 바로 이러한 이유로 인해서 이 지역에서 최초로 안을 작성한 조사위원회의 권고에서는 특별히 이러한 문제를 지방 당국에 맡기지 말도록 권고했다(Zeitlin 1996: 21).

소극적인 것에서 ― 야간 수업을 안내하는 벽보 ― 좀 더 적극적인 것까지 아주 다양했다. 조사 대상이었던 금속가공업체 1,573개 가운데 337개 업체만이 도제가 수업에 참여할 수 있도록 시간을 내주었고 ― 일부 업체에서는 단지 수업이 있을 때 도제에게 저녁 일찍 퇴근하도록 허용하는 것에 지나지 않았다 ― 62개 업체는 야간 수업에 의무적으로 참석하도록 했고, 19개 업체는 주간 수업을 의무화했다. 작업장 학교는 별로 없었는데, 33개 업체만이 도제를 위한 작업장 학교를 운영하고 있었다(Ministry of Labour 1928b: 40-1). 영국의 고용주들은 전반적으로 여전히 "자신들에게 제공되는 시설을 최대한 활용해서 자신의 직종에서 숙달되기를 바라는 도제에게는 포상, 보너스, 그리고 더 많은 기회를 제공하는 것이 더 알맞은 동기부여 방법이다"라고 생각했다(Commerce 1930: 19).

영국에서 1920년대 중반 작업장에서 진행되는 도제 훈련은 여전히 몹시 비공식적이고 이에 대한 규제가 이루어지지 않았다. 1925년에 훈련을 받고 있던 도제 가운데 4분의 1 미만인 23.3%는 문서로 계약하고 근무하고 있었다. 나머지는 보다 비공식적인 구두 계약을 맺고 도제로 일하거나(51.6%) '견습생'으로서(25.1%) 일하고 있었다. '견습생'은 좀 더 세분화된 작업만을 담당하는 경우가 많았다(Ministry of Labour 1928b: 10, 40). 숙련은 여전히 주로 전통적인 방식으로, 즉 숙련노동자와 나란히 작업하면서 전달되었다(Ministry of Labour 1928b: 39; Commerce 1930: 11-2). 조사 대상이었던 1,573개 업체 가운데 26개 업체만이 '도제 담당 마스터'를 두고 있었고, 대다수 업체(1,068개)의 도제들은 함께 일하는 저니맨에게 훈련을 받고 있었다(Ministry of Labour 1928b: 39). 이 점은 상공교육협회가 실시한, 덜 체계적이고 덜 광범위한 조사에서도 확인되고 있다. 여기서는 많은 업체들에서 "이렇다 할 체계적인 훈련이 실시되지 않고 있다. 도제들은 자신의 여러 작업장에서 자신의 직종에 배치되어 일을 하는데, 해당 직종에서 일하는 노동자 옆에서 함께 일하고 보조하는 과정에서 스스로 최대한 정보를 습득하고 조작 기술을 획득하도록 하고 있다"고 언급하고 있다 (Commerce 1930: 10-1). 그 시기 사람들이 강조한 바 있듯이, "도제를 제대로 가르칠 책임의 상당 부분은 숙련노동자에게 맡겨졌다. 숙련노동자의 교육 능력과 의지에 따라 많은 것이 좌우되었다"(Ministry of Labour 1928b: 39). 결코 이상적이라고 할 수 없는 이러한 방식은 1920년대에 숙련 저니맨에 대한 개수임금제의 적용이 늘어나면서 훨씬 더 많은 문제를 낳게 되었다(Ministry of Labour 1928b: 37). 왜냐하면 숙련노동자가 도제의 훈련에 노력을 조금이라도 들이면 곧바로 자신의 임금이 줄어들 수 있었기 때문이다(Commerce 1930: 18, 23).[55]

또한 영국의 도제제도는 대단히 서열화되어 있었는데, 특히 도제가 되기 이전의 경력과 이수한 교육과정에 따라서 도제 훈련별로 다양한 '등급'이 매겨졌다(Ministry of labour 1928b: 41, 49-50). 대체로 '직종' 도제의 경우 하나의 직종에, 그리고 통상 하나의 부서에 국한되었지만 우수 도제의 경우 더욱 전반적인 훈련을 받았다(Commerce 1930: 14-5).[56] 상공교육협회의 보고서는 우수 도제제도에 대해서 "선택받은

---

[55] 기업에서 도제 훈련의 책임을 포어맨에게 부여한 경우에도 문제가 있었다. 왜냐하면 포어맨은 대개 가르치는 기술이 뛰어나서 선발된 것이 아니었고, 또 그저 생산 성과를 달성하는 데 가장 큰 관심을 쏟았기 때문이다(Commerce 1930: 23).

[56] 하지만 예전과 마찬가지로 직종 도제라고 하더라도 특별한 능력과 소질을 입증한 경우 등급이 올라갈 수 있는 가능성은 있었다.

소수에게 훈련과 경험을 쌓을 수 있도록 다양한 기계 설비에 접근할 수 있도록 하는 방식"이라고 언급했다(Commerce 1930: 14). 이전과 마찬가지로 가장 우수한 훈련 기업들은 여전히 도제의 수업 출석을 지원하는 데 중점을 두어서 수업료를 지불하고 야간학교나 파트타임 주간학교에 등록할 수 있도록 시간을 내주었고(조사 대상 엔지니어링 기업의 21%), 주간학교에 출석할 수 있도록 지원하고(도제를 사용하는 엔지니어링 기업의 6%에만 이러한 관행이 있었지만), 그리고 성적 우수자에게는 보너스나 포상을 주었다(Ministry of labour 1928a: 108-9).

양차 대전 사이 동안 독일에서는 독일기계제조업협회VDMA와 같은 강력한 업종 단체를 통해서 훈련에 관한 기업체들의 협조가 증대되었음에 비해서, 영국의 고용주들은 여전히 주로 엔지니어링고용주연맹EEF을 통해서 그나마 활동을 했는데, 대체로 견습 기간의 길이, 견습공의 임금 등의 사안에 대해 협력하는 정도였다(Ministry of labour 1928b: 35, 36). 일부 지역에서는 지역 고용주협회에서 도제의 임금에 대해서 권고안을 제시했는데, 최대 및 최소 임금을 제시하는 경우도 있었다(Ministry of labour 1928b: 43). 하지만 훈련의 내용은 대체로 규제되거나 조정되지 않았다. 1920년대에 걸쳐서 전반적으로 훈련의 질과 양이 모두 저하되었고, 보다 진보적인 업체의 노력은 인력 사냥과 가격 경쟁에 어느 때보다도 더 취약해지는 상황이 전개되었다.

1937년에 도제들이 봉기한 사건은 1920년대와 1930년대에 도제 제도가 악화되었음을 보여주는 가장 좋은 증거일 것이다. 도제들은 단지 임금 인상만이 아니라 도제 훈련의 조건 및 수준을 향상시킬 것을 요구했다(특히 McKinlay 1986을 보라). 클라이드의 한 엔지니어링 업체에서 사건이 시작되었는데, 이 회사의 도제들은 고용주에게 몇 가지 요구 사항이 담긴 '도제 헌장'을 제시했다. 도제들의 요구 사항 가운데는 실제 작업 현장의 경험과 보조를 맞춰서 이론적 기반을 확보할 수 있는 기술 교육 수업에 출석할 수 있도록 유급 휴일을 부여해달라는 요구가 포함되어 있었다. "도제들로서는 직종 훈련은 대단히 큰 중요성을 지 닌 요구 사항이었다. 도제들은 반복적인 업무만 되풀이하는 수모를 당 하고 있었을 뿐 아니라 협소한 작업 현장 경험만으로는 자신들의 향후 고용 전망이 제약당할 것이라는 점을 분명히 인식하고 있었다" (McKinlay 1986: 14). 도제들은 또한 '저니맨에 대한 도제의 적정 비율' 을 유지하도록 요구했는데, 이는 훈련을 개선하기 위한 조치이면서 동 시에 해당 산업에서 숙련노동력의 공급을 조절하기 위한 것이기도 했 다(Zeitlin 1996: 53).

도제들의 파업은 잉글랜드의 다른 지역으로 확산되었는데, 이는 위의 요구 사항이 폭넓은 지지를 얻었음을 시사한다. 고용주들은 도제 들의 파업에 대해 신중하게 대처했는데, 도제들에게 노동조합 가입을 허용함으로써 파업을 노동조합의 통제 아래 두려고 했다. 고용주들의 신속한 대응은 많은 고용주들이 공장에서 도제들의 노동에 의존하게 되었음을 보여주는 것이다(McKinlay 1986). 하지만 1장에서 제시한 명 제들을 상기해보면, 위의 결과가 영국의 도제 훈련에 전혀 도움이 되 지 못한 이유를 이해할 수 있다. 도제들의 노동조합 가입은 도제의 실 질임금이 상승하는 결과를 낳았는데, 이는 고용주가 부담해야 하는 훈 련비용이 증가하는 것을 의미했다(Gospel and Okayama 1991: 24). 이러 한 조치는 고용주들이 도제를 값싼 노동력으로 이용하려는 경향은 감 소시켰을지 모르지만, 이와 함께 고용주들이 도제를 채용하고자 하는 동기를 먼저 감소시켰다. 더구나 위와 같은 변화 이외에 훈련의 내용이나 질에 대한 감시 기구를 개선하기 위한 아무런 협약도 수반되지 못했기 때문에 청소년들로서는 오랜 기간 훈련 계약에 충실하고자 하는 의욕을 꺾는 중요한 요인들이 여전히 존재했다(Zeitlin 1996: 39~40).

　　도제 계약을 감시하고 실행할 수 있는 시스템에 대해 합의하는 데 실패함으로써 영국의 도제제도는 여전히 1장에서 언급한 바 있는 상호 신뢰할 수 있는 약속을 확보하는 문제와 조정 과정의 문제점들을 여전히 안고 있었다. 1940년대와 1950년대에 숙련노동력이 부족한 상황에서 정부의 지원과 압력에 의해서 도제 훈련이 다시 증가하기는 하지만, 지속적인 제도—강력하고 지속적인 훈련 시스템에 관해서 공동의 이익을 지닌 노동 분파와 자본 분파 사이의 동맹에 기초하면서도 그보다 더 광범위한 기반 위에 제도화되어 있는—가 부재한 상태에서 이 시기의 성공은 덜 우호적인 정치 상황과 시장 상황에서는 쉽게 후퇴할 수 있는 것이었다.

비교 및 결론

19세기와 20세기 초에 걸친 도제 훈련과 숙련 형성의 전반적 궤적을 살펴보면 영국과 독일 사례에서 몇 가지 중요한 차이점이 발견된다. 첫째, 영국에서는 국가정책이 매우 다른 방향으로 작용했다. 독일에서 국가정책은 장인 부문에서 숙련을 감독하고 인증하는 권위 있는 기관을 확립했고, 이는 이후에 모델이 되어 산업부문으로 확대되었다. 비교적으로 이른 시기에 의무적인 보습교육이 도입됨으로써 훈련 기업들에게 보다 대등한 경쟁 구조가 마련되었고, 훈련 기업과 도제들 모두에게 훈련비용이 보조되었다. 반대로 영국의 국가정책에는 도제 훈련을 직접 규제하기 위한 아무런 조치도 없었고, 국가가 우애협회를 지원한 것은 숙련 노동시장의 통제를 중심으로 노동조합이 조직되는 것을 간접적으로 조장하는 결과를 낳았다.

둘째로, 1차 대전 이전과 양차 대전 사이에 독일에서 수공업 부문과 산업부문 사이에 전개된 경쟁은 건설적인 것이었는데, 그러한 경쟁으로 인해 수준 높은 훈련이 유지될 수 있었다. 산업부문은 수공업회의소가 지닌, 숙련을 구분하고 인증하는 권한을 갖고 싶어 했다. 산업부문 훈련의 지도자들은 계속해서 자신들이 행하는 높은 수준의 — 그리고 바이마르 시기에는 점점 표준화된 — 훈련이 그렇지 못한 수공업 부문의 훈련에 비해서 부당함을 겪고 있다고 생각했고, 이는 수공업회의소의 훈련 기준을 다시 상승시켰다. 이렇게 해서 원래 장인 부문이 관할했던 숙련 인증은 산업부문에서 자발적인 토대 위에서 먼저 전개된 숙련 표준화 시스템으로 통합되기에 이르렀다. 반대로 영국에서는 이해관계의 배치 구도가 독일과 달라서 우선적으로 계급 구분에 기초하여, 즉 숙련공 조합과 크래프트 컨트롤에 완강하게 저항했던 고용주 사이에 숙련 형성을 둘러싸고 매번 갈등이 전개되었다. 이러한 경쟁이 도제제도에 파괴적인 결과를 낳은 것은 놀라운 일이 아닌데, 노사가 공동으로 규제할 수 있는 안정된 시스템에 관한 교섭이 이루어질 수 없었고, 노동조합과 고용주 사이의 분쟁에 도제들이 끌려들어가는 경우가 잦았다. 독일에서 가장 우수한 훈련 기업들이 숙련 인증 권한을 확보하는 데 몰두했음에 비해서 영국에서 가장 우수한 훈련 기업들은 노동조합이 부과하는 크래프트 컨트롤을 패배시키는 일에 사로잡혀 있었다.

영국의 기업들은 주기적으로 크래프트 컨트롤을 패배시켰다. 그러나 독일의 기업들이 바이마르 시기에 업종협회의 영향력이 점점 증가하면서, 업종협회에서 협력을 통해서 제품 시장 경쟁과 훈련 양자를 모두 규제했음에 비해서, 영국에서는 고용주협회를 통해서 기업들이 조직되었지만 기업의 자율성을 수호한다는 훨씬 제한된 사안만을 중심으로 단결할 수 있었다. 따라서 숙련공 조합에 대한 고용주들의 승리는 도제 훈련을 뒷받침한 것이 아니라, 오히려 —고용주들이 기업이 도제 훈련을 자유롭게 조직하고 또 적합하다고 판단하는 대로 도제를 이용할 수 있어야 한다는 원리를 확실하게 옹호하면 하는 만큼 —도제 훈련이 약화되는 데 기여했다. 영국에서 가장 우수한 훈련 기업들이 직면한 상황은 다음과 같았다. 도제를 제대로 훈련시키지 못한 기업들에 대한 법률적 혹은 준법률적 제재가 존재하지 않았고 —비록 평판이 나빠지는 효과는 일부 있었지만 —오히려 훈련을 잘 시킨 기업들이 이직이나 경쟁적인 제품 시장에서 비용 면에서 불이익을 당하는 형태로 시장에서 많은 어려움을 겪었다.

당시에 고용주를 대표하는 지도적인 인사인 엔지니어링고용주연맹의 앨런 스미스는 이 점을 분명히 인식하고 있었고, 도제 훈련과 숙련 형성에 대한 영국 고용주들의 접근 방식이 '근시안적'이라고 강하게 비판했다. 스미스는 1920년대 말 경제공황 시점에 고용주들 사이에 협력이 이루어지지 않으면 "경기가 결국 회복되었을 때 노동 공급과 노사 관계에 심각한 결과"가 도래하게 될 것이라고 정확하게 예측했다(Zeitlin 1996: 71). 그가 예측한 대로 1930년대 중반 경제가 다시 회복되자 고용주들은 심각한 숙련공 부족을 경험했다(Zeitlin 1996: 48). 고용주들 간의 경쟁으로 인해서 통합기계노동조합은 다시 한 번 잿더미 속에서 부활해서 작업 현장에 대한 통제를 주장했다.

영국의 도제 시스템은 스웬슨이 계급 간 동맹이라고 부른 것에 의존하기보다는 취약한 권력균형에 의존했다. 바로 이러한 이유로 도제 훈련은 시장 및 정치 상황이 변화함에 따라서 고양과 침체를 경험했다. 위그햄은 19세기 말과 20세기 초 영국 엔지니어링산업 노사 관계의 성격이 주기적으로 변화한다고 지적하면서, 1852년, 1897년, 그리고 1922년에 일어난 일련의 직장 폐쇄와 그것의 영향에 대해 기술했다. 그의 지적대로 고용주들은 승리할 때마다 매번 자신의 회사 내에서 사용자의 권위를 재확립하는 타결안을 확보했지만, 노동조합이 힘을 회복하면 매번 다시 노동조합의 역할을 확장하기 시작해서 마침내 "다시 한번 경영 측을 극도로 방해하게 되었다"(Wigham 1973: 2). 도제 훈련도 이러한 분쟁에 묶여 있었기 때문에 마찬가지로 순환적인 궤적을 그렸고, 특정한 시장 및 정치 상황 아래에서는 도제 훈련이 회복되고 개혁 조치가 추진되는 시기를 경험하지만, 상황이 바뀌면 결국 일련의 후퇴를 겪게 되었다.

　　2차 대전 이후 시기에도 이러한 전반적 패턴이 계속되었다. 자이틀린이 지적하듯이 1940년대와 1950년대에 도제 훈련이 다시 증가했는데, 이는 숙련공이 부족한 상황에서 기업으로 하여금 훈련에 투자하도록 인센티브를 제공한 정부 정책의 산물이었다. 그러나 이러한 흐름은 경제적·정치적 상황이 유리한가 여부에 따라 달라졌고 영속적이지 못한 것으로 드러났다. 1960년대에 도제 훈련은 다시 취약해졌고, 영국 산업의 숙련 형성을 강화하기 위한 새로운 입법 조치들이 다시 등장했다. 1964년에 정부는 모든 기업에 훈련세를 부과하고 도제 훈련을 규제하기 위한 새로운 삼자 기구(산업훈련위원회)를 만들었다. 그러나 비용 증가로 인해 기업들이 훈련에 대한 투자를 꺼리게 되어서 그 효과는 부분적으로 왜곡되었다.[57] 1973년에 보수당이 이끄는 정부는 또 다른 개혁을 실시했는데, 훈련세에 대한 면제 조치를 — 전반적인 자원을 감소시킨 — 도입한 것이 그것이다. 이러한 정책들에도 불구하고 — 혹은 이러한 정책들의 효과로 인한 것이든 — 1970년대에 훈련은 거의 붕괴되었다. 도제의 수는 1970년에 12만 명에서(주로 엔지니어링 분야에서) 1983년에는 약 3만 명으로 급격히 감소했다.[58] 킹이 주장한 대로 지금까지의 모든 실험과 혁신은 "훈련을 개선하는 데 결정적으로 실패했다"(King 1997: 383). 그 이유는 영국의 사업장 내 직업훈련을 오랫동안 괴롭혀왔던 문제인, 신뢰할 수 있는 약속과 협력을 구축하는 문제를 해결할 수 있는 제도를 안정화할 수 있게 하는, 킹이 영국의 자원주의적 전통이라고 부른 것을 탈피할 수 있는 타결책을 만들어내지 못했기 때문이다(Green and Sakamoto 2001: 138–42).[59]

---

57 이 과정과 이후의 전개에 대해서는 특히 King(1997)을 보라. 이 글은 여기에 의존하고 있다.

58 모셔가 내게 제공한 수치에 의거한 것이다.

59 대처 정부에서 시작되었지만 신노동당에 의해서 형태를 달리하여 결국 수용된 이후의 정책 변화로 인해서 훈련 분야에서 삼자 기구 및 정부의 감독이 후퇴하고 보다 시장 지향적인 해결책을 추구하게 되었다(King and Wickham-Jones 1997). 이러한 조치들은 — 베커(Becker 1993)의 용어를 빌리면 — 일정한 유형의 숙련을 획득하고자 하는 동기를 제고시키면서도 훈련비용을 청소년에게 전가하는 효과를 지닌다.

숙련 형성의 진화
일본과 미국

4장에서는 지금까지 독일과 영국에 대해서 제시된 분석과 논증을 다른 두 사례, 일본과 미국으로 확장한다. 일본은 독일과 대조를 이루는 주요 사례다. 일본에서도 역시 비용이 많이 드는 기업 간 경쟁을 개선하고 민간 부문의 훈련에 통상적으로 따라다니는 집합행동 문제를 완화시키는 제도적 장치들에 사업장 내 훈련이 의존하고 있다. 독일과 일본의 고용주들은 훈련 분야의 집합행동 문제를 극복했지만, 그 방식은 근본적으로 달랐다. 독일에서는 통용 가능한 숙련을 지닌 노동자들을 풍부하게 공급하는 전국적 훈련 시스템이 구축되었고, 일본에서는 더 강력한 내부 노동시장을 배경으로 사업장 내 훈련이 실시되었다. 1장에서 소개된 용어를 적용하면, '집합주의'에 의거한 독일의 숙련 형성 레짐과 '분절주의' 혹은 '기업별 자립'에 기초한 일본의 숙련 형성 레짐 사이에 커다란 차이가 발견된다.

이 장에서 살펴볼 또 다른 사례인 미국은 영국과 좋은 대조를 이룬다. 도제 훈련은 양국에서 모두 고용주와 크래프트 유니온 사이의 갈등의 원천이 되었고, 그리하여 계급 구분에 기초해 벌어지는 강력한 투쟁의 대상이 되었다. 미국에서도 영국과 마찬가지로 아주 드문 경우에만—건설 산업이 그 일례다—도제 훈련 분야에서 기업 간에, 그리고 노동조합과 고용주 사이에 합의가 이루어져 안정적인 협조가 확보될 수 있었다. 하지만 미국 사례는 일본과 또한 일정한 유사성을 지닌다. 두 나라의 고용주들은 산업화 초기에 극심한 숙련공 부족에 직면했고, 숙련공의 채용과 훈련을 독립 숙련 직인에게 맡기는 하청 시스템에 의존하는 경우가 많았다. 두 나라의 사례는 특히 1910년대에 전개된 정치적 동학과 정치적 동맹에서 차이가 난다. 미국에서 하청을 맡았던 자율적인 숙련공들은 대기업의 경영 위계로 흡수되었고, 크래프트 유니온을 패배시키려고 했던 고용주들의 주요 지지 기반이 되었다. 게다가 그들은 숙련에 대한 의존을 줄이기 위한 생산의 합리화도 주관했다. 일본에서는 반대로 독립 숙련 직인인 오야카타가 고도의 독립성과 이동성을 유지했고, 이는 새로운 유형의 동맹이 구축되는 상황을 조성했다. 즉, 경영자와 새로 탄생한 노동조합이 오야카타의 독자적인 권한을 제한하려는 공동의 목적을 중심으로 연합하게 되었다. 그 과정에서 일본의 대기업은 많은 정책들을 새로 만들어냈는데, 이는 오늘날 정교한 기업내부 노동시장에서 승진과 연계된 강력한 사내 훈련으로 연결된다.

숙련 형성의 진화 : 일본

독일과 일본 모두 비교적 안정적인 숙련 형성 시스템을 발전시켰지만,

양자는 아주 다른 원리에 기초해 있으며 전혀 다른 제도적 장치에 의해 유지되었다. 두 시스템은 모두 '고숙련 균형'을 구현한 것으로 평가되어왔고(Finegold and Soskice 1988), 많은 전문가들이 2차 대전 이후 세계 제조업 시장에서 두 나라가 거둔 성공이 부분적으로는 양국이 지닌 숙련의 토대에 기인한다고 보았다. 광범위한 기반을 지닌 고용주 단체와 노동조합이 '코포라티즘적인' 감독을 강력하게 수행하는 독일의 직업훈련 시스템은 1장에서 묘사한 바 있는, 숙련 형성에 관한 '집합주의적' 해결책의 이념형에 가깝다. 반대로 일본은 광범위한 사내 훈련 시스템이 기업별 노동조합은 물론, 연공임금 및 내부 승진 사다리와 같은 보완적인 인사 정책과 강력하게 결합되어 있는 것으로 잘 알려져 있다. 1장에서 소개한 분석 범주에 의하면 일본의 대기업 부문은 기업별 자립 혹은 분절주의의 이념형에 가깝다.

이러한 제도적 장치의 차이는 노동시장 및 노동의 역할에 중요한 영향을 미쳤다. 슈트렉은 독일처럼 전국적으로 숙련 자격이 인증되고 문서화되어 있어서 이동이 가능해진 상황에서는 숙련노동자가 안심하고 이직을 선택할 수 있는 가능성이 열려 있기 때문에 기업에서 숙련노동자의 권한과 발언권이 강화된다고 주장한 바 있다. 일본처럼 숙련자격이 광범위하게 인증되지 않아서 노동자가 받은 훈련의 양과 질에 관해 그를 고용한 기업만이 특별한 정보를 지니고 있을 경우 전국 노동시장에서 노동 측의 입지는 약화된다. 하지만 이 경우에도 고용주가 숙련에 상당한 투자를 하고 이를 대체하는 데 비용이 든다면, 노동자의 이직 위협은 영향력을 발휘할 수 있고 이로 인해서 사업장 수준의 의사 결정에서 노동 측의 발언권이 늘어날 수 있다(Kume 1998). 독일에서 숙련노동자가 이직을 선택할 수 있다는 점이 노동자들에게 작업 현장 수준의 권력을 부여하고 있음에 비해서, 일본에서는 기업별 노동조합이 기업 내에서 '이해 당사자'의 지위를 지니고 있고, 생산에 대한 노동 측의 협조가 반드시 필요하다는 점에서 노동조합의 영향력이 행사된다는 점에 양자의 차이가 있다(자세한 논의는 Streeck 1996: 144-51을 보라).

이 장은 2장에서 설명한 독일 사례를 비교 대상으로 삼아 일본의 강력한 사업장 내 훈련 시스템의 기원을 추적하는 것으로부터 시작한다. 독일과 마찬가지로 일본에서 최초의 결정적인 조치는 자유주의적 해결책 ─ 독일의 영업의 자유와 일본의 노동이동의 자유 ─ 으로 나아가는 초창기 경향을 억압한 것이었다. 영국이나 미국과 달리 독일과 일본의 산업화는 권위주의 정부의 후원 아래 진행되었고, 두 나라 모두 국가의 억압으로 인해서 안정적인 노동조합 조직의 등장이 지연되었으며, 숙련을 중심으로 한 노동자들의 조직화 시도가 좌절되었다. 독일과 마찬가지로 일본에서도 전통 장인이 새로운 산업에 숙련을 제공하는 데 핵심적인 역할을 담당했다. 더구나 두 나라 모두 장인과 산업부문 대기업 사이에 숙련 형성을 둘러싼 대립으로 인해서 경쟁이 전개되었는데, 이는 기업이 노동자 훈련에 상당한 투자를 하는 것을 전제로 한 작업장 레짐이 유지되는 데 파괴적이지 않고 오히려 건설적인 작용을 한 것으로 드러났다.

두 나라의 사례에서 차이가 발생하는 지점 ─ 그리하여 매우 다른 두 개의 훈련 레짐이 제도화되는 결과를 낳게 되는 ─ 은 산업화 초기에 국가가 장인 부문을 하나의 집합적 행위자로 대우했는가 하는 점이었다. 이 차이로부터 숙련에 크게 의존하는 기업의 전략이 달라졌고, 새로 등장한 노동조합과 기업의 관계도 강력한 영향을 받았다. 일본에서 국가가 마주하게 된 장인 부문은 독일에 비해 조직화되지 못했고, 또 독일 남서부 주들에서 찾아볼 수 있었던 진보적인 요소도 결여하고 있었다. 더구나 19세기 말 일본의 노동운동이 미약했던 점을 감안해보면 독일에서 작용했던, 장인 부문에서 단일한 조직과 독자성을 증진시키고자 하는 정치적 동기도 일본에서는 찾아볼 수 없었다.

독일은 정부 정책을 통해서 장인 부문의 조직화 및 근대화를 촉진했지만, 반대로 일본의 발전 국가는 장인 부문을 근대화의 장애물로 간주했고, 장인 부문이 단일한 집합적 행위자로 형성되지 못하도록 적극적으로 저지하는 정책을 펼쳤다. 국가는 직접 나서서 숙련 공백을 해결하기 위해서 훨씬 더 직접적인 조치를 취해 숙련 형성을 촉진하려 했으며, 이를 위해서 외국의 엔지니어들을 초빙하고 국영기업에 훈련 프로그램을 구축했다. 민간 기업들은 공기업이 육성해놓은 숙련을 활용했고, 양 부문의 기업들은 모두 개별 장인인 오야카타를 직접 고용해서 사내 훈련 시스템으로 통합함으로써 숙련 형성 문제에 대처했다. 독일과 마찬가지로 일본에서도 도제 훈련의 내용과 성격을 둘러싸고 전통 장인과 기업 사이에 갈등이 존재했지만, 이러한 갈등은 전국적·정치적 수준에서가 아니라 개별 기업 수준에서 전개되었다.

이 책에서 일본에 관한 분석은 1930년대에 머물며 그 이후의 기간은 잠시 살펴보는 데 그친다. 이것이 일본의 시스템은 이 시점에 완전히 성숙되었음을 의미하지는 않으며, 사실은 전혀 그렇지 않다. 하지만 독일과 일본의 시스템을 구별하는 숙련에 관한 보다 집합주의적 접근법과 보다 분절주의적 접근법 사이의 차이점은 이 시점에 뚜렷하게 나타난다. 독일 사례와 마찬가지로 일본의 시스템은 이후의 전개 과정을 통해서 정교해지는데, 그 주요 윤곽은 이미 제2차 세계대전의 발발에 의해 가시화되고 있었다.

국가의 역할과 일본 장인 부문의 운명

이미 보았듯이 독일에서 숙련 형성 시스템의 초석이 된 법률인 1897년의 수공업보호법은 독일 국내의 제도와 모델을 중심으로 만들어졌다. 국가는 이 법을 통과시키면서 장인 조직을 급진적인 노동운동에 대항하는 정치적 보루로 육성함과 동시에, 새로 등장한 산업부문에 대한 안정적인 숙련의 공급처로 전환시킨다는 정책을 채택했다. 일본의 산업화 초기에 노동운동과 장인 부문은 모두 그다지 조직되어 있지 않았다. 독일에서 정부 정책에 영향을 미친 정치적 동기도 존재하지 않았다. 왜냐하면 독일에 존재했던 강력하게 성장하는 사회민주주의적 노동운동은 일본에서 의미 있는 요인이 되지 못했기 때문이다.

산업화 초기 일본의 국가정책은 사회 안정을 유지하기 위한 동기가 아니라 산업 발전을 촉진하기 위한 동기를 중심으로 전개되었다. 일본 정부는 1868년 메이지유신 이후 봉건제도를 폐지하는 것이 일본의 산업 발전을 위해서 필요하다고 확신했다. 정부는 노동이동에 대한 과거의 모든 장벽을 폐지하려는 열의를 갖고 장인 부문의 전통적인 특권을 제거하는 자유화 정책을 광범위하게 실시했다(Sumiya 1955: 33-6). 장인 부문은 비교적 단기간에 자신들의 집합적 정체성과 조직이 완전히 파괴되는 변화 — 국가가 후원하는 대대적인 산업화와 더불어서 자신들의 전통적인 특권이 폐지된 것 —를 겪었다(Taira 1978: 188). 일본에서 전통적으로 크래프트 마스터의 전유물이었던 도제 훈련에 관한 규제가 제거되었고, 그 결과 영국과 마찬가지로 도제 훈련은 계속 존재했지만 포괄적인 법률적 장치나 정부와 유사한 기구에 의해서

관리되지 않았다.[1]

메이지 정부는 전통적인 장인 부문에 관련된 규제를 강력히 제거하는 방침을 취했고, 초창기의 심각한 숙련공 부족에 대응하기 위해서 매우 직접적인 조치를 실시했다. 레빈과 카와다가 지적한 대로 "메이지유신 이후 20여 년 동안 초기의 전반적인 산업화를 신정부가 추진했듯이, 메이지 정부와 관련 기관들은 새로 설립된 공장과 조병창, 그리고 정부 부처 내에서 사실상 유일하게 종업원 훈련을 실시했다"(Levine and Kawada 1980: 94). 그리하여 정부는 노동이동에 관해서 길드에 기반을 둔 과거의 장벽을 제거하기 위해 노력하고, 동시에 숙련 형성 문제에 직접 개입하여 해외에서 숙련공을 도입하고, 국가의 자원을 활용해 공공 부문 자체에 새로운 훈련 시설을 설립했다.

훈련 정책에 관한 국가의 영향력은 특히 금속가공 및 엔지니어링 분야에서 발휘되었다. 이 분야는 산업 발전만이 아니라 군사적인 목적을 위해서도 핵심적인 산업이었다.[2] 다른 나라와 마찬가지로 금속가공 및 엔지니어링 분야에서 형성된 관행들이 숙련 형성 전반에 중요한 영향을 미쳤는데, 일본의 경우 메이지 시기(1868~1912년) 내내 이 분야가

---

1 1872년에 정부가 도제 훈련을 규제하기 위한 법령을 공포했지만, 이는 마스터 직인만이 최대 7년간 도제를 채용할 수 있으며 인신매매를 금지한다는 내용을 담았을 뿐이다. 양조나 건설과 같은 몇몇 전통 산업에서는 장인 조직이 숙련 형성에서 여전히 중요한 역할을 담당했지만, 아무런 법률적 특권을 보유하지 못했다.

2 바이스가 강조한 대로 국가는 후발 성장이라는 경제적 필요성 못지않게 군사적 동기에 의해서도 움직였다. 그녀는 일본이 1894년에서 적어도 1912년까지 꽤 지속적으로 전쟁을 수행 중이었거나 전쟁을 준비하고 있었음을 보여준다(Weiss 1993: 332-3; 또한 Taira 1978: 175-9). 1905년에 "일본의 엔지니어링 사업에 고용된 노동력의 *3분의 2 이상이* 국영 부문에 속해 있었고"(Weiss 1993: 333, 강조는 원문), 생산의 상당 부분은 군사적 목적과 직접 관련되어 있었다.

공기업에 의해서 전적으로 지배되었다는 점이 달랐다.[3] 일본에서는 강력한 국가의 존재로 인해서 영국과는 아주 다른 산업 구조가 형성되었다. 주조 사업에서 기계 및 조선에 이르기까지 수직적으로 통합된 거대한 국영기업이 산업구조를 지배했고, 국영기업은 자유화 과정에서 살아남은 소규모의 전통적인 철공소들 위에 우뚝 솟아 있었다. 국영기업은 전통적인 장인 부문이 배출할 수 있는 것과 전혀 다른 숙련을 필요로 하는 세련된 수입 기술에 의존해서 전혀 다른 방식으로 생산을 조직했다.[4]

이러한 일본 산업의 특징은 독특한 문제를 낳았는데, 특히 토착 기술이 아니라 수입된 기술을 실행하고 유지하는 데 필요한 숙련을 지닌 노동자들이 극도로 부족한 것이었다. 하지만 이들 기업은 정부가 지닌 자원을 활용할 수 있었고 독점적인 군수 시장에서 제품을 생산하고 있었기 때문에 이 문제에 대한 독특한 해법이 고안되었다. 무엇보다도 자신이 개발한 값비싼 훈련 방식의 비용을 전가할 수 있는 기업의 능력에 기초한 해결책이었다. 전반적으로 숙련공이 극도로 부족하고 고도로 개입주의적인 발전 국가가 존재하는 상황에서, 일본의 국영 부문은 독일에서 조직화된 장인 부문이 수행한 것과 유사한 역할을 민

---

3 타이라는 메이지 시기 내내 금속가공 및 엔지니어링 산업에서 민간 기업보다 정부기업에 고용된 노동자들이 더 많았다고 지적하고 있다. 1880년대에 민간 부문이 출범하면서 — 부분적으로는 민영화를 통해서 — 그 균형이 상당히 변화하지만 1차 대전까지 고용 비율이 역전되지는 않았다. 하지만 1920년에는 이들 산업에서 민간 부문의 고용이 공공 부문의 3배에 달했다(Taira 1978: 175-6, 187).

4 메이지 시기 일본 장인 부문의 수준이 아주 낮았다기보다는 해외시장으로부터 훨씬 더 단절되어 있었고, 서구의 금속가공 및 기계제조 기술과의 간격은 상당한 것이었다(Suzuki 1994를 보라). 이 점을 강조해준 자이틀린에게 감사한다.

간 기업에 대해서 수행했다. 일본에서는 새로 설립되는 민간 부문의 기업과 공장들이 국영기업을 숙련의 원천으로 삼아 노동자들을 끌어올 수 있었기 때문에 공공 부문에서 민간 부문으로 숙련공의 이동이 많이 일어났다. 정부가 운영한 야하타 八幡 제철소와 같은 기업들이 다른 업체 및 산업에 대해서 숙련의 주요한 원천이 되었다(Levine and Kawada 1980: 151).[5]

메이지 정부가 숙련 개발을 촉진하기 위해서 채택한 두 가지 중요한 방식은 다음과 같다. 첫째로, 국가는 '해외 교류'를 통한 훈련을 적극 추진했다. 즉, 산업 기술을 학습하기 위해서 일본의 연수생을 외국에 보냈고, 특히 외국의 엔지니어와 숙련 직인을 채용해 일본에 와서 국영 공장에서 근무하도록 했다. 19세기 말에는 해외 교류 프로젝트에 주안점을 두었다. 1870년에서 1900년까지 공업성은* 상당한 예산을 — 어떤 논자들에 의하면 전체 예산의 42%가 넘었다 — 외국인 교사와 고문들을 일본에 초빙해서 수입 기술을 설치하고, 또 이를 사용하고 유지할 일본인 노동자를 훈련시키는 데 드는 급여로 지출했다(Levine and Kawada 1980: 49, 98).

하지만 숙련을 수입하는 것은 그 자체가 목적은 아니었고 자급자족을 향해 가는 하나의 단계였다. 그리하여 일본의 전통 장인들은 이

---

5 1880년대에 이들 기업의 상당수가 민영화되었지만, 그 결과 탄생한 대기업들 — 일부는 나중에 미쓰비시나 가와사키와 같은 거대 *재벌* 집단의 핵심 기업이 되었다 — 은 훈련 면에서 가장 선진적인 지위를 유지했고, 또 가장 신뢰할 수 있는 핵심 고객인 정부가 발주하는 시장에서 특권적인 지위를 차지했다. 때때로 국가는 국영기업에서 군수 생산을 담당하는 민간 업체로 숙련공이 이전할 수 있도록 주선하기도 했다(Levine and Kawada 1980: 154).

＊ 1870년에 공부성이 설립되어 이를 담당하다 1885년에 폐지되었고, 이후 농상무성이 이를 담당했다. - 옮긴이

제 집단으로서 보유하던 전통적인 특권을 상실한 채, 국가가 후원하는 시스템에 개인적으로 통합되어 매개자의 역할을 담당했다. 장인들은 외국인 교사들로부터 숙련을 획득하고 이를 다른 일본 노동자들에게 전수해주도록 기대되었다(Gordon 1985: 18). 일본의 장인들이 외국에서 온 숙련 직인들이 수행하던 역할을 점차 넘겨받아서 독자적으로 생산을 담당할 일본인 숙련공들을 양성하도록 지원할 예정이었다. 이러한 전략은 종종 큰 성공을 거두었는데, 요코스카橫須賀 조선소가 그 한 사례이다(Yokosuka 1983: 6). 요코스카 조선소는 1865년에 도쿠가와 막부에 의해 처음 세워졌는데, 1860년대 말에는 45명의 프랑스 엔지니어와 숙련 직인을 고용하고 있었다. 이후 20년 동안 일본인 엔지니어와 노동자들이 숙련과 기술을 습득하게 되면서 외국인 피고용자 수는 거의 영으로 줄어들었다(Saegusa 1960: 61). 요코스카 조선소에서 고용한 주요 장인과 정규 직공은 주로 일본의 전통 직인층에서 충원되었다.

둘째로, 정부 부문은 교실 수업을 포함하는 공장 기술학교의 설립을 선도했다. 기술학교는 일반 직공을 훈련하기 위한 것이 아니었다. 기술학교 졸업생들은 **견습공**의 직무 중 훈련을 담당할 예정이었다. 즉, 기술학교 졸업생들은 다음 세대 노동자들의 훈련을 담당하는 역할을 맡았다.[6] 예를 들면 국영기업인 야하타 제철소는 1898년에 외국인, 특히 독일인 고문들의 지원을 받아서 가장 선진적인 사업장 내 훈련 프로그램을 실시했다. 이와 비슷하게 나가사키長崎 조선소는 하나의 기술

---

6 이번에도 요코스카 조선소가 좋은 사례가 된다. 요코스카 조선소에는 두 개의 학교가 있었는데, 하나는 고급 기술자를 위한 것이었고, 다른 하나는 기술자를 위한 것이었다. 1883년 이 두 학교에 입학한 학생의 수는 각각 37명과 50명 정도였는데, 공장 전체 근로자 수는 1,505명이었다(Sumiya 1970: 17).

학교와 두 개의 주요 훈련 '과정'으로 구성된 매우 정교한 제도를 운영했다. 기업에서 감독자로 성장할 청년 노동자들은 3년간의 학과 수업을 마치면 숙련공인 감독자(오야카타) 곁에서 일하는 보조 감독자로 현장에 배치되었고, 이후 4년 동안 교실에서 직업훈련을 추가로 받았다. 다른 '정규' 직공 과정은 직무 중 훈련과 공장 기술학교에서 매일 진행되는 교실 수업으로 구성되었는데, 전체 훈련 기간은 5년이었다 (Taira 1978: 205-6).

공공 부문과 그 영향을 받은 민간 부문 이외의 영역에서는 숙련 형성이 보다 전통적인 방식에 따라 조직되었고, 이 경우 지역의 장인들이 훨씬 더 중요한 역할을 담당했다. 일본의 소기업 부문에서는 독일과 마찬가지로 마스터 직인이 숙련 형성을 직접 담당했는데, 자신의 작업장에 도제를 받아들여서 함께 작업을 했다. 일본의 경우 그러한 훈련은 흔히 계획 없이 진행되었고 착취적인 성격을 지녔다(Taira 1978: 188-9). 하지만 보다 규모가 큰 공장에서는 종종 '지속적인 숙련' 교육을 통해서 전통 장인을 도제 훈련을 위한 좀 더 효과적인 시스템으로 통합하고, 전통적인 숙련을 새로운 직무에 적응시켰다(Sawai 1996: 302; Suzuki 1992를 참조). 20세기로 전환하면서 금속가공 부문이 팽창하고 또 이 부문에서 민간 대기업이 차지하는 비중이 증가하면서 이러한 형태의 사업장 내 훈련이 급격히 증가했다. 사실상 그것은 청소년 도제가 숙련 장인 곁에서 일하면서 숙련을 익히는 전통적인 작업장 훈련과 유사했다(Taira 1970: 109-10; 1978: 189).

그리하여 일본의 전통 장인들은 공동의 조직이 해체되었음에도 불구하고 산업화 초기 숙련 형성에서 중요한 역할을 계속 담당했다. 다른 '근대적' 부문과 마찬가지로 금속가공 산업에서 전통 장인들은 대기업으로 흡수되었고, 외국인 숙련 직인과 함께 일하면서 혹은 기술 학교를 통해서 새로운 숙련을 획득한 후 이러한 숙련을 현장 훈련을 통해 청소년 노동자들에게 전달해주는 중개자로 역할 했다. 또 그 규모와 비중이 증가하고 있던 민간 부문에도 전통 직인들이 고용되어 전통적 숙련을 새로운 과제와 기술에 적응시키는 과정을 통해서 훈련을 담당했다.

민간 부문이든 공공 부문이든 일본 공장에서 진행되는 훈련은 모두 전통적인 오야카타—코카타(마스터-도제) 관계에 기반을 두었고, 일본의 숙련 직종의 마스터(오야카타)는 작업 현장에서 중요한 역할을 맡으며 광범위한 권한을 행사했다(Gordon 1985: 38–45; Sumiya 1970: 100). 오야카타의 권력은 부분적으로는 메이지 시기 일본 금속가공 분야 숙련공 노동시장의 구조에서 발생했는데, 이 노동시장은 사회·경제적 연줄을 중심으로 조직되어 있었다. 명성이 높은 오야카타를 중심으로 '소개해주는 인맥'이 형성되었고, 이를 통해서 한 일자리에서 다른 일자리로 노동자들이 이동할 뿐만 아니라, 대기업에 의한 채용도 이와 같은 방식으로 이루어졌다(Taira 1978: 190). 기업들은 마스터 직인에게 채용과 도제 훈련 두 가지 측면에서 모두 숙련노동의 공급을 의존함으로써 공식적인 자격이나 기준이 없는 상황에서 정보의 불완전성이라는 문제 — 예를 들면 노동자의 숙련 수준에 관한 정보와 같은 — 를 극복하고 적절한 숙련을 찾아내는 데 소모되는 비용을 최소화할 수 있었다. 또한 기업은 마스터 직인에게 작업을 하청을 줌으로써 매우 불안정한 시장에서 위험을 분산시키는 이점도 얻을 수 있었다.[7]

숙련 직종의 마스터인 오야카타는 공공 부문에서도 마찬가지로 매우 강력한 권한을 행사했는데, 이는 생산 구조가 아니라 이 시기 기업의 봉건적 구조에서 비롯되었다. 대부분의 국영 공장에서 과거의 사무라이 계층 — 봉건제에서의 무사 계급 — 이 경영자가 되었다. 사무라이 출신 경영진은 스스로 관리 기술을 갖고 있지 못했고, 휘하에 있는 전통 장인이나 일반 노동자와 문화적으로나 행동 방식 면에서 괴리되어 있었기 때문에 중요한 관리 권한을 오야카타에게 위임했다.

노동에 미친 영향

19세기 말 일본에서 오야카타는 노동계급 내의 귀족층을 형성했다. 기업은 광범위한 관리 기능 — 예를 들면 채용, 해고, 평가 등 — 을 이들에게 위임했다. 오야카타는 새로 등장한 산업부문에서 다양한 역할을 담당했다. 일부 오야카타는 작은 기계 공장을 소유하고 대기업의 납품업체로 일했고, 또 다른 일부는 여러 대기업에 자신과 자기 휘하에 있는 노동자들의 노동을 판매했으며, 다른 이들은 하나의 업체에 전속된 숙련공 하청업자로 일했고, 또 일부는 한 업체에 감독자로 고용되어 인사 정책에 커다란 권한을 행사했다(Gordon 1985: 36-7). 독일의 장인과 마찬가지로 일본의 오야카타는 고도의 개별적 자율성을 유지할 수 있었던 경우가 많았다. 하지만 독일과 달리 일본의 오야카타는 공동으로 혹은 집합적으로 강력한 조직적 토대를 전혀 확보하지 못했다. 산

---

7 하청 관계의 성격은 다양했다. 어떤 경우에는 오야카타가 데려온 노동자들이 기업에 의해서 직접 고용되지 않았다. 그러나 특정 오야카타에 속해 있는 숙련 직인도 공장과 공식적인 고용 관계를 맺는 경우가 많았다. 그리하여 오야카타가 할당받은 예산 범위 내에서 하청받은 일을 마무리하지 못한 경우에 개별 노동자들은 공장 경영진에게 자신들의 정상적인 임금을 달라고 요구할 수 있었다(Agriculture and Commerce 1903, Vol. 3: 271). 이러한 의미에서 그 고용 관계가 그리 간접적인 것은 아니었다.

업화 초기 일본의 오야카타는 독립된 업자로 활동하는 경향이 있었는데, 이들은 자신의 숙련을 ─ 그리고 대개의 경우 자신이 이끄는 작업 집단 전체까지 ─ 지니고서 산업부문 내의 여러 공장들을 옮겨다니다가 수요가 침체되는 시기에는 자신의 독립된 공장으로 돌아가는 경우도 많았다(Taira 1970: 110; 1978: 193).

하지만 일본의 상황은 영국과도 큰 차이가 있었다. 영국의 정치적 상황은 특정한 직종 시장을 집단적으로 통제하려는 열망을 지닌 숙련 직인의 조직이 형성되는 데 비교적 유리했다(3장의 논의를 보라). 직종은 동일하지만 일하는 곳이 서로 다른 노동자들 사이에 연계가 형성되는 것을 국가정책이 허용했고, 어떤 측면에서는 간접적으로 지원하기까지 했다. 일본의 정치 상황은 좀 더 불리했다. 메이지유신 이전인 도쿠가와 막부 시기에 일본의 장인들에게는 영국과 달리 길드나 저니맨 단체들 사이에 지역 간 연계를 구축하는 것이 허용되지 않았다(Gordon 1985: 22-5). 경제가 자유화되면서 일본의 숙련 장인들도 자유로운 신분으로서(그리고 타인의 고용주로서) 극심한 숙련노동력 부족을 이용할 수 있기는 했지만, 훨씬 더 자유롭게 이동했다. 산업화 초기 금속가공 및 엔지니어링 산업을 지배한 국영 및 민간 대기업들은 오야카타와 그 휘하의 노동자들이 지닌 숙련 때문에 이들에게 의존했다. 더구나 경영에 필요한 전문 지식이 전반적으로 결여되었기 때문에 ─ 특히 공공 부문에서 그러했다 ─ 대기업의 고용주 또한 "1차 대전 이전에 일본의 공장에서 노동력 관리의 주요한 방법"으로서 오야카타에 의존했다(Taira 1978: 189).

이렇게 해서 일본의 전통 직인은 주로 개별적인 업자로서 새로 등장하는 산업에 흡수되었고, 감독자에 준하는 강력한 지위를 확보했다. 타이라가 지적한 대로(Taira 1978: 187-94), 금속가공 및 엔지니어링 산업이 초창기에 주로 역동적인 국영 대기업 부문과 역동성이 떨어지는 소규모 작업장 부문으로 나뉘고, 이러한 구분이 심화되는 상황에서 자신의 경력을 쌓을 수 있는 곳은 전자였다. 왜냐하면 대기업 부문에 들어간 오야카타는 엄청난 자율성 및 권한과 지위를 누렸기 때문이다.[8] 오야카타들은 넓게 흩어져 있는 거대한 공장들에서 작업을 했는데, 그러한 공장은 보통 아주 분권화된 방식으로 운영되었으며, 이 시기에 노동자들은 자신을 특정한 오야카타-코카타 집단의 성원으로서 ─그 집단이 일하고 있는 회사의 종업원으로서가 아니라─ 인식했다. "메이지 시기 직인은 훗날의 일본 노동자와 달리 자신의 고용주로서 좀처럼 공장의 이름을 부르지 않았고, 공장의 이름을 언급하면서 특별한 자부심을 과시하려고 하지도 않았다. 그의 자부심은 자신의 직종과 존경할 만한 오야카타가 이끄는 조에 속해 있다는 점에 있었다. …… 모든 노동자들이 추구하는 목표는 자신의 작업장과 코카타를 거느리는 오야카타가 되는 것이었다"(Taira 1978: 190).

일본에서는 여러 가지 이유로 숙련에 기초한 노동조합이 별 진전을 거두지 못했다. 도쿠가와 막부 치하에서 길드에 가해진 국가정책의 유산이 그 한 이유다. 더 중요한 것은 메이지유신 이후 국가의 억압으로 인해서 크래프트 유니온이 제도화될 수 없었던 점이다. 19세기 마지막 몇 해 동안 미국노동총동맹AFL의 노선을 따라서 크래프트 유니온을 결성하려는 시도들이 많이 있었는데 ─예를 들면 인쇄와 철공 분

---

8 타이라는 어떤 경우에는 오야카타가 자신이 데리고 온 '수십 명이나 수백 명'의 부하들로 이루어진 매우 큰 집단을 지휘했다고 지적한다(Taira 1978: 193).

야에서 — 이러한 시도들은 곧바로 진압되었다(특히 Garon 1988: 29–33; Gordon 1985를 보라). 숙련 직인을 더 광범위하게 조직화하려는 시도도 동일한 운명에 처했다. 철공조합이나 금속노동자조합이 1897년에 결성되었지만 1907년에 소멸 상태에 이르렀다(Taira 1978: 191–2).

위와 같은 정치적 제약에 직면하자 숙련을 지닌 오야카타는 개인적인 전략으로 전환하여 스스로 이동하고 결단하면서 자신의 운명을 개척하고자 했다. 대부분의 오야카타들은 결코 기업 내의 고용을 통해서 자신의 미래를 모색하려 하지 않고, 오히려 언젠가 자신의 독립적인 작업장으로 돌아가기를 기대했다(Taira 1978: 193; Gordon 1985: 417). 그리고 산업화 초기 일본의 공장에서 이들이 감독자 지위를 담당했던 점을 고려할 때, 이들 숙련 직인들은 에릭 올린 라이트Erik Olin Wright가 매우 모호한 계급적 지위라고 부른 위치를 점했고, 현장에서 상당한 자율성과 더불어 다른 노동자들에 대한 권위를 누렸다. 노동조건에 대한 일반 노동자들의 불만이 기업이 아니라 오야카타 노동 보스들을 향해서 표출되는 경우가 많았는데, 산업화 초기에 오야카타가 행사한 막대한 권력을 고려하면 이는 당연한 것이었다.

기업에 미친 영향

산업화 초기 일본의 기업이 숙련 및 숙련공과 관련해서 직면한 가장 중요한 문제는 숙련공의 심각한 부족과 이에 따른 높은 이직률, 그리고 인력 사냥이었다. 역사적으로 동일한 국면에서 독일의 기계 및 금속가공 기업들은 숙련 인증 권한을 확보하려는 의지를 더욱 굳게 다지고 있었고, 영국의 동종 기업들은 경영상의 통제를 재확립하는 데 몰두했는데, 일본에서는 노동이동을 제한하는 일에 전적으로 매달렸다.

오야카타 시스템은 산업화 초기 금속 산업이 필요로 했던 최소한의 숙련노동을 제공해주었을지 모르지만, 여전히 노동이동은 매우 빈번했고, 또 오야카타 시스템이 오히려 이동을 촉진했다. 오야카타 시스템은 사업장 내 훈련을 포함하고 있었지만, 최소한 안정된 내부 노동시장이라는 의미에서 안정적인 '분절주의'를 가져오지는 못했다. 오야카타는 한 기업에 특별한 충성심을 갖지 않았으며, "우두머리는 자신이 거느린 무리를 데리고 가장 높은 금액을 제시하는 업체를 따라서 한 작업장에서 다른 작업장으로 쉽게 옮겨가곤 했다." 이는 1차 대전 이전에 이직률이 대단히 높았던 한 요인이기도 했다(Levine and Kawada 1980: 113). 더구나 오야카타가 머물러 있어도 휘하에 있는 직인과 오야카타의 관계를 결속시키는 장치는 부재했다. 오야카타 마스터가 노동시장에서 핵심적인 조정자 역할을 — 보수가 좋은 일자리를 장악하고 이를 자신의 집단에 속한 구성원들에게 할당하는 — 수행했기 때문에 직인이 특정 오야카타에게 머물러야 할 인센티브가 일정하게 존재했다. 그러나 공식적 규제가 존재하지 않았고 오야카타의 노동자들은 마음대로 공장을 그만두고 떠날 수 있었으며 또 떠나갔다(Agriculture and Commerce 1903, Vol. 2: 10). 때로는 오야카타 자신이 한 공장에서 일자리를 잃게 된 직인이 다른 곳에서 일자리를 구할 수 있게 도와주는 중요한 중개자가 되기도 했다(Yamamoto 1994: 167-8).

더구나 도제 훈련에 관한 규제가 없었기 때문에 훈련생에 대해서도 이직을 자제하게 할 만한 아무런 장치가 없었다. 이 시기의 훈련 시스템은 사업장 내에서 이루어졌지만 몹시 유동적인 하청 관계에 기반을 두고 있었기 때문에 전승되는 숙련은 기업 간 통용성이 매우 높았다.[9] 더구나 독일과 달리 일본의 도제들은 다른 곳에서 기회가 찾아오기라도 하면 공식 훈련 기간이 끝날 때까지 머물러있어야 할 특별한 인센티브가 없었다(Labor 1961: 22). 그리하여 특히 금속 업종에서는 "많은 도제들이 도제 훈련 기간을 다 마치지 않고 떠돌이 직인의 세계로 뛰어들었다"(Taira 1970: 109). 어느 정도의 이직은 도제가 훈련을 받는 과정에서 전적으로 필요한 것으로 간주되었다. 일자리가 바뀌면서 도제는 새로운 기법과 기술을 접하게 되고, 따라서 일정한 이동은 노동자들에게 다양한 유형의 작업을 경험하게 함으로써 숙련을 발전시키는 데 유익한 도움을 주는 것으로 간주되었다(Sumiya 1970: 162-7).

이와 같은 유형의 이동은 일본에서 숙련공들 사이에 항상 존재해왔는데, 특히 공공 부문에서 지속적인 쟁점이 되었다. 공공 부문 기업들은 일정한 손실을 예상하고 수준 높고 비용이 많이 드는 훈련 프로그램을 유지할 수 있었다. 왜냐하면 이 기업들은 훈련비용을 소비자즉, 군대에 전가할 수 있는 특별한 지위에 있었기 때문이다. 그러나국영 공장은 자신들이 훈련시키느라 상당한 노력을 기울인 핵심 숙련공들을 중요시했기 때문에 핵심 숙련 직인 집단을 머물게 하기 위한정책을 도입했고, 이들이 다른 노동자들에 대한 훈련을 담당할 것을기대했다. 그리하여 일찍이 1868년에 요코스카 조선소 경영진은 65명의 핵심 숙련 직인들(카카에쇼코오, 抱職工)에게 '종신' 고용을 부여했

---

9 그러나 한 가지 제한이 있었다. 이 시기 시장에서 이동이 숙련노동자의 능력을 나타내는 한 지표였지만, 숙련을 문서로 입증할 수 있는 '독립적인 기준'이 부재한 상황에서 이들이 할 수 있는 것에는 일정한 한계가 있었다. 기업은 자신들이 어떤 것을 얻게 되는지를 알 수 없었다. 우라가(浦賀)라는 회사에서는 노동자의 임금을 결정하기 전에 1주일간 검증을 거쳤고, 그 동안 하루에 1엔의 임금을 노동자에게 지급했다. 만약 노동자가 자신이 제대로 대우를 받지 못한다고 느끼고 자신의 실제 숙련에 따라 더 많은 임금을 받아야 한다고 생각하더라도 다시 그만두는 방법 이외에는 의지할 것이 별로 없었다(Gordon 1985: 96-7).

다.[10] 1873년에 요코스카 조선소는 핵심 숙련 직인을 보유하기 위해서 또 다른 유인책을 실시했다. 이 해에 조선소 측은 110명의 숙련 직인에게 '월급 직공'의 지위를 부여했는데, 이는 이들이 병으로 결근하더라도 고정된 월급이 보장되는 것을 의미했다. 또한 조선소 측은 숙련 직인을 계속 붙잡아두기 위해서 퇴직수당을 추가했다(Hazama 1964: 421). 하지만 이러한 조치들은 20세기 전환기에 숙련에 대한 수요가 증가하면서 좀처럼 효과를 거두지 못했고, 경영은 몹시 불안정해지고 기업이 부담해야 할 훈련비용은 매우 늘어났다.

독일과 마찬가지로 19세기 말에 금속산업이 급속히 성장하면서 수준 높은 숙련에 대한 수요가 점점 더 많이 발생했다.[11] 그 결과 숙련공을 둘러싼 경쟁이 훨씬 더 심화되었고, 민간 업체 간에 국영기업으로부터 숙련공을 빼오는 인력 사냥이 걷잡을 수 없이 늘어났다. 연간 이직률은 "종종 100%를 넘었고, 때로는 200%에 이르렀다"(Weiss 1993: 332). 1901년에 실시된 한 조사에 의하면 주요 민간 금속 공장 10곳에서 근속 기간이 1년 미만인 노동자들이 50%가 넘었다.[12] 미쓰비시 나가사키 조선소와 같은 기업은 직인을 고정된 기간(3년) 단위로 고용함으로써 안정성을 확보하려고 시도했지만, 고용주도 노동자들도 이를

---

10 이 시기에 요코스카 조선소는 113명의 정규직공(定雇職工), 397명의 보조공(職工手), 그리고 54명의 일반 노무자(寄場人足)를 고용하고 있었다(Hazama 1964: 403; Taira 1978: 176).

11 군공창(軍工廠)에서 일하는 직공의 수는 1899년에 약 2만 5천 명이었는데 1912년에는 7만 5천 명이 넘었다. 같은 시기에 민간 금속 공장의 고용은 2만 1천 명 이하에서 거의 7만 명으로 증가했다. Hazama(1964: 436, 452) 참조. 보다 세분화되고 전문화된 숙련이 필요해진 것에 대해서는 또한 Yamamoto(1994: 188), Inoko(1996)을 보라.

12 1902년 아이치 현에서 민간 기계업체의 평균 근속 기간은 1년 미만이었다(Odaka 1990: 320).

진지하게 여기지 않았다(Hazama 1964: 452). 게다가 민간 제조 부문의 전체 규모가 커지면서 개별 기업들이 국영기업으로부터 충분한 숫자의 숙련공을 채용하는 것도 곤란해졌다. 또한 독일 금속가공 대기업이 직면했던 문제와 유사하게 민간 부문 내에서 생산기술이 근대화되면서 높은 숙련을 지닌 노동자들이 대거 요구되었는데, 전통적인 오야카타 시스템의 '꾸준한 숙련 개발'로는 이를 제공할 수 없었다.

따라서 일본 금속가공 산업의 고용주들에게 노동이동이 가장 큰 관심사가 되었다. 1900년대 초에 노동이동을 완화하기 위해 많은 노력들이 있었다. 노동자들의 이직을 직접 규제하려는 시도가 있었는가 하면, 고용주들 스스로 인력 사냥을 없애기 위해 집단적 규제를 시도하기도 했다.[13] 예를 들면 19세기 마지막 몇 해 동안 이직률이 높아지자 몇몇 기업들은 도제의 임금을 지불하지 않는 처벌 조치를 취했다. 기업들은 또한 소수의 선별된 노동자들에게 유인책으로 장기 고용 계약을 제안하거나, 노동자들이 기업에 머물도록 하기 위해서 근속에 따라서 임금을 올리는 방식을 제안하기도 했는데, 이는 몇몇 국영 대기업에서 선구적으로 실시해온 관행들이었다(Gordon 1985: 2장).

일부 산업에서는 기업들이 부족한 숙련공을 둘러싸고 벌어지는 업체 간 파괴적인 경쟁을 업체 간 협력을 통해서 해소하려고 시도했다. 이 경우 고용주 단체는 업체 간 노동자를 서로 뽑아가지 않는 협정을 맺도록 중재하고 이를 실행하게 했다(Taira 1970: 111-3). 방적,

---

13 20세기 초에 업종협회들이 증가하면서 집단적인 규제 노력이 등장했다(Morita 1926: 31-
   3). 같은 시기에 사용자 단체들도 정부에게 노동이동을 규제해달라고 요구하기 시작했다
   (Labor 1961: 22, 36).

견직, 그리고 석탄 업종에서 인력 사냥을 없애려는 업종 단체의 노력은 일부 제한적인 성공을 거두었다.[14] 일부 지역의 금속가공 산업에서는 규모는 작지만 비슷한 성격을 지닌 협정이 당사자들 사이에 체결되었다. 예를 들면 조선 산업이 호황이던 1911년에 미쓰비시 나가사키 조선소는 근처에 있는 쿠레의 해군 공창과 서로 노동자를 뽑아가지 않기로 — 비록 두 회사가 이직 협상을 벌이는 것은 가능했지만 — 협정을 맺었다(Taira 1970: 115). 하지만 어떤 업종이든 위와 같은 장치들은 안정적이지 못했고, 금속가공 산업의 경우 다른 업종보다도 훨씬 덜 성공적이었다.[15]

일반적으로 위와 같은 시도들은 많은 문제에 부딪혀서 좌절되었다. 첫째로, 국가가 반대했다. 국가는 종종 *제품* 시장을 규제하는 카르텔 관행은 지지했지만, **노동시장 이동에 관한 규제**에 대해서는 — 담합해서 임금 상한선을 설정하거나 직인이 일자리를 옮기지 못하도록 제한하는 것과 같은 — 지지하지 않는 것처럼 보였다(예를 들면 농상무성 차관의 1916년 6월 29일자 고시를 보라). 그러나 집단적인 자제 노력 또한

---

14 예를 들어 계절에 따라서 숙련공이 필요했던 방적 산업에서는 고용주들 사이에 노동자 쟁탈전이 치열했고, 그 결과로 노동비용이 치솟았다. 고용주들은 이를 해결하기 위해서 지역 업종협회(코오조오도오메에, 工場同盟)를 결성하고 노동자 등록 시스템을 도입했다. 이 시스템에서는 일단 한 고용주에 의해서 노동자가 고용되면 다른 고용주는 그 노동자를 채용할 수 없었다(Morita 1926: 107−14). 방적 산업의 카르텔 관행은 몇몇 지역에서는 잘 작동되었다. 견직 산업에서는 1920년에 전국견직산업총연합회가 이 해에 특정 고용주에 의해 채용된 노동자들에 대해서 1921년에 같은 고용주가 고용할 권한을 지닌다고 선언했다. 1920년대 홋카이도의 석탄 산업에서도 유사한 관행이 있었다. 하지만 위와 같은 성공적인 사례의 경우에서도 종종 그러한 관행이 무너졌다(예를 들면, 시사신보 1926년 3월 22일자).

15 도쿄 지역에는 도쿄철공기계동업조합이 조직되어 노동이동을 규제하려고 시도했는데 다른 업종만큼 효과를 거두지는 못했다(Tekkō Kikai Kyōkai 1974).

기업들 내부 이해 갈등으로 인해서 실패로 돌아갔다. 전통적인 업체와 업종은 노동시장에 대한 규제를 늘릴 것을 원했지만, 새로운 산업들은 더 '자유로운' 노동을 원하는 경우가 많았다(Furusho 1969). 금속 산업 내부에서 민간 기업들은 노동시장 규제를 도입하는 데 적극적이지 않았는데, 왜냐하면 이들은 국영 공장으로부터 숙련공을 계속 채용했기 때문이다. 또 정부는 이러한 관행을 암묵적으로 승인하고 있었다(Yamamura 1977). 1904년 해군 공창들이 다른 공창에서 이직한 직공을 고용하지 않기로 하는 규칙을 자발적으로 만들었을 때 민간 부문은 이 규칙에 참여하지 않았는데, 그 이유는 민간 기업들이 국영 공장으로부터 뽑아오는 숙련노동에 매우 많이 의존했기 때문이다(Hazama 1964: 454-5).

도제 훈련에 대한 규제가 이루어지지 않았다는 점이 사태를 악화시켰다. 왜냐하면 도제의 이직을 막기 위한 아무런 조치도 없었고, 훈련비용이 증가함으로써 숙련노동의 부족을 가져왔기 때문이다. 19세기 말 일본의 업종협회는 상업적 이해를 중심으로 운영되었고, 전통적 길드 조직과는 제도적으로 분리되어 있었다(Miyamoto 1938). 업종협회는 수요 측면에서 이 문제를 비난했지만 숙련의 공급은 여전히 오야카타 직인이 장악하고 있었는데, 앞서 보았듯이 이들의 전통적인 단체는 해산당한 상태였다. 고용주들은 인력 사냥을 제거하려고 노력했지만, 숙련노동을 직접 꾸준히 공급함으로써 집합행동 문제를 완화할 수 있는 제도적 장치가 결여되어 있었기 때문에 그러한 노력에는 한계가 있었다. 그리하여 고용주들은 노동이동 문제에 대한 집단적 해결책을 둘러싸고 교섭을 계속했지만, 부족한 숙련공을 둘러싼 경쟁이 심했기 때문에 그러한 노력은 좌절을 거듭했다.[16]

금속가공 부문 대기업의 전략

숙련공을 둘러싼 기업 간 경쟁이 심화된 것은 오야카타 직인에게 이익이 되었다. 오야카타 직인의 권력은 독일처럼 사회적·정치적으로 조직된 집단으로서 제도화된 특권을 지니는 데에서 유래하는 것이 아니라, 그들이 지닌 숙련의 희소성과 이로 인해서 오야카타 개인이 차지하는 중추적인 지위에서 유래했다. 독일에서 장인 부문과 산업부문 사이의 갈등이 국가 정치 수준에서 전개된 데 비해, 일본에서는 그러한 갈등이 사업장 수준에서 다루어졌다. 개별 고용주들이 노동이동을 통제하고 스스로 보다 안정적인 숙련의 원천을 창출하고자 노력했기 때문이다. 어떤 경우에는 기업 내에 완전히 새로운 훈련 기관(기업 내 훈련 학교)이 만들어지기도 했지만, 다른 경우에는 오야카타 보스를 기업 위계에 보다 안정적으로 통합하고 그들이 거느린 직인을 직접 고용 관계에 둠으로써 오야카타 보스가 제공하는 훈련에 대해 보다 직접적인 형태의 통제를 확립하고자 했다. 이러한 전략들은 실제로는 서로 뒤섞여서 사용되기도 했다. 이러한 전략들을 차례로 살펴보도록 하겠다.

첫째로, 금속가공 부문의 일부 민간 기업들은 숙련공 부족과 높은 이직률에 대처하기 위해 국영 부문에서 선구적으로 개발된 전략을

---

16 1차 대전 이전 시기 일본의 기업 및 업종 단체의 결성 과정에 대해서는 Yamazaki and Miyamoto(1988)에 실린 Miyamoto, Kikawa and Fujita의 논문을 보라. 1차 대전 이전에 여러 경공업 분야에서 많은 카르텔이 결성되었지만, 철강 및 기계 산업에서는 같은 시기에 단 하나의 카르텔만이 결성되었다(Kikawa 1988: 62-3의 표들). 키카와는 노동력 부족에 대처하려고 노력한 견사, 제지, 면직업 분야의 카르텔을 언급하고 있다. 그는 위의 산업에서 인력 사냥을 방지하려는 노력이 있었음을 언급하고 있지만, 숙련 형성 분야에 관해서는 어떠한 공동 노력도 언급되지 않고 있다(Kikawa 1988: 65-6).

받아들여서 훈련대상 노동자인 견습공을 위해서 기업 내 학교를 설립했다. 민간 부문에 설립된 최초의 기업 내 훈련 학교는 1900년에 설립된 미쓰비시공업예비학교였다. 도쿄고등공업학교가 실시한 조사에 따르면 1911년까지 10개가 넘는 대기업에 기업 내 학교가 설립되었다. 기업 내 학교에서는 직무 중 훈련과 교실 수업을 결합했다. 훈련 기간은 최소 3년이었으며, 훈련을 마친 노동자는 모두 중견 기능공이 되어서 최소한 훈련 기간만큼은 공장에서 근무할 것이라고 기대되었다(Sumiya 1970, Vol. 2: 37).

하지만 노동자가 더 많은 숙련을 획득할수록 다른 기업에 채용될 가능성이 더 높았고, 노동자들이 약정을 위반하지 못하도록 막는 장치가 전혀 없었다. 고든은 선도적인 엔지니어링 기업인 시바우라芝浦에서 훈련 프로그램을 수립하는 데 깊게 관여했던 한 경영자가 1908년에 한 말을 인용하고 있다. "최근에 …… 회사는 적절한 교육 시스템을 만들었지만, 노동자들이 …… 교육 이수 연한을 채우지 않고 한꺼번에 회사를 떠나고 있다"(Gordon 1985: 74). 시바우라가 특수한 사례는 아니었고, 시바우라의 라이벌인 히타치가 운영하는 학교도 사정은 마찬가지였다. 이곳에서도 훈련생들은 훈련 기간 중에 떠나가거나 훈련을 마치자마자 보수가 나은 일자리에 이끌려서 오사카나 도쿄로 떠나갔다. 미쓰비시의 훈련 학교에는 1904년부터 1909년 사이에 4백 명이 넘는 학생이 정규 과정에 등록했지만, 훈련 기간이 끝날 때까지 남은 숫자는 절반도 안 되었고, 전체 입학생 가운데 19%만이 3년 이후에도 고용되어 있었다(Gordon 1985: 75).

위와 같은 교육훈련 프로그램에 드는 비용 — 대다수 기업들은 이를 감당하는 것이 불가능했다 — 을 고려해서 숙련공들이 회사에 좀 더 의존적인 관계에 놓이도록 다른 조치들이 고안되어 함께 실시되었다. 한 가지 방법은 오야카타를 흡수해서 직무 중 훈련을 회사가 직접 통제하는 것이었다. 그리하여 전반적으로 1900년대 초에 하청 관계에 기초해서 '독립 보스'로 고용된 오야카타의 수가 감소하고, 회사 내에서 대리인의 역할을 하는 오야카타의 수가 증가하는 변화가 발생했다. 오야카타를 흡수하기 위해서는 이들에게 고용을 확실하게 보장하고 상당한 재량권을 부여하는 — 비록 이제는 전반적인 경영 위계의 맥락 안에서 행사되는 것이지만 — 특권적인 일자리를 제공해야 했다. 고든의 표현대로 "오야카타는 자신의 자유를 기업이 제공하는 안정 및 지위와 바꾸었다"(Gordon 1985: 54).

다른 경우에는 경영자들이 오야카타 보스들을 대체할 수 있는 이른바 기간공基幹工을 훈련할 수 있는 사내 훈련 시스템을 설립함으로써 오야카타의 '통제'로부터 벗어나고자 노력했다. 이러한 '기간' 노동자들은 당시에 광범위하지만 기업 특수적인 훈련을 받았는데, 이는 기업의 필요에 따라서 이들이 유연하게 배치될 수 있게 하기 위한 것이었다. 기업은 장기 고용을 보장하고, 연공임금과 내부 승진 사다리를 시행하고, 또 기업 복지 제도를 도입함으로써 노동자들이 기업 특수적인 숙련에 대한 투자를 망설이지 않도록 노력했다(Levine and Kawada 1980: 114-8).

간접적 통제로부터 기업 내 훈련에 대한 직접적 통제로 이행하는 과정은 오랫동안 서서히 진행되었다. 비록 보다 역동적인 산업부문과 비교할 때 독립 마스터 직인의 시장 지위가 전반적으로 저하되면서 그러한 이행 과정이 촉진되기는 했지만 말이다. 1912년에 최초로 미쓰비시기술학교를 졸업하고 기업 내 훈련을 통해서 오야카타가 배출되었지만, 학교에서 이탈하는 비율이 높았기 때문에 전통적인 오야카타가 대체되기까지 아주 오랜 시간이 걸렸다고 타이라는 지적했다(Taira 1978: 206). 대부분의 경우 전통적인 요소와 근대적 혁신이 함께 뒤섞여 있었는데, 후원자 시스템에서 훈련을 마친 젊은 노동자들이 하급 엔지니어나 기술자의 지위로 승진되어 다음 세대 신참 노동자들의 훈련을 담당했다(Levine and Kawada 1980: 113; Taira 1978: 205-6).

기업이 훈련을 통제하는 방향으로 나아간 움직임은 내부 노동시장을 안정화하고 장기 고용을 촉진한 노력과 관련되어 있었다. 연공임금 제도, 기업 복지, 그리고 핵심 숙련노동자들에게 회사에 대한 충성심을 불어넣는 것 등이 기업 전략에서 가장 두드러진 조치들이었다. 예를 들면 민간 부문인 나가사키 조선소의 경영자는 1900년에 이미 장기 고용이 보장된 상용공常傭工과 고용이 보장되지 않는 임시공臨時工을 구분하는 시스템을 도입했다. 그 해에 조선소에 5,247명의 상용공과 440명의 임시공이 있었는데, 이와 같은 상용공 시스템은 국영인 요코스카 조선소의 정규직공定雇職工 시스템과 유사했다. 경영자는 노동자들이 더 오래 머물러 있도록 하기 위해서 퇴직수당과 같은 다양한 유인책을 실시했다. 나가사키 조선소에서 상용공의 이직률은 1901년까지는 매우 높았지만 그 이후 점차 낮아졌다. 이는 경영자의 유인책이 효과를 발휘한 것으로 보였다(Hazama 1964: 454; Odaka 1984: 208).[17] 여기서 우리는 2차 대전 이후 일본에서 크게 증가한 경영 시스템의 원

---

[17] 나가사키 조선소에서 상용공 시스템을 도입한 이후, 이동률(그 해에 채용된 노동자와 이직한 노동자의 수를 연말을 기준으로 전체 노동자 수로 나누어 계산한 것)은 1898년과 1905년 사이에 평균 115%에서 1910년과 1913년 사이에 평균 57%로 크게 떨어졌다.

형을 볼 수 있는데, 그 특징이 바로 기업 내 숙련 형성과 내부 노동시장이다.

야하타는 이러한 전략을 보여주는 또 하나의 유명한 초기 사례다.[18] 선도적인 제철소인 야하타는 1910년에 기업 내 학교를 설립했다. 그 이후 야하타에서 훈련은 "세분화된 승급 사다리와 아주 긴 지위 위계"와 결합되었다(Levine and Kawada 1980: 165). 선별되어 특별훈련을 받은 유망한 젊은 노동자들은 하급 감독자 직위인 오장伍長까지 승진할 수 있었고, 3년간 이 일을 맡고 나면 기술적 능력과 대인관계 능력을 검증하기 위한 시험을 통해서 더 높은 직위인 조장組長으로 올라갈 수 있었다. 또다시 훈련을 받고 경력을 쌓게 되면 다시 월급을 받는 직위로 올라갈 수 있었는데, 생산직 포어맨인 공장工長으로 승진해서 마침내는 경영을 보조하는 숙로宿老까지 될 수 있었다. 이 시점에 노동자는 기업 내 훈련 프로그램에 교사로 배치될 수 있었다(Levine and Kawada 1980: 165-6).

위와 같은 노력들 가운데 몇몇은 비교적 성공을 거두었지만, 노동이동과 인력 사냥이라는 전반적인 문제는 여전히 심각한 상태였고 1차대전 기간에 숙련공 부족으로 인해 더 격화되었다(Taira 1970: 129-32). 어느 공장의 감독보고서에 의하면 일본 기계 산업의 이직률은 1919년에 75%를 기록했고, 같은 해에 실시된 전국 조사에 의하면 기계 산업 전체 노동자 30만 명(전체 산업 노동자의 12%였다) 가운데 한 기업에서 5년 이상 근무한 노동자는 11%에 지나지 않았다(Gordon 1985: 87, 89). 이러한 상황은 내부 노동시장을 안정화하려는 기업 정책을 촉진했는

---

18 나의 설명은 Levine and Kawada(1980: 158-68)에 의거하고 있다.

데, 이는 나중에 훨씬 더 광범위하게 확산될 관행들을 확실히 예고하는 것이었다. "한 기업에 계속 근무하는 사람들 가운데 일부에게 정기적인 임금 인상을 승인하는 것은 1차 대전 말에는 상당히 흔히 찾아볼 수 있게 된 중요한 관행이었다"(Gordon 1985: 98-101). 또한 1·2차 대전 사이에 임금과 수당은 근속 기간에 결부되기에 이르렀다. 비록 "훈련을 받은 후에 치르는 정기적인 시험을 무사히 통과하는가에 따라서 승진이 결정되었지만" 말이다.(Levine and Kawada 1980: 174).

일본적 경영 시스템의 전개

독일 사례에서 보았듯이 1920년대 정치적 동맹이 재편된 것이 바이마르 시기 직업훈련의 운명에 결정적인 영향을 미쳤다. 독일에서는 꾸준히 조직화가 잘 추진되었던 기계 산업이 —이 시점에는 많은 중소규모 업체들도 대변했다— 산업부문에서 직업훈련을 집단화하고 표준화하려는 노력을 이끌었다. 비록 노동 측과의 계급 간 동맹에 기초를 둔 개혁의 가능성은 정치적·경제적 장애물로 인해 좌절되었지만 말이다. 일본에서도 1차 대전 기간과 그 이후에 산업 내에서, 그리고 정치적으로 동맹 관계가 재편된 것이 일본 직업훈련 시스템의 전개 과정에 결정적인 영향을 미쳤다. 독일과 마찬가지로 노동이 지지하는 역할 —중추적인 역할은 아니지만— 을 했지만, 국가 정치 수준이 아니라 사업장 수준에서 노동과의 계급 간 동맹이 구축되었다는 점에서 일본은 독일과 달랐다. 그리하여 일본의 훈련 레짐은 1차 대전 기간과 그 이후의 전개를 통해서 분절주의적인 궤적을 계속 밟아나가게 되었다.

앞서 강조했듯이 산업화 초기 일본의 기업들은 무엇보다도 먼저 노동력의 불안정성이 높은 상황에 대처해야만 했다. 하지만 1920년대에 노동이동 문제를 상당히 완화시키는 경제 상황이 도래했다. 레빈과 카와다가 지적한 대로 1920년대 경기 침체로 인해서 숙련이 상대적으로 풍부해졌고, 또 도시화와 교육의 향상 ─ 직업교육에 정부 지원이 증가한 것도 포함해서 ─으로 인해서 "기업 간 분절이 무너지고 보다 개방적인 노동시장이 재등장할 것이라는 예상을 충분히 할 수 있었다" (Levine and Kawada 1980: 118). 노동력 부족에서 노동력 과잉으로 상황이 바뀌면서 일본의 고용주들은 사업장 내 훈련을 포기하고 이와 함께 내부 노동시장을 안정화하기 위해서 실시했던 관대한 복지 정책도 포기할 수도 있었다. 그러나 이러한 일은 발생하지 않았다.

이러한 시스템을 지탱했던 한 가지 중요한 요인은 1차 대전 이후에 앞서 잠시 언급한 이중적인 산업구조 ─한편에는 재벌 계열의 대기업이 있고, 다른 한편에는 중소기업들이 있는─가 강력하게 공고화된 점이다. 독일에서는 중소규모 기계업체들이 독일기계제조업협회의 활발한 활동에 도움을 받아서 점점 더 체계화되고 시장 변화에 적응하고 있었음에 비해, 일본의 소기업 부문은 낙후된 상태에 머물렀다. 과거에는 자신이 소유한 작업장으로 돌아갈 수 있었던 매우 독립적인 오야카타가 자신의 작업 집단에 대한 직접적인 관리를 포기하고, 그 대신에 "기업 관리 구조 내의 지위나, 종신 고용, 높은 보수, 정기적인 임금 인상 등과 같은 여러 가지 안락함과 유인책"을 그 어느 때보다도 적극적으로 선택하려고 했다(Taira 1978: 205).

이 시기에 성장한 기업들은 서구에서 도입한 기술에 기초해서 중요한 근대화를 겪고 있었다(Yamamura 1986). 자본집약도가 고도로 증가함에 따라서 숙련, 특히 노동시장에서 쉽게 찾을 수 없는 고급 숙련을 보유하고자 하는 기업들의 관심도 증가했다. 이 거대 기업들은 커다란 내부 노동시장을 지니고 있었는데 상당한 시장 지배력을 행사했고, 이로 인해서 종신 고용 등 훈련에 대한 투자를 보호하기 위해서 드는 막대한 고정비용을 흡수할 수 있었다. 이러한 요인들과 함께 숙련 직인의 이직에 대한 인센티브 및 기회가 줄어들면서 이전 시기에 비해서 1920년대와 1930년대에는 고용 안정성이 크게 증가했다(Taira 1970: 153-4). 많은 산업의 고용조건을 광범위하게 검토한 자료가 1929년에 발간되었는데, 이에 의하면 점점 더 많은 대기업이 노동자의 정착률을 높이기 위해서 다양한 인센티브를 사용하고 있는 것으로 나타났다(Taira 1989: 625).[19]

1920년대 일본에도 대기업이 특별히 선별된 숙련노동자를 계속 고용하기 위해서 고임금을 제공하고, 또 이를 위해 고안된 관행들을 일반적으로 실시하면서 상당한 임금격차가 발생했다(Taira 1989: 623-4). 타이라(Taira 1970: 35)는 북큐슈 지역 대기업 2개 사의 임금을 해당 지역 같은 직종의 시장 임금과 비교해서 추적한 연구를 소개하고 있다. 야하타 제철소와 나가사키 미쓰비시 조선소에서 1차 대전 말 임금이 상승했고, 1920년대와 1930년대 내내 지역 평균을 계속 앞질렀다.

---

19 1·2차 대전 사이에 협조회가 설립되었는데(1919년), 이 조직은 기업인, 국회의원, 공익 대표, 그리고 정부 대표 등으로 구성되었으며, 노사협조를 증진시키기 위한 조직이었다. 협조회는 한동안 직업 소개 서비스를 제공하고, 조사를 수행하며, 정책 연구 기관으로 활동했다. 주요 활동은 고용주에게 자문을 하고, 다양한 기업 복지 시책을 도입하도록 장려하며, 사회정책의 입법을 위해 정부에 로비하는 것이었다. 협조회는 또한 여러 기업의 노동자 복지 시스템의 실상에 관한 보고서를 발간했는데, 이러한 활동은 이 시기에 분절된 기업들 사이에 정보를 공유하도록 하여 일정한 협력을 촉진했을 가능성이 있다. 노동조합은 노동자를 포섭하려는 시도로 보고 협조회를 거부했지만, 협조회는 전쟁에서 수행한 역할을 이유로 1946년에 점령군에 의해 해산당할 때까지 존속했다. 협조회에 관한 정보 — 이는 협조회삼십년사에 의거한 것이다 — 를 알려준 이쿠오 쿠메(Ikuo Kume)에게 감사한다.

"북큐슈 산업 지역의 대기업과 지역 노동시장 사이의 임금격차 동향은 …… 전체 경제에 일어나고 있던 추세의 일부였다"(Taira 1970: 35).

1차 대전 기간과 그 이후에 노동시장의 자유화를 가로막고 대기업에서 비교적 관대한 고용 관행을 지속시킨 또 하나의 요인은 바로 노동조합운동의 성장이었다. 독일이나 영국의 노동운동과 비교할 때, 1차 대전 이전 일본의 노동운동은 취약했고 이데올로기적 노선에 따라서 분열되어 있었으며 조직률은 전체 노동자의 10% 미만에 불과했다. 하지만 1900년경에서 1920년경 사이에 "오사카, 고베, 도쿄, 요코하마 등 산업 중심지로 성장하던 지역에 노동계급 운동이 활발하게 등장했으며" 이는 직접적 통제와 가부장적 온정주의에 강력한 위협이 되었다(Gordon 1985: 421). 더구나 비록 1·2차 대전 사이에 전반적인 노동조합 조직률은 여전히 낮았지만, 엔지니어링과 금속가공 등 주요 산업에서는 조직률이 더 높아서 25%에 달했고(Taira 1978: 212), 이처럼 숙련 의존적인 분야에서 노동조합은 커다란 잠재적 파괴력을 보유하고 있었다. 하지만 영국의 노동조합과 달리 — 그리고 뒤에서 보듯이 미국의 노동조합과도 다르게 — 일본의 노동조합은 크래프트 컨트롤을 확립하는 것이 아니라(Lazonick and O'Sullivan 1997: 518), 이미 존재하고 있는 사업장 내의 고용 구조에서 영향력을 발휘하려는 전략을 수립했다.

이러한 중요한 차이점이 일본에서 노동조합과 고용주가 각각 나름의 이유에서 힘을 합쳐서 독립적인 오야카타 보스의 권력에 대항하는 독특한 이해관계 및 동맹의 구조가 등장한 것을 설명하는 데 도움이 된다. 앞서 언급한 대로 오야카타 직인은 노동자의 훈련뿐 아니라 관리도 담당하고 있었다. 과거 오랫동안 숙련의 부족이 지속됨에 따라서 사업장 내에서 이들의 권한이 증대되었지만, 새로 수입된 선진 기술이 공장 생산에 도입되면서 과거의 숙련은 낡은 것이 되어가고 있었다. 이와 더불어서 기업 내 훈련 학교를 졸업한 젊은 숙련노동자들이 현장에서 점점 중요한 역할을 담당하기 시작했고, 오야카타에 기초한 전통적인 현장 레짐에 위협이 되고 있었다. 몇몇 사례에서는 노동조합 활동가들이 오야카타 레짐에 대항해서 젊은 숙련 및 반숙련 노동자들을 조직하여 동원했다.

지금 논의에서 중요한 점은 위와 같은 갈등에서 경영자는 자주 **노동조합 편을** 들었다는 사실이다. 금속산업 대기업에서 오야카타의 권력을 제한하려는 젊은 노동조합 활동가들의 요구가 인사 정책에 관해서 직접적 통제를 확립하려는 경영자의 노력과 들어맞았다. 오야카타는 권력을 잃었고 경영자가 직접적인 통제를 행사하기 시작했다 (Sumiya 1970, Vol. 2: 56). 이러한 노사분규에서 경영자는 종종 젊은 숙련노동자를 공장 레짐에 통합하기 위해서 노동조합에 양보했다 (Gordon 1985: 421). 정규직 노동자에게 연간 상여금 및 퇴직수당제를 도입하는 것을 포함해서 노동조합의 요구는 대부분 내부 노동시장의 제도화를 촉진하는 효과를 낳았다(Gordon 1985, 163-206). 1910년대 말에 이미 많은 기업들이 그와 같은 요구에 직면한 바 있고 이에 부응했다. 이러한 기업들 가운데는 시바우라 제작소(1916년), 나가사키 조선소(1917년), 그리고 일본강관 히로시마 공장(1919년) 등이 있다(Odaka 1995: 153). 더구나 1919년에 당시 가장 큰 제철소인 야하타 제철소에서 노동자들은 근로조건 개선만이 아니라, 정규직 생산직 공원과 화이트칼라 직원 사이의 동등한 대우를 요구하며 파업을 벌였다. 또한 젊은 숙련공들은 자신들에게 관리직으로 승진할 수 있는 경로가 개방되어야 한다고 요구했다.[20] 장기간의 노사분규를 거쳐서 이러한 요구들도 받아들여졌고(Sumiya 1970, Vol. 2: 86), 그리하여 장기 고용과 내부 노동시장을 촉진하게 되었다.

1·2차 대전 사이에 일본의 노동조합은 근속 기간에 기초한 안정적인 임금 인상을 계속해서 요구했는데(Gordon 1985: 5장), 경영자는 여전히 숙련에 대해서 관심을 가지고 있었기 때문에 기업 내에서 노동자가 경력을 쌓는 과정에서 임금 상승과 연계하여 숙련 개발을 지속적으로 추구하는 정책 동맹이 구축되었다. 위와 같은 전개 과정은 최소한 선도적인 기업들 사이에서 연공임금 시스템 — 연공서열 혹은 근속에 따른 서열 — 이 확산되는 데 기여했다. "이념형적인 연공서열 시스템에서는 신규 채용은 경력이 없는 젊은 노동자로 국한되고, 이러한 노동자가 훈련을 받아서 시간이 지남에 따라 승진하면서 여러 가지 숙련 등급을 채워나가는 것이 요구되었다"(Taira 1970: 157). 엔지니어링 기업들이 이러한 시스템을 시행하기로 결정한 것은 '채용, 훈련, 배치, 승진, 해고 및 퇴직 등'을 비롯한 전반적인 인사 정책에 대해서 직접적 통제를 확립하기 위한 총체적 노력의 일환이었다. 즉, "마스터 직인들 사이에, 그리고 마스터 직인과 부하 사이에 개인적이고 자의적인 관계에 기초한" 전통적인 관행을 폐지함으로써 오야카타의 권력과 영향력을 박탈하려 한 것이다(Taira 1970: 158). 바로 1920년대에 점점 더 많은 기업들이 저명한 기업들 —예를 들면 쿠레 조선소나 나가사키 조선소와 같은 — 의 선례를 따라서 학교를 졸업한 청년을 매년 4월에

---

20 노동조합을 결성하고 단체교섭을 할 수 있는 법률적 권리가 1945년까지 보장되지 않았기 때문에(Taira 1989: 647) 노동운동이 대부분 국지화되었고, 또 기업이 우수한 평가를 받는 노동자들을 붙잡는 데 정책의 초점을 둠으로써 노동자들 내부가 고도로 계층화되었던 일본의 상황에서 위와 같은 요구들은 충분히 이해할 만한 것이다(Taira 1989: 628).

바로 채용하고, 이들을 훈련시키기 위해서 기업 내 학교를 설립한 것은 우연이 아니다(Dore 1973: 399-400). 이러한 발전은 특히 중공업 분야에서 두드러졌는데, 니시나리타의 언급대로 중공업 분야에서 연공임금 시스템은 "확고하게 정착되었다"(Nishinarita 1995: 18).

이렇게 해서 일본에 연공임금과 강력하게 결합된 시스템의 씨앗이 뿌려졌는데, 실제로는 이 시스템에서 임금은 기업 내에서 노동자가 근무하는 동안 쌓은 경력과 연계되었다(Thelen and Kume 1999). 경영자들은 분명히 연공 기준과 숙련 사이의 균형을 맞추어야만 했다. 만일 외부에서 채용된 노동자에게 너무 높은 보수를 지급할 경우 기업에서 밑으로부터 올라온 노동자와 형평성 문제가 생길 수 있었기 때문이다(Gordon 1985: 97). 기업이 훈련에 대해서 직접적 통제를 행사하고 훈련을 임금 상승과 연계시키기 시작하는 전반적 과정에서 어느 한 '직종'의 훈련이 점차 일련의 세분화된 직무로 분화되어 시행되는 변화가 나란히 일어났다(Taira 1978: 189). 이미 몇몇 기업에서는 청소년 노동자가 후견 직인의 휘하에 있는 것이 아니라 곁에서 일을 했고, 보다 긴 고용 기간을 전제로 하면서 기업의 필요를 중심으로 훈련 과정이 점점 더 조직되고 있었는데, 위와 같은 발전으로 인해서 이러한 경향이 다시 가속화되었다.

몇몇 기업에서는 노동조합이 이러한 전개 과정에서 적극적인 행위자인 적도 있었지만, 대체로 경영자가 노사분규를 *미리 방지*하고 노동조합 조직화를 저지하는 것이 보다 일반적인 패턴이었다(Gordon 1985: 207-35). 당시 내무성의 한 관료는 "계급 갈등이 발생하기 전에 기업 내에 협조적인 노사 관계를 구축하는 것이 대단히 중요하다"고 주장했다(Ikeda 1982: 9). 실제로 1920년대에 노사 간의 대화를 증진시키기 위해서 수많은 공장위원회가 설립되었고, 여기에는 노동쟁의에 대한 대응으로 대기업에서 시작된 경영 관행이 결합되었다. 타이라에 따르면 비록 이 시기 일본에서 단체교섭이나 노동조합 결성은 아주 적었지만, 고용주가 주도하는 공장위원회 ─ 노조 결성을 미리 막기 위한 ─ 는 아주 널리 확산되어 있었다(Taira 1970: 144-8).[21]

1930년대와 1940년대에 일본 정부가 추구한 정책은 강력한 기업 내부 노동시장을 배경으로 한 분절주의와 기업 내 훈련을 더욱 촉진시켰다.[22] 1937년에 노동자들의 파업이 4배로 급격히 증가하자(파업 참가 노동자 수로 측정한 것), 정부는 이에 대한 대응으로 이른바 산업보국회*를 결성했다(Okazaki 1993). 산업보국회는 전시 동원 계획의 일부로서 노동자들에게 기업 복지 특전을 제공할 뿐 아니라, 노동자와 사용자 사이에 의사소통을 증진시키고 분규를 회피하기 위해서 고안된 것이었다(Saguchi 1991: 168).

전쟁 기간은 앞서 등장한 관행들이 정착되는 데 매우 중요한 시기였다(Sakurabayashi 1985). 비록 산업보국회가 그 공식적인 목표를 달성하지는 못했지만(Garon 1988: 6장; 또한 Gordon 1985: 299-326을 보

---

21 특히 민간 대기업에서 노동조합 조직률이 낮았는데, 1936년에 500명 이상의 노동자를 고용한 대기업에서 16개의 단체협약만이 존재했다(Taira 1970: 147).

22 이에 비해서 군사정부가 전국적 숙련 형성 시스템을 도입하려 한 시도는(이른바 '청년 학교'를 통해서) 실패했다. 이는 대체로 이 조치를 추진하게 된 두 가지 목적 ─ 기능 양성과 병사 훈련 ─ 이 자주 충돌했고, 또 후자가 전자보다 우선시되는 경우가 많았기 때문이다 (Sumiya 1970, Vol. 2: 272).

* 이 시기 일본에서는 노동과 자본이 일체가 되어 전시 물자의 생산에 노력해야 한다는 점이 강조되었고, 경찰 및 행정 기구가 주도하는 동원 체제가 만들어졌다. 1938년 국민정신총동원운동이 전개되면서 다양한 정신 수양 조직이 공장 내에 만들어졌고, 1938년 7월에 산업보국연맹이 설립되었으며, 이후 1940년 11월 23일에는 대일본산업보국회가 창립되었다. ─ 옮긴이

라), '경영 혁명'을 촉진하고 일본 기업의 지배 구조에 커다란 변화를 가져왔다(Okazaki 1993). 타이라는 이러한 운동 — 줄여서 산포라고 불린 — 이 2차 대전 이후 기업별 노동조합의 토대가 되었다고 주장한다(Taira 1989). 그리고 주주의 이해보다 근로자의 이해를 우선하는 방향으로 일본 기업의 지배 구조가 전면적으로 변화된 것은 2차 대전 이후 노동 측의 공세가 있은 이후의 일이지만(Kume 1998), 그러한 변화의 기원은 전쟁 기간의 노력에서 찾을 수 있다(Noguchi 1995).

　더구나 전시 물자 생산의 긴급성으로 인해서 국가사회주의 독일에서처럼 국가의 직접적인 지원과 사실상의 지시로 민간 부문의 훈련이 크게 확대되었다. 1939년 3월 대부분의 고용주로 하여금 노동자 훈련 프로그램을 실시하도록 요구하는 두 개의 중요한 법률이 시행되었다(Gordon 1985: 265).* 1939년과 1942년 사이의 후속 입법으로 이직에 관해서 정부의 더욱 엄격한 통제 조치가 부과되었다(Gordon 1985: 266-7). 이는 인력 사냥 문제를 완화하고, 고용주로 하여금 더 긴 고용 기간을 확보하게 해서 훈련에 대한 투자를 촉진했다. 이 시기의 법률은 고용주에게 "노동자를 채용하기 전에 지역의 직업소개소에서 허가를 받도록 했는데, 경력 노동자의 경우 과거의 고용주가 동의해야만 허가를 얻을 수 있었다"(Gordon 1985: 267).

　위의 조치들로 노동시장에 상당한 규제가 부과되었지만, 고용주들은 불만을 제기하지 않았고 오히려 그 반대였다. 칸사이산업단체연합회와 같은 단체는 여기에 전적으로 찬성했고, 실제로 기존의 규제를 확대하도록 정부에 요청했다(Gordon 1985: 267). 비록 이러한 법률들이

---

* 1939년 3월 31일 학교기능자양성령 및 공장사업장기능자양성령이 공포되었다. ─옮긴이

─훈련을 촉진하는 법이나 노동이동을 제한하는 법 모두 ─그 목적을
달성하는 데 실패했지만(불법적인 이동이 아주 많았음이 분명하다), 선도적
인 기업들의 훈련에 관한 손익계산에 중요한 영향을 미쳤다. 바이스가
지적한 대로 이 시기는 "기업 내 훈련이 진가를 발휘한" 시기였다
(Weiss 1993: 346). 금속가공 산업 전반에 걸쳐서 수십만 명의 군수산업
에 종사하는 노동자들의 퇴직이 공식적으로 금지되었던 것이다. 이에
따라서 고용주들이 훈련에 투자하는 것이 실제로 훨씬 더 매력적인 일
이 되었다. 1900년대 초 이래 정부는 거듭해서 이러한 훈련을 촉구해
왔지만, 이제 단순한 권고가 아니라 1939년 기능자양성령에 의해서
"대부분의 노동자(단지 사무직 종업원만이 아니라) 및 대부분의 기업에 대
해서 훈련 프로그램이 의무화되었다. 그리하여 2차 대전 말에는 민간
부문에서 훈련 프로그램이 아주 광범위하게 실시되었다"(Weiss 1993:
346).

　2차 대전 이후 일본 기업의 경영 관행이 발전한 과정에 대해서는
잘 알려져 있으며 여기서 되풀이할 필요는 없다(예를 들면 Dore 1973;
Kume 1998을 보라). 분명 일본의 경영 시스템에서는 훈련이 주요한 역
할을 수행한다. 지속적인 숙련 습득이야말로 노동자가 근무하는 동안
근속에 따른 지속적인 임금 상승과 종신 고용 보장을 지탱한 장치였
고, 양자가 기업의 효율성 및 생산성과 조화를 이루도록 하는 데 기여
했다. 하지만 독일과 일본 시스템에서 형성된 숙련의 내용에 대해서
지적해두어야 할 것이 있다. 앞서 살펴본 대로 독일에서는 특정한 직
종이나 직업에 대해서 숙련 자격이 이를 테면 한 묶음으로 인증될 수
있었다. 일본에서는 오야카타에 기초한 시스템으로부터 기업의 직접
적 통제로 전환하는 이행 과정에서 직종은 해체되었고, 노동자들은 기

업에 유용한 다양한 직무를 숙달하게 되었다. 다른 말로 하면 습득한 숙련 묶음의 구성이 통상적으로 이해되는 특정한 직종 개념에 의해서 규정되지 않고 기업의 필요에 의해서 규정되었다는 것이다. 그렇다고 해서 이러한 숙련이 전적으로 통용 가능하지 않다는 것 ― 베커가 말하는 엄격한 의미에서 ― 을 의미하지는 않지만, 숙련의 '유통성'과 관련해서 상이한 원리와 목표에 따라서 숙련 습득 및 향상 과정이 조직되어 있었다는 것은 사실이다.

　　2차 대전 이후 일본에 등장한 숙련 인증 시스템에 이러한 차이가 분명히 나타난다.[23] 1958년 직업훈련법에 의해서 노동성이 감독하는 가운데 숙련 자격을 검정하고 인증하는 시스템이 확립되었다. 이 시스템은 중앙직업능력개발협회의 지원을 받아서 운영되는데, 이 협회는 산업계와 직업훈련 기관의 대표자들을 모아서 기준을 정하고, 이 협회의 현縣 단위 지부에서 검정 자체를 관리했다. 공공 훈련 기관과 민간 훈련 기관은 위 협회로부터 인가를 받으며, 민간 부문의 기업 내 훈련 계획도 마찬가지로 인가를 받는다. 검정되는 숙련의 범위는 좁지만 반드시 기업 특수적인 것이라고 할 수 없으며, 자격인증을 통해서 다른 기업들도 숙련을 확인할 수 있게 됨에 따라서 이동이 좀 더 가능하게 된다. 하지만 독일과 달리 일본에서 자격이 인증되는 숙련은 '분리되고 다양한 종류의' 것이어서 섞이거나 결합될 수 있다.[24] 이처럼 일본의 숙련 인증 시스템은 일본 훈련 레짐의 고유한 분절주의적인 논리에

---

23 이하의 서술은 Sako(1995), Dore and Sako(1989), 그리고 Crouch, Finegold, and Sako(1999)에 의거한 것이다.
24 예를 들면 1995년에 한 주요 자동차 회사에는 219종의 사내 숙련 테스트가 있었다.

부합하며, 또 이를 반영하고 있다(Sako 1995: 6).

　기업이 사업장 내 훈련 제도에 대해 인증을 받으려는 이유는 여러 가지가 있을 수 있다. 기업의 입장에서는 대부분 인증을 받을 경우 좋은 기업 혹은 좋은 고용주라는 평판, 즉 지속적인 훈련 및 성장 기회를 제공해주는 기업이라는 평판을 구축하고 유지함으로써 우수한 청년 노동자를 채용하는 데 도움이 된다(Sako 1995: 25). 많은 기업에서 전통적인 내부 승진 제도 안에 노동자의 숙련을 보다 공식적으로 검정하는 절차를 삽입시켜왔다. 예를 들면 몇몇 기업에서는 승진이나 승급昇給의 전제 조건으로 자격증을 취득하도록 요구한다. 이를 통해서 노동자가 근무하는 전체 기간 동안 노동자의 생산성이 상승할 수 있도록 보장하는 데 필요한, 연공임금과 지속적인 숙련 습득 사이의 핵심적인 연계를 확보하고자 하는 것이다. 또한 숙련 인증 제도는 '핵심' 기업과 '주변적' 협력 기업 사이의 관계를 조직하고 촉진하는 데 도움이 되는데, 예를 들면 핵심 기업에게 많은 거래처들의 능력을 평가할 수 있는 장치를 제공해준다. 다른 예로는 이 시스템을 통해서 대기업이 납품업체들의 성과를 평가하거나, 납품업체들과 생산을 조정할 수 있는 수단을 제공한다. 때로는 소규모 납품업체들에게 대기업의 훈련 시스템에서 자격이 인증된 노동자들을 보유할 것이 요구된다. 또한 숙련 인증 제도는 기업 간 전근—미쓰이, 미쓰비시, 스미토모 등의 수평적으로 계열화된 기업 집단의 경우는 물론, 수직적 관련을 맺고 있는 기업들(예를 들면 구매 기업과 납품업체)의 경우에도—을 용이하게 하는데, 이는 장기 고용 정책을 실시하는 많은 기업들에게 중요한 관행이다.

독일과 일본의 비교

독일과 일본의 고용주들은 모두 노동자들의 훈련에 많은 자원을 투자하지만, 개별 기업의 훈련 노력은 양국의 전혀 다른 정치·경제적 제도 틀에 잘 들어맞는다. 독일과 일본의 상이한 숙련 형성 시스템의 기원은 산업화 초기 장인 부문과 산업부문 사이의 관계가 서로 달랐던 점과, 특히 이 두 부문 사이의 상호작용이 기업과 새로 등장한 노동운동의 관계에 영향을 미친 방식에서 비롯된 것으로 볼 수 있다고 나는 주장했다. 나의 주장은 3단계로 정리될 수 있다.

첫째로, 장인 부문에 대한 국가의 정책이 이후에 두 나라에서 시스템이 발전하는 데 매우 중요한 영향을 미쳤다. 독일에서 국가가 장인 부문을 적극적으로 조직하고 독점적인 숙련 인증 권한을 부여했음에 비해서, 일본의 국가정책은 전통적인 도제 훈련을 전혀 규제하지 않았다. 이러한 차이점은 두 나라에서 산업부문이 이용할 수 있는 숙련의 질과 공급에 심각한 영향을 미쳤다. 일본에서 숙련 직종의 마스터는 규제를 받지 않았고 자신들의 훈련 책임을 소홀히 할 수 있었으며, 도제는 자신의 마스터를 떠날 수 있었고 앞서 본 것과 같이 많은 수가 그러했다. 따라서 두 사례에서 산업부문이 이용할 수 있는 숙련의 전반적 공급량과 장인 부문의 운명에서 첫 번째 커다란 차이점이 발견된다. 일본의 경영자들은 더 심각하고 만성적인 숙련노동력 부족에 직면했고, *노동이동을 통제하는 데* 몰두하게 되었다. 반면에 독일에서는 숙련에 가장 의존적인 대기업들이 *숙련을 정의하고 인증하는 권한을 확보하는 데* 열중하게 되었는데, 이 권한은 수공업 부문이 독점했고 산업부문의 대기업들이 갖고 싶어 하는 것이었다.

둘째로, 두 사례에서 모두 새롭게 등장한 금속 산업이 숙련의 필요성을 해결하기 위해 전통적인 장인 부문을 활용하려고 접근했지만, 그 결과 두 사례 모두에서 알력과 긴장이 발생했다. 차이점은 어느 수준에서 그와 같은 긴장이 발생했는가 하는 것인데, 일본의 경우 사업장 수준에서, 독일의 경우에는 국가 정치 수준에서 긴장이 발생했다. 오야카타 직인이 조직되지 않았던 일본에서 새로 등장한 대기업은 숙련노동자의 채용과 훈련을 오야카타 개인에게 위임함으로써 숙련의 필요에 대처할 수 있었다. 이러한 전략으로 문제가 일부 해결되었지만, 다른 문제들이 생겨났다. 독립적이고 이동성이 강한 오야카타가 희소한 숙련노동력을 둘러싼 제조업체 *사이의* 경쟁을 이용하여 개별 기업 *내에서* 자신의 권력을 강화할 수 있었던 것이다. 산업 차원에서 '집단적 자기 규제'를 통한 해결책을 찾아보려는 시도가 실패를 거듭하고 나서야 민간 기업들은 공공 부문 기업의 선례를 쫓아서 숙련 형성을 내부화했는데, 이는 일본 기업이 사업장 내 훈련을 선호하는 아주 다른 궤적을 밟도록 했다.[25] 장인 부문이 잘 조직되었던 독일에서는 장인 부문이 일본처럼 산업부문에 흡수되거나 종속될 수 없었다. 장인 부문과 산업부문 사이의 갈등은 사업장 수준이 아니라 국가 정치 수준에서 전개되었다.

이 대목에서 20세기 초 일본과 독일에서 노동자들이 보유하고 있던 실제적인 숙련에 사실상 별 차이가 없었다는 점을 주목할 필요가

---

25 더구나 독일에서는 '전통적' 숙련의 지속적인 현대화가 1897년 법의 시장 순응적 특징 속에 명기되었다. 이는 앞서 언급한 대로 수공업 부문이 기술 변화를 포함해서 시장에 적응하는 것을 촉진했다. 이는 일본과 아주 다른 점인데, 일본의 경우 전통적 숙련이 향상된다고 해도 산업부문의 내부 노동시장에서 이루어졌다.

있다. 일본에서는 훈련이 사업장 내에서 대기업 안에서 이루어졌지만, 노동이동률이 높았던 점은 숙련 자체가 매우 통용성이 높았음을 시사한다. 반대로 독일의 경우 숙련 자격인증이 존재했지만, 이것이 숙련이 대단히 표준화되어 있었음을 의미하지는 않는다. 그러한 발전은 나중에, 즉 기계 및 금속가공 산업에서는 1920년대에 그리고 다른 산업에서는 1930년대와 1940년대에 국가사회주의 치하에서 진행되었다.

셋째로, 분절주의 전략과 연대주의 전략이 확립되는 과정은 앞서 본 과정들이 어떠한 방식으로 새로 등장한 노동조합과 기업 측이 맺는 관계를 매개했는가 하는 측면에서 이해되어야 한다. 두 사례 모두에서 장인 부문과 기업, 그리고 노동조합이 1920년대에 서로 동맹을 맺고 동맹을 재편시키는 과정이 결정적이었다. 두 나라 모두 1920년대 초 경제 상황으로 인해서 기존 시스템이 문제에 부딪히자, 결정적인 재동맹 ― 일본에서는 사업장 수준에서 제조업 대기업 경영자와 보다 젊은 숙련노동자 사이에, 그리고 독일에서는 산업 수준에서 산업 내 일부 분파와 노동조합 사이에 맺어진 ― 을 통해서 기존의 궤적이 다시 강화되었다.

일본에서 1차 대전 이전의 분절주의 전략은 숙련노동력의 극심한 부족에 대한 대응이었고, 따라서 1920년대 노동시장 상황이 느슨해지면서 그때까지 발전해온 강한 내부 노동시장이 약화될 수도 있었다. 이렇게 되지 않은 것은 기업의 숙련 요구가 점점 복잡해지고 있었고, 여기에 사업장 수준에서 노동조합의 영향력이 점점 위협이 되고 있었기 때문이다. 이로 인해서 결정적인 재동맹 ― 오야카타에 대항해서 경영자가 노동조합 혹은 기업 내 훈련을 받은 젊은 노동자 사이에 맺은 ― 이 구축되었고, 이는 분절주의를 공고화하고 심화했다. 1차 대전 이전에 숙련이 보다 풍부했던 독일의 경우 1920년대의 위기는 상이했 는데, 이 위기는 수공업 부문 자체의 경제적 위기에서 비롯되었고 수 공업 부문의 '집단적 자기 규제' 능력을 심각하게 위협했으며 숙련 부 족이 도래할 것이라는 우려를 낳았다. 새로이 통합된 노동조합은 수공 업 부문의 독점에 반대하고 산업부문의 연대주의적 숙련 형성 시스템 에 지지를 보내면서 산업부문의 잠재적 동맹자로서 등장했다. 즉, 두 나라에서 모두 산업 분파가 장인 부문에 대항해서 노동 측과 동맹을 맺도록 하는 결정적인 재동맹이 구축되었는데, 차이점이라면 일본은 사업장 수준에서, 그리고 독일은 산업 수준에서 이것이 발생했다는 점 이다.

독일과 일본 모두에서 2차 대전의 효과는 위와 같은 상이한 경로 를 따라서 발전이 가속화되는 것이었다. 일본에서는 바이스가 요약한 대로 "전쟁 이전에는 장기간의 경력 구조와 연계된 연공임금, 기업 수 당, 그리고 기업 훈련 프로그램이 소수의 핵심 기업들에서 기회주의적 이고, 배타적이며, 자의적인 방식으로 실행되었다. 전쟁이 정부 정책 에 미친 효과는 위와 같은 경향을 심화하고 체계화하며 산업 전체로 이를 확장하는 것이었다"(Weiss 1993: 346). 독일에서 — 이 책의 5장을 보라 — 2차 대전 기간 중에 나치 사회주의 정권은 19세기 이래 독일 에서 진화해오던 집합주의적인 제도 틀을 확대함으로써 훈련을 대대 적으로 확대했고 도제 훈련의 표준화를 증진시켰다.

독일이나 일본에서 노동은 보다 집합주의적인, 아니면 보다 분절 주의적인 숙련 개발로 향해 가도록 하는 추진력이 아니었다. 하지만 노동조합은 두 시스템의 상이한 논리 안에서 자신들의 목표를 설정했 고, 그렇게 함으로써 두 시스템이 위와 같은 고유한 경로를 따라서 발전해 나아가는 데 기여했다. 예를 들어 일본의 경우 노동조합은 강력한 내부 노동시장 상황을 배경으로 자신들의 목표를 규정했는데, 이러한 방식은 분절주의를 공고화하고 숙련 형성이 더욱더 조직의 고유한 경로를 따라서 진행되도록 했다. 독일에서는 이미 수공업 부문에 의해서 숙련 형성이 규제되고 있는 상황에서 노동조합이 '성장'했다는 사실로 인해서 크래프트에 기초한 통제 전략이 곤란해졌고, 노동조합은 산업부문이 독자적인 자격인증을 위해서 투쟁할 때 그 잠재적 동맹자가 되었다. 비록 노동조합의 상대적 취약성 —특히 독일의 대기업 부문에서 —이 바이마르 시기에 연대주의를 공고화하는 데 문제점을 발생시키기는 했지만 말이다.

숙련 형성의 전개 : 미국의 사례

미국은 영국과 일본을 이해하는 데 모두 도움이 되는 또 다른 비교 사례다. 영국과 마찬가지로 미국에서는 핵심 업종의 숙련노동자들 사이에 크래프트 유니온이 형성되었고 숙련 직종별 노동시장을 유지하고 규제하려는 시도를 중심으로 전략을 수립했다. 미국의 노동조합은 크래프트 컨트롤을 확립하는 데 훨씬 더 커다란 어려움을 겪었다. 여기에는 많은 요인들이 작용했는데, 전통적으로 숙련 직종에 기초한 일체의 조직 — 길드와 같은 — 이 취약했고, 지역 간 이동성이 더 높았고, 산업화 초기에 이주가 대거 이루어졌고, 국내 제품 시장의 규모가 크고 동질적이었으며, 또 위의 모든 요인들과 연관되어 금속가공과 같은 산업들의 주요한 기술 및 조직적 변화에 비해서 숙련 직종별 조직의 발전이 뒤처졌다는 점 등이 그러한 요인들이었다. 미국에서는 영국과 마찬가지로 도제 훈련을 둘러싸고 계급 구분에 기초해서 심각한 투쟁이 전개되곤 했는데, 중요한 차이라면 미국의 고용주들이 '통제' 관련 쟁점에서 승리를 거둔 이후 노동조합을 파괴하고 약화시키며 또 숙련 노동에 대한 의존을 줄이기 위해 생산조직을 재편하는 데 훨씬 더 성공을 거두었다는 점이다.

일본과 마찬가지로 미국의 대기업에서 숙련노동자들은 하급 감독자의 직위로 통합되었다. 하지만 이들이 수행한 역할은 일본에서 전통적인 오야카타가 한 역할과 매우 달랐다. 숙련 노동시장에서 중개자로 역할하거나 다음 세대의 숙련노동자를 훈련시키는 역할을 한 것이 아니라, 미국 기업에서 봉급을 받는 지위인 포어맨은 점점 더 반숙련공화되던 노동자들의 '감시자'가 되는 경향이 강했다. 미국 사례를 비교 시각에서 다시 정리하면 다음과 같다. 독일에서는 19세기 말 금속가공 기업들이 *숙련의 인증*에, 영국에서는 *경영자의 통제*를 재확립하는 데, 일본에서는 *노동이동을 완화*하는 데 관심을 기울였음에 비해서, 미국에서는 무엇보다도 생산을 합리화하고 *숙련노동에 대한 의존을 감소*시키는 것이 목표가 되었다.

20세기로 전환할 무렵 몇몇 대기업에서 매우 인상적이고 야심 찬 사업장 내 훈련 프로그램을 발전시켰지만, 크래프트 유니온이 숙련 노동시장을 통제하고자 하는 야망을 계속 보이고 1차 대전 기간 동안 노동조합의 투쟁이 다시 활발해지자, 이는 1910년대 및 1920년대에 매우 다른 유형의 동맹 관계가 형성되는 배경이 되었다. 1차 대전 이후 미국의 가장 저명한 훈련 기업들은 대체로 초기의 육체 노동자에 대한 폭넓은 훈련 프로그램을 포기하고, 그 대신 재활성화된 노동조합에 대항하는 캠페인에서 포어맨들의 지지를 얻고 숙련을 대체하는 기술 도입을 촉진하는 데 노력과 자원을 집중했다. 1930년대 및 1940년대에 미국의 노동조합이 안정되고 단체교섭권을 획득했을 무렵 미국의 조직 노동자들은 합리화가 철저하게 진행된 작업장 환경 속에 놓여 있었다. 고도로 관료제화된 내부 노동시장 안에서 노동조합의 전략은 더 협소해진 형태의 직무 통제를 중심으로 전개되었다.

산업화 초기 미국의 숙련 형성

미국 사례에서 가장 중요한 사실은 길드의 구조와 전통이 결여된 점이다. 이러한 유형의 하부구조를 물려받지 않았기 때문에, 식민지 시기 미국에서 도제 훈련을 규율한 규제 틀은 ― 비록 잉글랜드로부터 직접 빌려온 것이기는 했지만 ― 전혀 다른 특징을 나타냈다(Rorabaugh 1986: 3-16; Douglas 1921; Motley 1907: 특히 머리글과 1장을 볼 것). 영국에서 최초의 장인법에 나타나 있듯이 도제 훈련에 관한 규제는 길드 전통에서의 수공업 직종에 관한 규제와 밀접하게 관련된 것이었다. 미국에서 식민 당국이 받아들인 도제 훈련은 대체로 미약하게 실시되었는데, 시민교육 및 기독교 윤리와 훨씬 더 많이 결부되어 있었다. 식민지인 미국에 적용된 법에 의해 "일반적으로 마스터는 …… 직종 훈련을 실시할 뿐 아니라 교양 과목 ― 주로 읽기와 쓰기 ― 교육도 제공해야 했다"(Douglas 1921: 43). 또한 도제 훈련은 청소년, 특히 빈곤 가정의 청소년이 선량한 시민이 되도록 준비시키고, 이들에게 기독교적 가치를 불어넣는 보다 폭넓은 프로젝트의 일부였다(Douglas 1921: 45-7; Motley 1907: 12-3).[26]

미국에서 도제 훈련에 대한 감독은 매우 제한적으로 이루어졌는데, 식민지 시기의 타운과 카운티의 관리들이 이를 수행했다(Douglas

1921: 50). 하지만 "머나먼 지리적 거리와 숙련공 부족, 그리고 농업인구가 대부분이며 법률 시스템이 충분히 발달하지 못한 점 등"으로 인해서 미국의 도제 훈련은 영국에 비해서 훨씬 '미약하게' 실시되었다(Rorabaugh 1986: 4). 식민지 시기 미국에서 도제 훈련은 제도적 공백상태에서 진행되었고, 그리하여 사실상 누구든지 마스터 장인을 자칭하면서 도제를 채용할 수 있었다(Rorabaugh 1986: 4-5; Hansen 1997: 84-5; Motley 1907: 28). 한센은 이를 다음과 같이 요약한 바 있다. "특정 직종의 일을 하기 위해서 요구되는 능력에 관한 최저 기준이나 도제 훈련에 관한 규제가 없었다. 또한 지역 자치체나 국가 관리에게 공동의 요구를 제기하고 집단적인 정체성이나 이익을 구축하고 유지하거나 생산 기준과 작업 관행, 가격 하한선 등을 실행할 수 있는 직종 동료 간의 공식적인 결사체가 존재하지 않았다"(Hansen 1997: 95).

독일에서는 수공업자 단체에 의해서, 영국에서는 크래프트 유니온에 의해서 직종별 정체성이 육성되었지만, 이와 대조적으로 식민지 시기 미국에서는 직종별 정체성이 형성되거나 유지되는 것이 곤란했다. 광대한 토지 자원이 뉴잉글랜드 사람들을 서부로 향하게 만들었

---

26 도제 훈련은 또한 채무에 대한 징벌이나 게으름을 처벌하는 제재 장치로 활용되기도 했다(Douglas 1921: 42-3). 그리하여 더글러스가 지적한 대로 도제들은 어느 정도는 마스터의 재산처럼 다루어져서 "도제들은 종종 파산자의 재산 목록에 기재되었고, 채권자가 변제 용도로 개인적으로 데리고 가거나 혹은 팔아서 채무를 상환하는 데 이용되었다. 마스터가 사망하면 상속인들이 종종 다른 재산과 함께 도제를 처분했다"(Douglas 1921: 48). 모틀리에 의하면 식민지 시기 아메리카에서 고용주들은 도제에 대해서 절대적인 권한을 지녀서 하인과 노예에 적용되는 몇몇 법률이 도제에게도 확대되어 적용되었다(Motley 1907: 15). 영국과 마찬가지로 도제의 훈련 기간은 몇 세에 시작했는가에 따라 달라지는데, 21세에 도달할 때까지 — 이는 소년의 경우이고 소녀의 경우는 16세까지 — 계속되었다(Motley 1907: 13).

고, 또 아주 방대한 수의 숙련 직인들이 동시에 독립적인 농민으로 일하고 있었기 때문에 사회구조가 훨씬 더 유동적이었다. 이들 농민 겸 장인은 ─ 대부분 멀리 떨어져 살았는데 ─ 어쩔 수 없이 고도의 자립성을 갖고 활동했다. 이들은 특정한 직종에 전문화되기보다는 ─ 따라서 직종에 대한 정체성을 갖기보다는 ─ 속담에 나오는 팔방미인jacks-of-all-trades이 되었다. 한센이 지적한 대로 그 결과 생겨난 "크래프트의 다능공적 성격으로 인해서 '장인artisan'을 특정한 크래프트 및 이와 결부된 전통과 역사적으로 동일시하기 힘들어졌고, 이 과정에서 새로운 양키 업종인Yankee tradesman이 만들어졌는데 이 단어가 의미하는 바는 몹시 모호했다"(Hansen 1997: 89)[27]

따라서 미국의 도제 훈련은 영국보다도 규제가 덜 이루어지고 더 비공식적이며 취약했다. 미국의 고용주들이 이미 영국 사례에서 살펴본 것처럼 도제를 착취했음을 보여주는 풍부한 증거들이 있다(Douglas 1921: 60-2; Motley 1907: 17). 자격인증 및 감독 제도가 전무했기 때문에 청소년이 어떤 훈련을 받게 되는지는 ─ 조금이라도 받는다면 ─ 고용주에게 전적으로 맡겨졌다. 고용주들은 특히 노동력이 부족한 시기에 도제 훈련을 남용했는데, '위조된' 도제 계약을 "청소년들을 확보해서 공장의 미숙련 노동에 묶어두기 위한 장치로" 이용하기도 하고, 나중에 남북전쟁 시기에는 도제들을 파업 파괴자로 널리 활용했다(Rorabaugh 1986: 202-3에서 인용; D. Jacoby 1991: 896).[28]

---

27 한센이 적절히 지적했듯이 "초기 미국의 농민 겸 장인은 …… 일반적으로 숙련 직인 자격을 갖출 시간이나 인내심을 거의 갖고 있지 않았으며, 이를 포기할 강력할 경제적 인센티브를 지니고 있었다. 이들에게 이를 강요할 수 있는 집단적 구속력도 결여되어 있었고, 이를 획득하기 위해서 의존할 수 있는 곳도 전혀 없었다"(Hansen 1997: 96).

도제의 입장에서는 보상이 매우 불확실한 상태에서 오랜 기간 훈련에 임해야 할 강력한 인센티브가 존재하지 않았다. 도제의 이탈 문제는 영국보다 미국에서 훨씬 더 심각했는데, 18세기 말에 12개 주에서 이 문제를 단속하기 위해서 법률을 제정했음에도 불구하고 문제는 지속되었다(Elbaum 1989: 346-8). 미국에서 도제가 기간을 채우지 못한 것은 불명예가 아니었고, 오히려 당시의 대중문학은 벤자민 프랭클린 Benjamin Franklin처럼 도망친 도제들의 용기와 결단력을 칭찬했다(Rorabaugh 1986: 서문과 7장). 가난한 청소년들은 보수를 많이 주는 미숙련 노동을 포기하면서 도제 훈련을 받으려고 하지 않았다. 분명 더욱 야심 찬 청소년과 그 부모들은 "훈련이 안고 있는 불확실성으로 인해서 의욕을 상실했다"(Douglas 1921: 83). 이러한 문제는 영국에도 있었지만, 전통적 도제 훈련은 미국에서 훨씬 더 인기가 없었다. 왜냐하면 토지를 소유하고 독립 자영업자가 될 수 있는 가능성, 그리고 공교육이 조기에 확대된 점 등으로 인해서 청소년들, 더구나 가난한 청소년들에게도 자신의 경력을 추구할 수 있는 길이 열려 있었기 때문이다.[29]

산업화 초기 미국의 기업들은 대체로 독일이나 영국처럼 국내에서 형성된 숙련에 의존한 것이 아니었고, 또 일본처럼 국가의 후원으로 실시된 계획적인 해외 교류로부터 얻어진 숙련에 의존한 것도 아니었다. 오히려 그러한 숙련은 이민을 통해서 고용주에게 제공되었다.

---

28 이러한 종류의 계약상의 의무에 대해서는 법정에서 다툴 수 있었지만 시간과 비용이 들기 때문에 이를 실행하는 데는 커다란 어려움이 따랐다.

29 매사추세츠에서는 일찍이 1700년에 무료 공립학교가 확산되기 시작했다(Douglas 1921: 44). 19세기 말 미국에서 고등학교에 다니는 청소년의 숫자는 영국보다 훨씬 많았으며, 1920년까지 이 숫자는 계속해서 급속히 증가했다(Jacoby 1985: 70).

이민은 1830년대에 시작되었고, 그 이후 미국의 경기 사이클에 따라서 증감이 되풀이되었다(Shefter 1986: 200-1). "1850년대에 이주자들은 대부분의 대도시에서 숙련 직인의 대다수를 차지했다. 예를 들면 뉴욕에서 이들은 32개 직종을 지배했다"(Rorabaugh 1986: 133).[30] 1880년대 내내 숙련노동자의 유입이 ─ 주로 북유럽 산업 지대에서 온 ─ 지속되었다. 잉글랜드, 웨일즈, 그리고 독일에서 온 장인들이 제공한 숙련에 기초해서 미국의 초창기 산업이 대부분 건설되었다. 어떤 경우에는 "저명한 고용주들의 긴급한 청원"에 따라서 이루어진 주 의회의 개입을 통해서 외국의 숙련 직인들이 직접 채용되기도 했다(Brody 1980: 15; Shefter 1986; Motley 1907: 18-9에서 인용).

노동에 미친 영향

전통적인 길드 조직이 부재함에 따라 발생한 공백과 비교적 자유로운 정치적 상황으로 인해 미국에는 영국에서 그랬던 것처럼 금속가공과 같은 주요 산업에서 숙련노동자 조직이 직종별 노동시장을 통제하려는 조직적 시도를 전개할 수 있는 조건이 마련되었다. 강력한 직종별 전통을 지닌 나라들로부터 이주자들이 흘러왔고, 많은 도시에서 노동 조직의 토대를 형성한 것은 이주자 집단이었다. 이렇게 해외 출신 숙련노동자가 대거 채용됨에 따라서 유럽, 특히 영국으로부터 전략과 조직화 모델이 ─ 노동조합 조직가와 지도자는 물론이고 ─ 수입되는 직

---

30 또한 나중에는 이민을 통해서 거대한 수의 미숙련 노동자들이 공급되기도 했다. "1882년에서 1900년까지 유럽에서 미국으로 약 660만 명이 이주했다"(Klug 1993: 74). 미국으로 이주해온 노동자들의 이러한 유형 변화가 의미하는 바에 대해서는 이하에서 서술할 것이다.

접적인 경로가 만들어졌다(Motley 1907: 18-9). 1830년대에 "미국의 노동계급은 그 성향과 이데올로기 면에서 영국의 노동계급과 뚜렷한 유사성을 보여주었다"(Bridges 1986: 158). 이 시기에 수많은 저니맨협회가 설립되었는데, 이는 유럽에서 크래프트 유니온의 핵심을 구성했던 저니맨협회와 유사했다(Brody 1980: 15; 또한 Montgomery 1989: 185를 보라).[31]

하지만 전국적 토대는 둘째 치고 지역적 토대 위에서라도 숙련 노동시장을 통제할 수 있는 힘을 지닌 크래프트 유니온이 실질적으로 확립되기 어렵게 만든 중요한 배경 상의 차이점이 미국에 존재했다. 이주민들의 물결이 이어지면서 다양한 언어, 문화, 그리고 민족적 차이가 뒤섞이게 되었고, 이는 크래프트 유니온이 통일적인 규율을 지닌 조직을 형성하고 유지하는 것을 곤란하게 했다. 셸터가 언급한 대로 "노동자들이 자신의 삶을 개선하기 위해서 다른 사람들과 단결할 때, 민족성은 최소한 사회 계급 *그 자체*만큼이나 단결의 토대가 되었다" (Shelter 1986: 221, 229, 231; 인용은 231에서). 산업화 초기 미국의 노동조합은 민족 간의 분열 이외에도 대단히 높은 이동성과 씨름하지 않으면 안 되었다. 특히 19세기 말 철도가 확장된 이후 노동자들의 이동은 더욱 용이해졌다. 그리하여 지역의 노동조합은 자신들의 구역에서 일자리를 찾으려고 다른 지역에서 온, 하지만 지역 노동조합의 규약을 따를 의무가 있다고 생각하지 않는 비교적 많은 숫자의 숙련 직인과 씨름해야 했다(Shefter 1986: 215). 노동조합 조직화에 전반적으로 불리했던 사회적 조건과 시장 상황으로 인해 영국에 비해 미국의 노동조합

---

31 '미국 노동계급의 장인적 기원'에 관한 문헌 리뷰로는 Wilentz(1981)를 보라.

조직률은 훨씬 낮았다. 19세기 마지막 30년 동안 미국에서 제조업 노동자의 노동조합 조직률은 10%에도 미치지 못했다(Ulman 1955: 19). 특히 금속가공 분야의 경우 19세기 말에 영국의 통합기계공조합 등이 약 50%의 엔지니어를 — 주로 숙련공인 조립공과 선반공 — 조직했음에 비해 미국에서는 기계공의 약 11%만이 당시 주요한 기계공조합에 조직되어 있었다(Haydu 1988: 86-7).

　미국 노동조합의 재정적·조직적 자원이 모두 매우 제한되어 있었기 때문에 직종별 노동시장에 대해서 통제력을 행사한다는 목표는 항상 감당하기 힘들고 대체로 달성할 수 없었다. 그러나 19세기 중반 미국에서 시장 측면의 전망이 아주 암울하기는 했지만, 노동계급 남성에게 일찍이 선거권이 부여됨에 따라서 크래프트 컨트롤 전략을 추구할 수 있는 다른 길이 열렸다. 1870년대에 몇몇 주에서 노동조합은 도제 훈련을 규제하는 입법을 요구했고, 매사추세츠, 일리노이, 그리고 뉴욕 등 일부 주에서 사업장 내 훈련을 규제하는 법률을 제정하는 데 성공했다(Douglas 1921: 67-8). 예를 들면 1871년에 뉴욕 주에서 통과된 법률은 도제와 기업이 문서화된 도제 계약에 모두 서명하도록 요구했다. 문서화된 도제 계약 조항에 따라 도제 훈련 기간은 최소 3년에서 최대 5년 사이에서 정해지게 되는데, 고용주들은 도제에게 '해당 업종의 모든 분야에 관한' 훈련은 물론 '적절한 식사와 숙소 및 의료'까지 제공할 것을 약속했다(Douglas 1921: 68). 도제 훈련을 마친 도제에게는 자격증이 부여되었고, 계약을 파기한 도제와 고용주는 모두 처벌을 받았다.[32] 하지만 널리 알려진 것처럼 이러한 규제를 적용하기는 어려웠다. 양 당사자 가운데 누군가 소송을 제기해야 규제가 실행되지만 도제는 고용주에게 소송을 걸 자원을 갖고 있지 않았고, 또 도제가 계약을 위반한 경우 고용주가 소송을 통해서 얻어낼 수 있는 재산이 도제에게는 없었다. 더구나 미국 노동사에서 자주 등장한 패턴대로 법원의 편협한 판결로 인해서 기존의 법률은 곧바로 '사문화'되었다(Douglas 1921: 68-9).[33]

이러한 장애물에도 불구하고 미국의 숙련공조합은 영국의 숙련공조합 못지않게 계속해서 '유능한' 저니맨을 충원해서 이들에게만 조합원 자격을 부여하고, 도제의 숫자와 도제의 고용 조건에 영향력을 행사하려고 시도했다(Kelly 1920: 55-8; Motley 1907). 그리하여 영국의 통합기계공조합에 해당하는 미국의 국제기계공조합International Association of Machinists, IAM은 19세기 말 상대적으로 숙련이 부족했던 상황을 이용해서 조합원의 노동조건과 도제 훈련 모두를 다루는 협정을 체결하도록 특정 고용주들에게 압력을 가했다.[34] 기계공조합이 개별 기업과 체결할 수 있었던 최초의 단체협약에서 — 1892년에 애친슨, 토페카 및 산타페Atchison, Topeka and SantaFe 철도 회사와 체결한 — 도제에 관한 규제가 중요한 쟁점이었다. 이 협약에서는 기계공 5명당 도제 1명 — 보일러 제조공과 대장장이는 4명당 도제 1명 — 의 비율이 정해졌다(Perlman

---

32 "만일 도제가 자신의 직종을 배우려 하지 않거나 성실하게 근무하지 않으면 남은 임금을 몰수당하고 도제 계약이 취소되었다. 계약 기간이 끝나기 전에 도망가 버리면 실형을 선고받을 수 있었다. …… [도제로서는] 만일 고용주가 도제 계약과 법 조항에 따라서 도제를 적절하게 보살피지 않으면 도제나 도제의 부모가 고용주를 고소할 수 있었다. 고용주가 그 의무를 게을리 했다는 것이 입증되면 법원은 도제 계약을 취소하고, 100달러 이상 1000달러 이하의 벌금을 부과해야 했다. 이 벌금은 도제나 그의 부모 혹은 후견인에게 지급되어야 했다"(Douglas 1921: 67).

33 노동조합에 유리한 법률을 무력화시킨 미국 법원의 역할에 관해서는 또한 Hattam(1992)을 보라.

34 국제기계공조합의 전반적인 역사에 관해서는 Perlman(1961)을 볼 것.

1961: 247).

노동조합은 도제 훈련에 관해서 비교적 안정적인 단체협약이 체결될 수 있었던 소수의 사례에서 —하지만 보다 비공식적인 방식을 통해서 훨씬 큰 규모로—기업으로 하여금 도제에게 전면적인 훈련을 제공하도록 하고, 또 훈련을 마치지 않고 이탈한 도제에게 벌칙을 부과함으로써 훈련 업체와 도제 사이의 약속을 보증하는 데 중요한 역할을 담당했다.[35] 이 가운데 첫 번째 과제 즉, 고용주들이 훈련을 협소하지 않고 광범위하게 실시하도록 하는 것은 직접적인 방식으로 해결될 수 있었다. 왜냐하면 대부분의 경우 도제는 조합원이었던 저니맨에게 숙련을 익히고 있었기 때문이다. 또한 노동조합은 도제가 계약 종료 시점을 준수하고, 특히 훈련 기간 내내 기업에 머물러 있도록 보장하려고 노력했다. 크래프트 유니온은 '도주' 문제를 매우 우려했다. 왜냐하면 노동조합의 입장에서는 자신들의 직종이 '불완전한' 저니맨들로 넘쳐나게 될 위험성이 있었기 때문이다. 크래프트 유니온이 발행하는 노동조합 회보는 훈련을 마치지 않고 이탈한 도제들에 관한 정보를 제공하는 '도망자 란'을 종종 크게 다루었다(Motley 1907: 86-7). 노동조합은 이러한 수단을 통해서 도제가 조기에 이탈해서 다른 지역에서 숙련공 임금을 받을 수 있는 숙련공으로 행세하는 것을 막으려고 노력했다.

영국과 마찬가지로 도제 훈련을 규제하는 노동조합의 노력은 지역별로 그 영향력이 불균등하다는 문제점을 안고 있었고 또 보다 광범위한 통제 전략과 밀접하게 관련되어 있었는데, 이는 경영상의 특권이

---

35 노동조합을 통해서 도제 훈련에 관한 공동 규제가 이루어지는 논리와 관행에 대해서는 Motley(1907: 3장)에 훌륭하게 서술되어 있다.

라는 쟁점을 둘러싸고 노동조합으로 하여금 고용주와 직접적인 갈등을 빚게 만들었다. 미국에서 19세기 마지막 20년 동안 금속가공 산업에서 제품 시장이 급격히 확대되고 기술 변화가 진행되었음에 비해서 크래프트 유니온의 발전은 훨씬 뒤늦게 시작되었고 —예를 들면 국제기계공조합이 설립된 것이 1888년이었다 —이는 미국에서 노동조합과 단체협약을 체결하여 도제 훈련에 관해서 공동의 규제를 하는 것이 전반적으로 영국에 비해서 더 취약했음을 뜻했다(Ulman 1955: 121, 311). 모틀리는 1904년에 조합원이 되기 위한 자격 조건으로 도제 훈련을 의무화하려고 한 노동조합이 70여 개라고 추정하고, 그 가운데 19개 노동조합만이 실제로 성공을 거두었다고 보고한 바 있다(Motley 1907: 58-60). 그는 도제 훈련에 관한 국제기계공조합의 공식 규정이란 "규칙은 그래야 한다는 견해를 기록해놓은 것에 불과"했다고 지적한다(Motley 1907: 70).[36]

기업에 미친 영향

독일의 경우 초창기 산업부문의 기업들은 장인 부문의 숙련에 의존할 수 있었고, 이를 자신의 필요에 맞도록 적응시켰다. 영국의 고용주들은 "산업 지대에 축적되어 공급되는 숙련노동력"을 활용할 수 있었다(Lazonick and O'Sullivan 1997: 498). 이에 반해 미국에는 숙련을 양성하고 인증하는 하부구조가 전혀 없었기 때문에 —더구나 노동 이동이 높은 상태에서(지역 간 이동과 직종 간 이동이 모두) —"19세기 내내 숙련노

---

36 영국의 기계공 노조인 통합기계공조합 또한 이 무렵에는 도제 훈련을 조합원이 되기 위한 엄격한 조건으로 삼지 않은지 오래되었다. 하지만 통합기계공조합은 조합원이 되기 위해서는 해당 직종에 5년간 종사하고 지역의 시세 임금을 받을 수 있을 것을 요구했다.

동력이 부족한 상황이 지속되었다"(Lazonick and O'Sullivan 1997: 498). 그리하여 미국의 고용주들은 여러 가지 면에서 일본의 고용주들이 직면했던 것과 비슷한 정도로 숙련 부족 상황에 직면했다. 하지만 일본의 국가가 19세기 마지막 몇 해 동안 숙련 형성 및 직업훈련에 깊이 개입했음에 비해서 교육 및 훈련을 증진하려는 미국 정부의 노력은 육체 노동자에 대한 훈련이 아니라 대학에 진학하려는 중간계급에 거의 전적으로 쏟아부어졌다.[37]

이로 인해 미국의 고용주에게는 특별한 문제가 생겨났지만, 이는 또한 문제에 대한 특별한 해결책을 제시해주기도 했다(Ulman 1955: 7-16). 미국 국내 시장의 성격과 특히 그 큰 규모로 인해서 고용주들은 표준화된 상품을 대량생산하는 길로 나아감으로써 숙련에 대한 전반적 의존을 감소시키는 방식의 혁신을 선택할 수 있었다[Hansen(1997: 196-212)은 특히 이에 대해 훌륭하게 논의하고 있다]. 라조닉과 오설리번이 지적한 대로 숙련공 부족으로 인해 미국의 제조업체들은 아주 초창기부터 숙련을 대체하는 기술을 모색하려는 강력한 동기를 갖게 되었다(Lazonick and O'Sullivan 1997: 498).[38] 표준화와 숙련을 대체하는 기술 변동을 향한 움직임은 19세기에 걸쳐 더욱 추진력을 획득했고, 전국 철도망이 형성되어 노동 이동이 훨씬 더 촉진됨과 동시에 대규모 시장이 새로이 창출되자 이러한 움직임은 더욱 가속화되었다.

전국적으로 통합된 시장이 등장하면서 기업들은 다른 지역의 저비용 전략에 직면하게 되었고, 또 동시에 규모의 경제가 지니는 이점

---

37 그 이유에 대해서는 Hansen(1997)이 매우 상세하게 분석한 바 있다.
38 그들에 의하면 예를 들어 매사추세츠 주 로우웰 주변의 방직업은 19세기 초에 이미 다른 나라에 비해서 훨씬 자본집약도가 높았다고 한다.

이 대단히 증가했다(Hansen 1997: 197-8). 이러한 요인들은 1873년에 불어닥친 불황에서 현저하게 부각되었고, 많은 산업에서 대규모 구조조정이 이루어졌다. 1869년에 미국의 평균적인 공장은 가족 소유이거나 동업 방식으로 운영되었고, 단지 8명 정도의 근로자만을 고용했다(Shelter 1986: 234). 1870년대에 새로운 경향이 시작되었는데, "불황 및 경기 침체 시기에 강한 기업에 의해 작은 기업이 흡수되고, 법인 형태의 기업 조직이 확산되고 전문 경영인 계층이 등장하면서 고용주와 근로자 사이에 인간관계가 기반이 되었던 조직적 토대가 파괴되었다"(Shelter 1986: 235). 그 결과 제이코비가 언급한 대로, "1890년 이후 미국 산업의 중심은 전국 시장을 대상으로 활동하는 거대 기업으로 옮겨갔다. 1904년에서 1923년 사이에 1천 명 이상의 노동자를 고용하는 거대 기업에 고용된 제조업 노동자의 비율은 12%에서 25%로 두 배가 되었다"(S. Jacoby 1991에서 인용; 또한 Brody 1980: 7-8을 보라).

노동시장의 변화로 인해서 미국에서 기업 규모가 거대화되고, 또 이와 함께 표준화된 상품이 대량생산되는 추세가 강화되었다. 그 핵심적 요인 가운데 하나는 이주의 특성이 변화한 것인데, 1890년대 이후 주로 남유럽 및 동유럽 농민들로 구성된 막대한 수의 미숙련 노동자들이 몰려왔다(Brody 1980: 7-8). 그리하여 19세기 말 미국에서 숙련공은 여전히 극도로 부족했지만, 미숙련 노동은 비교적 '싸고 풍부했다'(Jacoby 1985: 133). 한센이 지적한 대로 미국에서 20세기에 "대량생산이 고전적 포드주의 형태로 전성기를 맞은 것은" 결코 우연이 아니었다(Hansen 1997: 196, 214).

합리화, 표준화, 그리고 업무의 단순화 과정에는 커다란 한계가 존재했는데, 특히 기계 제조와 같은 일부 숙련 집약적인 산업에서 그러했다.[39] 여러 기업들의 다양한 전략에 대해서는 아래에서 분석할 것이다. 이러한 다양성으로 인해 숙련 형성에 관해 다양한 접근법들이 유지되었다. 하지만 사실상 거의 모든 유형의 기업에서 노동과의 대립이 전개된 점과 함께 표준화된 상품을 생산하는 대규모 제조업체의 비중과 이해관계는 특히 1910년대에 일부 도시와 지역에서 전문 생산자가 채택한 보다 집합주의적인 숙련 형성 전략이 안정화되고 확대되는데 커다란 장애가 되었다.

1차 대전 이전 금속가공 산업 노동조합과 고용주의 전략

기계제조나 금속가공과 같은 산업에서 고용주가 전개한 전략은 위와 같은 전반적인 상황을 배경으로 이해되어야 한다. 영국에서 도제 훈련은 크래프트 유니온과 경영자 사이에 전개된 투쟁에 휘말려들었는데, 이들은 도제 훈련과 기타 사안에 대해서 관리상의 통제권을 확립하려고 했다. 미국에서도 또한 숙련 직인에 의존하는 전통적인 훈련 방식은 생산을 합리화하고 현장 작업 조직을 재편하려는 고용주의 노력과 점점 더 충돌하게 되었다. 하지만 숙련에 대한 의존을 줄이기 위해서 생산을 합리화하고자 하는 조치가 영국보다 미국에서 훨씬 더 진행되었고, 그리하여 상당히 다른 이해관계의 연합과 발전 궤적이 등장하는 조건이 마련되었다.

　　약 1850년부터 최소한 1880년대까지 기계제조 및 금속가공과 같

---

39 미국 정치경제의 다양성과 그 안에서 전문 생산자가 담당하는 역할을 다루고 있는 문헌들이 많이 있다. 예를 들면 Scranton(1997), Sabel and Zeitlin(1997), Hounshell(1984), Nelson(1992), Zeitlin(2000)을 보라.

은 숙련 집약적인 산업은 이주해온 숙련 직인에 크게 의존하면서 아주 전통적인 숙련 형성 방식을 채택했다. 이러한 산업에서 "공장이란 장인들의 작업장이 집적되어 기계화되고 확대된 것에 지나지 않았고," 이곳에서 숙련노동자들은 매우 분산화된 생산 시스템을 관장하면서 커다란 자율성과 통제력을 발휘할 수 있었다(Montgomery 1989; Jacoby 1985: 14). 미국에서 고용주들은 숙련 직인이 생산을 조직하고 관리하는 일뿐만 아니라 노동시장의 중개자로서 숙련노동자를 채용하고 도제의 훈련까지 관장하기를 기대했다.

제이코비가 지적한 바 있듯이 이러한 제도의 구체적인 형태는 독립 숙련 직인이 특정한 작업을 담당하도록 도급을 맡고, 자신이 직접 노동자를 고용하는 일본의 오야카타와 유사한, 명확한 하청 시스템에서부터 숙련 직인 집단이 기업에 의해 직접 고용되지만, 스스로 작업을 조직하는 영국의 크래프트 유니온과 유사한, 좀 더 평등주의적인 '갱 시스템gang system'에 이르기까지 기업과 업종에 따라서 다양했다(Jacoby 1985: 14-5).[40] 이러한 시스템은 모두 산업화 초기 고용주에게 있어서 중요한 기능을 담당했고, 또 특수한 훈련 방식과 결합되어 있었다.

산업화 초기 금속가공 산업에 속한 많은 기업들이 숙련을 확보하고 훈련을 제공하기 위해서 채택한 중요한 전략은 내부 하청internal contracting이었다. 일본에 나타났던 오야카타 시스템과 마찬가지로 기계 및 금속가공 업체들은 숙련이 아주 뛰어난 노동자와 사업장의 특정한

---

40 서로 상이한 여러 모델이 또한 공존했고, 많은 경우 사실상 겹쳐 있었다. 예를 들면 하청 업자로서 어떤 일을 담당했던 숙련노동자가 나중에 다른 일을 할 때에는 다른 포어맨 밑에서 일할 수 있었다(Clawson 1980: 107-8).

업무에 대해 계약을 맺었다. 그러면 이 숙련 직인이 스스로 일군의 숙련노동자들을 고용하고 감독했는데, 숙련노동자들 자신도 종종 미숙련 보조공을 고용했다(Brody 1980: 9-10; Rorabaugh 1986: 65; Jacoby 1985: 1장과 특히 14-6). 내부 하청은 일찍이 1820년대 로웰 지역의 기계 산업에서 널리 활용되었고(Rorabaugh 1986: 65), 철강과 금속가공 및 기계 산업에는 19세기 말에 걸쳐서, 그리고 소규모 기업에서는 20세기 초까지도 흔한 관행이었다(Clawson 1980: 28, 75-76; Buttrick 1952: 216; Nelson 1975: 37; Patten 1968: 18). 로우웰(가장 큰 기계 공장 70개 가운데 하나였다), 프랫 앤 휘트니Pratt and Whitney, 그리고 휘틴Whitin 등 거대 기업이 내부 하청을 활용했다. 클로슨이 지적한 대로 "내부 하청을 활용한 것으로 알려진 기업들은 1860년대나 1880년대 미국 산업의 선두 주자들이었다. 이 기업들은 그 당시 규모가 가장 큰 업체들이었을 뿐 아니라 기술적으로 가장 앞선 업체들이기도 했다"(Clawson 1980: 76-7). 일반적으로 기계 산업에서 "내부 하청은 1860년과 1890년 사이에 널리 확산되어서, 정부의 한 보고서는 내부 하청이 '뉴잉글랜드에서는 사실상 보편적이고' 그 밖의 지역에서는 흔한 상태라고 지적했다"(Montgomery 1989: 187).

내부 하청은 숙련 집약적인 산업에 속한 기업에 많은 이점을 제공해주었다. 무엇보다도 19세기 내내 숙련노동력이 몹시 부족했던 점을 고려하면 경영자들은 노동자의 채용은 물론 일상적인 생산 관리까지도 숙련 직인에게 ─ 보통 외국어를 하는 ─ 자율적으로 맡겨두는 편이 좀 더 효율적이고 비용이 적게 든다고 생각했다(Soffer 1960: 144). 내부 하청업자는 숙련 형성에서 핵심적인 기능을 담당했다. 왜냐하면 바로 숙련 직인이 자신의 보조공 겸 도제를 고용하고 훈련시켰기 때문이다. 이들은 작업 조직과 직무 배정을 통제함으로써 기본적으로 누구에게 어떤 종류의 숙련을 익히게 할 것인가를 결정할 수 있었다. "교육보다 작업 경험이 훨씬 더 중요한 자격이 되었던 시기에 하청업자는 어떤 노동자가 숙련공으로 훈련받고, 어떤 노동자는 단순 작업을 할지를 결정할 수 있었다"(Clawson 1980: 104; Rorabaugh 1986: 65). 내부 하청업자는 또한 숙련 노동시장에서 중개자 역할을 담당하면서 특정한 노동자들의 숙련을 '인증'하는 역할을 담당하기도 했다. 그들은 자신들이 훈련시킨 노동자들의 구체적인 작업 경력과 훈련에 관해서 직접적인 보증을 서고 이들이 기업에서 일자리를 찾도록 지원할 수 있었다.

또한 위와 같은 기능은 바로 산업화 초기 숙련공 조합이 수행하던 기능이기도 했는데, 소퍼가 지적한 바 있듯이 몇몇 사례에서는 하청 시스템에서 독립 숙련 직인이 초기 미국노동총동맹 노조들의 핵심을 이루었다(Soffer 1960). 숙련노동자들이 잘 조직되어 있는 곳에서 고용주들은 노동력이 부족한 시장 상황에 대처하는 데 노동조합이 때때로 중개자로서 대단히 도움이 된다는 것을 깨달았다. 고용주들은 숙련공을 채용하는 데 노동조합으로부터 도움을 받고, 또 노동조합이 도제 훈련에서 담당하는 역할을 통해 자신들이 조직한 노동자들의 숙련을 보증해주고 — 따라서 '인증'해주고 — 그리하여 고용주들의 정보 비용을 줄일 수 있기를 기대했다. 노동조합은 또한 고용주들이 도제에게 해당 직종에 관한 전면적인 훈련을 제공하도록 보장했는데, 이 점은 노동조합으로서는 임금수준을 높게 유지하기 위해서 중요했다. 19세기에 많은 공장에서 숙련노동자들이 고도의 자율성을 발휘했음을 수많은 역사 연구들이 지적하고 있다(예를 들면 Montgomery 1989; Brody 1980). 고용주들이 공식적으로 노동조합을 인정하지 않았던 곳에서도 고용주들은 일부 지역과 산업에서 "노동조합으로 조직된 숙련공들이 노동과정과 노동시장에서 행사하는 고도의 통제력을 받아들이게" 되었다(Klug 1993: 668-70; Haydu 1988: 28).

영국에서 그랬던 것처럼 위와 같은 관행이 얼마나 안정적인가는 지역 노동시장의 상황에 크게 의존했다. 지역에 따라 크래프트 컨트롤의 강도에 차이가 나서 제품 시장에서 기업 간 경쟁이 왜곡되는 경우 고용주들은 맹렬하게 저항했다. 19세기 말에 노동조합과 고용주가 맺은 협정이 비교적 오래 지속되었던 화로 주조 산업은 위의 규칙을 입증하는, 어떤 의미에서는 예외적인 사례였다. 왜냐하면 국제주형공조합IMU은 보기 드물게 잘 조직되어서 산업 전체에 단일한 기준을 강제함으로써 치열한 경쟁으로 이윤이 저하되는 악순환에서 고용주들이 벗어나도록 지원할 수 있었기 때문이다.[41] 하지만 이러한 타협을 가능하게 하고 또 이 타협이 상당 기간 안정적으로 유지될 수 있게 했던 조건들은 아주 제한적으로만 존재했다. 여기에는 이 시기에 주요한 기술 혁신이 없었던 점, 전체 생산 비용에서 노동이 큰 비중을 차지했던 사실, 국제주형공조합이 달성한 노동조합 조직률이 대단히 높았던 점 ―1891년에 화로 주형공의 무려 75%를 조직했다 ― 그리고 당시 노동조합으로는 찾아보기 힘들었던 고도의 중앙집권화와 내부 규율 등이 포함되었다(Klug 1993: 482-501).

하지만 19세기 말 다른 금속가공 및 기계 산업에서는 대부분 위와 같은 조건을 찾아보기 힘들었다. 영국과 마찬가지로 미국도 19세기

---

41 이 매력적인 사례에 관한 가장 철저한 연구는 Klug(1993: 특히 482-501)라고 할 수 있다. 하지만 그 당시의 해석으로는 Motley(1907: 4장, 42-52)를 또한 볼 것.

마지막 수십 년 동안 기술 및 조직의 변화로 인해 엔지니어링 산업 전반에 걸쳐서 제품 시장 내의 경쟁이 더욱 치열해졌다. 특히 기술 변화로 인해 기업이 합리화를 통해 생산성을 향상시키고 노동비용을 절감할 수 있게 되었다. 이러한 상황이 전개되면서 숙련 직인과 고용주 사이에 갈등이 고조되었는데, 왜냐하면 크래프트 컨트롤이 불균등하게 실행되면서 ─ 이는 영국보다 미국에서 더 두드러졌는데 ─ 기업 간 제품 시장 경쟁에서 왜곡이 심각해지는 결과만을 가져왔기 때문이다.

하청 방식에 의존하고 있는 기업의 경우 제품 시장 경쟁이 격화됨에 따라서 독립 숙련 직인에게 커다란 압력이 새로 가해져서 도제를 훈련시키는 숙련 직인의 역할이 완전히 해체되었다. 특히 1890년대 불황 이후 경영자들은 비용 압력을 내부 하청업자들에게 곧바로 전가했고, "생산 비용을 절감하기 위해서 [그들에게] 끊임없는 압력을" 가했다(Montgomery 1989: 210에서 인용; Buttrick 1952: 219-20). 내부 하청 시스템에서 ─ 바로 그 시스템의 구조와 논리상 ─ 하청업자는 항상 "자신의 작업자 집단이 가장 많은 제품을 생산해내도록 함으로써 금전적인 이익"을 얻을 수 있었다(Montgomery 1989: 187; 또한 Nelson 1975: 37). 따라서 하청업자는 더 많은 이윤을 얻게 해줄 기술 및 조직 변화를 적극적으로 받아들이려 했다. 하지만 그와 같은 노동 절약적인 ─ 특히 숙련노동을 절감하는 ─ 조치에 직접 참여함에 따라서 숙련 노동시장의 중개자로서 그리고 숙련공의 훈련 담당자로서 그들이 지녔던 고유한 권력의 원천이 훼손되었다.

이처럼 새로운 기술상의 압력이나 제품 시장에서 비롯된 압력은 숙련공의 결사체에 기반을 둔 숙련 형성 레짐을 부식시키는 유사한 효과를 낳았다. 많은 산업에서 숙련공조합은 전통적으로 조합원들이 '보조공helpers'으로 도제를 고용하도록 허용해왔다. 하지만 19세기 말에 특히 개수임금제가 이 시기에 확대됨에 따라 숙련 직인은 작업을 분할해서 훈련을 생략하고, 도제를 값싼 임시 노동력으로 활용함으로써 생산량과 수입을 늘리려는 인센티브를 갖게 되었다. 모틀리가 표현한 대로 "고용주와, 도제를 고용하는 저니맨은 모두 도제를 많이 고용하는 것이 이익을 남긴다는 점을 발견했다"(Motley 1907: 24). '보조공 시스템helper system' ─ 산업에 따라서 '버크셔Berkshire' 혹은 '벅buck' 시스템으로도 알려진 ─ 은 자체 동학에 의해서 확대되었는데, 이는 훈련에 대단히 파괴적인 영향을 미쳤다. 클러그는 주조 산업에 나타난 문제점에 대해 다음과 같이 기술했다. "소수의 숙련공tradesmen이라도 보조공을 사용하고 기업에서 보조공을 사용하는 숙련공의 생산 실적에 따라서 주조 가격을 설정하는 이상, 모든 주조공들이 ─ 보조공 시스템에 반대한 사람들까지도 ─ 정상적인 소득을 올리기 위해서는 보조공을 사용하지 않을 수 없었다"(Klug 1993: 441-2; 또한 Motley 1907: 22-4를 볼 것). 그리하여 이 시기에 노동조합 지도자들은 보조공의 사용으로 인해 주조 업종 내에서 숙련노동자의 지위가 전반적으로 쇠퇴할 뿐이라고 주장하면서 보조공의 사용을 규제할 것을 요구했는데, 그 성공 여부에는 다양한 편차가 있었다.[42]

하지만 영국에서 그랬듯이 이 시기 미국에서 주된 쟁점은 크래프트 유니온과 고용주 사이에 생산에 대한 관리권을 둘러싸고 갈등이 고조된 것이었다. 19세기 마지막 20년 동안 영국의 통합기계공조합에

---

[42] 19세기 말에 금속 업종 숙련 직인 조직 가운데 국제주형공조합에서 조합원이 보조공을 사용하는 것을 금지하는 데 앞장 선 것은 우연이 아니다.

해당하는 미국의 국제기계공조합(1888년 설립)을 비롯해서 주요 노동조합들이 설립되었고, 숙련공들 사이에 노동조합 조직이 크게 늘어났다. 일부 산업에서 고용주들은 노동자들의 고용 관계를 관리하고, 또 고용주들 사이의 경쟁을 조절하기 위한 하나의 수단으로서 단체교섭을 실험하고 있었다. 스웬슨이 지적한 대로 1895년과 1900년 사이에 "약 19개 고용주 단체와 16개 노동조합이 26개 이상의 전국 협약 혹은 대규모 지역 협약을 체결했다." 이 가운데 엔지니어링 산업의 1899년, 1900년 협약이 포함되어 있었는데, "이 산업에서 주조 공장과 기계 공장은 미국에서 팽창하고 있던 농업, 제조업 및 수요 부문에 금속 제품과 기계류를 공급했다"(Swenson 2002: 49). 하지만 영국에서 그랬듯이 '통제'라는 이슈를 둘러싸고 노동과 자본 사이에 분쟁이 지속되었고, 노동조합 지도자들이 투쟁적인 노동조합 지부를 통솔할 능력이 없는 것으로 드러나는 상황에 직면하자 위 협약들은 위기에 빠졌다(Brody 1980: 24–5).

그 결과 발생한 분규는 이 책의 3장에서 서술한 영국 엔지니어링 산업의 대량 직장 폐쇄와 그 형태 및 발생 시점이 유사했는데 미국에서는 '오픈 샵' 운동으로 그 정점에 달했다.* 이는 사업장 내 의사 결정에 관해서 노동조합의 영향력을 제거하려는 활동으로서 단합이 잘 되어 있었고, 경영자의 관점에서 볼 때 더 큰 성공을 거두었다.[43] 미국

---

* 오픈 샵(open shop) 제도에서 고용주는 노동조합 가입 여부에 관계없이 노동자를 자유롭게 채용할 수 있고, 또 노동자도 채용된 이후 조합 가입 여부를 자유롭게 결정할 수 있다. 반면 클로즈드 샵(closed shop)이란 고용주에게 오직 조합원만을 채용할 수 있도록 하는 제도이며, 유니온 샵(union shop)이란 채용된 근로자가 반드시 노동조합에 가입해야 하는 제도를 말한다. 오픈 샵 제도가 노동조합의 유지와 확대에 가장 불리하다고 할 수 있다. – 옮긴이

에서 노동조합은 영국에 비해 상대적으로 뒤늦게 조직되었고 또 그 역량이 미약한 상황에서, 고용주들이 볼 때 조직이 너무 불균등하고 규율도 충분하지 못해서 고용주들 자신의 경쟁을 규제하는 데 별 쓸모가 없으며 파괴적인 왜곡을 불러올 위험성이 더 높은 것으로 간주되었다. 더구나 기술 변화와 결합된 대량 시장의 발달로 인해서

　　노동조합의 규제는 미국의 고용주들에게 더욱 성가신 것이 되었고, 고용주들이 작업 수행 과정에서 크래프트 유니온 조합원에 의존하는 비중이 줄어들었다. 그리하여 [금속가공 산업의 고용주협회인 전국금속업종협회(NMTA)의 회원들은] 크래프트 유니온의 기준에 공격을 가하는 데 커다란 관심과 함께 많은 자원을 보유했다. 국제기계공조합 조직이 확립되기 이전에 크래프트 컨트롤의 약화가 진행되고 있었기 때문에 미국의 고용주들은 또 다른 이점, 즉 비교적 노조의 저항이 약했다는 이점을 누렸다. 전국금속업종협회가 대결한 노동조합은 영국의 통합기계공조합에 비해 훨씬 약했던 것이다(Haydu 1988: 86; 또한 Klug 1993: 334를 보라).[44]

크래프트 유니온의 활동이 강력해서 노동조합이 기준을 부과할 수 있었던 바로 그 지역 ─ 예를 들면 디트로이트 ─ 에서 고용주들은

---

43 미국의 '오픈샵' 운동에 대해서는 특히 Brody(1980), Montgomery(1989), Klug(1993)을 보라.
44 노동조합의 역량이 몹시 불균등했다는 점이 지적되어야 한다. 예를 들면 국제기계공조합은 디트로이트나 필라델피아와 같은 일부 지역의 기계공들 사이에 커다란 역량을 확보했다(Klug 1993: 668).

노동조합을 가장 철저하게 탄압했다. 왜냐하면 이 지역의 고용주들은 바로 자신들이 전국적인 제품 시장 경쟁에서 불이익을 받고 있다고 생각했기 때문이다. 위와 같은 '노동조합의' 도시들에서도 고용주들의 단호한 조치와 노동조합의 취약성으로 인해 불과 몇 년 만에 고용주들은 노동조합을 주변화시키고 오픈 샵을 관철시킬 수 있었다(Klug 1993).

숙련 의존적인 산업에 속한 기업들이 크래프트 유니온에 대한 승리를 확고히 하기 위해 추구한 전략들은 다양했다. 가장 중요한 전략의 차이는 대기업과 소기업 사이에 존재했다. 대기업 고용주들은 종종 숙련노동자를 사업장 위계 안에 개별적으로 포섭해서 이들을 이른바 '몰이drive' 시스템을 수행하는 대리인으로 변화시켰다. 이 시스템은 작업의 단순화 — 이에 따라서 반숙련 노동에 대한 의존도가 높아졌다 — 와 더불어 노동자에 대한 위협과 협박을 통해서 생산량을 늘리는 것에 의존했다(Jacoby 1985). 예를 들면 카네기 철강 공장에서 노동조합이 참패를 겪고 난 직후 경영진은 고참 숙련 직인을 — 이 가운데는 블로우어*, 용해공, 압연공 등이 포함되었다 — 기업의 경영 구조에 '편입'시켜 하급 감독자로 만들었다(Montgomery 1989: 41). 윈체스터 다연발 총기 회사에서도 유사한 정책이 실시되었다. 경영진은 예전의 하청 계약에 기초한 이윤을 대체하는 보너스 시스템을 활용하고 또 포어맨에게 노동자 채용에 관한 재량권을 부여함으로써 과거의 독립 숙련 직인이 회사의 포어맨으로 쉽게 전환될 수 있도록 했다(Buttrick 1952: 219-20). 과거의 임금 지급 및 인센티브 시스템과는 반대로 봉급

---

* 유리그릇 등을 불어 만드는 직공. - 옮긴이

을 받는 포어맨에게는 고정 급여를 지급하는 것이 좀 더 일반적인 방식이었다. 과거에 독립 하청업자는 작업에 따라서 보수를 받고 자신의 노동자들에게는 시간당 임금을 지불했음에 비해서, 이제 포어맨은 고정 급여를 받으면서 고용되고 노동자들에게는 개수임금제가 적용되었다(Clawson 1980: 169).

몰이 시스템에서 포어맨은 자신이 담당하는 부서 내에서 광범위한 재량권을 행사했으며, 관리 기능을 새로 떠맡아 적극적으로 수행했다. 제이코비의 표현대로 이들은 "거만하고 자부심이 강하며 보수적인 인물로서 자신들이 지닌 숙련과 지식을 통해 자신들의 직위가 상승했음을 의식하고 있었다. 그들은 종종 흰색 셔츠를 입고 일했고 작업장 한 가운데 높은 곳에 책상을 놓고 앉았다. 그런데 대부분의 포어맨은 과거에 숙련공이었음에도 불구하고 노동조합에 격렬하게 반대했다. 그들은 자신의 과거와 연계를 끊어버리는 데 자신들의 권위가 달려 있다는 점을 잘 알고 있었다. 어느 논평자는 '그들은 자신들이 밟고 올라온 발판을 차버린다'고 지적했다"(Jacoby 1985: 16). 지금의 논의와 관련해서 중요한 점은 이 숙련 직인 겸 포어맨들이 어떤 새로운 숙련 형성 시스템에도 연결되어 있지 않았다는 것이다. 일본과는 아주 다르게 대부분의 회사들에서 경영진은 전반적으로 반숙련공을 활용한 표준화된 생산방식을 도입하고, 또 '몰이'와 인센티브 임금을 통해서 생산량을 늘림으로써 '숙련 문제'에 대처하려고 했다.

관리자의 위계 구조가 전혀 혹은 거의 없고, 또 광범위한 합리화를 추진할 가능성이 더 적은 중소규모 기업에서는 아주 다른 정책이 추구되었다. 소규모 기계 공장은 그 제품의 성격상 광범위한 합리화 조치를 실시할 수 있는 형편이 안 되었고, 또 숙련 형성을 내부화하는 것도 그 작은 규모 때문에 가능하지 않았다(Hansen 1997: 477; Jacoby 1985: 69). 중소규모 기업들은 계속해서 숙련에 크게 의존했고, 이로 인해 크래프트 컨트롤 전략에 노출될 가능성이 더 높았기 때문에 강한 반反노동조합 정서를 드러내는 경우가 많았다. 노동조합에 격렬하게 반대했던 전국제조업협회NAM가 전국 수준의 정치적 논쟁에서 이러한 중소규모 기업들을 대변했다. 숙련 의존적인 이 소규모 업체들은—전국제조업협회를 통해서 그리고 이와 제휴함으로써—크래프트 유니온에 대한 의존을 고용주 간 협력을 통해 대체하려고 노력했으며(Harris 1991), 지역 직종학교의 교과과정이 '지역 고용주의 구체적인 요구에 맞추어서 설계'될 것을 기대하면서 직업교육에 정부가 재정 지원을 하도록 정치적인 영향력을 행사했다(Jacoby 1985: 69; 또한 Hansen 1997: 476-8, 630을 볼 것).

일부 지방, 예를 들어 필라델피아 금속 제조업체들의 고용주들 사이에는 협력이 어느 정도 달성되었다.[45] 금속가공 산업에서 노동조합과 전국 협약을 체결하는 것이 실패로 돌아가자 필라델피아 금속제조

---

45 이 부분의 설명은 Harris(1991)의 뛰어난 연구에 의거하고 있다. 하지만 필라델피아가 유일한 사례는 아니며, 신시내티 사례도 있고(Haydu의 진행 중인 연구 참조), 또 미니아폴리스도 있다(Millikan 2001). 일반적으로 규모가 작은 보다 전문화된 기계제조업자들은 숙련에 대해서 더 많은 우려를 했고, 공공 직업학교를 확대하려고 전국제조업협회가 벌인 캠페인에서 중추 세력을 이루었다. 19세기 말과 20세기 초에 *American Machinist*나 *Iron Age*와 같은 업종 잡지에는 도제 훈련의 쇠퇴를 우려하는 논평이 등장하는데, 이는 숙련에 의존하는 소규모 업자들의 우려를 반영한 것이다. 신시내티는 뒤에 기술 훈련과 실습 훈련 사이의 연계를 강화하려고 노력한 허먼 슈나이더(Herman Schneider)와 같은 교육자와 긴밀하게 협력하면서 훈련의 몇몇 측면에서 중요한 진전을 보았다. 위와 같은 방향에서 다양한 노력이 지역 차원에서 이루어졌다는 사실을 강조해준 제프리 헤이듀(Jeffrey Haydu)에게 감사한다.

업자협회는 스스로 지역에 있는 숙련 금속 직인에게 직업 소개 서비스를 제공하는 노동사무국을 설립했다. 이는 지역 노동시장에 관한 노동조합의 '장악력'을 약화시키기 위한 조치이면서(Harris 1991: 125), 또한 기업 간 협력을 통해 인력 사냥을 완화하려는 시도이기도 했다. "회원 업체들은 사무국을 통해서 고용을 하면 업체끼리 서로 숙련공을 스카우트하는 데 제약을 받았다. 스카우트 관행은 바쁜 시기에는 희소한 인력에게 대단히 유리한 상황을 만들었다. …… [기업체 상호 간의 협력을 통해서] 회원 업체들에게 도움이 되는 협회 차원의 내부 노동시장과 유사한 것이 형성되었는데, 이는 아마도 개별 기업체 수준에서 스스로 만들어낼 수는 없었을 것이다"(Harris 1991: 126).

금속제조업자협회는 업체 상호간에 협력을 촉진하고 확대하기 위해서 노동시장 정보 자료를 발간했다. 이는 고용주들을 경쟁시키는 노동자들의 능력에 대처하기 위해서 고안되었는데, 특히 노동력이 부족한 시기에 시세보다 더 많은 임금을 지불한 회원 업체를 알 수 있게 해주었다(Harris 1991: 127-8).[46] 더구나 금속제조업자협회가 개별 노동자에 대해서 보존한 고용 기록은 일종의 자격인증 기능을 수행했다.

전통적인 도제제도가 무너지고 공식적인 훈련이 적절하게 제공되지 않았기 때문에 숙련공에 대한 이러한 불완전한 노동시장이 '직종을 익히는' 과정을 조직하는 하나의 방법으로 역할하기도 했다. …… 금속제

---

[46] 1920년대에 협회에 가입하지 않은 업체들도 금속제조업자협회에 자신들의 영업에 관한 자료를 제공하기 시작했고, 대기업도 이러한 정보를 얻기 위해서 소규모 업체들이 주도하던 금속제조업자협회에 가입했다. 이 정보는 지역 노동시장에서 최고의 노동자들을 확보하기 위해서 대기업에서 시세 이상의 임금을 설정하기 위한 기준으로 대단히 유용했다.

조업자협회에 남아 있는 노동자의 고용 기록은 일종의 숙련인증서나 혹은 최소한 경력증명서로 기능했다. 고용주는 노동자를 시험적으로 채용해보는 방식 — 이는 비용이 많이 들고 불확실한 방식이었는데 — 에 전적으로 의존할 필요가 없었다(Harris 1991: 126).

위와 같은 유형의 업체 간 협력은 당시에는 비교적 성공을 거두었지만, 궁극적으로는 노동조합을 통한 지역 크래프트 노동시장에 대한 통제에서 등장했던 것과 동일한 종류의 문제에 그 취약성을 드러냈다. 영국과 마찬가지로 고용주들의 조직화를 자극하고 고용주들이 함께 단결을 유지할 수 있도록 해준 요인은 바로 '노동 측의 위협'이었다. 그리고 역시 영국에서 그랬듯이 그와 같은 협력은 항상 제품 시장의 지배적인 상황이나 — 노동력이 부족한 시기에 부정행위를 하고자 하는 인센티브가 커다란 경우 — 협회 '관할 범위'의 한계 — 이 경우 단지 지역 노동시장만을 포괄하는 — 로 인해 흔들릴 수 있었는데, 이는 협회 회원이 아닌 기업체의 위반 행위에 취약할 수밖에 없었다.

다른 한 가지 전략은 정부가 직업훈련에 자금을 제공하도록 요구하는 운동이었다. 처음에는 전국제조업협회가 이 운동에 앞장을 섰는데, 이는 매우 성공적으로 보였던 독일 시스템에서 영감을 얻은 것이었다(Hansen 1997: 476-8, 630-1). 전국제조업협회의 대표자들은 독일과 미국의 공립 학교교육을 부당하게도 끊임없이 비교했지만, 미국의 공립학교 교육은 지역 수준에서 공공심을 지닌 중간계급 활동가들에게서 영향을 받고 전국 수준에서는 전문 교육가들에게서 영향을 받아서, 중간계급 청소년이 전문직이 되기 위한 예비 훈련을 강조했고, 사실상 직업훈련의 성격을 배제했다(이 주제에 관해서는 특히 Hansen 1997:

6~8장을 보라). 하지만 직업훈련을 위한 정치적 로비 활동은 별다른 결실을 거두지 못했다. 왜냐하면 대기업의 지지가 특히 미약했고, 가장 유력한 동맹자인 노동조합과 어떠한 유형의 연합도 실현될 수 없었기 때문이다.

　　새뮤얼 곰퍼스Samuel Gompers와 같은 노동조합 지도자들은 미국의 교육 시스템이 과도하게 교과서 위주로 진행되고, 대학에 진학하려는 중간계급 아동의 요구와 관심을 위주로 지나치게 배타적으로 짜여 있다는 전국제조업협회의 비판에 공감했다(Hansen 1997: 479-83). 노동조합은 교육 시스템에서 블루칼라 아동들의 요구가 무시되고 있다고 비판했다. 하지만 전국제조업협회가 지닌 뿌리 깊고도 강경한 반反노동조합적인 편견을 고려할 때, 정부가 재정을 지원하는 직종학교가 고용주에 의해서 장악될 것이고, '파업 불참자 양성소'로서 "단지 청소년들을 단체로 훈련시켜서 반노동조합 교리를 주입시키고 나서 이들을 공장으로 데려와서 임금을 낮추고 조합원의 고용을 빼앗아갈 수 있는 수단"으로 악용될 것이라고 노동조합이 우려한 데에는 타당한 이유가 있었다(Douglas 1921: 315에서 인용; 또한 Kelly 1920: 76; Hansen 1997: 480을 볼 것). 1880년 무렵에서 1910년 사이 수십 년 동안 노동조합이 사립 직종학교에 관해서 경험한 이후에도 그러한 우려는 전혀 완화되지 않았다. "노동조합에 대한 공공연한 적대 행위가 벌어진 곳은 일부 학교에 불과했다"고 해도, "대부분의 학교들이 단체교섭에 대해서 아주 비우호적이었고 노동조합에 반대하는 영향력을 은밀히 행사했다" (Douglas 1921: 316). 결정적 순간이 되자 노동조합은 기존의 공립학교 시스템을 ― 비록 중간계급 지향적이고 지나치게 학문적이기는 했지만 ― 고수하는 태도라기보다는 고용주에게 장악될 가능성이 있는 별개의 직업교육 과정에 더 반대하는 성향을 보였다. 왜냐하면 "그들은 사립이든 공립이든 직종 및 산업 전수專修 학교가 교육가들이 주도하는 공립학교 내에 설치된 직업교육 과정에 비해서 노동시장의 안정성에 더 커다란 위협이 된다고 확신했기 때문이다"(Hansen 1997: 482).[47]

1910년 무렵 노동조합은 공립 직업학교에 대해서 훨씬 더 긍정적인 태도를 보였고(Cremin 1964: 50-7) 미국노동총동맹은 전국제조업협회와 유사한 제안을 지지하게 되었지만, 양자 사이에 어떤 협력이 이루어진 것은 아니었다.[48] 양자 모두 공립 직업학교 시스템이 지닌 서로 다른 장점을 각각 인식했다는 사실에도 불구하고, 전반적으로 통제라는 쟁점을 둘러싸고 노동조합과 고용주 사이에 진행되고 있던 갈등으로 인해서 공립학교 영역에서 대안적인 직업교육을 중심으로 어떤 동맹도 형성할 수 없었다(Douglas 1921: 328-9; Hansen 1997: 478, 483). 그리하여 직업교육을 둘러싼 토론의 결과로 단지 하나의 법률만이 —그것도 대체로 실효성이 떨어지는— 제정되는 데 그쳤는데, 바로 1917년 국가직업교육법Smith Hughes Act이 그것이었다. 이 법은 주에서 실시하는 일부 프로그램에 자금을 지원했지만, 학교에서 실시하는 훈련과 경제 사이에 튼튼한 연계를 구축하는 데에는 실패했다(자세한 설명은 Hansen 1997: 6~7장을 보라). 1920년에 켈리는 다음과 같이 지적했다. "보습교육의 주된 결함은 시민교육 및 일반 학과 수업에 기술 혹은 현장 업무를 결합해서 학생들이 일터에서 성장하도록 지원하려는 구상이 전혀 없다는 점

---

47 예를 들면 1909년 뉴욕 시 직물노동자연합의 의장이 공립 및 사립 직종학교가 '얼치기 저니맨'을 배출하는 데 광범위하게 이용될 것이라고 우려하는 진술을 보라(Kelly 1920: 76).
48 이 점을 강조해준 헤이듀에게 감사한다.

이다. …… 이러한 이유로 [경제 및 기업의 필요와 결부되지 못하기 때문에]
교육은 지나치게 학문적이고, 아이들은 기회를 활용하려고 기대하기 때
문이 아니라 어쩔 수 없어서 출석하고 있다"(Kelly 1920: 73).

위스콘신 모델

위와는 다른 패턴을 보이는 중요한 예외적인 사례 ─ 이 연구로 보면
유익한 사례 ─ 가 1910년대 위스콘신에서, 특히 밀워키를 중심으로
한 지역에서 등장했는데, 이 지역은 미국 기계 산업의 중심지였다.[49]
필라델피아처럼 밀워키 지역의 기계업체들도 자신들이 의존하는 숙련
노동의 공급을 유지하기 위해 노동조합이 주도하는 도제 훈련을 대체
할 수 있는 다른 조직 형태를 모색하고 있었다. 1910년대에 숙련공 부
족으로 인해 압력이 증가하고, 이에 따라 높은 노동이동률과 임금 경
쟁에 직면하자 앨리스─차머스Allis-Chalmers와 커니 앤 트레커Kearney &
Trecker와 같은 선구적인 기계업체의 경영진은 지역에서 도제 훈련을 체
계화하려는 목표를 중심으로 지역 기계제조업체를 조직화하는 데 앞
장섰다(Parker 1996: 16–17). 다른 도시 지역 ─ 예를 들면 시카고 ─ 에
서 비슷한 노력이 전개되었지만 제품 시장에서 치열한 경쟁에 직면하
자 자발적 참여가 저조해져서 실패로 돌아갔음에 비해, 위스콘신 시스
템은 주 정부의 적극적인 후원을 통해 뒷받침되었다. 1910년에 사회
주의자인 시장이 당선되자 주 정부가 적극적으로 개입하여 중재하고

---

49 위스콘신 '모델'에 대해서는 특히 Parker(1996)와 Hansen(1997: 6장)을 보라. 그 시기의
묘사로는 쿨리(R. L. Cooley) ─ 밀워키 보습학교를 담당하는 교육청장이었다 ─ 의 논문을
보라(Cooley 1914).

지원하면서 노동조합과 고용주가 공동으로 관리하는 도제 훈련 시스템이 수립될 수 있는 발판이 마련되었다(Parker 1996: 19-21). 좌익이 정치적으로 세력을 얻자 고용주가 노동조합에 대항하는 시스템을 구축할 수 있는 가능성은 사라지고, 또 훈련 조치를 악용해서 숙련공이 시장에 넘치거나 임금이 하락하지는 않을 것이라는 보장 — 다른 지역에는 결여되었던 — 이 노동조합에 제공되었다(Hansen 1997: 483, 566).

　'위스콘신 시스템'의 윤곽을 간략하게 제시하면 다음과 같다 (Cooley 1915; Parker 1996). 1911년에 통과되고 1915년에 개정되어 확대된 주 법률을 통해서 도제 훈련에 관한 등록과 감독 및 인증의 기본 골격이 확립되었다. 모든 도제 계약은 문서로 공식적으로 체결되어야 하고, 계약서 사본이 주 산업위원회에 제출되어야 한다. 고용주는 도제가 지역의 보습학교 수업에 출석할 수 있도록 1주에 최소한 5시간의 유급 타임오프를 부여해야 하고, 도제의 근무시간 및 임금에 관한 규정을 준수해야 하고, 또 공원에게 가르쳐야 할 구체적인 공정의 명세와 각각에 걸리는 대략적인 시간을 충실히 지켜야 했다. 주 산업위원회가 전체 시스템에 대한 감독을 행했는데, 이 위원회는 직종과 산업을 분류하고, 도제 계약을 작성하고 감독하며, 도제와 고용주 사이에 계약 위반이나 혹은 이견이 발생한 경우에 중재자로 역할하면서 계약 이행을 기본적으로 보증하는 권한을 지니고 있었다(Douglas 1921: 78-9; Kelly 1920: 141). 주 산업위원회는 고용주, 노동조합, 그리고 주립 보습학교 대표자로 구성된 '주 도제훈련위원회'를 설치했는데, 이 위원회가 법 집행을 담당하고 인증 및 감독 권한을 부여받았다.

　1910년대에 위스콘신에서 개발된 이 시스템은 독일 모델의 몇 가지 측면을 모방한 것이었는데, 이러한 결과는 많은 저명한 기계제조업자들 자신이 독일에서 이주해온 숙련 직인이거나 그 후손이라는 점과 밀접하게 관련되어 있었다(Hansen 1997: 566). 아주 잘 짜인 도제 훈련 시스템을 제도화해서 — 최소한 일정 기간 동안은 — 기업에 대해서 투명하고 통일적인 훈련 기준을 확립하고, 청소년은 물론 기업에도 훈련에 대한 투자를 매력적으로 만들 수 있는 인증 과정의 시행이 가능하다는 점이 입증되었다. 1차 대전 이전 시기 위스콘신 금속가공 산업에서 도제 훈련이 법률에 의해 그리고 정부와 유사한 감독에 의해 뒷받침되면서 활성화되었다.[50]

위스콘신 실험의 취약점은 — 그리고 1920년대에 그것이 소멸되기 시작한 근본 원인은 — 그 범위가 제한적이라는 데 있다. 기업의 훈련 비용을 점점 더 늘어나게 만든 인력 사냥의 외부 효과가 심각한 문제였는데, 이웃에 있는 도시 — 특히 일리노이 북부 지역에 있는 — 의 고용주들이 더 많은 임금을 미끼로 숙련공을 꾀어가고 있었다. 그들은 훈련 비용을 부담하지 않았기 때문에 고임금을 계속 줄 수 있었다(Parker 1996; Hansen 1997: 655). 특히 1920년대에 고용이 침체되어 숙련 노동 시장에 대한 압력이 상당히 완화되고 미숙련 노동이 저렴하면서 더 매력적으로 되는 상황이 동시에 전개되자 훈련을 회피하고자 하는 동기가 더욱 강해졌다. 가장 '충실한' 기업들은 위스콘신 시스템에 머물렀지만 나머지 많은 고용주들의 훈련에 대한 관심은 시들해졌고, 1920년대에 위스콘신 금속가공 업체들은 점점 더 다른 지역에 확립된 것과 동일한 합리화 전략을 도입하게 되었다(Hansen 1997: 651-2).[51]

---

50 더글러스는 최초의 법률이 통과되고 나서 1912년부터 시작되는 도제 계약 서명 건수가 늘어났다고 보고하고 있다(Douglas 1921: 79; 또한 Morris 1921: 292를 보라).

미국의 기업 학교 운동

대부분의 지역과 산업에서 크래프트 유니온과 고용주 사이에 갈등이 진행됨에 따라 도제 훈련에 관해서 안정적인 제도 틀을 전국 수준에서 만들어낼 수 있는 전망은 희미해졌지만, 적어도 대기업들이 숙련 형성에 관해서 좀 더 분절주의적인 해결책에 의존하려 할 가능성은 여전히 남아 있었다. 스웬슨이 지적한 대로 1차 대전 이전 시기에 대안적인 전략이 등장했는데, 이는 전국제조업협회가 채택한 것보다 "노동조합에 대항하는 한층 친절하면서도 부드러운 전쟁"이었다(Swenson 2002: 54). 대체로 '복지 자본주의welfare capitalism'라는 이러한 대안적 접근 방식에는 기업이 회사 내에서 관대한 사회정책을 실시함으로써 "과격한 노동 운동이라는 질병에 대한 예방접종을 실시한다"는 사고가 깔려 있었다 (Swenson 2002: 54, 3장; Montgomery 1989; Jacoby 1985; Brody 1980). 웨스팅하우스, 듀폰Dupont, 제너럴 일렉트릭General Electric, 굿이어Goodyear, 내셔널 캐시 레지스터National Cash Register 등 복지 자본주의를 추구한 많은 저명한 기업들이 이러한 목적으로 노동자들에게 고임금과 더 많은 휴가, 그리고 기업에 기초한 여러 가지 보험 수당을 제공했다(Swenson 2002: 55). 이러한 정책은 중앙집중화를 통해 포어맨이 담당하던 인사 기능의 일부를 '제거'함으로써 기업 인사 정책을 좀 더 체계적이고 '합

---

51 파커가 지적한 바 있듯이 복수의 고용주들이 협력하는 도제 시스템이 활성화되기 시작할 때조차도 위스콘신 시스템에 속한 업체들이 ― 포크(Falk)와 같은 선도적인 업체까지 포함해서 ― 합리화 정책을 추구하고 숙련노동에 대한 의존을 줄이려는 대량생산 기법을 도입하고 있었다는 사실은 상당히 역설적이다(Parker 1996: 4, 32). 1914년에서 1925년 사이에 도제 등록 건수는 21건에서 최고 821건으로 꾸준히 증가했지만, 1925년 이후 급속히 줄어들어서 1933년에는 46건에 불과했다. 위스콘신 시스템은 전체적으로 "1930년대 초의 경제 위기로 인해 망각 속으로 사라져갔다"(Hansen 1997: 650-1; Parker 1996).

리적'으로 만들기 위한 조치들과 종종 결합되어 있었다(Kelly 1920: 118-9). 복지 자본주의를 추구한 기업들은 자의적이고 억압적인 포어맨 중심의 몰이 시스템이 종종 노사분규와 높은 이직률을 야기한다는 것을 알고 있었고, 그리하여 '인간관계' 관리에 익숙한 인사 담당 부서의 치밀한 감독 아래 포어맨을 둠으로써 이러한 경향을 억제하려고 했다(Jacoby 1985: 2장; 또한 Kelly 1920: 74; Buttrick 1952: 218).

　　복지 자본주의를 추구한 기업들은 앞장서서 사내 직업훈련 분야의 혁신을 실시한 경우가 많았다. 숙련 개발은 충성스럽고 헌신적인 노동자를 양성하는 데 매우 중요한 것으로 간주되었다.[52] 그리하여 복지 자본주의를 추구한 저명한 기업들은 노동조합의 도제 훈련 프로그램에 대한 대안으로 사업장 내 훈련을 노골적으로 옹호하고 실행했다(Jacoby 1985: 69). 또한 몰이 시스템이 지닌 뚜렷한 한계도 경영자들이 이를 선택한 이유가 되었다. 왜냐하면 생산량을 증대시켜야 한다는 압박 아래 놓인 포어맨들이 청소년 노동자를 훈련하는 데 자원을 쏟으려 하지 않았기 때문이다. 커네티컷 소재 예일 앤 타운Yale and Towne 제조사의 베어웰A. F. Barewell은 '숙련 기계공은 왜 부족하고, 제조업체는 이를 어떻게 해결할 수 있는가'라는 제목의 글에서 포어맨들이 대체로 "경험이 없는 젊은이들을 선호하지도 않으며 이들을 위해서는 시간도 인내심도 없다"고 언급했다(NACS 1913: 121; 또한 Park 1914: 13-4를 보라). 제너럴 일렉트릭의 매그너스 알렉산더Magnus Alexander도 1916년 철강전기 기술자들에 대한 강연에서 포어맨이 훈련에 적합하지 않으며, 그가

---

52 예를 들면 E. J. 메렌은 자신의 논문에서 기업 학교를 '노사분규를 완화하는 가장 중요한 요소'로 규정했다(Mehren 1914).

경험한 바로는 포어맨은 대체로 도제를 원치 않는 부담스런 존재로 간주한다고 주장하면서 비슷한 비판을 제기했다(Alexander 1921: 235, 243).

1차 대전 이전에 미국에서 기업학교를 설립한 기업들에는 엔지니어링 산업에서 가장 유명한 제조업체들이 많이 포함되었는데, 특히 브라운 앤 샤프Brown and Sharpe, 포드, 제너럴 일렉트릭, 그리고 웨스팅하우스 등이 들어 있었다(Parker 1996; Morris 1921). 인쇄기계 설비 제조업체인 호 앤 컴퍼니Hoe and Company는 1872년에 미국 대기업 가운데 가장 먼저 도제와 공원workmen을 훈련시키기 위해서 기업 내 학교의 문을 열었다(Douglas 1921: 213). 1888년에는 웨스팅하우스 사가 그 뒤를 따랐다(Morris 1921: 2-17; Hansen 1997: 267). 브라운 앤 샤프에서는 1896년에 회사 내에 당시에 고용되어 있던 도제 70명의 훈련을 전담할 감독자를 고용하기 시작한 데 이어, 1908년에는 "기계 제도, 수학, 상업영어, 그리고 포어맨십 등을 가르치는 도제 학교를 공식적으로 설립"했는데, 당시 140여 명이 넘는 도제들이 그 대상이었다(Hansen 1997: 268). 기업 내 훈련 학교를 설립하려는 운동은 1900년대 초에 한층 강화되었는데, 이는 앞서 언급한 노동조합과 통제 관련 투쟁이 벌어지고 이들 산업에서 전국적 단체교섭이 실패로 돌아간 것의 직접적인 여파였다.[53] 제너럴 일렉트릭과 인터네셔널 하베스터와 같은 주요 기업들은 순종적이고 충성스러운 노동력을 양성하기 위해서 고안된 광범위한 기업 복지 조치와 연계하여 자기 회사의 기업 내 훈련 프로그램을 도입했다.[54]

가장 저명한 기업체의 프로그램들은(상세한 내용은 Morris 1921 참조) 비슷한 시기 독일과 일본, 영국에서 실시되고 있던 것과 여러 가지 측면에서 유사한데, 상당한 비중의 이론 수업과 보다 체계적인 직무 중 훈련을 결합하고 있었다. 웨스팅하우스에서 일부 '진지한 학생들'은 사내 프로그램에 참가하는 데 그치지 않고 지역에 있는 기술 고등학교의 수업을 들었다. 이 학교는 공식적으로는 독립되어 있었지만, 회사로부터 상당한(예산의 3분의 1) 자금을 지원받았다(Morris 1921: 10-1).[55] 이 기업체들은 또한 임기응변식으로 진행되던 직무 중 교육 대신에 좀 더 체계적이고 통일적인 절차를 확립하고자 했다. "호 앤 컴퍼니, 브라운 앤 샤프, 그리고 프랫 앤 휘트니 등의 업체들은 회사의 모든 도제에 대한 훈련을 체계화하기 시작하면서 4년 기한의 공식 도제 계약을 재실시하고, 도제 기한을 마치면 임금 이외에 상당한 보너스를 추가로 지급했으며, 도제들로 하여금 사내 야간학교나 혹은 다른 유형의 공식 교육을 통해서 기계 제도 및 수학 분야에 관한 공식 교육을 이수하도록 요구했다"(Hansen 1997: 267-8).

미국에서 기업 내 훈련을 선도해온 기업들은 1913년에 전국기업

---

53 기업학교의 선구자들을 다룬 회보의 기사들은 업체들이 새로운 훈련 관행을 도입함으로써 청년 노동자의 충성심을 자신들의 직종에 속한 노동자들로부터 회사로 돌리기를 몹시 원하고 있었다는 점을 시사한다. 이 기사들에는 젊은 훈련생에게 미치는 '불건전한' 영향을 어떻게 제거할 수 있는가에 관한 증언과 조언이 가득하다. 예를 들면 어느 기계업체의 한 경영자는 자기 회사의 정책에 대해 다음과 같이 보고했다. "슈 기계 사(Shoe Machinery Company)에서 공장학교의 방침은 처음 1, 2년의 학습 기간 동안 소년들을 저니맨으로부터 떼어놓는 것이다"(NACS 1913: 106). 예일 앤 타운 제조사의 대표도 자기 회사의 유사한 지침에 관해서 보고했다. "학생들이 처음 3년 동안 공장에 있을 때 저니맨으로부터 분리된다는 사실을 특별히 강조한다"(NACS 1913: 114).

54 더글라스(Douglas 1921: 214)는 1905년과 1913년 사이에 설립된 기업 훈련 학교 가운데 23개소의 명단(전부를 망라한 것은 아니다)을 제시하고 있다. 여기에는 금속가공 산업의 많은 선도적 기업들과 함께 당시 기업 복지 운동 분야의 선도 기업들이 또한 포함되어 있다. Alexander(1921)는 특히 제너럴 일렉트릭의 프로그램을 상세히 다루고 있다.

55 하지만 영국의 경우와 마찬가지로 학생들은 수업료를 냈다.

학교연합National Association of Corporation Schools, NACS을 설립했다. 전국기업 학교연합은 독일기술교육위원회와 표면적인 유사성을 일부 지니고 있었는데, 이 조직은 훈련을 실시하는 기업 간에 아이디어를 교류하고 더 나아가서 훈련 프로그램에 관한 전반적 관심을 증진시키는 것을 목적으로 했다(Douglas 1921: 214-15; NACS 1913: 15). 시카고의 도넬리 앤 선즈R. R. Donnelly and Sons 소속의 토마스 도넬리Thomas Donnelly와 같은 기업 내 훈련의 옹호자들은 "미국의 모든 대규모 제조업체가 자신의 기계공을 훈련시키기 위한 학교를 설립하게 될 것이며, 전국기업학교 연합이 이러한 결과를 달성하는 데 중요한 역할을 할 수 있다면 미국의 직업훈련 문제는 해결될 것"이라고 기대했다(NACS 1913: 136).

상당수의 전국기업학교연합 회원 업체들이 공식적인 도제 계약을 의무화함으로써 자신들의 훈련 프로그램을 안정시키고 수준을 향상시키고자 했다.[56] 제너럴 일렉트릭, 웨스턴 일렉트릭Western Electric, 브라운 앤 샤프, 그리고 웨스팅하우스와 같은 선도 기업들은 훈련 프로그램을 마친 도제들에게 100달러에 달하는 보너스를 지급했다(제너럴 일렉트릭에 대해서는 Morris 1921: 21, 웨스턴 일렉트릭에 대해서는 같은 책, 40-1, 브라운 앤 샤프에 대해서는 같은 책, 135; NACS 1913도 참조). 일부 업체들은 프로그램이 시작될 때 도제나 그 부모로부터 보증금 — 몰수당할 수도 있는 — 을 받았다(Morris 1921: 236). 기업 학교를 운영하는 31개 제조업체에 관한 어느 조사에서 무려 27개 업체가 도제가 졸업할 때 보너스를 지급하며 그러한 보상이 "좋은 자극이 되고 실제로는 그들의 임금에서 담보용으로 공제된 것이 현실"이라고 응답했다(NACS

---

56 주요 기업체들의 관행에 대해서는 Morris(1921)를 보라.

1913).

하지만 1장에서 강조했듯이 도제로 하여금 도제 기간을 마치도록 하는 데 더 효과적인 유인은 노동시장에서 가치를 지니는 일정한 유형의 자격인증이다. 미국에서 가장 저명한 훈련 업체의 경우에도 자격인증의 중요성은 사라지지 않았고, 총괄적인 인증 제도가 전혀 없는 상황에서 많은 기업들이 훈련을 이수하면 개별 기업별로 고유한 인증서를 발행했다. 제너럴 일렉트릭은 주머니에 넣어 다닐 수 있을 크기의 가죽 케이스에 넣어 인증서를 발행하여 도제들이 이를 지니고 다닐 수 있도록 했다(Commerce 1930: 43). 모리스에 따르면 훈련을 마치면 인증서를 수여하는 것이 일반적인 관행이었지만, 훈련에 관해서 집단적으로 정의된 통일적인 기준이 존재하지 않아서 도제가 받은 인증서의 가치는 "인증서를 수여한 기업의 지위에 크게 좌우되었다"(Morris 1921: 237).

한 기업이 수준 높은 도제 훈련에 투자를 해서 기업의 명성이 높아지면 이것이 역효과를 낳아서 이 업체들은 다른 업체로부터 인력 사냥의 표적이 되는 심각한 문제를 경험했다(Morris 1921: 30-1, 217). 제이코비는 경쟁 업체가 새로 훈련받은 노동자를 약탈해가는 일이 만연했다고 지적한다. "제너럴 일렉트릭의 린Lynn 공장에서는 직종 도제 훈련을 마친 졸업생 가운데 4분의 1 미만이 회사에 머물렀으며, 다른 전국기업학교연합 회원 업체도 졸업생을 붙잡는 데 유사한 어려움을 겪었다"(Jacoby 1985: 68). 한센은 전국기업학교연합 회원사에 대한 조사를 통한 자체 보고서 결과(NACS 1914: 408-9)를 인용하고 있는데, 훈련 프로그램을 시작한 도제 가운데 단지 9.1%만이 회사에 남아 있었다(Hansen 1997: 280). 즉, 가장 저명한 훈련 업체들은 다른 업체들로부터 극심한 약탈의 대상이 되었고, 사내 훈련의 옹호자로 널리 알려진 경제학자 폴 더글라스Paul Douglas는 상당한 좌절감을 안고 다음과 같이 지적했다. "잘 훈련된 도제들을 공급한다는 것은 *산업 전체로는* 이득이 되겠지만, *개별 기업에게는* 손실을 가져온다"(Douglas 1921: 81-2; 강조는 원문).

1차 대전 기간과 이후 훈련의 정치

위와 같은 집합행동 문제는 심각하기는 하지만 해결이 불가능한 것은 분명히 아니었고, 따라서 미국 도제 훈련의 운명에 더 결정적인 것은 1차 대전 기간과 이후에 전개된 계급 정치였다. 이 시기에 숙련공이 부족한 상황에서 노동조합이 다시 활성화되자 통제 관련 쟁점을 둘러싸고 계급 갈등이 다시 발생했고, 그 결과 1차 대전 이후에는 고용주들이 합리화를 가속화하고 노동조합을 회피하고자 하는 전략이 강화되었다. 직업적 숙련을 위해 육체 노동자를 훈련하는 것이 아니라, 반숙련공을 더 효과적으로 감독할 수 있도록 포어맨에게 인간관계 및 '사람을 대하는' 기술에 관한 훈련을 실시하는 방향으로 노력이 경주되었다. 그리하여 이 책에서 살펴본 다른 나라들과 마찬가지로 미국에서도 1차 대전 기간과 그 직후의 전개 과정이 훈련의 궤적에서 핵심적이었다.

전시 생산의 긴급성과 그에 따른 노동력 부족으로 인해 미국에서 크래프트 유니온이 다시 활성화되고 노동자들의 투쟁이 부활했다.[57] 다

---

[57] 전쟁 기간 동안의 전개 과정과 그것이 전후 노사 관계에 미친 영향에 관한 탁월한 해석으로는 Haydu(1997)를 보라. 아래의 설명은 특히 헤이듀의 책의 2장에 의거했다.

른 어떤 산업보다도 전쟁을 수행하기 위한 핵심 분야였던 엔지니어링 산업이 특히 여기에 해당되었다. 국제기계공조합의 조합원은 1915년 7만 2천 명에서 1918년에는 30만 5천 명 이상으로 급격히 늘어났다(Haydu 1997: 53). 역시 금속 업종에서 노사분규 및 파업이 기하급수적으로 증가했는데, 노동조합은 노동력이 부족한 노동시장 상황을 이용하여 고용주에게 양보를 — 노동조합 인정을 비롯해 다양한 경제적 요구 및 통제 관련 쟁점에 관해 — 요구했다. 전시노동국War and Labor Departments은 분규가 격앙되었을 때 조심스럽게 개입하면서 핵심 산업의 노사 관계를 안정시키기 위해 전국 수준의 논의에 노동조합 지도자들을 종종 참여시켰다. 더구나 기업으로 하여금 노동조합과 단체교섭을 하도록 강제하지는 않았지만, 정부 정책으로 인해서 경영자가 공공연하게 노동조합 활동가들에 대한 차별을 계속하는 것은 불가능해졌다.

다시 활력을 되찾은 크래프트 유니온들이 원한 것은 무엇이었던가? 이들은 광범위한 물질적 이득 —노동시간 단축, 휴가 일수의 증대 및 임금 인상 등 — 에 대해 양보를 얻어내기를 원했는데, 오픈 샵을 지지하는 고용주들도 이를 받아들일 각오가 되어 있었다. 그러나 전투적인 노동조합들은 전시 상황을 활용하여 보다 철저한 개혁을 요구하기도 했다. 헤이듀가 지적한 대로 "1918년 초에 …… 노동자들은 오픈 샵 체제를 보다 심각하게 위협하는 쟁점들을 — 특히 직무 분류와 노동조합 권리, 그리고 노동조합 직장위원회의 승인 등 —제기하고 있었다"(Haydu 1997: 59).

이 연구와 관련해서 특히 직무 분류에 관한 요구가 중요하다. 노동자들의 관점에서 몰이 시스템은 대단히 야만적이었다. 왜냐하면 이 시스템에서 전권을 지닌 변덕스러운 포어맨이 해고, 승진, 임금 등에 관해 몹시 자의적인 결정을 마음대로 부과했기 때문이다. 노동자들은 포어맨이 채용 과정에서 그리고 좋은 작업을 배정할 때, 자질 있는 동료가 아니라 자신의 친척이나 친구를 선택하고, 또 기계공의 일자리에 훈련받지 않은 노동자를 낮은 임금을 주면서 배치하는 것을 지켜보았다. 노동조합은 전쟁 기간에 더 체계적이고 공정한 대우를 요구했는데, 그 가운데 중요한 요구는 바로 소수의 표준 범주 — 각 범주별로 통일적인 최저 기준 임금이 설정되었다 — 로 구성된 직무 분류 체계를 도입하라는 것이었다(Jacoby 1985: 151-2). 대부분 그러한 요구는 숙련 직무에 국한되었지만, 브리지포트나 뉴어크와 같은 전시 생산의 중심지에서는 지역 노동조합이 이러한 요구를 확장시켜서 "기술자나 기계 조작공에게도 직무 분류 방안을 확대 적용할 것을" 마찬가지로 요구했다(Haydu 1997: 60).

위와 같은 요구들은 모두 경영상 통제의 핵심을 공격했으며, 고용주들은 여기에 격렬하게 저항했고, 이러한 저항은 커다란 성공을 거두었음을 지적해두지 않을 수 없다. 직무 분류 방안이 실시된 경우 — 예를 들면 정부가 지원하는 보수 인상 등을 통해서 — 이는 부당함이 명백한 정책을 규제하기 위해서 도입되었지만, 대개 직무 기준을 설정하거나 관리하는 데 노동조합에 아무런 역할을 허용하지 않았고, 또 지역 혹은 지방 수준에서 노동자들 사이에 협력을 증진시키지도 않았다(Haydu 1997: 66).[58]

---

58 정부는 보수 인상 과정에서 대체로 사업장 단위로 노동조합 직장위원회와 경영자가 공동으로 직무 분류를 작성하도록 제안했으며, 지역 혹은 지방 수준에서 크래프트 유니온이 작성하도록 제안한 것이 아니었다. 후자의 경우라면 서로 다른 기업을 넘어서 적용되는 직무 기준과 등급이 확립되었을 것이다.

다른 한편 전쟁 기간 동안 유럽에서 온 숙련공의 원천이 바닥나고(Commerce 1930: 27) 전시 생산에 대한 압력이 증가하면서 기업들은 더 정교한 훈련 프로그램을 포기하고 그 대신 숙련공에 대한 의존을 완전히 제거하기 위해서 합리화 및 작업 조직의 재편을 추진했다. 새로 채용한 이주 노동자 — 대체로 남부에서 온 아프리카계 미국 흑인과 여성 — 의 작업 속도를 신속하게 올리기 위한 목적으로 실시된 단순한 조치들을 중심으로 훈련의 초점이 변했다. "숙련공의 공급은 부족하고 유례없는 막대한 생산량이 지상 과제로 떨어진 상황에서 제조업체와 조선소에서는 정부 부처의 지원을 받아서 양성 훈련과 여타 형태의 집중 교육으로 방향을 바꾸었다"(Kelly 1920: 74-5, 134).

'양성 훈련vestibule training'은 숙련공의 부족을 정면으로 다루어서 극복하는 것이 아니라 숙련공 부족에 적응하여 우회하기 위한 방안이었다. 그것은 "과학적 관리 운동의 지도자들이 처음으로 제시한 …… 생산관리의 원칙들"에 의존한 시스템이었다(Kelly 1920: 153).[59] 전통적인 도제 훈련과 달리 — 수많은 유형 가운데 어떤 것이든 — 특정한 직종에 관해서 노동자를 훈련시킨다고 주장하지 않았고, 훈련 기간이 정해지지 않았으며, 법률적 감시나 도제 계약도 존재하지 않았다(Douglas 1921: 220-1). 오히려 양성 훈련은 한 가지 아주 전문화된 작업 수행을 위해서 노동자를 신속하게 훈련시킬 수 있도록 고안된 것이었다. 양성 훈련의 한 담당자는 이에 대해 다음과 같이 언급했다.

---

[59] 기업은 전쟁 기간에 — 노동력이 부족한 노동시장 상황에서 반숙련 노동에 대한 임금이 인상되리라는 전망에 따라서 — 도제로 하여금 '적정한 [임금] 수준'에 계약하도록 하거나, 훈련 기간이 끝날 때까지 도제를 머물러 있도록 하는 문제에 어려움을 겪었고, 기업이 협소하고 전문화된 훈련을 시행하게 된 것 또한 여기서 비롯되었다(Kelly 1920: 134).

양성 학교와 산업 조직의 관계는 현관과 집의 관계와 같다. 집에서 현관이란 방문객이 멈추어서 매트에 신발을 닦고, 옷매무새를 다듬고, 집에 들어가기 전에 갖추어야 할 의무를 수행하는 장소이다. 양성 학교 란 공장이나 사무실에 새로 채용된 노동자가 새로운 환경에 적응하고 그가 맡게 될 일의 핵심 요소를 다룰 수 있도록 준비가 될 때까지 머물 게 하는 장소이다.(Douglas 1921: 220에서 인용)

훈련 기간은 매우 짧았고 — 어떤 경우에는 3일에서 10일 정도 — 보통 한 가지 작업에 대해서만 이루어졌다. 회사 내에서 노동자들이 새로운 일을 맡게 되면 새로운 작업에 대해서 추가 훈련을 받도록 양 성 학교로 다시 보내지는 경우도 있었다(Douglas 1921: 221). 오하이오 데이튼에 있는 리코딩 앤 컴퓨팅 머신즈Recording and Computing Machines 같 은 회사들은 1917~18년에 숙련노동 부족에 대한 대응으로 양성 학교 를 운영하기 시작했다. 이러한 학교와 기타 그 시기에 설립된 유사한 학교의 상황은 다음과 같았다.

하나의 특수한 직무에 대해서만 훈련이 실시되었다. 훈련이 기계와 관련된 전반적인 교육으로서 광고되지는 않았지만, 모든 학생들은 자신 이 매우 단기간 교육을 받으며 기계에 관한 숙련을 조금이라도 얻는 것 은 작업 현장에서 일을 하면서 배우게 되리라는 것을 알고 있었다. 소 녀들은 열흘 이내에 고도의 정밀성을 요구하는 작업을 위해 수동 터릿 선반을 작동할 수 있도록 훈련받았으며, 회사 측에서는 이 소녀들이 작 업장에 와서 활력과 자신감을 갖고 기계 작업에 임한다고 주장하고 있 다(Kelly 1920: 156).[60]

전쟁이 끝났을 때 미국의 기업들은 대체로 위와 같은 관행을 포기하지 않았다. 오히려 전쟁이 끝난 직후의 시기에 가장 저명한 훈련 업체들조차도 높은 수준의 다능공적all-round 도제 훈련에 결코 충실하다고 볼 수 없다는 점이 드러났다.[61] 전쟁 기간에 잠시 관심을 보였다가 — 전국기업학교연합의 회원은 1913년 9월 37개사에서 1920년 3월 146개사로 늘어났다(Douglas 1921: 21)[62] — 전쟁이 끝나고 나서 노동시장에 노동력이 넘치자 회원 업체들의 관심은 완전히 사라져버렸다(Hansen 1997: 570). 심지어 전국기업학교연합도 "그 관심을 숙련 직종과 감독 직종을 위한 공식적이고 폭넓은 훈련에서 비공식적인 직무 중 훈련 방식을 늘려나가는 방향으로 바꾸기 시작했다"(Hansen 1997: 634). 미국경영자협회 — 전국기업학교연합을 승계한 단체가 1923년 이 단체에 통합되었다 — 의 한 대표자가 설명한 대로 "보통 말하는 기업 학교는 대단히 유행에 뒤떨어진 것이 되었다. 최신의 관점은 바로

---

60 씨유 카펜터 컴퍼니(C. U. Carpenter Company)의 한 대표는 "튼튼하고 건강한 여성은 철저한 훈련을 받고 나면 높은 정밀성이 요구되는 작업을 숙련 남성 기계공과 마찬가지로 잘 할 수 있음을 입증해왔다"고 주장했다(Kelly 1920: 158에서 인용).

61 스웬슨의 저작(Swenson 2002: 3장)은 진보적인 고용주들이 1차 대전 전후에 도입한 복지 시책들의 배후에 어떤 동기가 있는가에 대해 상당히 자세하게 설명하고 있다. 복지 자본주의를 추진한 기업들이 제시한 이유 가운데 두드러진 것은 노동자들의 노력을 증대시키고 노사 갈등을 감소시킬 필요성이었다. 특히 일본의 사례와 비교할 때, 숙련노동자를 충분히 훈련시키고 공급한다는 문제가 기업들이 제시한 이유에는 거의 포함되어 있지 않다는 점이 눈에 띈다. 기업들이 이 문제에 특별히 관심을 갖고 있었다는 기미가 거의 보이지 않는다. 소규모 업체들에서도 오픈 샵 고용주들이 여러 가지 '근대적인' 산업 복지 시책들 — 예를 들면 생명보험 증서, 단체 건강 및 재해보험, 유급휴가, 융자 서비스, 보건 및 안전, 휴식과 여가 등 — 을 분명하게 실시했지만, 분명히도 도제 훈련은 거의 대부분 실시하지 않았다. 도제 훈련은 그 대신에 "클로즈드 샵 부문에서 가장 광범위하게 발견되었다"(NICB 1929: 22).

62 모든 회원 업체에 기업 학교가 있었던 것은 아니었다.

직무 중 훈련이다"(Hansen 1997: 635에서 인용).

독일과의 비교가 아마도 가장 극적일 것이다. 1920년대 독일의 엔지니어링 기업들이 육체 노동자에 대한 사업장 내 숙련 개발을 더 체계적이고 통일적으로 만들기 위해서 독일기계제조업협회와 독일기술교육위원회를 통해서 일치된 노력을 기울이고 있었음에 비해서, 미국의 엔지니어링 기업들은 대체로 보다 적극적인 훈련 노력을 포기한 채, 그 대신 점점 더 "인력, 특히 학교교육을 많이 받은 감독자와 화이트칼라 종업원의 채용과 선발 및 승진을" 강조하고 있었다. "기업 훈련이 체계적으로 지속되는 경우 이는 점점 더 경영자와 감독자, 그리고 포어맨의 배타적인 전유물이 되었다"(Hansen 1997: 634).[63] 즉, 육체 노동자들에게는 협소하고 특수한 분야의 훈련을 실시하고, 이와 동시에 포어맨에게 '인간관계' 기술 및 관리 기법 분야에 관해서 향상된 훈련을 실시하는 것이 미국의 흐름이었다(Kelly 1920: 74, 4장).

이러한 방향 전환은 앞서 서술한 전쟁 기간의 상황을 배경으로 이해되어야 하고, 또 아마도 비교의 관점에서 가장 잘 파악될 수 있다. 일본에서 1920년대에 기업내부 노동시장의 도입을 선도한 주요 기업과 업종의 경우 기업 내에서 체계적인 승진 — 그리고 이와 연관된 임금 인상 — 이 지속적인 숙련의 획득과 확실하게 연계되었고, 젊은 숙련공과 경영자 사이에 강력한 동맹이 구축되었다. 미국은 전쟁 이전에 인사 담당 부서에서 인사 정책을 합리화하고 중앙집중화하는 데 상당한 성과를 거두어 왔다(예로는 Kelly 1920을 보라). 하지만 전쟁이 끝

---

63 실례를 보면 제너럴 일렉트릭에서 1921년에 3백 명의 대학 졸업자가 도제로 있었을 정도였다(Douglas 1921: 219).

나자 최고 경영진은 자신들이 많이 우려해왔던 유형의 직무 분류를 ─ 내부 승진 사다리의 토대가 되는 ─ 지켜보면서 그러한 시스템이 노동 조합 가입을 활성화하고 단체교섭을 촉진할 것을 우려했다(Jacoby 1985: 특히 154). 그리하여 전쟁이 끝난 이후의 추세는 오히려 기업 내에서 포어맨의 권한을 일정 부분 회복시키면서도 포어맨의 권한을 더 많은 규정에 종속시키고, 포어맨을 감독자로 훈련시키는 데 더 많은 자원을 투자하는 방향으로 나아갔다(Jacoby 1985: 특히 193-5).

이 시기에 일본 대기업과 미국에서 '복지 자본주의를 추구한 기업들'이 시행한 조치들 사이에는 여전히 상당한 유사성이 존재했다. 전쟁 이전에 미국의 대기업에서 도입된 여러 가지 관행들이 ─ '시세보다 높은' 임금, 기업 보험 혜택 등 ─ 전쟁 이후에도 지속되었고, 어떤 경우에는 확대되기도 했다. 개별 노동자의 관점에서 보면 이 업체들은 여전히 매력적인 고용주이자 매우 선호하는 일터였다. 하지만 일본과 중요한 대조를 이루는 점은 대체로 이 업체들은 가장 좋은 육체노동자를 채용하고 머물러 있도록 하기 위해 지급하는 '효율 임금'의 중요한 부분으로서 높은 수준의 다능공적 훈련을 더 이상 제공하지는 않게 되었다는 것이다. 게다가 비록 미국의 복지 자본주의 기업들이 분명 노동자들의 충성심을 기르고 내부 노동시장을 강화하고 있었지만, 일본과 달리 보통 기업 내 직무 사다리에서의 승진과 노동자 숙련에 대한 지속적인 투자를 체계적이고 명확하게 연계시키는 시스템을 제도화하지 않고 있었다(Jacoby 1985: 154-7). 오히려 그 반대였다. 임금은 계속해서 노동자가 아니라 직무에 따라 결정되었고, 경영자들은 직무 분류 방식을 공식화하거나 근속 순위에 따른 신청권을 명확하게 정의 내리기를 꺼렸다. 왜냐하면 이로 인해서 노동조합 가입과 단체교섭이 활성화되고, 그에 따라서 개별 노동자의 실적과 노력에 대한 평가에 기초해서 경영자 자신이 승진을 결정할 수 있는 자유로운 권한이 침해될 것을 우려했기 때문이다.

그리하여 아주 강한 내부 노동시장이 존재하고 이직을 줄이고자 하는 관심이 많았음에도 불구하고, 승진 결정은 계속 분산적인 방식으로 이루어졌다(Jacoby 1985). 승진 분야에 관해서 포어맨의 재량을 어느 정도나 제한하는가는 기업에 따라 다양했는데, 보다 진보적인 기업은 규정을 더 많이 적용하고 포어맨의 결정에 대해 더 많은 감독을 실시했다. 하지만 일반적으로 승진 결정은 '실적merit'에 의거하도록 되어 있었는데 극소수의 기업만이 공식적인 평가 시스템을 운영했기 때문에 실적 평가는 여전히 '개인적 관찰'에 크게 의존했다(Gemmill 1924: 240; Jacoby 1985: 194).[64] 사실상 포어맨은 노동자의 승진을 결정하는 데 여전히 핵심적인 역할을 담당했다. "왜냐하면 대개 포어맨이 자기 밑에서 일하는 노동자들의 능력에 대해서 직접적인 지식을 갖고 있기 때문이다"(Gemmill 1924: 22; 또한 Schatz 1977: 134).[65]

포어맨에게 여전히 남아 있는 권한들 ─ "일시해고, 전근이나 퇴

---

64 겜밀(Gemmill 1924)은 150개 기업을 조사한 결과 81개 기업이 포어맨과 감독자의 추천에 전적으로 의존하고 있음을 발견했다. 직무 분석이나 자격 리스트에 관한 공식 절차는 널리 확산되어 있지 않았다. 1929년에 실시된 한 조사에 따르면, 대다수의 기업(85%)에서 여전히 "승진을 위한 공식적인 노동자 평가 시스템이 운영되지 않았고, '개인적 관찰'에 의존하고 있었는데, 이는 포어맨의 재량에 따라서 노동자가 승진하는 것을 의미한다고 해석될 수 있다. 한 반숙련공은 자기 회사의 인사부서는 '장난'이고, 노동자들은 '줄'을 통해서 승진한다고 말했다(Jacoby 1985: 194에서 인용).

65 또한 이러한 이유로 겜밀(Gemmill 1924)의 연구는 '지연' 관행을 여전히 잠재적인 문제로 다루고 있다. 이는 포어맨이 가장 뛰어난 노동자들을 승진시키지 않고 보류하는 경우를 ─ 왜냐하면 이 노동자들이 부서의 성과를 내는 데 가장 중요하기 때문에 ─ 말한다.

직 대상 노동자를 추천하는 권한, 연장 근로 기회를 배분할 수 있는 권한, 그리고 개수임금제 작업을 배정할 수 있는 권한 등" ― 은 대단히 중요했다(Schatz 1977: 134). 미국에서 노동자의 수입은 대부분 직무에 의해서 결정되었다. 대안적인 임금 시스템에 관한 몇몇 실험적인 시도가 있었지만 전쟁 이후 미국 기업들은 전통적인 개수임금제를 고수하거나 이것으로 되돌아갔다. 겜밀은 인사 정책에 관한 회의에 대표를 보낸 50개 업체를 대상으로 한 어느 조사에 의거해서 다음과 같이 지적했다.

> 임금 지급 방식으로 개수임금제가 계속 널리 활용되고 있다. 새로운 임금 시스템에 관해서 그렇게 많은 글들이 나왔고, 처음에는 그것이 산업 생활에 혁명적인 변화를 가져올 것이라고 기대되었지만, 보아하니 그러한 기대에는 미치지 못했고 적어도 아직 모든 산업에 적용되어서 그 우수성이 입증되지는 못했다. 이 조사는 …… 오래된 임금 시스템, 특히 단순 개수임금제가 보다 근대적이고 복잡한 시스템에 의해서 당장 대체될 위험은 없다는 점을 입증하는 것으로 보인다(Gemmill 1922: 208; 또한 Gemmill 1924: 240).

이러한 시스템에서 직무 배치에 관한 포어맨의 권한은 개별 노동자의 임금에 절대적인 영향을 미쳤다. 왜냐하면 직무가 달라짐에 따라서 노력과 소득에 매우 큰 차이가 생기기 때문이었다(Schatz 1977: 68). 1920년대에 가장 진보적인 기업체에서 일하는 노동자들조차도 포어맨이 자신의 친구들이나 자신에게 굽실거리는 노동자들에게 보상이 가도록 권한을 활용하고 있다고 맹렬한 항의를 계속했다. "많은 경우 노동자의 인종, 종교, 국적, 로지 멤버십lodge membership에 따라서, 그리고 포어맨에게 뇌물을 바치거나 포어맨의 개인적인 심부름을 할 적극적인 의지가 있는가에 따라서 인사상의 결정이 또한 좌우되었다"(Schatz 1977: 116, 135).[66]

제이코비가 특히 강조한 바 있듯이 1차 대전 이전의 몰이 시스템이 지닌 가장 나쁜 측면 몇 가지를 개선하기 위해 1920년대에 인사 정책상의 중요한 변화가 있었음에도 불구하고, 포어맨은 결코 그 권한을 완전히 상실한 것이 아니었고, 오히려 이전에 인사 부서가 인수했던 권한의 일부를 포어맨에게 돌려주는 조치가 실행되었다(Jacoby 1985: 193, 이곳저곳). 1920년대 미국에서 제너럴 일렉트릭이나 웨스팅하우스와 같은 진보적인 기업체의 노동자조차 "자의적인 지배와 체계적인 정책 사이의 중간 지대에서 생활했다"(Schatz 1977: 69). 특히 승진 결정은 체계적인 직무 분석이나 자격 리스트에 의거해서 이루어지지 않고, 오히려 여전히 포어맨과 감독자의 경험에 기초한 판단에 많이 의존했다. 인사 정책의 많은 측면이 계속 분산적인 방식으로 진행되었기 때문에 일본 대기업 부문에 등장하고 있던 내부 승진 사다리와 같은 것이 실행되기는 곤란했다(Jacoby 1985: 194). 이러한 기업에서 어떤 승진 제도가 운영되고 있든지 노동자가 승진을 기대할 수 있는 기준은 일부러 노동자에게 분명하게 제시되지 않았다. 그 기준은 '아무개가

---

66 일시해고의 경우도 마찬가지였다. 1930년대에 대기업들을 대상으로 한 어느 조사에 의하면, 1929년 불황기에 실시된 일시해고의 경우 오로지 포어맨과 현장 관리자가 결정하는 기업이 3분의 2에 해당하는 것으로 나타났다. 다른 조사에서는 일시해고 결정에 인사 부서가 관여하는 기업체의 비율이 1918년 36%에서 1929년에는 24%로 줄어든 것으로 나타났다(Jacoby 1985: 193-4).

좋은 사람이고 밀어주어야 한다'는 식으로 관리자들이 내세우고 다니는 모호하고 자의적인 '정신적인 항목들'에 기초한 것이었다(Gemmill 1924: 241, 247).[67]

이러한 상황은 훈련에 대해서 어떤 영향을 미치는가? 1장에서 기업에 특수한 숙련을 강조하는 훈련 시스템은 노동자와 기업이 훈련비용을 서로 분담하는 데 기초하고 있음을 지적한 바 있다. 예를 들면 1920년대 일본에서 노동자의 임금은 점점 더 노동자와 결합되기 —구체적으로는 근속 서열(seniority)과 연계되기 — 시작했다. 이는 무엇보다도 기업으로 하여금 노동자의 임금이 계속 증가하는 것을 타당한 것으로 만들기 위해서 노동자의 숙련에 계속 투자하도록 하는 인센티브를 제공했다. 또한 그러한 시스템은 기업 특수적 숙련에 노동자가 투자하는 것을 '안전하게' 만들어주었다. 왜냐하면 노동자는 기업에 특수한 숙련을 지속적으로 획득함으로써 기업내부 노동시장에서 계속 승진하게 될 것이라는 점을 알고 있기 때문이다. 반대로 미국에서 실시된 개수임금 시스템에서 노동자의 소득은 주로 그가 하고 있는 직무에 의해서 결정되었으며, 노동자 자신의 속성과는 아무 관련이 없었다. 더구나 기업 내 위계에서 이루어지는 승진은 지속적인 숙련의 획득과 뚜렷하게 연계되지 않았고, 사실상 계속해서 포어맨의 자의적인 평가에 의해서 결정되었다. 많은 기업들이 노동자의 이동과 승진을 결정할 때 노동자의 근속 연수를 더 많이 고려한다고 보고했지만, 전반

---

67 겜밀에 따르면 근로자들에게 공개되어 있는 명확한 승진 방침이 있는가 하는 물음에 150개 기업 가운데 108개 업체가 '그렇지 않다'고 답변했다. 명확한 승진 방침은 있지만 간부진 및 감독자만 알고 있다고 답한 기업도 있었다(Gemmill 1924: 241).

적인 인사 결정에서 근속 서열은 여러 가지 고려 사항 중 하나일 뿐이었다(Schatz 1977: 116). 겜밀은 1924년에 실시된 한 조사 결과를 보고하면서, "근속 서열이 최우선적인 중요성을 지녔다고 할 수 있는 경우는 150개 업체들 가운데 단 두 곳에 불과하다"고 지적했다(Gemmill 1924: 238).[68] 겜밀의 냉정한 평가에서 드러난 것처럼 승진과 훈련 사이의 연계는 몹시 취약해서 조사 대상 업체 가운데 일부에 존재했던 훈련 시스템을 분석하는 것은 "기업에서 승진을 조사하는 데 거의 불필요했던" 것으로 보인다(Gemmill 1924: 244).

한 생산 직무에서 다른 생산 직무로 이동할 때뿐 아니라 하급 감독직 직위로 승진할 때에도 마찬가지로 동일한 차이점이 존재했다. 일본의 경우 포어맨으로 승진할 가능성이 높은 노동자는 블루칼라 노동자 가운데 가장 숙련이 뛰어나고 경험이 많은 노동자였다. 미국에서는 반대로 포어맨의 직무를 맡게 되는 노동자는 그저 작업 속도가 가장 빠른 노동자일 가능성이 높았다. "다른 조건이 같다면 보통 빠른 노동자가 포어맨으로 선호되었다. 왜냐하면 그는 자기 밑에 있는 모든 노동자들의 생산성을 자신이 달성한 적이 있는 최고 속도로 올리려고 노력할 가능성이 높기 때문이다"(Gemmill 1924: 240). 바로 이러한 차이로부터 일본과 미국의 고용주들이 포어맨의 역할에 관해서 갖고 있던 생각의 차이가 분명히 드러난다. 일본에서 1920년대 육체 노동자들이 감독자나 화이트칼라의 직위로 내부 승진하면서 나중에 일본의 작업장 레짐의 두드러진 특징이 된, 경영자와 노동조합 사이에 경계가 흐

---

68 이러한 시스템이 두 개의 큰 철도 회사에 '노동자들과의 협정에 의해서' 존재했다는 점이 흥미롭다.

려지는 현상이 나타나기 시작했다(Dore 1973: 169-70, 9장 이곳저곳).[69] 같은 시기에 미국의 경영자들은 감독자와 화이트칼라 직원을 채용할 때 회사 외부에 훨씬 더 많이 의존하기 시작했는데, 특히 아무런 직업 진로를 선택하지 않고 오히려 고등학교나 그 이상의 학교에 진학해서 학문적 훈련을 받은 젊은이들 가운데서 채용했다.

이러한 점도 또한 미국 직업훈련의 발전에 중요한 영향을 미쳤다. 앞서 언급했듯이 1차 대전 이전에 로비 활동을 통해서 공립 직업학교에 일정한 정부 지원을 제공하는 법률이었던 스미스 휴 법Smith Hughes Act이 만들어졌다. 하지만 이 공립학교들은 여전히 경제로부터 동떨어져 있었고, 기업이 상급 수준의 관리직 직원을 공립 고등학교와 대학으로부터 채용함에 따라서 공립 직업학교에 다니는 청소년들이 얻는 혜택은 불분명했다(특히 Hansen 1997을 보라). 다시 베커(Becker 1993)를 참조한다면 중등학교 — 직업 진로이든 아니든 — 에서 훈련을 받기로 선택한 모든 청소년들은 사실상 그러한 훈련비용을 전부 — 수업료의 형태로, 수업료가 없는 경우라고 해도 벌지 못한 임금의 형태로 — 부담했다. 사정이 이러했기 때문에 청소년들은 선택할 수 있다면 정규 고등학교와, 또 가능하다면 대학이라는 경로를 택하려고 하지 직업학교 과정을 선택하려고 하지는 않았다. 왜냐하면 직업학교 교육을 통해서 기업체의 일자리로 부드럽게 연결되지 않았고, 또 관리자로서 역량을 갖추고 기업에 진출할 수 있는 가능성은 사실상 배제되었기 때

---

69 하지만 1차 대전 시기의 노동력 부족과 동요가 진정되고 난 이후에는 일본적 관행이 어느 정도 후퇴하기도 했다. 일본과 미국 사이의 유사성을 강조하고 있는 분석으로는 Jacoby(1993)를 보라.

문이었다. 미국의 청소년들은 이러한 경향과 이에 따른 인센티브 구조에 대응해서 점점 더 직업훈련을 외면하고 고등학교 졸업을 선호하게 되었다. 그리하여 1·2차 대전 사이 동안 점점 더 많은 수의 청소년들이 고등학교를 다니기 시작했다. 1920년대에 14세에서 17세 사이의 고등학교 등록생 수는 매우 크게 증가했다. 특별한 사례인 남부를 제외하면 고등학교에 등록한 이 연령대 청소년의 숫자는 극적으로 증가해서 1910년 20%에서 1935년에는 거의 80%에 이르렀다(Hansen 1997: 660).

　　미국 시스템에서 인센티브 구조로 인해 일종의 부정적 선택이 나타났는데, 강한 청소년이 아니라 약한 청소년들이 직업적 진로로 들어섰고, 직업학교는 '낙오자를 위한 학원'이라는 오명을 안게 되는, 예상할 수 있었던 결과가 초래되었다(Hansen 1997: 538).[70] 사정이 이러했기 때문에 고용주들은 노동자를 채용할 때 직업학교를 이용하는 것을 꺼리게 되었고, 일반적으로 직업교육을 지향하는 공립학교 교육의 확대 및 개선을 지지하는 것도 내키지 않게 되었다. 베커(Becker 1993)의 이론을 배경으로 삼고 본다면 사업장 내 훈련이 붕괴하고 직업훈련을 다시 강화하려는 정부와 민간의 모든 노력이 실패로 돌아간 것이 대중교육으로서 고등학교 교육이 팽창하던 것과 밀접하게 관련되어 있는 것은 결코 우연이 아니다.

　　1930년대와 그 이후의 전개 과정은 이전 수십 년 동안 형성된 시스템의 논리 위에 기초해 있었다(특히 Jacoby 1985를 보라). 대공황이 끝나고 다시 기업이 노동력 부족에 직면하자, 이 문제에 대처하기 위해

---

70 이러한 결과가 발생한 과정에 대한 탁월한 설명으로는 Hansen(1997: 537-40)을 보라.

서 표준화를 계속 추진하고 점점 더 길고 등급이 세분화된 직무 사다리에서 노동자를 승진시키는 방법을 기업이 생각해낸 것은 별로 어려운 일이 아니었다. 제이코비가 지적한 대로 1936년에 발생한 노동력 부족에 대한 '표준적 해결책'은 "인력 계획과 직무 단순화, 그리고 하나의 단순 직무에서 다른 단순 직무로 진행하는 훈련을 결합한 과정"이었다(Jacoby 1985: 262-3). 1930년대 노동조합에 영향을 미친 사건들, 특히 노동조합에 단체교섭권을 부여한 와그너법과 노동조합이 도제 훈련을 규제하는 데 참여할 수 있는 틀을 제공한 1937년의 전국도제법National Apprentice Law으로 인해서 위와 같은 추세는 계속 진행되었다(U. S. Department of Labor 1991: 16-8).

임금과 승진을 포함한 여러 가지 주요 사안에 관해서 분산적인 방식으로 이루어지는 결정의 불공정성이 지속되자, 이는 1930년대에 "노동조합에 강력한 조직화 이슈를 제공했다"(Jacoby 1985: 195). 특히 대공황 이후 "규정에 따라 예측할 수 있는 대우를 받고자 하는 노동자들의 관심이 엄청나게 증가했다"(Brody 1993: 188). 그리고 이를 확보하기 위해서 노동자들은 와그너법의 보호 아래 노동조합으로 모여들었다. 공장에서 여러 측면에서 자의적인 인사 정책이 지속되자 이에 대한 대응으로 미국 노동조합은 근속 서열에 관한 요구를 전면에 부각시켰다. 노동조합은 근속 연수를 일시해고, 이동, 승진 등의 기준으로 삼도록 강하게 요구했다(Schatz 1977: 116-39). 하지만 미국 노동조합의 재건은 작업이 철저하게 관료제화되고 합리화되고 있던 상황에서 이루어졌다.[71] 미국의 노동조합이 대기업 내부 노동시장을 통제하기 위해 노력하고, 이를 달성했을 때 노동조합은 엄격하게 정의된 표준화된 단순 직무에 의해서 규정된 공장 위계 안에서 노동자들이 근속 서열에 따른 신청을 통해서 승진할 수 있도록 강력하게 요구했고, 그렇게 함으로써 브로디가 지적한 대로 "대량생산 기업 자체의 논리로부터" 생겨난 요구를 수용하게 되었다(Brody 1993: 188).

비교 및 결론

미국 사례는 영국 및 일본에 대해서 특히 유익한 비교를 제공해준다. 영국과 마찬가지로 도제제도 및 훈련이라는 쟁점은 금속가공과 같은 핵심 산업에서 숙련공 조합과 고용주 사이에 전개된 더 광범위한 갈등과 깊게 연루되어 있었다. '경영상의 통제'를 둘러싸고 엄청나게 파괴적인 투쟁이 많은 산업들을 휩쓸었고, 또 숙련공조합을 크게 약화시켰던 직후인 1907년에 모틀리는 다음과 같이 지적했다. "노동조합이 홀로 도제 훈련에 관한 규제를 좌우할 수 있는, 특히 도제의 수를 제한할 수 있는 권리를 보유했다는 단순한 사실이 고용주들으로 하여금 도제 훈련에 관한 규제에 반대하고, 언제든지 가능하면 이러한 규제의 시행을 가로막도록 했다. …… 그러한 상황에서는 어느 쪽도 독자적으로 적절한 도제 훈련 시스템을 유지하는 것은 불가능했다"(Motley 1907: 41).

그러나 위와 같은 투쟁의 성격은 영국과 대체로 비슷했지만 그 결과는 달랐다. 즉 미국의 기업들은 1차 대전 이전 시기 및 양차 대전 사이에 노동조합을 약화시키고, 생산조직을 재편하여 숙련에 대한 의

---

71 전시 상황에서의 정부 정책도 이러한 추세를 촉진했다. "1940년에 전시인력위원회(War Manpower Commission, WMC)에서는 산업 훈련 프로그램을 실시했는데, 이는 포어맨을 대상으로 한 훈련 과정을 제공했다. 이 훈련 과정의 하나인 작업 기법을 통해서 직무 단순화 분석의 수행 방법을 교육받은 포어맨이 거의 25만 명에 달했는데," 이는 고용주들이 하나의 단순 직무에서 다른 단순 직무로 옮겨가는 직무 사다리를 설치하는 데 도움이 되었다(Jacoby 1985: 263-4).

존을 줄이는 데 영국 기업보다 훨씬 더 나아갔다. 브로디가 지적한 바 있듯이 1897~98년에 전개된 영국 통합기계공조합과 엔지니어링고용주연맹 사이의 투쟁은 20세기 전환기에 미국 기계 및 금속가공 산업에서 벌어진 투쟁과 '놀라울 정도로 유사'했다. 하지만 "이로 인해 영국 작업장에서는 커다란 재편이 일어나지는 않았다. 승리를 거둔 영국의 고용주들은 그 대신에 기존의 크래프트 생산 시스템 안에서 자신들의 권한을 행사하는 편을 선택했다. …… 미국의 금속 업종에서는 노사 간의 전투가 작업 현장의 통제권을 둘러싼 목숨을 건 투쟁으로 발전했다. 반면에 영국에서 그것은 작업 단가를 둘러싸고 소규모 충돌이 끊임없이 벌어지는 형태를 취했다"(Brody 1993: 185-6). 영국에서는 관리상의 통제권을 둘러싼 거대한 투쟁의 여파로 샵 스튜어드가 다시 등장했고, 경영자와 집단적인 작업 단가를 교섭하는 역할을 담당했다(Zeitlin 1980). 미국에서는 생산조직의 재편과 기술적 합리화가 '끊임없이' 진행되었고, 미국 노동조합의 활동은 거의 1920년대 모든 시기와 1930년대에 이르러서도 '주변적이고 은밀한 형태'에 머물렀다(Brody 1993: 187). 직업훈련에 관해서 이해관계의 일치가 발견될 수 있었던 경우에도 —예를 들면 미국 공립학교 개혁에 관한 논쟁에서 숙련 의존적인 산업의 노동조합과 고용주들은 미국의 초등교육과 중등교육이 지나치게 교과서 위주이고 대학 진학 준비에 치우쳐 있다는 점에 대해서 아주 비슷한 비판을 공유했다 — 합의를 이루는 것은 불가능했다. 왜냐하면 정부 자금 지원을 받는 직업훈련을 누가 통제할 것이며, 또 그것이 어떤 용도로 활용될 것인가를 둘러싼 투쟁이 해결되지 않았기 때문이다(Hansen 1997: 483).

숙련공조합과 고용주 사이에 직업훈련의 조직화와 통제를 둘러싸고 투쟁이 지속되어서 전국적인 숙련 형성 및 자격인증 시스템이 제도화될 수 없었다고 하더라도, 강력한 내부 노동시장 안에서 지속적으로 숙련이 형성되는 '일본식'을 선택할 수 있는 가능성이 여전히 남아 있었다. 특히 숙련 집약적인 산업에 속한 대기업의 경우 일본식 시스템은 더 가능성이 높은 경로였다. 왜냐하면 이 분야의 대기업들은—일본의 대기업과 꼭 마찬가지로—숙련노동력 부족에 대처하기 위한 노력으로 산업화 초기에는 하청을 광범위하게 이용했고, 나중에는 기업학교를 설립했던 것이다. 그러나 비록 '분절주의적인' 혹은 '기업 자립적' 훈련 레짐을 향해서 가는 전반적인 궤적은 유사한 듯이 보였지만, 그 기초가 되었던 정치적 동맹은 두 나라에서 크게 달랐고, 이 점이 사업장 내 훈련에 대해서 중요한 영향을 미쳤다. 일본에서는 1920년대에 기업 경영자와 노동조합—통제를 추구하지 않는—사이에 독립 오야카타 보스의 권한에 대항하는 사업장 내 동맹이 등장했다. 지속적인 훈련이 이루어지는 시스템이 구성되기 시작했다. 일본의 대기업들은 노동조합의 요구, 그리고 노조 조직화 위협에 자극을 받아서 훈련을 사업장 위계 안에서 진행되는 승진과—감독자 직위까지 포함해서—확실하게 연계시켰다.

같은 시기에 미국에서는 상이한 접근 방식이 정착되었는데, 고용주들은 노동조합에—통제를 추구하는—대항해서 충성스러운 포어맨과 손을 잡았다. 1920년대 진보적인 기업들까지도 1차 대전 기간에 노동조합이 다시 차지하려고 했던 통제의 공백을 메우기 위하여 포어맨의 권한을 회복시키는 조치를 취했다. 1차 대전 이전에는 육체 노동자를 위한 직업적인 숙련을 위해서 훈련이 진행되었지만, 이제 포어맨에게 '사람을 다루는 기술'을 가르치는 훈련으로 그 성격이 바뀌었다.

포어맨은 훈련 교관이 아니라 인간관계 전문가처럼 행동할 것으로 기대되었는데, 이는 노사분규나 노조 조직화를 미리 막기 위한 것이었다. 비록 미국에서 복지 자본주의를 옹호한 기업들이 자신들을 매력적인 일터로 만든 다양한 정책을 계속 추구했지만 결정적인 차이점이 있었다. 즉, 여러 가지 중요한 인사 정책이 ─ 임금 결정, 승진, 일시해고 등을 포함해서 ─ 계속 분산적으로 이루어졌기 때문에 노동자들은 기업에서 숙련에 투자하면 체계적인 승진을 통해서 보상을 받을 것이라고 확신할 수 없었다. 더구나 승진 사다리는 그것이 존재하는 경우에도 대개 상한이 아주 낮고 유연하지 않았다. 왜냐하면 일본의 고용주와 달리 미국의 고용주들은 말단 관리직을 충원하는 경우에도 대학 졸업자를 선호하는 경향이 훨씬 더 높았기 때문이다. 일본과는 아주 대조적으로 이 시기에 미국에서는 노동자와 경영자 사이에 경계가 급격하게 강화되었다. 그리고 또한 이러한 이유로 꿈이 있는 청소년들은 모든 유형의 직업훈련을 마치 전염병이라도 되듯이 회피하고, 노동시장에서 일반적으로 더욱 더 많은 다양한 승진 기회를 제공해주는 학교 중심 교육을 선호하도록 하는 강력한 인센티브 구조에 직면하게 되었다.

5장

독일 직업훈련 시스템의
진화와 변동

앞 장들에서는 연구 주제인 4개국 사이의 차이를 설명하는 데 주로 초점을 맞추어왔고, 직업훈련 제도에서 중요한 차이가 생겨난 기원을 20세기 전환기로부터 1920년대에 걸쳐서 형성된 정치적 동학과 동맹 관계로 거슬러 올라가서 추적했다. 5장에서는 다시 독일 사례를 다루는데, 나치 사회주의를 거쳐서 2차 대전 이후 시기까지 후속 발전 과정을 추적하려 한다. 이는 분석의 초점이 국가 간 차이의 기원에서 한국가 내에서 시간이 흐르면서 나타난 변화로 이동한 것을 의미한다. 이처럼 분석 초점이 변화함에 따라서 우리는 제도의 안정성과 변화에 관해 서로 연관되지만 별개인 여러 질문들과 이론적 쟁점을 다룰 수있게 된다.

 1장에서 논의한 바 있듯이 제도 변동에 관해서 가장 흔히 떠올리는 비유는 단절된 균형 모델인데, 이는 1988년에 크래스너가 진화생물학자들의 저작에서 가져와서 정치 현상을 해석하기 위해 각색한 것이다(Krasner 1988). 이 모델은 제도의 '안정 상태stasis'가 오래 지속되다가 비교적 급속한 혁신이 일어나는 사건들에 의해서 주기적으로 단절된다는 점을 강조한다. 대부분의 논의에서는 모종의 외부적 충격이 제도의 안정적인 재생산을 방해하고 제도가 실질적으로 재편될 수 있는 가능성을 제공한 결과, 혁신이 발생하는 것으로 취급된다. 정치 및 제도 변동에 관해서 이러한 견해가 널리 퍼져 있어서 경로의존에 관한 일부 논의들은 물론이고,[1] '결정적 국면'에 관해 논의하는 많은 문헌들에서도 이를 찾아볼 수 있다. 이러한 모델은 정치 생활의 한 가지 중요한 변동 양식을 포착하고 있다.

하지만 우리가 이미 살펴보았고 또 이 장에서 계속 밝히고 있듯이, 정치발전에서 가장 흥미 있는 특징 가운데 하나는 당연히 기존의 유형을 훼손하고 엄청난 제도의 혁신을 불러일으킬 것이라고 예상할 수 있는 거대한 외부의 충격에 직면해서도 종종 제도적 장치들이 믿을 수 없을 만큼 탄력적인 것으로 드러난다는 점이다. 예를 들면 프랑스의 여러 가지 '국가주의적인' 제도와 관행은 그러한 탄력성을 보이는 것으로 간주된다. 프랑스의 이러한 제도와 관행은 절대주의 시기로 그 기원이 소급될 수 있고 수많은 사회·정치적 격변을 거치며 생존해왔음이 분명하다. 지금 다루고 있는 독일 사례의 경우에 있어서도 20세기에 아주 거대한 일련의 '분기점들'을 거치면서 ─ 두 번의 세계대전

---

1 일부이며 전부는 아니다. 동유럽이 민주주의와 자본주의로 이행하는 과정에서 '제도의 선택'을 다루는 일부 문헌은 이러한 견해를 받아들인 것으로 보인다(예를 들면 Crawford and Lijphart 1995). 하지만 Collier and Collier(1991)가 채택한 '결정적 국면'에 관한 정의에서 제도의 혁신이 반드시(혹은 자동적으로) 짧은 사건이나 가능성이 열린 '순간들'에 일어난다는 것을 의미하지는 않는다. 또한 그들의 정의는 다른 논의들에서 때때로 나타나는 것처럼 결정적 국면에서 구조에 대해서 '행위'와 '선택'이 우위를 지님을 의미하지도 않는다.

에서 경험한 패배, 외국의 점령, 그리고 파시즘의 성립과 해체를 비롯한 몇 차례의 체제 변동 등 — 직업훈련 시스템의 핵심 요소들이 보여준 탄력성은 독일 사례의 두드러진 특징이다.[2]

마찬가지로 흥미로운 점은 반대로 제도적 장치들 내에서 점진적이지만 매우 미묘한 변화들이 계속 발생하고, 이것이 시간과 함께 누적된 결과 중요한 제도의 변형institutional transformation을 가져올 수 있다는 것이다.[*] 미국 대법원이나 영국 상원의회를 생각해보라. 양자 모두 '해체'를 경험한 적이 없지만, 정치 생활에서 자신들의 역할과 기능에 관해 지속적인 재교섭을 통해서 모두 실질적으로 재편되어왔다. 독일 직업훈련 제도의 경우 만일 1897년에 이어서 다시 1997년에 각 시스템의 스냅 사진을 촬영한다면, 처음에 노동에 대항하기 위해서 고안된 일련의 제도들이 오늘날 노동과 자본 사이의 사회적 파트너십을 떠받치는 기둥으로 어떻게 변형될 수 있었는지 커다란 아이러니를 발견하지 않을 수 없을 것이다.

오랜 기간에 걸쳐 지속된 많은 정치·경제 제도들에 대해서 우리

---

2 2차 대전 이후와 통일 이후 동독의 직업훈련에 관해서는 별도의 논의가 필요하지만 지면 관계상 다룰 여유가 없다(이에 관해서는 Culpepper 2003 ; Jacoby 2000을 보라).

* 저자는 슈트렉과 함께 펴낸 책의 서문에서 점진적이며 완만한 변화가 누적되어 야기되는 제도의 불연속성을 의미하는 점진적인 변형(gradual transformation)과 변형적 결과를 낳는 점진적인 변화(incremental change with transformative results)에 주목하면서 단절된 균형 모델 가운데 강한 유형을 비판하고 있다. 또한 이들의 문제의식은 홀과 소스키스의 자본주의의 다양성과 같이 정치경제 제도의 다양성을 옹호하는 주장들이 한편으로는 보수적인 편향에 빠져 있다는 비판으로 이어진다. 왜냐하면 위의 주장들은 진행 중인 변화를 기존 시스템을 재생산하는 데 기여하는 사소한 적응적 조정으로 해석하는 경향이 있는데, 이는 점진적 변화를 성격 규정하고 설명하기 위한 분석 도구가 결여되었기 때문이라는 것이다. (Streeck and Thelen 2005 참고)

는 그것이 얼마나 적게 변화했는지와 *함께* 얼마나 많이 변화했는지에 동시에 놀라게 되는 경우가 종종 있다.[3] 이러한 관찰들은 그동안 지배적이었던, 제도 변동에 관한 단절된 균형 모델의 시각에서는 불편한 것들이다. 안정 상태의 시기와 급속하고도 근본적인 변화의 시기가 교대로 이어진다는 생각과는 달리, 역사에서 '분기점'으로 추정되는 시기를 거치면서도 종종 너무 많은 연속성이 존재하는 것으로 보이고, 또 외관상 안정적인 듯이 보이는 공식적 제도 장치들의 이면에 너무 많은 변화가 존재하는 듯하다.

5장에서는 2장의 논의를 연장해서 1930년대부터 지금까지 독일 직업훈련 제도의 이후 발전 과정을 추적한다. 독일 직업훈련 시스템은 역사적 '분기점'들을 거치면서 생존했을 뿐 아니라 공고화되고 강화되는 중요한 과정들을 경험했다. 하지만 사회적·정치적·경제적 조건의 변화에 발맞추어서 제도의 형태와 기능이 재조정되는 일련의 과정을 경험하면서 제도의 생존에는 제도의 변형이라는 요소가 강력하게 가미되었다. 5장의 중심적인 논지는 '안정 상태'가 제도의 안정성을 설명하는 데 사용될 경우 매우 오해를 낳기 쉬운 개념이라는 점이다. 왜냐하면 제도가 존속하기 위해서 제도가 단지 '가만히 서 있는' 법은 거의 없다는 점을 이 장에서 발견할 것이기 때문이다. 제도의 생존은 제도의 '고착성'에 의한 것이 아니라, 정치나 정치·경제 환경의 변화에 제도가 계속해서 적응해나감으로써 얻어지는 것이다.

따라서 5장의 사례는 제도가 지속적인 정치적 재협상을 통해서 어떻게 존속하면서 *동시에* 변화하는가를 보여준다. 수많은 문헌들이

---

3 이러한 표현은 독일 쾰른에서 열린 한 학회에서 카첸슈타인이 행한 논평에서 빌려온 것이다.

제도에 내포된 정치적 혹은 정치경제적 편향bias을 보여주고 있으며, 따라서 상이한 목표를 지닌 행위자들이 제도의 형태와 특히 제도가 담당하는 기능을 둘러싸고 투쟁함에 따라서 이러한 제도들이 끊임없는 대결 아래 놓이게 되는 것은 놀라운 일이 아니다. 이러한 정치적 대결로 인해 제도의 기반을 이루는 지지 동맹과 지지자들의 상대적인 권력이 변화하면서 빈번하게 수정 — 어떤 경우에는 거대한 수정이, 또 어떤 경우에는 미미한 수정이 — 이 발생한다.

이러한 사례는 지속적인 전략적 조종 행위와 정치적 대결에 의해 산출되는 일반적 변동 양식 — 1장에서 논의한 바 있는 — 의 실례를 제공해준다. 1920년대에 산업부문은 전통적인 수공업 시스템의 규제 구조에 '끼어들기'를 할 수 없었다. 그렇지만 기계 산업부문은 정부에 준하는parapublic 기존의 시스템과 병행하여, 그리고 이 시스템과 상호작용하면서 자발적인 제도와 관행을 구축하는 데 성공을 거두었다. 이처럼 기존의 시스템 위에 그리고 이와 나란히 새로운 시스템이 '중첩'되자 엄청나게 중요한 결과가 생겨났다. 두 시스템의 공존과 상호작용은 독일 숙련 형성의 전체 궤도를 변경시켜서, 수공업 부문 모델의 특징이었던 분산적이며 체계적이거나 통일적인 규제가 결여되어 있던 상태에서 오늘날 독일 시스템의 특징으로 간주되는 고도의 표준화와 통일성을 향해서 나아가도록 만들었다.

표준화 및 동질화 과정은 나치 정권 시기에 크게 진전되었다. 이는 부분적으로는 정부 정책의 결과였다. 군사적 관심과 전시 동원으로 인해 숙련공이 대규모로 필요했고, 나치 정권은 노동자들이 군사적 필요와 긴급 사태에 대응해서 유연하게 배치될 수 있도록 숙련의 표준화를 추진했다. 하지만 또한 나치 정부에서 전개된 직업훈련을 둘러싼 내부의 관할권 다툼과 정치적 대결도 중요했다. 왜냐하면 이로 인해서 직업훈련 구조 문제에 관해서 산업부문이 바이마르 시기 내내 달성하기 어려웠던 일정한 통일성을 획득할 수 있는 발판이 마련되었기 때문이다. 그리하여 나치 시기 동안 직업훈련에 관한 *정책*만이 아니라 직업훈련을 둘러싼 *정치*도 시스템이 이후에 진화하는 데 중요한 역할을 했고, 산업 및 수공업회의소를 통한 자치에 기초해서 2차 대전 이후의 시기에 전체적으로 더욱 통일적인 시스템이 제도화되는 데 기여했다. 1969년의 입법을 통해서 노동조합이 도제 훈련에 관한 고용주의 자치 제도 속으로 더욱 확실하게 통합되고 기반을 갖게 되었다. 노동조합이 기업에 기초한 직업훈련을 규제하는 제도 틀에 포함됨으로써, 애초에는 1890년대에 조직 노동 측을 패배시키기 위해서 고안된 일련의 제도들이 2차 대전 이후의 시기에 자본과 노동 사이에 사회적 파트너십의 핵심적인 버팀대로서 효과적으로 전환되기에 이른, 제도 발전의 긴 과정이 마침내 마무리되었다.

지난 수십 년간의 발전 과정은 제도의 존속에는 기존의 제도 장치들이 변화하는 환경의 도전과 정치적 구도에 부응하도록 제도가 재편되고 적응해가는 측면들이 종종 포함되어 있음을 입증하고 있다. 더 나아가 그 역도 또한 타당하다. 즉, 정치 및 시장 환경의 변화에 맞추어 적극적으로 향상되고 조정되지 않는 제도들은 해커가 말한 바 있는, 이른바 '표류drift'를 통해서 붕괴 과정을 겪을 수 있다(Hacker 2003). 5장의 마지막 절에서는 오늘날 독일 직업훈련 시스템의 전개 과정을 살펴보는데, 전통적으로 직업훈련 시스템을 떠받쳐온 정치적 세력과 시장 및 기술 환경의 변화로 인해서 제기되는 도전 사이에 간극이 커지고 있음을 보일 것이다. 현재 우리는 독일 훈련 시스템의 토대가 — 몇 차례의 거대한 역사적 단절에서 살아남고 나서 — 전반적인 경제 구조와 제조업 국제 경쟁의 성격에 모두 영향을 미치고 있는 점진적이고 장기적인 과정을 거치면서 약화되고 있는 것을 보고 있다.

비록 독일 직업훈련 시스템의 종말을 선언하기에 이르지만, 이 시스템이 생존하고 적합성을 유지하는가는 앞서 말한 간극에 정치 행위자들이 어떻게 대응하는가에 크게 의존하고 있다. 해커는 제도가 표류로 인해서 붕괴되는 것은 오직 정치 행위자들이 물려받은 제도를 새로운 상황과 도전에 적응시키는 데 필요한 조정을 결코 받아들이려 하지 않을 때라고 주장하고 있다. 엄밀히 말하면 독일 직업훈련의 경우 그러한 조정은 충분히 가능하다. 하지만 역사적으로 이 시스템의 가장 중요한 '담지자' 역할을 해온 고용주들 사이에 개혁하려는 정치적 의지, 특히 집단적 역량이 어느 정도인지는 다소 불분명하다. 배트게가 지적한 바대로 우리는 지금 흥미 있는 역할 전도가 일어나고 있음을 보게 된다. 즉, 오랫동안 이 시스템을 비판해온 노동조합이 이제 주요한 지지자가 된 반면에, 주요 고용주들은 경쟁 환경의 변화로 인해 이 시스템을 유지하는 데 따른 자신들의 이해관계를 심각하게 재고하게 되면서 대부분 흥미를 잃어버린 듯이 보인다(Baethge 1999: 12).

나치 사회주의 아래 시스템의 진화

직업훈련은 나치가 집권하고 나서 커다란 관심의 초점이 되었고, 또 정권 안에서 격렬한 분란의 소재였다.[4] 직업훈련이 분란의 대상이 되고 또 중요하게 간주된 것은 직업훈련이 이데올로기적인 교화의 중요한 무대이자 나치 정권의 군사 · 경제적인 야망을 위해서 주요한 제도적 버팀목으로 간주되었다는 사실과 관련이 있다(Schneider 1999: 364).
나치 사회주의 정권은 "체제에 기여하는 '덕성'들"을 장려하고 증진
하며 또 유인해내기 위해서 "직종에 기초한 기능 및 숙련과 더불어 세
계관 및 이데올로기 교화"를 함께 제공하는 훈련 시스템을 제도화하기
위해 노력했다(Kaiser and Loddenkemper 1980: 76). 하지만 이러한 두
가지 분야, 즉 직종 숙련과 이데올로기는 별개의 것이었고, 이에 따라
나치 사회주의자들 사이에 훈련의 목표, 그리고 특히 훈련의 관할권을
둘러싸고 격렬한 분쟁과 심한 영역 다툼이 벌어질 소지가 있었다.

훈련 분야에서 생겨난 갈등과 긴장은 특별한 것이 아니었고, 어떤
점에서는 나치 시기의 전반적인 정치 패턴에 부합된다. 이 패턴이란 울
만이 언급한 대로 독재와 권력 분산 구조를 결합한 것이었는데, 자주
'내부의 경쟁, [그리고] 기능 분화의 불명료성'을 초래했다(Ullmann
1988: 184-5). 아주 단순화해서 말하면,[5] 훈련 정책은 두 개의 주요 진
영 사이에 지속적인 분쟁 대상이었다. 하나는 로버트 레이Robert Rey가
이끄는 독일노동전선Deutscher Arbeitsfront, DAF이었다.[*] 레이는 티모시 메
이슨Timothy Mason이 "가장 맹목적인 히틀러 추종자"라고 묘사한 적이
있던 인물이었다(Mason 1966: 114). 다른 하나는 경제성이었는데 특히

---

4 나치 정권에서 전개된 노동을 둘러싼 정치에 관해서는 특히 Schneider(1999)를 보라. 기업
계와 국가의 관계에 관해서는 특히 Berghoff(2001), Hayes(1987; 2001), Ullman(1988)을
보라. 나치의 훈련 및 교육 분야 정책 일반에 대해서는 Heinemann(1980)을, 그리고 훈련
에 관한 정권 내부의 내분에 관해서는 Wolsing(1977: 689-739) 및 Frese(1991: 251-332)
를 보라.

5 훈련 정책 분야에 관해서 발언권을 주장한 많은 행위자들이 존재했고, 내가 아래에서 살펴
보는 주요한 분열 지점 이외에 다른 갈등과 경쟁들도 있었는데, 예를 들면 독일노동전선과
히틀러유겐트 사이가 그러했다. 이러한 갈등들도 중요한 것이었지만, 내가 이 글에서 관심
을 갖고 있는 결과와는 직접적인 연관성이 많지 않았다.

할마르 샤흐트Hjalmar Schacht 재임 시에 독일의 기업 엘리트 조직과 함께 일하면서 주로 이들의 이익을 매우 적극적으로 대변했다.[6]

새로 집권한 나치 정권에서 훈련 정책은 청소년 활동의 일부로서도 중요했고 1929년 이후 높이 치솟은 청소년 실업에 대처하기 위한 수단으로서도 중요했다(Pätzold 1989: 278). 1933년에 노동조합이 폐지됨에 따라 도제 계약의 성격을 둘러싼 바이마르 시기의 오랜 논쟁은 종결될 수 있었다. 도제 계약은 고용 관계가 아니라 교육적인 관계를 구성하는 것으로서 확실하게 선언되었다(Wolsing 1977: 245). 하지만 이러한 조치가 나치 사회주의자들에 의해 시행될 때에는 상이한 의미를 지녔고, 나치 단체들 특히 독일노동전선 자신이 훈련 분야에서 더 중심적인 역할을 맡아야 한다고 주장할 수 있는 계기를 제공했다(Hansen 1997: 606).[7] 레이는 훈련 정책의 중요성을 곧바로 알아차렸고 맨 처음부터 이 분야에 적극적으로 나섰다.[8] 독일노동전선은 역설적이지만 1920년대 사회민주당의 프로그램과 유사하게 모든 청소년에게 훈련받

---

* 1933년 3~4월에 나치스 돌격대는 테러와 폭력을 행사하여 기존의 노동조합 조직을 파괴하고 독일노동전선(DAF)을 새로이 조직했다. 독일노동전선은 기업가를 포함하여 모든 생산하는 독일인의 공동체를 표방했고, 그 산하에는 노동환희단(Kraft durch Freude)이 설치되어 노동자들의 생산 활동뿐 아니라 휴가와 여가 활동을 조직했다. 독일노동전선에 관해서는 아래의 글들을 참조. 티모시 메이슨. 2000. 김학이 역. 『나치스 민족공동체와 노동계급』. 한울.; 나혜심. 1991. "독일 제3제국의 노동정책에 관한 일고찰 ― 1933~1938년까지의 독일노동전선을 중심으로." 『사림』(7). - 옮긴이

6 나치 시기 기업과 국가 사이의 관계를 탐구하고 있는 중요한 연구들이 많이 있다. 예를 들면 Hayes(1987), Gall and Pohl(1998), Hayes(2001), Ullmann(1988), Berghoff(2001)를 보라.

7 교육정책에서 정치의 역할을 둘러싼 투쟁에 관해서는 Kaiser and Loddenkemper(1980: passim)을 보라.

8 나치 독일의 노동정책과 독일노동전선의 활동에 관한 종합적인 논의는 Schneider(1999)에서 찾아볼 수 있다.

을 수 있는 권리를 보장하도록 요구했고, 모든 고용주들이 자신의 역할을 수행하도록 촉구했다(Seubert 1977: 100).

또한 나치 정권에게 직업훈련은 아주 실천적인 이유에서, 즉 재무장과 이후의 전쟁 수행을 위한 핵심적인 제도적 지지대로서 대단히 중요한 것이었다. 현실적으로 나치 사회주의국가는 기존 경제 엘리트의 전문 지식과 연줄에 의존했고, 따라서 경제를 작동시키고 특히 전쟁 준비를 위해서는 기존 사회구조의 일부를 보존해야할 필요가 있었다(Berghoff 2001: 95). 그 결과 경제성과 경제 단체 사이에 긴밀한 동맹이 형성되었는데, 이는 국가의 대리인이면서 동시에 동맹 내에 있는 기업의 이익을 위한 로비 조직으로서 역할을 하는 '야누스의 얼굴과 같은' 특성을 지니게 되었다(Ullmann 1988: 197, 226).[9] 기업계는 주로 자신들이 하는 일에 대해서 '외부자들' ― 훈련 정책에서는 특히 독일노동전선이 이에 해당되었다 ― 의 개입을 최소화하도록 로비를 했고, 또 어느 정도 성공을 거두었다. 이러한 갈등은 나치 시기 동안 결코 완전히 해소될 수 없었는데, 이로 인해 나타난 중요한 결과는 사업장 내 훈련에 대해 독일노동전선이 '개입'하는 것을 모두 혐오했기 때문에 기업 및 산업부문들 사이에 통일적인 이해관계가 구축될 수 있었고, 바이마

---

9 그리하여 바이마르 시기와 나치 시기 사이에 경제 엘리트 측면에서는 커다란 연속성이 존재했다. 제국기업연합회(RGI) 및 그 산하에 있는 기간 조직(Gliederungen)의 상무 이사의 절반 가량과 책임자의 약 3분의 1은 1933년 이전부터 비슷한 직위를 맡아왔다(Ullmann 1988: 197). 많은 기업계 지도자들은―독일기계제조업협회 부의장인 오토 삭(Otto Sack)도 그중 한 사람이었다― 비록 나치 사회주의에 대해서는 양면적인 태도를 지니고 있었지만 새로운 코포라티즘 구조가 만들어지는 과정에 참여하는 것이 더 낫다고 결론을 내리고 새로운 질서에서 직위를 맡았다. 이는 협소한 자기 이익에서 비롯된 것일 수도 있고, 혹은 국가와 당의 지배로부터 자신들의 단체를 보호하기 위한 방편으로 간주했기 때문일 수도 있다(Weber 1991: 122-4).

르 시기의 특징이었던 교착상태를 극복할 수 있었다는 점이다.

　　다음 절은 나치 정권 아래 훈련 관련 *정책*들을 간단히 개관하는
데서 시작한다. 전반적으로 훈련에 대한 노력이 크게 증가했고, 산업
부문의 도제 훈련이 개선되었으며, 수공업 부문과 산업부문 모두 훈련
의 표준화 및 통일성을 추구하는 많은 조치들이 시행되었음을 보일 것
이다. 그 다음 절에서는 이러한 결과를 낳은 나치 치하의 *정치*를 다루
고, 또 조직적인 측면에서 볼 때 위와 같은 정책과 정치를 통해서 2차
대전 이후 시기가 어떻게 준비되었는지 함께 살펴볼 것이다.

나치 사회주의 시기의 훈련과 숙련

나치 사회주의 시기는 독일의 직업훈련에 대단히 큰 영향을 미쳤다.
나치 국가가 직업훈련을 관장하면서 경제 전반에 걸쳐서 훈련이 보다
통일적으로 이루어지게 하는 장치를 발전시켰을 뿐 아니라 훈련이 엄
청나게 확대되었다. 여러 가지 혁신 가운데 특히 상공회의소가 수공업
회의소와 동등하게 산업부문의 숙련노동자에 관한 훈련의 관리 및 자
격인증을 관장하는 특권을 획득했고, 또 수공업 부문의 훈련은 이전보
다 더 중앙집권적인 통제 아래 두어지게 되었다.

　　나치 정권의 처음 2년 동안 실업을 극복하기 위한 다른 조치들과
연관되어 훈련이 확대되었지만, 1935년부터는 재무장과 전시 동원을
위한 것으로 그 목표가 바뀌었다. 군수 생산 수요에 맞추어서 유연하
게 배치될 수 있는 많은 수의 숙련노동자가 요구되었던 것이다. 국가
의 훈련 정책에는 훈련을 장려하고 직접 보조금을 지급하는 여러 가지
우대 조치들이 포함되었다. 나치 사회주의국가는 제철, 금속 및 건설
산업에서 10명 이상의 노동자를 고용하고 있는 기업에 도제 훈련을 의

무화했는데, 이는 한때 자유노조가 주장한 적이 있었지만 바이마르 시기 어떤 정부도 결코 진지하게 고려한 적이 없었던 조치였다(Hansen 1997: 607; Wolsing 1977: 160; Schneider 1999: 370).

국가가 도제 훈련을 장려한 결과 훈련을 받는 전체 청소년의 숫자가 급격하게 늘어났다. "1933년에 산업부문 노동자의 45%가 숙련공이었고, 20%는 반숙련공, 그리고 35%는 미숙련공이었다. 1938년 이후 초등학교를 졸업하는 전체 청소년의 약 90%와 더 일찍 학교를 그만둔 청소년들 가운데 점점 더 많은 수가 산업부문과 수공업 부문, 그리고 상업 혹은 농업 분야에서 3년간의 도제 훈련 과정을 시작했다" (Gillingham 1985: 428). 일부 산업부문에서 실시된 국가의 훈련 지시, 그리고 보다 일반적으로는 국가의 보조금이 이러한 결과를 낳는 데 중요한 역할을 했다. 하지만 노동조합이 무대에서 사라지고 1932년부터 어느 정도 임금이 동결되자, 이어진 경제 회복기의 정치·경제적 배경 아래서는 순수한 경제 논리에 의해서도 숙련에 대한 투자가 촉진되었으리라는 점을 또한 주목해야만 한다(Herrigel 1996b: 139). 많은 기업들이 생산공정 자체에서 혹은 그에 인접해 있는 '훈련 코너'에서 노동자들을 훈련시켰다. 1933년에서 1940년 사이에 그와 같은 훈련 작업장의 수는 167개에서 3,304개로 증가했다. 1933년에는 단지 16,222명의 노동자들이 그러한 작업장에서 훈련을 받았음에 비해서 1940년에 그 수는 244,520명으로 늘어났다(Kipp and Miller-Kipp 1990: 34; Pätzold 1989: 278).

나치 정권 아래서 *산업부문 내의* 훈련이 중요한 관심의 초점이 되었는데, 이는 군부에게 핵심적인 중요성을 지니고 있음이 분명했다. 경제가 회복되면서 숙련공 부족이 나치 정권의 군비 증강을 저해했고,

기업 간에 파괴적인 인력 사냥이 벌어졌다(Mason 1966: 128). 그리하여 1935년부터 수공업 부문에서 산업부문으로, 특히 금속가공 부문으로 노동력의 방향을 돌리려는 목적으로 산업부문 도제 훈련의 지위를 격상시키고 명확히 하려는 많은 조치들이 시행되었다. 바이마르 시기에는 산업부문의 도제들에게 수공업회의소가 감독하는 시험 —상공회의소가 입회하는— 을 치를 수 있도록 허용하는 임의적인 제도가 실시되었는데, 이러한 제도는 사라지고 산업부문의 훈련에 대한 자격인증 권한이 수공업회의소와 동등하게 상공회의소에 부여되었다. 수공업 부문의 반대와 방해에도 불구하고 산업부문에서 자격을 얻은 숙련공에게 마스터 시험에 응시할 수 있는 권리를 주는 것을 비롯해서 오랫동안 수공업 부문에서 저니맨 시험이 누려왔던 것과 동일한 인정과 지위가 숙련공 시험에 부여되었다(Pätzold 1989: 276; Greinert 1994: 45).

이러한 조치들로 인해서 상공회의소가 운영하는 시험사무소의 수가 1935년 31개소에서 1937년 봄 89개소로 증가했다(Wolsing 1977: 346-7; Kipp 1990: 235). 또한 이와 함께 숙련공 시험에 응시하는 도제의 수도 표 5-1에서 나타나듯이 급격하게 증가했다.

직업훈련 정책의 또 다른 측면인 숙련의 표준화도 마찬가지로 전쟁을 원활하게 수행하기 위해 고안된 것이었다. 늘어난 생산 수요와 생산공정의 끊임없는 변화 —군대에 징집되는 남자들이 늘어나고 생산 현장을 공격으로부터 보호하기 위해 분산시키면서 생겨난— 에 대처하기 위해 광범위하고 표준화된 훈련을 통해서 유연하게 배치될 수 있는 숙련공이 공급되었다. 1935년에 모범 '도제 계약'이 도입되었는데, 이는 도제의 고용 및 훈련 조건을 규정했다(Wolsing 1977: 254-60). 이 모범 도제 계약은 월 단위로 지급되는 훈련 급여 —마스터 장인에

표 5-1. 숙련공 시험에 응시한 도제의 수

연도	숙련공 시험에 응시한 도제	증감률
1935	2,801	
1936	7,748	+176.6
1937	23,832	+407.6
1938	46,682	+95.8
1939	110,810	+137.4
1940	85,466	-22.9
1941	99,321	+16.2
1942	121,653	+22.5

출처: Wolsing 1977: 365쪽 각주 3

게 수업료를 지불했었던 수공업 부문 도제들은 오히려 훈련 급여를 받게 되었다 ─와 최소 휴가 기간을 비롯해서 도제를 위한 최저 기준을 설정했다(Pätzold 1989: 270).

아마도 훨씬 더 중요한 점은 독일기술교육위원회가 개발한 숙련 명세와 훈련 규정Ausbildungsordnungen에 기초해서 훈련이 이루어지게 되었다는 점이다. 2장에서 보았듯이 독일기술교육위원회는 1920년대 내내 금속 및 기계 산업을 위한 훈련 교재를 개발하는 데 관여해왔다. 나치 정권에서 이루어진 혁신은 기업으로 하여금 독일기술교육위원회의 훈련 지침과 방법을 채택하고 사용하도록 의무화함으로써 경제 전반에 이러한 지침과 방법이 널리 확산되도록 한 점이었다(Abel 1963: 58-9; Stratmann 1990: 47-9). 독일기술교육위원회가 개발한 훈련 규정은 1937년 이후 제국 경제장관에 의해서 공식적으로 승인되었고(Kipp 1990: 229; Münch 1991: 34; Pätzold 1989: 274-5), 이를 통해서 직종 명칭, 직무 기술job description ─해당 직종에서 자격을 취득하기 위해서 습득해야 하는 구체적 숙련들을 제시한 —과 훈련 프로그램의 기간, 훈련의 구조 등 특정한 직종에서 받아야 하는 훈련의 중요한 특징이 구체화되었다(DATSCH 1937).[10] 이러한 훈련 규정을 통해 훈련 기업과 도제 양자에게 기대하는 내용에 관해 통일적인 규칙이 확립되었다.

도제들은 오직 승인된 직종에서, 그리고 전국적으로 개발되어 배포된 표준화된 훈련 교재에 기초해서만 훈련받을 수 있었다. 이러한 조치로 인해 부문들 사이에는 전에 없던 고도의 통일성이 부과되었고, 예를 들어 '숙련 기계공' 자격을 취득한 사람은 그가 어떤 기업이나 부문에서 훈련을 받았는가에 관계없이 반드시 누구나 동일한 기술적 숙련과 이론적 지식을 보유하도록 보장되었다. 더구나 1937년부터 수공업 부문이든 산업부문이든, 훈련 과정을 이수한 도제는 저니맨 시험(수공업 부문)이나 숙련공 시험(산업부문)에 응시하지 않으면 안 되었다. "이로 인해서 마스터들과 훈련 기업들은 평가를 받기 위해서 자신의 도제들을 내놓지 않을 수 없었고, 이는 숙련 자격인증과 마찬가지로 도제들이 받은 훈련의 질을 감독하는 역할을 했다"(Hansen 1997: 608).

훈련 규정은 산업부문만이 아니라 수공업 부문에도 적용되었다. 이미 살펴본 대로 1920년대에 수공업 부문이 통일적인 훈련 기준을 확립하는 데 산업부문에 비해 뒤처져 있었기 때문에 이 점은 중요했다. 하지만 1937년 입법 이후에는 시험 시스템으로 인해 수공업 업체들도 한층 더 체계화되지 않을 수 없었는데, 시험 시스템은 "점점 더 산업부문과 마찬가지로 *표준화된* 직종의 정의 및 훈련 절차와 숙련 기

---

10 1937년에 국가는 산업부문에서 121개 직종을 공식적으로 승인했고, 이후 몇 해 동안 그 수는 꾸준히 증가했다(Kipp 1990: 229).

준에 기반을 두고 운영되었고, 마스터들은 이를 쉽게 무시할 수 없었다"
(Hansen 1997: 618; 강조는 나의 것; Pätzold 1989: 275). 나중에 독일기술
교육위원회는 반숙련 직종에 관한 지침도 개발하기 시작했는데, 이로
인해서 반숙련 직무에 관한 훈련이 또한 보다 체계화되고 기업 간에 통
일적으로 이루어졌다(Rathschlag 1972: 22, 24). 전쟁이 끝날 무렵 독일기
술교육위원회는 —이 시점에는 국가로 흡수되어 제국상공직업훈련연구
소Reichsinstitute für Berufsausbildung in Handel und Gewerbe, RBHG로 전환되었다 —
거의 1천 개에 달하는 숙련 및 반숙련 직종에 관한 훈련 교재를 개발했
다(Münch 1991: 34; Wolsing 1977: 278-9).

표준화의 진전은 다른 변화에도 반영되었다. 도제 훈련 첫 해에
는 광범위한 '기본' 토대 — 여기에 기초해서 이후 몇 해 동안 도제들
이 성장하고 더욱 전문화될 수 있는 —를 제공하도록 기업들 사이에서
보다 통일적으로 진행되었다(Wolsing 1977: 329-31). 또한 사업장에서
이루어지는 직업훈련과 학교에서 이루어지는 직업훈련 사이에 더 강
력한 연계를 만들어낼 책임이 독일기술교육위원회에 부여되었다
(Pätzold 1989: 274). 이 쟁점을 둘러싸고 몇 해 동안 논쟁이 있은 후,
1938년 독일제국 전역에서 젊은 여성을 포함해서 학교를 졸업하는 사
람은 누구나 보통학교 졸업 이후 최소 3년간 보습학교를 의무적으로
다니도록 하는 법이 통과되었다(Pätzold 1989: 283-4).[11] 1939년부터 직
종학교에 관해서 전국적으로 통일된 교육 계획이 실시되었다(Stratmann
1990: 48-9). 직종학교의 커리큘럼은 독일기술교육위원회가 사업장 내
훈련을 위해서 개발한 직종 명세서를 중심으로 명확하게 조직되었고
(Kipp 1990: 228), 그리하여 기업 내 훈련의 우위성을 분명하게 드러내
고 학교에서 진행되는 이론적인 부분은 주로 보완적인 것으로 간주되

었다(Stratmann and Schlösser 1990: 3장).[12]

또한 나치 사회주의 시기 동안 사업장 내 훈련에 관한 감독 능력이 제고되었다. 1933년 나치 정권은 모든 도제 계약에 국가등록제를 실시했다. 수공업 부문에서는 20세기 전환기 이래 그와 같은 등록제를 유지해왔지만, 산업부문 도제의 경우 그러한 장치는 존재하지 않았다(Kipp 1990: 227). 1933년에 도제를 고용하는 모든 기업이 지역 회의소에—수공업회의소나 상공회의소에—도제의 고용계약을 등록하는 것이 법으로 의무화되었다. 그러면 지역 회의소에서 도제 계약이 '공인된' 직종 및 국가가 설정한 통일적인 도제 훈련 계약 지침에 부합하도록 확인할 책임을 졌다.

지역 회의소에서는 도제의 명단을 보존할 뿐 아니라 도제의 자격인증 시험 결과를 기록하는 역할도 담당했다. 그러한 법 조항들은 직업 안내—혹은 '[직업] 지도Berufslenkung'—에 관한 나치 사회주의자들의 정책에 쓸모가 있었지만, 당국과 회의소에서 사업장 내 훈련을 면밀히 주시하고, 어느 기업이 어떤 직종에서 도제들을 훈련시키고 있는

---

11 바이마르 헌법은 18세까지 의무교육을 받도록 규정했지만, 이것이 실제로 전국적으로 실현된 것은 아니었다. 의무교육의 이행은 주에서 담당했는데, 직종학교의 취학을 의무화하느냐 여부와 어느 정도까지 의무화하는가에 커다란 편차가 있었다(Pätzold 1989: 280-1). 더구나 바이마르 공화국 말기에 경기 침체로 인해서 직종학교 시스템은 위기를 경험했다. 1931년에 예산 삭감이 제안되었을 때 노동조합만이 아니라 독일기술교육위원회가 이에 대해 반대했고, 이에 비해서 수공업 부문과, 산업부문 가운데 독일기술교육위원회의 주요 성원인 기계업체들에 비해 숙련 의존도가 크지 않았던 업체들은 이를 적극 지지했다는 점은 이 시기의 특징으로서 주목할 만하다(Pätzold 1989: 281-2). 바이마르 시기의 동맹에 대해서는 2장을 보라.

12 나치 정권이 국가 수준에서 직종학교 출석을 의무화했지만, 전쟁 수행 준비가 진행되고, 훈련이 특수하고 대단히 실용적인 군사적 필요에 초점을 두고 한층 협소하게 이루어지게 됨에 따라서 직종학교는 나중에 쇠퇴했다.

가 하는 것만이 아니라 시험 성적까지도 알아낼 수 있고, 따라서 훈련의 질에 대해 평가할 수 있었다(Wolsing 1977: 265-9, 특히 268-9; Kipp 1990: 227). 도제가 저니맨 시험에 응시하려면 등록이 필요했기 때문에 상공회의소는 청소년 지도Nachwuchslenkung와 특히 훈련 내용에 관해서 '상당한 영향력'을 곧바로 확보했다. 상공회의소는 훈련 참여 기업에 관해서 기업이 고용한 도제의 수, 기업이 이용하고 있는 훈련 시설의 유형 등을 비롯해서 모든 종류의 정보를 수집했다(Frese 1991: 271). 계속 시험 성적이 저조한 기업은 제재를 받게 될 수 있었다. 예를 들면 상공회의소는 그러한 기업에 도제 등록을 더 이상 허용하지 않을 수 있었다. 하지만 일반적으로 기업들은 유능한 청년 노동자를 채용할 수 있는 능력을 확보하는 것은 물론, 기업의 '이미지'를 위해서 좋은 성적을 거두려고 노력했다(Frese 1991: 302).

다른 보완적인 제도와 관행들을 통해서도 훈련의 내용과 질에 관한 감독이 수행되었다. 1934년에 독일노동전선은 모든 크래프트와 직종 및 전문 직업에서 수십만 명의 도제들이 참가하는 제1회 연례 제국 기능경진대회Reichsberufswettkampf를 개최했다(Mason 1966: 124). 경진대회는 직업적 숙련과 '정치적 신뢰성,' 두 가지에 대한 시험으로 이루어졌다. 지방, 지역, 지구 수준에서 대회가 열렸고 해마다 약 4백여 명의 우승자가 배출되었다(Gillingham 1985: 425). 경쟁에 참가하는 기업체의 수가 많았는데, 특히 이는 메이슨이 지적한 대로 "참가하지 않는 것이 곤란했기" 때문이었다(Mason 1966: 124).[13] 연례 경진대회로 인해

---

13 한 자료에 의하면 경진대회 참가자 수는 1934년과 1939년 사이에 5십만 명에서 3백만 명으로 늘어났고(von Rauschenplat 1945: 25), 다른 자료에 의하면 1936년에 1백만 명에서 1939년에 3백 6십만 명으로 늘어났다(Mason 1966: 124).

서 기업은 국가 기준에 확실히 맞추어서 훈련을 해야 할 강력한 동기를 갖게 되었고, 또 독일노동전선과 히틀러 청년단은 다양한 기업 및 업종에 걸쳐서 이루어지는 훈련의 상대적인 수준을 어느 정도 이해할 수 있게 되었다(von Rauschenplat 1945: 26).[14] 경진대회 의장이었던 아르투르 악스만Arthur Axmann이 표현한 대로 이 대회는 훈련의 기술적 결함뿐만 아니라 이데올로기적 결함까지도 밝혀내는 데 사용될 수 있는 '직업훈련을 위한 엑스레이'와 같은 작용을 했다(Kipp 1990: 254; Pätzold 1989: 275).

이러한 모든 조치들로 인해서 청소년들은 훈련을 받을 수 있는 '적합한' 자리, 즉 국가와 국가의 군사적 이익을 위해서 복무할 수 있는 직업을 찾을 수 있도록 인도될 수 있었다. 앞서 1927년에 제정된 법에 의해서 직업소개 및 실업보험에 관한 제국사무소Reichsanstalt für Arbeitsvermittlung und Arbeitslosenversicherung가 직업 상담과 청소년에게 도제 훈련 자리를 알선하는 일을 담당하게 되었지만, 이러한 서비스는 양 당사자들에게 모두 의무적인 것이 아니었다. 1935년에 나치 정부는 직업 상담을 제공하는 동시에 도제들에게 훈련 자리를 알선해주는 중앙 직업소개소로서 위 국립연구소의 권한을 강화했다(Kipp 1990: 221). 정부는 모든 청소년들로 하여금 의무적으로 직업 상담을 받도록 하고, 이를 통해서 청소년들을 적합한 직업 경로로 이끌어가려고 했다(Kaiser and Loddenkemper 1980: 79). 1926~27년에는 14세 청소년 가운데 31%

---

14 경진대회가 독일노동전선의 프로그램이었기 때문에 대회에는 강력한 이데올로기적 요소가 또한 존재했다. 독일노동전선은 폭스바겐(VW)과 같은 기업에서 훈련 프로그램을 직접 운영했고, 자신이 구상하는 훈련의 모델로 이를 제시했다. 연례 경진대회에서 볼프스부르크의 기관이 특히 좋은 성적을 거두었다(Kipp 1990: 12장).

가 직업 지도를 받았는데, 1931~32년에는 이 수치가 67%에 달했고, 1941년에는 90%에 달했다(von Rauschenplat 1945: 22). 이러한 직업 지도 기능은 1938년 학교법에 의해서 뒷받침되었는데, 이 법은 학교를 떠나는 모든 자에게 직업교육을 의무화했을 뿐 아니라, 학교를 떠난 자는 학교를 떠난 지 2주 이내에 지역 고용사무소에 보고하지 않으면 안 되었다(Kipp 1990: 222; Gillingham 1985: 426; Greinert 1994: 56).

나치 사회주의 아래 직업훈련의 정치

나치 사회주의 시기는 직업훈련 분야에서 공고화와 혁신이 함께 이루어진 시기였다. 수공업 부문에서 1차 대전 이전 시기로부터 물려받은 요소들과 1920년대에 산업부문에서의 자발적인 기초 위에 더욱 발전해온 요소들에 기반을 둔 전국적인 숙련 형성 시스템을 제도화하는 조치들을 통해서 공고화가 이루어졌다(2장을 보라). 그러나 공고화와 더불어 혁신적 요소가 도입되었는데, 이는 바이마르 시기 동안 통일적이고 포괄적인, 전국 차원의 숙련 형성 시스템을 구축하려고 했던 시도를 좌절시킨 정치적 장애물 가운데 일부를 극복하는 것이었다. 과거의 정치적 장애물 가운데 일부는 폭력적인 탄압을 통해서 제거되었다. 노동조합이 제거됨으로써 조직 노동과 협상해야 할 필요성이 사라졌다. 나치 시기에는 다른 분열 지점들, 예를 들면 수공업 부문과 산업부문의 분열, 그리고 산업부문 내에서 근본적으로 다른 훈련 모델을 주장했던 상이한 분파들 사이의 분열(2장을 보라)이 제거되거나 봉합되었다. 이 절에서는 이러한 일이 벌어진 정치과정을 다룬다.

나치 사회주의 체제는 민간 부문의 훈련을 교육적 관계로 재정의하면서 "그것에 *공적인* 신뢰와 의무를 부여했다"(Hansen 1997: 615, 강조는 원문; Molitor 1960: 16). 이에 따라 바이마르 시기 동안 노동조합과 고용주 사이에 오랫동안 지속되었던 갈등은 고용주에게 유리하게 해결되었다. 하지만 나치 시기에는 훈련을 재분류하는 일이 중요해졌는데, 왜냐하면 대체로 이로부터 나치당과 독일노동전선이 숙련 형성의 조직화 및 관리에 개입할 수 있는 명분이 제공되었기 때문이다. 고용주들과 고용주 단체의 대표자들은 이러한 개입에 대해 분개했다. 고용주들의 관점에서 보면 원치 않던 노동조합의 간섭과 마찬가지로 반갑지 않은 당 관료의 간섭으로 대체된 것이었다. 그리하여 기업계는 이러한 경향에 저항했고, 국가 기구 내에서는 당의 영향력을 반대할 이유를 갖고 있던 제국 경제성이 기업계의 이해를 대변했다(Wolsing 1977: 323). 아래에서는 다시 직업훈련 논쟁의 주요 당사자들로 돌아가서 나치 시기에 그들의 이해가 표현되고 재검토되고, 또 부분적으로 재설정되었던 방식을 살펴보도록 하겠다.

수공업 부문　나치 사회주의가 도래하면서 처음에는 수공업 부문으로부터만 환영받을 수 있는 일련의 정책들이 실시되었다. 나치는 노동조합을 진압한 데 이어 나치는 장인 조직의 오래된 중요 요구 사항을 충족시켰다(Pätzold 1989: 268). 1935년에 나치 정부는 장인 점포를 열고, 그리고/혹은 독자적으로 장인 직종에 종사하려는 자는 누구든지 마스터 자격증을 보유하도록 요구하는 '주요(혹은 종합) 능력 인증' großer Befähigungsnachweis 법을 공포했다(von Rauschenplat 1945; Greinert 1994: 45; Berghoff 2001: 81).[15] 나치는 또한 장인 조직 가입을 의무화했는데, 이 또한 오랜 요구 사항이었다. 과거에는 다양한 숙련 직종을 중심으로 전통적인(임의적인) 길드 협회들이 조직되어 있고, 그 옆에 나란히 지역 수공업회의소 — 정부와 유사한 권위와 책임을 부여받은 —
가 존재하는 구조였다(Weber 1991: 112-3). 나치 정권은 길드를 재편해
서 지역 수공업회의소와 좀 더 밀접한 연계를 갖게 하고 — 예를 들면
직원을 함께 고용하는 방식으로 — 그리고 기본적으로 하나의 포괄적
이고 단일한 조직을 창설했다. 이 조치로 인해서 수공업협회의 조직률
은 70%에서 100%로 증가했다(Weber 1991: 113).

　　하지만 이러한 조치들과 더불어 수공업 부문이 환영하지 않았던
혁신들도 실시되었다.[16] 모든 청소년에게 훈련받을 자리를 보장하겠다
는 나치당의 약속은 수공업 부문에서 주요 분파의 목표와 충돌했고,
이들은 숙련 직인이 시장에 과잉 공급될 것을 우려했다. 몇몇 수공업
직종(예를 들면 도살업자와 제빵공)은 자신의 직종을 보호하기 위한 방편
으로 자신들의 특권을 이용해서 훈련을 제한해왔다(Pätzold 1989: 267).
이들의 관점에서는 훈련에 관한 독일노동전선의 요구 — 즉, 모든 청소
년에게 훈련에 관한 권리를 보장하고 기업에게 훈련 의무를 부과하는
— 는 지나치게 과격하고 도발적인 것이었다(Seubert 1977: 100). 수공
업 부문의 업체에 높은 운영 비용을 부담하게 한다는 이유로 원성을
산 정책들도 있었다. 도제 계약의 혁신 — 예를 들면 최소한의 휴가를

---

15 당시까지는 마스터 자격증이 요구되지 않았고, 자영업을 하는 장인의 약 30%만이 자격증
　　을 보유하고 있었다(Berghoff 2001: 81; Lenger 1988: 197). 자격증을 갖고 있지 않은 사
　　람이라고 하더라도 실제로 수공업 직종의 일을 할 수 있는 권리를 박탈당하지는 않았다.
　　그 대신에 1939년까지 그들 대부분으로 하여금 시험을 '통과'하도록 했는데, 이조차도 나
　　중에 완화되었다(하지만 그 후에 마스터 장인이 되려고 하는 모든 사람에게 이 규제는 영
　　향을 미쳤다)(Lenger 1988:197).

16 나치 정책이 수공업 부문에 미친 효과에 대해서는 특히 von Shalden(1979)을 보라. 또
　　Schneider(1999: 370-2), Lenger(1988: 195-202)도 참조하라.

보장하고 도제의 근무시간에 기타 제한을 가하는 —과 훈련 내용에 의무 직종학교 과정을 도입하는 것은 값싼 노동의 원천으로서 도제에게 많이 의존해온 마스터 장인들에게 압박이 되었다(Pätzold 1989: 270).[17]

가장 중요한 변화 가운데 하나는 수공업 부문이 숙련을 인증할 수 있는 독점적 지위를 상실한 점이었다(Lenger 1988: 199). 앞서 말한 1935년 입법 이후 수공업 부문은 유능한 청소년을 끌어들이기 위해서 산업부문과 경쟁했는데, 이 경쟁에서 패배하는 것은 대체로 장인들이었다(Berghoff 2001: 82; Wolsing 1980; Lenger 1988: 199). 수공업 부문은 또한 도제 훈련 분야에서 전통적으로 누려온 자율성이라는 측면에서 커다란 후퇴를 경험했다(Schneider 1999: 371-2). 수공업회의소는 지역별 표준을 개발하는 데 커다란 재량권을 지녀왔고, 또 개별 마스터들은 자신의 점포에서 도제 훈련의 내용과 구조를 결정하는 데 상당한 자율성을 보유해왔었다. "숙련 직종에 관해 법률적으로 구속력이 있는 정의나 가르쳐야 할 내용에 관한 특별한 규제는 존재하지 않았다" (Hansen 1997: 617; Greinert 1994: 50). 하지만 우리가 살펴본 대로 나치 사회주의 아래서 도입된 많은 조직적인 혁신을 통해 수공업 부문 훈련의 표준화가 촉진되었는데, 이는 일부 업체를 제외하면 수공업 업체가 결코 환영하지 않는 것이었다.[18]

1897년 이래 수공업회의소가 누려왔던 자격인증 권한이 이제 처

---

17 또한 수공업자들은 1937년에 도입된 의무 회계에 대해서는 물론이고, 가입 단체에 의무적으로 내야 하는 높은 기여금에 대해서도 불만을 표시했다(Lenger 1988: 197, 200).

18 여기에는 통일적인 도제 계약의 도입, 마스터 시험에 대한 지침, 도제와 저니맨 시험을 위한 기술 자료의 개발, 그리고 1938년에 기존의 수공업 부문 등록부를 통합해서 전국 도제 등록부를 도입한 것 등이 포함되었다(Wolsing 1977: 269-70; Kipp 1990: 224-30; Pätzold 1989: 269-70; Hansen 1997: 594-619, 특히 617-19).

음으로 훈련 *내용의* 통일성을 증대시키는 것과 명시적으로 결합되었다. 수공업 부문은 나치 정권이 독일기술교육위원회를 직업훈련에 관한 주요 자문 기관으로 지원하는 것을 커다란 의혹을 갖고 바라보았고, 산업부문의 영향력이 늘어나서 수공업 부문의 자율성이 침식되리라는 점을 정확히 우려했다(Wolsing 1977: 430). 비록 나치 시기에 수공업 부문의 훈련을 전반적으로 합리화하는 것은 그 감독과 시행이 곤란했기 때문에 달성하기 어려웠지만, 대체로 수공업 부문의 훈련을 "산업부문 직업훈련의 조직 원리에 보다 가깝게" 변화시키는 결과를 낳았다(Greinert 1994: 50; 또한 Schneider 1999: 371-2; Pätzold 1989: 270).

게다가 국가가 시간이 지나면서 전쟁 물자와 숙련노동을 관리하는 데 더 강력한 조치를 취함에 따라 수공업 업체들은 점점 더 전시경제의 영향을 받았고, 그 결과 많은 업체들이 원자재 부족을 겪었다(Lenger 1988: 199). 이와 관련해서 국가의 가장 직접적인 개입은 이른바 1939년과 1943년에 있었던 '일제 징집' 작전Auskämmeaktionen을 통해서 이루어졌다. 당시 군대나 산업부문으로 노동력을 보낼 수 있도록 많은 수의 장인들이 아무런 보상 없이 점포를 닫아야만 했다(Ullmann 1988: 189; Lenger 1988: 200-1). 렝거에 의하면 1939년 하반기에 거의 20만 개에 달하는 장인 점포 ─ 주로 가장 작고 전통적인 일인 점포였다 ─ 가 이러한 방식으로 강제로 문을 닫았다(Lenger 1988: 200). 나치 시기는 수공업 부문에 광범위하고도 다양한 효과를 미쳤는데, 재무장에 따른 호황에 편승할 수 있었던 업체들로서는 아주 수익성이 높은 시기가 되었지만, 반면에 정치적으로나 경제적으로 보다 주변적인 업체들은 완전히 퇴출당했다(Lenger 1988: 198-9).

산업부문 산업부문의 상황은 훨씬 더 복잡했다. 바이마르 시기에 산업부문 내의 상이한 분파가 훈련을 중시하는 정도, 이들이 훈련에 관해서 노동조합과의 교섭을 인정하는 정도, 그리고 이들이 추구하려는 각기 다른 훈련 모델에는 상당한 다양성이 존재하고 있었음을 상기해보라. 주요 산업, 특히 기계제조 및 금속가공 산업은 독일기술교육위원회와 독일기계제조업협회를 통해 숙련의 표준화에 상당한 진전을 보았고, 이는 바이마르 시기의 유산이었다. 하지만 다른 단체들은 매우 다른 모델, 즉 기업에 기반을 둔 기업 지향적 훈련과 기업에 대한 충성을 강조하는 보다 기업 자급적인 모델을 육성하고자 노력했다. 특히 중공업 분야가 이처럼 다른 시각을 대변했고, 독일기술노동연구소가 이를 활발하게 홍보했다. 수공업 부문처럼 훈련을 총괄하는 법률적인 기본 틀이 산업부문에는 존재하지 않았기 때문에 바이마르 시기 동안 산업부문 훈련에는 사업장, 지역, 업종에 따라서 커다란 다양성이 존재했다.

나치가 집권하면서 훈련 정책이 결정되는 정치·경제적 배경이 확실히 변했고, 또 그와 더불어서 일부 주요 행위자들의 이해관계도 변했다. 노동조합에 대한 탄압은 산업부문에서 많은 집단들의 이해에 유리하게 작용했고, 숙련 형성에 관해 노동 측과 타협해야 할 필요성이 사라지게 만들었다. 더구나 오랫동안 산업부문의 훈련에서 표준화를 추구하고, 수공업 부문의 훈련과 동등한 독립적인 인증을 추구해온 산업들(예를 들면 기계제조업)은 나치 사회주의자들이 그러한 방향으로 대담한 조치를 취하는 것에 크게 고무되었다. 그러나 나치가 추구한 훈련 정책은 똑같이 중요한 부수적 효과를 낳았는데, 그것은 논쟁 지형을 완전히 뒤바꾸었다는 점이다. 산업부문의 훈련을 더욱 중앙집권적으로 관리하고, 또 자격인증을 부여하는 기구의 존재는 기정사실이 되었다. 이제 이 장치를 누가 운영할 것인가가 문제로 떠올랐다. 이러한 사태로 인해서 산업부문은 더욱 통일적인 입장을 취하게 되었다. 기업계는 나치 훈련 정책에 의해서 조성된 규제 영역을 차지하고, 또 주로 독일노동전선의 야망에 맞서서 경제성RWM과 제휴를 맺어서 이를 방어하려고 노력했다(Pätzold 1989: 278; Seubert 1977: 10장, 11장; 특히 Frese 1991: 251-332 이곳저곳; Wolsing 1977: 234-396, 특히 689-739).[19]

훈련을 둘러싼 독일노동전선과 경제성 사이의 갈등에는 독일기술노동연구소와 독일기술교육위원회와 같은 다른 단체도 개입되었는데, 각 단체는 나치 정권에서 서로 다른 부문으로 통합되었다(Seubert 1977: 10장, 11장). 독일기술노동연구소는 핵심 당 기구인 독일노동전선으로 통합되었고, 반면에 독일기술교육위원회는 처음에는 느슨하게, 이후에는 보다 긴밀하게 경제성과 결합되었다. 부분적으로는 관할권을 둘러싼 다툼에서 갈등이 전개되었지만, 여기에다 훈련에서 이데올로기적인 측면과 기술적 측면 사이의 균형, 그리고 특히 한편으로는 국가의 직접적인 규제와 다른 한편으로는 경영자의 자율성 및 고용주의 자주적인 규제 사이의 균형이라는 문제가 겹쳐졌다(Wolsing 1980: 306-8).

독일기술노동연구소는 바이마르 시기에 중공업 부문에 의해 창설되었는데, 오랫동안 그 대표를 지낸 칼 아른홀트Carl Arnhold(나중에는 Karl로 칭했다)[20]는 직업훈련에 관해서 독일기술교육위원회의 집단주의적인

---

19 경제성과 독일노동전선 사이의 불화, 그리고 두 조직의 지도자들 — 할마르 샤흐트와 로버트 레이 — 사이의 반목은 아주 유명하며, 직업훈련이라는 사안에 국한된 것이 결코 아니었다(예를 들면 Hayes 1987: 4장을 보라).

사고에 대한 대안으로 명확히 제시된 기업 자립적인 관점을 확산시키려고 노력했다. 1925년 창설 이래 독일기술노동연구소의 견해는 개별 기업이 배타적으로 통제하면서 체계적인 훈련을 촉진함과 동시에 기업에 대한 강력한 충성심을 고취시킬 수 있는 훈련 시스템의 발전을 지지했다.[21] 하지만 나치 시기에 독일노동전선에 가입하면서 독일기술노동연구소의 임무는 커다란 변화를 겪었는데, 먼저 1933년에는 독일 나치사회주의 기술직업연구교육원 Deutsches Institute für Nationalsozialistische Technische Arbeitsforschung und schulung 이라는 명칭의 독립된 연구소로 가입했다(Seubert 1977: 96; Kaiser and Loddenkemper 1980: 78; Greinert 1994: 46). 1년 후에 아른홀트가 독일노동전선의 직업훈련 및 사업관리청 Amt für Berufserziehung und Betriebsführung, AfBB 책임자로 임명되면서 독일기술노동연구소는 노동전선으로 완전히 흡수되었다(Seubert 1977: 98; Greinert 1994: 46; Schneider 1999: 209-10).

독일노동전선이 독일기술노동연구소에 관심을 갖게 된 것은 훈련 정책에 관해 중요한 역할을 맡으려고 하는 레이의 야심 때문이었다. 독일기술노동연구소는 훈련 정책 분야에 관한 다년간의 경험과 전문 지식을 독일노동전선에 제공했다(Wolsing 1980: 305). 그리고 독일기술노동연구소와 독일노동전선은 이데올로기 측면에서 몇 가지 뚜렷한 유사성을 지니고 있었다(von Rauschenplat 1945: 14-8).[22] 반공주의, 반

---

20 1933년 이후 그는 자신의 이름을 보다 게르만적인 철자로 표기했다(Gillingham 1985: 424).

21 독일기술교육위원회는 독일기술노동연구소와 달리 직종 및 기업 단체를 통해 숙련의 표준화를 위해서 — 즉, 교체해서 사용할 수 있는 숙련을 배출하기 위해서, 또 기업에 대한 충성심을 고취하려는 특별한 의지를 갖지 않고서 — 작업을 수행했다. 이 점에서 양자는 달랐다.

노동조합주의, 그리고 공장 공동체라는 관념은 나치 사회주의의 이데 올로기와 아주 잘 어울렸다. 독일노동전선과 독일기술노동연구소는 모두 훈련을 기술적 숙련이라는 협소한 의미가 아니라 교화의 도구, 즉 그들의 표현대로 하면 "'전인'에 관한 훈련"의 도구로 사고했다 (Kaiser and Loddenkemper 1980: 84; Seubert 1977: 90). 또한 독일기술노 동연구소와 아른홀트의 입장에서 보면 독일노동전선과 결합하는 것에 는 몇 가지 이점이 있었다. 가장 명백한 이점은 그러한 결합을 통해 새로운 체제에서 중요한 행위자인 독일노동전선의 자원에 접근할 수 있게 된 점이었다. 독일기술노동연구소는 자신의 구상에 대해서 재정 적 지원을 바라지 않았다. "1936년 말 독일기술노동연구소는 막대한 가용 자금을 보유했고, 400개의 도제 훈련 작업장을 운영하고 있었으 며 150개를 준비 중이었다. 독일기술노동연구소의 수많은 훈련 학교 와 훈련 프로그램을 통해 2만 5천 명의 교사를 고용해서 2백 5십만 명 의 노동자를 가르쳤다"(Nolan 1994: 234).

한편 비록 전혀 다른 조건이기는 하지만 독일기술교육위원회가 국가에 통합되었다. 독일기술교육위원회는 독일기술노동연구소보다 직업훈련에 관여해온 역사가 더 오래되었고, 1920년대에 체계적인 훈 련을 위해 수행한 활동으로 기업계와 관계에서 폭넓은 인정과 존중을 받고 있었다. 1933년 이전에도 국가의 다른 부처는 물론 경제성에서

---

22 히틀러는 한동안 훈련 분야에 관해 독일기술노동연구소의 활동을 칭찬했다. 아른홀트는 1931년에 히틀러를 만났고, 나치가 집권하기 전까지 나치사회당(Nationalsozialistische Deutsche Arbeiterpartei, NSDAP)과는 별도로 활동했다. 하지만 독일기술노동연구소가 나치 사회주의를 공개적으로 받아들인 것은 독일노동전선에 들어온 이후의 일이었다 (Seubert 1977: 92; Kipp and Miller-Kipp 1990: 28; Gillingham 1985: 425).

도 직업훈련에 관한 칙령에서 독일기술교육위원회의 교재를 참고 기준으로 제시했다(Seubert 1977: 99). 독일기술교육위원회는 나치 사회주의 초창기에는 순수 민간 경제 연구소로 남은 채 경제성과 느슨한 연계를 맺고 있었는데, 1935년에 경제성의 주요 자문 기관으로 공식 지정되었다(Wolsing 1977: 278; Greinert 1994: 46; 또한 DATSCH 1937을 보라). 이후 1939년에 독일기술교육위원회는 그 자체가 정부 기관인 제국상공직업훈련연구소Reichinstitute für Berufausbildung in Handel und Gewerbe로 전환되었고, 그 관할 범위가 확장되어 산업부문만이 아니라 수공업 부문까지 포함했다(Wolsing 1977: 278-9; Pätzold 1989: 273).

독일기술교육위원회의 직업훈련에 관한 접근 방식은 여전히 기술적이고 실용적인 측면을 강조했고, 독일기술교육위원회는 일반적으로 산업부문의 이해관계와 특수하게는 고용주 단체와 강력하게 연결되어 있었다.[23] 독일기술교육위원회는 이러한 경제적 이해관계를 지니고 제국 경제성으로부터 지지를 받았으며, 훈련에 관해서 독일노동전선의 보다 이데올로기적인 접근 방식과 대립하는 관점을 대표했다. 독일기술교육위원회는 나치 사회주의 시기에 사실상 경제성과 동맹을 이루고 산업부문과 경제계의 이익을 위해서 활동했다. 양자 모두 훈련의 기술적이고 실용적인 측면이 독일노동전선의 이데올로기적인 의제에 종속되지 않도록 노력했고, 더 일반적으로는 — 이 점이 더 중요하다 — 가능한 한 국가나 당이 기업 경영 업무에 개입하지 못하도록 기업을 보호하려고 노력했다.

---

23 앞서 본 것과 같이 바이마르 시기에 독일기술노동연구소는 반대로 기업 연합 조직들과 긴밀한 관계를 구축하지 않고 있었으며, 개별 기업을 중심으로 사업을 벌이는 편을 선호했다.

직업훈련의 통제를 둘러싼 정치투쟁

중공업 부문은 처음에는 독일기술노동연구소가 독일노동전선에 흡수되는 것을 환영하면서, 이로 인해 훈련에 관한 자신들의 구상이 나치사회주의의 핵심 대중조직 안에 뿌리내릴 것이라고 생각했다(Frese 1991: 255). 하지만 훈련 정책의 모든 측면에 대해 결정하는 '완전한 권위'를 확보하려는 레이의 야망으로 인해 기업 경영의 자율성이 심각하게 침해되리라는 점이 곧 분명해졌다. 사태가 이렇게 전개되자 아주 일찌감치 크루프와 GHH 같은 거대 기업들이 여기에 저항했고 훈련 정책 분야에서 고용주의 재량권을 지키기 위해서 활동할 것을 공언했다(Frese 1991: 252, 255). 1933년 이전부터 독일기술노동연구소의 훈련기법을 채택하고 독일기술노동연구소와 함께 계속 협력했던 기업들조차 독일기술노동연구소가 1935년에 직업훈련 및 노동관리청으로 독일노동전선에 통합된 이후에는 독일기술노동연구소를 덜 신뢰하고 거리를 두었다(Frese 1991: 256). 아른홀트는 과거의 고객 기업들이 거리를 두고, 그가 어느 정도나 기업을 위해서 일하고 있는지 아니면 '레이의 수족 역할'을 하고 있는지에 대해 의심하는 것을 보았다(Frese 1991: 257).[24] 전통적으로 독일기술노동연구소의 엔지니어와 긴밀하게 협력했던 기업들이 이제는 자신의 사업장에 이들이 들어와서 자문하는 것을 '망설였다'(Frese 1991: 258).

이 기업들은 이제 국가 기구 안에서 독일노동전선의 주요한 적수인 경제성에 의해서 자신들의 관심사가 더 잘 대변된다고 보았다. 특

---

24 전반적으로 아른홀트의 입장은 모호했다. 레이는 독일기술노동연구소가 산업계와 연계되어 있다는 이유로 계속 의심했고, 독일기술노동연구소가 독일노동전선보다 산업계와의 유대를 우선시한다고 가끔 비난하기도 했다(Frese 1991: 253-4).

히 샤흐트 휘하에서 경제성은 기업 단체의 이해와 긴밀하게 결합되어 있었다(Ullmann 1988: 198). 직업훈련에 관한 갈등이 당과 국가 기구 사이에 있었던 유일한 갈등 분야는 아니었지만 중요한 갈등에 해당되었다. 1930년대 내내 독일노동전선은 직업훈련에 관해 경제성과 논쟁을 벌였다(Kaiser and Loddenkemper 1980: 82; 또한 Greinert 1994: 45-5; 특히 Seubert 1977: 11장을 보라; Wolsing 1977: 4부, 689-739).[25] 레이는 '독일노동전선의 성격과 목표'에 관해 히틀러가 직접 공표한 1934년 10월 24일 칙령에 의거하여 직업훈련 분야에 대해 자신의 '전면적 권한'을 주장했다(Schneider 1999: 364-5; Frese 1991: 250-64). 레이는 훈련 정책의 모든 측면에 관해서 직업훈련 및 노동관리청이 *핵심 거점*Brennlinse 역할을 맡게 하려고 노력했고, 이는 경제성의 다른 주장 — 주로 독일 기술교육위원회에 위임하여 실행되고 경제 단체 스스로가 관리하는 방식 — 과 대립되었고, 곧바로 관할권 문제를 불러일으켰다.

  1935년 3월에 독일노동전선과 경제성의 회합을 통해 라이프치히 협정이라 불린 모호한 협정이 만들어졌는데, 아마도 이는 독일노동전선으로 하여금 "경제에 영향을 미치는 모든 조치에 대해서 산업 단체의 사전 동의"를 구하도록 의무화한 것으로 보인다(Seubert 1977: 103-4; Mason 1966: 124). 샤흐트는 구체적으로 직업훈련 분야에 관해 일정한 분업을 적극적으로 받아들이고자 했던 것으로 보인다. 즉, 독일노동전선에서 이데올로기적이고 정치적인 훈련을 담당하고, 고용주와 고용주 단체에서 기술적 자격을 담당하는 분업이었다(Seubert 1977:

---

25 이는 나치 사회주의 체제에서 경제성과 독일노동전선 사이에 전개된 권력과 영향을 둘러싼 전반적인 갈등의 일부였다(Wolsing 1977: 4부; Hayes 1987: 4장).

107). 하지만 레이는 곧 이것이 지나친 속박이라고 생각하고 — 히틀러의 수많은 칙령을 들먹이면서 — 직업훈련 및 보습교육의 모든 영역에 관해 계속 권한을 주장했다. 레이는 예를 들면 회의소와 같은 민간 부문의 자치 단체를 "낡은 시스템의 유물"로 간주하고, 이를 당에 복속시키려고 했다(Seubert 1977에서 인용; 또한 Wolsing 1977: 241; Mason 1966: 124; Greinert 1994: 45-7을 보라).

레이는 그 이후 몇 해 동안 정부 정책과 정면으로 대립하는 훈련 정책을 펴면서 이 분야에서 자신의 권한을 강화하려고 했다. 이는 샤흐트를 몹시 화나게 만들었지만, 샤흐트의 항의는 "독일노동전선의 휴지통 속에 모두 처박혔다"(Mason 1966: 124). 1935년에 레이의 참모들이 라이프치히 협정을 정면으로 위반해서 독일노동전선 훈련 과정을 만들기 시작했고, 또 산업부문의 자격증을 독점적으로 수여할 수 있는 권한을 주장했다. 샤흐트와 산업계 대표자들은 이를 회의소 및 경제 단체의 권리에 대한 정면 공격으로 간주했다(Seubert 1977: 104). 제국기업연합회Reichsgruppe Industrie, RGI는 기업으로 하여금 직업훈련 및 노동관리청(당시 독일기술노동연구소의 명칭)과 독일노동전선을 멀리하고 그 대신에 경제성의 정책에 따라서 활동할 것을 권고했다(Frese 1991: 261, 298 주 143). 샤흐트는 그 자신을 위해서, 그리고 자신들에게 유리하게 상황을 정리하고 싶어 했던 '영향력 있는 기업체들'의 권고에 따라서 사업장 내 직업훈련은 독일노동전선의 직업훈련국이 만든 교재가 아니라 독일기술교육위원회의 교재에 의거해야 한다는 공식 명령을 발표했다(Frese 1991: 297-8; Kipp 1990: 229; Schneider 1999: 365; Seubert 1977: 110).[26]

위와 동일한 기준에 따라 분열되어 있는 행위자들 사이에 수많은 다른 분쟁들이 일어났다. 독일노동전선은 1938년 경제성이 통일적인 전국도제명부reichseinheitliche gewerbliche Lehrlingsrolle를 도입한 것에 반대하고, 그 대신에 '직업별 기간공명부'Berufsstammrolle를 자체적으로 유지하는 편을 선호했다. 이는 보다 포괄적인 내용을 담고 있고, 산업부문의 숙련공자격시험Facharbeiterprüfung을 치른 이후에도 통제 수단을 제공해주었다. 경제성은 독일노동전선의 요구를 거절하고 독일노동전선의 명부를 사용하는 것을 금지했는데, 이러한 조치는 대다수의 숙련노동자가 상공회의소에 등록하는 것으로 마무리되면서 대체로 성공을 거두었다(Wolsing 1977: 269-271). 결국 독일노동전선의 도제 계약 모델은 물론 독일노동전선의 새로운 도제 명부도 제국경제회의소 Reichswirtschaftskammer에서 작성하고 경제성이 보증하는 도제 계약과 하나의 통일적인 명부로 대체되었다(Wolsing 1977: 270-1; Kipp 1990: 225-8).

검정 과정을 둘러싸고도 격렬한 분쟁이 있었다. 독일노동전선과 직업훈련 및 노동관리청AfBB은 회의소의 시험위원회에 독일노동전선 대표자들을 의무적으로 포함시키게 만들려고 시도했고, 또 한때는 독일노동전선에서 자체적인 검정 시스템을 개발하기도 했다. 산업부문은 이러한 조치에 저항했고 이러한 저항은 경제성의 지지를 받았다.

---

26 도제들의 훈련 발달 상황을 기록하게 되어 있는 수첩을 둘러싸고 또 다른 갈등이 벌어졌다. 이 수첩은 원래 독일기술교육위원회가 도입한 것이었는데, 곧이어 독일기술노동연구소가 자체적으로 수첩을 도입했다. 독일노동전선은 독일기술노동연구소의 편에 서서 독일기술교육위원회의 행태는 지도자의 명령으로 부과된 임무를 수행하려는 독일노동전선의 능력을 훼손하는 것이라고 주장하면서 기업들에게 강제로 이 수첩을 채택하도록 했다 (Wolsing 1977: 308-9).

경제성은 자신만이 상공회의소를 통해서 검정을 시행하는 권한을 가진다고 주장했고, 상공회의소에 등록하지 않고 경쟁 단체인 독일노동전선에 등록한 도제들의 검정을 시행하지 말도록 상공회의소에 지시하기도 했다(Frese 1991: 272, 301-2; Schneider 1999: 364-5). 경제 단체는 전국기업연합회를 통해서 샤흐트를 '대대적으로 지지'했고, 회원 기업들에게 독일노동전선 교재를 채택함으로써 고유한 검정 역할을 위험에 빠뜨리지 말도록 경고했다(Frese 1991: 272-3).

이러한 관할권을 둘러싼 모든 분쟁에서 산업부문은 샤흐트 휘하의 경제성을 지지했다. 경제성은 기업계의 이해를 일관되게 대표했고, 훈련 시스템의 핵심 측면을 관리하는 회의소의 권한을 보호하려고 노력했다(Frese 1991: 259, 262). 명확하고 확실한 권한 이양이 이루어지지 않아서 이러한 분쟁들은 결코 완전히 해결되지 못했다(Wolsing 1980: 308). 더구나 샤흐트가 1937년 말에 경제성을 떠나면서 산업부문은 가장 믿음직한 동맹을 잃었다. 아무튼 헤르만 괴링Hermann Göring 휘하에 '4개년 계획청'이 별도로 설립되면서 샤흐트의 입지는 줄어들었다(Ullmann 1988: 187). 하지만 샤흐트의 후임자들은 전반적으로 동일한 정책을 채택했으며, 시간이 흐르면서 훈련 정책에 관한 독일노동전선의 지위는 쇠퇴했다. 왜냐하면 기업들은 독일노동전선의 요청을 끊임없이 회피하고 지연시켰고, 또 전쟁이 일어나자 나치 정권은 훈련에 관해서 점점 실용적이고 매우 도구적인 접근 방식을 선택하게 되었던 것이다. 전시경제가 확립되면서 "직업훈련 분야에서 '업무의 중복'은 점점 경제성에 유리하게 해결되었다"(Greinert 1994: 46; 또한 Kipp and Miller-Kipp 1990: 34). 1941년 5월 독일노동전선의 직업훈련 및 사업관리청은 독일기술교육위원회의 후신인 제국직업교육연구소Reichsinstitute für Berufausbildung로 합병되면서 공식적으로 경제성의 하부 기구가 되었다(Stratmann and Schlösser 1990: 47-9; Greinert 1994: 47).

특히 지금의 맥락에서 중요한 점은 위와 같은 분쟁이 지속되면서 전쟁 이전에 비해 훈련이라는 사안에 관해 기업계가 더 커다란 통일성을 확보하게 되는 효과를 낳았다는 점이다. 중공업 부문은 훈련에 관해서 좀 더 기업 자급적이고 확고한 기업중심적인 접근 방식을 항상 옹호해왔고, 표준 도제 계약을 강요받거나 상공회의소로부터 도제 계약을 검사받으면서 자신의 도제들을 상공회의소에 등록해야 하는 일에 대해 달가워하지 않았다. 하지만 시간이 지나면서 독일노동전선에 의해서 기업 단체가 완전히 밀려날 위험에 처하자 기업들이 결집했다. 프레제의 표현대로 "[훈련 분야에서] 독일노동전선의 활동으로 인해 기업들의 태도가 크게 바뀌었다"(Frese 1991: 272).

직업훈련에 관한 나치 사회주의의 영향

독일 직업훈련에 관해서 나치 사회주의가 미친 영향은 무엇인가?[27] 대차대조표는 복합적이어서 어떤 측면을 검토하는가에 따라 크게 달라진다. 비록 한센이 강조한 대로 대체로 바이마르 시기로부터 여러 가지 부분을 물려받아 구축된 것이기는 했지만, 나치 사회주의 시기에 수공업 부문과 산업부문에 통일적이고 훨씬 더 표준화된 훈련 시스템이 만들어졌음은 부인할 수 없다(Hansen 1997: 603). 산업부문은 바이마르 시기 동안 훈련에 관해 일정한 통일성을 확보했지만 자격인증 권

---

27 나치 시기가 독일 사회와 경제 제도를 전반적으로 근대화했는가 아니면 반동적인 효과를 낳았는가를 둘러싸고 독일 역사학 내에 오랜 논쟁이 존재한다(이에 관해 대단히 유익한 논평과 주장으로는 Berghoff 2001를 보라).

한을 보유하지는 못했다. 반면에 수공업 부문은 자격인증 권한을 보유했지만 훈련 분야에서 표준화를 강화하기 위한 특별한 대책이 없었다. 나치 사회주의 정권이 수행한 일은 바로 이러한 두 가지 줄기를 결정적으로 합친 것이었다. 나치 정권은 수공업 부문과 동일한 권리와 지위를 산업부문 훈련에 부여했고, 이는 국가가 단일한 산업부문에서 하나의 표준화된 훈련 명세를 승인하고, 이를 강력히 촉진함으로써 뒷받침되었다. 수공업 부문의 훈련은 더욱 체계화되었다. 이는 산업부문에서 먼저 실시된 통일적인 직종 명세서 및 표준화된 훈련 세칙이 국가의 후원을 받아서 적용된 결과였다(Hansen 1997: 617). 이러한 조치들이 합쳐진 결과 독일 내에서 훈련을 받는 도제의 *숫자*가 엄청나게 늘어나고 그들이 받는 훈련의 *표준화*도 크게 신장되었다.

하지만 시간이 지나면서 전시의 긴급 상황과 혼란스러운 행정 기구로 인해 훈련에 대단히 치명적인 미봉책과 단축 조치가 종종 실시되었다. 전쟁이 계속됨에 따라 일부 직종에서는 훈련 기간이 단축되었는데, 산업부문의 일부 업체들은 숙련의 질이 저하될 것을 우려하고 17세 청소년에게 숙련공 임금을 지급해야 하는 것에 불만을 품고 이에 항의했다(Frese 1991: 285-7). 나치 정권은 또한 자주 방침을 뒤집어야 했는데, 이로 인해서 혼란과 갈등이 야기되었다. 예를 들면 1935년에 청소년을 숙련 직종에 모집하기 위해 실시한 정책들은 전반적으로 지나친 성공을 거두었고, 많은 산업부문에서 반숙련공이 심각하게 부족한 상황이 초래되었다(Frese 1991: 279-80; Gillingham 1985: 424, 427; Hansen 1997: 609-10; Rathschlag 1972: 17). 전시 동원과 관련된 직무의 대다수는 2년 안에 쉽게 익힐 수 있었고, 일부 고용주, 특히 철강 산업의 고용주들은 자신들에게 실시하도록 요구되는 훈련 정책과 실제

생산과정의 필요 사이에 존재하는 괴리에 대해 불만을 토로했다. 하지만 나치 사회주의국가는 산업부문 훈련의 지위와 매력을 격상시켜 놓았고, 모든 청소년에게 훈련을 받을 수 있는 권리를 보장할 것을 스스로 공약한 바 있었기 때문에 청소년들을 '올바른' 직종으로 — 이 경우에는 갈수록 반숙련공 직종으로 — 끌어모을 수 있는 방도를 찾아야만 했다. 독일기술교육위원회로 하여금 반숙련공 직종에 관한 훈련 교재를 만들게 하고, 또 반숙련공 직종에 대해서도 공식적인 국가의 승인을 얻도록 함으로써 반숙련공 직종의 훈련을 향상시키려고 한 노력의 배경에는 이러한 사정이 있었다(Rathschlag 1972: 17, 24; Gillingham 1985: 429).[28]

좀 더 일반적으로 전시 생산의 압력으로 인해 나치 정권의 몰락기에 도제 훈련이 후퇴했다. 학교에서 실시되는 훈련은 항상 취약했는데, 부분적으로 이는 교사의 부족에서 비롯되었다. 교사의 부족은 나치사회당이 좌익 성향의 교사들을 대량 해고하면서 자초한 현상이었다. 그 결과 학교에 기반을 둔 훈련이 상대적으로 경시되고 — 이는 시간이 지나면서 더 심해졌다 — 나치당과 산하 단체들에 의해서 관리되는 사업장 내 훈련이 선호되었다(Kipp and Miller-Kipp 1990: 44;

---

28 바이마르 시기에도 반숙련공 직종은 쟁점이 된 바 있었다. 초기에는 기업이 숙련공 직종의 도제를 남용하지 못하도록 숙련공 직종과 반숙련공 직종 사이를 보다 분명하게 구별하는 것이 쟁점이었다. 하지만 이제는 반숙련공 직종의 매력을 높이기 위해서 숙련공 직종의 훈련과 *차이가 나게 하는 것이 아니라 더 유사하도록* 만들어서 반숙련공 직종의 훈련을 향상시킨다는 구상이 제기되었다(Rathschlag 1972: 17, 29-31, 42). 더구나 라트슐락이 지적한 대로 상당히 다른 유형의 직종이 문제가 되었다. 1920년대처럼 노동 분업이 증가해서 숙련노동의 범주가 쪼개졌을 때 정의된 바와 같은 전통적인 반숙련공 직종의 문제가 아니었다. 문제가 된 것은 그저 충분한 수의 도제를 채용할 수 없었던 아주 세분화된 '틈새' 직종들이었다(Rathschlag 1972: 28-9).

Stratmann and Schlösser 1990: 3장). 사업장 내 직종학교 — 기업 내에 있지만 학교에 관해서 정부의 감독을 받는 — 의 숫자는 1차 대전 말 95개에서 1929년에 126개로 증가했지만, 1929년 이후 1938년까지는 감소했다. 이는 처음에는 경제공황의 결과였지만 또한 재무장에 이어서 나중에는 전쟁에 점점 더 많은 자원이 투하된 결과이기도 했다(Kipp 1990: 240-1). 일단 전쟁이 일어나자 직업학교 훈련은 "심각한 후퇴를 겪었다"(Pätzold 1989: 284). 사업장 내 훈련 역시 전쟁의 가혹한 요구로 인해 고통을 겪었는데, 나치 정권 말기에 도제들은 점점 더 많이 생산 업무를 담당했다.

결국 나치사회당은 수공업 시스템에 뿌리를 두고 있던 도제 훈련을 보다 통일적이고 전국적인 시스템으로 제도화하는 일을 담당했을 뿐 아니라, 1920년대에 산업부문, 특히 기계 산업부문에 의해 자발적으로 전개된 기술적이고 조직적인 혁신을 이러한 시스템에 통합시켰다. 나치의 훈련 정책은 "독재가 기존의 사회구조를 기생충처럼 활용하지만," 기존의 구조를 상당히 다른 목적으로 전용한 유형의 사건 가운데 한 사례로 간주될 수 있다(Berghoff 2001: 99).[29] 바이마르 시기에 결코 헤게모니를 확보하지 못했던 모델을 강제로 확장하는 것을 통해서만 이러한 결과를 얻을 수 있었다는 점에서 위와 같은 제도 구축 과정은 혁신의 요소를 내포하고 있었다. '선호되는 해결책의 일반화'와 '부문별 제도의 동질화'(Streeck 2001: 22, 26)를 통해서 창출된 나치의

---

29 적어도 수공업 부문의 경우에는 나치의 정책이 부실한 업자들을 제거하고, 계속 남아 있는 수공업 업체에 대해서는 새로운 조건 — 예컨대, 회계, 보다 표준화된 훈련 등 — 을 부과함으로써 이 부문을 전반적으로 근대화하는 결과를 가져왔다고 주장할 수 있는 것처럼 보인다.

유산은 부분적으로는 직접 설계와 관련된 문제였다. 하지만 그것이 안정화되는 과정은 정치적 재동맹—이 경우에는 특히 훈련에 관해서 기업 측 이해관계의 통일성이 새롭게 확립된 것—의 결과였다. 그런데 이러한 정치적 재동맹은 다른 맥락에서 베르크호프가 주장한 바 있듯이 단지 "나치즘이 간접적으로 그리고 의도하지 않고 초래한 것이었다"(Berghoff 2001: 100). 위에서 언급한 바 있는 독일노동전선과 경제성 사이에 전개된 분쟁은 결국 기업 경영의 자율성 및 자치에 관련된 보다 광범위한 쟁점과 관계되어 있었다. 이러한 두 가지 원리, 즉 기업의 자율 경영과 국가 통제 사이의 균형은 2차 대전 이후의 시기에 전혀 다른 형태이기는 하지만 쟁점으로 다시 등장했다. 이제부터 이 점에 대해서 살펴볼 것이다.

2차 대전 이후 독일의 직업훈련

2차 대전 이후 서독의 직업훈련 시스템은 전쟁 전의 제도와 관행에 직접적으로 기초한 방침에 따라 재건되었다(Crusius 1982: 89).[30] 패촐트가 지적한 대로 점령기나 1950년대에도 기존의 시스템으로부터 크게 벗어나는 변화는 없었다.[31] 이러한 연속성은 2차 대전 직후에 독일 경제의 미래가 매우 불확실한 조건에서, 그리고 사업장에 기반을 둔 도제 훈련이 공적 논쟁의 주요 초점이 아닌 상황에서 기존 관행들이 어느 정도 자발적으로 재등장하게 된 것에 의해 부분적으로 설명될 수 있다

---

30 동독의 사정은 다르지만 이 책에서 이를 다룰 수는 없다. Jacoby(2000), Culpepper(2003)를 보라.

31 그의 표현대로 "새로운 출발은 시도되지 않았다"(Pätzold 1991:1).

(Pätzold 1991: 1; Taylor 1981: 103). 강한 유형의 단절된 균형 모델에 비추어 보면 변화가 없었다는 점은 놀라운 것처럼 보인다. 하지만 이 사례가 확실히 입증하고 있는 바는 바로 행위자들이 커다란 격변과 불확실성에 직면하게 될 때 이를 꼭 창조적인 실험을 위한 기회로 여기는 것이 아니라, 오히려 익숙한 제도적 형태와 관행을 가능한 한 고수한다는 점이다.

마찬가지로 외세의 점령도 흔히 생각하는 것처럼 결정적인 역할을 하지는 않았다. 점령 정부는 독일 교육 시스템의 변화를 추구했지만, 연합국은 무엇보다도 *학교에서 이루어지*는 훈련 쪽에 관심을 두고, 독일 청소년에게 제공하는 교과과정에서 시민의 책임과 민주주의적 가치를 더 많이 다루도록 하는 데 주요한 목표를 두었다. *사업장에서 이루어지*는 훈련과 관련해서는 상대적으로 법률의 공백이 존재했고, 주로 고용주의 주도로, 그리고 연합국의 암묵적 혹은 명시적으로 승인하는 가운데 전통적인 구조와 관행이 재등장했다. 전쟁 사망자로 인해서 노동인구의 연령 분포가 크게 왜곡되었고, 고용주들은 전쟁으로 상실된 숙련노동력을 도제 훈련을 통해 재충전함과 동시에 생산적 노동의 원천으로 활용하고자 하는 이중의 관심을 갖고 있었다. 점령 당국으로서는 도제 훈련이 높은 청년 실업 문제에 대해서 반가운 해결책을 제공해주었고, 그리하여 독일 청소년이 방치될 경우 생겨날 정치적 불안정성에 관한 우려를 해소해주었다. 그리하여 1949년 독일연방공화국이 수립되자 과거에 존재했던 수공업 및 산업부문, 그리고 회의소를 통한 자율 관리 시스템의 요소들이 사실상 ─아직 법률적으로 완전한 것은 아니라고 해도─ 대부분 복원되었다.

점령기에 비공식적 토대 위에서 복원되던 직업교육 과정이 1950

년대 재건 시기에 주로 제도로 정착되고 법제화되었다. 특히 1953년과 1956년의 입법을 통해서 수공업회의소와 상공회의소가 공식 승인되었고, 이들은 수정된 자율 관리 형태로 공적 기구와 동등하게 사업장 내 직업훈련을 관리하고 감독하는 역할을 할 수 있는 권한을 갖게 되었다. 회의소가 재설치되어 훈련 교재와 세칙을 만들어내고, 직종 명세서를 개정하고, 표준화된 훈련 지침과 교재를 보급하는 업무—과거에는 독일기술교육위원회가, 그리고 나치 시기에는 그 후신이 수행했던—를 담당했다. 전국적 수준의 조정을 위해 1947년에 산업부문에는 상공회의소에 직업훈련총국Arbeitsstelle für Berufserziehung des Deutschen Industrie- und Handelstages이 창립되었고, 수공업 부문에서는 수공업회의소의 전국 조직이 쾰른 대학의 수공업연구소와 협력해가면서 이를 담당했다(Pätzold 1991: 5).

독일의 노동조합은 이처럼 중요한 규제 및 감독 기능을 고용주가 지배하는 회의소에 부여하는 것에 반대했지만, 노동조합이 제시한 보다 중요한 개혁은 정치적 상황으로 인해 중대한 제약을 받았다. 1949년 독일연방공화국의 첫 선거에서 보수당 정부가 집권했는데, 보수당 정부는 철저한 개혁이 필요한가에 대해 회의적이었고, 특히 국가의 개입을 늘리라는 노동조합의 요구를 받아들이려 하지 않았다. 1953년과 1956년의 법률은 보다 급격한 변화 대신에 고용주 측 회의소로 하여금 훈련에 관한 내부 심의 과정에 노동조합 대표들—혹은 노동자들이 선출한 대표들—의 참여를 허용하도록 요구했다(Streeck et al. 1987: 9, 18). 이는 훈련이라는 사안에 대해 노동조합에 발언권을 부여했지만, 고용주의 자치 시스템이라는 틀 안에서 부여한 것이었다.

노동조합은 계속해서 직업훈련 분야에서 국가의 감독과 공동 결정권의 확장을 통해 민주주의적 관리 책임을 늘릴 것을 요구했고, 1969년에 사민당과 보수적인 기민당으로 구성된 연립정부가 1919년 이래 노동조합이 요구해온 종합적인 연방 법률을 마침내 통과시켰다. 이 법에 의해서 사업장 내 직업훈련에 관해 연방 및 주 수준에서 3자 위원회로 구성된 새로운 감독 구조가 만들어졌다. 회의소 시스템의 '상위에' 노동조합이 완전히 동등한 참여자로 포함되는 종합적인 공적 기본 틀이 만들어졌다는 점에서 이는 중요한 혁신이었다. 하지만 강력한 연속성이 또한 존재했는데, 특히 회의소에서 여전히 사업장 내 훈련에 관한 관리와 감독에서 가장 중요한 부분을 수행한다는 점이 그러했다. 파울슈티히가 표현한 대로 1969년 법률에 의해 처음으로 도제 훈련을 관장하는 규정이 통일되었지만, "이는 단지 과거에 지배적이었던 관행들을 합법화하고, 따라서 강화하는 방식으로 이루어졌다"(Faulstich 1977: 171).

다음 3개 절은 점령기와 재건 시기, 끝으로 1969년 직업훈련법 시기에 진행된 가장 중요한 발전, 즉 제한적인 혁신을 통해 강화되는 패턴을 전반적으로 보이는 과정을 분석하고 있다. 마지막 절에서는 현재의 정치적 맥락과 시장 상황의 변화가 독일 훈련 시스템이 전통적으로 의존해온 심층적인 토대를 어느 정도나 훼손하고 있는가에 대해서 검토한다.

점령기

서방 3개 지구의 교육정책에서 프랑스, 미국, 영국의 점령군이 개혁을 어느 정도나 도입했는가는 서로 차이가 난다. 하지만 3개 지구에서 군정은 모두 기초 교육에 우선적인 관심을 보였고, 직업훈련 분야에서는 사업장 내 훈련이 아니라 주로 직업학교에 관심을 두었다. 1945년 5월 독일이 항복한 후 점령군은 모두 독일 내에 있는 공립학교의 운영을 신속하게 재개했지만, 적절한 공간이 없고 정치적으로 받아들일 만한 교사들도 부족해서 어려움을 겪었다(Taylor 1981: 39-40). 직업학교 운영이 신속하게 재개된 것은 매우 놀랍다. 예를 들면 1946년 6월 영국 지구에서 1,071개의 시간제 직업학교가 운영되고 있었는데, 입학 자격이 있는 총 481,703명의 청소년 및 소녀 가운데 356,179명이 이 학교에 다니고 있었다(Taylor 1981: 43). 비록 미국 지구 안에 있던 보다 멀리 떨어진 농촌 지역의 경우 직업학교 운영이 재개되는 시점이 상당히 늦어지기는 했지만, 다른 지구에서도 재개되는 시기는 대체로 비슷했다(Taylor 1981: 56).

프랑스, 영국, 미국의 정책은 일정한 특징을 공유했는데, 특히 학교에서 이루어지는 훈련만을 전적으로 강조하고, 그 가운데서도 탈脫나치화와 시민 재교육에 강조점을 두었다. 점령군이 학교교육의 구조와 내용에 어느 정도나 영향을 미치려고 했는가에는 편차가 있었는데, 프랑스와 미국이 영국에 비해서 대체로 더 적극적인 입장을 취했다.[32] 하지만 테일러가 지적한 대로(Taylor 1981: 85, 101), 당시 논의된 중요한 구조 개혁안은 대부분 실질적인 변화로 귀결되지 못했다. 예를 들

---

32 서방 3개 점령 당국의 정책에 관한 종합적인 설명으로는 Taylor(1981: 2-5장)를 보라. 프랑스는 독일연방공화국이 창립된 1949년까지 가장 오랜 기간 동안 교육 시스템을 직접 통제했다. 영국과 미국은 1947년 초에 보다 일찍 독일 당국에 책임을 위양했다(Taylor 1981: 44-5, 101-2). 영국은 독일 측이 가능한 한 빨리 스스로 책임을 떠맡도록 지원하는 경향이 있었고, 반면에 프랑스와 미국은 아주 상세한 개혁안을 제시했다. 미국의 경우 중등학교와 전일제 직업학교를 통합하도록 하고, 프랑스의 경우에는 교과과정, 특히 독일 및 유럽 역사에 관한 교과를 개편하도록 제안했다.

어 직업훈련 가운데 학교에서 이루어지는 부분에서 시민적 요소를 강화하는 수정이 이루어졌지만, 1947년과 1949년에 교육정책을 담당한 독일 당국은 독일의 '이원적' 시스템을 보다 심각하게 수정할 수 있는 심도 깊은 구조 개혁에 대해서는 은밀하지만 효과적으로 저항했다(Taylor 1981: 64-5, 105-8).

고용주들은 학교에서 이루어지는 직업훈련의 비중을 높이려고 하는 모든 조치에 대해서 아주 냉담했는데, 왜냐하면 이 시기에 기업은 도제의 생산노동에 많이 의존하고 있었기 때문이다. 독일에 있는 미국 고등판무관에게 제출한 한 미국인 고문의 1952년 보고서[조지 웨어 George W. Ware의 이른바 웨어 보고서]는 "실은 3년간의 도제 시스템, 특히 마지막 3년째의 생산노동은 일종의 저임금 노동이고, 모두 합하면 전체 독일 노동력의 상당한 부분(10% 이상)을 차지한다"고 지적했다(Taylor 1981: 132에서 인용; Ware 1952). 이러한 이유로 웨어가 언급한 바 있듯이, "도제의 노동시간을 줄이고 학교 수업을 늘리는 것에 반대하는 강력한 경제적 압력이 존재했다"(Ware 1952; 또한 Stratmann 1999을 보라; Taylor 1981: 132에서 인용). 비록 '실습 중심의' 직업훈련의 가치가 입증되었다는 식으로 전통적 시스템이 옹호되기는 했지만 말이다(Pätzold 1991: 3; Taylor 1981: 103). 나중에 수공업 부문의 대변인은 직업훈련 분야에서 점령군 측이 실행하려고 했던 모든 "낯선 정치경제적 실험들wesenfremde wirtschaftspolitische Experimente"이 실패로 돌아갔다고 지적하면서 만족감을 드러냈다(Walle 1963: 216). 독일의 교육 구조에서 이루어진 가장 중요한 혁신은 공공 교육 — 직업학교를 포함한 — 의 책임이 연방 정부가 아니라 주 정부에 귀속된다는 점이었다(그 예로는 Faulstich 1977: 147-8를 보라). 이러한 개혁은 권력의 분산을 촉진시키려는 모든 점령 당국들의 관심을 반영한 것이었다.[33] 하지만 독일식 연방주의에서는 주들 사이에 상당한 조정이 허용되었고, 교육 분야의 경우 1948년에 3개 서방 지구 사이에 주 문화성 간 상설회의체 Kultusministerkonferenz, KMK가 설립됨으로써 그와 같은 조정이 제도화되었다(Faulstich 1977: 152-3). 1950년에 KMK는 직업학교 시스템의 개혁 가능성이라는 문제에 주목했고, 이 사안을 검토할 위원회를 임명했다. 이 위원회에는 고용주들의 이해가 매우 잘 대변되고 있었는데,[34] 대체로 기존의 '이원적' 시스템의 기본 구조를 지지하는 보고서를 발간했고, 기업에 기반을 둔 훈련을 대체할 수 있는 어떤 가능성도 직업학교에 부여하지 않았다(Engel and Rosenthal 1970: 11; Abel 1968: 26; Bundesrepublik 1952: 264-6; Taylor 1981: 105-6, 141, 146-8; Stratmann and Schlösser 1990: 64).

점령기 동안 사업장 내 훈련 시스템의 개혁에 관해서는 진지한 검토가 별로 이루어지지 않았다. 전쟁이 끝난 후 사업장 내 도제 훈련은 어느 정도는 자발적으로 다시 등장했는데, 수공업 부문에서 일찍이 1945년에 가장 신속하고 철저하게 재개되었다(Taylor 1981: 131). 주요 산업 지역이 광범위하게 파괴된 상황에서 그곳에 고용되었던 도제들은 자신의 훈련을 어떻게 마칠 것인지 스스로 판단하도록 권유받았다. 대부분 도제들은 수공업 부문으로 전환했는데, 왜냐하면 다종다양한 재건 사업과 관련된 주문이 수공업 업체들에 넘치고 있었기 때문이다

---

33 마찬가지 이유에서 주 정부는 경찰뿐 아니라 라디오와 텔레비전도 관리하게 되었다 (Katzenstein 1987).

34 위원회는 학계 출신 의장 1인과 고용주 대표 6인, 교육 전문가 3인, 노동성 대표 1인, 독일노총 대표 1인, 그리고 KMK 측 1인 등으로 구성되었다(Taylor 1981: 141).

(Pätzold 1991: 2–3). 또한 산업부문도 사업장 내 훈련이 될 수 있는 한 신속하게 부활하는 데 기여했고, 사업장 내 훈련은 개별 기업과 사용자 단체, 그리고 회의소의 후원으로 어느 정도는 '자동적으로' 다시 실시되었다(Crusius 1982: 90).

사업장 내 훈련이 별다른 근본적인 논쟁 없이 신속하게 재개된 중요한 이유 가운데 하나는 종전 직후에 청년 실업에 관한 우려가 널리 퍼져 있었다는 점에 있었다. 전쟁이 끝난 직후 독일의 노동인구는 전쟁 사상자로 인해서 대체로 고령화되어 있었다. 하지만 전쟁이 끝나자마자 많은 수의 청소년들 ─ 나치 인구정책의 결실인 ─ 이 노동시장에 진입하고 있었다.[35] 도제 훈련은 독일 청소년을 위한 하나의 틀을 제공해주었고, 그리하여 냉전이 시작되면서 절망과 환멸로 인해서 독일 청소년들이 우익뿐 아니라 좌익 정치 운동의 영향에도 쉽게 빠질 수 있을 것이라는 서방 연합국 측의 우려에 대한 대책이 될 수 있었다(Taylor 1981: 30).

독일의 기업계는 이 시기에 손상된 명성을 회복할 방도를 계속 찾고 있었는데, 관료적이지 않은 방식으로 신속하게 도제 훈련 프로그램을 재확립함으로써 이 문제에 대처하기 위해서 노력하는 모습을 보일 수 있었다(BDI 1950; Crusius 1982: 90–1; Pätzold 1991: 2; Rohlfing 1949: 3–4).[36] 1950년 10월 1,011,805명이 산업부문 및 수공업 부문에서 도제로 등록했다고 노동성이 발표했다(Arbeit 1950: 30). 1954년 말

---

35 1948년에 학교 졸업자 수는 60만 명이었다. 1년 후 이 수는 75만 명에 달했다. 이러한 경향은 이후 몇 년간 지속될 것이며 1955년에 88만 명으로 정점에 달할 것으로 예상되고 있었다(Taylor 1981: 126). 독일연방공화국의 주 정부들이 시스템에 관해서 내린 평가를 또한 볼 것(Bundesrepublik 1952: 259).

에 약 66만 명의 도제가 산업부문에서 다양한 숙련공 및 반숙련공 직종에서 훈련을 받고 있었고, 1949년에서 1954년 사이 5년 동안 약 87만 명이 이미 훈련을 마치고 시험을 치른 것으로 독일상공회의소는 보고했다(Stemme 1955: 7).

도제 훈련이 다시 실시되면서 규제와 감독에 관한 이슈가 제기되었고, 이 대목에서 아벨이 표현한 대로 "국가가 부재한 상태에서"(Abel 1968: 32; Crusius 1982: 89-91) 고용주와 수공업 단체가 다시 재등장해서 자신들이 전통적으로 해온 역할을 상당히 조직적으로 떠맡았다. 3개국 점령 당국은 모두 일반 교육과 기술 및 직업교육을 분리하는 것, 그리고 고용주가 기술 및 직업교육을 통제하고 지배하도록 하는 것에 대해서 회의적이었다. 하지만 연합국 측은 국가에 집중화된 권력을 해체시키고 분산적인 권한 체계를 확립하기를 바란다는 점에서는 또한 의견이 일치했다. 직업훈련 분야에서 기업의 자치를 다시 실시하는 것은 실행 가능한 대안처럼 보였다. 헤리겔이 지적한 바 있듯이 고용주 측 대표들은 기회 있을 때마다 점령 당국, 특히 미국의 가치와 자신들의 이해가 일치한다는 점을 강조했고, 국가 권력을 제한하고 권위주의의 부활을 막는 데 민간 자본과 고용주의 자치가 담당할 수 있는 역할이 있음을 강조했다(Herrigel 2000: 377). 독일상공회의소의 직업훈련 부서 책임자인 아돌프 키슬링거Adolf Kieslinger(그는 바이마르 시

---

36 거의 사심이 없는 이타적인 수사가 ― 현실은 아니라도 해도 ― 동원되었다. 예를 들면 전국산업총연맹(Bundesverband der Deutschen Industrie, BDI)의 의장인 프리츠 베르크(Fritz Berg)는 기업에 대한 호소문에서 "오직 진지하고 의미 있는 노동만이 사람들을 절망과 정치적 선동(Verbetzung)에서 구원할 수 있으며"(BDI 1950: 144), 또 "[독일 청소년의] 훈련과 노동을 통해서 도움을 받을 수 있고, 또 받지 않으면 안 된다. 기업과 경영자는 다음 세대에 대한 깊은 도덕적 책임감을 느끼고 있다"고 주장했다(BDI 1950: 145).

기와 나치 시기 동안 기본적으로 동일한 직책을 맡아왔다)는 "직업훈련은 국가의 업무가 아니다"라는 입장을 지칠 줄 모르고 주장했다(Kieslinger 1950: 146).[37]

점령 당국은 직업훈련 분야에서 회의소가 지도적인 역할을 떠맡는 것을 가로막지 않았다. 오히려 점령 당국은 여러 가지 측면에서 이러한 과정을 지원했다(Greinert 1994: 50). 나치 사회주의 정권은 상공회의소와 수공업회의소를 통합해서 보다 포괄적인 제국경제회의소 Reichswirtschaftkammer를 만들었다. 1945년 이후 연합국 측은 위와 같은 강제 통합을 무효화하고, 수공업 부문과 산업부문에 별도의 회의소가 다시 설립되었다. 점령기에는 회의소가 훈련에 관해서 정확하게 어떠한 관리 책임을 지는가는 물론이고, 회의소와 이에 대한 의무 가입을 공식적으로 승인할 것인가가 주요한 문제가 되었다. 영국과 프랑스 지구에서 회의소는 공법상의 기구로 재설립되었다. 반면에 미국 측은 ─ 의무 가입에 대해서 그다지 호의적이지 않았는데 ─ 회의소가 사법상의 임의 단체로 재설립되도록 했다(Kieslinger 1966: 12; Walle 1963: 206-7).[38]

수공업 부문이 직면한 상황은 흥미로웠는데, 수공업 부문은 수십 년 동안 추구해오다가 나치 치하에서 비로소 달성했던 성과물 가운데

---

[37] 키슬링거는 세 번의 정권을 거치면서 직업훈련 분야에서 활동해왔다. 그는 1929년에 직업훈련과 노동시장 정책을 다루는 바이마르 노동성 사무소에 고용되었다. 그는 1937년에 전국경제회의소(나치 시기 독일상공회의소의 후신) 안에 있는 상공회의소 노동공동체(Arbeitsgemeinschaft der Industrie- und Handelskammern)의 직업훈련 부서 책임자가 되었다. 전쟁이 끝나자 그는 뮌헨 상공회의소의 직업훈련 부서 책임자가 되었고, 1950년에는 직업훈련 및 노동공급 문제 담당 부서의 책임자를 맡아서 1965년 은퇴할 때까지 이 일을 계속했다. 위와 같은 전기적 정보를 제공해준 독일상공회의소 측에 감사 드린다.

일부를 — 예를 들면 주요 숙련 자격인증과 같은 — 그대로 유지하기를 절실히 바라고 있었다(Ullman 1988: 255-6). 이를 위해서는 이러한 관행이 나치 사회주의의 원리가 아니라 수공업 부문의 오랜 전통에 기초한 것이라는 점에 관해 점령 당국을 설득해야 했고, 이러한 주장은 대체로 성공을 거두었다. 그리하여 1945년 가을에 수공업회의소는 여전히 나치 사회주의 수공업법에 의해 운영되었고, 1946년 11월(프랑스 지구)과 1946년 12월(영국 지구)에 군정에 의해 1934년과 1935년의 수공업법과 본질적으로 동일한 조항에 따라 수공업회의소가 도제 훈련을 다시 관장하도록 하는 수공업 부문에 관한 법령이 통과되었다(Rohlfing 1949: 4; Richter 1950: 53; Ullmann 1988: 256-7).[39] 미국 지구에서도 비록 명시적인 법률적 근거는 없었지만 사정은 사실상 마찬가지였다(Ullmann 1988: 256-7). 미국 지구에서는 1948년 명령에 의해서 길드와

---

38 베를린은 예외였는데, 회의소가 완전히 금지되었고, 국가가 개입하여 — 비록 경제 단체와 협의를 거치기는 했지만 — 직업훈련을 관리했다. 이것이 바로 베를린에서 최초로 1951년에 직업교육에 관한 명시적 법률이 제정된 이유인데, 독일의 다른 지역에서는 1969년까지 그러한 범위와 형태 — 예를 들면 노동조합 대표의 상당한 실현 — 의 입법이 실현되지 않았다(예를 들면 Cruius 1982: 91을 보라).

39 그리하여 수공업회의소가 다시 도제 훈련을 촉진하고, 수공업회의소의 규약에 따라 도제 훈련을 규제하고, 사업장 내 훈련을 감독하며, 저니맨 시험을 시행하는 일을 맡게 되었다. 도제를 고용하고자 하는 자는 누구나 노동사무소(Arbeitsamt)의 승인을 얻어야 했지만 신청자를 심사하고, 특정 업체에 대해서 훈련 기관으로서의 자질을 평가하는 데 — '매우 훌륭함', '훌륭함', '만족스러움'에서 '만족스럽지 못함'에 이르는 등급에 의거해서 평가가 이루어졌다 — 수공업 길드가 핵심적인 역할을 담당했다. 만족스럽지 못하다고 평가된 업체의 신청이 노동사무소에서 받아들여지는 경우는 없었다(Rohlfing 1949: 5). 또한 수공업자로부터 훈련을 시킬 수 있는 권리를 박탈할 권한 — 규정 위반이나 도제에 대한 착취 등의 이유로 — 이 법률적으로(영국 지구) 혹은 사실상(프랑스와 미국 지구) 수공업회의소에 위임되었다(Rohlfing 1949: 12). 또한 수공업회의소를 통해서 도제시험이 어느 정도 자발적으로 다시 실시되는 과정에 대해서는 Richter(1950: 45)를 보라.

수공업회의소로부터 공식적 관리 책임이 박탈되었지만, 민간 임의 단체로서 과거의 기능을 계속해 나가도록 허용되었다. 리히터의 지적대로 이 명령은 실질적인 영향을 미치지 못했고 "거의 주목받지 못했다." 왜냐하면 아무튼 회의소의 기능이 인정되고 지속되었기 때문이다 (Richter 1950: 53).

또한 연합국 측은 대체로 산업부문에도 회의소가 아주 신속하게 다시 설립되는 것을 막지 않았으며, 사실상 회의소의 '신속한 복원'에 관심을 갖고 있었다. 왜냐하면 연합국으로서는 군정과 기업 사이에서 배급 조치와 관련하여 회의소가 중개자 역할을 해주는 것이 필요했기 때문이다(Ullmann 1988: 238). 영국과 프랑스 지구에서는 1945년에 상공회의소가 부활되어 운영되었는데, 각각 1946년과 1947년에 과거의 방침, 즉 1933년 이전 법의 방침에 따라서 공식적으로 다시 설립되었다(Ullmann 1988: 238). 미국 지구에서는 상공회의소는 임의 가입을 전제로 하고, 공공기관과 유사한 관리 책임을 전혀 지지 않는 사적인 민간 기구였다. 하지만 후자의 측면에 곧바로 변화가 이루어져 도제 훈련 분야에서 상공회의소가 전통적인 기능을 담당하도록 허용되었다. 당시 어느 관찰자가 간추린 대로 상공회의소가 다시 설립되자마자 그들은 곧바로 다시 자신의 기능을 떠맡았는데 ― 미국 지구에서는 법률적 조건이 차이가 났음에도 불구하고 우선 군정과 주 정부의 암묵적 용인 하에 과거와 동일한 방식으로 도제시험을 아무 문제없이 실시하기 시작했다 ―상공회의소는 이를 수행할 수 있는 법률적 권한을 보유하지 못했다는 사실에도 불구하고 그렇게 했다(Richter 1950: 45).

직업훈련 분야에서 전개된 회의소의 활동에 구체적인 법률적 근거가 결여된 것은 2차 대전 종전 직후 법률 환경의 모호성을 반영한 것이었다. 1949년과 1950년에 도제 훈련의 법률적 지위를 개괄하고 정리하려고 한 책자가 고용주들을 위해서 회의소와 개별 기업들의 후원을 얻어서 발간되었다. 이 책자에는 1869년 영업조례와 1897년 상법전Handelsgesetzbuch으로 거슬러 올라가는 광범위한 칙령들 — 하지만 나치 시기를 포함해서 이후 시기에 이어진 법률에 의해 보완되고 수정된 — 을 인용했지만, 이러한 모자이크는 그 시대의 사람들도 완전히 이해할 수 없었음이 분명했다(예를 들면 Rohling 1949; Richter 1950을 보라). 이러한 법률적 모호성으로 인해 회의소들이 과거의 기능을 떠맡는 것이 방해받지는 않았다. 뒤셀도르프 상공회의소는 일찍이 1945년에 다시 도제의 등록과 시험을 실시하기 시작했는데, 예전에 독일기술교육위원회가 개발한 교재를 활용했다. 뒤셀도르프 상공회의소 지도부는 영국 지구 안에 있는 다른 모든 상공회의소에 나치 치하에서 도입된 조치들 — 예를 들면 도제 훈련 기간의 단축 — 을 해제하고 도제 훈련을 다시 강화하기 위해서 함께 일하도록 촉구하는 문서를 보냈다(Düsseldorf 1945: 129). 1949년부터 상공회의소들은 도제시험의 전체 결과뿐만 아니라 훈련받고 있는 도제의 수에 관한 자료를 특정 직종별로 공표하기 시작했다(Stemme 1955: 5).[40]

명확하게 통일된 법률적 토대가 없는 상황에서 고용주 측이 주도성을 발휘했다는 점은 나중에 사업장 내 훈련에 관한 규제를 둘러싸고 노동조합과 갈등이 발생했을 때 고용주 측이 구사하는 논리의 중요한 부분이 되었다. 이후 1955년에 독일상공회의소는 전후 고용주 측의

---

40 또한 도제시험 결과는 연간 보고서로 공표되었는데, 1947~49년에는 합쳐져서, 그리고 그 이후 1954년까지는 해마다 공표되었다. 이 책에서 인용한 책자(Stemme 1955)는 이 모든 보고서를 편집한 것이다.

주도성을 환기시키면서 종전 이후 처음 몇 해 동안 "충분한 법률적 토대가 없이도 국가와 경제뿐 아니라 시민 개인들을 위해서도 가치 있는 작업이 어떠한 방식으로 성취될 수 있는가"가 확인되었음을 강조했다(Stemme 1955: 7에서 인용; 또한 Richter 1950: 45를 보라). 독일상공회의소는 이 시기의 사건들이 도제 훈련 분야에서 회의소를 통한 고용주 측의 자주적 관리의 실현 가능성 및 자치를 입증해주는 것으로 받아들였다(Stemme 1955: 7).[41]

종전 이후 활동을 개시한 초창기 상공회의소들이 주도하여 전국적 수준에서 직업훈련을 조정(調整)하기 위한 총괄 사무소를 산업부문에 한곳(1947년 7월 1일 도르트문트에서 활동 개시), 그리고 상업 부문에 한 곳(몇 달 후 뮌헨에서 활동 개시) 설립한 것이 마찬가지로 중요했다. 독일상공회의소가 공식적으로 재건되자[42] 위의 두 사무소가 1951년 하나로 통합되어 독일상공회의소 직업교육국 Arbeitsstelle für Berufserziehung des Deutschen Industrie- und Handelstages이 만들어졌고, 그 본부를 수도인 본에 두었다. 이어서 1953년 3개의 주요 사용자 단체가 — 일상적 관리와 법률적 감독은 독일상공회의소가 담당했지만, 전국산업총연맹BDI과 독일경영자총연맹BDA이 포함되었다 — 모두 위의 전체 구조를 공동으로 후원했다. 이 시점에서 직업훈련국은 그 명칭이 사업장내직업훈련국 Arbeitsstelle für betriebliche Berufausbildung, ABB으로 바뀌었다(Berufausbildung

---

41 1950년대 내내 고용주들은 직업훈련 분야에서 보충성의 원리를 계속 내세우고자 했다. 그들은 강력하면서 매우 성공적이었던 사업장 내 훈련 시스템을 국가의 도움 없이 고용주들이 역사적으로 만들어내었다는 점을 — 이 책의 분석에서 밝히고 있듯이 이는 잘못된 것이다 — 지적했다(Kieslinger 1950: 146).

42 독일연방공화국이 건국된 이후 1949년의 일이다.

1958: 7-8; Greinert 1994: 50).

사업장내직업훈련국은 출범 이후, 그리고 종전 직후의 직업훈련국 시기부터 자신의 역할을 독일기술교육위원회와 그 후신인 제국직업교육연구소의 사업을 직접 이어받는 것으로 설정했다. 기존에 존재하던 훈련 명세서와 지침이 계속 활용되었고, 상공회의소에서는 기존에 '인가된' 숙련공 및 반숙련공 직종에 기초한 도제 계약만을 받아들였다(Pätzold 1991: 7-8).[43] 일찍이 1947년에 직업훈련국은 산업부문의 직종 명세를 규정하고 갱신하며, 다양한 직종에 대한 훈련 지침을 마련하고, 또 훈련 조직 방식에 관한 교재를 제공하는 일 등을 다시 시작했다(Berufausbildung 1958). 1955년에 사업장내직업훈련국에서 발간한 간행물에는 산업부문에서 인정된 모든 직종의 전체 색인이 제시되어 있다(ABB 1955). 독일상공회의소도 훈련 규정 및 기업용 교재(총 674개 직종을 망라해서 6권 분량)를 활발하게 발간했다(DIHT 1955). 1954년에 사업장내직업훈련국은 경제성의 인가를 받아서 137개 직종을 '인가된' 직종 리스트에서 삭제했다. 이 가운데 대다수 ― 34개 직종을 제외한 전부 ― 는 반숙련공 직종이었고, 따라서 이러한 조치는 부분적으로는 과거로 다시 돌아가려고 하는 것으로서 나치 시기에 반숙련공 인정 직종이 크게 늘어난 것에 대한 대응 조치였다(Stemme 1955: 163-6).

바이마르 시기에 비해 전국적 조정이 종전 이후 훨씬 높은 수준에서 이루어졌다. 바이마르 시기에 독일기술교육위원회의 영향력은 그다지 확고하지 못했으며, 독일상공회의소나 직업훈련실무위원회와

---

43 1949년에 발간된 한 책자에 의하면 수공업 부문에서도 훈련 규정을 위한 전문 지침 (Fachlichen Vorschriften zur Regelung des Lehrlingswesens)이 훈련 활동을 관장하는 '권위 있는' 교재였다(Rohlfing 1949: 27).

같이 확실한 지지를 받지 못하고 있었다(2장을 보라). 그리하여 종전 이후 예전보다 "사내 훈련에 관한 규제가 보다 통일적인 토대 위에서 발전했고," 직업학교 교육과정보다도 더 표준화되었다. 이는 직업학교 교육이 주 수준에서 규제되는 사항이었기 때문이었다(Bunk 1979: 102; Greinert 1994: 50). 종전 이후 시기 내내 회의소들의 활동은 독일기술교육위원회가 전통적으로 제시했던 목표와 유사한 기본 원리에 따라서 이루어졌다. 여기에는 ①훈련 업체나 업종에 관계없이 동일한 직종에 있는 모든 도제에게 동질적인 훈련을 실시하고, ②기업 간 및 기업 내에서 훈련 및 교육 조건을 통일하며, ③동일한 자격 증명서는 동등한 가치를 지니며, 그리고 ④시장 및 기술 발전 추세에 맞추어서 도제 훈련을 ― 직종 명세와 훈련 내용 모두를 ― 적응시킨다고 하는 내용이 포함되었다(Kieslinger 1960: 52-3).

　　나치 시기의 유산으로서 조정과 중앙집중화가 증대되었지만, 종전 이후에는 국가가 아니라 회의소들이 핵심적인 조정 역할을 담당했다는 점이 달랐다.[44] 1945년 이후 회의소들이 모든 중요한 규제 기능을 행사했다. 비록 상공회의소에서 제정한 규칙들은 해당 경제 분야를 담당하는 연방 장관의 ― 산업, 상업 및 수공업 부문은 경제부 장관, 그리고 농업 부문 직종의 경우는 식품농림부 장관의 ― 승인을 얻어야

---

44 도제 훈련의 전반적 측면에서 회의소가 담당한 구체적인 역할에 관한 완벽한 설명으로는 Kieslinger(1960: 45-56)를 또한 보라. 여기에는 특히 (a)시장 혹은 기술 변동에 따라 필요하다고 요구되는 신규 훈련 직종의 개발, (b)특정 직종의 도제 계약에 대해 통일적인 조건을 부과하는 일, (c)도제 명부의 보존 및 훈련 업체에 대한 감독(도제 훈련 자격이 없거나 적합하지 않다고 판단되는 업체의 도제 등록을 취소하는 일이 포함된다), (d)훈련 교재 및 기타 보조를 제공함으로써 기업 내 훈련을 지원하고 증진하는 일, (e)적합한 위원회를 임명하고 결과를 감독함으로써 도제시험을 주관하는 일 등이 포함된다.

했지만 말이다(Münch 1991: 35). 노동조합 대표가 부처에서 훈련 규칙이 공식적으로 채택되기에 앞서서 훈련 규칙의 심의에 명시적이면서도 공식적으로 참여하는 것이 처음으로 허용되었다.[45] 하지만 이 과정에서 국가 및 노동조합의 역할은 모두 대체로 형식적이었고, 사실상 이러한 지침의 내용과 관련해서 양자가 중요한 영향을 미쳤다고 할 만한 특별한 증거가 없음을 지적해두어야 한다.

재건 시기

1949년에 독일연방공화국이 수립되고, 보수당의 콘라트 아데나워 Konrad Adenauer 수상이 이끄는 초대 정부가 출범할 시점에는 이원적 시스템 가운데 기업에 기반을 둔 부분은 고용주의 자주적 관리에 토대를 두고 다시 확립되었다. 국가와 노동조합은 모두 멀리서 이를 지원하는 역할을 담당했다. 전쟁 이전에 개발된 직종 명세와 훈련 교재가 사업장 내 훈련을 위한 토대로서 다시 활용되었고, 전통적으로 독일기술교육위원회와 국립직업훈련연구소가 담당했던 훈련 교재와 지침을 갱신 및 합리화하고 보급하는 역할은 회의소가 떠맡았다. 패촐트가 재건기의 전개 과정을 "전통적인 훈련 구조의 재정착"이라고 언급한 것은 충분한 이유가 있었다(Pätzold 1991: 2).

---

45 이러한 개혁은 영국 군정이 실시한 정책에서 비롯되었다. 1946년에 경제총국(Zentralamt für Wirtschaft) 내 직업훈련 부문의 영국 측 대표는 '산업부문의 청소년 직업훈련에 필요한 통일성'에 관한 지침을 공표했다. 이에 따르면 직종 명세, 훈련 기관 및 훈련 공장의 승인은 물론, 숙련공 및 반숙련공 직종을 승인, 변경, 삭제하려 할 경우에는 해당 직종의 법률상 대표 ― 이는 사업장내직업훈련국이나 수공업회의소를 의미했을 것이다 ― 및 노동조합에 제출하여 심의를 받아야 했다. 이 지침이 1948년에 통합된(영국·미국) 지구에 이전되었고, 독일연방공화국 수립 이후에 일반적으로 채택되고 적용되었다(Pätzold 1991: 7).

1950년대와 1960년대 사업장 내 훈련에 관련된 주요 논쟁은 모두 기본적으로 동일한 대립 구도로 전개되었다. 고용주와 그 정치적 동맹 세력은 관료제화를 예방하고, 변화하는 시장 및 기술 상황에 대응해서 시스템의 '탄력성'을 보존하기 위해서 실현 가능한 유일한 방안으로 고용주의 자치(및 보충성 원리[46])를 옹호했다(특히 Kieslinger 1966: 57-61; 또한 Baethge 1970: 178-83을 보라). 또한 그들은 기업 자신이 훈련비용을 부담하고 훈련의 질에 대해 책임을 질 당사자이기 때문에, 회원 업체와 "끊임없이 적극적으로 협력하고 있는" 회의소에 중요한 규제 권한을 부여하는 것이 실제적이며 정당한 것이라고 지적했다(Richter 1950: 49). 이와 반대로 노동조합과 그 정치적 동맹 세력은 직업훈련을 '공적 과제'로 규정하고, 따라서 민주적 통제와 근로자 대표가 참여할 권리를 증진시키는 것이 필요하다고 보았다.[47] 노동조합은 16~18세 청소년 중 다수의 교육을 민간 기업이 담당하도록 하는 것이 적절한가 하는 의문을 제기하고, 일반 교육과 직업훈련 과정을 그처럼 엄격하게 분리하는 것에 내포된 계급적 편견에 대해 비판했다(Crusius 1970: 115, 127; Baethge 1970: 98-100).

훈련 계약의 성격을 둘러싸고 또 다른 논쟁이 전개되었는데, 이를 교육적 관계로 볼 것인가 아니면 고용 관계로 볼 것인가 하는, 이미 살펴본 바 있는 오래된 쟁점이었다(특히 Molitor 1960: 이곳저곳).[48] 노동조합은 과거와 마찬가지로 도제 계약이 고용계약으로 간주되어 노동조합

---

46 기업과 그 자치 제도가 임무를 만족스럽게 완수하지 못하고 있을 때에만 국가가 개입할 수 있다고 하는 관념을 말한다(Lipsmeier 1998: 450).
47 직업훈련에 관한 논쟁에서 고용주와 노동조합이 취한 입장에 관한 설명으로는 Faulstich(1977: 108-43), Taylor(1981: 130-40), Kell(1970)을 보라.

이 훈련생의 물질적 이익을 대변할 수 있도록 로비를 벌였다. 고용주 측, 특히 수공업 분야의 고용주들은 훈련 계약을 단호하게 교육적 관계로 규정하고, '훈련 수당'이 임금으로 간주되지 않도록 했다(Kieslinger 1966: 23-5; Rohlfing 1949: 20). 산업부문의 고용주들은 수공업 마스터들에 비하면 대체로 비용에 대해서는 걱정을 많이 하지 않았지만, 훈련 계약을 "임금 분쟁이라는 갈등 영역으로 끌어들이는 것"에 대해서는 마찬가지로 반대했다(Kieslinger 1966: 23에서 인용; 또한 Molitor 1960을 보라).

이러한 갈등은 당시 경제성과 노동성 사이에 진행되던 관할권 분쟁과 얽혀 있었다. 관할권 분쟁 자체는 새로울 것이 전혀 없었는데, 이 시기에 기업계는 경제성이 계속 관할권을 보유할 것을 강력히 지지했고, 노동조합은 좀 더 개혁 지향적인 노동성을 지지했다(그 사례로는 Taylor 1981: 134-7을 보라).[49] 1955년에 노동성은 경제성에서 노동성으로 직업훈련 업무를 이전하려고 노력했다(Kieslinger 1966: 54). 하지만 이 제안에 대해서 독일상공회의소가 격렬하게 반대했고, 경제성은 이 제안을 완전히 묵살했다. 당시 경제성은 루트비히 에르하르트Ludwig Erhard의 강력한 지도하에 있었는데, 그는 현상 유지를 적극 지지했다(Taylor 1981: 133, 137).[50] 에르하르트는 경제성의 관할권을 옹호하고,

---

48 2장에서 살펴본 대로 이 점은 바이마르 시기에는 끝까지 충분히 정리되지 못했다. 비록 1920년대 말 도제의 보수가 단체교섭에서 다루어지도록 분명히 허용하는 법원의 판결이 있었지만, 실제로 이를 명령하는 것은 아니었다. 나치 정권에서는 도제 훈련은 순수한 교육적 관계로 규정되었다.

49 노동성은 청소년 직업 상담, 그리고 도제 일자리에 도제를 연결시키는 일을 비롯해서 직업 소개 기능에 대한 관할권을 갖고 있었지만, 사업장 내 훈련에 관한 책임은 경제성에 있었다(Taylor 1981: 134).

"유연성, 적응성, 그리고 인간성이 현재 시스템이 지닌 특성이자 끊임없이 변화하고 발전하는 경제에서는 직업교육에 꼭 필요한 요소인데, 이를 저해하는" 모든 입법 조치에 대해서 경고했다(Taylor 1981: 140).

갈등 분야와 마찬가지로 여러 가지 면에서 합의된 분야가 많다는 점이 눈에 띄는데, 특히 논란의 여지가 **없는** 것으로 간주된 분야에서 뚜렷이 나타난다. 예를 들어 강력한 사업장 내 훈련이 지속되는 것을 포함해서 이원적 시스템의 기본 골격을 조직 노동 측이 계속 지지한 것이 한 가지 두드러진 특징이었다. 그러한 합의는 당연한 것으로 간주되어서는 안 된다. 예를 들면 1952년 웨어 보고서는 독일 훈련 시스템이 교육적 논리가 아니라 경제적 논리에 과도하게 치중하고 있다고 분명하게 비판하면서, 독일 기업이 도제의 '값싼' 생산노동에 매우 많이 의존하고 있는 것으로 보인다며, "도제들은 사실상 학생이 아니라 실질적인 노동자"라고 지적했다(Stratmann and Schlässer 1990: 64에서 인용; Ware 1952: 45-7). 하지만 독일 노동조합은 그러한 비판을 받아들이기는커녕 오히려 산업부문 및 수공업 부문의 대표들과 함께 사업장 내 훈련의 가치를 아주 열렬히 옹호하는 데 가세했고, 직업교육 Verschulung에 대한 과도한 '학문적' 접근에 대해서 경고했다(Stratmann and Schlässer 1990: 4장, Abel 1968: 21-3, 33; Baethge 1970: 170-3; Crusius 1982: 91-3).[51]

웨어 보고서는 아주 제한된 범위에서 논의되었는데, 자유민주당 의원인 파울 루흐텐베르크Paul Luchtenberg 박사가 처음 주최한 비공식적인 전문가 모임에서 논의가 이루어졌다. 이 모임에는 교육 전문가, 기

---

50 독일상공회의소의 입장에 관해서는 Kieslinger(1950: 146-7)를 보라.

업가, 노동조합 대표, 정치가, 기타 직업훈련 관계자가 참가했다.[52] 이러한 이른바 직업교육 연구 및 증진을 위한 중앙사무소Zentralstelle zur Erforschung und Förderung der Berufserziehung, ZEFB— 1951년과 1960년 사이에 비정기적인 모임이 진행되었다 —를 통해서 이 분야에 관련된 광범위한 단체로부터 온 직업훈련 전문가들이 서로 '구속력 없이' 의견을 교환하는 포럼이 진행되었다(Abel 1968: 23, 27). 1953년 그 두 번째 모임에서 '기업에 기반을 둔 직업훈련 시스템이 독일에 적합한 형태인가?'라는 질문이 검토되었다. 독일산업총연맹의 허버트 슈트루더스Herbert Strudders와 독일노동조합총연맹Deutscher Gewerkschaftsbund, DGB의 요제프 라이믹Josef Leimig이 기조연설을 했는데, 둘 다 이 질문에 대해 긍정적으로 답변했다. 라이믹은 노동조합을 대표한 연설에서 직종학교 수업의 중요성을 강조하고, 의무 출석을 8시간에서 10시간으로 전반적으로 늘릴 것을 주장했다. 하지만 그는 또한 명확한 용어로 독일 직업훈련이 지닌 강한 사업장 지향성을 적극적으로 수용했는데, 이러한 시스템이 '독일인의 심성'과 일치한다고 주장했다(Stratmann and Schlässer 1990: 61-2).

---

51 노동조합은 변화를 요구하고 있었지만, 직업훈련법을 제정하고 국가 감독을 증가시키려는 노동조합의 요구는 거버넌스와 규제라는 측면을 겨냥한 것이었지, 사업장 내 훈련이라는 핵심 골격 자체를 겨냥한 것이 아니었다. 크루시우스의 지적대로, 1940년대와 1950년대 초에는 도제 훈련의 극심한 부족으로 인해 노동조합이 보다 중요한 변화 요구를 자제한 것일 수도 있다. 노동조합이 이러한 항목을 요구하기 시작한 것은 나중에 완전고용이 회복된 이후였다(Crusius 1982: 115).

52 모임을 관리한 책임자는 독일상공회의소 직업교육국 국장인 어빈 크라우제(Erwin Krause)였다. 모임에 참여하는 사람의 수는 시간이 지나면서 16명에서 40명으로 늘어났다. 이에 관한 전반적인 소개는 특히 Abel(1968: 23-4)과 Stratmann and Schlässer(1990: 61-2)를 보라. 이 글도 여기에 의존하고 있다.

독일 훈련 시스템의 여러 측면을 노동조합이 받아들인 점에 대해서 크루시우스는 이를 2차 대전 이후 노동조합 지도부의 출신 배경과 부분적으로 관련된 것으로 설명한다. 라이믹과 직업훈련 분야를 담당하던 대부분의 다른 노동조합 간부들은 숙련공 직업Beruf과 직업훈련 개념에 관해서 '전통적인 이해'를 지니고 있었고, 대부분 이러한 시스템 안에서 자신의 숙련 자격을 획득했다(Crusius 1982: 89). 라이믹은 점령기에 영국 지구에서 활동했는데, 사업장 내 도제 훈련을 재활성화하기 위해서 고용주 측과 비공식적 토대 위에서 함께 협력했다(Crusius 1982: 90). 그리하여 비록 노동조합이 직업훈련 시스템을 규제하는 구조적 측면에서는 커다란 개혁을 추구했지만, 이원적 시스템의 주요 측면 — 특히 사업장 내 훈련의 장점을 포함해서 — 을 계속 지지했다 (Abel 1968: 33; Crusius 1982: 91-5; Baethge 1970: 170-3). 라이믹은 1953년의 한 노동조합 회의에서 이 주제에 관해 다음과 같이 지적했다. "전쟁이 끝난 후 노동조합은 직업교육 시스템을 재건하는 데 적극적으로 참여했다. 노동조합은 직업훈련에 매우 적극적인 입장을 지녔다. 하지만 이러한 입장은 직업훈련이 수행되는 방식에 관해서 노동조합이 종종 날카로운 비판을 제기한 것과는 별개의 것이다"(Crusius 182: 92에서 인용).[53]

독일의 노동조합은 독일 훈련 시스템의 전면적인 개편을 추구하

[53] 마찬가지로 금속노동조합(IG Metall) 수공업부문위원회는 1961년 성명을 통해서 수공업 부문의 훈련을 개선하기 위해서 많은 제안을 제시했지만, 이 제안들은 모두 전적으로 기존 시스템의 논리 안에 있었다. 예를 들면 수공업회의소와 노동조합, 직종학교, 그리고 기타 당사자들 간에 협력을 증진할 것을 요구하고, 또 기업이 새로운 청소년보호법을 준수함에 따라서 발생한 손실 시간을 보충하기 위해서 도제 훈련 기간을 늘려야 한다는 수공업 부문의 제안에 대해서 반대하는 주장이었다(Pätzold 1991: 106).

지 않고, 대신에 1919년에 처음 제기했던 요구로 되돌아가서 노동조합이 시스템 내부에서 완전히 동등한 권리를 확보할 수 있도록 하는 입법에 기대를 걸었다(Crusius 1982: 90). 수공업 부문의 경우 노동조합의 이러한 입장은 재출범한 수공업회의소가 다시 규제 기능을 확보하는 데 방해가 되지 않았고, 어떤 면에서는 이를 지지하는 것이었다. 노동조합은 수공업 부문에서 공동 결정권을 행사할 수 있는 가능성이 더 많다고 생각했다(Crusius 1982: 110). 수공업 부문을 제외하면 노동조합은 대기업에 매우 많이 중점을 두고 있었고, 1950년대 초에는 석탄 및 철강 산업에서 공동 결정권을 확보하기 위한 활동과(1951년), 1952년의 종업원평의회법Works Constitution Act을 둘러싼 논쟁에 적극 개입했다. 노동조합은 직업훈련 분야에서도 동등한 공동 결정권을 자신들에게 보장해줄 연방 법률의 제정에 기대를 걸었는데, 노동조합이 그와 같이 총괄적인 입법을 기다리며 로비를 벌이는 동안 사업장 내 훈련 시스템이 회의소의 후원을 받으면서 바로 재건되었다.

이 쟁점을 놓고 노동조합이 활동을 전개했다고 하더라도 — 노동조합은 그렇게 하지 못했다[54] — 1950년대의 정치적 분위기는 전국 수준에서 노동 측이 직업훈련에 관해 동등한 공동 결정권을 확보하기에 유리한 상황이 아니었다. 보수당 정부는 훈련 정책을 크게 변화시킨다는 사고에 커다란 거부감을 보였다. 아데나워는 어떤 커다란 개혁에 착수하기를 꺼려했고, 정부 개입을 증대시키려는 방향으로 결코 나아가려고 하지 않았다. 1949년 9월 최초의 정부 성명에서 아데나워 신

---

54 크루시우스가 강조한 대로 전후 초기에 노동조합으로서 직업훈련은 특별히 주요한 초점이 아니었다. 이 주제는 1949년 독일노총 창립대회에서 전혀 다루어지지 않았다(Crusius 1982: 90, 95).

임 총리는 나치 치하에서 기술 훈련이 쇠퇴한 것을 지적하고, 독일 경제의 전통적인 강점이 독일 노동자의 숙련에 기인하는 것이라고 주장했다(Crusius 1982: 117).

그리하여 1950년대 보수당 정부의 정책은 직업훈련 분야에서 고용주의 자치 원리를 지지 및 강화하고 확고하게 해주었으며, 고용주의 회의소에 도제 훈련에 관한 감독 및 관리 책임을 부여했다. 하지만 회의소에서 도제 훈련에 관해서 심의 및 결정을 할 때 근로자 측의 대표의 참여를 의무화함으로써 고용주의 자치 원리에 수정이 이루어졌다. 이 시기의 법률은 직업훈련 분야에 관한 회의소의 활동을 '공공적'이고 공식적인 것이며, 따라서 일정한 국가의 감독을 받아야 하는 것으로 규정했고, 관계 장관의 승인을 받으면 훈련 규칙에는 법률의 효력이 부여되었다(Richter 1968: 29; Engel and Rosenthal 1970: 4).[55] 이 시기의 주요 입법으로는 1953년 수공업법Handwerksordnung, HwO(1965년 개정)과 1956년 상공회의소 권한에 관한 임시규제법Gesetz zur vorläufigen Regelung des Rechts der Industrie- und Handelskammern, IHKG이 있었다. 두 법률에서는 모두 회의소는 비록 국가의 일정한 감독 아래 운영되고 노동자의 참가를 허용하도록 요구되었지만, 직업훈련 분야에서 '권한이 있는 당국'으로 규정되었다.

1953년 수공업법을 통해서 수공업회의소의 존재 및 수공업 부문의 훈련을 관리하고 감독하는 역할에 관한 확실한 법률적 근거가 재확립되었다.[56] 이 법에 의해서 65개의 직종별 길드 협회뿐 아니라 — 이

---

55 자격인증 과정에 대해서는 Walle(1963: 220-2), Berufsausbildung(1958: 11-3)을 보라.
56 Pätzold(1991: 42-52)에 법률의 가장 중요한 내용이 발췌되어 있다.

는 공법적 기관으로서 회의소에 의해서 법률적인 통제를 받았다 — 지역 장인의 회의소 — 한 지역 내에 있는 모든 수공업 직종을 망라하는 — 가 의무 가입해야 하는 공법적인 기관으로서 승인되었다(Streeck 1992a: 116-20).[57] 회의소는 훈련에 관련된 전반적인 관리 책임을 수행했는데, 수공업 직종에 관해 직종 명세서와 훈련 지침을 작성하고, 수공업 업체의 훈련을 감독하고, 저니맨과 마스터 직인의 시험과 자격인증을 감독했다.[58] 또한 수공업회의소는 훈련생 명부를 보존하고 도제 계약을 등록하는 일을 담당하고, 사업장 내 훈련을 감독하는 데에도 중요한 역할을 떠맡았다.

수공업법은 근로자 참여와 관련해서 회의소의 총회, 중역회의 및 각종 위원회 성원의 3분의 1은 저니맨 중에서 선출된 대표로 구성하도록 규정했다(Walle 1963: 212).[59] 직업훈련위원회의 경우 근로자 대표의 요건이 더 강화되어 고용주와 저니맨의 대표자가 동등한 수로 구성되도록 규정되었다. 또한 정부가 지명하는 직업학교 교사에게도 자리가 배정되었다(Streeck 1992a: 122). 별도의 저니맨위원회를 설립하고 그 성원이 "훈련 관련 안건을 다루는 중역회의에 참여"하도록 하고, 또 훈련 분야의 모든 조치에 관해 저니맨위원회의 승인을 얻도록 함으로써 노동자 참가를 제도화하는 것이 길드에 의무화되었다(Streeck 1992a:

---

57 하지만 지역 장인회의소의 가입은 강제가 아니고 임의적인 것이었는데, 이는 독일 헌법 (기본법)에 의해서 이들이 노동조합과 교섭할 수 있기 위해서 요구된 것이다.

58 앞서 언급한 대로 훈련에 대한 규정이 성령(省令)을 통해서 공식화되었고, 독일장인회의 소협회(Deutscher Handwerkskammertag, DHKT)를 통해서 전국 수준의 조정이 이루어졌다(Engel and Rosenthal 1970: 74).

59 저니맨의 대표와 관련된 조항을 비롯해서 장인 조직(HWK와 Innungen)이 1960년대 직업훈련 분야에서 그 책무를 수행하는 것과 관련된 조항들에 관해서는 Raspe(1960)에 설명되어 있다.

122에서 인용; Walle 1963: 210-3; Engel and Rosenthal 1970: 98; Abel 1968: 33). 이러한 조항들은 노동조합의 요구에는 훨씬 미치지 못하는 것 — 국가의 감독은 최소한으로 이루어졌고 노동자의 참가권은 매우 제한적이어서 — 이었다. 하지만 크루시우스의 주장에 의하면 부분적으로는 석탄 및 철강 산업에서 공동으로 결정할 것을 요구하고, 또 종업원평의회에 관한 입법을 요구하며 1951년과 1952년에 진행된 노동조합의 캠페인을 수공업 부문이 받아들이는 대가로 노동조합은 수공업 부문에서 공동 결정을 그렇게 강력하게 요구하지 않았다(Crusius 1982: 110).

수공업법은 1965년에 개정되었는데, 1963년과 1964년에 슈테른지에 실린 일련의 기사를 통해서 수공업 부문의 훈련 수준에 관한 우려가 이 시기에 공중의 주목을 받게 되었다. 이 기사들은 수공업 부문에 몹시 비판적이었는데, 빈약한 훈련과 저임금 노동으로 청소년을 착취하는 사례들을 폭로했다(Taylor 1981: 195-6). 법 개정을 통해 국가감독이 강화되고 사업장 실태 점검을 통해서 부적절한 것으로 드러나면, 감독 당국이 기업이 가진 훈련 권리를 취소할 수 있게 되었다. 개정법에서는 또한 마스터 직인의 지위로 승진하기 위해서 치르는 마이스터 시험에 교수법 관련 내용이 포함되도록 했다. 이는 마스터 자격증을 취득하는 자에게 도제를 고용하도록 허용하기에 앞서, 단순히 기술적 전문 지식만이 아니라 기본적인 교육 능력을 갖추도록 보장하려는 구상이었다(Engel and Rosenthal 1970: 98-9). 하지만 회의소에 기반을 둔 관리 및 감독의 기본 구조는 그대로 유지되었다.

1956년에 상공회의소가 공식적으로 공법상의 기관으로 지위를 회복했고, 또한 산업부문에서 직업훈련을 관리하고 감독할 수 있는 기관으로 명시적으로 인정받고 법률적 근거를 부여받았다(Hoffmann 1962:

152; Walle 1963: 208-10). 1956년 상공회의소 권한에 관한 임시규제법 IHKG에 의해서 상공회의소가 중요한 통제 수단인 도제 명부의 관리를 담당하게 되고(Engel and Rosenthal 1970: 97), 다양한 산업부문 직종에 관한 훈련 규칙 및 규정을 작성하는 책임을 맡았다. 이러한 규칙 및 규정은 경제성의 인가를 거쳐 법률로서 효력을 부여받았다(Engel and Rosenthal 1970: 74).[60] 상공회의소는 또한 사업장 내 훈련을 감독하고, 특정 기업이 도제를 훈련시키기에 적합한가 여부에 관한 결정을 내리는 일을 담당했다.

노동자 참가에 관해서 이 법IHKG은 상공회의소 내에 고용주와 노동자 대표를 50 대 50으로 구성하고(의장은 고용주 측 대표가 맡는다), 기업 내 훈련에 관련된 문제에 대해서 자문 기능을 담당하는 직업훈련에 관한 특별위원회를 설치하도록 규정했다(Ipsen 1967: 80; Walle 1963: 209-10). 이것이 위의 법에서 규정한 유일한 위원회였으며, 또한 기업의 자치 시스템 내에서 법에 의해서 노동자 참가가 규정된 유일한 기구였다(Walle 1963: 210-13; Engel and Rosenthal 1970: 98; Abel 1968: 33). 상공회의소 내에 있는 시험위원회는 2인의 고용주 측 대표와 1인의 직업 교사 대표, 그리고 1명의 노동자 측 대표로 구성하도록 되었다(Engel and Rosenthal 1970: 98).[61]

요약하자면 재건 시기에는 시스템에 일정한 수정이 — 하지만 실제로는 아주 미미한 수정이 — 이루어졌다. 노동조합이 추구했던 종합적인 직업훈련법은 제정되지 않았고, 또 노동조합은 자신들이 요구했

---

60 이 법은 Pätzold(1991: 172-4)에서 볼 수 있다.

61 수공업 부문에서는 위원장과 직업학교 운영진 1인, 독립 직인 1인, 저니맨 1인으로 구성되었다(Engel and Rosenthal 1970: 98).

던 공동 결정권을 확보하지도 못했다. 이 시기의 주요한 두 가지 법률을 통해서 공동 결정이 아니라 노동자 대표의 참가가 명시되었는데, 이는 총괄적인 연방 법률의 틀에 의해 보호받는 것이 아니라 고용주 단체의 자치라는 맥락 안에서 이루어졌다.[62]

1969년 직업훈련법

1953년과 1956년에 회의소에 관한 입법이 이루어진 이후에도 직업훈련 관련 법률 제도는 여전히 쟁점이 되었고, 1959년에 독일노총DGB은 이 안건을 다루고 새로운 직업훈련법안을 스스로 만들어서 발표했다. 그 중심적인 취지는 낯익은 것이었는데, 통일적인 법률적 기초를 마련하고 국가의 감독을 증대시키고 노동조합에 동등한 공동 결정권을 보장하는 것이었다(Taylor 1981: 183). 초안에서는 기업의 자치 단체들은 전혀 언급되지 않았으며, 관련된 모든 행정, 규제, 그리고 감독 기능은 직업훈련에 관한 연방위원회가 관장하고, 주와 지역에 설치된 위원회가 그 실행을 지원하도록 하는 것이었다. 독일노총의 초안에 따르면 전체 시스템은 노동성이 관할하게 되었다(Walle 1963: 287-92; 336-43).

독일노총의 제안은 회의와 반대에 부딪혔다. 수공업 부문은 노동

---

[62] 도제 계약이 기본적으로 교육적 계약인가 아니면 고용계약인가를 둘러싼 쟁점에 대해서는 상반된 결과가 나왔다(Molitor 1960: 31-48). 수공업법은 이에 관해서 모호했는데, 수공업 부문은 회의소 수준에서 임금 문제를 계속 다룸으로써 이러한 공백을 계속 활용하고자 했고, 이는 당시 몇몇 관찰자들로부터 비난을 받았다(Molitor 1960: 36). 반대로 상공회의소 권한에 관한 임시규제법(IHKG)은 이 점에 관해서 명료했는데, 상공회의소가 도제의 정치적 이익을 대변하거나 도제의 물질적 이익을 직접 규제할 수 있는 권리를 명확히 부정했다(Molitor 1960: 34, 48).

조합이 추구하는 공동 결정권은 이미 회의소 및 길드에 모두 저니맨이 참여하는 것을 통해 이루어지고 있다고 주장했다. 수공업 부문의 대표자들은 국가와 노동조합의 개입을 증대시키려는 독일노총의 요구에 맞서서 자치 시스템을 옹호하기 위해서, 국가가 지배한 나치 치하의 훈련 시스템 및 동독의 당시 시스템과 악의적인 비교를 구사했다(Rohlfing 1949: 26; Walle 1963: 259, 261).[63] 수공업 부문은 직업훈련 분야에서 국가 개입을 증대시키려는 구상을 "의문스럽고 위험한" 것이라고 맹비난했다(Walle 1963: 376).

산업부문의 고용주들과 회의소도 또한 상공회의소 권한에 관한 임시규제법IHKG에 있는 직업훈련에 관한 노동자 참가 관련 조항으로 이미 충분하다고 주장했다. 독일 상공회의소와 그 가입 기업들은 수공업 고용주들에 비해 훈련비용 자체에 대해서는 크게 걱정하지 않았지만, 경영상의 자율성을 지키는 데에는 단호했다. 고용주의 자치에 대한 옹호는 주로 시스템이 지닌 유연성과 적응성을 저해하게 될 딱딱한 관료주의적인 절차를 최소화한다는 용어로 표현되었다(Adam 1979: 163, 170). 고용주 측 대표자들은 납세자들에게 아무런 비용을 부담시키지 않고 매우 많은 노동자들이 산업부문과 수공업 부문에서 모두 훈련을 받고 있다는 점과, 독일의 기업이 다른 어떤 나라의 기업보다도 더 많은 도제를 자발적으로 훈련시키고 있다는 점을 반복해서 강조했다(Walle 1963: 376-7).[64] 그 동기는 약간 달랐지만 산업부문과 수공업 부문은 국가 개입의 증대에 대해 반대하는 점에서는 일치했고, 1958

---

63 이러한 주장에서는 — 최소한 발레가 설명하고 있는 유형의 주장에서는 — 통제(Gleichschaltung)를 통한 관료화 및 경직성의 증가에 관해 반복적으로 언급하고 있는데, 통제는 독일에서 분명 매우 자극적인 용어였다(Walle 1963: 377).

년에 양 부문의 회의소는 "직업훈련에서 실험을 벌여서는 안 된다"고 주장하는 공동 성명을 발표했다(Abel 1968: 32).

보수당 정부의 거부감에도 불구하고 1960년대에 이 이슈를 살린 것은 부분적으로는 사회민주당의 압력과 아마도 직업훈련 시스템의 결함을 계속 조명한 — 하지만 이 시기에는 흐릿했던 — 슈테른 지의 기사들이었다. 종전 이후 처음으로 1966년에 사회민주당이 기독민주당CDU과 '대연정'의 일부로서 정부에 참여하면서 개혁의 가능성이 열렸다. 사회민주당은 공식적인 직업훈련법안을 스스로 만들었고, 이로 인해서 기독민주당은 동일하게 대응하지 않을 수 없었으며(Lipsmeier 1998: 449), 새로운 기본 법률로서 1969년 직업훈련법Berufsbildungsgesetz. BBiG이 제정되는 입법 과정이 진행되었다. 이는 노동조합이 추구해온 전국적인 단일한 기본 법률을 노동조합에 제공했지만,[65] 과거 직업훈련의 기본 틀을 대부분 그대로 남겨둔 타협안이었다.

구체적으로 보면,[66] 1969년 직업훈련법에서 신설된 연방직업훈련조사연구소Bundesinstitute für Berufsbildungsforschung. BBF[67]의 이사회를 통해 *전국적인* 규제와 감독을 규정했다. 연방직업훈련조사연구소의 이사회는 노동조합과 고용주 단체의 대표 각각 6인과 주Länder 대표 5인, 직

---

64 비용에 관한 주장은 다소 과장된 것인데, 왜냐하면 국가가 의무적인 공립 직업학교에 대한 지원을 통해 직업훈련을 보조하고 있기 때문이다.

65 이러한 의미에서는 슈트라트만의 지적대로 1919년 뉘른베르크 대회 이래 노동조합이 요구해온 것이 결국 1969년 법률로 실현되었다(Stratmann 1990: 40).

66 이 부분은 Ralf and Schlösser(1994: 112-3)에 의존하고 있다. 1969년 법 이후 직업훈련에 관한 통제 및 감독 구조에 관해서 정리한 글로는 또한 Faulstich(1977: 171-4), Helfert(1970b), 혹은 Taylor(1981: 210-13)를 보라.

67 이후 1976년 법률에 의해 이는 현재의 연방직업훈련연구소(Bundesinstitute für Berufbildung, BIBB)로 전환되었다.

업교육 전문가 3인, 그리고 연구소 자체 대표 1인 등으로 구성되었고, 직업훈련과 관련된 모든 사안에 대해서 연방 정부의 자문 역할을 담당했다. 연방직업훈련조사연구소는 과거에 회의소가 다루던 총괄적인 규제 기능, 즉 훈련 기준을 정의하고, 공식적인 규정과 교육과정(특정 직종별로 숙련의 내용과 도제 훈련의 기간을 설정하는)을 마련하는 일 등을 맡았고, 관계 부처에 권고를 하면 관계 부처에서 훈련에 적용되는 지침을 공식적으로 공표했다(Bildungsforschung 1979: 245; Streeck et al. 1987: 13).[68] 1969년 직업훈련법은 주 수준에서는 각각 동수의 고용주, 노동조합, 주 정부의 대표자로 직업훈련위원회를 구성하도록 규정하고 있다. 주 수준의 위원회는 학교 및 사업장에서 이루어지는 훈련 내용을 조정하고, 전국적인 통일성을 보장하도록 다른 주들과 협력하는 일을 담당한다.

하지만 위와 같은 새로운 규제 틀에서도 사업장 내 훈련을 감독하고 감시하는 가장 중요한 기능 가운데 몇 가지는 여전히 회의소를 통해서 이루어지고 있었다. 그리하여 *지역* 수준에서는 관련 회의소(수공업회의소 및 상공회의소) 내에 있는 특별위원회를 통해 직업훈련을 관리하도록 — 예를 들면 훈련에 대한 감독 및 시험의 관리 — 법으로 규정하고 있다. 이 법에 따르면 특별위원회는 각각 6인의 고용주와 노동자로 구성하도록 되어 있다. 이 위원회에 직업학교를 대표하는 6인이 참가하지만, 자문 역할만을 담당한다. 훈련비용에 영향을 미치는 모든

---

68 사업장내직업훈련국(ABB)은 1969년 법률 조항에 의거하여 연방직업훈련조사연구소(BBF)가 그 기능을 담당하게 됨에 따라 1971년에 공식적으로 해체되었다. 이후 법률(1976년)에 의해서 다시 그 모든 업무가 현재의 연방직업훈련연구소(BIBB)로 이관되었다(Bunk 1970: 103; Pätzold 1991: 8; Berufausbildung 1958).

정책 변화는 회의소 총회 — 산업부문의 경우 노동조합은 회의소 총회에 참가하지 않는다 — 에서 비준을 받아야 하지만, 사업장 내 훈련의 모든 측면에 관련된 규정은 특별위원회의 협의를 거쳐야 한다.[69] 더구나 회의소는 단독으로 특정 기업이 훈련을 제공하기에 적합한가를 결정하고, 또 기업이 특정 도제들의 훈련 기간을 늘리거나 줄이고자 신청하면 이를 검토하는 것을 비롯해서 많은 주요 감독 기능을 계속 수행하고 있다(Streeck et al. 1987: 28).

직무 범위와 부처 간 관할권이라는 쟁점에 관해 부처 간에 복잡한 타협이 이루어져서 경제성이 훈련 규정의 승인을 계속 담당하게 되었지만, 노동성의 협조를 거쳐서 업무를 수행하도록 되었다.[70] 지속 훈련(최초의 도제 훈련 이후의 훈련)은 노동성이 관할하지만 경제성의 동의를 거치도록 했다. 노동성은 부처 사이에 직업훈련 문제를 조정하는 책임을 맡았고, 또한 신설된 연방직업훈련조사연구소의 감독관청으로 역할하게 되었다(Engel and Rosenthal 1970: 100-3). 몇 년 후인 1972년에 위의 모든 책임은 연방과학연구성Bundesministerium für Wissenschaft und Forschung, BWF에서 맡게 되었다.

1969년 직업훈련법은 분명 몇 가지 중요한 변화를 보여주었다. 법이 제정되기 이전에는 훈련은 전적으로 회의소 — 상공회의소 및 수

---

69 상공회의소(IHK)의 경우 총회에 노동자 대표는 전혀 참가하지 않으며, 수공업회의소의 경우 의석의 3분의 1은 여전히 저니맨에게 배정된다. 직종별 훈련은 여전히 수공업회의소(HWK)가 관할하고 있다. 마지막에 기독민주당(CDU)과 기독사회당(CSU)이 개입해서 수공업 부문 훈련은 약간 다르게 규정되었고(Adam 1979: 174), 기본적으로 수공업법의 관련 조항들이 법의 제3부로 옮겨지도록 변경되었다(Engel and Rosenthal 1970: 101; Taylor 1981: 295).

70 경제성과 노동성 사이에 이루어진 관리 책임의 분담은 대단히 복잡하다. 이에 관해서는 Engel and Rosenthal(1970: 101의 주 168)에 설명되어 있다.

공업회의소 — 의 소관 분야였고, 따라서 회의소 규칙Kammerrecht을 통해서 관리되었다. 개혁의 핵심 측면은 배타적 통제권을 회의소의 수중에서 빼내서 위에서 기술한 바 있는 감독위원회 — 노동조합이 동수로 참여하는 — 에 부여했다는 점이었다. 그리하여 1969년 직업훈련법으로 인해 도제 훈련에 관해 기존의 이질적인 법률 제도에 통일성이 증대되고, 훈련 규정을 정의하고 정교화하며, 직종 자격을 인증하는 것 등에 관한 총괄적인 규제 기능 면에서 노동조합에 더 커다란 발언권이 주어졌다.[71]

이러한 변화가 중요하기는 하지만, 사업장 내 훈련을 일상적으로 규제하고 감독하는 기구라는 측면에 고도의 연속성이 존재한다는 점을 간과해서는 안 된다. 여전히 회의소가 핵심적인 관리 및 감독 기능을 수행하고 있는데, 회의소가 연방 차원에서 설정된 가이드라인과 훈련 기업 사이를 연결하는 핵심적인 역할을 계속하고 있었다. 비록 회의소의 직업훈련에 관한 위원회에 노동조합이 대표로 참가하는 권리를 누리고 있지만, 노동조합이 위원회에서 수행하는 역할에는 한계가 존재했다. 비용에 영향을 미치는 정책의 변화는 회의소 총회의 의결을 거쳐야 하고 — 총회에는 노동조합이 참가하지 못하기 때문에 사실상 고용주의 거부권이 행사되는 장소이다 — 또 사업장 내 훈련을 감독하는 데, 그리고 훈련을 원하는 적정한 업체를 승인하는 데 회의소가 전

---

71 새로운 시스템에서 노동조합의 역할은 국가에 비해 훨씬 더 중요하며 국가는 그저 도장을 찍는 역할에 그치고 있다. 슈트렉 등이 지적한 대로 "연방 정부는 직업훈련에 관해 거의 모든 결정을 연방직업훈련연구소(BIBB)의 위원회에서 노동조합과 고용주 대표들이 동의하고 난 이후에야 비로소 내린다"(Streeck et al. 1987: 13; 또한 Engel and Rosenthal 1970: 13 을 보라).

적으로 자율적인 권한을 지니고 있었다. 크라우치, 파인골드와 사코가 지적한 대로, 독일의 노동조합은 여전히 매우 "제한된 형식적 역할"을 담당하고 있고, 노동조합이 영향력을 행사할 수 있는 것은 비공식적으로 그리고 "기업에서 실시하고 있는 훈련의 질을 스스로 계속 감시할 수 있는" 종업원평의회를 통해서 가능할 뿐이었다(Crouch, Finegold, and Sako 1999: 144).[72]

1969년 법률을 통해서 중요한 혁신이, 특히 직업훈련에 관해 전국 수준의 규제가 이루어지는 상부구조 차원의 혁신이 도입되었다. 하지만 테일러가 지적한 바 있듯이, "가장 핵심적인 기능을 고용주 단체인 회의소에 부여함으로써 연방 의회는 미래의 국가 이익을 위하여 직업훈련을 성공적으로 통제할 수 있는 경제계의 능력에 관한 자신의 믿음을 확인했다"(Taylor 1981: 213; 또한 Helfert 1970a: 153; Lipsmeier 1998: 450-1를 보라). 상공회의소가 커다란 권한을 유지한 것을 감안할 때 '복잡한' 부처 간의 조정과 새롭게 늘어난 관료제 및 위원회에 대해 유감을 표시하기는 했지만, "[기존의] 시스템의 구조와 질서, 즉 수십 년간 기업과 그 회의소 측에서 책임 있고 유연하게 수행해온 사업의 결과물이자, 기업의 자치라고 하는, 법으로부터 자유로운 영역에서 모두 발전해온 구조와 질서"가 성문화된 것이라고 독일상공회의소가 1969년 직업훈련법에 대해 평가할 수 있었던 것은 놀라운 일이 아니

---

72 이 가운데 일부는 1972년 종업원평의회법에 포함되었고, 새로운 종업원평의회법(2001년)에서는 노동조합이 영향력을 행사할 수 있는 또 다른 수단을 규정하고 있다(아래의 논의를 보라). 하지만 쇠만이 지적한 대로 종업원평의회는 단지 정보권과 협의권을 지니며, 이것을 실질적인 영향력으로 전환하는 것은 사업장 노동자 대표의 진취성과 능력에 매우 많이 달려 있다(Schömann 2001: 17).

다(DIHT 1970: 96).

노동조합은 특히 회의소 수준에서 자신들의 공동 결정권이 제한된 것에 대해서 유감스럽게 생각하고 크게 항의했으며, 법률 제정을 주도했던 특정한 동맹 세력(기독민주당/사회민주당)을 비난했다. 하지만 이 결과는 어떤 점에서는 노동조합이 기존 시스템의 여러 가지 근본적인 특징을, 특히 학교에서 이루어지는 직업교육을 계속해서 사업장 내 직업훈련에 확실히 종속시키는 것을 부정하는 것이 아니라 확정하는 방식으로, 또한 그러한 특징을 기반으로 삼아서 자신들의 목표를 계속해서 설정해왔다는 사실을 반영한 것이었다. 배트게는 직업훈련 분야에서 노동조합이 설정한 목표가 대단히 '실용적인' 성격을 지녔음을 강조하고 있다. 그는 노동조합이 목표를 더 많이 달성했다고 하더라도, 그것이 기존 시스템의 "가장 형편없는 과잉 조치들을 축소하는 것" — 이는 분명 시스템에 보탬이 되는 것이지 결코 급진적인 대안이 아니다 — 이상이 되지 못했을 것이라고 생각한다(Baethge 1970: 170-2; 또한 Helfert 1970a: 154를 보라).

1969년 이후의 전개 과정

직업훈련에 관한 논쟁은 1969년의 입법으로 끝난 것이 아니었다. 1969년에 사회민주당이 자민당FDP과의 연정을 주도하며 집권했을 때 새로운 논란이 시작되었다.[73] 빌리 브란트Willy Brandt 정부는 교육 분야의 많은 이슈에 초점을 맞추었다. 노동계급 청소년들에게 균등한 기회

---

[73] 1970년대 사민당 정부에서 전개한 개혁 조치들과 그 운명에 관한 이 글의 설명은 Taylor(1981: 10장과 특히 11장)에 의존하고 있다.

를 제공하기 위해서 직업교육과 일반교육을 통합시키려는 관심이 목
표에 포함되어 있었다. 오랫동안 독일에서 사회·경제적이고 계급적인
균열을 공고화하는 작용을 해온 3개의 초등학교 교육 경로 사이의 장
벽을 완화하는 것과 관련된 많은 제안이 제시되었다.[74]

또 제안들 가운데는 1969년 직업훈련법에서 다루어진 쟁점을 직
접 끄집어내서 노동조합이 계속 관심을 집중하던 통제 관련 쟁점을 다
시 제기한 것도 포함되어 있었다. 민주적 관리 책임과 기회 균등에 관
심을 갖고 있던 사회민주당 정부는 이러한 사안들에 흥미를 보였다.
1970년대 초에 매우 적극적인 활동가이자 개혁 지향적인 과학교육성
장관인 클라우스 폰 도나니 Klaus von Dohnanyi는 회의소의 자치에 매우 커
다란 위협이 될 수 있으며 국가의 역할을 상당히 증대시키게 될 제안
을 내놓았다.[75] 이러한 제안에 대해서 고용주 단체 대표자들과 회원 기
업들은 맹렬하게 반대했고, 기업들은 훈련을 완전히 중단하겠다고 위
협했다(Taylor 1981: 281-2; 또한 Stratmann 1999: 419; Crusius 1982: 285를
보라). 그러한 위협이 상당한 영향력을 지니고 있었는데, 특히 논쟁이
벌어지던 시기가 1차 오일 위기와 뒤이은 불황으로 도제 일자리를 구
하기 어렵고 청년 실업이 증가하던 상황이었기 때문이다. 기업계는 일
치단결해서 경영상의 권리와 고용주 자치를 저해하는 모든 변화에 반

---

74 예를 들면 이 시기의 많은 제안들은 기본 학교(Hauptschule), 실업 학교(Realschule), 인
문 고등학교(Gymnasium)라는 세 개의 분리된 교육 경로를 개혁하고자 했는데, 이 분리
를 완전히 폐지하거나 교육 경로들 사이에 이동 통로를 설정하려고 했다(예를 들면 2차 교
육 경로).

75 도나니는 1972년부터 1974년까지 장관으로 있었다. 그의 구상은 사업장 내 훈련의 관리
및 운영, 훈련 장소의 승인 및 관리, 훈련 과정의 준비, 시험의 관리 등을 포함해서 직업
교육의 모든 측면의 관할권을 주 정부가 맡게 하는 것이었다(Taylor 1981: 255).

대했고, 야당인 기독민주당/기독사회당CDU/CSU이 기업계를 정치적으로 지지했다. 이들 야당은 "경제성장과 완전고용 시기에는 어떤 개혁에 대해서도 토론할 수 있지만," 경제 위기 시기는 실험할 때가 아니라고 주장했다(Görs 1976: 353, Frankfurter Rundschau에서 인용).

경제적 혼란과 고용주 측의 반대가 결합되자 전반적인 논쟁이 곧바로 중지되었고, 1974년이 되자 중대한 구조 개혁의 가능성은 사라졌다. 경제적 난국이 계속되면서 1974년에 정부가 교체되었고, 사회민주당 출신 신임 총리인 실용주의자 헬무트 슈미트와 자민당 출신의 자유주의자인 경제성 장관 한스 프리데릭스(Hans Friderichs, 1972~77년)는 경제 회복을 저해할지 모르는 모든 개혁에 반대했다. 도나니는 분명 불길한 조짐을 알아챘고, 그가 취임한 지 겨우 2년 만에 사표를 제출했을 때 슈미트는 "안타까움을 표시하지 않았다"(Taylor 1981: 265). 도나니의 후임으로 과학교육성 장관이 된 헬무트 로데 Helmut Rhode(1974~78년)는 어떤 중요한 개혁 사안으로부터도 확실히 거리를 두고, 그 대신에 보다 온건한 목표를 추구하겠다고 약속했다(Crusius 1982: 284-5).

그는 실제로 아주 온건했는데, 주로 전통적인 시스템의 구조와 논리를 벗어나지 않았다. 경제 위기는 중요한 구조 개혁의 전망을 모두 소실시키는 데 그치지 않았다. 청소년 실업 문제로 인해서 논쟁의 초점이 완전히 바뀌어서 훈련생 숫자를 늘림으로써 시스템을 *확장*하기 위한 조치들이 부각되었다. 1976년의 직업훈련진흥법 Ausbildungsplatzförderungsgesetz은 인구학적 추세에 따른 수요 증가에 직면해서 도제 일자리 수가 불충분하다는 문제에 주로 관심을 두었다. 특히 이 법에 의해 연방직업훈련연구소 Bundesinstitute für Berufsbildung, BIBB(BBF는 이것에 의해 대체되었다)가 설립되었고, 여기서 도제제도와 도제 훈련의 전국적 추세에 관한 통계를 담은 '직업훈련보고서Berufsbildungsbericht'가 매년 발간되었다.[76]

과거의 논쟁에서 중심을 이루었던 회의소를 기반으로 한 관리와 감독을 둘러싼 갈등과 통제 관련 쟁점이 이제 완전히 사라졌다는 점이 중요하다. 1970년대 말과 1980년대에는 직업훈련 시스템 내의 긴장 —주로 경제적이고 인구학적인 추세로 인해서 촉진된—이 기존의 코포라티즘적인 자기 규제 제도를 통해서 효과적으로 관리된 것으로 드러났다. 1976년 법률에서 가장 논쟁적인 측면은 도제 일자리의 전국적인 공급이 신청자 수의 12.5% 이상을 초과하지 못할 경우에 정부로 하여금 기업에 훈련 부담금을 부과할 수 있게 한 조항이었다(Baethge 1999: 4; 또한 Taylor 1981: 271, 274-5를 보라).[77] 기업계는 이러한 비용 부과 조항에 강력하게 반대했고, 법은 연방 상원의회Bundesrat에서도 이 법률을 통과시킬 필요가 있었다는 이유로 1980년에 연방 최고재판소에서 무효화되었다(Taylor 1981: 269-74를 보라). 이 법을 대체한 1981년 법률에는 논란이 된 비용 부과 조항이 더 이상 포함되지 않았다.

공적인 논쟁보다 더 중요하고 효과가 있었던 것으로 1975년 이후 고용주 측은 훈련 부담금 이슈를 봉쇄하기 위해서 솔선하여 강력한 노력을 전개했다.[78] 기업과 특히 고용주 단체가 수행한 최고의 조정과 권위를 실은 조치를 통해서 산업부문은 도제 일자리의 모집 숫자를 *자발적으로* 늘리도록 조율했다.[79] 배트게가 언급한 대로 1976년과 1986년

---

76 국립직업교육연구소는 다른 많은 기능을 수행했는데, 예를 들면 사업장 내 훈련 일정과 직업학교 교육과정 사이의 조정을 증진하는 일을 담당했다.

77 초과분은 도제에게 직종을 선택할 수 있도록 보장하기 위해서 필요한 것으로 간주되었다.

사이에 "모든 훈련 분야에서 훈련생 일자리(체결된 훈련 계약의 수로 측정한)의 수가 지속적으로 급격히 늘어났다." 산업부문만을 보아도 도제의 수는 1975년 81,734명에서 1985년 132,560명으로 62% 증가했다 (Baethge 1999: 4). 고용주들은 부담금 구상에 분명히 반대했지만, 배트게가 언급했듯이 노동조합 지도자들도 또한 부담금이 비생산적이며 역효과를 낳을 수 있다는 주장 — 예를 들면 만일 훈련 기업이 미리 도제의 수를 줄이거나 한다면 — 에 대해 매우 민감한 반응을 보였다 (Baethge 1999: 6).[80]

1980년대에 경제적 상황의 변화에 맞추어 직업훈련의 *내용*이 노동조합과 고용주 간에 고도의 협력에 기초해 계속 수정되었다. 이것의 좋은 사례는 금속산업 전체의 직종 명세서가 노동조합과 고용주에 의해서 개정된 것인데, 이 개정이 1984년에 금속산업에서 2차 대전 이후 일어난 최대의 파업 와중에 이루어졌음에도 불구하고 합의를 통한

---

78 건설 산업은 예외였지만 규칙을 확인시켜준 사례였다(Streeck 1983: 46–53을 보라. 이 글은 여기에 의거한 것이다). 건설 산업 사례에서 고용주 단체는 — 노동조합과 함께 — 1970년대 초 대단히 심각한 훈련 위기에 대응해서 건설 업종의 모든 기업에 훈련 부담금을 부과하는 단체협약을 체결했다(이는 이후에 정부에 의해서 건설 산업 전체에 보편적인 구속력을 지니는 것으로 공표되었다). 이러한 해결책은 그 당시 검토되고 있던 국가의 훈련 부담금에 대한 대안으로서 분명히 받아들여졌고 정치적인 지지를 얻었다. 노동조합과 고용주는 모두 단체교섭을 통한 훈련 부담금을 '공동 책임'으로 유지해가는 신호로서, 그리고 국가를 배제하기 위해서 전통적으로 사용해온 보충성 원리에 완전히 부합하는 것으로서 이를 고안하고 옹호했다(Streeck 1983: 57; 또한 Soskice 1994: 35를 보라).

79 나의 설명은 Baethge(1999)에 의거한 것이다.

80 그 이후 부담금의 도입 가능성이 몇 차례 제기되었고, 실제로 현재의 적록연정은 그러한 조치를 다시 검토하고 있다. 하지만 이 구상은 사회민주당 내부에서도 논란이 되고 있고, 슈뢰더 총리를 비롯해서 그 지지자들조차도 가능하면 여전히 민간 부문의 해결책을 선호한다(Der Spiegel, May 5, 2003: 특히 105–6; Welt am Sonntag, February 15, 2004: 1; Süddeutsche Zeitung, February 14–15, 2004: 1).

방식으로 진행되었다(Streeck et al. 1987: 3-4).[81] 슈트렉 등이 지적한 대로 간혹 등장하는 대결적인 언사로 인해 당시에 고용주와 노동조합이 모두 직업훈련 시스템을 확고하게 지지하고 있었다는 점을 간과해서는 안 된다.

노동조합과 고용주 측은 훈련비용을 어떻게 조달할 것인가, 그리고 훈련을 실시하는 개별 고용주는 어느 정도나 외부의 감독을 받아야 하는가 하는 문제에 관해서 의견이 크게 달랐다. …… 그러나 학교를 떠나는 자는 누구나 수준 높은 직업훈련을 받을 수 있어야 한다는 원칙, 그리고 훈련의 항목은 지속적으로 개선되고 현대화되어야 한다는 원칙에 관해서 어느 쪽도 의심하지 않고 있다는 사실이 공적 논쟁에서는 드러나지 않는다. 양 당사자 모두 기존의 시스템에 부족한 중요한 점들이 있다고 생각하지만, 누구도 그것이 기존 시스템을 폐기하거나 망가지게 둘 만큼 부족한 것이라고는 생각하지 않는다(Streeck et al. 1987: 4).

---

81 재편을 통해서 공인된 직종의 숫자가 급격하게 줄어들었고, 새로운 생산방식에 대처하기 위해서 점점 더 요구되는 다면적인 유형의 직종이 전반적으로 더 많이 등장했다. 이러한 발전은 기술 및 시장 환경에서 진행 중인 변화에 시스템을 적응시키기 위해서 사회적 파트너들 간에 주로 교섭이 이루어지는 점진적인 변화가 진행되는 좀 더 포괄적인 유형의 한 사례에 지나지 않는다. 크라우치, 파인골드와 사코가 언급한 대로 "1950년대에는 총 900개 직종이 공식적인 VET(직업교육 및 훈련) 과정을 보유했다. 1970년에 이 수치는 500개로 줄어들었다. …… 1992년 이 수치는 377개로 줄었는데, 여기에는 서비스 및 하이테크 부문에서 추가된 신규 직종이 포함되어 있다"(Crouch, Finegold, and Sako 1999: 144). 이들이 또한 지적하고 있듯이, 기존에 대부분 분리되어 있던 직종을 그와 같이 수정하고 통합하는 과정은 대체로 보다 범위가 넓고, 보다 '다기능을 갖춘' 숙련을 도모하기 위해서 착수되었는데, 이는 노동자들이 새로운 생산 제도, 그룹 작업 등에 보다 유연하게 배치될 수 있도록 하기 위한 것이었다.

1970년대 이래 코포라티즘적인 자기 규제와 협력적 사회 파트너십은 특히 경제적인 혼란기와 침체기에도 독일의 사업장 내 훈련 시스템을 지탱하는 데 기여해왔다. 경기 흐름으로 인해서 문제가 발생하기도 했지만, 그러한 시점에는 전통적으로 몇 가지 안정화 메커니즘이 작동하기 시작한다. 다음 문단들은 과거에 어떠한 방식으로 많은 안정화 메커니즘들이 작동해왔는지를 검토하고 있다. 이러한 논의는 나중에 ― 이 장의 마지막 절에서 다루는 ― 즉, 현재의 시대적 흐름에 의해서 제기되는 새로운 도전들이 기존의 적응 형태를 어느 정도나 더 곤란하게 만들고 있는가를 고찰하기 위한 배경이 된다.

독일 직업훈련 시스템을 안정화시키는 한 가지 중요한 메커니즘은 대기업과 소기업 사이의 분업이었다. 2장에서 살펴본 것처럼 소기업, 특히 수공업 부문의 업체는 훈련에 관해 전통적으로 대기업과는 아주 다른 이유를 갖고 있었고, 이는 오늘날에도 여전히 마찬가지이다. 대기업은 자신들이 훈련한 많은 수의 도제들을 계속 고용할 것이라고 기대하기 때문에 많은 훈련비용의 지출을 정당화할 수 있다. 소기업은 도제 훈련을 마친 이후에 자신의 훈련생을 반드시 계속 고용하는 것은 아니다. 하지만 특히 수공업 부문 업체의 경우 훈련 구조가 매우 달랐기 때문에 ― 훈련은 직무 중에 그리고 주로 생산이 뜸할 때 이루어졌다 ― 과거에는 훈련비용은 매우 적었으며, 때로는 오히려 이득이 되기도 했다. 왜냐하면 이들 업체들은 유연한 보조 인력을 생산에 활용함으로써 이익을 얻기 때문이다(Wagner 1997; 또한 Soskice 1994; Bellmann and Neubäumer 2001: 191-2; Alewell and Richter 2001; Wagner 1999를 보라).[82] 크라우치 등이 지적한 대로 위와 같은 이유로 경제 불황기에 대기업에서는 도제 훈련을 감축한다고 하더라도 수공업 업체들은 전통적으로 여유 인력을 채용할 수 있었다(Crouch, Finegold, and Sako 1999: 142).

전통적으로 도제 훈련의 안정을 가져온 두 번째 메커니즘은 도제가 훈련 기업과 훈련비용의 일부를 부담하는 비용 분담 시스템이다(1장의 이론적 논의를 보라).[83] 독일 노동조합은 도제를 위해 교섭을 벌이기는 하지만, 지속적인 훈련을 촉진하기 위해 도제의 임금이 낮게 유지되어야 한다는 점을 받아들이고 있다(Crouch, Finegold, and Sako 1999: 142; Soskice 1991; Streeck et al. 1987: 23). 소스키스는 독일에서 미숙련 노동자의 임금이 도제의 임금보다 3배에서 4배까지도 높다고 지적하고 있다(Soskice 1994: 35, 41). 도제들은 도제 훈련이 일반적으로 노동시장에서 성공을 거두게 하는 티켓으로서, 그리고 높은 임금을 받는 보다 안정된 고용으로 가는 진입구로서 계속 역할을 하는 한 도제 기간 동안 소득에 관해서는 만족을 뒤로 미루는 데 동의한다(Soskice 1994: 35, 41, 53-5). 이는 전통적으로 도제 가운데, 특히 크고 역동적인 기업에서 시행되는 도제 훈련의 경우에 적용되었다. 1985년의 자료에 의거해서 소스키스는 대기업에서 자신이 훈련시킨 도제들 가운데 80%에서 90%에 이르는 ─ 1천 명 이상을 고용하는 기업의 경우는 87%였다 ─ 매우 높은 비율을 계속 고용한다는 사실을 발견했다

---

82 연방직업교육연구소에서 수공업 부문과 산업부문 사이의 훈련비용의 차이를 비롯해서 기업 규모나 다른 변수에 따른 훈련비용의 차이를 밝히기 위해서 때때로 조사를 실시했다(예를 들면 Noll et al. 1983: iv-v를 보라). 소스키스는 위의 통계 분석이 소기업의 훈련비용을 과대평가했을 가능성이 있다고 주장한다. 대기업의 통계 수치를 산정한 방식은 정확하지만, 소기업의 경우 체계적으로 비용이 과대평가되고 도제 훈련의 수익이 과소평가되어 있다(Soskice 1994: 52; 또한 Richter 2000: 236-7을 보라).
83 공립 직업학교의 재정을 지원함으로써 국가도 비용을 분담한다.

(Soskice 1994: 35, 37). 이는 가장 유망한 도제를 확보하기 위해 기업이 경쟁하는 건전한 선순환을 작동시키며, 이는 다시 청소년들이 학교에서 최선을 다하도록 장려한다(Soskice 1994: 54-5).

마지막으로, 특히 코포라티즘과 강력한 협회, 가입이 의무화된 회의소, 그리고 임의 가입 직종 단체 및 고용주 단체 등의 시스템이 전통적으로 안정을 가져오는 핵심 메커니즘으로 역할을 해왔다. 위에서 언급한 배트게의 사례가 생생하게 입증하듯이, 독일의 강력한 고용주 단체는 전통적으로 집합행동 문제를 극복하는 데 매우 중요한 역할을 수행해왔고, 독일 고용주들이 협소한 개별적 이익을 추구하지 않고 협력을 통해 전체로서 공동의 이익을 달성할 수 있도록 해왔다(특히 Culpepper 2003; Culpepper 2002를 보라). 고용주협회의 시스템은 개별 기업들이 훈련을 감축함으로써 불황에 대처하려는 경향을 저지하는 데 극히 중요한 기능을 담당해왔다(Streeck 1988: 22, 30; Streeck 1989). 고용주협회는 회원 기업에 대한 교육과 충고, 회유를 통해 이 목표를 달성하고 있다. 하지만 슈트렉 등이 지적하고 있듯이, 고용주협회는 압력과 설득 이외에도 자체 감시를 통해 경제적으로 어려운 시기에는 기준을 조정하고 훈련 기업을 어느 정도 관대하게 처우함으로써 시스템을 안정화시키는 데 기여해왔다. 노동조합은 불만을 표시하지만, 회의소의 감독과 감시는 중요하다. 왜냐하면 "특히 도제 훈련의 공급이 부족한 시기에 일부 기업에서는 훈련 규정을 문자 그대로 이행하지 않는 편이 사려 깊은 것일 수 있기 때문이다"(Streeck et al. 1987: 31). 소스키스가 지적한 바 있듯이, 기업들은 보다 일반적으로 국가보다는 기업 회의소의 감시를 더 적극적으로 받아들인다(Soskice 1994: 42).

최근 독일 훈련 시스템의 발전 과정 : 표류를 통한 부식?

1990년대 이래 상황이 상당히 변해서 새로운 도전들이 제기되었고, 과거의 규제 메커니즘이 지금까지는 적어도 완전하게 대응할 수는 없었다.[84] 오늘날 독일 훈련 시스템을 괴롭히고 있는 많은 문제들은 장기적인 추세에서 비롯된 것이라고 할 수 있는데, 대부분 독일 기업이 오랫동안 지배해온 고급 제품 시장에서 경쟁 압력이 심화된 것과 관련된다. 과거에 독일 기업은 품질이 높다는 평판 덕분에 높은 가격을 책정할 수 있었지만, 이제는 더 이상 통하지 않게 되었고, 그 결과 독일 기업은 비용에 신경을 쓰지 않을 수 없게 되었다(Finegold and Wagner 1997: 213; Wagner 1999). 이 문제는 제품 및 생산 방식 양 측면에서 현재와 같은 급속한 혁신을 낳고 있는 기술 변화와 관련이 있으며 (Finegold and Wagner 1997; Herrigel 1996a; Pichler 1993), 제조업에서 벗어나 서비스 부문의 중요성이 증대되는 지속적인 변화로 인해 발생해온 것이다(Culpepper 1999). 이러한 장기적인 추세는 또한 독일의 전통적인 직업훈련 시스템에 엄청난 일련의 문제를 일으킨 '통일 쇼크' (Schluchter and Quink 2001)로 인해서 대단히 악화되었다(Brown, Green, and Lauder 2001: 80-5; 특히 Culpepper 2003).

이러한 사태의 일부 — 예를 들면 기술 변화의 가속화와 생산조직

---

84 현재의 상황에 대해서 아주 유용하고 포괄적인 분석으로는 특히 Culpepper(2003; 1999), 또 Green and Sakamoto(2001: 80-5)를 보라. 컬페퍼의 분석은 조심스럽게 낙관적인 전망을 제시하고 있지만 — 전반적으로 볼 때 아마도 나보다 더 낙관적이다 — 아래에서 언급하게 될 문제 경향에 대해서도 서술하고 있다. 또한 현재의 문제점에 대한 논의로는 Brown, Green, and Lauder(2001: 148-51)를 보라.

의 재편 — 는 독일 직업훈련 시스템의 오랜 '허점'을 부각시켰다. 헤리겔 등은 독일 시스템이 전통적이며 엄격한 직종 범주에 근거해서 숙련 자격과 정체성을 보유한 숙련노동자를 배출해내고 있는데, 이는 독일 제조업이 새로운 혁신과 보다 새롭고 유연한 제조 기법을 받아들이고 여기에 적응하는 데 장애가 되어왔다고 주장한 바 있다(Herrigel and Sabel 1999). 그들의 주장에 의하면 바로 이 점이 독일이 일본의 고품질 경쟁 기업에 비해 최근에 약점을 보이는 이유이다(Herrigel 1996a). 파인골드와 와그너는 펌프 제조업체에 관한 비교 연구를 통해 이 명제를 어느 정도 뒷받침하고 있는데, 독일에서는 "숙련노동자의 비율이 낮을수록 팀제에 기초한 조직 구조를 채택할 가능성이 높으며" 다기능화한 팀은 개인적인 — 집단에 기반을 둔 것이 아니라 — 숙련 형성을 중심으로 조직된 숙련 시스템과 충돌했고, 숙련노동자들이 몇몇 사례에서는 다기능화 팀의 도입에 저항했음을 지적하고 있다(Finegold and Wagner 1997: 특히 221-2).[85]

둘째로, 독일 시스템이 오랫동안 안고 있는 취약점은 *지속적인* 직업교육 및 훈련이 상대적으로 발달하지 못하고 있다는 점이다. 이러한 취약점은 *초기 양성* 훈련의 감독과 감시 및 자격인증에 관해 매우 정교하고 짜임새 있는 틀을 지닌 것과 날카롭게 대조된다(Crouch, Finegold, and Sako 1999: 145-7; Backes-Gellner 1995; Crouch 1998; Soskice 2003: 12-3). 독일 기업이 대체로 지속 훈련을 덜 시행할 뿐 아

---

85 하지만 파인골드와 와그너는 헤리겔과 다른 결론을 내리고 있다. 헤리겔은 독일이 전통적인 도제 시스템에서 탈피할 필요가 있다고 주장하고, 파인골드와 와그너는 독일 시스템의 전통적인 강점을 기반으로 삼아 시스템이 제공하는 "광범위한 숙련의 토대를 더 많이 활용하는 것"이 필요하다고 주장하고 있다(Finegold and Wagner 1997: 229-30).

니라[86] 지속적인 숙련 습득을 위한 시스템은 주로 자유방임에 맡겨져 있고, 대부분 개별 기업의 선호대로 구성되고 관리된다. 지속 훈련은 대부분 기업 특수적이며(Crouch, Finegold, and Sako 1999: 46), 자격증이 제정되어 수여되더라도 그것이 의미하는 바는 불분명하다(Sauter 1996: 126). 지속 훈련이 상대적으로 발전하지 못했다는 것이 새로운 문제는 아니지만, 지금과 같은 시기에는 이러한 결함의 효과가 증폭될 수 있다. 특히 정보 기술 및 그 연관 산업처럼 급속히 변화하는 부문에서 생산기술과 보조를 맞추기 위해서는 지속적인 숙련 향상이 그야말로 필수적이다. "초기 양성 훈련만으로는 더 이상 고용 안정을 보장할 수 없고, 자신의 직종이나 전문 분야에서 자격을 유지하고 능력을 발전시킬 수 있다는 보장이 없다. 초기 훈련은 성공적인 지속 훈련을 위한 전제 조건이 되고 있다."(Sauter 1996: 113).

국제 경쟁이 심화되고 독일 경제가 장기간 침체되면서 이러한 문제가 악화되었다. 점점 더 많은 기업들이 비용에 대단히 민감해지면서 전반적으로 훈련을 줄여나갔다(Crouch, Finegold, and Sako 1999: 143; Wagner 1999). 1980년대 중반 이래로 서독에서는 도제 일자리의 공급이 급감했다(1989년과 1990년은 예외였다). 1984년에 가장 많은 726,786명에서 1996년에 483,165명으로 낮아졌고, 1998년에는 506,499명으로 다시 약간 늘어났다. 전반적으로 1980년과 1998년 사이에 도제 일자리는 27% 감소했다(Alewell and Richter 2001: 144-5, 172에 이에 관한

---

86 1992년에 금속가공 산업에 초점을 두고 진행된 영국, 프랑스, 독일의 훈련에 관한 비교 연구에 의하면 독일 기업은 프랑스와 영국 기업에 비해서 도제 양성 훈련을 더 많이 실시하지만, 지속 훈련 면에서는 뒤처져 있는 것으로 드러났다(Backes-Gellner 1995: 15).

그림과 도표가 있다). 비록 많은 논자들이 아직도 도제 일자리의 공급과 수요가 대체로 균형을 이루고 있다고 강조하고 있지만[87] 새로운 균형점이 더 낮은 수준에서 형성된 것은 분명하다. 동독을 제쳐두더라도 —이곳의 상황은 훨씬 더 심각하다— 서독의 기업들은 20년 전에 비해서 10만 개가 적은 도제 일자리를 제공하고 있고, 10년 전보다는 20만 개 적게 제공하고 있다(Culpepper 1999: 49).

전통적으로 대기업이 도제를 훈련시키는 이유는 자신들이 훈련시킨 도제의 대다수를 계속 고용할 것이 기대되었으며, 따라서 자신들이 먼저 투자한 것이 경제적으로 합리화되기 때문이다(Soskice 1994). 하지만 이제 대기업은 오히려 노동력의 감축을 고려하고 있는 상황이고, 이는 기업의 전반적인 훈련 노력과 도제의 계속 고용 실적에 모두 영향을 미치고 있다. 이에 관해서는 종단적인 자료가 필요한데, 1985년 자료에서 소스키스가 제시한 도제의 계속 고용 수치와 보다 최근 자료인 1998년 수치를 비교하면 대기업에서 도제의 계속 고용 비율이 여전히 높기는 하지만 과거에 비해서는 상당히 낮아진 것을 알 수 있다. 소스키스의 1985년 자료에서는 종업원 1천 명 이상의 대기업에서 계속 고용 비율은 평균 87%였는데(Soskice 1994: 37), 벨만과 노이바우머의 1998년 조사 자료에 의하면 종업원 2천 명 이상 기업의 계속 고용 비율은 평균 77.5%, 그리고 종업원 1천 명에서 2천 명 사이 기업의 계속 고용 비율은 71.3%에 그친 것으로 나타났다(Bellmann and

---

87 Alewell and Richter(2001)와 Culpepper(1999)는 모두 이 점을 강조하고 있다. 청소년들이 도제 훈련에 덜 매력을 느끼게 되었을 수도 있다는 것이 내 주장의 일부이고(이하 참조), 따라서 수요와 공급이 모두 감소한 것은 이 글에서 내가 제시하는 주장과 관련이 있을 것이다.

Neubäumer 2001: 198). 더 중요한 점은 벨만과 노이바우머에 의하면 기존 도제를 기간제로 고용하는 경향이 증가하고 있다는 것이다 (Bellmann and Neubäumer 2001: 200). 이는 아마도 기업으로 하여금 훈련이 끝나면 도제를 계속 고용하도록 한 최근의 몇몇 단체교섭과 관련되어 있는 듯하다(특히 Bispinck et al.을 보라). 그러나 그렇다고 해도 계약의 단기적 성격과 계약의 동기 ─ 단체협약과 노동조합의 압력 ─ 는 전통적인 자기 규제 메커니즘이 계속 건강하게 작동하는 것의 지표일 수도 있지만, 반대로 그것이 와해되고 있음을 가리키는 지표일 수도 있다.

경기 불황에 직면해서 대기업이 도제의 수를 줄이는 것은 과거의 패턴과 그대로 일치한다. 하지만 차이점은 과거의 규제 메커니즘이 '효력을 발휘하지' 못하고 있다는 것이다. 와그너(Wagner 1999)는 1991년까지는 독일 시스템이 '세밀하게 균형을 이루어서' 소기업은 도제 훈련의 비용 면에서 손익분기점을 맞추었고, 대기업은 수익이 훈련비용과 같거나 더 많다고 생각할 만한 다른 이유들이 있었다고 주장했다. 그녀는 여러 가지 경향으로 인해서 전반적인 비용 상승이 초래되고 위의 균형이 위협받고 있음을 보여준다. 여기에는 노동시간의 단축과 도제 임금의 상승으로 인한 비용 증가만이 아니라, 최근 몇 년간 도제 훈련을 개선하고 훈련의 범위를 확대하는 데 따른 비용도 포함된다.[88] 금

---

88 예를 들면 금속가공 직종의 재편으로 인해 기업은 1년 반 동안 일반적 훈련만을 해야 하는데, 이는 소기업에서 생산에 대한 도제의 기여를 감소시킨다. 더구나 1980년 이래 직업학교 출석 시간이 전반적으로 증가해왔는데, 이는 좀 더 이론적인 훈련의 필요성이 증가한 것에 충분히 부합하는 것이지만, 면제 시간에 임금을 지불해야 하는 기업으로서는 추가 비용을 발생시키는 것이었다(Wagner 1999).

속가공과 같은 핵심 산업의 중소 제조업체로서는 비용에 대한 고려가 어느 때보다도 더 중요해진 것이 틀림없다. 왜냐하면 이러한 산업에서 최근 단체교섭을 통해서 대기업은 견딜 수 있지만, 중소기업은 감당할 수 없다고 생각하는 임금 협약이 체결되었기 때문이다.[89]

이러한 현상은 고용주협회 내부의 위기로 연결되는데, 특히 금속 부문 고용주협회Gesamtmetall의 경우, 노동조합과 체결된 협약의 적용을 회피하기 위하여 점점 많은 기업이 협회를 탈퇴하면서 회원이 크게 줄어들었다(Thelen and Kume 1999; Thelen and van Wijnbergen 2003). 이처럼 회원이 줄어들면서 모든 면에서 ─ 연대와 통일적 단체 행동을 유지하도록 회원 업체에 자문, 감독, 설득 및 압력을 제공하는 ─ 업계의 협력과 고용주 단체의 역할이 결정적인 훈련 시스템의 생존 가능성이 엄청난 영향을 받고 있다(Soskice 1994; Culpepper 2003; Streeck et al. 1987). 독일의 고용주협회가 조직하고 있는 독일 기업의 비율은 과거 어느 때보다도 낮으며, 고용주협회의 권위 ─ 도덕적 권위 및 기타 권위 ─ 도 크게 약화된 상태이다.

특히 단체교섭 분야에서 문제가 심각한데, 주요 산업의 중소기업은 대기업의 주도에 상당히 싫증이 나서 때때로 자기식대로 행동한다. 임금 결정 과정에서 고용주 간의 조정이 붕괴되면 직업훈련에 관해서 해로운 후속 효과가 초래될 것이다. 기업들 사이에 임금격차가 커지는

---

89 문제는 전통적으로 노사분규의 부담을 져왔던 ─ 이는 적정한 임금 협정을 체결하기 위해서 때로는 필요하다 ─ 대기업이 극도로 분규를 회피하게 된 점이다. 대기업은 생산의 많은 부분을 임금수준이 낮은 외국으로 이전해왔고, 국내 고용을 줄여왔다. 그 결과 노동 비용이 낮아져서 대기업은 산업 평화를 도모하기 위해서 비교적 관대한 협약에 합의할 수 있게 되었다. 하지만 협약 임금이 과거 어느 때보다도 대기업의 지불 능력 수준에 거의 육박하는 상황이 초래되었고, 중소기업들은 압박을 느끼게 되었다.

결과가 초래되면 기업이 일반적 숙련에 계속 투자하려는 인센티브가 감소할 것이다. 포괄적인 전국적 교섭을 통한 임금 조정은 기업들 간에 인력 사냥을 줄이고 노동시장의 불완전성을 수립하고 지속시키는 ─ 이를 통해서 기업이 노동자의 일반적 숙련에 투자하는 것이 안전하고 매력적인 것이 되는 ─ 핵심적 메커니즘의 하나이다(Acemoglu and Pischke 1998).[90]

훈련 기준의 상향에 따른 영향 또한 강력한 불안정 효과를 낳을 수 있는 또 다른 요인이다.[91] 새로운 기술과 생산에 필요한 새로운 자격 요건들로 인해서 훈련의 지속적인 개선이 요구되는데, 주로 일반적 숙련과 이론적 훈련이 더 많이 필요해지고 있다(Soskice 2003; Brown, Green, and Lauder 2001: 83-4). 그러한 수정이 일부 이루어졌는데, 예를 들면 직종 명세서가 좀 더 일반화되는 흐름과 직업학교 출석이 증가한 것을 들 수 있다(각주 81과 88 참조). 몇몇 업종에서는 보다 일반적이고 보다 이론적인 숙련에 대한 필요에 따라 전통적인 도제 훈련과 고등교육 사이의 경계를 완화하는 조치가 함께 수반되었다(Brown, Green, and Lauder 2001: 82-4). 예컨대 콱 등은 독일의 은행들 간에는 "대학과 이원적 시스템 사이의 연계는 물론, 고등교육 시스템과 은행

---

90 보다 분절주의적인 접근 방식(1장을 참조)이 실현 가능하면서도 아마 점점 더 매력적인 대안이 될 수 있을 것이다. 비록 독일이 사업장 내 지속 훈련 면에서 다른 나라들에 여전히 뒤처져 있지만, 지난 10년 동안 지속 훈련에 참여하는 노동자 숫자는 '급증'해왔다(Sauter 1996: 116). 과거에 비해 독일 기업은 전통적인 훈련 시스템에서 도제를 채용하기를 꺼리고 ─ 전통적인 시스템에서는 기업으로 하여금 특정 방식으로 통일적인 기준에 따라서 훈련시키도록 요구한다 ─ 지속 훈련에 대한 투자에 더 적극적인 듯이 보인다. 지속 훈련은 결코 동일한 기준으로 규제되지 않는다. 또한 Crouch, Finegold, and Sako(1999: 146)를 보라.

91 슈트렉이 이 점의 중요성을 내게 강조해주었다.

사이에 더 강한 연계를 구축하려는" 경향이 있다고 지적한다(Quack, O'Reilly, and Hilderbrandt 1995: 781, 782, 그림 3).

위와 같은 발전은 어떤 면에서는 독일 시스템의 적응 가능성을 보여주는 강력한 증거이고, 이러한 발전을 더 촉진해야 할 확실한 이유들이 많이 있다(Culpepper 1999; Brown, Green, and Lauder 2001: 82-5). 하지만 이러한 경로에 수많은 딜레마와 예상치 못한, 원치 않는 결과가 있을 것이라는 점은 분명히 해야 할 것이다. 가장 기본적인 수준에서 훈련 기준을 상승시키고 직종 명세에 보다 일반적인 내용을 담는 것은 분명 필요하지만, 이런 조치들은 거저 되는 것은 아니고 기업의 비용 증가와 함께 이루어진다(Wagner 1999). 그러나 보다 일반적으로 말하면 새로운 숙련을 위해 요구되는 교육 내용이 더 광범위해지고, 특히 더욱 이론적이게 될수록 기업은 훈련을 실시하는 데 적합하지 않게 된다. 기업이 자신들의 문제와 비용을 국가나 도제들에게 떠넘기는 편을 선택하는 것도 무리가 아니다. 이는 전반적으로 좀더 '자유주의적인' 모델을 지향하는 것으로서 최근 독일 기업계가 자주 쓰는 레토릭과 매우 많이 일치한다.

이미 기업들 — 심지어 중소기업이나 수공업 업체까지도 — 이 신규 채용을 할 때 대학 학위를 지닌 구직자들 중에서 채용하는 경향이 늘어나고 있는 것으로 보인다(Berger, Brandes, and Walden 2000: 79-91). 이는 전반적인 경향으로 서비스 부문에서 특히 두드러지는데, 서비스 부문의 고용 비중은 날로 늘어나고 있다.[92] 베르거 등은 전통적인 직업훈련 과정을 마친 구직자와 기술전문대 및 대학을 졸업한 구직자 사이에 경쟁이 심화되고 있다고 기술하고 있다. 비록 그들은 아직 "전문대 학위를 가진 노동자가 사업장 내 직업훈련 자격증을 지닌 노동자를 대체하고 있다"고 말할 수는 없다고 언급하지만, 그들이 조사한 대기업 가운데 3분의 1 가량이 그러한 대체를 고려하고 있다(Berger, Brandes, and Walden 2000: 91). 배트게의 지적대로 기업에서 전문대와 대학 졸업생의 채용을 고려하게 되는 한 가지 인센티브는 현재의 고실업 상황에서는 이들 구직자층의 채용에 드는 비용이 과거처럼 그렇게 높지 않다는 점이다(Baethge 1999: 12).

이러한 변화가 미치는 효과는 뚜렷할 것이다. 일단 일류 기업 내부에서 승진할 수 있는 다른 경로가 있다는 점이 젊은이들에게 분명해지면, 그들은 대안적인 숙련 획득 방식에 이끌리게 될 것이다. 만일 도제 훈련이 좋은 일자리를 얻기 위한 유일한 경로가 아니고, 심지어는 가장 직접적인 경로도 되지 못하는 것처럼 보인다면, 청소년들은 훈련을 받기 위해서 다른 곳으로 — 예를 들면 기술전문대학Fachhochschulen — 몰리게 될 것이다. 과거에는 성공을 위한 공식이 대체로 도제 훈련을 마치고 나서 승진하기 위한 자격증을 취득하는 것이었다. 지금은 더 상위의 학교 졸업장이 있으면 젊은이들이 더 높은 자리에 취직해서 더 높이 승진할 수 있고, 따라서 전통적인 시스템은 회피된다. 이러한 일이 많이 일어날수록 소스키스가 묘사한 선순환은 더욱 파괴되고 악순환이 발생해서, 대체로 수준이 떨어지는 청소년들이 도제 훈련에 남게 될 것이고, 이는 기업으로 하여금 도제 이용을 꺼리게 만들고 우수한 청소년은 전통적인 시스템으로부터 멀어지게 되는 결과를 낳을 것이

---

92 전통적인 시스템에서 서비스 부문은 항상 취약 지점으로 남아 있다. 왜냐하면 서비스 부문에서 제공되는 자격증은 더 적었는데, 서비스 부문의 훈련을 통해서 제조업의 다변화된 품질 생산에서 수반되는 것과 동일한 유형의 비교 우위를 얻을 수 있는지가 명확하지 않기 때문이다(Culpepper 1999: 56; Soskice 2003).

다(Crouch, Finegold, and Sako 1999: 143).

끝으로, 통일에 따른 도전이 있다(Culpepper 2003; Jacoby 2000). 독일의 직업훈련에 관해서 이야기할 때, 동독과 서독에 있는 두 가지 매우 다른 시스템을 분명히 구분해야 한다는 컬페퍼의 지적은 매우 타당하다(Culpepper 1999). 동독에서는 국가가 훈련을 직접 지원하는 데 막대한 역할을 담당해왔다(또한 Crouch, Finegold, and Sako 1999: 143; Konietzka and Lempert 1998: 322; Dobischat, Lipsmeier, and Drexel 1996). 통일이 되고 나서 처음 몇 년 동안 실업자에게 훈련받을 수 있는 자리를 제공하도록 한 고용촉진법의 조항들이 대규모로 활용된 것은 쉽게 이해될 수 있다(Sauter 1996: 122에 있는 그림 참조). 1997년에 동독 전체 도제 일자리 가운데 79%는 국가에 의해서 전부 혹은 일부를 지원받았고, 지원받은 도제 훈련 가운데 10%는 기업 외부에서 ―예를 들면 훈련 센터 ― 진행되었다(Culpepper 1999: 50-1). 국가에 기초한 이러한 해결책은 분명 선의에서 출발한 것이고, 어떤 사람들은 이것이 연결 기능을 담당할 것이라고 생각한다. 하지만 이것들은 양면적인 효과를 지니는데, 동독과 서독에서 전개되는 상황 사이에는 중요한 상호작용 효과가 존재한다. 특히 서독의 기업은 단체교섭 시스템이 없어도 충분히 존속할 수 있다는 점을 동독으로부터 배운 것과 마찬가지로 자신들이 전적으로 이동 가능한 노동자 숙련에 대해 투자하는 것에 대해서 의문을 품게 되고 나아가 분개할 수도 있다. 동독 기업에 대한 막대한 보조금을 보면서 서독 기업들이 왜 자신들이 이러한 비용을 계속 부담해야 하는가를 자문하기 시작한 것은 당연하다(Jacoby 2000).[93]

배트게가 지적한 대로 과거의 위기와 비교할 때 1990년대 이래의 상황은 표면적으로만 유사할 뿐이다. 1970년대 도제 훈련의 부족은 주로 도제 훈련에 대한 시장 불균형 문제였지만, 지금은 경기순환의 문제라기보다는 구조적인 문제에 더 가깝다(Baethge 1999). 더 중요한 점은 정치적인 상황이 뒤바뀐 것이라고 배트게는 강조한다. 과거에는 고용주보다 노동조합이 훈련 시스템의 몇몇 측면에 대해 더 비판적이었지만, 오늘날 노동조합은 열렬한 옹호자가 되었다. 다른 한편 점점 더 많은 고용주가 훈련 시스템에 대해 회의적으로 변했고, 이 가운데 상당수는 그냥 떠나버리고 있다.

훈련 시스템을 오랫동안 관찰해온 사람들이 직업훈련 시스템에 관한 고용주들의 관심이 감소하고 있다는 점에서 '직업훈련 시스템에 대한 심각한 위협'을 언급하기 시작했다(Stratmann 1994: 25). 이 책의 분석을 통해서 명확해졌듯이 고용주들은 분명 역사적으로 가장 중심적인 행위자였으며, 또한 독일 직업훈련 시스템 — 이 시스템은 결국 고용주들이 *자발적으로* 도제를 채용하는 데 의존하고 있다 — 의 미래에도 필수적인 존재이다. 누구도 독일 기업에게 훈련을 강제할 수 없기 때문에 만일 고용주들이 대거 떠나버리면 사업장에 기반을 둔 도제 시스템은 존재할 수 없다. 따라서 슈뢰더 총리는 도제 자리가 심각하게 부족할 것으로 전망되자, 청소년에게 숙련을 획득할 수 있는 기회를 제공한다는 '기본적인 의무'를 이행하도록 기업들에게 촉구하는 것부터 시작했다(Der Spiegel, May 5, 2003: 105). 슈뢰더 총리가 나중에 훈련 부담금을 정부가 부과하는 구상을 채택한 것은 직업훈련 문제가 어느 정도 심각한 상태가 되었는가를 보여준다(Welt am Sonntag, February 15, 2004: 1; Süddeutsche Zeitung, February 14-5, 2004: 1).

---

93 이 점을 알게 해준 마틴 베렌스(Martin Behrens)와 슈트렉에게 감사한다.

독일에서 이원적인 도제 훈련 시스템의 종말을 선언하는 일은 시기상조일 것이다. 과거에 많은 논자들이 그렇게 했지만, 독일 시스템은 살아남아서 성장했다(Konietzka and Lempert 1998). 여기서 초점은 독일 시스템이 곧 종말을 고할 것인가 아니면 계속 작동할 것인가 하는 점이 아니라, 제도가 생존하려면 가만히 정지해 있을 수는 없다는 점이다. 제도는 사회·시장·정치 환경의 변화에 끊임없이 적응하지 않으면 안 된다.[94] 따라서 독일 훈련 시스템이 유지될 수 있는 힘은 관련 당사자들, 특히 고용주들이 위에서 밝혀진 문제점과 경향에 대처하는가, 그리고 훈련 시스템에 대한 개별 기업의 투자가 보존되고 지속되도록 하는 데 필요한 개혁에 착수할 수 있는 집단적 능력을 발휘할 수 있는가에 달려 있다.

---

94 이 책의 출판이 진행되는 동안 슈뢰더 정부는 수공업 부문에서 중대한 개혁 조치를 막 통과시켰다. 이 개혁은 지속적인 고실업에 대처하기 위해 노동경제성 장관인 볼프강 클레멘트(Wolfgang Clement)가 입안한, 고용 관계를 완화하려는 더 광범위한 조치의 일부이다. 새로운 법에 의해 수공업 부문의 특정 직종에서는 숙련 저니맨이 '마스터' 지위를 얻지 않고도 독자적인 영업을 시작할 수 있게 되었다. 전통적으로 '마스터' 지위를 얻으려면 도제 훈련 이후의 훈련과 경력만이 아니라 마스터 시험을 성공적으로 통과하는 것이 필요했다. 이 개혁을 지지하는 사람들은 이 전통적 시스템이 벌써 수정되었어야 했다고 생각한다. 시행되는 마스터 시험의 수가 줄어드는 것 — 그리고 이와 관련된 도제의 훈련 자리도 줄어든다 — 에 대응해서 훈련을 강화할 수 있는 조치라는 것이다. 반대자들 — 수공업 부문의 대표들 및 야당인 기독민주당/기독사회당 정치인들 — 은 오히려 이 개혁으로 인해서 추가적인 숙련을 획득하려는 개인들의 동기가 감소됨으로써 훈련에 해로운 결과를 낳게 될 것이라고 주장했다(Hamburger Abendblatt, May 30, 2003; Frankfurter Allgemeine Zeitung, November 28, 2003). 법은 절충 형태로 통과되어 원안에 비해서 이 법에 영향을 받는 직종 수가 줄었는데, 수공업 부문의 훈련에 어떠한 효과가 나타나게 될지는 지켜보아야 한다.

6장

맺음말
경험적·이론적 논의

이 장에서는 국가 간 비교와 종단적인 차원에서 이 책의 주요한 경험적 발견들을 요약하고, 이 발견들을 관련 분야의 몇몇 주요한 이론적 논쟁과 연관지어 논한다. 사업장 내 훈련을 규율하는 제도의 국가 간 차이에 관한 분석과 독일 훈련 시스템의 진화를 장기간에 걸쳐서 추적한 통시적 분석을 통해서, 제도의 기원과 제도의 상호 보완성을 다루는 '자본주의 다양성'에 관한 정치경제학 문헌 내부의 논쟁을 다룬다. 나아가 이 책의 분석을 통해서 제도의 재생산, 제도의 변화, 그리고 정치의 경로의존이라는 쟁점에 관한 정치학 내의 더 광범위한 문헌에 대해서 더 깊이 이해할 수 있다.

국가 간 비교 : 다양한 숙련 레짐의 기원

숙련 형성의 다양한 궤적에 영향을 미친 가장 핵심적인 단일 변수로

이 책에서 밝힌 것은 숙련 집약적 산업, 특히 기계 및 금속가공 산업을 선도하는 기업의 행동과 전략이었다.[1] 20세기로 접어들 무렵 네 나라의 기계 및 금속가공 분야 대기업들은 숙련 형성에 관해 유사한 관심을 공유했고, 대체로 유사한 전략을 추구하고 있었다. 1895년 경 독일의 엠아엔, 영국의 마더 앤 플랫, 일본의 요코스카, 그리고 미국의 제너럴 일렉트릭 등의 기업은 모두 숙련 형성을 위해 사업장의 자체 능력을 발전시키는 데 노력을 기울였고, 여기에다 노동자를 포섭하고 노동조합을 배제하기 위해 고안된 다양한 정책을 결합했다. 하지만 그 이후 각각 자기 나라에서 기업들이 직면하게 된 인센티브 및 제약의 특수한 배열 구조에 따라 기업의 전략이 수정되면서 숙련 형성의 궤적이 달라졌다.

이들 기업은 매우 다른 정치적·경제적 지형에 직면했다. 숙련 직인의 '전통적인' 결사체의 운명이 '근대적인' 산업부문에 핵심적인 중요성을 지닌 것으로 드러난다. 이들은 관습상 도제 훈련의 후견을 맡고 산업부문에서 기업이 필요로 했던 숙련을 보유하고 있었다. 독일과 일본에서 장인 부문에 대한 국가정책을 통해 독립 마스터 장인과 산업부문의 숙련노동자 사이에 구분이 더 선명해졌다. 반면에 영국과 미국의 경제적·정치적 조건은 이 두 집단 사이의 경계를 오히려 희미하게 만들었다(Kocka 1986a: 307-16; 1986b). 이러한 차이는 초창기 노동조

---

1 이 기업들이 처음에 원했던 바를 항상 달성한 것은 결코 아니라는 점을 유의해야 한다. 우리가 살펴본 대로 이 기업들은 대체로 자신의 목적을 스스로의 힘으로는 달성할 수 없었다. 기업들의 선택이 어느 정도나 영향력을 발휘하는가는 상호 보완적인 이해를 지닌 다른 집단과 기업들이 동맹 관계를 구축하는가 혹은 구축하지 못하는가에 달려 있었다. 내가 여기서 언급하는 전략들은 대부분의 경우 처음 선호한 선택이 실패한 후 이에 대처하기 위한 수정 전략이다.

합이 크래프트 컨트롤 전략을 중심으로 조직되도록 유도되는가 아니면 그러한 조직화 전략이 곤란해지는가가 결정되는 데 중요한 영향을 미쳤고, 더 나아가서 산업부문에서 도제제도를 둘러싸고 계급 구분에 근거한 갈등이 전개되는가 여부에 영향을 미쳤다. 전통적인 장인 부문의 운명이 숙련 의존적인 산업에서 선도적인 기업들이 직면하게 되는 문제(그리고 가능성)의 유형을 결정했고, 이러한 문제에 대처하기 위해서 기업들이 개발한 전략에 영향을 미쳤다.

독일에서는 국가가 장인 부문을 적극적으로 조직했고, 장인 부문에 숙련 자격을 인증할 수 있는 독점권을 부여했다. 이러한 자격인증 및 감독의 기본 틀로 인해 저임금 아동노동을 착취하는 것으로 타락했었던 사업장 내 훈련 시스템이 안정화되었다. 장인 부문에서 도제제도가 안정화됨에 따라 기계제조 등 숙련 집약적인 산업의 주요 기업들이 의지할 수 있는 자격을 갖춘 숙련공들이 비교적 꾸준히 공급되었다. 왜냐하면 소규모 장인 점포는 자신들이 훈련시킨 노동자를 반드시 계속 보유하고 싶어 하지는 않았기 때문이다. 하지만 시간이 지나면서 자신의 통제 아래 있지 않은 시스템의 결함이 드러나자, 숙련에 가장 많이 의존하던 대기업들은 수공업 부문이 독점하고 있던 *숙련 자격인증 권한을 확보하는 데* 몰입하게 되었다.

영국의 상황은 완전히 달랐는데, 왜냐하면 영국에서는 전통적인 결사체인 장인 단체가 자유화 과정에서 해체되었기 때문이다. 숙련 직인이 여전히 다음 세대의 훈련을 담당했지만, 크래프트 유니온이라는 아주 다른 토대와 관점에 기초해서 훈련이 이루어졌다. 즉, 도제 훈련에 관한 크래프트 유니온의 목표는 자신들의 직종에서 시장을 통제하려는 보다 광범위한 전략과 밀접한 관련이 있었다. 영국에서는 독일처럼 독립된 장인 부문과 새로 등장한 산업부문 사이에 도제 훈련을 둘러싼 경합이 있었던 것이 아니라, 크래프트 유니온과 숙련 의존적인 산업의 고용주들 사이에 경합이 존재했다. 그리하여 독일에서 금속가공 기업이 자신의 사업장 내 훈련 프로그램에 관해 자격인증 권한을 확보하기 위해서 단결해서 투쟁하고 있을 때, 영국의 금속가공 기업은 전혀 다른 프로젝트를 중심으로, 즉 작업 현장에서 *노동조합의 통제를 물리치고 경영자의 재량권을 재확립하기 위해서* 동원되고 있었다.

일본에서는 산업화 초기에 국가정책을 통해서 전통적인 결사체인 장인 단체를 적극적으로 해산시키고 초기의 크래프트 유니온을 억누름으로써 노동시장이 자유화되었다. 그리하여 장인 조직이나 크래프트 유니온이 집단적 수준에서 도제 훈련을 규제하거나 규제를 시도할 수 있는 지위에 있지 못했다. 일본에서도 전통적인 장인이 산업부문에 숙련을 제공하는 데 핵심적인 역할을 수행했지만, 매우 다른 방식으로, 즉 개별적인 기업가로서 이를 담당했다. 숙련 의존적인 산업에서 기업은 이들을 하청업자로 활용했는데, 이들은 자신의 숙련노동자 집단을 데려왔고, 자신의 도제들을 훈련시켰다. 이러한 이른바 오야카타 시스템은 기업에 유용했는데, 왜냐하면 이들 독립 직인이 독일의 수공업회의소 및 영국의 숙련공 조합과 유사하게 훈련 및 자격인증 기능을 수행했기 때문이다. 하지만 오야카타는 이동이 몹시 잦았고, 따라서 이 시스템은 매우 잦은 전직 및 인력 사냥을 발생시켰다. 그리하여 기계 및 금속가공 기업이 독일에서는 숙련 자격인증 권한을 집요하게 획득하려고 하고, 영국에서는 경영자의 통제를 재확립하는 데 몰두한 동일한 역사적 국면에서 일본의 기업들은 기업내부 노동시장을 안정화함으로써 *노동 이동을 통제*하는 일에 전적으로 매달려 있었다.

미국에서는 영국과 마찬가지로 주요 직종에서 숙련노동자 사이에 크래프트 유니온이 형성되었고, 이는 미국에서도 계급 간 경계에 따라 도제 훈련을 둘러싸고 상당한 경쟁이 전개되리라는 것을 의미했다. 하지만 금속가공과 같은 주요 산업에서 크래프트 유니온은 영국보다 훨씬 약했고, 또 훨씬 늦게 등장했다. 이때는 이미 표준화된 생산과 신기술이 도입되어 크래프트 컨트롤이 상당히 침식된 시점이었다. 영국과 마찬가지로 미국에서도 19세기 말에 고용주와 크래프트 유니온 사이에 대격전이 벌어졌는데, 영국과 달리 미국 고용주들은 승리를 거둔 이후 노동조합을 분쇄하고 주변화하면서 생산을 재조직하는 데 훨씬 더 성공을 거두었다. 미국 사례를 비교 관점에서 다음과 같이 정리할 수 있다. 19세기 말 독일에서 금속가공 기업은 숙련 자격인증에, 영국에서는 경영자의 통제를 재확립하는 데, 일본에서는 노동 이동을 완화하는 데 관심을 둔 반면, 미국에서 경영자의 목표는 무엇보다도 기술변화와 작업 조직 재편, 그리고 제품 표준화를 통해 생산을 합리화하고 *숙련노동에 대한 의존을 완전히 제거*하는 데 있었다.

동맹과 시스템의 이후 진화

각국의 사례에서 20세기 전환기에 기계 및 금속가공 기업이 행한 전략적 선택은 1920년대에 서로 다른 궤적이 확립되기 시작했던 동맹과 동학의 배경을 이루었다. 독일에서 사회민주주의 계열의 노동조합은 전통적인 수공업 시스템에서 자격증을 얻은 숙련노동자를 상당수 조직했고, 그리하여 1897년 최초의 입법에 사회민주당이 반대했음에도 불구하고 그러한 시스템을 철폐하는 것이 아니라 민주화하고 공동 관리하려는 전략을 중심에 놓게 되었다. 그리하여 바이마르 시기에 새로 통합된 노동조합이 산업부문의 동맹으로 등장하여 수공업 부문의 독점에 대항했고, 사업장 내 숙련 형성에 관해 보다 확대된 집합주의적인 시스템 — 산업부문을 포함하는 — 을 지지했다. 비록 1920년대에는 이러한 노선에 입각한 개혁을 뒷받침하는 전국 수준의 합의가 실현되지 못했지만, 의미 있는 진전이 자발적으로 이루어졌다. 특히 여기에 앞장서서 활동한 것은 통일적이고 표준화된 숙련 정책을 구준히 제기한 주요 업종 단체였다. 나치 시기까지는 숙련 형성에 관한 집합주의 모델과 분절주의 모델이 서로 경쟁했지만, 바이마르 시기에 선구적으로 실시된 숙련 형성에 관한 연대주의적인 접근에 의해서 총괄적인 감독과 감시를 통해 조정되는 사업장 내 훈련 모델이 보존되었고, 나중에(1969년) 노동조합이 여기에 통합될 수 있었다.

　　1·2차 대전 사이 초기에는 영국에도 집단주의적인 형태의 숙련 형성을 위해 계급 간 동맹이 형성될 수 있는 가능성이 존재하는 듯이 보였다. 숙련에 많이 의존하는 자본 분파는 노동조합과 협력하는 데 독일 기업들보다도 오히려 더 적극적이었다. 하지만 독일과 달리 도제 훈련에 관한 영국 크래프트 유니온의 정책은 보다 광범위한 작업장 통제 전략과 밀접하게 관련되어 있었다. 따라서 지속적인 협조가 가능하려면 복잡하게 얽힌 통제 관련 쟁점 전반에 관해서 훨씬 광범위한 타결이 이루어질 필요가 있었다. 영국의 산업은 계속 숙련에 의존했지만 도제 훈련은 취약했다. 왜냐하면 도제 훈련이 안정적인 계급 간 동맹에 의거하지 못했고, 고용주와 숙련공 조합 사이의 불확실한 권력 균형에 의거했는데, 이는 거시 경제나 정치 상황의 변화에 따라서 계속 뒤바뀔 수 있었고, 또 뒤바뀌었기 때문이다. 그리하여 우호적인 상황에서 — 숙련노동력이 부족하거나 혹은 정부가 훈련을 강력하게 지원

한 시기 — 훈련 분야에서 괄목할 만한 진전이 달성되어도 정치 상황, 그리고(혹은) 시장 상황이 변하면 다시 후퇴되는 일이 반복되었다.

일본에서 오야카타 시스템은 숙련 집약적인 산업에 속한 기업의 관점에서는 많은 모순을 내포하고 있었는데, 이 시스템은 필요한 숙련을 제공해주었지만 또한 이직률이 고질적으로 높았다. 기업들은 이에 대응해서 독립 오야카타 보스들에 대한 의존을 줄이기 위한 노력을 강화했고, 상황을 안정시키기 위해 기업 내 훈련을 일련의 상호 보완적 조치들 — 연공임금, 정교한 내부 승진 사다리, 그리고 장기 고용 보장 — 과 연계시켰다. 1920년대에 기업이 필요로 하는 숙련이 점점 더 복잡해지고 사업장 수준에서 노동조합의 영향력이 위협적으로 증가하면서 분절주의 숙련 형성 모델을 공고화하고 심화시키는 데 아주 중요한 계기가 된 재편 — 경영자가 기업 내 훈련을 받은 젊은 노동자와 협력해서 오야카타에 대항하는 — 이 일어났다. 새로 등장한 노동조합 스스로도 자의적인 오야카타 시스템에 반대할 이유가 있었고, 고용주들이 구축하고 있던 시스템의 논리 안에서 목표와 전략을 설정했다. 그 과정에서 노동조합은 분절주의적인 숙련 형성 시스템을 구축하는 데 기여했다.

미국에서는 20세기 전환기 무렵 기업이 생산을 합리화하고 통제를 추구하는 크래프트 유니온을 약화시키는 데 영국에 비해 더 성공을 거두었다. 하지만 주요 업종 — 특히 금속, 기계 및 전기기계 — 은 여전히 상당한 규모의 숙련을 필요로 했다. 기업은 일본의 기업과 거의 같은 방식으로 여기에 대처했다. 독립 직인에게 하청을 주는 시스템을 통해 숙련노동자의 채용과 훈련을 담당하게 했다. 하지만 일본 시스템과는 달리 봉급을 받는 지위에 있었던 이 숙련 작업자들이 노동조합과 투쟁하는 데 지속적으로 동원되었고, 경영자와 함께 숙련에 대한 의존을 줄이기 위해 생산 합리화를 담당했다. 미국 기업에서 봉급을 받는 포어맨은 숙련 노동시장에서 중개자로 역할을 하거나 다음 세대의 숙련노동자를 훈련시키는 역할을 한 것이 아니라, 점점 더 반숙련공화하는 노동자를 '혹사시키는' 감독자의 역할을 했다(Jacoby 1985). 미국의 노동조합이 안정화되고 단체교섭권을 확보할 시점에(1930년대와 1940년대) 노동조합은 합리화가 보다 철저하게 진행된 작업 환경에서 활동하고 있었고, 그 결과 노동조합의 전략은 고도로 관료제화된 기업내부 노동시장에서 더 협소해진 직무 통제의 형태를 중심으로 설정되었다(Brody 1993).

청소년과 도제 훈련

위와 같은 모든 전개 과정은 청소년들이 훈련에 관한 결정을 내릴 때 직면하는 지형을 규정했다. 또한 유망한 도제들의 행동과 전략이 각국의 직업훈련 제도의 궤적에 매우 중요한 영향을 미쳤다. 일찍부터 자격인증과 감독이 확립된 독일에서 도제 훈련은 청소년들에게 보다 확실하고 매력적인 선택이었다. 수공업자들이 도제를 채용하는 동기는 이타주의적인 것이 분명히 아니었다. 업자들은 도제에게 아주 적게 지불했고 — 우리가 본 대로 초기에는 사실상 도제로부터 수업료를 받았다 — 도제를 값싼 노동력의 원천으로 활용했다. 하지만 독일의 장인업자들은 훈련을 잘 실시해야 하는 유인책이 있었는데, 왜냐하면 그렇지 못할 경우 훈련 면허를 취소당하고, 그와 함께 값싼 생산 보조 인력을 상실하기 때문이었다. 1장의 이론적 논의로 돌아가면, 자격인증을 통해 도제와 훈련 기업 사이에 약속의 신뢰 문제가 완화되었고, 이는 도제제도를 지탱하는 데 기여했다. 도제는 낮은 임금을 통해서 자신의 훈련비용을 분담했지만 3~4년 후에는 대체로 노동시장에서 실질적인 가치를 지니는 자격증을 획득했다. 이러한 자격인증 시스템이 산업부문으로 확대됨으로써 더욱 안정화되었는데, 숙련의 내용이 표준화를 통해서 점점 투명해졌고 도제 훈련이 산업부문의 일류 기업 내에서 유망한 경력을 쌓기 위한 출발점이 되었기 때문이다.

이에 반해서 영국의 도제 훈련은 고용주와 크래프트 유니온 간의 갈등에 연루되었고, 그 분쟁이 해결되지 못하자 사업장 내 훈련은 이를 감독할 수 있는 유사한 장치가 전혀 없는 상태로 남게 되었다. 영국의 고용주들이 값싼 노동력으로 도제를 활용하고, 그리고/혹은 도제들에게 특수한 기계를 전담하게 하여 훈련에 해로운 결과를 가져와도 이를 막을 수 있는 장치가 없었다. 이로 인해서 약속의 신뢰 문제가 걷잡을 수 없이 발생했다. 왜냐하면 훈련의 질이 대단히 불확실했고, 훈련 기간이 대체로 5년에서 7년으로 매우 길었기 때문이다. 영국 청소년의 관점에서 보면 공식적 도제 훈련의 가치는 좋게 보아도 미심쩍었고, 하물며 매력적이지도 않았다. 왜냐하면 자격인증이 이루어지지 않는다는 것은 야망을 품은 청소년이 숙련을 향상시키고 '숙련공' 지위를 획득할 수 있는 다른 통로가 많다는 것을 의미했기 때문이다. 훈련을 잘 시행한 기업은 심각한 인력 사냥 문제를 겪었고, 공립학교의 의무 출석을 늘리는 방식으로 훈련비용을 사회화하도록 로비를 하고 나서 — 대체로 성공적이지 못했다 — 평균 이상의 공립학교 학력을 보유하고 입사한 비교적 소수의 청소년들에게 훈련을 집중함으로써 '회수할 수 없는' 투자를 최소화하려는 매우 합리적인 노력을 했다. 그리하여 베커(Becker 1993)가 말한 바대로, 비용이 점점 더 청소년에게 전가되고 기업은 분명히 부차적인 역할을 하는 자유주의 레짐이 정착되기 시작했다.

일본에서는 강력한 내부 노동시장, 상호 보완적인 인사 정책, 연공임금, 그리고 이른바 종신 고용 보장 등에 기초한 경영 관행이 정착되는 데 훈련이 중심적인 역할을 했다. 일부 통념과는 달리 일찍이 1920년대에도 근속 연수 그 자체가 아니라 꾸준한 숙련 획득에 근거해서 기업 내 경력 사다리에서 승진이 이루어졌다(Levine and Kawada 1980: 174). 가장 좋은 일자리 — 무엇보다도 가장 안정된 일자리 — 는 산업부문의 대기업에 있었고, 일본의 청소년은 최초의 선발 과정에서 성공하기 위해 학교에서 열심히 공부해야 할 인센티브를 지니고 있었다. 일단 기업에 들어가면 지속적으로 숙련에 투자하도록 촉진하는 인센티브 구조도 존재했다. 보다 폭넓은 상호 보완적인 사회정책의 네트워크 속에 훈련이 포함되면서 기업의 요구에 크게 편향된 방식으로 기업이 훈련을 실시하고, 노동자가 훈련을 받도록 하는 인센티브가 제공되었다. 기업은 훈련을 마치고 노동자들이 머물러 있을 것이라고(또한 지속적인 숙련 습득으로 인해서 생산성이 증가할 것이라고) 기대할 수 있었다. 또한 훈련을 받는 노동자는 숙련에 대한 자신들의 투자가 일본에서 가장 우수한 기업의 기업내부 노동시장 안에서 승진하는 방식으로 보상을 받으리라고 기대할 수 있었다.

미국에서는 기업 복지를 추구하는 저명한 자본가들이 지속적으로 생산을 합리화하고 숙련노동을 절감하는 기술을 도입하면서도, 유사한 방식으로 훈련을 내부화하고 기업에 기초한 노동시장을 안정화하려는 전략을 추구했다. 그러나 1차 대전 이후 이 기업들은 블루칼라 노동자들을 위해 아주 야심적으로 개발했던 광범위한 내용의 훈련 프로그램을 대체로 포기했다. 그 대신에 '인간관계 관리'를 담당할 감독자들을 위한 훈련으로 관심이 옮겨졌다. 이 기업들은 노동자의 충성심을 기르고 이직을 줄이기 위해 온갖 종류의 기업 내 수당을 계속해서 제공했지만, 일본과 달리 임금은 노동자가 아니라 직무에 따라 계속 결정되었고, 경영자들은 회사 전반의 직무를 명확하게 분류하는 제도—승진 사다리와 결부된—를 실시하는 것에 반대했다. 이러한 조치가 노동조합 조직화와 단체교섭을 촉진하게 될 것을 우려했던 것이다 (Jacoby 1985). 더구나 대체로 기업 내 하위직에서 승진을 통해서 감독자 직위로 갈 수가 없었는데, 미국의 경영자들이 감독자 직위에 대학 졸업자를 선호할 가능성이 훨씬 높았기 때문이다. 이 또한 일본과 대조적인 점이었다. 야망을 품은 젊은 노동자들이 마주하는 인센티브는 명확했고, 이들은 모든 종류의 직업훈련을 전염병처럼 회피했으며 노동시장에서 승진할 수 있는 더 다양한 가능성을 많이 열어주는 학문 지향적인 교육을 선호했다(Hansen 1997).

제도의 상호 보완성

1장에서 지적한 대로 선진 민주주의국가의 정치경제에 관한 문헌들에서는 '자본주의의 다양성'이 뚜렷이 구분된다는 관점이 특징을 이루는데, 이는 여러 가지 제도 영역(노사 관계 시스템, 금융 시스템, 직업교육 및 훈련 시스템, 기업 지배 시스템)이 중요한 방식으로 결속되어 있는, 정치경제학자들이 '제도의 상호 보완성'이라고 부르는 특성을 지닌 어느 정도 통합된 시스템으로 정치경제를 바라본다. 홀과 깅거리치는 선진 민주주의국가들에 관한 양적 데이터에 의거해서 그러한 상호 보완성이 수많은 영역에 존재한다는 증거를 매우 설득력 있게 보여주었다(Hall and Gingerich 2001; 2004).

다른 연구자들은 특정한 제도 영역, 예를 들면 노사 관계와 주요 금융 제도 사이에 시너지 효과와 상호 보완적인 상호작용이 있음을 입증했다(Hall 1994; Iversen, Pontusson, and Soskice 2000). 위의 연구들은 사업장 내 의사 결정에서 노동 측에 강력한 발언권을 부여하는 시스템은 기업이 인사 정책 면에서 장기적인 관점을 채택하는 데 필요한 '참을성 있는 자본'을 제공해주는 상호 보완적인 금융 제도에 의해서 뒷받침되고 있음을 보여준다. 다른 연구들은 노사 관계, 그리고/혹은 숙련 형성을 규율하는 제도가 특정한 사회정책 레짐과 '선택적 친화성'을 지니게 되는 방식에 주목했다(Mares 2000; Estevez-Abe, Iversen, and Soskice 2001; Iversen and Soskice 2001; Manow 2001; Iversen 2003). 그리하여 예를 들면 숙련에 대한 장기적인 투자를 권장하는 숙련 형성 레짐은 실직 노동자에게 더 많은 지원을 제공하는 — 그리하여 숙련노동자가 자신의 훈련을 활용하지도 유지하지도 않는 일자리를 선택하게 만드는 압력을 제거함으로써 숙련을 보존하는 — 실업보험 시스템과 '어울리는' 것으로 보인다(Mares 2000).

이와 같은 종류의 상호 보완성의 존재는 상당한 중요성을 지닌 역사적인 성취물로 간주되어야만 한다. 왜냐하면 어떤 나라의 정치조직이나 정치경제를 구성하는 여러 가지 제도적 장치들이 한 차례의 '대폭발'로 창조된 것이 아님이 분명하기 때문이다. 개별적인 구성 요소는 서로 다른 역사적 국면에서 상이한 정치적 행위자와 동맹의 행위를 통해서 만들어지고 존재하게 된 것이다. 다양한 '조각들'이 필연적으로 서로 잘 들어맞아서 기능적인 전체는 물론이고 하나의 결속된,

자기 강화적인 전체를 구성할 것이라고 생각할 이유도 없다. 실제로 오렌과 스코우로넥은 여러 가지 제도적 장치들의 상이한 '시간적 토대들'이 모순과 갈등을 발생시키기 마련이라고 강력하게 주장했는데, 상이한 정치적 '논리들'을 대표하는 제도들이 충돌하거나 혹은 그들의 표현에 따르면 "부딪히고 마모된다"는 것이다(Orren and Skowronek 2002: 74). 이들의 주장은 겉으로 보이는 상호 보완성의 원천이 무엇인가, 혹은 이들이 예측한 것과 같은 충돌과 모순이 그렇게 많이 일어나지 않고, 예상과는 다르게 시스템을 약화시키지 않는 이유가 무엇인가라는 중요한 문제를 제기한다.

어느 한 영역에 특수한 일련의 제도들이 존재할 경우 그 인접한 영역에서는 위 제도들과 양립 가능하거나 상호 보완적인 일련의 제도들의 존재에 대해서 '수확이 증가한다'고 주장하는 것은 역사적으로 본다면 상당히 공허할 것이다. 비록 어떤 경우에는 그와 같은 공식이 현재 특정한 제도들의 배열이 작동하는 특징을 매우 적절하게 묘사하는 것이 될 수도 있지만, 인과관계에 대한 주장으로서는 아쉬운 점이 많다. 일반적으로 정치제도에 관해서는 진정한 '시장'이란 존재하지 않기 때문에 시장 경쟁을 통한 선택이라는 논리에 의존하는, 행위자가 빠진 주장들은 설득력이 없다.[2] 하지만 위와 같은 주장은 특정한 이익을 추구하는 행위자들과 결과물을 연결시키는 역사적 설명 안에 삽입되면 설득력을 갖게 될 수 있다. 이처럼 보다 정치적인 해석에서는 '강력한 행위자들' — 이들은 구체화되지 않으면 안 된다 — 이 특수한

---

2 그리하여 어떤 경제학자들(예를 들면 Aoki 2001)은 통합적인 인과 변수로서 문화에 의거한다.

제도적 장치들(예컨대 노사 관계 제도)이 발생하는 데 영향력을 미칠 수 있으며 아마도 결정적으로 중요할 수도 있고, 따라서 인접 영역(예컨대 사회정책)에서 상호 보완적인 제도를 만들어내는 데에도 강력한 이해를 갖고 역할을 할 수 있다.

이 점이 '스웨덴 모델'이 구축되고 정교화되는 과정에 관해 스웬슨이 제시하는 해석의 핵심이다. 스웨덴 모델은 고도로 중앙집중화된 노사 관계 제도와 보편적 복지국가를 그 특징으로 삼고 있는데, 이러한 제도적 장치들은 중요한 측면에서 상호 지지하는 것으로 밝혀지고 있다. 스웬슨(Swenson 1991; 2002)은 단체교섭 제도가 중앙집중화된 기원을 1930년대에 국제 경쟁에 노출된 산업의 고용주들과 저임금 부문의 노동자들 사이에 계급 간 동맹이 형성된 것에서 찾고 있다. 중앙집중화는 이러한 특정 고용주들의 이익에 기여했는데, 왜냐하면 국제 경쟁에 노출되지 않았던 고임금 부문(예를 들면 건설 부문)에 속한 고용주들과 노동조합의 파행적 행동을 통제할 수 있게 해주었기 때문이다. 하지만 중앙집중화된 단체교섭을 통해 임금 억제를 제도화하는 데에는 성공을 거두었지만, 여기에는 몇 가지 심각한 부작용이 뒤따랐다. 특히 노동력 부족이 만성화되었는데, 특히 수요가 늘어나는 성장 시기에 심각해졌다. 노동력 부족으로 인해 새로운 문제가 등장했는데, 기존의 임금 규율 제도로는 통제할 수 없는 '부정한' 경쟁이 촉발되었던 것이다. 그리하여 1950년대에 스웨덴 자본의 중요 분파는 포괄적인 건강보험, 관대한 질병 수당, 그리고 적극적인 노동시장 정책이 실시되는 것을 조용히 지지하고 있었다. 왜냐하면 이러한 조치들이 스웨덴 노동시장에 등장한 특유한 문제점들에 대한 해결책을 제공해주었기 때문이다.

이해관계에 기초한 이러한 종류의 설명은 중요하며, 또 제도란 전략적 행위자들이 자신들의 이익을 매우 많이 염두에 두고 고안한 것이라고 보는 일반적인 통념과 분명 부합한다. 만약 다양한 제도적 영역 사이에, 그리고 동시에 여러 시기에 걸쳐서 강력한 행위자가 누구인가 하는 점에 고도의 연속성이 존재한다면, 이러한 '강력한 행위자'의 행위를 통해서 다양한 영역 사이에 강력한 상호 보완성이 만들어지게 될 것이다. 따라서 한 가지 문제는 행위자의 이해관계가 체계적이고 지속적으로 지배력을 행사하는, 그러한 일련의 행위자들을 선험적으로 확인할 수 있는가 하는 것이다.

우리가 이 문헌에서 다루고 있는 것은 자본주의국가들이기 때문에 제일 유력한 용의자는 고용주일 것이다. 또 스웬슨의 분석에서 설득력 있게 제시된 논점 가운데 하나는 어떤 유형이든 지속되는 힘을 지닌 정치·경제 제도는 바로 자본에 대항하지 않고 자본의 일부 분파와의 협력을 통해서 달성된 제도라는 점이다.[3] 1930년대에 만들어진 노사 관계 제도와 1950년대의 사회정책 간의 '부합'에 관한 스웬슨의 설명은 자본가의 이해관계가 시간이 지나면서 어떻게 진화하는가에 관한 주장에 근거하고 있다. 예를 들면 방금 논의한 사례에서 그는 과거에 일어난 제도적 혁신(임금 교섭의 중앙집중화)이 결과(노동력 부족)를 낳고, 이것이 더 광범위한 시장 상황의 변화와 상호작용하여 시간이 지나면서 다른 인접한 영역(사회정책)에서 자본가의 이해관계를 변형시키는 과정을 보여주고 있다(Swenson 2002; 2004).

다른 연구자들은 반대로 자본가들이 취하는 행동에 대한 구조적

---

3 스웬슨의 발견은 이 책에서도 또한 확인된다(특히 5장의 결론 부분을 보라).

제약을 더 강조해왔다. 예를 들어 해커와 피어슨은 고용주의 이해관계의 중요성을 부정하지 않지만, 결과물을 이해하기 위해서는 행위자들(고용주를 포함해서)의 선택을 제한하는 *선택 메뉴*를 설정하는 구조적 조건을 분석하는 것이 중요하다고 주장한다(Hacker and Pierson 2002). 이들은 아젠다 설정에 관한 연구들이 제시하는 통찰을 언급하면서 대부분의 상황에서 핵심적인 사안은 특정 시점에 상정되어 있는 두 가지 혹은 세 가지(혹은 ○가지)의 특정한 정책 선택지들 중에서 최종 선택을 하는 데 있는 것이 아니라, 행위자들이 고르도록 허용된 '선택지들'이 그 이전 단계에서 누가 선호하는 선택 범위 내에서 정해지는가 하는 문제라고 지적한다(Hacker 2002; Hacker and Pierson 2002). 해커와 피어슨은 미국 사회보장법의 기원에 관한 어느 분석에 대해 비판을 가하고 있는데, 과거에는 실행 가능했던 어떤 선택지들(초기에는 매우 강력한 경제단체가 수용했던 선택지들)이 더 폭넓은 정치적 상황에 의해서 아예 아젠다에서 제거되는 과정을 강조했다(Hacker and Pierson 2002: 12).[4]

휴버와 스티븐스(Huber and Stephens 2001)도 구조적·정치적 제약에 주목했는데, 이전의 정책에 의해 *선호의 분포*가 강력하게 변형된다는 점을 강조했다. 그들이 말하는 선호의 분포란 이후의 특수한 정책 논쟁에서 자신들의 이해를 표출하려고 하는 행위자들의 세계를 의미한다. 예를 들면 휴버와 스티븐스는 스웬슨과 마찬가지로 일부 스웨덴 고용주들은 1950년대에 보편주의적인 복지 정책을 지지했다는 점을

---

4 도빈(Dobbin 1994)은 좀 더 사회학적 시각에서 유사한 논점을 제기했다. 결과에 나타난 국가 간 차이를 이해하려면 특정한 결정이 이루어진 대목(최종적인 것이라고 해도)만이 아니라 맨 처음에 제시된 여러 가지 선택지들 — 국가별로 종종 전혀 다르다 — 을 고려하는 것이 필요하다고 주장한다.

인정하지만, 이 점에 대해서 다른 해석을 제시한다. 그들은 사회민주당 집권이 20년이나 지속되면서 저임금 업체가 대체로 소멸되었고, 그 과정에서 그 당시 정책 조치에 대해서 반대할 가능성이 있던 중요한 원천이 함께 사라졌다는 사실에 주목한다. 휴버와 스티븐스는 자본가의 이해관계를 강조하는 분석들은 이들 행위자들의 선호와 전략이 지배적인 구조와 정치적 맥락에 의해서 형성되는 방식을 '간과'하지 않도록 유의할 필요가 있다고 주장한다(Huber and Stephens 2001: 33).

자본의 이해가 진화하는 것을 특별히 강조하든(스웬슨), 아니면 고용주로 하여금 자신의 이해를 정의하고 옹호하게 하는 구조적·정치적 제약을 강조하든(해커와 피어슨, 휴버와 스티븐스), 이러한 분석들은 모두 특정한 선택 지점을 더 긴 시간적인 분석 틀 — 특정한 정책 및 제도에 관한 선택이 이루어지는 조건을 규정해온 피드백 효과를 고려하는 — 속에서 바라보고 해석해야 할 필요성을 강조하고 있다. 그들은 일정 시점에서 시작된 정책이, 다음 전투에서 어떤 행위자들이 투쟁할 것인지, 그들은 자신들의 이해관계를 어떻게 정의할 것인지, 그리고 그들이 이후에 누구와 어떤 방식으로 동맹할 것인지에 대해 영향을 미치는 과정을 강조하고 있다(Skocpol 1992; Pierson 2003a; Weir 2003). 제도들 사이의 상호 보완성이 역사적으로 어떻게 형성되는가를 이해하기 위해서 그러한 피드백 효과에 주목하는 것이 매우 중요하다. 왜냐하면 그것만이 일련의 제도적 혁신이 일어나는 특정한 사건들 — 서로 다른 시기에 걸쳐 있고, 종종 상이한 정치적 행위자 및 동맹과 관련되어 있는 — 사이에 필수적인 *인과 연관*을 제공해주기 때문이다. 그러한 피드백 효과를 통해서 기존 제도에 대한 옹호자나 도전자는 물론 정책 기획가의 작업 대상이 되는 원료(행위자의 배열, 이해관계의 정의)가 정해진다.

　그러한 피드백 효과는 어떻게 작동되는가? 이 책의 분석은 선행 연구들의 몇 가지 통찰을 확인하지만, 또한 새로운 단서와 통찰을 담고 있다. '경로의존'에 관한 최근의 정치학 이론과 부합되게, 우리는 몇몇 사례에서 '권력의 수익체증' — 어느 단계에서 승리한 자들이 자신들의 이해관계를 반영하고 공고화하는 해결책을 강요하고, 그리하여 다음 단계에서 편향된 결과가 산출되는 상황 — 이라는 전통적 논리를 관찰할 수 있다. 이 책에 소개된 미국 사례가 그 한 예이다. 미국에서 고용주들은 다른 나라의 고용주들에 비해서 이미 숙련노동에 대한 의존도가 낮았고, 19세기 말에 노동조합의 통제 전략을 완전히 제압하고 크래프트 유니온을 분쇄할 수 있었다. 이는 생산기술과 인사관리 면에서 보다 많은 혁신을 통해 숙련노동에 대한 의존을 더욱 감소시키는 배경이 되었고, 이는 다시 훈련 및 숙련 노동시장 일반에 대한 노사 공동 규제의 가능성(사실은 필요성)을 시간이 지나면서 더 요원해지게 만들었다. 이러한 논법은 앞서 묘사한 바 있는 스웨덴에 관한 휴버와 스티븐스의 설명과 흡사하다. 스웨덴 사례에서는 1930년대에 노사관계 제도를 둘러싼 투쟁에서 중앙집중화를 지지한 측이 승리를 거두자 저임금 업체들이 살아남을 수 없는 환경(특히 임금 환경)이 조성되었다. 이에 따라 이후의 제도 및 정책 선택 — 이 경우에는 1950년대 사회정책을 둘러싼 논쟁 — 을 위한 경쟁의 장이 한쪽으로 기울어졌다.

　하지만 이 책의 분석은 권력의 수익체증 논리에 근거한 주장에서 더 나아가서, 일련의 행위자들이 일련의 목적을 위해서 만들어낸 제도들을 때로는 전혀 다른 동맹이 받아들여서 어깨에 '짊어지고 나아가는' 과정을 강조하고 있다. 예를 들면 독일 사례에서 보았듯이 결정적으로 중요했던 1897년 법률을 지지한 원래의 동맹에 노동조합이나 기계 산업은 모두 포함되지 않았지만, 양자 모두는 나중에 진화하는 훈련 시스템을 짊어지고 가는 대단히 중요한 존재가 되었다. 수공업 부문에 기반을 둔 이 훈련 시스템은 중요한 피드백 효과를 낳았는데, 무엇보다도 중요한 것은 숙련 형성과 관련해서 노동조합이 자신들의 이해관계를 정의하는 방식을 규정했다는 점이다. 독일에서는 사회민주주의 계열 노동조합의 조합원 가운데 수공업 훈련 시스템에서 자격을 획득한 숙련노동자들이 아주 많았기 때문에, 노동조합은 이 시스템을 해체하는 것이 아니라 그것이 대표하는 사업장 내 훈련 시스템을 통제하거나 공동 관리(공동 결정)하는 데 강력한 관심을 갖게 되었다.[5] 중요한 점은 독일 노동조합은 아주 일찍부터 사업장 내 훈련 시스템에 스스로 이해관계를 갖게 되었고, 그리하여 다른 나라의 사회민주주의 계열의 노동조합 ─예를 들면 스웨덴 노동조합─ 과는 아주 다른 전략을 추구했다는 점이다. 스웨덴 노동조합은 기업에 근거한 모든 형태의 훈련에 보다 회의적이었고 대신에 블루칼라 노동자를 위해서 공적으로 관리되는, 학교에서 이루어지는 직업교육을 추진하는 데 노력을 기울였다.

산업화 초기 독일에서 기계 산업은 또 다른 핵심적 행위자로서 원래의 동맹에 속하지는 않았지만, 수공업 시스템에 관한 기계 산업의 전략이 훈련 시스템이 진화하는 데 또한 극도로 중요했다. 기계 산업은 숙련에 많이 의존했고, 따라서 소규모 수공업 업체들이 배출해낸 숙련의 중요한 소비자였다. 2장에서 자세히 언급한 대로 대규모 기계

---

5 그라이프와 레이틴(Greif and Laitin 2003)의 표현을 빌리면, 이는 이러한 제도가 작동되면서 제도가 스스로 실행되는 범위인 '유사 한도(quasi parameters)'가 확장되는 행태상의 효과를 낳는 상황으로 규정될 수 있다.

업체들은 내부 노동시장을 위한 훈련에 기초해서 전혀 다른 숙련 형성 모델을 추구하려고 했다. 이는 비슷한 시기에 미국과 일본에서 등장한 관행과 매우 유사한 것이었다. 그러나 이 기업들은 이미 존재하고 있던 수공업 시스템의 논리로부터 완전히 벗어날 수 없었다. 독일의 숙련 집약적인 기업들은 장인 부문과 경쟁하게 되면서 —이 기업들은 장인 부문의 훈련 방식을 혐오했지만, 장인 부문이 보유한 숙련 자격인증 권한을 갖고 싶어 했다—훈련에 관해서 보다 협력적인 접근 방식을 취하게 되었다.

하지만 기존의 수공업 시스템과의 관련 아래서 노동조합과 기계산업의 이해관계가 규정되었다고 해서, 이들이 *원래 구성된 그대로* 그러한 제도에 이해관계를 갖게 되었다고 말하는 것은 아니다. 이 점에서 나는 지배적인 제도의 논리에 순응하여 행위자들이 전략을 수정하는 '고착lock in'을 강조하는 몇몇 경로의존 이론들과 견해를 달리한다. 제도는 일단 자리를 잡으면 실제로 다양한 집단의 이해관계와 가능한 전략적 선택에 영향을 미친다. 하지만 일부 결정론적인 논법과는 달리 제도는 여전히 계속 진행되는 정치적 대결의 대상으로 남아 있고, 시간이 흐르면서 제도가 취하고 있는 형태와 제도의 정치적·사회적 기능이 크게 변화하는 것을 이해하려면 제도가 의존하고 있는 정치적 동맹의 변화라는 열쇠를 이해해야 한다.

제도가 어느 정도나 스스로를 강화하는 피드백 효과만을 발생시키는지, 혹은 제도가 작동하면서 제도 장치들의 '*신뢰할 만한* 재생산'에 기여하는 것이 아니라 오히려 교란시키는 동학을 발생시키지는 않는지 여부 등이 쟁점이 된다(Clemens and Cook 1999: 449; 이 점에 관해서는 또한 Orren and Skowronek 1994를 보라). 훈련 시스템에 관해 기계 산업과 노동조합 모두 관심이 증가하면서 오히려 새로운 갈등이 훈련 시스템의 지배를 둘러싸고 특히 분출되었다. 그 결과 지배 구조를 둘러싸고 재교섭이 되풀이되었고, 이는 훈련 내용이 더욱더 표준화되고 통일적으로 변화하도록 만들었고, 결국 시스템 전체의 정치적 분포가 변화하는 것으로 귀결되었다.

독일 사례는 긍정적인 피드백의 요소들과 새로운 발전 — 항상 반드시 동일한 방향으로 작용하지 않고 오히려 전반적인 궤적을 변경시키는 — 을 결합하여 제도가 발전하고 변화한 실례로 간주될 수 있다. 어떻게 해서 주변적인 행위자들, 즉 첫 라운드의 '패배자들'이 모종의 방식으로 지배적인 제도에 이해관계를 갖게 되는지, 그리하여 또 다른 과정을 통해서 세력균형의 변동이 발생하면 제도의 단순한 재생산이나 와해가 아니라 제도의 전환으로 귀결될 수 있는지를 보여줌으로써 독일 사례는 우리로 하여금 수익체증이나 긍정적 피드백에 관한 주장 — 경로의존에 관한 문헌과 관계가 있는 — 을 넘어서게 해준다(또한 Thelen 2002를 보라).

제도의 상호 보완성을 이해하는 열쇠는 제도의 공진화co-evolution와 피드백 효과가 일어나는 과정에서 응집력이 발휘되는 것이 아니라 구성되는 것으로서, 과거로부터 물려받은 제도가 정치·시장·사회 환경의 변화에 적응하는 — 이 경우에는 정치적 통합 및 그와 연관된 재협상을 통해서 — 과정으로서 사고하는 것이다. 사물들이 서로 '들어맞는'다면, 이는 부분적으로는 한 집단이나 특정 동맹이 항상 승리하고 있기 때문일 수도 있고, 혹은 새로운 제도가 이미 존재하는 제도들과 양립 가능하다는 이유로 선택되기 때문일 수도 있다. 하지만 그것은 물려받은 제도가 새로운 환경과 새로운 이해관계에, 그리고 새로운 권력 구도에 적극적으로 '맞추어지거나' 적응하는 과정으로부터 기인할 수도 있다. 이러한 고찰들을 통해서 지금까지의 분석이 제도의 기원, 진화, 그리고 변동에 대해서 무엇을 말해주는가라는 더 광범위한 질문으로 넘어갈 수 있다.

제도의 진화와 변동

위의 분석은 또한 제도의 재생산과 변동이라는 일반적 과정에 관한 통찰을 제공해준다. 초창기 세대의 제도 분석이 일차적으로 제도의 상이한 배열 형태가 정책 및 기타 결과에 어떠한 효과를 미치는가에 초점을 맞추었던 반면에, 점점 더 많은 연구들이 어떻게 제도 자체가 발생하고, 시간이 지나면서 진화하는가 하는 문제에 관심을 기울이고 있다 (예를 들면 특히 Clemens and Cook 1999; Pierson 2004; Greif and Latin 2003). 이 주제에 관한 최근 연구들은 대체로 주제를 다루어온 기존의 방식 —특히 제도의 재생산에 대한 분석과 제도의 변화에 대한 분석을 날카롭게 구분하는 방식 — 에 대한 불만으로부터 추진되어왔다. 1장에서 지적한 대로 기존의 문헌들은 제도의 변화를 매우 비연속적인 관점에서 외부의 충격 —판을 깨끗이 청소하는[맨커 올슨(Olson 1982)의 2차 대전 이후 경제성장에 관한 이론], 혹은 행위와 혁신에 새로운 가능성[카츠 넬슨의 '비범한 선택이 이루어지는 불안정한 순간'(Katznelson 2003: 277, 282–3)] 을 열어주는 —의 결과로 바라보는 공통적 이해가 존재한다.

그와 같은 결정적 국면이 존재할 수 있다는 점을 부정하지는 않지만, 이 책의 분석은 제도의 재생산과 변화에 대해서 상당히 다른 시각을 제공한다. 거대한 역사적 단절을 배경으로 거대한 변화가 일어나는 것을 예상하는 강한 단절된 균형 모델과는 달리 우리는 역사적으로 '동요하는' 시기를 거치면서도 중요한 연속성이 존재하고, '안정된' 시기임에도 불구하고 경합과 재교섭이 지속되며, 시간이 지나면서 이 것이 중요한 변화로 귀결되는 것을 종종 발견한다. 독일 사례가 생생 하게 입증하듯이, 당연히 기존의 패턴을 해체하고 엄청난 제도적 혁신 을 불러올 것이라고 우리가 예상하는 거대한 외부의 충격에 직면해서 도 제도의 장치들은 믿을 수 없을 정도로 탄력적인 것으로 종종 드러 난다. 2차 대전 직후의 시기에 있었던 사건들이 분명히 보여주듯이(5 장), 정치 행위자들은 위기 혹은 심한 불확실성의 시기에 종종 실험을 분명히 회피하고 그 대신에 익숙한 공식에 의지하는데, 이는 제도의 변화가 아니라 재생산으로 귀결된다.

하지만 독일 사례가 또한 보여주었듯이 '동요하는' 시기가 아니 라 '안정된' 시기에 일어나는 소규모의 좀 더 미묘한 변화들에도 주목 할 필요가 있는데, 시간이 지나면서 이러한 변화들이 누적되어 제도의 커다란 변형을 가져올 수 있기 때문이다(또한 Djelic and Quack 2003: 309). 이 책의 2장과 5장에서는 독일 시스템이 주로 노동조합을 패배 시키기 위한 핵심적인 기본 틀에서 시작해서 백 년 후에 노동과 자본 사이에 사회적 파트너십의 버팀대로 진화하는 과정을 추적했다. 이 과 정은 역사적인 '분기점'에 ― 20세기에 독일에는 분명 많은 분기점이 존재했다 ― 재교섭이 대대적으로 이루어진 것이 아니라, 제도의 중첩 과 전환 과정을 통해서 규정되었다(1장). 기존 제도에 새로운 집단이 통합되면서 전반적인 궤적을 변경시킨 새로운 요소가 *부가*되었고, 또 동맹의 기반이 변화하면서 *재협상*이 이루어져 원래의 설립자들이 전 혀 예상하지 못했던 목적과 기능을 제도가 수행하게 되었다.

국가별 궤적의 다양성에 관한 초기의 문헌들은 대부분 제도를 결정적 국면의 '결빙된frozen' 잔여물로 혹은 이전의 정치적 전투의 '끈질긴sticky' 유산으로 사고함으로써 위와 같은 쟁점들을 간과하는 경향이 있었다(예를 들면 Lipset and Rokkan 1968: 3, 50, 54을 보라. 이들은 '결빙freezing'이라는 단어를 사용하고 있다). 하지만 경로의존과 수익체증 효과를 다룬 보다 최근의 문헌은 장기간에 걸쳐서 제도를 지탱하는 **역동적** 과정을 해명함으로써 논쟁을 진전시켰다(Pierson 2000a). 수익체증에 관한 주장은 이 과정의 중요한 측면을 밝혀주지만, 이 주장은 주로 제도의 변화가 아니라 제도가 재생산되는 논리를 포착하기 위해서 고안된 것이다. 더구나 많은 경우 제도의 지속을 설명하기 위해서도 긍정적 피드백이라는 주장 이상의 것이 필요하다. 정치적 지형과 정치·경제적 지형들을 살펴보면 제도의 생존이 종종 제도의 적응과 결부되어 있으며, 때로는 과거로부터 물려받은 제도를 사회적·정치적·경제적 상황에 맞추어서 변형하기도 하는 측면과 강력하게 결부되어 있음을 알 수 있다.

내가 제시한 전반적인 주장은 제도의 재생산과 제도의 변화—이는 흔히 완전히 별개의 분석적인 문제로 취급되고 있다—가 함께 연구되지 않으면 안 되며, 또 양자는 중요한 여러 가지 방식으로 아주 밀접하게 결합되어 있다는 것이다(또한 Thelen 1999를 보라). 공식적 제도는 가만히 정지해 있다면 오랜 시간의 흐름을 견디지 못한다. 안정성과 관성이라는 용어는 특히 만족스럽지 못하다. 왜냐하면 제도를 둘러싼 세계는 변화하고 있고, 제도의 존속은 꼭 제도가 처음에 설립된 그대로 충실하게 재생산되는 데 달려 있는 것이 아니라, 오히려 제도가 자리 잡고 있는 정치적·경제적 환경의 변화에 지속적이고 적극적으로 적응하는 데 달려 있기 때문이다.

　지금까지의 분석으로부터 도출되는 한 가지 명확한 일반적인 교훈은 로버트 베이츠가 경고한 대로, "제도의 역할에 대한 분석을 제도의 원인에 관한 이론과 혼동"하지 말아야 한다는 점이다(Bates 1988; 또한 Knight 1999: 33-4를 보라). 나의 연구는 피어슨이 행위자 중심적인 기능주의로 지칭한 다양한 경향 — 이는 일종의 후행적 추론을 수행하는 데, 여기서 "제도의 효과가 그 제도의 존재를 설명한다[고 간주되고 있다]" — 에 대해서 강력한 경고를 제시해준다(Pierson 2000b: 475). 현재의 시점에서 독일 직업훈련 제도를 바라보면, 전문가들이 이 시스템을 강력한 노동조합의 존재와 수출 시장에서 이룬 강력한 성과를 조화시킨 고임금, 고품질 생산 레짐의 일부로 묘사하는 것은 아주 설득력이 있는 것처럼 보인다. 하지만 역사가 보여주듯이 19세기 말에는 이러한 궤적의 끝을 분명히 예측할 수 있었던 것이 아니다.

　피어슨이 지적한 대로 요점은 제도가 특수한 이해관계를 지닌 의도적인 행위자들에 의해서 설계되지 않는다는 것이 아니고, 오히려 제도는 분명히 그렇게 설계된다.[6] 문제는 무엇보다도 "좀 더 광범위한 사회적 환경의 변화, 그리고/혹은 행위자 자신의 성격의 변화"로 인해서 시간이 지나면서 설계자의 목적과 제도가 작동하는 방식 사이에 의도하지 않은 중요한 '간격'이 생겨날 수 있다는 점이다(Pierson 2004: 108-9). 그러한 '간격'을 관찰할 수 있는 사례들은 제도가 시간이 지

---

6 쉬클러(Schickler 2001), 팔리에(Palier 2005), 피어슨(Pierson 2004) 등이 지적한 바 있듯이, 제도는 매우 상이하거나 모순적이기도 한 이해관계를 지닌 집단들 사이의 타협을 나타내는 경우도 종종 있다. 이 연구에서는 1897년 수공업보호법이 그 완벽한 사례이다(2장의 분석을 보라).

나면서 진화하는 방식에 대해 통찰을 얻어낼 수 있는 대단히 유익한 사례가 될 수 있다. 제도의 발전에 관해서 이 책에서는 제도를 둘러싸고 벌어지는 정치적 경합을 강조했고, 제도가 의존하고 있는 동맹의 변동은 제도가 취하는 형태와 정치와 사회에서 제도가 담당하는 기능에 변화를 가져온다고 주장했다.

경로의존에 관한 정치학 내의 몇몇 최근 이론과 마찬가지로 이 책의 분석은 스틴치콤이 '역사주의적 설명'이라고 부른 것 —즉, "한 제도의 발생을 설명하는 과정은 그 제도의 재생산을 설명하는 과정과 다르다"는 생각 — 의 가능성에 주의를 기울일 필요가 있음을 보여준 다(Mahoney 2000: 4; Stinchcombe 1968; Pierson 2000a). 제도의 현재적 기능에서 제도의 기원을 찾으려는 기능주의적 설명과 달리, 우리가 일련의 목적을 위해서 만들어진 제도가 어떻게 해서 전혀 다른 목적을 담당하도록 바뀔 수 있는가를 알기 위해서는 상당히 더 긴 범위의 시간을 다루는 것이 종종 필요할 것이다. 강력한 행위자들이 자신들의 지위를 고수하기 위하여 제도를 설계하는 방식을 강조하는 권력 배분적 설명을 따르면서, 하나의 권력 배치 구도 혹은 이해관계의 동맹에 의해서 만들어진 제도를 어떻게 해서 다른 동맹이 완전히 어깨에 '짊어지고 앞으로 갈' 수 있는가를 알기 위해서는 우리는 종종 더 긴 시간 분석 틀을 다룰 필요가 있다. 그리고 더 긴 시간 분석 틀을 채택함으로써 제도를 공유된 문화적 규칙cultural scripts을 충실하게 반영하는 것으로 바라보는 일부 문화적 설명을 넘어서서, 어떻게 해서 한 국면에서 만들어진 제도가 특정한 사회적 혹은 문화적 지향을 단순히 반영하는 것이 아니라 구성할 수 있는가를 좀 더 분명하게 이해할 수 있다. 각국의 사례는 한 국면에서 제도가 만들어지고 존재하게 됨으로써 행위자의 전략, 이해관계, 정체성, 그리고 지향이 형성되는 데 계속해서 영향을 미칠 수 있다는 것을 보여준다.

긍정적 피드백은 분명히 부분적으로 들어맞지만, 그러한 피드백 효과가 반드시 처음의 구상대로 시스템이 충실하게 재생산되는 것으로 연결되지는 않는 과정이 또한 존재한다는 점이 이 책의 분석을 통해서 밝혀졌다. 변화의 근원(혹은 변화의 압력)이라는 측면에서는 이 연구는 제도의 발전을 분석할 때 주변부에서 전개되는 과정에 주의를 기울일 필요가 있다는 클레멘스와 여러 연구자들의 통찰을 강조한다 (Clemens 1993; Orren and Skowronek 1994; Weir 1992). 왜냐하면 제도는 단순히 긍정적인 피드백만을 발생시키는 것이 아니고, "불만을 만들어내며 …… [그리고] 불만을 갖고 있지만 회유되지 않는 행위자들이 제도 변화에 대한 압력의 중요한 원천"이기 때문이다(Schneiberg and Clemens 2006: 35). 시장과 달리 정치에서는 한 국면의 '패배자들'이 반드시 사라지는 것은 아니며, 그들의 '적응'은 경제학에서 수익체증 논리가 가정하듯이 제도를 '받아들이고 재생산하는 것'과는 아주 다른 것을 의미할 수 있다는 점을 기억하는 것이 중요하다. 지배적인 제도가 불만을 품은 사람들 사이에 긍정적인 피드백 효과를 낳지 못할 경우, 이들이 나중에 힘을 갖게 되면 제도의 와해가 초래될 수 있다. 영국이 여기에 해당된다. 시장 상황의 변화로 인해서 힘의 균형 면에서 숙련공조합이 급격히 불리해지자, 노동조합이 강제하던 도제 훈련은 고용주에 의해서 과감하게 파괴되었다.

하지만 독일 사례가 강조하듯이, 주변에 위치한 행위자 자신이 지배적인 제도에 이해관계를 지니고 있는지 여부, 그리고 있다면 어떤 방식으로 그러한지를 살펴보는 것이 또한 중요하다. 이 책의 분석에서 변화를 일으킨 무엇보다도 가장 중요한 행위자들은 처음에 수공업 부문을 위해 만들어진 직업훈련 시스템의 '외부에' 있던 조직화된 기계산업부문과 노동조합이었다. 두 집단의 경우, 한편으로는 이들 집단이 추구한 전략은 기존 시스템의 논리에 적합했고, 다른 한편으로는 자신들의 상이한 아젠다를 수용하도록 기존 제도에 강력한 압력을 가했다. 이러한 사례에서 '내부자'와 과거의 '외부자' 사이에 힘의 균형이 변화하면 제도의 와해가 아니라 제도의 전환이 나타날 수 있다. 이러한 사례에서는 수익체증과 긍정적 피드백이라는 측면이 새로운 발전과 결합되는데, 이는 반드시 항상 동일한 방향으로 나아가는 것이 아니라 전반적인 궤적을 변경할 수 있다.

이 책에서 제시한 분석은 우리가 제도의 '안정기'와 '혁신기'를 강력하게 대비시키는, 둔감한 단절적 변화 모델을 넘어서는 데 도움이 된다. 점진적 변화가 이루어지는 양식과 메커니즘을 밝히고 있을 뿐 아니라, 또한 ─ 이 점이 중요하다 ─ 시스템에서 *어떤 측면이* 계속 안정적으로 재생산되고 어떤 것은 재협상의 대상이 되는지, 그 이유는 무엇인지 등을 해명하도록 요구하고 있기 때문이다. 독일에서 1897년부터 지금까지 여러 차례에 걸쳐 실로 엄청난 분기점을 거치면서 놀라우리만큼 안정적으로 유지된 것은 기업이 노동자를 어떻게 훈련시키는가를 집단적인 관리 시스템 하에서 감독한다는 구상이었다(이는 대단히 이례적인 역사적 성과였다). 다른 한편 이러한 시스템이 운영되는 지배 구조 자체는 전혀 안정적이지 못한 채 격렬한 경합과 주기적인 재협상의 대상이 되었다. 지배 구조가 주기적으로 재교섭되면서 한편으로는 전체 사회의 권력 균형의 변화에 시스템이 부합하도록 함으로써 시스템이 살아남을 수 있었고, 동시에 1897년에 만들어진 시스템의 정치적·기능적 논리와 비교하면 전혀 다른, 예상하지 못한 변화가 등장했다. 독일 사례는 피어슨과 스카치폴(Pierson and Skocpol 2002)이 권유한 대로, 시간에 따라 제도의 발전을 규정해온 연속적인 사건과 과정을 포함하는 더 긴 시간 분석 틀 속에서 제도를 살펴봄으로써 비로소 제도가 지녀온 형태와 기능을 이해할 수 있다는 점을 분명히 보여준다.

참고문헌

ABB. 1955. *Verzeichnis der anerkannten Lehr und Anlernberufe in Industrie, Handel und Verkehr.* Bielefeld : W. Bertelsmann.

Abel, Heinrich. 1963. *Das Berufsproblem im gewerblichen Ausbildungs- und Schulwesen Deutschlands(BRD).* Braunschweig : Georg Westermann Verlag.

Abel, Heinrich. 1968. *Berufserziehung und beruflicher Bildungsweg.* Edited by K. Stratmann. Braunschweig : Georg Westermann Verlag.

Acemoglu, Daron. 1996. Credit Constraints, Investment Externalities and Growth. In *Acquiring Skills,* edited by A. L. Booth and D. J. Snower. London : Centre for Economic Policy Research.

Acemoglu, Daron, and Jörn-Steffen Pischke. 1998. Why Do Firms Train? Theory and Evidence. *Quarterly Journal of Economics* 113 (1) : 79~119.

Acemoglu, Daron, and Jörn-Steffen Pischke. 1999a. Beyond Becker : Training in Imperfect Labour Markets. *Economic Journal* 109 : F112~F142.

Acemoglu, Daron, and Jörn-Steffen Pischke. 1999b. The Structure of Wages and Investment in General Training. *Journal of Political Economy* 107 (3) : 539~572.

Adam, Hermann. 1979. *Der Einfluss der Industrie- und Handelskammern auf politische Entscheidungsprozesse.* Frankfurt : Campus Verlag.

Adelmann, Gerhard. 1979. Die berufliche Aus- und Weiterbildung in der deutschen Wirtschaft 1871~1918. In *Berufliche Aus- und Weiterbildung in der deutschen Wirtschaft seit dem 19. Jahrhundert,* edited by H. Pohl. Wiesbaden : Franz Steiner Verlag.

Agriculture and Commerce, Ministry of. 1903. *Shokkō jijō.* Tokyo : Ministry of Agriculture and Commerce.

Albert, Michel. 1993. *Capitalism versus Capitalism.* New York : Four Walls Eight Windows.

Albrecht, Willy. 1982. *Fachverein, Berufsgewerkschaft, Zentralverband : Organisationsprobleme der deutschen Gewerkschaften 1870~1890.* Bonn :

Neue Gesellschaft.

Alewell, Dorothea, and Julia F. Richter. 2001. Die Ausbildungsplatzabgabe als Instrument zur Internalisierung externer Effekte. In *Bildung und Beschäftigung,* edited by R. K. von Weizsäcker. Berlin : Duncker & Humblot.

Alexander, Magnus. 1921. Apprenticeship in the Metal Trades. In *Trade Unionism and Labor Problems,* edited by J. R. Commons. Boston : Ginn and Company.

Aoki, Masahiko. 2001. *Toward a Comparaative Institutional Analysis.* Cambridge, MA : MIT Press.

Arbeit, Bundesministerium für, ed. 1950. *Die Arbeiter und Angestellten nach Beruf und Alter sowie die Lehrlingshaltung in der Bundesrepublik Deutschland am 31. Oktober 1950. Ergebnisse einer Sondererhebung der Arbitsämter.* Bonn : Bundesministerium für Arbeit(Statistik).

Arnhold, Carl. 1931. Arbeitsschulung im Rahmen des Dinta. In *Industrielle Arbeitsschulung als Problem : Fünf Beiträge über ihre Aufgaben und Grenzen,* edited by S. M. E. V. Frankfurt/Main : Industrieverlag Späth + Linde.

Arthur, W. Brian. 1989. Competing Technologies, Increasing Returns, and Lock-In by Historical Events. *Economic Journal* 99 : 116~131.

Ashton, David, and Francis Green. 1996. *Education, Training, and the Global Economy.* Cheltenham, UK : Edward Elgar.

Atkins, Ralph. 2000. Germany's Greens watch as their support withers. *Financial Times,* March 17, 2.

Backes-Gellner, Uschi. 1995. Duale Ausbildung und/oder betriebliche Weiterbildung? *Berufsbildung 49* (33) : 15~16.

Baernreither, J. M. 1893. *English Associations of Working Men.* Translated by A. Taylor. London : S. Sonnenschein & Co.

Baethge, Martin. 1970. *Ausbildung und Herrschaft : Unternehmerinteressen in der Bildungspolitik.* Frankfurt / Main : Europäische Verlagsanstalt.

Baethge, Martin. 1999. Glanz und Elend des deutschen Korporatismus in der Berufsbildung. *Die Mitbestimmung online* 4 : 15.

Bates, Robert H. 1988. Contra Contractarianism : Some Reflections on the New Institutionalism. *Politics & Society* 16 (2) : 387~ 401 .

BDI, Bundesverband der Deutschen Industrie. 1950. Der Präsident: An die industriellen Unternehmer und Betriebsleiter. In *Quellen und Dokumente zur Geschichte der Berufsbi/dung in Deutschland,* edited by G. Pätzold. Köln : Böhlau Verlag.

Beard, Mary S. 1908. Results of an Inquiry into the Working of Continuation Schools in England. In *Continuation Schools in England & Elsewhere,* edited by M. E. Sadler. Manchester, UK : University of Manchester.

Becker, Gary S. 1993. *Human Capital.* 3rd ed. Chicago : The University of Chicago Press.

Beil, E. 1921. Die Ausbildung der Industrielehrlinge in Werkstatt und Schule. In *Lehrlings-Ausbildung nnd technisches Berufschulwesen (Abhandlungen und Berichte über Technisches Schulwesen)*, edited by DATSCH. Berlin : DATSCH.

Beissinger, Mark R. 2002. *Nationalist Mobilization and the Collapse of the Soviet State*. New York : Cambridge University Press.

Bellmann, Lutz, and Renate Neubäumer. 2001. Die Übernahme betrieblich Ausgebildeter : Theoretische Überlegungen und empirische Ergebnisse auf der Basis des IAB-Betriebspanels. 1998. In *Bildung und Beschäftigung*, edited by R. K. von Weizsäcker. Berlin : Duncker & Humblot.

Berg, Maxine. 1985. *The Age of Manufactures, 1700~1820*. London : Fontana Press.

Berg, Peter B. 1994. Strategic Adjustments in Training : A Comparative Analysis of the U. S. and German Automobile Industries. In *Training and the Private Sector : International Comparisons*, edited by L. M. Lynch. Chicago : University of Chicago Press.

Berger, Klaus, Harald Brandes, and Günter Walden. 2000. *Chancen der dualen Berufsausbildung*. Bonn : Bundesinstitut für Berufsbildung.

Berger, Suzanne, and Ronald Dore, eds. 1996. *National Diversity and Global Capitalism*. Ithaca, NY : Cornell University Press.

Berghoff, Hartmut. 2001. Did Hitler Create a New Society? Continuity and Change in German Social History Before and After 1933. In *Weimar and Nazi Germany: Continuities and Discontinuities*, edited by P. Panayi. New York : Longman.

Berufsausbildung, ABB Arbeitsstelle für Betriebliche. 1958. 10. *Jahre Arbeitsstelle für Betriebliche Berufsaubildung*. Bonn : W. Bertelsmann Verlag.

Bildungsforschung, Max-Planck-Institut für. 1979. *Between Elite and Mass Education*. Translated by R. Meyer and A. Heinrichs-Goodwin. Albany, NY : State University of New York Press.

Bishop, John. 1994. The Impact of Previous Training on Productivity and Wages. In *Training and the Private Sector: International Comparisons*, edited by L. M. Lynch. Chicago : University of Chicago Press.

Black, Sandra E., and Lisa M. Lynch. 1996. Human Capital Investments and Productivity. *American Economic Review. Papers and Proceedings* 86 (2) : 263~7.

Blackbourn, David. 1977. The Mittelstand in German Society and Politics, 1871~1914. *Social History* 4 : 409~433.

Blinder, Alan S., and Alan B. Krueger. 1996. Labor Turnover in the USA and Japan: A Tale of Two Countries. *Pacific Economic Review* 1 (1): 27~57.

Boch, Rudolf. 1985. *Handwerker-Sozialisten gegen Fabrikgesellschaft*. Göttingen :

Vandenhoeck & Ruprecht.

Booth, Alison L., and Dennis J. Snower, eds. 1996. *Acquiring Skills : Market Failures, Their Symptoms and Policy Responses.* London : Centre for Economic Policy Research.

Booth, Charles. 1903. *Life and Labour of the People in London.* Vol. 1. New York : Macmillan.

Booth, Charles. 1904. *Life and Labour of the People in London.* 1903 Edition. Vol. 5, *Industry.* New York : Macmillan.

Botsch, R. 1933. *Lehrlingsausbildung und Gesellenprüfung in der metallverarbeitenden Industrie.* Berlin : Julius Beltz.

Bowman, John R. 1985. The Politics of the Market : Economic Competition and the Organization of Capitalists. *Political Power and Social Theory* 5: 35~88.

Boyer, Robert, and J. Rogers Hollingsworth, eds. 1997. *Contemporary Capitalim : The Embeddedness of Institutions.* New York : Cambridge University Press.

Bray, Reginald A. 1909. The Apprenticeship Question. *The Economic Journal* XIX : 404~415.

Bray, Reginald A. 1912. *Boy Labour and Apprenticeship.* Second Impression ed. London : Constable & Co.

Brereton, M. A. Cloudesley. 1919. Continuative Education under the Fisher Act. Points for Employers. Westminster, UK : Knapp, Drewett and Sons.

Bridges, Amy. 1986. Becoming American : The Working Classes in the united States before the Civil War. In *Working-Class Formation : Nineteenth-Century Patterns in Western Europe and the United States,* edited by I. Katznelson and A. R. Zolberg. Princeton, NJ : Princeton University Press.

Brody, David. 1980. *Worker in Industrial America : Essays on the Twentieth Century Struggle.* New York : Oxford University Press.

Brody, David. 1993. Workplace Contractualism in Comparative Perspective. In *Industrial Democracy in America : The Ambiguous Promise,* edited by N. Lichtenstein and H. J. Harris. New York : Cambridge University Press.

Brown, C. H. L., and J. A. G. Taylor. 1933. *Friendly Societies.* Cambridge, UK : Cambridge University Press.

Brown, Phillip, Andy Green, and Hugh Lauder. 2001. *High Skills : Globalization, Competitiveness, and Skill Formation.* Oxford : Oxford University Press.

Bundesrepublik, Ausschuss für Berufserziehung im Auftrage der Ständigen Konferenz der Kultusminister in der Deutschen. 1952. Gutachten zur Berufsausbildung der deutschen Jugend. In *Quellen und Dokumente zur betrieblichen Berufsbildung, 1945~1990,* edited by G. Pätzold. Köln : Böhlau Verlag.

Bunk, Gerhard P. 1979. Aus- und Weiterbildung in der deutschen Wirtschaft in der Bundesrepublik Deutschland vom Ende des Zweiten Weltkriegs bis zur

Gegenwart. In *Berufliche Aus- und Weiterbildung in der deutshen Wirtschaft seit dem 19. Jahrhundert,* edited by H. Pohl. Weisbaden : Franz Steiner Verlag.

Buttrick, John. 1952. The Inside Contract System. *The Journal of Economic History* XI1 (3) : 205~221.

Childs, Michael J. 1990. Boy Labour in Late Victorian and Edwardian England and the Remaking of the Working Class. *Journal of Social History* 23 (4): 783~802.

Clark, Peter. 2000. *British Clubs and Societies,* 1580~1800. Oxford : Clarendon Press.

Clark, R. O. 1957. The Dispute in the British Engineering Industry 1897~1898 : An Evaluation. *Economica* 24 (94): 128~137.

Clawson, Dan. 1980. *Bureaucracy and the Labor Process : The Transformation of U. S. Industry,* 1860~1920, New York : Monthly Review Press.

Clegg, Hugh A., Alan Fox, and A. F. Thompson. 1964. *A History of British Trade Union since* 1889. Vol. I. Oxford : Clarendon Press.

Clemens, Elisabeth. 1993. Organizational Repertoires and Institutional Change : Women's Groups and the Transformation of U. S. Politics, 1890~1920. *American Journal of Sociology* 98 (4) : 755~798.

Clemens, Elisabeth S., and James M. Cook. 1999. Politics and Institutionalism : Explaining Durability and Change. *Annual Review of Sociology* 25 : 441~446.

Cole, G. D. H. 1924. *Organised Labour : An Introduction to Trade Unionism.* London : George Allen and Unwin.

Coleman, Donald C. 1975. *Industry in Tudor and Stuart England.* London : Macmillan.

Collier, Ruth B., and David Collier. 1991. *Shaping the Political Arena.* Princeton, NJ : Princeton University Press.

Commerce, Association for Education in Industry and. 1930. *Report on the Training of Manual Workers in the Engineering Industry.* Birmingham, UK : Association for Education in Industry and Commerce.

Cooley, Edwin G. 1912. *Vocational Education in Europe.* Chicago : Commercial Club of Chicago.

Cooley, R. L. 1914. Schools and Continuation Schools. *Management Review (National Association of Corporation Schools Bulletin)* I (April) : 11~21.

Cooley, Robert L. 1915. Continuation School Work in Wisconsin. Journal of Proceedings and Addresses of the Fifty-Third Annual Meeting and International Congress on Education, August 16~27, at Oakland, CA.

Crawford, Beverly, and Arend Lijphart. 1995. Explaining Political and Economic Change in Post-Communist Eastern Europe : Old Legacies, New Institutions, Hegemonic Norms and International Pressures. *Comparative Political Studies*

28 (2) : 171~199.

Cremin, Lawrence A. 1964. *The Transformation of the School*. New York : Random House.

Crossick, Geoffrey, and Heinz-Gerhard Haupt, eds. 1984. *Shopkeepers and Maste Artisans in Nineteenth-Century Europe*. London : Methuen.

Crouch, Colin. 1993. *Industrial Relations and European State Traditions*. Oxford : Clarendon Press.

Crouch, Colin. 1998. Public Policy in a Private Arena : The Case of Vocational Education and Training. In *Estudios Working Papers, Centro de Estudios Avanzados en Ciencias Sociales*. Madrid.

Crouch, Colin, David Finegold, and Mari Sako. 1999. *Are Skills the Answer?* Oxford : Oxford University Press.

Crusius, Reinhard. 1982. *Berufsbildungs- und Jugendpolitik der Gewerkschaft : Struktur und Verlauf bei DGB und einigen Einzelgewerkschaften 1945~1981*. Frankfurt : Campus.

Crusius, Werner. 1970. Kritik der Berufsbildungsgesetzes. In *Zur Situation der Berufsbildung*, edited by Deutscher Gewerkschaftsbund. Düsseldorf : DGB.

Cruz-Castro, Laura, and Gavan P. P. Conlong. 2001. Initial Training Policies and Transferability of Skills in Britain and Spain. In *Working Papers of the Centro de Estudios Avanzados en Ciencias Sociales, Instituto Juan March de Estudios e Investigaciones*. Madrid.

Culpepper, Pepper D. 1999a. The Future of the High-Skill Equilibrium in Germany. *Oxford Review of Economic Policy* 15 (1) : 43~59.

Culpepper, Pepper D. 1999b. Introduction : Still a Model for the Industrialized Countries? In *The German Skills Machine : Sustaining Comparative Advantage in a Global Economy*, edited by P. D. Culpepper and D. Finegold. New York : Berghahn Books.

Culpepper, Pepper D. 2002. Associations and Non-Market Coordination in Banking : France and East Germany Compared. *European Journal of Industrial Relations* 8 (2) : 217~235.

Culpepper, Pepper D. 2003. *Creating Cooperation : How States Develop Human Capital in Europe*. Ithaca, NY : Cornell University Press.

Culpepper, Pepper D., and David Finegold, eds. 1999. *The German Skill Machine : Sustaining Comparative Advantage in a Global Economy*. New York : Bergbahn Books.

DATSCH. 1921. *Arbeiten auf dem Gebiete des Technischen niederen Schulwesen*. Edited by DATSCH. Vol. III, *Abhandlungen und Berichte über Technisches Schulwesen*. Berlin : DATSCH.

DATSCH, ed. 1921. *Lehrlingsausbildung und technisches Berufschulwesen*. Edited by DATSCH. Vol. VII, *Abhandlungen und Berichte über Technisches*

Schulwesen. Berlin : DATSCH.

DATSCH. 1926. Abhandlungen und Berichte. Berlin : DATSCH.

DATSCH. 1937. *Die Arbeiten des DATSCH : Eine Übersicht.* Berlin : DATSCH.

David, Paul. 1985. Clio and the Economics of QWERTY. *American Economic Review* 75 (2) : 332~337.

Dehen, Peter. 1928. *Die deutschen Industriewerkschulen.* München : A. Huber.

DIHT. 1955. *Ordnungsmittel für die Berufsausbildung.* Vols. I-VI. Bielefeld : W. Bertelsmann.

DIHT. 1970. Bericht 1969 Deutscher Indusuie- und Handelstag. Berlin : DIHT.

Djelic, Marie-Laure and Sigrid Quack, eds. 2003. *Globalization and Institutions.* London : Edward Elgar.

Dobbin, Frank. 1994. *Forging Industrial Policy : The United States, Britain and France in the Railway Age.* New York : Cambridge University Press.

Dobischat, Rolf, Antonius Lipsmeier, and Ingrid Drexel. 1996. *Der Umbruch des Weiterbildungssystems in den neuen Bundesländern.* New York : Waxmann.

Domansky-Davidsohn, Elisabeth. 1981. Arbeitskämpfe und Arbeitskampfstrategien des Deutschen Metallarbeiterverbandes, 1891~1914. Ph. D. dissertation, Department of History, Rubr-Universität, Bochum.

Dore, Ronald. 1973. *British Factoory Japanese Factory : The Origins of National Diversity in Industrial Relations.* London : Allen & Unwin.

Dore, Ronald, and Mari Sako. 1989. *How the Japanese Learn to Work.* New York : Routledge.

Douglas, Paul H. 1921. *American Apprenticeship and Industrial Education.* Vol. XCV, *Studies in History, Economics, and Public Law.* New York : Longmans Agents.

Dunlop, O. Jocelyn, and Richard D. Denman. 1912. *English Apprenticeship and Child Labour.* New York : Macmillan.

Düsseldorf, IHK. 1945. Erziehung besserer Ausbildung und Prüfungsergebnisse. In *Quellen und Dokumente zur betrieblichen Berufsbildunng 1945~1990,* edited by G. Pätzold. Köln : Böhlau Verlag.

Easton, David. 1957. An Approach to the Analysis of Political Systems. *World Politics.* 11 : 383~400.

Ebbinghaus, Bernhard, and Philip Manow, eds. 2001. *Comparing Welfare Capitalism : Social Policy and Political Economy in Europe, Japan and the USA.* London : Routledge.

Ebert, Roland. 1984. *Zur Entstehung der Kategorie Facharbeiter als Problem der Erziehungswissenschaft.* Bielefeld : Kleine.

Education, Board of. 1909a. Report of the Consultative Committee on Attendance, Compulsory or Otherwise, at Continuation Schools, Vol. 1 : Report and Apprentices. London : His Majesty's Stationery Office.

Education, Board of. 1909b. Report of the Consultative Committee on Attendance, Compulsory or Otherwise, at Continuation Schools. Vol. 11 : Summaries of Evidence. London : His Majesty's Stationery Office.

Eichberg, Ekkehard. 1965. *Die Lehrwerkstatt im Industriebetrieb.* Weinheim / Bergstr. : Julius Beltz.

Eisenberg, Christiane. 1987. Handwerkstradition und Gewerkschaftsentwicklung im 18. und frühen 19. Jahrhundert. Deutschland und England im Vergleich. *Tel'Aviver Jahrbuch Für deutsche Geschichte* XVI : 177~199.

Elbaum, Bernard. 1989. Why Apprenticeship Persisted in Britain but Not in the United States. *The Journal of Economic History* XLIX (2) : 337~349.

Elbaum, Bernard, and William Lazonick. 1986. An Institutional Perspective on British Decline. In *The Decline of the British Economy,* edited by B. Elbaum and W. Lazonick. Oxford : Clarendon.

Elster, Jon. 2003. Authors and Actors. Paper presented at a conference on "Crafting and Operating Institutions," April 11~13, 2003, at Yale Universicy, New Haven, CT.

Engel, Dieter, and Hans-Joachim Rosenthal. 1970. *Berufliche Bildung und Berufsbildungspolitik in der Bundesrepublik Deutschland 1960~1970.* Wiesbaden : Franz Steiner Verlag.

Engelhardt, Ulrich. 1977. *'Nur vereinigt sind wir nark' : Die Anfänge der deutschen Gewerkschaftsbewegung.* Vol. II. Stuttgart : Klett-Cotta.

Estevez-Abe, Margarita, Torben Iversen, and David Soskice. 2001. Social Protection and the Formation of Skills : A Reinterpretation of the Welfare State. In *Varieties of Capitalism : The Institutional Foundations of Cmparative Advantage,* edited by P. A. Hall and D. Soskice. New York : Oxford University Press.

Faulstich, Peter. 1977. *Interessenkonflikte um die Berufsbildung : Das Verhältnis von gesellschaftlichen Interessenstrukturen und staatlicher Bildungspolitik.* Weinheim : Beltz Verlag.

Feldman, Gerald. 1970. German Business between War and Revolution : The Origins of the Stinnes-Legien Agreement. In *Entstehung und Wandel der modernen Gesellschaft : Festchrift für Hans Rosenberg zum 65. Geburtstag,* edited by G. A. Ritter. Berlin : Walter de Gruyter & Co.

Feldman, Gerald. 1977. *Iron and Steel in the German Inflation.* Princeton. NJ : Princeton University Press.

Feldman, Gerald, and Ulrich Nocken. 1975. Trade Associations and Economic Power : Interest Group Development in the German Iron and Steel and Machine Building Industries, 1900~1933. *Business History Review* XLIX (4) : 413~445.

Ferner, Anthony, and Richard Hyman, eds. 1998. *Changing Industrial Relations in Europe.* Malden, MA : Blackwell.

Finegold, David. 1993. Making Apprenticeships Work. *Rand Issue Papers* March 1993 (1) : 6.

Finegold, David, and David Soskice. 1988. The Failure of Training in Britain : Analysis and Prescription. *Oxford Review of Economic Policy* 4 (3) : 21~53.

Finegold, David, and Karin Wagner. 1997. When Lean Production Meets the "German Model." *Industry and Innovation* 4 (2) : 207~232.

Fleming, A. P. M., and J. G. Pearce. 1916. *The Principles of Apprentice Training*. London : Longmans.

Franz, Wolfgang, and David Soskice. 1995. The German Apprenticeship System. In *Institutional Frameworks and Labor Market Performance,* edited by F. Buttler et al. London : Routledge.

Frese, Matthias. 1991. *Betriebpolitik im "Dritten Reich": Deutsche Arbeitsfront, Unternehmer und Staatsbürokratie in der westdeutschen Grossindustrie 1933~1939*. Paderborn : Ferdinand Schöningh.

Fricke, Fritz. 1930. Aufgaben und Grenzen technischer Arbeitsschulung, beurteilt vom Standpunkt des Arbeitnehmers. *Industrielle Arbeitsschulung als Problem : Bericht über die "Siebente Tagung für Werkspolitik,"* at Frankfurt / Main.

Frölich, Fr. 1919. Die Gesellenprüfung der Industrielehrlinge. In *Abhandlungen und Berichte über Technisches Schulwesen,* edited by DATSCH. Berlin : DATSCH.

Fürer. Dr. 1927. Förderung der Facharbeiter - Ausbildung durch Indusuieände. *Der Arbeitgeber : Zeitschrift der Vereinigung der Deutschen Arbeitgeberbände,* No. 2 : 30~36.

Furusho, Tadashi. 1969. Shoki rōdōrippō no tenkai to keizai dantai. *Komazawa Daigaku keizaigaku ronshū* 1 (1~2).

Gall, Lothar, and Manfred Pohl, eds. 1998. *Unternehmen im Nationlsozialismus.* München : Verlag C. H. Beck.

Garon, Sheldon. 1988. *Labor and the State in Modern japan.* Palo Alto, CA : Stanford University Press.

Garrett, Geoffrey. 1998. *Partisan Politics in the Global Economy.* New York : Cambridge university Press.

Garrett, Geoffrey, and Peter Lange. 1991. Political Responses to Interdependence : What's "Left" for the Left? *International Organization* 45 (4) : 539~564.

Gemmill, Paul F. 1922. A Survey of Wage Systems : Compiled from the Experience of Fifty Plants. *Industrial Management* LXIV (4) : 207~208.

Gemmill, Paul F. 1924. Methods of Promoting Industrial Employee : Is Hit-or-Miss Promotion Giving Way to Scientific Methods? *Industrial Management* LXVII (4) : 235~247.

Gesamtverband Deutscher Metallindustrieller. 1934. *Planmäßige Lehrlingsausbildung in der Metallindustrie.* Berlin : GDM.

Gilligham, John. 1985. The "Deproletarization" of German Society : Vocational Training in the Third Reich. *Journal of Social History* 19 : 423~432.

Gordon, Andrew. 1985. *The Evolution of Labor Relations in Japan : Heavy Industry, 1853~1955.* Cambridge, MA : Harvard University Press.

Görs, Dieter. 1976. Aspekte der beruflichen Bildung und Berufsbildungsreform : Ein Literaturbericht. *WSI-Mitteilungen* 29 (6) : 353~361.

Gosden, P. H. J. H. 1961. *The Friendly Societies in England 1815~1875.* Manchester, UK : Manchester University Press.

Gospel, Howard F., and Reiko Okayama. 1991. Industrial Training in Britain and Japan : An Overview. In *Industrial Training and Technical Innovation : A Comparative and Historical Study,* edited by H. F. Gospel. London : Routledge.

Gottschalk, Peter, and Timothy M. Smeeding. 1997. Cross-National Comparisons of Earnings and Income Inequality. *Journal of Economic Literature* XXXV : 633~687.

Gray, Robert Q. 1976. *The Labour Aristocracy in Victorian Edinburgh.* Oxford : Clarendon.

Green, Andy, and Akiko Sakamoto. 2001. Models of High Skills in National Competition Strategies. In *High Skills,* edited by P. Brown, A. Green, and H. Lauder. Oxford : Oxford University Press.

Greif, Avner, and David Laitin. 2003. How Do Self-Enforcing Institutions Endogenously Change? Unpublished manuscript. Stanford University, Stanford, CA.

Greinert, Wolf-Dietrich. 1994. *The "German System of Vocatirnal Euscation : History, Organization, Prospects.* Vol. Band 6, *Studien zur Verglichenden Berfspädagogik.* Baden-Baden : Nomos Verlagsgesellschaft.

Hacker, Jacob. 2002. *The Divided Welfare State : The Battle over Public and Private Social Benefits in the United States.* New York : Cambridge University Press.

Hacker, Jacob. 2005. Policy Drift : The Hidden Politics of U. S. Welfare Sate Retrenchment. In *Change and Continuity in Institutional Analysis : Explorations in the Dynamics of Advanced Political Economies,* edited by W. Streeck and K. Thelen.

Hacker, Jacob, and Paul Pierson. 2002. Business Power and Social Policy. *Politics & Society* 30 (2) : 277-325.

Hall, Peter A. 1986. *Governing the Economy : The Politics of State Intervention in Britain and France.* New York : Oxford University Press.

Hall, Peter A. 1994. Central Bank Independence and Coordinated Wage Bargaining : Their Interaction in Germany and Europe. *German Politics and Society* : 1~23.

Hall, Peter A. and Daniel Gingerich. 2001. Varieties of Capitalism and Institutional

Complementarities in the Macroeconomy : An Empirical Analysis. Paper presented to the Annual Meeting of the American Political Science Association, San Francisco, August 2001.

Hall, Peter A. and Daniel Gingerich. 2004. Spielarten des Kapitalismus und institutionelle Komplementaritäten in der Makroökonomie - Eine empirische Analyse. *Berliner Journal Für Soziologie* (Winter).

Hall, Peter A., and David Soskice, eds. 2001. *Varieties of Capitalism : The Institutional Foundations of Comparative Advantage.* New York : Oxford University Press.

Hansen, Hal. 1997. Caps and Gowns. Ph. D. dissertation, Department of History, University of Wisconsin-Madison, Madison.

Harris, Howell John. 1991. Getting it Together : The Metal Manufacturers Association of Philadelphia, c. 1900~1930. In *Masters to Manager : Historical and Comparative Perspectives on American Employers,* edited by S. Jacoby. New York : Columbia University Press.

Hart, R. A., and D. I. MacKay. 1975. Engineering Earnings in Britain, 1914~1968. *Journal of the Royal Statistical Society* 13 (1) : 32~43.

Hattam, Victoria. 1992. Institutions and Political Change : Working-class Formation in England and the United States, 1829~1896. In *Structuring Politics : Historical Institutionalism in Comparative Analysis,* edited by S. Steinmo, K. Thelen, and F. Longstreth. New York : Cambridge University Press.

Hopkins, Eric. 1995. *Working-class Self-help in Nineteenth-century England.* New York : St. Martin's Press.

Hounshell, David. 1984. *From the American System to Mass Production 1800~1932.* Baltimore : Johns Hopkins University Press.

Howell, Chris. 2007. *Trade Unions and the State : Constructing Industrial Relations Institutions in Britain, 1890~2000.* Princeton, NJ : Princeton University Press.

Howell, George. 1877. Trade Unions, Apprentices, and Technical Education. *Contemporary Review* XXX : 833~857.

Huber, Evelyne, and John D. Stephens. 2001. *Development and Crisis of the Welfare States : Parties and Policies in Global Markets.* Chicago : University of Chicago Press.

Ikeda, Makoto. 1982. *Nihonteki kyōchōshugi no seiritsu.* Tokyo : Keibunsha.

Inoko, Takenori. 1996. *Gakkō to kōjō.* Tokyo : Yomiuri Shinbunsha.

Ipsen, Hans-Peter. 1967. *Berufsausbildungsrecht für Handel, Gewerbe, und Industrie.* Tübingen : J. C. B. Mohr.

Iversen, Torben. 2003. *Capitalism, Democracy and Welfare : The Changing Nature of Production, Eiectios, and Social Protection in Modern Capitalism.* Cambridge, MA : Harvard University manuscript.

Iversen, Torben, Jonas Pontusson, and David Soskice, eds. 2000. *Unions, Employers, and Central Banks : Macroeconomic Coordination and Institutional Change in Social Market Economies.* New York : Cambridge University Press.

Iversen, Torben, and David Soskice. 2001. An Asset Theory of Social Policy Preferences. *American Political Science Review* 95 (4) : 875~893.

Jackson, Robert Max. 1984. *The Formation of Craft Labor Markets.* New York : Academic Press.

Jacoby, Daniel. 1991. The Transformation of Industrial Apprenticeship in the United States. *The Journal of Economic History* 51 (4) : 887~910.

Jacoby, Sanford M. 1985. *Employing bureaucracy : Managers, Unions, and the Transformation of Work in American Industry, 1900~1945.* New York : Columbia University Press.

Jacoby, Sanford, ed. 1991. *Masters to Manager : Historical and Comparative Perspectives on American Employers.* New York : Columbia University Press.

Jacoby, Sanford. 1993. Pacific Ties : Industrial Relations and Employment Systems in Japan and the United States since 1900. In *Industrial Democracy in America : The Ambiguous Promise,* edited by N. Lichtenstein and H. J. Harris. New York : Cambridge University Press.

Jacoby, Wade. 2000. *Imitation and Politics.* Ithaca, NY : Cornell University Press.

Jeffreys, James B. 1945. *The Story of the Engineers 1800~1941.* Letchworth, Hertfordshire, UK : Lawrence & Wishart.

Jevons, H. Winifred. 1908. Apprenticeship and Skilled Employment Committees. In *Continuation Schools in England & Elsewhere,* edited by M. E. Sadler. Manchester, UK : University of Manchester Press.

Kaiser, Rolf, and Hermann Loddenkemper. 1980. *Nationalsozialismus - Totale Manipulation in der beruflichen Bildung?* Frankfurt / Main : Peter Lang.

Kantorowicz, Heinz. 1930. Comments. *Industrielle Arbeitsschulung als Problem : Berichtüber die "Seibente Tagung für Werkspolitik.* Frankfurt / Main : Spaeth & Linde.

Kaps, Hans Augustin. 1930. Die Beziehungen zwischen Lehrlingsvertrag und Tarifvertrag. Rechts- und Sozialwissenschaften, Schlesischen Friedrich-Wilhelms-Universität, Breslau.

Kapstein, Ethan. 1996. Workers and the World Economy. *Foreign Affairs* 75 (3) : 16~37.

Katz, Harry, and Owen Darbishire. 1999. *Converging Divergences.* Ithaca, NY : Cornell University Press.

Katz, Lawrence E, and Kevin M. Murphy. 1992. Changes in Relative Wages, 1963~1987: Supply and Demand Factors. *Quarterly Jounarl of Economics* 107 (I) : 35~78.

Katzenstein, Peter J. 1987. *Policy and Politics in West Germany : The Growth of a Semisovereign State.* Philadelphia, PA : Temple University Press.

Katznelson, Ira. 2003. Periodization and Preferences : Reflections on Purposive Action in Comparative Historical Social Science. In *Comparative Historical Analysis in the Social Sciences,* edited by J. Mahoney and D. Rueschemeyer. New York : Cambridge University Press.

Kell, Adolf. 1970. *Die Vorstrllungen der Verbände zur BerufsausBildung.* Berlin : Institut für Bildungsforschung in der Max-Planck-Gesellschaft.

Kellett, J. R. 1958. The Breakdown of Gild and Corporation Control over the Handicraft and Retail Trade in London. *The Economic History Review* X (3) : 381~394.

Kellner, Hans. 1930. Die Pädagogik der Facharbeiterausbildung. *Industrielle Arbeitsschulung als Problem : Bericht über die Siebente Tagung für Werkspolitik, 3./14 Oktober.* Frankfurt / Main : Spaeth & Linde.

Kelly, Roy Willmarth. 1920. *Training Industrial Workers.* New York : The Ronald Press Company.

Kelly, Thomas. 1992. *A History of Adult Education in Great Britain.* Liverpool : Liverpool University Press.

Keohane, Robert. 1984. *Afer Hegemony : Cooperation and Discord in the World Political Economy.* Princeton, NJ : Princeton University Press.

Kieslinger, Adolf. 1950. Berufsausbildung am Scheideweg. In *Quellen und Dokumente,* edited by G. Pätzold. Köln : Böhlau Verlag.

Kieslinger, A. 1960.Vocational Training and Education in Industry and Commerce : The Cooperation of the Chambers of Commerce and Industry. In *Berufsausbildung in Industrie, Handel, Handwerk der Bundesrepublik Deutschland.* Paderborn : Verlag Ferdinand Schöningh.

Kieslinger, Adolf. 1966. *20 Jahre Berufsausbildung in der Bundeesrepublik Deutschland, 1945~1965.* Bielefeld : W. Bertelsmann Verlag.

Kikkawa, Takeo. 1988. Functions of Japanese Trade Associations before World War II : The Case of Cartel. In *Trade Associations Business History,* edited by H. Yamazaki and M. Miyamoto. Tokyo : University of Tokyo Press.

King, Desmond. 1997. Employers, Training Policy, and the Tenacity of Voluntarism in Britain. *Twentieth Century British History* 8 (3) : 383~411.

King, Desmond, and Mark Wickham-Jones. 1997. Training without the State? New Labour and Labour Markets. *Policy and Politics* 26 (4) : 439~455.

King, Desmond, and Stewart Wood. 1999. Political Economy of Neoliberalism. In *Continuity and Change in Contemporary Capitalism,* edited by 13. Kitschelt, P. Lange, G. Marks, and J. D. Stephens. New York : Cambridge University Press.

Kipp, Martin. 1990. Perfektionierung der industriellen Berufsausbildung im Dritten Reich. In *Erkundungen im Halbdunkel : Fünfzehn Studien zur Berufserziehung und Pädagogik im nationalsozialististischen Deutschland,* edited by M. Kipp and G. Miller-Kipp. Kassel, D : Gesamthochschul-Bibliothek.

Kipp, Martin, and Gisela Miller-Kipp. 1990. *Erkundungen im Halbdunkel : Fünfzehn Studien zur Berufserziehung und Pädagogik im nationalsozialistischen Deutschland.* Kassel, D : Gesamthochschul-Bibliothek.

Kitschelt, Herbert, Peter Lange, Gary Marks, and John D. Stephens, eds. 1999. *Continuity and Change in Contemporary Capitalism.* New York : Cambridge University Press.

Klug, Thomas A. 1993. The Roots of the Open Shop : Employers, Trade Unions, and Craft Labor Markers in Detroit, 1859~1907. Dissertation submitted to Department of History, Wayne State University, Detroit, MI.

Knight, Jack. 1992. *Institutions and Social Conflict.* New York : Cambridge University Press.

Knight, Jack. 1999. Explaining the Rise of Neo-Liberalism : The Mechanisms of Institutional Change. Unpublished manuscript, Washington University in St. Louis, MO.

Knowles, K. G., and D. J. Robertson. 1951. Differences between the Wages of Skilled and Unskilled Workers, 1880~1950. *Bulletin of the Oxford University Institute of Statistics* 13 (4) : 109~127.

Knox, William. 1980. British Apprenticeship, 1800-1914. Ph.D. dissertation, Edinburgh University, Edinburgh.

Knox, William. 1986. Apprenticeship and De-Skilling in Britain, 1850~1914. *International Review of Social History* XXXI (Part 2) : 166~184.

Kocka, Jürgen. 1984. Craft Traditions and the Labor Movement in Nineteenth Century Germany. In *The Power of the Past : Essays for Eric Hobsbawm,* edited by P. Thane, G. Crossick, and R. Floud. Cambridge, UK : Cambridge University Press.

Kocka, Jürgen. 1986a. Problems of Working-Class Formation in Germany : The Early Years, 1800~1875. In *Working-Class Formation : Nineteenth Century Patterns in Western Europe and the United States,* edited by 1. Katznelson and A. R. Zolberg. Princeton, NJ : Princeton University Press.

Kocka, Jürgen. 1986b. Traditionsbindung und Klassenbildung : Zum Sozialhistorischen Ort der frühen deutschen Arbeiterbewegung. *Historische zeitsrhrift* 243 (2) : 331~376.

Konietzka, Dirk, and Wolfgang Lempert. 1998. Mythos und Realität der Krise der beuflichen Bildung. *Zeitschrift für Berufs- und Wirtschftspädagogik* 94 (3) : 321~329.

Kopsch, Albert. 1928. Die planmäßige Lehrlingserziehung in der Industrie und die Gewerkschaften. Economics, Philipps-Universität zu Marburg, Marburg.

Koremenos, Barbara, Charles Lipson, and Duncan Snidal. 2001. The Rational

Design of International Institutions. *International Organization* 55 (4) : 761~800.

Krasner, Stephen D. 1988. Sovereignty: An Institutional Perspective. *Comparative Political Studies* 21 (1) : 66~94.

Kume, Ikuo. 1998. *Disparaged Success*. Ithaca, NY : Cornell University Press.

Kurzer, Paulette. 1993. *Business and Banking*. Ithaca, NY : Cornell University Press.

Labor, Ministry of. 1961. *Rōdōgyōsei*. Vol. 1. Tokyo : Rōdōhōrei Kyōkai.

Lauder, Hugh. 2001. *Innovation, Skill Diffusion, and Social Exclusion*. Oxford : Oxford university Press.

Lazonick, William, and May O'Sullivan. 1997. Big Business and Skill Formation in the Wealthiest Nations : The Organizational Revolution in the Twentieth Century. In *Big Business and the Wealth of Nations,* edited by A. D. J. Chandler, F. Amatorim, and T. Hikino. Cambridge, UK : Cambridge University Press.

Lee, J. J. 1978. Labour in German Industrialization. In *The Cambridge Economic History of Europe Volume VII : The Industrial Economies : Capital, Labour, and Enterprise,* edited by P. Mathias and M. M. Postan. Cambridge, UK : Cambridge University Press.

Lehmbruch, Gerhard. 2001. The Rise and Change of Discourses on 'Embedded Capitalism' in Germany and Japan and their Institutional Setting. In *The Origins of Nonliberal Capitalism : Germany and Japan,* edited by W. Streeck and K. Yamamura. Ithaca, NY : Cornell University Press.

Lenger, Friedrich. 1988. *Sozialgeschichte der deutschen Handwerker seit 1800.* Frankfurt / Main : Suhrkamp.

Levine, Solomon B., and Hisashi Kawada. 1980. *Human Resources in Japanese Industrial Development*. Princeton NJ : Princeton University Press.

Levy, Frank, and Richard J. Murnane. 1992. U. S. Earnings Levels and Earnings Inequality : A Review of Recent Trends and Proposed Explanations. *Journal of Economic Literature* 30 (3) : 1333~1381.

Liebowitz, S. J., and Stephen E. Margolis. 1990. The Fable of the Keys. *Journal of Law and Economics* XXXII : 1~25.

Linton, Derek S. 1991. *Who Has the Youth, Has the Future : The Campaign to Save Young Workers in Imperial Germany*. New York : Columbia University Press.

Lippart, Gottlieb Matthias. 1919. Einleitender Bericht über zukünftige Lehrlingsausbildung in der mechanischen Industrie. *Abhandlungen und Berichte über Technisches Schulwesen*. Berlin : B. G. Teubner : 1~10.

Lipset, Seymour Martin, and Stein Rokkan. 1968. Cleavage Structures, Party Systems, and Voter Alignments. In *Party System and Voter Alignments : Cross-National Perspectives,* edited by S. M. Lipset and S. Rokkan. New York : Free Press.

Lipsmeier, Antonius. 1998. Berufsbildung. In *Handbuch der deutschen Bildungsgeschichte*, edited by C. Führ and C. -L. Furck. München : C. H. Beck.

Lynch, Lisa M., ed. 1994. *Training and the Private Sector : International Comparisons*. Chicago : University of Chicago Press.

Mack, Frida. 1927. Fortschritte in der Lehrlingsausbildung in Handwerk und Industrie. Dissertation in Staatswissenschaften (Political Science), Ruprecht-Karls-Universität Heidelberg, Heidelberg.

Mahoney, James. 2000. Path Dependence in Historical Sociology. *Theory and Society* 29 : 507~548.

Mahoney, James. 2002. The Legacies of *Liberalism : Path Dependence and Political Regimes in Central America*. Baltimore: Johns Hopkins University Press.

Mallmann, Luitwin. 1990. 100 *Jahre Gesamtmetall : Perspektiven aus Tradition*. Edited by Gesamtverband der Metallindustriellen Arbeitgeberverbände. 2 vols. Vol. I. Köln : Deutscher Instituts-Verlag.

Manow, Philip. 1999. The Uneasy Compromise of Liberalism and Corporatism in Postwar Germany. Paper read at Workshop on "Liberalism and Change: Political Rights and Economic Capacities in Germany and the United States," (January 22~24), at Center for German and European Studies, University of California, Berkeley.

Manow, Philip. 2001a. *Social Protection, Capitalist Production : The Bismarckian Welfare State and the German Political Economy Form the 1880s to the 1990s*. Habilitationsschrift, University of Konstanz, Konstanz.

Manow, Philip. 2001b. Welfare State Building and Coordinated Capitalism in Japan and Germany. In *The Origins of Nonliberal Capitalism*, edited by W. Streeck and K. Yamamura. Ithaca, NY : Cornell University Press.

Mares, Isabela. 2000. Strategic Alliances and Social Policy Reform: Unemployment Insurance in Comparative Perspective. *Politics & Society* 28 (2) : 223~244.

Martin, Andrew, and George Ross, eds. 1999. *The Brave New World of European Labour : Comparing Trade Unions Responses to the New European Economy*. Oxford : Berghahn Books.

Mason, T. W. 1966. Labour in the Third Reich, 1933-1939. *Past and Present* 33 : 112~141.

McKinlay, Alan. 1986. From Industrial Serf to Wage-Labourer : The 1937 Apprentice Revolt in Britain. *International Review of Social History* XXXI (I) : 1~18.

McKinlay, Alan, and Jonathan Zeitlin. 1989. The Meanings of Managerial Prerogative : Industrial Relations and the Organization of Work in British Engineering, 1880~1939. *Business History* xxxi (2) : 32~47.

Mehren, E. J. 1914. A Factor in Alleviating Industrial Unrest. *Bulletin of the National Association of Corporation Schools* 3 : 7~9.

Meyer, J. W., and B. Rowan. 1991. Institutionalized Organizations : Formal Structure as Myth and Ceremony. In *The New Institutionalism in Organization Analysis,* edited by W. W. Powell and P. DiMaggio. Chicago : University of Chicago Press.

Millikan, William. 2001. *A Union against Unimios : The Minneapols.. Citizens' Alliance and the Fight against Organized Labor 1903~1947.* St. Paul : Minnesota Historical Society Press.

Ministry of Labour. 1928a. *Report of an Enquiry into Apprenticeship and Training for the Skilled Occupations in Great Britain and Northern Ireland, 1925~1926 : General Report.* Vol. VII. London : His Majesty's Stationery Office.

Ministry of Labour. 1928b. *Report of an Enquiry into Apprenticeship and Training for the Skilled Occupations in Great Britain and Northern Ireland, 1925~1926 : Engineering, Shipbuilding and Ship-Repairing, and other Metal Industries.* Vol. VI. London : His Majesty's Stationery Office.

Miyamoto, Mataji. 1938. *Kabunakama no kenkyū.* Tokyo : Yūhikaku.

Moe, Terry. 2003. Power and Political Institutions. Paper read at conference on Crafting and Operating Institutions, April 11~13, 2003, at Yale University, New Haven, CT.

Moene, Karl Ove, and Michael Wallerstein. 1995. How Social Democracy Worked : Labor Market Institutions. *Politics & Society* 23 (2) : 185~211.

Molitor, Erich. 1960. *Die überbertriebliche Regelung der Lehrlingsvergütung.* Stuttgart : W. Kohlhammer Verlag.

Mommsen, Wolfgang J., and Hans-Gerhard Husung, eds. 1985. *The Development of Trade Unionism in Great Britain and Germany 1880~1914.* London : Allen and Unwin.

Montgomery, David. 1989. *The Fall of the House of Labor.* New York : Cambridge University Press.

More, Charles. 1980. *Skill and the English Working Class, 1870~1914.* New York : St. Martin's Press.

Morita, Yoshio. 1926. *Wagakuni no shihonka dantai.* Tokyo : Tōyō Keizai Shinpōsha.

Morris, John van Liew. 1921. *Employee Training : A Study of Education and Training Departments in Various Corporations.* New York : McGraw-Hill.

Mosher, James. 1999. The Institutinal Origins of Wage Equality : Labor Unions and their Wage Policies. Paper read at 57th Annual Meeting of the Midwest Political Science Association, at Chicago.

Mosher, James. 2001. Labor Power and Wage Equality : The Politics of Supply-Side Equality, Ph. D. dissertation, Political Science Department, University of Wisconsin-Madison, Madison, WI.

Motley, James M. 1907. *Apprenticeship in American Trade Unions.* Edited by J. M. Vincent, J. H. Hollander, and W. W. Willoughby Vol. Series XXV, Nos. 11~12

; (Novemver-December 1907), *Johns Hopkins University Studies in Historical and Political Science.* Baltimore : Johns Hopkins University Press.

Münch, Joachim. 1991. *Vocational Training in the Federal of Republic of Germany.* 3rd ed. Berlin : European Centre for the Development of Vocational Training.

Muth, Wolfgang. 1985. *Berufsausbildung in der Weimarer Republik.* Edited by H. Pohl and W. Treue. Vol. 41, *Zeitschrift für Unternehmensgeschichte.* Stuttgart : Franz Steiner.

NACS, National Association of Corporation Schools. 1914. Proceedings of the First Annual Convention, 1913. New York : The Trow Press.

Nelson, Daniel. 1975. *Managers and Workers : Origins of the New Factory System in the United States, 1880~1920.* Madison, WI : University of Wisconsin Press.

Nelson, Daniel. 1992. *A Mental Revolution : Scientific Management since Taylor.* Columbus : Ohio State University Press.

NICB, National Industrial Conference Board. 1929. *Industrial Relations Programs in Small Plants.* New York : National Industrial Conference Board.

Nielson, Klaus, Bob Jessop, and Jerzy Hausner. 1995. Institutional Change in Post-Socialism. In *Strategic Choice and Path-Dependency in Post-Socialism : Institutioal Dynamics in the Transformation Process,* edited by J. Hausner, B. Jessop, and K. Nielsen. Hants, UK : Edward Elgar.

Nishinarita, Yutaka. 1995. An Overview of Japanes Labor-Employer Relations from the 1870's to the 1990's. *Histotssubashi Journal of Economic* 36 : 17~20.

Noguchi, Yukio. 1995. *1940-nen taisei.* Tokyo : Tōyō Keizai Shinpōsha.

Nolan, Mary. 1994. *Visions of Modernity : American Business and the Modernization of Germany.* New York : Oxford University Press.

Noll, Ingeborg, Ursula Beicht, Georg Böll, Wilfried Malcher, and Susanne Wiederhold-Fritz. 1983. *Nettokosten der betrieblichen Berufsausbildung.* Berlin : Beuth Verlag.

North, Douglass C. 1990. *Institutions, Institutional Change and Economic Performance.* New York : Cambridge University Press.

Odaka, Konosuke. 1984. *Rōdō shijō bunseki.* Tokyo : Iwanami Shoten.

Odaka, Konosuke. 1990. Sangyō no ninaite. In *Nihon keizaishi,* edited by S. Nishikawa and T. Abe. Tokyo : Iwanami Shoten.

Odaka, Konosuke. 1995. *Shokunin no sekai, kōjō no sekai.* Tokyo : Libro.

Ogilvie, Sheilagh C., and Markus Cerman, eds. 1996. *European Proto-Industrialization.* Cambridge, UK : Cambridge University Press.

Okazaki, Tetsuji. 1993. Kigyō shisutemu. In *Gendai Nihon keizai shisutemu no genryū,* edited by T. Okazaki and M. Okuno. Tokyo : Nihon Keizai Shinbunsha.

Olofsson, Jonas. 2001. Partsorganisationerna och industrins yrkesutbildning 1918~1971-en svensk modell för central trepartssamverkan. *Scandia* 1.

Olson, Mancur. 1982. *The Rise and Decline of Nations*. New Haven, CT : Yale University Press.

Orren, Karen, and Stephen Skowronek. 1994. Beyond the Iconography of Order : Notes for a "New" Institutionalism. In *The Dynamics of American Politics*, edited by L. C. Dodd and C. Jillson. Boulder, CO : Westview.

Orren, Karen, and Stephen Skowronek. 2002. The Study of American Political Development. In *Political Science : The State of the Discipline*, edited by I. Katznelson and H. Milner. New York : Norton.

Oulton, Nicholas, and Hilary Steedman. 1994. The British System of Youth Training : A Comparison with Germany. In *Training and the Private Sector : International Comparisons*, edited by L. M. Lynch. Chicago : University of Chicago Press.

Palier, Bruno. Forthcoming. Ambiguous Agreement, Cumulative Change : French Social Policy in the 1990s. In *Change and Continuity in Institutional Analysis : Explorations in the Dynamics of Advanced Political Economies*, edited by W. Streeck and K. Thelen.

Park, L. L. 1914. Does Modern Apprenticeship Pay? *Buelletin of the National Association of Corporation Schools* 10 : 11~16.

Parker, Eric. 1996. The District Apprentice System of the Milwaukee Metalworking Sector, 1900~1930. Paper read at Social Science History Association Meeting, at New Orleans, LA.

Patten, Thomas H. 1968. *The Foreman : Forgotten Man of Management*. New York : American Management Association.

Pätzold, Günter. 1989. Berufsbildung : handwerkliche, industrielle und schulische Berufserziehung. In *Handbuch der deutschen Bildungsgeschichte. Die Weimarer Republik und die nationalsozialistische Diktatur*, edited by D. Langewiesche and H. -E. Tenorth. München : C. H. Beck.

Pätzold, Günter, ed. 1991. *Quellen und Dokumente zur Betrieblichen Berufsbildung*. Köln : Böhlau Verlag.

Pempel, T. J. 1998. *Regime Shift : Comparative Dynamics of the Japanese Political Economy*. Ithaca, NY : Cornell University Press.

Perlman, Mark. 1961. *The Machinists : A New Study in American Trade Unionism*. Cambridge, MA : Harvard University Press.

Perry, P. J. C. 1976. *The Evolution of British Manpower Policy*. Portsmouth, UK : British Associations for Commercial and Industrial Education.

Phelps Brown, Henry. 1959. *The Growth of British Industrial Relations : A Study from the Standpoint of 1906~1914*. London, New York : Macmillan, St. Martin's Press.

Pichler. Eva. 1993. Cost-Sharing of General and Specific Training with Depreciation of Human Capital. *Economics of Education Review* 12 (2) : 117~124.

Pierson, Paul. 2000a. Increasing Returns, Path Dependence, and the Study of Politics. *American Political Science Review* 94 (2) : 251~268.

Pierson, Paul. 2000b. The Limits of Design : Explaining Institutional Origins and Change. *Governance* 13 (4) : 475~499.

Pierson, Paul. 2000c. Not Just What, But When : Timing and Sequence in Political Processes. *Studies in American Political Development* 14 (Spring) : 72~92.

Pierson, Paul. 2003a. Public Policies as Institutions. Paper presented at conference on Crafting and Operating Institutions, April 11~13, 2003, Yale University, New Haven, CT.

Pierson, Paul. 2004. *Politics in Time : History, Institutions, and Political Analysis,* Princeton, NJ : Princeton University Press.

Pierson, Paul, and Theda Skocpol. 2002. Historical Institutionalism in Contemporary Political Science. In *Political Science : The State of the Discipline,* edited by I. Katznelson and H. Milner. New York : Norton.

Pigou, A. C. 1912. *Wealth and Welfare.* London : Macmillan.

Piore, Michael J., and Charles F. Sabel. 1984. *The Second Industrial Divide.* New York : Basic Books.

Pollard, Sidney 1965. *The Genesis of Modern Management : A History of the Industrial Revolution in Great Britain.* Cambridge, MA : Harvard University Press.

Price, Richard. 1983. The Labour Process and Labour History. *Social History* 8 (1) : 57~74.

Prothero, I. J. 1979. *Artisans and Politics in Early Nineteenth-Century London.* Kent, UK : Dawson.

Przeworski, Adam. 2001. *Democracy and the Market.* New York : Cambridge University Press.

Quack, Sigrid, Jacqueline O'Reilly, and Swen Hildebrandt. 1995. Structuring Change : Training and Recruitment in Retail Banking in Germany, Britain, and France. *International Journal of Human Resource Management* 6 (4) : 759~794.

Ralf, Klein, and Manfred Schlösser. 1994. Socio-Economic Structural Changes and Innovations in Vocational Training in Selected Economic Sectors. In *Vocational Training in Germany : Modernsation and Responsiveness,* edited by OECD. Paris : OECD.

Raspe, H. 1960. Vocational Training in Handicrafts : Functions of Handicrafts' Organization. In *Vocational Training for Trade, Industrie and Handicrafts in the Federal Republic of Germany,* edited by P. Behler. Paderborn : Verlag Ferdinand Schöningh.

Rathschlag, Axel. 1972. Der Anlernberufals Ausbildungsberuf für Jugendliche : über die Enwicklung und Bedeutung einer berufspädagogisch umstrittenen Ausbildungskonzeption. Ph. D. dissertation, University of Cologne, Köln.

Reich, Robert B. 1991. *The Work of Nations : Preparing Ourselves for 21st Century Capitalism*. New York : A. A. Knopf.

Richter, Ingo. 1968. *Die Rechtsprechung zur Berufsbildung : Analyse und Entscheidungssammlung*. Stuttgart : Ernst Klett Verlag.

Richter, Julia F. 2000. *Das Ausbildungsverhalten von Betrieben : Eine Analyse der Kosten und Nutzen der betrieblichen Berufsaubildung in Westdeutschland*. Berlin : Logos Verlag.

Richter, P. S. 1950. *Die rechtliche Grundlagen des Lehrlingswesees*. Munich / Erlangen : Siemens & Halske AG, Siemens-Schuckerwerke AG, Kaufmännisches Ausbildungswesen.

Riker, William H. 1980. Implications from the Disequilibrium of Majority Rule for the Study of Institutions. *American Political Science Review* 74 (2) : 432~446.

Rohlfing, Theodor. 1949. *Der handwerkliche Lehrvertrag und das Verfahren in Lehrlingsstreitigkeiten*. Bremen-Horn : Industrie- und Handeslverlag Walter Dorn GMBH.

Romer, Paul M. 1990. Endogenous Technological Change. *Journal of Political Economy* 98 (5) : S71~S102.~

Rorabaugh, W. J. 1986. *The Craft Apprentice : From Franklin to the Machine Age in America*. New York : Oxford University Press.

Rule, John. 1981. *The Experience of Labour in Eighteenth-Century Industry*. London : Croom Helm.

Rule, John. 1988. The Formative Years of British Trade Unionism : An Overview. In *British Trade Unionism 1750~1850 : The Formative Years,* edited by J. Rule. Essex, UK : Longman.

Rupieper, Hermann-Josef. 1982. *Arbeiter und Angestellte im Zeitalter der Industrialisierung*. Frankfurt / Main : Campus.

Sabel, Charles F., and Jonathan Zeitlin, eds. 1997. *Worlds of Possibility*. New York : Cambridge University Press.

Sadler, M. E. 1908a. Compulsoly Attendance at Continuation Schools in Germany. In *Continuation Schools in England & Elsewhere,* edited by M. E. Sadler. Manchester, UK : University Press.

Sadler, M. E., ed. 1908b. *Continuation Schools in England & Elsewhere*. Manchester, UK : University Press.

Sadler, M. E. 1908c. The Present Position of State-Aided Evening Schools and Classes in England and Wales. In *Continuation Schools in England & Elsewhere,* edited by M. E. Sadler. Manchester, UK : University Press.

Sadler, M. E., and Mary S. Beard. 1908. English Employers and the Education of their Workpeople. In *Continuation Schools in England & Elsewhere,* edited by M. E. Sadler. Manchester, UK : University Press.

Saegusa, Hirone et al. 1960. *Kindai Nihon sangyō gijustsu no seiōka*. Tokyo : Tōyō

Keizai Shinpōsha.

Saguchi, Kazuro. 1991. *Nihon ni okeru sangyō minshushugi no zentei*. Tokyo : University of Tokyo Press.

Sako, Mari. 1995. *Skill Testing and Certification in Japan*. Washington DC : The Economic Development Institute of the World Bank.

Sakurabayashi, Makoto. 1985. *Sangyō hōkokukai no soshiki to kinō*. Tokyo : Ochanomiz Shobō.

Sandiford, Peter. 1908. The Half-time System in the Textile Trades. In *Continuation Schools in England & Elsewhere*, edited by M. E. Sadler. Manchester, UK : University Press.

Sauter, Edgar. 1996. Continuing Vocational Training in Germany. In *Continuing Vocational Training : Europe, Japan, and the United States*, edited by J. Brandsma, F. Kessler, and J. Münch. Utrecht : Lemma.

Sawai, Minoru. 1996. Kikai kōgyō. In *Nihon keizai no 200 nen*, edited by N. S. et. al. Tokyo : Nihon Hyōronsha.

Schatz, Ronald. 1977. American Electrical Workers : Work, Struggles, Aspirations, 1930~1950. University Microfilms, History, University of Pittsburgh, Pittsburgh, PA.

Schickler, Eric. 2001. *Disjointed Pluralism : Institutional Innovation and the Development of the U. S. Congress*. Princeton NJ : Princeton University Press.

Schluchter, W., and Peter Quint. 2001. *Der Vereinigungsschock*. Weilerswist : Velbrück Wissenschaft.

Schmedes, Hella. 1931. *Das Lehrlingswesen in der deutschen Eisen- und Stahlindustrie*. Muenster : Verlag Baader.

Schneiberg, Marc, and Elisabeth Clemens. 2006. The Typical Tools for the Job : Research Strategies in Institutional Analysis. In *How Institutions Change*, edited by W. W. Powell and D. L. Jones. Chicago : Chicago University Press.

Schneider, Michael. 1999. *Unterm Hakenkreuz : Arbeiter und Arbeiterbewegung 1933 bis 1939*. Bonn : Verlag J. H. W. Dietz.

Schömann, Isabelle. 2001. Berufliche Bildung antizipativ gestalten : die Rolle der Belegschaftsvertretungen. Ein europäischer Vergleich. In *WZB Working Papers*. Berlin.

Schönhoven, Klaus. 1979. Gewerkschaftliches Organisationsverhalten im Wilhelminischen Deutschland. In *Arbeiter im Industrialisierungsprozeß*, edited by W. Conze and U. Engelhardt. Stuttgart, D : Klett-Cotta.

Schriewer, Jürgen. 1986. Intermediäre Instanzen, Selbstverwaltung und berufliche Ausbildungsstrukturen im historischen Vergleich. *Zeitschrift für Pädagogie* 32 (1) : 69~90.

Schütte, Friedhelm. 1992. *Berufserziehung zwischen Revolution und Nationalsozialismus*. Weinheim : Deutscher Studien.

Scranton, Philip. 1997. *Endless Novelty : Specialty Production and American Industrialization 1865~1925.* Princeton, NJ : Princeton University Press.

Seubert, Rolf. 1977. *Berufserziehung und Nationalsozialismus.* Weinheim : Beltz.

Sewell, William H. 1996. Three Temporalities : Toward an Eventful Sociology. In *The Historic Turn in the Human Sciences,* edited by T. J. McDonald. Ann Arbor : University of Michigan Press.

Shefter, Martin. 1986. Trade Unions and Political Machines : The Organization and Disorganization of the American Working Class in the Late Nineteenth Century. In *Working-Class Formation : Nineteenth-Century Patterns in Western Europe and the United States,* edited by I. Katznelson and A. R. Zolberg. Princeton, NJ : Princeton University Press.

Shepsle, Kenneth A. 1986. Institutional Equilibrium and Equilibrium Institutios. In *Political Science : The Science of Politics,* edited by H. Weisberg. New York : Agathon.

Shepsle, Kenneth A., and Barry Weingast. 1981. Structure-induced Equilibrium and Legislative Choice. *Public Choice* 37 : 503~519.

Skocpol, Theda. 1985. Bringing the State Back In : Strategies of Analysis in Current Research. In *Bringing the State Back In,* edited by P. B. Evans, D. Rueschemeyer, and T. Skocpol. New York : Cambridge University Press.

Skocpol, Theda. 1992. *Protecting Soldiers and Mothers : The Political Origins of Social Policy in the United States.* Cambridge, MA : Belknap.

Smith, Michael. 2000. Warning over IT skills gap. *Financial Times,* March 7, 3.

Soffer, Benson. 1960. A Theory of Trade Union Development : The Role of the 'Autonomous' Workman. *Labor History* (Spring) : 141~163.

Soskice, David. 1991. The Institutional Infrastructure for International Competitiveness : A Comparative Analysis of the UK and Germany. In *The Economics of the New Europe,* edited by A. B. Atkinson and R. Brunetta. London : Macmillan.

Soskice, David. 1994. Reconciling Markets and Institutions : The German Apprenticeship System. In *Training and the Private Sector : International Comparisons,* edited by L. M. Lynch. Chicago : University of Chicago Press.

Soskice, David. 2003. Die deutschen Probleme. *WZB Mitteilungen* 99 : 12~14.

Sozialen Museum E. V., ed. 1931. *Industrielle Arbeitsschulung als Problem : Fünf Beiträge über ihre Aufgaben und Grenzen.* Frankfurt / Main : Industrieverlag Spaeth & Linde.

Stark, David. 1995. Not by Design : The Myth of Designer Capitalism in Eastern Europe. In *Strategic Choice and Path-Dependency in Post-Socialism,* edited by J. Hausner, B. Jessop, and K. Nielsen. Hants, UK : Edward Elgar.

Stemme, Dr. Heinz. 1955. *Lehr- und Anlernberufe in Industrie und Handel : Lehrlingzahlen vom 31. 12. 1954 und Prüfergebnisse der Jahre 1949~1954 der Industrie-und Handelskammern.* Edited by DIHT, Berufsausbildung. Bielefeld : W. Bertelsmann Verlag.

Stevens, Margaret. 1996. Transferable Training and Poaching Externalities. In *Acquiring Skills,* edited by A. L. Booth and D. J. Snower. London : Centre for Economic Policy Research.

Stevens, Margaret. 1999. Human Capital Theory and UK Vocational Training Policy. *Oxford Review of Economic Policy* 15 (1) : 16~32.

Stinchcombe, Arthur. 1968. *Constructing Social Theories.* New York : Harcourt, Brace and World.

Stockton, C. E. 1908. The Continuation Schools of Munich. In *Continuation Schools in Enghd & Elsewhere,* edited by M. E. Sadler. Manchester, UK : University of Manchester Press.

Stratmann, Karlwilhelm. 1990. Der Kampf um die ausbildungsrechtliche und ausbildungspolitische Hoheit der Unternehmer während der Weimarer Republik und im NS-Staat - die didaktische Unterordnung der Berufsschule. In *Das duale System der Berufsbildung : Eine historische Analyse seiner Reformdebatten,* edited by K. Straumann and M. Schlösser. Frankfurt / Main : Verlag der Gesellschaft zur Förderung arbeitsorientierter Forschung und Bildung.

Stratmann, Karlwilhelm. 1994. Das duale System der Berufsbildung : Eine historisch-systematische Analyse. In *Lernorte im dualen System der Berufsbilder,* edited by G. Pätzold and G. Walden. Berlin und Bonn : Bundesinstitut für Berufsbildung.

Stratmann, Karlwilhelm. 1999. *Berufserziehung und Sozialer Wandel.* Edited by G. Pätzold and M. Wahle. Frankfurt / Main : Verlag der Gesellschaft zur Förderung arbeitsorientierter Forschung und Bildung.

Stratmann, Karlwilhelm, and Manfred Schlösser. 1990. *Das Duale System der Berufsbildung : Eine Historische Analyse seiner Reformdebatten.* Frankfurt / Main : Verlag der Gesellschaft zur Förderung arbeitsorientierter Forschung und Bildung.

Streeck, Wolfgang. 1983. *Die Reform der beruflicher Bildung in der westdeutschen Bauwirtschaft 1969~1982 : Eine Fallstudie über Verbände als Träger öffentlicher Politik.* Berlin : Wissenschaftszentrum Berlin für Sozialforschung, Discussion Paper IIM/LMP 83~23.

Streeck, Wolfgang. 1988. *Skills and the Limits of Neo-Liberalim : The Enterprise of the Future as a Place of Learning.* Berlin : WZB Discussion paper FS I 88~ 16.

Streeck, Wolfgang. 1989. Skills and the Limits of Neo-Liberalism. *Work, Employment & Society* 3 : 90~104.

Streeck, Wolfgang. 1991. On the Institutional Conditions of Diversified Quality Production. In *Beyond Keynsianism,* edited by E. Matzner and W. Streeck.

Aldersht, UK : Edward Elgar.

Streeck, Wolfgang. 1992a. The Logics of Associative Action and the Territorial Organization of Interests : The Case of German Handwerk. In *Social Institutions and Economic Performance,* edited by W. Streeck. London : Sage.

Streeck, Wolfgang. 1992b. *Social Institutions and Economic Performance : Studies of Industrial Relations in Advanced Capitalist Economies.* London : Sage.

Streeck, Wolfgang. 1996. Lean Production in the German Automobile Industry : A Test Case for Convergence Theoly. In *National Diversity and Global Capitalism,* edited by S. Berger and R. Dore. Ithaca, NY : Cornell University Press.

Streeck, Wolfgang. 2001. Introduction : Explorations into the Origins of Nonliberal Capitalism in Germany and Japan. In *The Origins of Nonliberal Capitalism : Germany and japan,* edited by W. Streeck and K. Yamamura. Ithaca, NY : Cornell University Press.

Streeck, Wolfgang, Josef Hilbert, Karl-Heinz van Kevelaer, Frederike Maier, and Hajo Weber. 1987. *The Role of the Social Partners in Vocational Training and Further Training in the Federal Republic of Germany.* Berlin : CEDEFOP.

Streeck, Wolfgang and Kathleen Thelen. 2005. Introduction : Institutional Change in Advanced Political Economies. *Beyond Continuity : International Change in Advanced Political Economies,* edited by W. Steeck and K. Thelen. Oxford : Oxford University Press.

Streeck, Wolfgang, and Kozo Yamamura. 2002. *Germany and Japan in the 21st Century : Stragths into Weaknesses?* Ithaca, NY : Cornell University Press.

Sumiya, Mikio. 1955. *Nihon chin-rōdō shiron.* Tokyo : University of Tokyo Press.

Sumiya, Mikio. 1970. *Nihon shokugyō kunren hattenshi.* Vol. 1. Tokyo : Nihon Rōdō Kyōkai.

Suzuki, Atsushi. 1992. Teppōkaji kara kikaikōe. *Nenpō kindai Nihon kenkyū* 14.

Suzuki, Tessa Morris. 1994. *The Technological Transformation of Japan :from the 17th to the 21st Centuries.* Cambridge, UK : Cambridge University Press.

Swenson, Peter. 2002. *Capitalists against Markets.* New York : Oxford University Press.

Swenson, Peter A. 2004. Varieties of Capitalist Interests : Power, Insutitutions and the Regulatory Welfare State in the United States and Sweden. *Studies in American Political Development,* Vol. 14. Cambridge University Press.

Swidler, Ann. 1986. Culture in Action : Symbols and Strategies. *American Sociological Review* 51 : 273~286.

Taira, Koji. 1970. *Economic Development and the Labor Market in Japan.* New York : Columbia University Press.

Taira, Koji. 1978. Factory Labour and the Industrial Revolution in Japan. In *The Cambridge Economic History of Europe : Volume VII, Part 2,* edited by P.

Mathias. New York : Cambridge University Press.

Taira, Koji. 1989. Economic Development, Labor Markets and Industrial Relations in Japan, 1905~1955. In *The Cambridge History of Japan : The Twentieth Century,* edited by P. Duns. New York : Cambridge University Press.

Tawney, R. H. 1909a. The Economics of Boy Labour. *The Eronomic Journal* 19 : 517~37.

Tawney, R. H. 1909b. Memorandum. In *Report of the Cansultative Committee on Attendance, Compulsory or Otherwise, at Continuation Schools,* edited by Board of Education. London : His Majesty's Stationery Office.

Taylor, M. E. 1981. *Education and Work in the Federal Republic of Germany.* London : Anglo-American Foundation for the Study of Industrial Society.

Tekkō Kikai Kyōkai (Association of Machine and Iron Works). 1974. *Tokyo Kikai Tekkō Dōgyō Kumiai-shi.* Tokyo : Tekkō Kikai Kyōkai.

Thelen, Kathleen. 1991. *Union of Parts : Labor Politics in Postwar Germany.* Ithaca, NY : Cornell University Press.

Thelen. Kathleen. 1999. Historical Institutionalism in Comparative Politics. *The Annual Review of Political Science,* Vol. 2 : 369~404.

Thelen, Kathleen. 2002a. How Institutions Evolve : Insights from Comparative-Historical Analysis. In *Comparative Historical Analysis in the Social Sciences,* edited by J. Mahoney and D. Rueschemeyer. New York : Cambridge University Press.

Thelen, Kathleen. 2002b. The Political Economy of Business and Labor in the Advanced Industrial Countries. In *Political Science ; The state of the Discipline,* edited by I. Katznelson and H. Milner. New York and Washington DC : Norton Books and the American Political Science Association.

Thelen, Kathleen, and Ikuo Kume. 1999. The Effects of Globalization on Labor Revisited : Lessons from Germany and Japan. *Politics & Society* 27 (4) : 476~504.

Thelen, Kathleen, and Christa van Wijnbergen. 2003. The Paradox of Globalization : Labor Relations in Germany and Beyond. *Comparative Political Studies* 36 (8) : 859~880.

Thompson, E. P. 1963. *The Making of the English Working Class.* New York : Vintage Books.

Tolliday, Steven. 1992. Management and Labour in Britain 1896~1939. In *Between Fordism and Flexibility,* edited by S. Tolliday and J. Zeitlin. Oxford : Berg Publishers.

Tollkühn, Gertrud. 1926. *Die planmäßige Ausbildung des gewerblichen Fabriklehrlings in der metall- und holzverarbeitenden Industrien.* Jena, D : Gustav Fischer.

Ullmann, Hans-Peter. 1988. *Interessenverbände in Deutschland.* Frankfud / Main :

Suhrkamp.

Ulman, Lloyd. 1955. *The Rise of the National Trade Union.* Cambridge, MA : Harvard University Press.

Unwin, George. 1909. *The Gilds and Companies of London.* London : Methnen.

U.S. Department of Labor, Bureau of Apprenticeship and Training. 1991. *Apprenticeship Past and Present.* Washington DC : U. S. Department of Labor.

Vereinigung der Deutschen Arbeitergeberverbände. 1922. *Geschäftsbericht über das Jahr 1921.* Berlin : VDA.

Vogel, Steven K. 2001. The Crisis of German and Japanese Capitalism : Stalled on the Road to the Liberal Market Model? *Comparative Political Studies* 34 (10) : 1103~1133.

Volkov, Shulamit. 1978. *The Rise of Popular Antimodernism in Germany : The Urban Master Artisans, 1873~1896.* Princeton, NJ : Princeton University Press.

von Behr, Marhild. 1981. *Die Entstehung der industriellen Lehrwerkstatt.* Frankfurt / Main : Campus.

von Rauschenplat, Helmut. 1945. *Vocational Training in Germany.* London : The Westminster Press.

von Rieppel, A. 1912. Lehrlingsausbildung nnd Fabrikschulen. *Abhandlungen und Berichte über technisches Schulwesen,* Bd. III. Berlin : B. G. Teubner, 1~10.

von Saldern, Adelheid. 1979. *Mittelstand im "Dritten Reich."* Frankfurt / Main : Campus.

Wagner, Karin. 1997. Costs and Other Challenges on the German Apprenticeship System. Paper read at Workshop on "Skills for the 2lst Century" (January 10), at Institute for Contemporary German Studies, Washington DC.

Wagner, Karin. 1999. The German Apprenticeship System under Strain. In *The German Skills Machine : Sustaining Comparative Advantage in a Global Economy,* edited by P. D. Culpepper and D. Finegold. New York : Berghahn Books.

Walle, Bernhard. 1963. *Das Lehrlingsrecht in der Bundesrepublik Deutschland und seine Vereinheitlichung : Eine Bearbeitung des im Jahr 1962/63 von der Rechts- und Staatswissenschaftlichen Fakultät der Julius-Maximilians-Universität ausgeschriebenen Preisthemas unter Kennwort "Meisterlehre : "* Würzburg : Hans Holzmann Verlag.

Wallerstein, Michael. 1999. Wage-setting Institutions and Pay Inequality in Advanced Industrial Societies. *American Journal of Political Science* 43 : 649~680.

Wallerstein, Michael, and Miriam Golden. 1997. The Fragmentation of the Bargaining Society : Wage Setting in the Nordic Countries, 1950 to 1992. *Comparative Political Studies* 30 (6) : 699~673.

Ware, George W. 1952. Vocational Education and Apprenticeship Training in Germany : Office of the U. S. High Commissioner For Germany, Office of Public Affairs, Division of Cultural Affairs.

Webb, Sidney, and Beatrice Webb. 1897. *Industrial Democracy.* Vols. 1, 2. London : Longmans.

Webb, Sidney, and Beatrice Webb. 1920. *The History of Trade Unionism.* Revised edition, extended to 1920. New York : Longmans.

Webb, Sidney, Beatrice Webb, and Robert Alexander Peddie. 1911. *The History of Trade Unionism.* London, New York : Longmans.

Weber, Hajo. 1991. Political Design and Systems of Interest Intermediation : Germany between the 1930s and the 1950s. In *Organising Business for War,* edited by W. Grant, J. Nekken, and F. van Waarden. New York : Berg.

Weingast, Barry. 2002. Rational-Choice Institutionalism. In *Political Science : The State of the Discipline,* edited by I. Katznelson and H. Milner. New York : Norton.

Weingast, Barry R., and William J. Marshall. 1988. The Industrial Organization of Congress ; or, Why Legislatures, Like Firms, Are Not Organized as Markets. *Journal of Political Economy* 96 (1) : 132~163.

Weir, Margaret. 1992. Ideas and the Politics of Bounded Innovation. In *Structuring Politics : Historical Institutionalism in Comparative Analysis,* edited by S. Steinmo, K. Thelen, and F. Longstreth. New York : Cambridge University Press.

Weir, Margaret. 2003. Institutional Politics and Multi-Dimensional Actors : Organized Labor and America's Urban Problem. Presented at Yale Conference on Institutions. New Haven, CT.

Weiss, Linda. 1993. War, the State, and the Origins of the Japanese Employment System. *Politics & Society* 21 (3) : 325~354.

Welskopp, Thomas. 2000. *Das Banner der Brüderlichkeit.* Bonn : Dietz.

Wigham, Eric L. 1973. *The Power to Manage : A History of the Engineering Employers Federation.* London : Macmillan.

Wilden, Josef. 1926. Das Prüfungswesen im Handwerk und in der Industrie. *Technische Erziehung* 1 (4) : 1~2.

Wilentz, Sean. 1981. Artisan Origins of the American Working Class. *International Labor and Working Class History* 19 : 1~22.

Winkler, Heinrich August. 1971. Der rückversicherte Mittelstand : Die Interessenverbände van Handwerk und Kleinhandel im deutschen Kaiserreich. In *Zur soziologischen Theorie und Analyse des 19. Jahrhunderts,* edited by W. Rüegg and O. Neuloh. Göttingen : Vandenhoeck & Ruprecht.

Wolsing, Theo. 1977. *Untersuchungen zur Berufsaubildung im Dritten Reich.* Kastellaun, D : A. Henn.

Wolsing, Theo. 1980. Die Berufsausbildung im Dritten Reich im Spannungsfeld der Beziehungen von Industrie und Handwrk zu Partei und Staat. In *Erziehung und Schulung im Dritten Reich,* edited by M. Heinemann. Stuttgart : Klett-Cotta.

Yamamoto, Kiyoshi. 1994. *Nihon ni okeru shokuba no gijutsu to rōdōshi.* Tokyo : University of Tokyo Press.

Yamamura, Kozo. 1977. Success Illgotten : The Role of Meiji Militarism in Japan's Technological Progress. *Journal of Economic History* 37 (1) March : 113~135.

Yamamura, Kozo. 1986. Japan's Deus ex Machina : Western Technology in the 1920s. *Journal of Japanese Studies* 12 (1) Winter : 65~94.

Yamazaki, Hiroaki, and Matao Miyamoto, eds. 1988. *Trade Associations in Business History : the International Conference on Business History 14 : Proceedings of the Fuji Conference.* Tokyo : University of Tokyo Press.

Yokosuka, Yokosuka Kaigun Kōshō (Yokosuka Navy Factory, ed.). 1983. *Yokosuka kaigun senshō-shi.* Vol. 1. Tokyo : Hara Shobō.

Zeitlin, Jonathan. 1980. The Emergence of Shop Steward Organization and Job Control in the British Car Industry : A Review Essay. *History Workshop Journal* 10 (1980) : 119~137.

Zeitlin, Jonathan. 1990. The Triumph of Adversarial Bargaining: Industrial Relations in British Engineering, 1880~1939. *Politics & Society* 18 (3) : 405~426.

Zeitlin, Jonathan. 1991. The Internal Politics of Employer Organization : The Engineering Employers' Federation, 1896~1939. In *The Power to Manage,* edited by S. Tolliday and J. Zeitlin. London : Routledge.

Zeitlin, Jonathan. 1996. Re-forming Skills in British Metalworking, 1900~1940 : A Contingent Failure. Paper read at 21st meeting of the Social Science History Association, October 10~13 (panel on "Skill formation in comparative-historical perspective"), at New Orleans, LA. Zeitlin, Jonathan, ed. 2000. Special Issue on Flexibility in the 'Age of Fordism' in *Enterprise and Society.* Vol. 1, No. 1 (March 2000).

Zeitlin, Jonathan. 2001. Re-Forming Skills in British Metalworking, 1900~1940 : A Contingent Failure. In *Les ouveriers qualifiés de l'industrie (XVIe-XXe siècle). Formation, emploi, migrations,* edited by G. Gayot and P. Minard. Lille : Revue du Nord.

Zysman, John. 1983. *Governments, Markets, and Growth.* Ithaca, NY : Cornell University Press.

Zysman, John. 1994. How Institutions Create Historically Rooted Trajectories of Growth. *Industrial Corporate Change* 3 (1) : 243~283.

제도는 어떻게 진화하는가

독일 · 영국 · 미국 · 일본에서의 숙련의 정치경제

초판 1쇄 인쇄 2011년 12월 15일
초판 1쇄 발행 2011년 12월 20일

지은이 · 캐쓸린 씰렌
옮긴이 · 신원철
펴낸이 · 양미자
편집 · 김수현
디자인 · 이수정

펴낸곳 · 도서출판 **모티브북**
등록번호 · 제313-2004-00084호
주소 · 서울 마포구 합정동 412-7 2층
전화 · 02)3141-6921 | 팩스 02)3141-5822
전자우편 · motivebook@naver.com

ISBN   978-89-91195-49-3 93330